Altern und Arbeit: Herausforderung für Wirtschaft und Gesellschaft

Christoph von Rothkirch (Hg.)

Altern und Arbeit: Herausforderung für Wirtschaft und Gesellschaft

Beiträge, Diskussionen und Ergebnisse eines Kongresses mit internationaler Beteiligung

edition sigma

Das dieser Veröffentlichung zugrunde liegende Vorhaben wurde unter dem Förderkennzeichen 01HH9619/9 vom Bundesministerium für Bildung und Forschung mit Unterstützung der Europäischen Kommission gefördert.
Die Verantwortung für den Inhalt dieser Veröffentlichung liegt bei den Autoren.

Die Deutsche Bibliothek - CIP-Einheitsaufnahme

Altern und Arbeit: Herausforderung für Wirtschaft und Gesellschaft : Beiträge, Diskussionen und Ergebnisse eines Kongresses mit internationaler Beteiligung / Christoph von Rothkirch (Hg.). – Berlin : Ed. Sigma, 2000
ISBN 3-89404-477-2

Gestaltung: Gunia Kommunikations-Management GmbH., Hückeswagen.

Druck: Rosch-Buch, Scheßlitz

Printed in Germany

Inhalt

Vorwort des Herausgebers 10

TEIL I: Zentrale Fragen und Herausforderungen

Altern und Arbeit – Chancengleichheit für alle Altersgruppen 13
Veronika Pahl

Die Frage des Alterns in der Europapolitik 19
Barbara Helfferich

Trends und Herausforderungen – Einführung in den Kongress „Altern und Arbeit" 23
Gerhard Naegele

Ergebnisse des Forschungsschwerpunkts „Demographischer Wandel und die Zukunft der Erwerbsarbeit" 27
Heimfrid Wolff

Podiumsdiskussion 45
Fritz Böhle, Jürgen Husmann, Heinz Putzhammer, Peter Rosenberg, Helmut Schuster, Alan Walker, Michael Jungblut

TEIL II: Zum Stand der Forschung und der Diskussion

Arbeitsgruppe 1: Wandel der Leistungspotenziale im Prozess des Alterns

Psychologische Beiträge zur Leistungsfähigkeit im mittleren und höheren Erwachsenenalter – eine ressourcenorientierte Perspektive 72
Andreas Kruse

Die Arbeitsfähigkeit kann mit dem Alter steigen 88
Juhani Ilmarinen

Zusammenfassung 97
Gunda Maintz

Arbeitsgruppe 2:
Chancen Alternder auf dem Arbeitsmarkt

Entwicklung und Perspektiven des Angebotsüberhangs am Arbeitsmarkt 102
Ernst Kistler

Flexibilisierung von Arbeit und Beschäftigung – Chancen für Ältere 129
Volker Döhl

Arbeitsmarktstrategien zur erfolgreichen Unterstützung der Alterung der Bevölkerung 135
Robert Lindlay

Zusammenfassung 143
Gerd Peters

Arbeitsgruppe 3: Älterwerden im Handwerk – Chancen durch traditionelle und neuartige Arbeitsplätze

Handwerk: Zukunft in einer alternden Gesellschaft – Einblicke und Ausblicke 148
Christine Ax

Umweltorientierte Arbeitsplätze – eine Zukunftsperspektive für das Handwerk und seine Beschäftigten 167
Hans-Gerhard Mendius

Zusammenfassung 186
Georg Cramer

Arbeitsgruppe 4: Innovation und Altern im Betrieb

Innovationsmilieus und Altern – empirische Befunde aus innovativen Unternehmen 192
Josef Reindl

Innovation bei veränderten Altersstrukturen (INVAS) – Fallstudien aus der Softwareentwicklung 198
Klaus Kornwachs

Ist Altern in einer jungen Branche wie der Informationstechnologie wirklich ein Problem? 212
Michael Lawo

Zusammenfassung 222
K.-Dieter Fröhner

Arbeitsgruppe 5: Berufe mit begrenzter Tätigkeitsdauer

Was Demographie mit Kinder kriegen zu tun hat und was uns vorzeitig alt aussehen lässt – Illusionen im Trendmodell der Erwerbszeit 228
Johann Behrens

Berufslaufbahnen im Handwerk – Ansätze für eine alternsgerechte Gestaltung 260
Lutz Packebusch

Instrumente der alternsgerechten Arbeitsgestaltung 271
Regine Romahn

Zusammenfassung 276
Karl Kuhn

Arbeitsgruppe 6: Personalentwicklung bei alternden Belegschaften

Personalentwicklung oder Personalaustausch? – Perspektiven alternsbezogener Personalplanung 282
Martina Morschhäuser

Erfahrungen mit Personalplanung für den Lohnbereich – Praxisbericht von einem betrieblichen Arbeitsmarkt 294
Heiko Spieker

Zusammenfassung 304
Gudrun Trautwein-Kalms

Arbeitsgruppe 7: Anforderungen an Arbeitsmarkt und Sozialpolitik

Alter und Arbeit – Erwerbsarbeit zwischen Markt und Staat als neue Herausforderung für die Arbeitsmarkt- und Sozialpolitik 310
Fritz Böhle

Konzept zur Beschäftigung älterer Langzeitarbeitsloser bis zur Rente (BÄR) 339
Jürgen Kühl

Altern: Herausforderungen und Antworten 345
Peter Auer

Zusammenfassung 347
Fritz-Jürgen Kador

Arbeitsgruppe 8: Intergenerative Personalpolitik als Wettbewerbsfaktor

Alt und jung im Betrieb – Altersmischung als neue Zielvorstellung für Großbetriebe 350
Marcus Mogk

Betriebliche Altersstrukturen als Gestaltungsfeld der Zukunft 362
Annegret Köchling

Betriebliche Innovationsmuster und altersselektive Personalstrategien 375
Michael Astor

Zusammenfassung 381
Reinhold Sackmann

Arbeitsgruppe 9: Lebensbegleitendes Lernen für die Erwerbsbiographie

Was bestimmt die Bildungslandschaft der Zukunft: die Normal-Biographie oder die Patchwork-Biographie? 384
Volker Volkholz

Lebenslanges Lernen – mehr (Lern-)Chancen für alle Altersgruppen? Betrachtungen nicht nur aus betrieblicher Sicht 395
Gerda Jasper

Konzepte für lebenslanges Lernen in der EU 402
Martina Ni Cheallaigh

Zusammenfassung 409
Dagmar Lennartz

Arbeitsgruppe 10: Arbeitsgestaltung – ein Mittel zur Erhaltung der Erwerbsfähigkeit

Alternsneutrale und lernförderliche Gestaltung von Arbeitssystemen in Teilefertigung und Montage 414
Jochen Pack

Zielsetzungen, Vorgehensweisen und Erfahrungen bei der Arbeitssystemgestaltung 422
Jürgen Drebes

Zusammenfassung 426
Günter Wachtler

TEIL III: Schlussfolgerungen und Ausblick

Ausblick aus EU-Sicht 432
Paolo Bacchielli

Ausblick aus Sicht der Wissenschaft 436
Gerhard Naegele

ANHANG

Kongressprogramm 444
Redner und Referenten 445

Vorwort des Herausgebers

Der demographische Wandel scheint in der politischen und öffentlichen Diskussion allgegenwärtig - wenn es um steigende Sozialversicherungsbeiträge oder leere Pensionskassen geht. Der Wandel reicht aber sehr viel weiter. Die Alterung der Erwerbsbevölkerung, der Nachwuchsmangel infolge der „Baby-Lücke" und veraltende Qualifikationen bedeuten bisher nicht gekannte Herausforderungen für Unternehmen, Arbeitnehmer, Wirtschaft und Politik.

Um diesen Herausforderungen zu begegnen, mögliche Gefahren rechtzeitig zu erkennen und – möglichst präventive – Strategien und Maßnahmen zu entwickeln, hat das Bundesministerium für Bildung und Forschung (BMBF) 1996 einen Forschungsschwerpunkt „Demographischer Wandel und die Zukunft der Erwerbsarbeit am Standort Deutschland" eingerichtet. Drei generelle Fragestellungen standen im Vordergrund:

- Schlägt die Alterung der Gesamtbevölkerung auch auf die sog. Erwerbsbevölkerung der 15 bis 65jährigen durch mit Folgen wie Nachwuchsmangel und fehlenden Zukunftsqualifikationen?
- Welche Auswirkungen hat die Alterung der betrieblichen Belegschaften auf die Arbeits- und Organisationsgestaltung von Unternehmen, aber auch auf ihre Leistungs- und Innovationsfähigkeit?
- Haben Arbeitnehmer, Unternehmer, Politik und Verbände die Risiken des demographischen Wandels im Hinblick auf die Leistungs- und Innovationsfähigkeit von Erwerbstätigen, Firmen und Gesamtwirtschaft wahrgenommen und sehen sie Handlungsbedarf für präventives Gestalten?

In fünf vom BMBF geförderten und seinem Projektträger „DLR-PT" betreuten und koordinierten Forschungsverbünden haben sich in den vergangenen vier Jahren mehr als 20 öffentliche oder private Forschungseinrichtungen vor allem auf folgende konkrete Themen konzentriert:

- Welche Chancen haben alternde Arbeitnehmer im Erwerbsleben, wenn Produktivitätssteigerungen traditionelle Industriearbeitsplätze wegrationalisieren und wenn Innovationsprozesse neue Qualifikationen für mobile, flexible und virtuelle Arbeit erfordern?

- Ist ein Wirtschaftsbereich wie das Handwerk mit seinen Klein- und Kleinstbetrieben besonders geeignet, z.B. durch innovative Dienstleistungen, neue Beschäftigungsfelder für ältere Arbeitnehmer zu schaffen?
- Welche einzel-, zwischen- und überbetriebliche Maßnahmen zur Arbeitsgestaltung und Personalentwicklung können die Innovationsfähigkeit alternder Belegschaften erhalten und fördern?
- Welche Zukunftschancen hat der älter werdende Arbeitnehmer in hochtechnisierten, innovativen und jugendzentrierten Dienstleistungsbranchen wie z.B. der Softwareentwicklung?
- Wie muss die Altersstruktur der Belegschaft eines Unternehmens aussehen, damit die spezifischen Kompetenzen, Erfahrungen und Innovationspotenziale von Mitarbeitern aller Arbeitsgruppen optimal genutzt werden?

Die Ergebnisse und Lösungsvorschläge der bisherigen Untersuchungen, aber auch vorhandene Realisierungsbarrieren sowie neu aufgeworfene Fragestellungen wurden im vergangenen Jahr aufbereitet und auf zweierlei Weise der Öffentlichkeit vorgestellt:

- Für Arbeitgeber und Arbeitnehmer, das betriebliche Management und die intermediäre Ebene der Verbände und Tarifparteien wurden die Forschungsergebnisse in einem Zukunftsreport „Demographischer Wandel – Innovationsfähigkeit in einer alternden Gesellschaft“ integriert.
- Für die Präsentation der Ergebnisse veranstaltete das BMBF mit Ko-Förderung durch die EU-Kommission am 29. und 30. November 1999 in Berlin einen Kongress mit internationaler Beteiligung zum Thema „Altern und Arbeit“. Mehr als 200 Teilnehmer aus Wissenschaft und Unternehmen, Politik, Verwaltung und intermediären Organisationen diskutierten Forschungsergebnisse des In- und Auslands.

Der hiermit vorgelegte Tagungsband folgt in seiner Gliederung dem Ablauf des Kongresses:

- Teil I gilt den zentralen Fragen und Herausforderungen und dokumentiert einleitende Reden und Vorträge sowie eine Podiumsdiskussion zwischen Repräsentanten von Unternehmen, Tarifparteien, Politik und nationaler wie internationaler Wissenschaft.
- Teil II gibt zum Stand der Forschung und der Diskussion die ausführlichen Referate der zehn Arbeitsgruppen sowie die Zusammenfassung der Gruppendiskussion wieder.
- Teil III enthält Schlussfolgerungen und Ausblick auf den Forschungs- und Handlungsbedarf im Schwerpunkt demographischer Wandel.

Der Herausgeber, zugleich Projektleiter für die Konzeption und die Organisation des Kongresses bei der damit beauftragten Prognos AG, dankt allen Rednern, Referenten und Teilnehmern für ihren „Input“ und ihre Mitwirkung sowie den Vertreterinnen und Vertretern des BMBF und seines Projektträgers für die aktive und konstruktive Zusammenarbeit bei der Vorbereitung und der Durchführung des Kongresses.

Christoph von Rothkirch, Prognos AG, Köln

im April 2000

Veronika Pahl,
Leiterin der Abteilung Allgemeine und Berufliche Bildung im BMBF

Altern und Arbeit – Chancengleichheit für alle Altersgruppen

Sehr geehrte Frau Helfferich! Sehr geehrter Herr Naegele! Sehr geehrter Herr Dr. Wolff! Meine Damen und Herren! Ich heiße Sie sehr herzlich willkommen bei unserem Kongress „Altern und Arbeit" des BMBF. Ich überbringe die besonderen Grüße der Bundesministerin für Bildung und Forschung. Es tut ihr sehr leid, nicht hier bei uns sein zu können, aber das, was sie jetzt tut, befördert das, was wir künftig tun werden. Insoweit bitte ich um Ihr Verständnis.

Die Beschäftigung mit dem demographischen Wandel hat zur Zeit so etwas wie Konjunktur. Das zeigt zum Beispiel die jüngste G-8-Regierungskonferenz „Aktivität im Alter" in Japan, oder auch die aktuelle Diskussion in der Bundesrepublik Deutschland um Rentenfinanzierung, „Rente mit 60" etwa.

Im Mittelpunkt dieser Diskussion stehen meistens die Auswirkungen der Demographie auf das System der sozialen Sicherung oder etwa das Gesundheitswesen. Die Auswirkungen des demographischen Wandels reichen allerdings viel weiter. Es geht hier auch um die Frage, welche Herausforderungen mit dem Altern der Erwerbsbevölkerung und dem Nachwuchsmangel bei Fachkräften infolge der Babylücke auf die Unternehmen und die Wirtschaft insgesamt zukommen.

Um die komplexen Auswirkungen des demographischen Wandels auf die Wirtschafts- und Arbeitswelt transparent zu machen und vorausschauende Antworten auf drängende Fragen zu finden, hat das Bundesministerium für Bildung und Forschung den Förderschwerpunkt „Demographischer Wandel und die Zukunft der Erwerbsarbeit am Standort Deutschland" eingerichtet. Die jetzt vorliegenden Forschungsergebnisse zeigen mögliche Risiken des Alterns der Erwerbsbevölkerung für die Zukunft unserer Wirtschaft auf. Die Forschungsergebnisse zeigen aber auch, was wir tun können und was wir tun müssen, um den Risiken der demographischen Veränderungen offensiv zu begegnen.

Meine Damen und Herren, in allen Industrieländern zeichnet sich mittel- und langfristig eine erhebliche Veränderung der Altersstruktur ab. Sinkende Geburtenraten und steigende Lebenserwartung haben zur Folge, dass die Bevölkerung einerseits schrumpft und andererseits altert. Dieser Trend kennzeichnet auch die Entwicklung der Erwerbsbevölkerung. Die Zahl der Erwerbsfähigen nimmt ab, ihr Durchschnittsalter steigt. Der Anteil der heute 25- bis 45jährigen an der erwerbsfähigen Bevölkerung wird von heute etwa 46 Prozent auf 38 Prozent im Jahre 2020 sinken. Die Gruppe der älteren Erwerbsfähigen, also der über 45jährigen, wird dagegen durch das gemeinsame Altern der geburtenstarken Jahrgänge deutlich zunehmen. Die demographisch bedingte Veränderung der Altersstruktur wird dadurch noch verschärft, dass viele Unternehmen die Möglichkeit zu Beginn der 90er Jahre genutzt haben, Mitarbeiterinnen und Mitarbeiter in den vorzeitigen Ruhestand zu schicken. Diese Belegschaften altern jetzt gewissermaßen en bloc.

Im Vergleich der Industrienationen weist die Erwerbsbevölkerung in Westeuropa bereits heute mit das höchste Durchschnittsalter auf. Die Herausforderungen, die darin liegen, zeichnen sich gerade erst am Horizont ab. Die jüngeren Erwerbstätigen gelten heute als die wichtigsten Träger innovativer Prozesse in Wirtschaft und Gesellschaft. Wir müssen uns also fragen: Bremst das Altern der Erwerbsbevölkerung die Innovationsfähigkeit unserer Wirtschaft? Die Belegschaften unserer Unternehmen sind relativ homogen und schwerpunktmäßig zwischen 25 und 45 Jahre alt. Wird es also in 15 oder 20 Jahren noch genügend junge Fachkräfte geben, um die große Zahl der dann freiwerdenden Arbeitsplätze zu besetzen? Drittes Stichwort: Frühverrentung. Der demographische Wandel hat zur Folge, dass Frühverrentungsmodelle in Zukunft nicht mehr finanzierbar sein werden. Aber werden wir sie dann überhaupt noch brauchen, oder werden die Unternehmen froh sein über jeden älteren Mitarbeiter, jede ältere Mitarbeiterin, die dann noch nicht zum alten Eisen gehören wollen?

Diesen und anderen Fragen sind vom BMBF geförderte Forschungsverbünde in ihren Arbeiten nachgegangen. Die Ergebnisse sind in dem Zukunftsreport „Demographischer Wandel – Innovationsfähigkeit in einer alternden Gesellschaft" zusammengefasst und werden nachher von Herrn Dr. Wolff präsentiert. Dem will ich nicht vorgreifen. Aber lassen Sie mich an einer Stelle einige Ergebnisse des Zukunftsreports herausgreifen, die wir mit Besorgnis sehen.

Erstens: Jüngere Fachkräfte gelten als innovations- und anpassungsfähiger. Bei der Einführung neuer Produktlinien oder Prozesse greifen die Unternehmen deshalb vorrangig auf jüngere Mitarbeiterinnen und Mitarbeiter zurück und stellen gegebenenfalls junge Fachkräfte ein. Alte Produktlinien, egal ob in der Montage oder im Softwarebereich, überlässt man dann gerne den älteren Mitarbeiterinnen und Mitarbeitern, die diese Arbeiten bisher schon ausgeführt haben. Wenn alte Produktlinien aufgegeben werden, stehen auch die älteren Mitarbeiterinnen und Mitarbeiter vor dem Aus, denn sie erscheinen für andere Tätigkeit nicht mehr einsetzbar.

Zweitens: Viele Unternehmer und Personalverantwortliche erkennen die Gefahr der Überalterung in ihren Unternehmen nicht. Sie schätzen den demographisch bedingten Anstieg des Anteils älterer Arbeitnehmerinnen und Arbeitnehmer an der Erwerbsbevölkerung für ihren Betrieb als nicht besonders relevant ein. Dank der Möglichkeit der schon erwähnten Frühverrentung glauben manche sogar, dass es ihnen in den letzten Jahren gelungen ist, das Durchschnittsalter ihrer Belegschaft zu senken und die Innovationsfähigkeit der Unternehmen auf diese Art und Weise zu steigern. Diese Annahme erweist sich jedoch häufig als Trugschluss. In vielen Betrieben ist das Durchschnittsalter der Belegschaften stark angestiegen, und weitere drastische Alterungsprozesse zeichnen sich ab.

Weil sich diese Entwicklungen aber gewissermaßen noch schleichend vollziehen, werden sie von den Unternehmen nicht wahrgenommen. Die Brisanz des demographischen Wandels wird offenkundig, wenn man beide Befunde miteinander verknüpft. Wenn einerseits Innovationen am Standort Deutschland überwiegend mit jüngeren Fachkräften realisiert werden, andererseits aber die Zahl gut ausgebildeter junger Fachkräfte absolut und relativ sinkt, dann ist die Innovationsfähigkeit unserer Wirtschaft in der Tat in Gefahr. Wir dürfen uns nicht länger verschließen vor den Folgen des demographischen Wandels, sonst droht ein Standortproblem.

In einigen besonders leistungsstarken Wirtschaftszweigen zeichnet sich schon heute ab, welche Folgen die Parallelität zweier Phänomene zeitigen wird, die Nichtbeachtung des demographischen Wandels und des Alterns der Erwerbsbevölkerung einerseits und eine Unternehmenspolitik, die nur junge Fachkräfte rekrutiert und über 45- oder -50jährige entlässt. Dies lässt sich heute bereits in der Informationswirtschaft erkennen. In der Informationswirtschaft fehlen nach Schätzungen derzeit rund 75.000 Fachkräfte. Trotz der insgesamt hohen Arbeitslosigkeit in unserem Land haben die Unternehmen Probleme, junge und qualifizierte Fachkräfte zu finden. Gleichzeitig ist aber die Arbeitslosigkeit unter den über 50jährigen I+K-Fachkräften recht hoch. Diese älteren Fachkräfte waren in der Vergangenheit Träger von Innovationen. Durch die rasante technische Entwicklung und hohe Spezialisierung ist ihr Wissen heute veraltet, ihre Erfahrungen und ihre Erkenntnisse sind nicht mehr gefragt.

Wir müssen endlich anfangen umzudenken. Es reicht nicht aus, unseren jungen Menschen zu Beginn ihres Berufslebens eine gute Ausbildung mit auf den Weg zu geben, sondern Arbeitnehmerinnen und Arbeitnehmer brauchen Möglichkeiten, sich kontinuierlich weiterzubilden. Die Arbeitnehmerinnen und Arbeitnehmer sind gefordert, sich nicht auf dem einmal Gelernten auszuruhen. Sie müssen ihre Fähigkeiten und Kompetenzen durch kontinuierliches und auch selbstorganisiertes Lernen erhalten und weiterentwickeln, um für künftige Anforderungen der Arbeitswelt gerüstet zu sein. Die Unternehmen sind im Gegenzug gefordert, niemanden vorschnell als zu alt für eine bestimmte Tätigkeit oder für Weiterbildung abzustempeln. Sie sind gefordert, ihr Personal kontinuierlich weiterzuqualifizieren und Arbeitsbedingungen zu schaffen, die zum Weiterlernen motivieren. Wenn wir der demographischen Herausforderung gerecht werden wollen, brauchen wir auch mehr Chancengleichheit und Solidarität zwischen den Generationen. Das bedeutet, wir müssen einen Ausgleich schaffen zwischen jüngeren Menschen, die ins Erwerbsleben streben, und älteren Menschen, die nicht unter Hinweis auf vermeintliche Leistungsdefizite aus dem Erwerbsleben hinausgedrängt werden. Chancengleichheit zwischen den Generationen heißt aber noch mehr. Zahlreiche wissenschaftliche Studien haben ergeben, dass ältere Arbeitnehmerinnen und Arbeitnehmer nicht leistungsschwächer sind als ihre jüngeren Kolleginnen und Kollegen. Ihre Stärken liegen aber in unterschiedlichen Bereichen. Während sich die jüngeren durch Ideenreichtum und Begeisterungsfähigkeit auszeichnen, besitzen die Älteren mehr Sinn für das Machbare.

Genauso stehen sich einerseits topaktuelles Fachwissen und andererseits Erfahrungswissen, beispielsweise Branchenkenntnis, gegenüber. Das eine ist nicht besser oder schlechter als das andere, nur anders. Kein Unternehmen kann es sich leisten, Erfahrungen und Kompetenzen seiner Mitarbeiterinnen und Mitarbeiter brachliegen zu lassen. Die Stärken der Jüngeren und der Älteren müssen sich im Team ergänzen. Dies sei nur am Rande bemerkt. Ich bin sicher, dass der demographische Wandel auch dazu beitragen kann, die Fähigkeiten und Kompetenzen weiterer Erwerbsfähiger stärker zu nutzen. Ich denke hier an Jugendliche in Bildungswarteschleifen, an Frauen nach der Familienphase, an unfreiwillig Teizeitbeschäftigte und vorzeitig in den Ruhestand Entlassene, an unterwertig Beschäftigte und nicht zuletzt an Arbeitslose. Chancengleichheit ist ein umfassendes Prinzip.

Mit diesen Aussagen wird dann hoffentlich auch klar, wie ich die Forderung nach Investitionen in Humankapital verstanden wissen möchte. Es ist richtig, dass wir, der Staat wie die private Wirtschaft, möglichst viel in Bildung und Ausbildung investieren müssen. Es ist inzwischen fast ein Gemeinplatz, dass wir Deutschen vom Know-how der Beschäftigten leben, dass nur ein hohes Qualifikationsniveau unseren Wohlstand garantiert. Aber für mich hat der Begriff Humankapital keine eindimensionale Bedeutung im Sinne eines rein ökonomischen sozusagen börsenfähigen Wirtschaftsguts. Das Kapital an Kenntnissen und Fertigkeiten, das in den arbeitenden Menschen steckt, ist auch dann ein Kapital, wenn es nicht unmittelbar wirtschaftlichen Gewinn abwirft. Wir müssen neue Formen der Personalentwicklung und der Arbeitsorganisation finden, die sowohl den Bedürfnissen der Jüngeren als auch der älteren Arbeitnehmerinnen und Arbeitnehmer gerecht werden. Dafür gibt es keine Patentrezepte. Mit einer Reihe von Programmen will das Bundesministerium für Bildung und Forschung deshalb gangbare Lösungswege finden. An erster Stelle möchte ich das Forschungs- und Entwicklungsprogramm "Standortsicherung durch berufliche Kompetenzentwicklung – Strukturveränderung betrieblicher Weiterbildung" nennen. Mit diesem Programm wollen wir die Entwicklung einer neuen beruflichen Lernkultur und die Verbesserung der Lernintensität von Arbeitsplätzen voranbringen. Dazu fördern wir vorbildliche berufliche Weiterbildungsmodelle in Betrieben und Institutionen und die Umstrukturierung der Arbeitsorganisation, die lernförderliche Arbeitsbedingungen schafft. Zweitens bereiten wir zur Zeit das Förderkonzept „Innovative Arbeitsgestaltung – Zukunft der Arbeit" vor. Ziel ist es, innovative Konzepte der Arbeits-, Betriebs- und Unternehmensorganisation zu entwickeln. Solche innovativen Organisationsformen müssen sich an den Bedürfnissen und Fähigkeiten der Arbeitnehmerinnen und Arbeitnehmer orientieren und zur Erhaltung ihres Leistungsvermögens beitragen. Drittens arbeiten wir gerade an einem Aktionsprogramm lebensbegleitendes Lernen, indem wir durch die Schaffung regionaler Lernnetzwerke zur Qualitätssicherung, Beratung und Transparenz der Weiterbildung beitragen wollen.

Die absehbare Veränderung der Altersstruktur der Erwerbsbevölkerung wird nach allem, was wir bisher wissen, in den nächsten 10 bis 15 Jahren an Bedeutung gewinnen. Nicht nur in Deutschland, sondern in ganz Europa muss es uns gelingen, aus einem gesamtgesellschaftlichen Interesse heraus die Innovationsfähigkeit und die Leistungskraft der Wirtschaft zu erhalten. Wenn Unternehmen auch in Zukunft im internationalen Wettbewerb bestehen wollen, reicht es nicht aus, sich neuen technischen Möglichkeiten, Kundenwünschen und Marktveränderungen anzupassen. Die Unternehmen müssen sich auch der demographischen Herausforderung stellen. Sie müssen die notwendigen Vorkehrungen treffen, damit ihre Belegschaft auch bei steigendem Durchschnittsalter lern- und leistungsfähig und das Unternehmen insgesamt auch innovationsfähig bleibt.

Die für mich wichtigste Erkenntnis der vorliegenden Forschungsergebnisse zum demographischen Wandel ist, dass wir die Weichenstellungen für die künftige Innovationsfähigkeit unserer Wirtschaft schon heute vornehmen müssen. Entscheidende Weichenstellungen sind zum einen, wir müssen überkommene Leitbilder überwinden, die mit Alter eben immer noch Defizit und Leistungsverlust verbinden. Wir müssen Arbeitsplätze und Arbeitsprozesse stärker an den Menschen und ihren Fähigkeiten orientieren, um sie mehr zu motivieren und weniger zu belasten. Berufsverläufe und Tätigkeitswechsel sollen so gestaltet werden, dass sie von der jeweiligen Leistungsfähigkeit der Arbeitnehmerinnen und Arbeitnehmer geleistet werden können und ihren Entwicklungsmöglichkeiten entsprechen. Für besonders wichtig halte ich es, neue Formen des generationsübergreifenden Wissens- und Erfahrungstransfers zu entwickeln. Wir brauchen mehr Kooperation und weniger Konkurrenz zwischen den Generationen. Die notwendigen Weichenstellungen können nicht durch Regierungsdekret verordnet werden. Hier ist das Engagement aller Beteiligten gefordert. Arbeitnehmerinnen und Arbeitnehmer müssen ihre Erwerbsbiographie eigenverantwortlich gestalten, sie müssen ihre Begabungen und Fähigkeiten bewusst entwickeln und Weiterbildungsmöglichkeiten aktiv für ihre berufliche Kompetenzentwicklung benutzen. Sie sollten sich auch nicht scheuen, noch in höherem Alter Tätigkeits-, Betriebs- oder Berufswechsel zu wagen.

Die Unternehmen müssen sich rechtzeitig auf Veränderungen in der Altersstruktur ihrer Mitarbeiterinnen und Mitarbeiter einstellen. Wir brauchen eine innovationsorientierte Unternehmenskultur, die einerseits Personalmanagement und Innovationspolitik enger miteinander verzahnt und andererseits Arbeits-, Betriebs- und Unternehmensorganisation stärker an den Menschen und ihren Fähigkeiten orientiert. Verbände und Organisationen – ich nenne hier beispielhaft Kammern, Tarifparteien, Berufsgenossenschaften, Wohlfahrtsverbände – haben die Aufgabe, die Arbeitnehmerschaft und die Unternehmen für die Probleme des demographischen Wandels zu sensibilisieren und bei der Bewältigung des demographischen Wandels Hilfestellung zu leisten.

Auch die Wissenschaft ist gefordert. Beispiele für den Nutzen wissenschaftlicher Grundlagen- und Begleitforschung werden Sie, sehr geehrter Herr Wolff, und zahlreiche weitere Wissenschaftlerinnen und Wissenschaftler im weiteren Verlauf des Kongresses „Altern und Arbeit“ geben. Und die Politik schließlich leistet ihren Beitrag, indem sie die notwendigen Rahmenbedingungen zur Bewältigung des demographischen Wandels schafft. Unser Ziel ist, um es mit den Worten der Europäischen Kommission zu sagen, Wohlstand und Solidarität zwischen den Generation in einem Europa aller Altersgruppen.

Barbara Helfferich,
EU-Kommission, Brüssel

Die Frage des Alterns in der Europapolitik

Guten Tag! Ich freue mich, hier sein zu können. Ich vertrete die Kommissarin Diamantopoulou, Kommissarin für Arbeit, Beschäftigung und Soziales in Brüssel. Frau Diamantopoulou tut es sehr leid, dass sie nicht hat kommen können, aber heute ist eine wichtige Ratssitzung, und deshalb bin ich an ihrer Stelle da.

Ich möchte meine kurze Einführung auf die Europapolitik beschränken, Europapolitik und das Altern. Innerhalb der europäischen Politik gibt es einige Instrumente und Mechanismen und einige potentielle Mechanismen, die das Thema von Altern und Beschäftigung aufnehmen können. Wir haben zuerst einmal eine neue Mitteilung der Europäischen Kommission über das Altern, über eine Strategie, wie man eine Gesellschaft für alle Altersgruppen schaffen kann. Zum zweiten gibt es eine Mitteilung der Europäischen Kommission über eine konzertierte Strategie zur Modernisierung der sozialen Sicherungssysteme. Und wir haben gerade zwei neuen Instrumente. Eines davon ist Art. 13, der Antidiskriminierungsartikel. Auf der Basis sind im Augenblick zwei Richtlinienvorschläge in der Diskussion, unter anderem schließen sie ein Diskriminierungsverbot auf der Basis von Altern ein. Ich werde auf diese Punkte noch im einzelnen eingehen, möchte aber damit anfangen, erst einmal den Status vor der Jahrhundertwende zu beleuchten.

Wir wissen, es hat einen großen demokratischen Wandel gegeben, wir wissen, es gibt eine Globalisierung, wir wissen, dass Europa wettbewerbsfähig sein muss und bleiben muss, und wir wissen, dass unsere Gesellschaft älter wird. Wir werden alle älter. Wir wissen auch, dass unsere sozialen Sicherungssysteme nicht mehr die Belastungen tragen können, die die Zukunft für sie bringen wird. Unsere sozialen Sicherungssysteme sind teuer, zu teuer, und sie sind veraltet. Wie können wir nun eine Politik machen, die diese Tendenzen einbezieht, gleichzeitig aber Gerechtigkeit und Wettbewerb miteinander verbindet? Wie können wir eine Arbeitsmarktpolitik schaffen, wie können wir den Arbeitsmarkt so strukturieren, dass es eine Synergie zwischen Wettbewerbsfähigkeit und sozialer Gerechtigkeit gibt?

Die Europäische Kommission und auch die europäischen Mitgliedstaaten diskutieren über einen neuen Ansatz zu einer Politik im Bereich des Älterwerdens. Dieser neue Ansatz wurde geboren im UNO-Jahr für ältere Menschen. Innerhalb dieses Jahres im Oktober 1998 wurde in Österreich eine erste Konferenz abgehalten. Die Europäische Kommission hat dafür gesorgt, dass es sehr viele neue Diskussionspunkte gibt, dass sehr viel Neues diskutiert wird, dass über ein neues Konzept nachgedacht wird, und dieses Konzept nennen wir aktives Altern. Wir wollen eine Gesellschaft für Menschen jeden Alters und jeder Stellung, wir wollen ältere Menschen in den Arbeitsmarkt integrieren und im Arbeitsmarkt sichern, nicht nur als ehrenamtliche Kräfte, sondern als Kräfte, die aktiv ein Gehalt verdienen, die aktiv in der Arbeit ihren Beitrag leisten, und sie aktiv im Arbeitsmarkt verankern.

Wir wissen alle, dass Menschen länger leben. Menschen leben nicht nur länger, sie sind auch gesünder. Wir haben ungeheure Fortschritte in der Medizin gemacht,. und wir haben weniger Kinder, das heißt, der demographische Wandel ist das Älterwerden und das Nicht-Nachkommen von Kindern. Die Mitteilung der Europäischen Kommission nimmt diese Analyse als Ansatz, um eine neue Wirtschafts- und Sozialpolitik zu schaffen, die den älteren Menschen Sicherheit im Arbeitsmarkt gibt. Diese neue Politik möchte die Talente und das Wissen von älteren Menschen in die Arbeitswelt integrieren und sie der Arbeitswelt, der Beschäftigung zunutze machen.

Und wir wissen auch alle, dass ältere Menschen stereotypisch gesehen werden, nicht nur von den jüngeren Menschen, sondern auch von der Industrie und von den jüngeren Arbeitnehmerinnen und Arbeitnehmern. Es ist hier schon erwähnt worden, dass wir eine Solidarität zwischen den Generationen brauchen. Diese Solidarität muss gestärkt werden. Wir müssen aber auch dem Problem offen ins Auge sehen. Wir reden nicht nur, Talente und Fähigkeiten und Wissen in die Industrie, in den Wettbewerb mit hineinzunehmen, wir reden auch davon, dass ältere Menschen im Arbeitsmarkt auch Probleme verursachen. Die Zeit ist gekommen, sich diesem demographischen Wandel zu stellen, die Zeit ist gekommen, den Arbeitsmarkt zu verändern. Wir brauchen eine langfristige Strategie. Wir müssen sehen, dass wir ältere Menschen befähigen, im Arbeitsmarkt zu verbleiben. Wir müssen einen Wandel in der Industrie schaffen, und wir müssen eine adäquate soziale Sicherung für ältere Menschen und für Menschen im allgemeinen schaffen, Menschen, die im Arbeitsmarkt sind, und Menschen, die außerhalb des Arbeitsmarktes sind.

Wir müssen sehen, dass Menschen länger arbeiten können, dass sie später in die Rente gehen, dass sie aktiver altern. Wir müssen den Stereotyp des alten Menschen bekämpfen, und wir müssen dabei sehen, dass ältere Menschen nicht alle gleich sind. Sie sind nicht homogen. Es gibt ältere Frauen, es gibt ältere Behinderte, es gibt ältere Arbeitnehmerinnen und Arbeitnehmer. Ältere Menschen haben eine Vielfalt von Lebensbiographien und eine Verschiedenartigkeit von Leben.

Unsere Politik auf europäischer Ebene muss aktiv sein, gekennzeichnet von Solidarität zwischen den Generationen, ausgleichend, und sie muss vorbeugend sein, um soziale Kohäsion zu schaffen im Rahmen von wirtschaftlichem Wachstum. Wir müssen sehen, dass wir eine höhere Lebensqualität schaffen und dass die Europäische Kommission aktiv an dieser Politik beteiligt wird.

Im Rahmen der neueren Politik der Europäischen Union sind die sogenannten Beschäftigungsleitlinien etabliert worden. In diesen Beschäftigungsleitlinien gibt es vier Säulen. Eine dieser Säulen ist die Gleichstellung von Mann und Frau. Es wäre möglich, dass man in die vier Säulen der Leitlinien auch das Altern integrieren könnte. Aber das sind Zukunftsvisionen, und das wird auch davon abhängen, inwieweit die einzelnen Mitgliedstaaten diese Vorschläge ins Auge fassen.

Es ist überhaupt viel mehr, was die Mitgliedstaaten tun könnten. Die europäische Politik kann Gesetze machen, die europäische Politik kann Leitlinien geben. Aber die Anwendung, die Umsetzung der europäischen Politik passiert immerhin noch in den Mitgliedstaaten.

Eine andere Initiative der Europäischen Kommission ist eine Mitteilung über eine konzertierte Strategie zur Modernisierung von sozialer Sicherheit gewesen. Diese Mitteilung zielt darauf hin, dass sie gegen soziale Ausgrenzung vorgeht, dass sie ein sicheres Einkommen für die Arbeitnehmerinnen und Arbeitnehmer schafft, sichere Renten und Rentensysteme schafft und dass es eine adäquate Gesundheitsvorsorge gibt. Aber eine Mitteilung ist eine Mitteilung, sie hat keinen rechtlichen Wert und kann die Mitgliedstaaten in diesem spezifischen Falle nur dazu veranlassen, sich zusammenzusetzen und darüber zu diskutieren, wie man gemeinsam europäische Politik betreiben könnte, um eine Modernisierung der sozialen Sicherheitssysteme zu erlangen.

Im Rahmen eines neuen Vorschlages der Europäischen Kommission gibt es auf der Basis des Art. 13, des sogenannten Diskriminierungsverbotsartikels in dem neuen europäischen Vertrag zwei Richtlinienvorschläge und einen Vorschlag für ein Programm. Die beiden Richtlinien bekämpfen auf der einen Seite die Diskriminierung von Gruppen auf dem Arbeitsmarkt, unter anderem auch von Gruppen, die auf dem Arbeitsmarkt wegen ihres Alters diskriminiert werden. Auf der anderen Seite gibt es eine Richtlinie, die die Bekämpfung von Diskriminierung auf der Basis von Rassenzugehörigkeit und der Zugehörigkeit zu einer ethnischen Minderheit zum Ziel hat. Und es gibt den Vorschlag eines Programmes, das auf einen Austausch von Erfahrungen über Bekämpfung von Diskriminierung zielt.

Dieses alles sind Mechanismen, die in die Zukunft weisen, die es unter Umständen ermöglichen werden, Diskriminierung auf der Basis von Alter zu verbieten, und die direkt in den Mitgliedstaaten angewendet werden können. Diese Vorschläge sind von der Bundesregierung relativ positiv aufgenommen worden. Wir hoffen sehr, dass sich andere Mitgliedstaaten genauso stark für eine neue Antidiskriminierungspolitik und für Mechanismen einsetzen, auch die sozialen Sicherungssysteme zu verbessern. Diese Politiken werden, hoffen wir, in den nächsten Jahren greifen, werden es älteren Menschen ermöglichen, besser in den Arbeitsmarkt integriert zu werden, besser im Arbeitsmarkt zu verbleiben, länger zu arbeiten und später in Rente zu gehen. Wir müssen weiter daran arbeiten, ein neues soziales Modell für das Europa des 21. Jahrhunderts zu entwickeln, ein Modell, das den Wettbewerb fördert, aber auch die soziale Gerechtigkeit sichert.

Im Namen der europäischen Kommissarin Frau Diamantopoulou wünsche ich Ihnen viel Glück bei dieser Konferenz. Wir hoffen, dass die Konklusionen dieser Konferenz auch in die europäische Politik mit eingehen werden.

Professor Dr. Gerhard Naegele,
Universität Dortmund

Trends und Herausforderungen – Einführung in den Kongress „Altern und Arbeit"

Sehr geehrte Damen und Herren, ich habe die große Freude und Ehre zugleich, als Vertreter des Beirates zum Forschungsverbund „Demographischer Wandel und die Zukunft der Erwerbsarbeit" heute und hier die Gesamtmoderation der Tagung übernehmen zu dürfen und morgen nachmittag ein Abschlussresumee vorzunehmen. Ich freue mich, gemeinsam mit den Veranstaltern und Organisatoren über den regen Zuspruch, den diese Konferenz, auf der die wichtigsten Ergebnisse der rund fünfjährigen Forschungsarbeiten dargestellt und im Hinblick auf erforderlichen wissenschaftlichen und politischen Handlungsbedarf diskutiert werden sollen, bei Ihnen gefunden hat und darf Sie – auch im Namen der übrigen Beiratsmitglieder, aber insbesondere auch der Vertreterinnen und Vertreter der fünf großen Verbundvorhaben – hier herzlich begrüßen. Ich darf diesen Gruß verbinden mit der Hoffnung, dass uns diese Tagung weiterbringen wird in der Kernfrage der Verbundvorhaben wie dieser Tagung, nämlich wie gehen wir in Anbetracht der demographischen und wirtschaftlichen Entwicklung künftig mit alternden Arbeitnehmerinnen und Arbeitnehmern angemessen um, so dass ihre produktive (Weiter)Beschäftigung gesichert ist?

Diese Kernfrage ist eingebettet mindestens in die hier auf der Folie aufgeführten elf Trends und Herausforderungen (vgl. Abb. 1), die lediglich aus analytischen Gründen hintereinander gestellt sind, deren je spezifische Wirkungen aber in der Praxis kaum voneinander zu trennen sind und die – dies ist bereits eine erste wichtige Schlussfolgerung aus den Ergebnissen des Forschungsverbundes – auf den verschiedenen, damit angesprochenen Ebenen ein möglichst integriertes und koordiniertes Handeln der jeweils beteiligten Akteure implizieren.

Abb. 1 Einige Bezugspunkte zur Zukunft von Altern und Arbeit

- **Demographisch bedingtes Altern des Erwerbspersonenpotenzials**
- **Künftiger Bedarf an Arbeitskräften**
- **Wandel der „Arbeitslandschaft"**
- **Widersprüche und Ambivalenzen des Frühverrentungsgeschehens**
- **Benachteiligungen und Diskriminierungen Älterer**
- **Gibt es „altersspezifische" Beschäftigungsrisiken und -probleme?**
- **Das „Arbeit/Alter-Paradoxon" (Walker)**
- **Strukturelle Veränderungen in den Lebens- und Arbeits(ver)läufen und Kritik an der traditionellen Organisation von Lebensarbeitszeit**
- **Druck auf die sozialen Sicherungssysteme**
- **Verhältnis der Generationen in der Zukunft**
- **Gegenwärtige Lage auf dem Arbeitsmarkt**

Die aufgelisteten „Bezugspunkte zur Zukunft von Arbeit und Alter" sind somit als wichtige Einordnungskriterien und Hintergrundfolien für die Debatte um die Zukunft eines insgesamt alternden Erwerbspersonenpotentials bzw. insgesamt älter werdender Belegschaften zu verstehen. Da sie ganz sicher in den Folgereferaten und -diskussionen dieses Nachmittags und insbesondere in den Arbeitsgruppen morgen noch detailliert behandelt werden, sollen sie an dieser Stelle nur schlaglichtartig und ohne Kommentar benannt werden:

1. Das Altern der Gesamtgesellschaft, das auch an der Arbeitswelt nicht vorbeigeht („Ergrauen der Belegschaften").

2. Der bereits jetzt deutlich erkennbare Bedarf an älteren und zugleich qualifizierten und produktiven Arbeitskräften. (Beide Trends werden für Deutschland insbesondere nach 2010/2015 virulent, glaubt man den hierzu übereinstimmend vorliegenden Prognosen.)

3. Dies alles findet statt auf dem Hintergrund eines tiefgreifenden Wandels in der Arbeitswelt (Globalisierung, wachsender Kostendruck, wachsende Arbeitsverdichtung und zunehmender Leistungsdruck, steigende Produktivität und Innovationsdynamik, weiter voranschreitende „Entnormalisierung" und Flexibilisierung der Arbeit, Ausweitung des Dienstleistungssektors) mit höchst unsicheren Folgen für die Beschäftigungssituation alternder Arbeitnehmerinnen und Arbeitnehmer.

4. Es gibt immer deutlichere Widersprüche und Ambivalenzen einer weiteren Fortsetzung des Frühverrentungstrends, von denen die Betriebe (z.B. vorzeitiger Verlust von betriebsspezifischen Qualifikationen) wie die Betroffenen (Konsequenzen eines permanenten Absenkens innerbetrieblicher Altersgrenzen) gleichermaßen berührt sind.

5. Eine Folge davon – aber nicht allein – sind zahlreiche Benachteiligungen und Diskriminierungen, mit denen viele ältere Beschäftigte auf den inner- wie außerbetrieblichen Arbeitsmärkten tagtäglich konfrontiert sind.

6. Inwieweit diese Benachteiligungen Ausdruck rein altersspezifischer, also primär kalendarisch bedingter Beschäftigungsrisiken und -probleme sind oder nicht vielmehr andere Einflussfaktoren widerspiegeln, wie z.B. betriebliche Arbeitskraftnutzungskonzepte, Vorurteile, betriebliche Kosten-Nutzen-Kalküle oder gar staatliche Handlungs- und Anreizmuster etwa in der Arbeitsmarkt- und Rentenpolitik, ist dabei eine Frage, die in allen Projekten des Forschungsverbundes eine ganz entscheidende Rolle gespielt haben dürfte.

7. Dies alles findet statt auf dem Hintergrund eines „Arbeit/Alter-Paradoxon" (Walker), d.h. des Paradoxons eines immer früheren Berufsaustrittszeitpunktes bei gleichzeitig immer weiter steigender (fernerer) Lebenserwartung einerseits und immer günstigerer gesundheitlicher und qualifikatorischer Ausgangsbedingungen der nachrückenden Alterskohorten andererseits.

8. Dies verweist zugleich auf strukturelle Veränderungen in den Lebens- und Arbeits(ver)läufen, die die bisherige Dreiteilung des Lebenslaufs zunehmend obsolet werden lassen und die eingebettet sind in eine wachsende Kritik der Beschäftigten an den Strukturen der Lebens(normal)arbeitszeit, die ihren lebensphasenspezifischen Bedürfnissen und Erfordernissen zunehmend weniger entsprechen. In ganz besonderer Weise betrifft dies den wachsenden Anteil weiblicher Erwerbstätiger, deren Rolle in der Debatte um die Zukunft von Arbeit und Alter dringend aufgewertet werden muss.

9. Seit Jahren wächst der Druck, der sowohl von der demographischen Entwicklung – was häufig überschätzt wird – wie – was häufig eher unterschätzt wird – vom Arbeitsmarkt durch die Überwälzung betrieblicher Externalisierungskosten auf die sozialen Sicherungssysteme und deren langfristige Stabilität ausgeht. Eine Handlungsoption dabei ist die der Lebensarbeitszeitverlängerung für ältere Beschäftigte. Soll diese nicht zu einer rein rentenrechtsinternen Option verkümmern, sind konkrete Anreize dafür erforderlich, dass die Lebensarbeitszeitverlängerung auch tatsächlich möglich wird.

10. Gelingt dies nicht, dann könnte das vielbeschworene Risiko ernsthafter Verteilungskonflikte zwischen den Generationen manifest werden.

Es wird deutlich, dass man – je nach gesellschaftspolitischem Standpunkt – die Rangfolge dieser Bezugspunkte verändern kann. Aus der Betroffenenperspektive, und dies wäre das zentrale Kriterium für meine persönliche Rangfolge, müßte insbesondere die Verbesserung der Lebens- und Arbeitsbedingungen der Betroffenen ganz oben stehen. Im Kern ist künftig eine „Wende" in der bisherigen auf alternde Belegschaften bezogenen Arbeits- und Beschäftigungspolitik gefordert, muss es um die Förderung der Alterserwerbsarbeit und nicht länger um die Fortschreibung der immer früheren „Freisetzung des Alters aus der Arbeit" gehen.

11. Dabei ist es ein Grunddilemma, für das dringend sozial akzeptable und angemessene Zwischenlösungen benötigt werden, dass diese Forderungen zu einer Zeit hoher Arbeitslosigkeit, insbesondere auch älterer Arbeitnehmerinnen und Arbeitnehmer, aufgestellt werden und zu der die Frühverrentung nach wie vor einen – wenn auch quantitativ stark überschätzten – Beitrag zur Arbeitsmarktentlastung einerseits und – hier schon sehr viel deutlicher ausgeprägt – zur Verbesserung der Lebenslage älterer Arbeitsloser und auch vieler älterer Arbeitnehmerinnen und Arbeitnehmer andererseits bildet.

Wie man dennoch, insbesondere in mittel- bis langfristiger Sicht, die erforderliche Wende in der auf das Altern des Erwerbspersonenpotentials bezogenen Arbeits- und Beschäftigungspolitik erreichen und dabei gleichzeitig aktuelle arbeitsmarktpolitische Erfordernisse nicht außer acht lassen kann, wird in dieser Tagung an verschiedenen Stellen zu beantworten versucht. Dem soll nicht vorweggegriffen werden. In jedem Falle aber zeigen die Bezugspunkte (vgl. Abb 1), dass das Tagungsthema komplex und mehrdimensional ist. Und dies wiederum bedeutet, dass es keine „einfachen" Antwortengeben kann, dass vielmehr aufgrund der Unterschiedlichkeit der demographischen und gesellschaftlichen Herausforderungen integriertes und koordiniertes, d.h. aufeinander bezogenes politisches Handeln verschiedener Gruppen und Akteure auf unterschiedlichen Handlungsebenen notwendig ist.

Ich würde mir wünschen, wenn die Ergebnisse der hier präsentierten Forschungsarbeiten mit dazu beitragen könnten, ein Bewusstsein für eine gemeinsame Verantwortung der jeweils Beteiligten zu schaffen, so insbesondere in den Bereichen Politik, Administration, Gesetzgebung, Tarifvertragsparteien, Sozialversicherungsträger, Verbände, Kammern und Kommunen sowie bei relevanten Schlüsselpersonen in den Betrieben und Verwaltungen – unter klar erkennbarer und nicht nur verbal herbeigeredeter Beteiligung der Betroffenen; ein Bewusstsein, das dann auch den Weg für ein abgestimmtes, aufeinander bezogenes politisches Handeln auf den verschiedenen Ebenen freimacht. An möglichen Instrumenten, Wegen, Handlungsoptionen und dgl. soll es nicht mangeln, hierzu liegen aus den Verbundprojekten mehr als genug konkrete Anknüpfungspunkte vor.

Dr. Heimfrid Wolff,
Prognos AG, Basel

Ergebnisse des Forschungsschwerpunkts „Demographischer Wandel und die Zukunft der Erwerbsarbeit"

1. Hintergrund und Forschungsschwerpunkt

Die Veränderung in der Bevölkerungsstruktur Deutschlands ist seit langem ein Thema der Politik. Man spricht von einer Überalterung der Bevölkerung, in der der Anteil der über 65jährigen kontinuierlich ansteigt, während gleichzeitig die Zahl der Kinder relativ und absolut zurückgeht. Selbst wenn man wie in der Vergangenheit von einer weiteren Nettozuwanderung von überwiegend jüngeren Menschen nach Deutschland ausgeht, weisen alle Bevölkerungsprognosen nicht nur auf einen Rückgang der Gesamtbevölkerung ab 2010, sondern vor allem auch auf einen kontinuierlichen Anstieg des Durchschnittsalters in der Bevölkerung hin.

Im Vordergrund der öffentlichen Diskussion über die Wirkungen dieses Wandels stehen in der Regel Fragen nach dem künftigen Generationenvertrag in der Sozialversicherung, der Alterslastquote, eventuell auch Fragen nach der Struktur der öffentlichen Dienstleistungen vom Bildungssystem bis zur Altenpflege oder nach Rückwirkungen auf die Nachfrageströme und das Wahlverhalten. Selten dagegen wird auch über potentielle Auswirkungen auf die Arbeitswelt und die Beschäftigungs- und Innovationsmöglichkeiten in Deutschland diskutiert. Aus der Bevölkerung aber rekrutieren sich alle Arbeitskräfte. Jede Veränderung in der Bevölkerung und ihrer Altersstruktur muss sich daher über kurz oder lang in der Personalpolitik und auf dem Arbeitsmarkt bemerkbar machen.

Dies war der Hintergrund des Forschungsschwerpunkt „Demographischer Wandel und die Zukunft der Erwerbsarbeit". In diesem Schwerpunkt förderte das Bundesministerium für Bildung und Forschung seit 1996 Arbeiten zur Grundlagenforschung. Die Forschungsarbeiten wurden in insgesamt fünf Forschungsverbünden durchgeführt und dauern teilweise noch an. Innerhalb der einzelnen Forschungsverbünde arbeiteten mehrere Forschergruppen aus insgesamt etwa 20 unterschiedlichen Instituten zusammen. Die Schwerpunkte der einzelnen Verbundvorhaben und die daran beteiligten Institute seien im Folgenden kurz genannt:

- *Verbund I: Arbeits- und Innovationspotentiale im Wandel*
  Beteiligte Institute: INIFES, Stadtbergen; ISF, München; SÖSTRA, Berlin
- *Verbund II: Zukunftfähige Anforderungen und Strategien im Handwerk*
  Beteiligte Institute: die Zukunftswerkstatt der Handwerkskammer Hamburg, Fachhochschule Niederrhein, Mönchengladbach; ISF, München
- *Verbund III: Begrenzte Tätigkeitsdauer und neue Arbeitszeitmodelle für Ältere*
  Beteiligte Institute: ISO, Saarbrücken; ISIS, Frankfurt; Forschungsgesellschaft für Gerontologie, Dortmund; Zentrum für Sozialpolitik, Bremen
- *Verbund IV: Innovation bei veränderten Altersstrukturen*
  Beteiligte Institute: FHG-IAO, Stuttgart; TU Chemnitz; BTU Cottbus
- *Verbund V: Innovation, Belegschaftsstrukturen und Altern im Betrieb*
  Beteiligte Institute: GfAH, Dortmund; ISO, Saarbrücken; VDI/VDE-IT, Teltow; TU Hamburg-Harburg; FH Neu-Brandenburg; a&o Research, Berlin; HDZ, Aachen

Die Ergebnisse der vielfältigen Forschungsarbeiten wurden in einem Gesamtbericht, einem sogenannten „Zukunftsreport“ zusammengefasst, auf den sich dieser Vortrag stützt. „Der Zukunftsreport soll die Funktion eines Frühwarnsystems und Orientierungspfades haben für die Bewältigung der Aufgaben, die aufgrund der älter werdenden Belegschaften auf Wirtschaft und Arbeitswelt zukommen“ – wie es im Auftragsschreiben heißt.

Es liegt in der Natur der Sache, dass schon der Bericht „Altern und Arbeit“ selbst nur die wichtigsten Ergebnisse aus einem ganzen Forschungsschwerpunkt aufzugreifen und miteinander in Beziehung zu setzen vermag. Dies gilt weit stärker noch für einen Vortrag. So muss ich mich zwangsläufig auf die mir besonders wichtig erscheinenden Aspekte und Verknüpfungen beschränken. Die Auswahl und Wertung der Ergebnisse mag dabei im Einzelfall von der Sicht des einen oder anderen Kollegen abweichen. Doch dafür wird viel Zeit zur Diskussion in den Arbeitsgruppen sein.

Gleichwohl möchte ich mich an dieser Stelle für die sehr konstruktive Zusammenarbeit mit den vielen Kollegen in den Forschungsverbünden, mit dem Beirat sowie den Mitarbeitern beim Projektträger und im Ministerium bedanken.

In meinem Vortrag möchte ich mich auf insgesamt vier Schwerpunkte konzentrieren:

- Die Entwicklung der Altersstruktur der Erwerbspersonen, also den demographischen Hintergrund der Gesamtthematik.
- Die spezifischen Fragen des Alterns in der Erwerbsarbeit unter den sich ändernden Arbeitsbedingungen in der Wirtschaft.
- Die Bedeutung von Arbeit und Arbeitsumfeld in den Unternehmen für die Erhaltung der Erwerbs- und Beschäftigungsfähigkeit der Mitarbeiter.
- Die Herausforderungen für die Arbeitskräfte und die Intermediäre, d.h. die große Zahl der überbetrieblichen Organisationen zwischen Staat und Unternehmen bzw. Arbeitskräften.

2. Der Wandel in der Alterstruktur der Erwerbsbevölkerung

Dass sich die Altersstruktur in Deutschland schon seit Jahrzehnten allmählich verändert, ist allgemein bekannt. Ich möchte Sie daher hier nicht mit allzu vielen Details zur demographischen Entwicklung und deren Hintergründen belasten. Ein paar Kennzahlen mögen genügen:

- Das Durchschnittsalter der einheimischen Bevölkerung ist in Deutschland in der Vergangenheit deutlich angestiegen. Es lag 1960 bei 36 Jahren, 1996 bei 40 Jahren und wird für 2030 auf 46 Jahre geschätzt.
- Der Anstieg des Durchschnittsalters in der Gesamtbevölkerung geht zum einen Teil auf die Verlängerung der Lebenserwartung von etwa 7 Jahren in den letzten 30 Jahren zurück.
- Eine größere Bedeutung hat der Rückgang der Kinderzahlen: 1960 lebten in Deutschland noch 15,5 Mio Kinder unter 14 Jahren, etwa 22 % der Gesamtbevölkerung. Dieser Anteil fiel 1996 auf 16 % (13,2 Mio) und für 2030 wird nur noch mit 10,5 Mio Kindern unter 14 Jahren oder einem Anteil von 12 % an der Gesamtbevölkerung gerechnet.

Der Anstieg des Durchschnittsalters in der Gesamtbevölkerung erfolgt also gleichzeitig durch Veränderungen am unteren und oberen Ende der Alterspyramide. So ist nicht verwunderlich, wenn der Wandel in der Altersstruktur bisher kaum auf die Erwerbsbevölkerung durchgeschlagen hat. Sie rekrutiert sich nämlich aus der Bevölkerung im erwerbsfähigen Alter von üblicherweise 15 bis 65 Jahren, in ihrer Mehrzahl sogar nur aus den 20- bis 60jährigen.

Das Durchschnittsalter der Menschen im erwerbsfähigen Alter sank im Unterschied zur Gesamtbevölkerung zwischen 1960 und 1980 noch von 39,2 auf 37,6 Jahre und lag 1996 nur wenig höher als 1960. Zwar ging die Zahl der jungen Leute unter 25 Jahren seit 1980 deutlich zurück. Doch diese Altersgruppe ist noch stark im Bildungssystem verankert. Dafür stieg die Zahl der potentiellen Mitarbeiter zwischen 25 und 45 Jahren noch zwischen 1980 und 1996 an und zwar stärker (4,1 Mio.) als die Zahl der über 45- und bis 65jährigen (+ 3,7 Mio). In der Altersgrup-

Abb. 1 Entwicklung der Bevölkerung im erwerbsfähigen Alter in Deutschland 1960 bis 2040

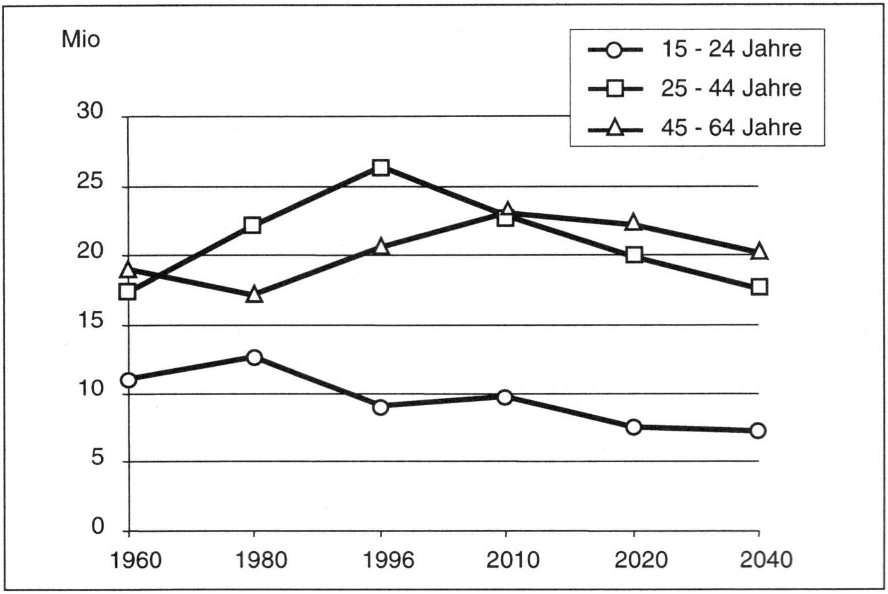

Quelle: SÖSTRA

pe der 25- bis 45jährigen liegt zudem der Anteil der tatsächlich Erwerbstätigen an der Zahl der entsprechenden Altersgruppen höher noch als bei den Jüngeren bzw. Älteren. So wundert es nicht, dass der demographische Wandel für die Wirtschaft und insbesondere für die Personalpolitik der Unternehmen bisher keine besondere Bedeutung hatte. Für die Wirtschaft führte der demographische Wandel lediglich zu steigenden Belastungen bei den Sozialkosten und zu einem veränderten Käuferverhalten. Schon in den letzten Jahren hat sich diese Situation drastisch verändert (vgl. Abb. 1). Die Vorausberechnungen zeigen, dass der Rückgang der Kinderzahl in der Vergangenheit immer stärker die Zukunft der Arbeitswelt und das Angebot an arbeitsfähigen Erwerbspersonen prägen wird:

- Zwar stabilisiert sich vorübergehend die Zahl der unter 25jährigen an der erwerbsfähigen Bevölkerung,
- gleichzeitig aber nimmt die Zahl der 25- bis 45jährigen stark ab,
- während die Zahl der potentiellen Erwerbspersonen im Alter über 45 Jahre noch bis 2010 ansteigt und erst danach mit der Schrumpfung der Bevölkerungszahl insgesamt langsam fällt.

- Innerhalb der Gruppe der über 45jährigen verlagert sich in den nächsten 30 Jahren zusätzlich das Gewicht hin zu den über 55jährigen.

Insgesamt konzentriert sich dadurch der ab 2010 bis 2040 zu erwartende Rückgang in der Gesamtzahl der Erwerbspersonen zu über 70 % auf die Gruppe der 25- bis unter 45jährigen Erwerbspersonen. Die Wirkungen dieser dramatischen Veränderungen in der Altersstruktur der erwerbstätigen Bevölkerung lassen sich auf dem Arbeitsmarkt bisher nur in Randbereichen direkt beobachten. Hier gibt es so etwas wie einen Titanik-Effekt: Während die überwiegende Zahl aller Unternehmen, Wirtschaftszweige und Regionen die Überalterung noch nicht für ein personalpolitisches Problem hält (nur drei Prozent der im IAB-Betriebspanel 1997 befragten Unternehmen sahen hierin ein Problem), werden in einzelnen Arbeitsmarktsegmenten, Regionen und Sektoren erste Anzeichen einer kritischen Verknüpfung des demographischen Wandels mit gewachsenen wirtschaftlichen Problemen erkennbar. Dafür spricht etwa,

- wenn heute der Anteil der über 50jährigen Langzeitarbeitslosen bereits höher als 50 % liegt,
- wenn das Durchschnittsalter in landwirtschaftlichen Betrieben über dem aller anderen Wirtschaftsbereiche liegt und steigt,
- wenn sich das Handwerk in Einzelgewerken, vor allem der Bauwirtschaft zunehmend Gedanken um die Rekrutierung von Fachpersonal macht,
- wenn die Betriebszahlen im Handwerk sinken, weil Betriebe, deren Inhaber aus Altersgründen ausscheiden, nicht mehr vollumfänglich durch Nachfolger oder Existenzgründungen ersetzt werden und
- wenn in den ostdeutschen Bundesländern bis 2020 immer mehr Mitarbeiter in den Ruhestand wechseln, während der Geburteneinbruch Anfang der 90er Jahre sich als Nachwuchsmangel in den Unternehmen niederschlägt.

Unabhängig von den demographischen Veränderungen hat der Anteil der über 50jährigen in der Wirtschaft zwischen 1990 und 1996 zusätzlich noch dadurch abgenommen, dass viele Arbeitnehmer und Unternehmen die Möglichkeiten zur Frühverrentung älterer Mitarbeiter nutzten. Dies fiel oft zusammen mit den Bemühungen zur Rationalisierung und Neuausrichtung der Unternehmen im schärfer werdenden Wettbewerb.

Modellrechnungen für die deutsche Industrie lassen erwarten, dass in den nächsten zehn bis 15 Jahren mit einem deutlichen Anstieg des Anteils der über 50jährigen an den sozialversicherungspflichtig Beschäftigten zu rechnen ist (vgl. Abb 2). Dieser Anstieg gilt schon im eher unwahrscheinlichen Szenario 1, nämlich unter der Annahme, dass die Abgangsquote der über 50jährigen bis zum Jahre 2016 auf dem selben Niveau liegen werde wie im Schnitt der Vergleichsjahre 1990 und 1996. Tatsächlich werden die Abgangsquoten voraussichtlich sinken, weil nach der Rentenreform die Frühverrentung nur noch für wenige Jahrgänge ohne Einbußen mög-

Abb. 2 Anteil der über 50-jährigen an der Gesamtbeschäftigung in der Industrie in Prozent

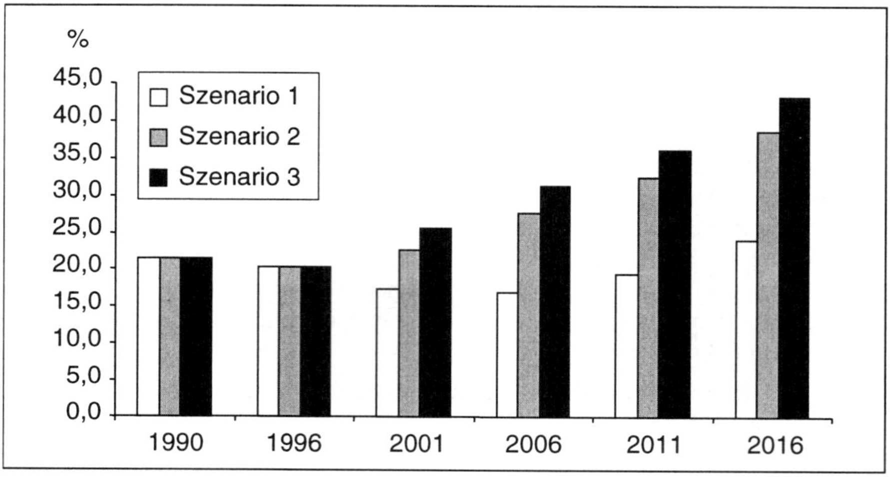

Quelle: VDI/VDE-IT

lich ist. Auch die zurückhaltende Inanspruchnahme von Regelungen im Altersteilzeitgesetz spricht für den Rückgang der Abgangsquoten.

Geht man von einem solchen Anstieg der Abgangsquoten in unterschiedlicher Höhe aus (Szenarien 2 und 3), so zeigen die Simulationsrechnungen auch einen Anstieg der über 50jährigen an den gesamten sozialversicherungspflichtig Beschäftigten in der Industrie von gegenwärtig etwas über 20 % auf um die 40 % in den kommenden 15 Jahren. Dieser Anstieg ist zwangsläufig höher als er ohne Frühverrentung aufgrund der Bevölkerungspyramide allein ausgefallen wäre. So kumulieren in Zukunft die Wirkungen der Frühverrentung mit den demographischen Effekten. Der Raum für den organischen Ausstausch von Altersgruppen in der Belegschaft schrumpft in den nächsten zehn bis 15 Jahren.

3. Altern in der Erwerbsarbeit unter veränderten Bedingungen

Die Veränderung in der Altersstruktur der Erwerbstätigen wäre sicher weniger schwerwiegend, wenn sie in Deutschland nicht auf eine Tradition stieße, nach der älteren Mitarbeitern die Fähigkeit zur Neuorientierung im Innovationsgeschehen oftmals recht undifferenziert abgesprochen wird. Alt wird schnell mit leistungsgemindert gleich gesetzt. Dabei hat sich die Schwelle für „alt" im Lauf der Zeit immer weiter nach vorne verschoben: vor 20 Jahren galten etwa 58- bis 60jährige erst als „alt", heute sind es bereits die über 50jährigen. Wer sich gar mit über

45 Jahren noch einmal erfolgreich bewerben will, muss schon über besondere Fähigkeiten oder Kenntnisse verfügen. Andernfalls wird seine Bewerbung gleich zur Seite gelegt.

Begründet wird dies Verhalten in aller Regel damit, dass mit zunehmendem Alter Erfahrungswissen und berufliche Kenntnisse zwar zunächst zunehmen. Später aber sinke zugleich die Bereitschaft zur Veränderung, zur Anpassung und Innovation. Die Erfahrung mache aus älteren Mitarbeiter meist „Zögerer" und „Bedenkenträger", die man im Innovationsprozess nicht brauchen könne. Nicht selten wird diese Sicht auch von den jüngeren Kollegen geteilt und viele Arbeitskräfte machen sie sich selbst zu eigen. Genauere Analysen ergeben aber ein sehr viel differenzierteres Bild:

Unzweifelhaft ändert sich das Qualifikationsprofil der Arbeitskräfte im Laufe ihres Erwerbslebens. Positive wie negative Erfahrungen am Arbeitsplatz und im Lebensumfeld überschneiden sich hier mit biologisch-physiologischen Veränderungen. Mit wachsender Erfahrung und zunehmendem Alter verliert dagegen nur die physische Kraft, die Abstraktions- und Risikobereitschaft an Gewicht. Die für den Arbeitseinsatz aber ebenso wichtigen Eigenschaften wie Begabung, Intelligenz, Fähigkeit zum gezielten Handeln und zur Kooperation sind kaum altersabhängig. Außerdem entwickeln sich Qualitäts- und Verantwortungsbewusstsein, Urteilsfähigkeit und Selbständigkeit ebenso wie Führungskompetenz erst im Laufe der Zeit aufgrund der konkreten Erfahrung im Arbeitsleben.

Käme es im Innovationsprozess allein auf physische Kraft und Risikobereitschaft der Arbeitskräfte an, so ließe sich vielleicht das Vorurteil der alternsspezifischen Defizite als Handlungsmaxime für die Personalpolitik rechtfertigen. Die Untersuchungen zu den Anforderungen an „innovative" Mitarbeiter aber sprechen eine ganz andere Sprache. Da wird nicht nur Risikobereitschaft, sondern auch hohes fachliches Können und sogar zunehmend Urteilskraft und Augenmaß, Qualitätsbewusstsein und Selbständigkeit gefordert. Außerdem wird von der Notwendigkeit zu „kontinuierlichen Verbesserungsprozessen (KVP)" gesprochen, in die immer mehr Mitarbeiter auf allen Ebenen und in allen Teilen der Unternehmen und der Wirtschaft in das Innovationsgeschehen eingebunden sind.

Gerade in den heute eher komplexer werdenden Innovationsprozessen erweist sich das pauschale Defizit-Modell des Alterns als ein hartnäckiges, aber gefährliches Vorurteil: Das kalendarische Alter wird leicht zu einer bequemen, quasi objektiven Entschuldigung für Vorgesetzte und Personalverantwortliche, die sich mit Vorstellungen und Einwenden ihrer älteren Mitarbeiter nicht auseinander setzen wollen und die sich bei Innovationsvorhaben lieber auf junge, unerfahrene und leichter führbare Mitarbeiter konzentrieren.

Auch ältere Mitarbeiter selber akzeptieren und nutzen ihr kalendarisches Alter u.U. gern als Ausrede, um sich ggf. notwendigen Qualifizierungsmaßnahmen entziehen und ihre sinkende Einsatzbereitschaft quasi objektiv zu rechtfertigen. Die

„Bequemlichkeit" des Defizit-Modells hat in der Praxis mancher Industrie- und Dienstleistungsunternehmen zu einer gefährlichen Arbeitsteilung zwischen jüngeren und älteren Mitarbeitern geführt:

So berichten Betriebe aus der Metallverarbeitung ebenso wie Unternehmen aus dem Softwarebereich, dass sie für neue Produkte oder Prozesse vorzugsweise jüngere Mitarbeiter einsetzen. Die älteren könnten so ihre Erfahrungen weiter zur Herstellung, Entwicklung und Wartung der traditionellen Produkte nutzen und ihnen wie dem Betrieb blieben teure und mühselige Qualifizierungsmaßnahmen erspart. Die jüngeren Mitarbeiter könnten dafür besser von ihrer aktuelleren Ausbildung Gebrauch machen und hätten schneller konkrete Erfolgserlebnisse. Auch in altersgemischten Gruppen wählen die Arbeitskräfte manchmal selber eine einseitige Arbeitsteilung, weil sich so die relativen Leistungsvorteile kurzfristig am besten nutzen ließen.

Die Nachteile einer solchen, kurzfristig orientierten Arbeitsteilung zeigen sich spätestens, wenn traditionelle Produkte ausgemustert, neue Maschinen eingesetzt oder bisherige Arbeitsabläufe verändert werden. Dies geschieht unter heutigen Innovationszyklen vergleichsweise schnell. Laufzeiten von mehr als zehn Jahren für bestimmte Produktlinien, Herstellungsprozesse und Arbeitsabläufe sind inzwischen die Ausnahme. Die Laufzeiten reichen aber bei der beschriebenen Arbeitsteilung zwischen jüngeren und älteren Mitarbeitern oft noch aus, um die Einsatzfähigkeit der Mitarbeiter mit ihren Produkten und Tätigkeiten altern zu lassen. Sie können und müssen sich dort spezialisieren. Dadurch verengt sich ihr tatsächliches Leistungsspektrum. Sie werden lernungewohnt und es fällt ihnen immer schwerer, Veränderungen Rechnung zu tragen. Sie geraten in eine Einseitigkeits- oder Spezialisierungsfalle.

Dies ist kein Problem des kalendarischen Alters. Es lässt sich bei jungen wie alten Mitarbeitern gleichermaßen beobachten. Die Konsequenzen für die Mitarbeiter wie für ihre Innovationsbereitschaft sind allerdings durchaus altersabhängig. Sie werden umso gravierender, je mehr dadurch erfahrungsbedingte Veränderungen in den Qualifikationsprofilen behindert werden oder das „Alter" als Entschuldigung von Vorgesetzten wie Mitarbeitern akzeptiert wird.

Die kurzfristig so vernüftig erscheinende Arbeitsteilung oder vielleicht besser – trennung zwischen jungen und älteren Mitarbeitern hat entsprechend immer wieder zu erheblichen Problemen geführt: Leistungsfähige und bisher engagierte Mitarbeiter werden häufiger krank oder verlieren ihr Interesse an der Arbeit. Ihre Produktivität geht zurück. Mitarbeiter aus auslaufenden Produktgruppen oder Abteilungen sind plötzlich nicht mehr produktiv einsetzbar, kämpfen dafür aber umso härter um Rechtsansprüche und werden zu einer Kostenbelastung. Andere – oft gerade besonders verdiente – Mitarbeiter versuchen, sich ihren Arbeitsplatz durch Monopolisierung von Informationen und Spezialwissen zu erhalten. Sie wieder machen ein erfolgreiches Wissensmanagement unmöglich, auf das innovative Unternehmen in keinem Wirtschaftszweig heute mehr verzichten können. Die Risiken für Unternehmen durch Spezialisierungsfallen und innerbetriebliche Informationsblockaden ihrer Mitarbeiter wachsen sogar unter den gegenwärtigen Arbeitsbedingungen. Der höhere Innovationsdruck führt dazu, dass Produktveränderungen, Reorganisations- und Rationalisierungsmaßnahmen in immer schnelleren Wellen aufeinander folgen. Sie verlangen einerseits von den Mitarbeitern eine hohe und tendenziell wachsende Spezialisierung auf spezifische Techniken, Produkte und Märkte. Und sie verlangen von ihnen andererseits die Bereitschaft, sich in immer kürzeren Zeiträumen neu zu spezialisieren. Dabei verändern sich die Tätigkeitsanforderungen an die Mitarbeiter häufiger, die Tätigkeitsdauer am jeweiligen Arbeitsplatz verkürzt sich.

Dies wieder trifft auf das Phänomen der begrenzten Tätigkeitsdauer bei Mitarbeitern aus erwerbsbiographischen Gründen: Interessen, Lebensumstände, physische und psychische Belastungen, aber auch die bisher gemachten Erfahrungen verändern das Qualifikationsprofil im Laufe der Zeit. Dies mindert keineswegs automatisch ihre Arbeits- und Erwerbsfähigkeit, wohl aber die jeweils optimale Form des Arbeitseinsatzes: Je besser es einem Mitarbeiter gelingt, seine persönlichen Fähigkeiten und Wünsche am Arbeitsplatz einzubringen, um mehr wird er sich auch für das Wohl des Unternehmens engagieren, für das er arbeitet. Und je besser es umgekehrt den Vorgesetzten oder der Personalführung gelingt, die wirtschaftlichen Interessen des Betriebs mit den persönlichen des Mitarbeiters zu verbinden, um so eher finden sie in den eigenen Mitarbeitern Partner im Innovationswettbewerb. Dabei ist es in altersgemischten Belegschaften tendenziell leichter die laufende Abstimmung zwischen sich ändernden Qualifikationsprofilen und geeigneten Tätigkeitsfeldern im Zeitablauf zu finden. Dies setzt allerdings auch hier voraus, dass Einseitigkeits- und Spezialisierungsfallen weitestgehend vermieden werden können.

Die Zunahme der über 45- und 50jährigen Mitarbeiter in der Wirtschaft kann vor diesem Hintergrund zu Innovationsproblemen führen, wenn sich das Vorurteil von der sinkenden Innovationsfähigkeit älterer Mitarbeiter weiter in dem bisher beobachteten Maße hält und die älteren Mitarbeiter mit ihren Produkten altern. Der Mangel an Nachwuchs schlägt sich dann unmittelbar in einem Rückgang der Innovationskraft nieder. Von ihr werden entsprechend dem Titanik-Effekt zunächst die Regionen und Wirtschaftszweige betroffen, deren Ertragskraft nicht ausreicht, um im wachsenden Wettbewerb um qualifizierten Nachwuchs zu bestehen.

Betroffen sind aber auch alle Arbeitskräfte, die im Alter von vielleicht 50 Jahren feststellen, dass sie in einer Spezialisierungsfalle stecken und keinen neuen Arbeitsplatz finden. Und betroffen ist schließlich die Gesellschaft insgesamt, deren Wachstumsraten sinken und deren Sozialkosten steigen.

Die möglichst weitreichende Überwindung des pauschalen und bequemen Vorurteils gegenüber der Arbeits- und Innovationsfähigkeit von Mitarbeitern über 45 oder 50 Jahren liegt vor diesem Hintergrund im Interesse aller. Wie die durchaus konkreten Erfahrungen in einzelnen Unternehmen und bei vielen Arbeitskräften immer wieder zeigen, lässt sich bei entsprechenden Arbeitsstrukturen ein alternsgerechter Arbeitseinsatz finden.

Er erlaubt es den Unternehmen, die Qualifikationspotentiale ihrer Arbeitskräfte gerade auch in altersgemischten Belegschaften für den kontinuierlichen Innovationsprozess gleichzeitig zu nutzen und zu erhalten. Er hilft den Arbeitskräften, ihre Arbeitsfreude und persönliche Leistungsfähigkeit kontinuierlich zu entwikkeln und damit ihre Chancen für eine erfolgreiche Erwerbsbiographie zu erhöhen. Er erleichtert es schließlich auch den Organisationen in Wirtschaft und Gesellschaft, die Innovationskraft der Wirtschaft am Standort Deutschland zu fördern und den Alptraum der Arbeitslosigkeit erfolgreich zu bekämpfen.

4. Die Bedeutung von Arbeit und Arbeitsumfeld in den Unternehmen

Die Notwendigkeit einer alternsgerechten Beschäftigung ist keineswegs neu. Es fragt sich daher, warum diesen Überlegungen in der Vergangenheit so vergleichsweise wenig Raum in den Diskussionen über Personalführung, Qualifikation, Arbeits- und Gesundheitsschutz oder Rekrutierung und Arbeitsmarkpolitik eingeräumt wurde.

Nach den durchgeführten Forschungsarbeiten hängt die Antwort auf diese Frage mit einem Grundproblem des menschlichen Verhaltens zusammen. Ausschlaggebend ist offensichtlich die Tatsache, dass im Arbeitsalltag nahezu automatisch der kurzfristige Ertrags- und Kostendruck und die kurzfristige Optimierung über alle Fragen der längerfristigen Sicherung im Innovationsgeschehen wie im Personalmanagement dominieren. Für Langfristaufgaben gibt es Stäbe oder eigene Forschungs- und Personalabteilungen, auf das Tagesgeschehen wirken sich ihre Planungen nur sporadisch und dann meistens schockartig aus.

Dieses menschlich durchaus verständliche Verhalten übersieht aber, dass in der Arbeitsplatz- und Arbeitszeitgestaltung im Hier und Jetzt die entscheidenden Weichen für die Entwicklung einer alternsgerechten Beschäftigung gestellt werden. Im täglichen Arbeitseinsatz erfolgt die Spezialisierung und wächst die potentielle Einseitigkeit, aus der sich im Lauf der Zeit nicht nur physische und psychische Belastungen, sondern auch Lernungewohntheit, sinkende Lernbereitschaft und Flexibilität, Enttäuschung und Entmutigung ergeben.

Werden im Arbeitsalltag die Weichen falsch gestellt, so lassen sich die Folgen nicht mehr vermeiden und müssen anderweitig ausgeglichen werden. Dies zwingt zu teuren Ausgleichs-, Rehabilitations- oder Sozialmaßnahmen, unter denen Arbeitskräfte wie Betriebe gleichermaßen leiden. Sie schlagen sich in den Krankheitsstatistiken ebenso nieder wie bei der Zahl der Erwerbsunfähigen, der Frührentner oder Langzeitarbeitslosen. Nicht zufällig müssen sich Arbeitsmediziner heute immer mehr mit schleichend kumulierenden physischen, psychischen und sozialen Beeinträchtigungen befassen. Sie widersetzen sich als chronische Behinderungen allen traditionellen Behandlungsbemühungen hartnäckig.

Eine alternsgerechte Arbeitsplatz- und Arbeitszeitgestaltung kann vor diesem Hintergrund nur gelingen, wenn sie selbst in eine innovationsorientierte Unternehmenskultur eingebunden ist. Die Unternehmenskultur muss den alles umfassenden Bezugsrahmen schaffen, in dem die eher mittel- und langfristigen Innovations- und Personalplanungen mit den kurzfristigen Arbeitsanforderungen und den wirtschaftlich-technischen Möglichkeiten kontinuierlich in Übereinstimmung gebracht werden. Qualifizierung und Tätigkeitswechsel, Rekrutierung und Arbeits- oder Gesundheitsschutz werden zu unverzichtbaren Bindegliedern.

Viele erfolgreiche Unternehmen zeigen, dass bei diesem Balanceakt der Unternehmensführung die unterschiedlichen Qualifikationsprofile jüngerer und älterer Mitarbeiter sich ausgesprochen gut ergänzen können. Erfolgreiche Innovationen nämlich, so zeigen die durchgeführten Fallstudien, brauchen breite Qualifikationsprofile. Sie können auf die bei Jüngeren häufiger zu findende Experimentierfreude ebenso wenig verzichten wie auf die Umsicht und das Qualitätsbewusstsein, das sich eher bei Älteren ausprägt.

Dies zeigt sich selbst in der Softwareerstellung, die heute meist zu den Arbeitsgebieten zählt, in der junge Leute als Garant für Innovativität und Kreativität gelten. Versucht man nämlich, die unterschiedlichen Aufgaben in der Software-Erstellung zu analysieren, so zeigt sich,

- dass für die Aufgabenanalyse und den Systementwurf sowohl die Ideen der jüngeren als auch die Umsicht und die Verknüpfung der älteren Mitarbeiter gefordert ist,
- dass für den Entwurf einzelner Module, ihre Codierung und ihren Test vielfach jüngere Mitarbeiter besser eingesetzt werden, besonders wenn sie bei Auffälligkeiten auf erfahrenere Kollegen zurückgreifen können,
- dass bei der Indikation und dem Systemtest ältere Mitarbeiter auf jeden Fall beteiligt sein sollten und
- dass es bei der Implementation wie vor allem bei der Nachsorge und Wartung auf die Erfahrung und die Kenntnis der Kundenprobleme ankommt, über die ältere Mitarbeiter häufiger verfügen als jüngere.

Ähnliche Erfahrungen mit altersgemischten Gruppen scheinen viele Firmen zu machen. Sicherlich kann daraus nicht pauschal geschlossen werden, dass altersgemischte Belegschaften allein aufgrund dieses Kriteriums jugend- oder alterszentrierten Belegschaften überlegen seien. Viele erfolgreiche und innovative Ausgründungen aus Kombinaten der ehemaligen DDR zeigen, dass ein hoher Altersdurchschnitt der Mitarbeiter allein sicher keinen Rückschluss auf die Leistungskraft des Unternehmens zulässt. Dies gilt ebenso wenig für jugendzentrierte Firmen, wie die Konkursstatistik zeigt. Zu viel hängt von den spezifischen Tätigkeitsfeldern, der Branche und den beteiligten Personen ab. So gibt es in bestimmten Handwerksbereichen, wie etwa dem Dachdecker- oder Kfz-Handwerk Tätigkeiten, die schon aufgrund der körperlichen Beanspruchung nur über bestimmte Zeiträume und vorrangig von jüngeren Mitarbeitern ausgeführt werden können. Doch auch diese Beobachtung lässt sich nicht ohne weiteres auf andere Tätigkeiten und Branchen übertragen, wie es manchmal allzu leichtfertig zur Begründung des Defizit-Modells geschieht.

Die arbeitsmedizinischen Gründe für eine begrenzte Tätigkeitsdauer – so wichtig sie für einzelne Berufe und Tätigkeitsfelder auch sind – sind insgesamt nach den Untersuchungen durch Professor Ilmarinen im Rahmen des finnischen Programms „Respect for the Ageing“ oftmals sehr viel weniger ausschlaggebend, als vielfach angenommen. Gerade in seinen Langzeituntersuchungen und nach den Erfahrungen mit entsprechend gezielten Maßnahmen zur Förderung der alternsgerechten Beschäftigung zeigt sich nämlich, dass die individuelle Arbeitsfähigkeit mit zunehmendem Alter von drei Komponenten bestimmt wird, die sich ebenso wechselseitig verstärken wie gegenseitig ausgleichen können:

- Am wichtigsten scheint für die Erhaltung der Arbeitsfähigkeit bei älteren Arbeitskräften die Arbeitsatmosphäre zu sein. Sie wird vor allem durch das Verhalten der Führungskräfte, die Kontakte zu den Kollegen und die Unternehmenskultur geprägt. Ältere Arbeitkräfte scheinen dank ihrer Erfahrung besonders stark auf atmosphärische Störungen zu reagieren, insbesondere wenn für sie Einkommens- und Karriereanreize an Gewicht verlieren.
- Wichtig sind weiter die Gestaltung der konkreten Arbeitsabläufe und hier die Berücksichtigung der Forschungsergebnisse im Hinblick auf Ergonomie, Arbeitshygiene und Arbeitssicherheit und zwar sowohl im Hinblick auf die Ausgestaltung der Arbeitsplätze wie auch die Arbeitsabläufe, den Personaleinsatz und den Belastungsausgleich.
- Einen im Vergleich geringeren, wenn auch deutlichen Einfluss hat schließlich die individuelle Lebensgestaltung der Mitarbeiter, die eng mit der persönlichen Situation, der privaten Lebensführung und den sportlichen Aktivitäten in Verbindung steht und für die die Mitarbeiter selber verantwortlich sind.

Aufgrund der Erkenntnisse im finnischen Forschungsprogramm wurden systematisch Maßnahmen entwickelt, um älter werdenden Mitarbeitern ihre Arbeitsfähigkeit zu erhalten. Die bisherigen Beobachtungen zeigen deutliche Erfolge dieser Bemühungen: Sowohl bei Mitarbeitern in technischen wie in Büroberufen gelang es, den in der Vergangenheit schon beobachteten Abfall der Arbeitsfähigkeit zu stoppen und teilweise sogar einen Wiederanstieg trotz höheren Alters zu erreichen. Gemessen wurde dies anhand eines Arbeitsfähigkeitsindexes, der sich nach den bisherigen Beobachtungen als sehr leistungsfähig erwiesen hat und in Finnland zunehmend Anwendung findet.

5. Eigenverantwortung der Arbeitskräfte und die Herausforderung der Intermediäre

So wichtig die Handlungsmöglichkeiten in der Arbeits- und Personalplanung auch sind, so sehr muss davor gewarnt werden, die Verantwortung für die alternsgerechte Beschäftigung in Deutschland allein den Unternehmen zuzuweisen. Das Qualifikationsprofil eines Erwerbstätigen entwickelt und ändert sich im Zeitverlauf nicht nur im von Unternehmen bestimmten Arbeitsumfeld. Es hängt ebenso stark von den persönlichen Initiativen und privaten Erfahrungen des Einzelnen ab sowie den Aus- und Weiterbildungsmöglichkeiten oder Hilfestellungen, die sich ihm bieten. Hinzu kommt, dass sich die Erwerbsphase einer Arbeitskraft bei voll Berufstätigen über 35 bis 40 Jahre erstreckt. Sie ist damit sehr viel länger, als jede mitarbeiterorientierte Personalplanung selbst in Großunternehmen reichen kann. Dabei nimmt die Beschäftigung in Großunternehmen mit entsprechend großen internen Arbeitsmärkten gegenwärtig tendenziell ab. Der Anteil der Arbeitskräfte in kleinerer Unternehmen nicht nur des Dienstleistungssektors gewinnt an Gewicht. Immer mehr große Unternehmen bemühen sich sogar, ihre Arbeit auf Kernbereiche zu konzentrieren und zu dezentralisieren, um so flexibler im globalen Innovationswettbewerb reagieren zu können.

Bei diesen strukturellen Veränderungen müssen sich die Erwerbstätigen im eigenen Interesse auch selbst um die Erhaltung ihrer lebenslangen Erwerbsfähigkeit bemühen. Ihre Gestaltungsmöglichkeiten sind unter den herrschenden Arbeitsmarktbedingungen allerdings mit zunehmendem Alter begrenzt. Um so wichtiger ist es für sie, die ihnen verbleibenden Handlungsmöglichkeiten im Rahmen der Arbeitsplatzwahl, durch Personalgespräche, Tätigkeitswechsel und Zusatzqualifkation im Sinne eines persönlichen Risikomanagements zu suchen und zu nutzen.

Dazu gehört eine möglichst vorurteilsfreie Einschätzung der eigenen Leistungsfähigkeit sowohl im Hinblick auf das gegenwärtige Arbeitsumfeld wie auch die sich bietenden Möglichkeiten für die individuelle Entwicklung und Veränderung im Laufe der Erwerbsbiographie. Zufrieden mit dem gegenwärtigen Tätigkeits- und Arbeitsfeld übersehen viele Arbeitskräfte auch selber leicht die Risiken von Spezialisierungs- und Einseitigkeitsfallen. Manche erhöhen sogar ihre Risiken dadurch, dass sie z.B. Weiterbildungsangebote innerhalb und außerhalb des eigenen Betriebes ablehnen oder lediglich als eine verlängerte Urlaubszeit bzw. Anerkennung für gute Leistungen in der Vergangenheit mitnehmen.

Viele Computerfachleute der ersten Stunde konnten sich zunächst stolz zu den anerkanntesten Spezialisten zählen. Sie verstanden ihre eigene Situation nicht mehr, als sie mit der Umstellung der EDV arbeitslos wurden und man sie als 50jährige plötzlich für innovationsunfähig erklärte. Viele wurden dabei auch Opfer ihres eigenen Stolzes und Spezialistentums. Ähnlichen Problemen stehen erfahrene Maschinenbauingenieuren und Facharbeiter gegenüber, deren Know-how im Prozess des technischen und wirtschaftlichen Wandels als veraltet gilt. Noch schwieriger ist die Situation bei den vielen angelernten Arbeitskräften, die im Laufe ihres Arbeitslebens nur wenige Handgriffe zu beherrschen lernten. Gerade hier sind die Risiken einer einseitigen Spezialisierung besonders groß und ebenso die Schwierigkeiten, neue Chancen zu suchen, zu finden und zu nutzen.

Die meisten Arbeitskräfte sind mit solchen Aufgaben allein allerdings schnell überfordert. Dies gilt selbst für hochqualifizierte Mitarbeiter mit akademischer Ausbildung. Für sie hat sich in der Vergangenheit ein relativ breites und leistungsfähiges Beratungsnetzwerk entwickelt, das in großen Unternehmen schon beim Personalmanagement beginnt und sich auf dem freien Markt von der Karriere- über die Laufbahn- und Qualifizierungs- bis hin zur Outplacementberatung erstreckt. Dabei ist sich diese relativ kleine Gruppe gemessen an allen Arbeitskräften sicher aufgrund ihrer Herkunft und Ausbildung noch am ersten ihrer persönliche Risiken bewusst – eine nicht unwichtige Voraussetzung, wenn man Hilfe von außen nutzen will. Trotzdem zeigt die wachsende Zahl arbeitsloser ehemaliger Manager im Alter von über 50 Jahren deren Betroffenheit.

Viel schwieriger ist die Gestaltung der eigenen Erwerbsbiographie für die große Zahl der Arbeitskräfte mittlerer und unterer Qualifikation. Sie stehen den Veränderungen in der Arbeitswelt ebenso wie den Veränderungen in ihren eigenen Leistungs- und Qualifikationsprofilen viel häufiger hilflos gegenüber. Sie suchen und finden Ansprechpartner und Hilfe meist erst, wenn es bereits sehr spät ist und sie vielleicht sogar schon arbeitslos geworden sind. In dieser Situation aber – das zeigen alle einschlägigen Untersuchungen ebenso wie die Erfahrungen der Arbeitsverwaltung – neigen ältere Arbeitskräfte schnell zur Resignation. Damit wird es noch schwerer, ihnen durch Qualifizierung, Arbeitsvermittlung oder Übergangslösungen Perspektiven zu öffnen und ihnen den Weg aus der Arbeitslosigkeit zu bahnen.

Auch einzelne Unternehmen und hier vor allem die klein- und mittelgroßen Betriebe wären – auf sich allein gestellt – überfordert, wenn sie die alternsgerechte Beschäftigung ihrer jeweiligen Mitarbeiter garantieren sollten. Der hohe Wettbewerbsdruck und die Schnelllebigkeit der Absatzmärkte fordert ihren stärksten Einsatz im Tagesgeschäft. Für viele andere Fragen müssen sie sich auf einen verlässlichen Rahmen, konkrete Hinweise und externe Hilfestellungen verlassen. Besonders wenn die Entwicklung alternsgerechter Beschäftigungsformen für alle Alters- und Beschäftigtengruppen im eigenen Betrieb an Grenzen stößt, sind leistungsfähige überbetriebliche Qualifizierungs-, Vermittlungs- und Beratungsmöglichkeiten unverzichtbar. Dies gilt für die Suche nach Kooperationspartnern ebenso wie für die Entwicklung tragfähiger Arbeits- und Tarifregelungen oder den möglichst sozialverträglichen Austausch im Mitarbeiterstab.

Vor dem Hintergrund des demographischen Wandels und der wirtschaftlichen Veränderungen zeichnet sich hier eine wachsende Verantwortung der Intermediäre ab. Bei den Intermediären handelt es sich um die vielfältigen Organisationen im Mittelfeld zwischen Unternehmen, Arbeitskräften und Staat, die im Laufe der Vergangenheit durch ihre Dienstleistungen, Hinweise und Vorschläge großen Einfluss auf das wirtschaftliche und politische Geschehen in Deutschland gewonnen haben. Dies gilt nicht nur für den Bereich der Tarifhoheit, sondern auch für die Selbstverwaltungseinrichtungen der Wirtschaft in den Kammern, die Gestaltung von Aus- und Weiterbildung, die soziale Hilfe für Arbeitslose oder die Organisation überbetrieblicher Kooperationen auf regionaler oder sektoraler Ebene.

Leider stellte sich bei den Untersuchungen heraus, dass diese Organisationen in Wirtschaft und Gesellschaft bisher den potentiellen Folgen des demographischen Wandels für die Zukunft der Erwerbsarbeit in Deutschland erst wenig Augenmerk widmen. Gleichwohl gibt es in diesem Bereich interessante und erfolgversprechende Ansätze bei einzelnen Institutionen. Am häufigsten geben sie Hinweise und Informationen zur Notwendigkeit und Möglichkeit einer alternsgerechten Beschäftigung. Dies schlägt sich z.B. nieder in entsprechenden Broschüren, Vorträgen oder dem Nachweis von „Best-Practice-Beispielen". Vielfach wird hierfür auf Forschungsarbeiten, Modellprojekte mit staatlicher Unterstützung oder Initiativen der Arbeitsverwaltung zurückgegriffen.

In manchen Regionen, vor allem auch in den neuen Bundesländern, sind ganz unterschiedliche Institutionen initiativ geworden, um Arbeitskräften wie Unternehmen bei der Entwicklung regionaler Netze etwa in der Aus- und Weiterbildung, bei Innovationsvorhaben oder bei der Arbeitskräftebeschaffung und -vermittlung zu helfen. Andere versuchen im Rahmen ihrer Qualifizierungsangebote besonders ältere Arbeitskräfte und Arbeitslose anzusprechen, um ihnen die Rückkehr in den Arbeitsmarkt zu erleichtern. Schließlich zeichnen sich auch in Tarifverträgen Bemühungen der Tarifpartner ab, konsensfähige Regeln zu entwickeln, die alternsgerechtere Beschäftigungsformen erleichtern.

Doch alle diese Initiativen – so notwendig und fruchtbar sie im Einzelfall auch sind – wirken angesichts des breiten demographischen Wandels unter den gegenwärtigen Wettbewerbsbedingungen oft nur wie ein schwacher Regen auf einen heißer werdenden Vulkan.

6. Resumee

So lässt sich aus den gesamten Arbeiten im Forschungsschwerpunkt „Demographischer Wandel und die Zukunft der Erwerbsarbeit" ein vergleichsweise kurzes Resümee ziehen:

- Die Forschungsarbeiten haben mehr Licht in das Dunkel der Wirkungsketten zwischen dem Prozess des demographischen Wandels, dem aktuellen Ar-

beitseinsatz und den sich ändernden Beschäftigungsmöglichkeiten bei älter werdenden Mitarbeitern gebracht.
- Die Forschungsarbeiten haben die Risiken aus dem demographischen Wandel erkennbar werden lassen, die für die Innovationskraft und das Arbeitsplatzangebot in einzelnen Wirtschaftszweigen und Betrieben bestehen, wenn sich der Einsatz älterer Arbeitskräfte nicht verändert.
- Die Forschungsarbeiten haben anhand konkreter Beispiele bewiesen, dass es sowohl auf inner- wie überbetrieblicher Ebene Lösungsmöglichkeiten und praktische Erfahrungen gibt, um auch mit älter werdenden Mitarbeitern die Innovationskraft zu erhalten und sich im Wettbewerb zu behaupten.
- Die Forschungsarbeiten haben aber schließlich auch gezeigt, dass auf diesem Gebiet „eine Schwalbe noch keinen Sommer macht". Vielfach sind es nur einzelne besonders engagierte Personen, an denen der bisherige Erfolg hängt. Ihr Ausscheiden führte nicht selten dazu, dass auch gute Ansätze wieder verloren gingen.

Viele Fragen blieben gleichwohl noch offen oder haben sich aufgrund der Forschungen erst neu ergeben. Typisch dafür sind etwa

- Fragen nach den Möglichkeiten und Grenzen zur Verlängerung von begrenzten Tätigkeitsdauern durch eine entsprechende innerbetriebliche Arbeitsgestaltung,
- Fragen nach der besseren Nutzung und Weiterentwicklung des intergenerativen Wissenstransfers zwischen jungen und älteren Arbeitskräften,
- Fragen nach branchen- und unternehmensgruppenspezifischen Konzepten für ein Personalmanagement, mit dem der Wandel in den Qualifikationsprofilen der Altersgruppen besser in das Innovationsmanagement integriert werden kann,
- Fragen nach den Voraussetzungen und Möglichkeiten zur Verbesserung des alternsgerechten Tätigkeitswechsels im Laufe einer Erwerbsbiographie betriebsintern oder betriebsübergreifend, aufbauend auf der bisherigen Ausbildung oder durch Weiterqualifizierung und Umschulung.
- Fragen schließlich auch nach neuen Formen, mit denen sich alternative Beschäftigung für all diejenigen Aufgaben und Arbeitskräfte finden lässt, für die der freie Markt gegenwärtig weder Angebots- noch Beschäftigungsmöglichkeiten zu generieren vermag.

Die bereits vorliegenden Ergebnisse machen eines ganz deutlich: Die demographischen Veränderungen werden in den nächsten zehn bis 15 Jahren in immer mehr Unternehmen und Wirtschaftsbereichen spürbar werden. Sie werden die Rekrutierungsmöglichkeiten der Unternehmen verändern. Und sie werden nur dann keinen negativen Einfluss auf die Innovationsprozesse in Deutschland haben, wenn es gelingt, die bisher vorliegenden Erkenntnisse zur alternsgerechten Beschäftigung zu verbreiten und zu vertiefen. Die dafür noch verfügbare Zeit von etwa zehn Jahren sollte reichen.

Für die Berücksichtigung demographischer Veränderungen gilt ganz sicher auch, was Prof. Frenkel, der Präsident der Zentralbank Israel im September auf dem „3. debis Dienstleistungskongress“ für die Situation auf den internationalen Finanzmärkten feststellte: Alle Probleme, so sagte er dort sinngemäß, die heute als zu groß gelten, um sie zu lösen, waren einmal Probleme, die zu klein waren, um sich mit ihnen ernsthaft zu beschäftigen. Die Wirkungen des demographischen Wandels auf die Zukunft der Erwerbsarbeit erscheint heute für noch zu viele als ein nur kleines Problem. Es kommt darauf an, dass es sich nicht erst zu einem zu großen Problem auswächst, das dann plötzlich als nicht mehr lösbar eingestuft werden muss.

Podiumsdiskussion

Die Diskussionsteilnehmer

Professor Dr. Fritz Böhle, Universität Augsburg

Heinz Putzhammer, Mitglied des Vorstandes des Deutschen Gewerkschaftsbundes

Dr. Peter Rosenberg, Leiter der Grundsatz- und Planungsabteilung, Bundesministerium für Arbeit u. Sozialordnung

Dr. Helmut Schuster, Leiter Zentrales Personalwesen der Volkswagen AG

Dipl. Volksw. Jürgen Husmann, Mitglied der Hauptgeschäftsführung der Bundesvereinigung Deutscher Arbeitgeberverbände

Professor Alan Walker, University of Sheffield

Dr. Michael Jungblut, ZDF (Moderation)

Dr. Michael Jungblut, ZDF (Moderation): Die Frage „Was tun?“ wird uns den ganzen Kongress beschäftigen, auch morgen in den Arbeitsgruppen. Heute nachmittag sollten wir erst einmal überlegen, dass das Tun auch zusammenpassen muss, dass alles, was wir an einzelnen Lösungsansätzen haben, auch zu der Gesamtproblematik beitragen muss. Das ist etwas, was wir in Deutschland häufig vergessen. Da wird irgendwo wieder etwas aufgeflanscht, weil es ein akutes Problem löst, aber vergessen, dass das Ganze in einem großen Zusammenhang steht.

Das Referat von Herrn Wolff endete mit dem Satz: „Ein Problem lösen, wenn es ein kleines ist“. Völlig richtig! Das ist leider nur sehr schwierig; denn solange es nur ein kleines ist, wird es erstens von vielen nicht erkannt, zweitens nicht ernst genommen, und drittens gibt es viele kleine Probleme, aus denen Gott sei Dank keine großen werden. Die herauszufischen, die wirklich einmal große werden, ist das, worüber wir heute reden. Es wird eines werden, wenn wir es falsch machen. Das ist die erste Kunst dabei. Die zweite ist natürlich, alle zu überzeugen, dass es so ist, und rechtzeitig etwas zu tun. Das ist manchmal sehr schwierig. In Deutschland konnten wir in den letzten Jahrzehnten immer wieder beobachten, dass rechtzeitiges Handeln Mangelware war – ob das die Einführung des Euro war oder ob es das Internet war oder ob es die flexiblen Arbeitszeiten waren. Wir können noch viele andere Beispiele finden. Das waren alles Dinge, die erkennbar waren. Darüber ist lange geredet werden, so wie wir das jetzt hier auch tun. Aber getan worden ist nichts. Vor allen Dingen bei den kleinen und mittleren Unternehmen dauert es oft sehr lange, bis das dort ankommt. Aber wir wollen nicht nur die Unternehmen zum Sündenbock machen. Auch in den Parteien, bei den Gewerkschaften usw. hapert es manchmal ganz gewaltig in der Erkennung dessen, was auf uns zukommt. Das Problem ist auch: Es dankt Ihnen nachher keiner mehr. Wenn Sie das kleine Problem rechtzeitig lösen, so dass kein großes daraus wird, sagt nachher jeder: Na, was soll es, das war doch alles dummes Geschwätz!

Das sind die Dinge, über die wir hier reden wollen. Ich hoffe, Sie beteiligen sich auch ein bisschen daran, auch wenn Sie in den Arbeitsgruppen nachher noch viele Möglichkeiten haben, sich zu äußern. Nicht jeder, der hier am Tisch sitzt, wird dann auch noch da sein, so dass Sie ihn nicht fragen können oder Ihre Gegenmeinung deutlich machen können. Zunächst stelle ich Ihnen die Teilnehmer am Podium vor: Der erste ist Professor Dr. Fritz Böhle von der Universität Augsburg, der sich seit vielen Jahren, Jahrzehnten, muss man inzwischen vielleicht schon sagen, mit der Problematik beschäftigt hat. Dr. Peter Rosenberg ist Leiter der Grundsatz- und Planungsabteilung im Bundesministerium für Arbeit und Sozialordnung. Daneben sitzt Heinz Putzhammer, ein Mitglied des Vorstandes des Deutschen Gewerkschaftsbundes. Neben ihm Professor Alan Walker von der University of Sheffield. Er wird vor allen Dingen den europäischen Aspekt einbringen, nicht nur den englischen. Er beschäftigt sich mit der Problematik, auch, wie sie in Europa gesehen wird. Dr. Helmut Schuster ist Leiter Zentrales Personalwesen der Volkswagen AG, die sich ja seit langer Zeit sehr innovativ auf diesem Gebiet betätigt, wo insofern auch viel an praktischer Erfahrung vorhanden ist. Daneben Jürgen Husmann, Mitglied der Hauptgeschäftsführung der Bundesvereinigung Deutscher Arbeitgeberverbände. Ich fange mit einer Frage an, die ich Ihnen allen stellen möchte: Ist es eigentlich wirklich ein Problem, oder überzeichnen wir es? Ist es noch ein kleines Problem, dessen Anfängen wir wehren können? Wie machen wir es dann deutlich, damit es auch von allen als ein echtes Problem begriffen wird, das gelöst werden kann und muss? Vielleicht fangen Sie an, Herr Husmann?

Jürgen Husmann, Deutsche Arbeitgeberverbände: Das Referat von Herrn Dr. Wolff hat deutlich gemacht, dass man zur Zeit noch fragen muss: Ist es ein Problem? Er selbst hat darauf hingewiesen, dass es bisher nur Ausnahmebereiche gibt, wo man dieses Problem erkennen kann. Ich meine allerdings, wir müssen mit ziemlicher Gewissheit davon ausgehen, dass das im Zuge der demographischen Veränderungen in der Bundesrepublik in den nächsten Jahrzehnten ein großes Problem wird und dass wir uns darauf einzustellen haben. Das erfordert von allen Bereichen, dem unternehmerischen, dem wirtschaftlichen, dem Arbeitnehmerbereich, dem politischen Bereich, Konsequenzen. Die demographischen Veränderungen in der Bundesrepublik sind so gravierend, dass alle prognostischen Modellrechnungen darauf hinweisen, dass sie durch Zuwanderung oder ähnliches wohl zum Teil ausgeglichen werden können, aber nicht voll. Darauf hat man sich einzustellen.

Dr. Helmut Schuster, Volkswagen AG: Nach dem Einleitungsreferat von Herrn Wolff war ich eigentlich überrascht, wie klein das Problem ist. Nach seinen Statistiken haben wir heute 20 Millionen Erwerbstätige im Alter von 45 bis 65 Jahren und werden im Jahre 2045 auch 20 Millionen haben. Das einzige, was sich verändert, ist nicht die absolute Zahl, sondern nur der Anteil an der erwerbstätigen Bevölkerung. Das ist eine Nachwuchslücke. Warum beschäftigen wir uns eigentlich mit den Älteren? Ihr Bedarf für sie steigt, die Chancen wachsen zu. Heute haben Sie sowieso viel bessere Erwerbsverläufe; Rentenabsicherungen, dynamische Besitzstandregelungen sind von allem ausgenommen. Wir haben eigentlich nur ein Problem der jüngeren Generation. So scheint offensichtlich das Ergebnis dieser Prognosedaten zu sein. Das hat mich doch sehr überrascht. Insofern denke ich – ich bin jetzt 45 Jahre alt –: Es macht Spaß, älter zu werden.

Prof. Alan Walker, University of Sheffield: Meine Perspektive ist folgende – sie entspricht dem, was Professor Naegele gesagt hat –: Demographische Veränderungen sind nicht das Problem. Das Hauptproblem ist, demographische Veränderungen zu vereinen mit dem Drang der Menschen in den meisten europäischen Arbeitsmärkten, immer früher den Markt zu verlassen – das ist das Beschäftigungsparadoxon. Das Paradoxon ist, dass seit den 50er Jahren die Menschen in den unterschiedlichen Mitgliedstaaten im Schnitt etwa acht bis zehn Jahre länger leben, sie aber sie ihre Arbeit im Schnitt fünf bis sechs Jahre früher verlassen haben. Es ist die Verbreiterung dieser Lücke, die so ernst ist. Zu einer Zeit, in der es weniger junge Leute gibt, die in den Arbeitsmarkt drängen – ich habe vor mir die europäischen Daten –, ist es so, dass die Zahl der Arbeitskräfte in Deutschland von 2001 bis 2050 einen Rückgang zeigt, dass wir einen Rückgang in jedem Mitgliedstaat der Europäischen Union – außer Luxemburg –, haben. Daher ist das Problem, wie man die Erfahrungen und die Fähigkeiten einer immer älteren Arbeitnehmerschaft nutzen kann. Es gibt immer weniger junge Leute, die in den Arbeitsmarkt drängen; deswegen müssen die Arbeitgeber diese Alterungskapazität effektiver nutzen.

Dr. Michael Jungblut, ZDF (Moderation): Manchmal hat man den Eindruck, die Gewerkschaften sehen das ein bisschen anders, denn sie sind auf dem Trip, die Älteren immer früher nach Hause zu schicken. Ist das ein Ausfluss der Tatsache, dass sie das ganze Problem als nicht so gravierend ansehen, oder ist das für die nächsten fünf Jahre so, und dann sagt man denen: Jetzt müsst ihr wieder länger arbeiten?

Heinz Putzhammer, Deutscher Gewerkschaftsbund: Nein, das Problem ist, dass man genau in die Richtung denken, muss, die Sie vorhin angegeben haben. Es ist eben keine Welt, die eindimensional ist, sondern es gibt Widersprüche. Auf der einen Seite ist es in der Tat schwierig, in Zukunft ein Rentensystem zu finanzieren, wenn die älteren Leute immer früher in Rente gehen. Auf der anderen Seite haben wir die bekannten Probleme des Arbeitsmarktes. Da nutzt es überhaupt nichts, zwei Fähnlein zu bilden, auf der einen Seite die Umverteiler und auf der anderen Seite die Rentenfinanzierer, sondern dann muss man das Problem lösen, wie die Juristen es tun. Wenn mehrere Rechte im Raum stehen, dann muss man das nach dem Modell der praktischen Konkordanz lösen. Man muss versuchen, die Interessen so übereinanderzubringen, dass möglichst wenige der Interessen verletzt werden. Da kommen wir sehr rasch auf die Diskussion, wie man mit den Arbeitnehmern in den Betrieben umgehen muss. Ich denke, dass sich viele der Probleme lösen werden, wenn es gelingt, die Qualifikation der Beschäftigten über ein Berufsleben lang aufrechtzuerhalten, und wenn es gelingt, die Brücke von den Jungen zu den Alten zu finden. Dann kann der Arbeitsmarkt am meisten profitieren. Wenn die Probleme des Arbeitsmarktes gelöst werden können, dann kann man auch die übrigen Probleme der Finanzierung der Sozialsysteme viel leichter lösen.

Dr. Michael Jungblut, ZDF (Moderation): Vorhin wurde gesagt, dass dieses Projekt aus dem Bundesforschungsministerium kommt. Aber, Herr Rosenberg, an Ihrer Anwesenheit sieht man, dass es das Bundesarbeitsministerium auch nicht ganz kalt lässt.

Dr. Peter Rosenberg, Bundesministerium für Arbeit und Sozialordnung: Wenn man sich diese Frage anschaut, muss man feststellen, dass die gesamte Bundesregierung seit etwa 20 Jahren Bevölkerungsberichte mehr oder weniger regelmäßig schreibt, veröffentlicht und offensichtlich dann dieselben ungelesen bleiben; denn das, was ich hier über Probleme der Rentenversicherung höre, was ich über Arbeitsmarktprobleme höre, was ich über Langzeitarbeitslosigkeit von älteren Personengruppen höre, ist nun weiß Gott nicht sehr neu und sehr aktuell.

Ich glaube also – um auf Ihre ursprüngliche Frage zurückzukommen –: Wir haben durchaus eine ganze Reihe von Problemen heute schon. Sie sind noch nicht so groß. Wir können aber aus den vorliegenden Bevölkerungsvorausschätzungen sicher erkennen, dass sie noch größer werden. Aber wir sollten und müssen heute sicher damit beginnen, sie zu lösen. Man kann es nicht so machen kann wie die letzte Regierung, indem man sagt: Wir müssen mit den Altersgrenzen rauf, wir müssen Rentenabschläge einführen. Das ist zwar richtig, daran hält auch die neue Regierung fest. Aber was uns fehlt, ist die andere Seite: Wir müssen diese älteren Menschen auch beschäftigen können. Es ist sicher in den letzten Jahren sehr viel an unternehmerischen Risiken über die Sozialversicherung sozialisiert worden, über vorzeitigen Ausstieg in die Arbeitslosigkeit und dann in die Rente. Das können wir uns nicht mehr leisten. Wir müssen schauen, dass wir tatsächlich längere Erwerbszeiten bekommen. Dieses geht nur – da muss ich Herrn Putzhammer voll zustimmen – über Weiterbildung während des Erwerbslebens; Dequalifikation muss vermieden werden. In modernen Betrieben haben wir keine Arbeitsplätze mehr für dequalifizierte, unqualifizierte Arbeitnehmer. Die Zahl dieser Arbeitsplätze geht rapide zurück.

Prof. Dr. Fritz Böhle, Universität Augsburg: Insbesondere wenn es sich um gesellschaftliche Probleme handelt – und das Altersproblem gehört dazu –, ist es nicht so ganz einfach. Es ist nicht nur problematisch, dass man, wenn sie noch so klein sind, keinen Handlungsbedarf erkennt, sondern aus meiner Sicht ist das Altersproblem deshalb ein so großes Problem, weil viele glauben, dass sie kein Problem haben. Das trifft insbesondere die Unternehmen. Aus meiner Sicht war es eben eines der Ergebnisse der Verbundforschungen, dass in den Unternehmen gegenwärtig in dieser Frage kein Problembewusstsein da ist; denn man hat dieses Problem nicht. Insofern glaubt man auch, dieses Problem gebe es nicht. Nun könnte man damit leben und sagen, man warte eben, bis es auf die Unternehmen zukomme, nur, wir befinden uns gegenwärtig in einem enormen Prozess der Reorganisation und der Modernisierung von Unternehmen. Ich sehe als das eigentliche Problem, dass jetzt Weichen falsch gestellt werden, Weichen in der Personalpolitik, in der Gestaltung von Beschäftigungsbedingungen, die überhaupt nicht darauf ausgerichtet sind, weder eine altersgerechte noch eine alternsgerechte Beschäftigungsform zu finden bzw. Personalpolitik zu betreiben.

Dr. Michael Jungblut, ZDF (Moderation): Darüber werden wir sicherlich nachher noch reden müssen. Aber ich möchte einen Satz von Herrn Rosenberg aufgreifen. Es ist in der Tat ja so, dass diese demographischen Untersuchungen nicht gerade neu sind. Sie führen immer wieder zu neuen Erkenntnissen. Die Zeit geht ja vorwärts. Aber dass es so kommen wird, wissen wir eigentlich seit langem. Trotzdem passiert relativ wenig. Das ist das, was ich vorhin sagte: Bei vielen dieser Probleme ist es so, dass wir sie lange Zeit ignorieren. Ausnahme ist zum Beispiel VW. Darauf kommen wir nachher noch. Was können wir dagegen tun? Das fängt nicht nur bei den Unternehmern an, sondern auch im Bewusstsein der Bevölkerung. Das wird ja auch sehr gepflegt. Wir haben es nicht nur bei den Mitarbeitern, dass man sagt: Ab 40, 45 muss man langsam überlegen, wie man die wieder los wird. Die meisten hier am Tisch dürften ja nicht mehr arbeiten; aber zumindest der Veranstalter hat geglaubt, bei uns gehe das noch einigermaßen. Aber was tun? Wir haben das auch in der Werbung. Die Werbung ist immer auf die 14- bis 49jährigen abgestellt, obwohl es inzwischen eine ganze Menge Erkenntnisse gibt, dass das dummes Zeug ist, dass auch 70jährige noch anfangen zu lernen, wie man sich im Internet bewegt. Herr Professor Böhle, müssen wir nicht erst einmal gegen diese Vorstellung ankämpfen, dass Leute ab 50 eigentlich zu nichts mehr taugen?

Prof. Dr. Fritz Böhle, Universität Augsburg: Dazu gibt es zunächst ein klares Ja. Das ist auch im Vortrag von Herrn Wolff deutlich geworden. Nur sollte man mit berücksichtigen, dass es hier nicht nur um eine Frage der Vorstellungen geht, also der Bilder, die man davon hat, sondern man wird – ich möchte es überspitzt sagen – natürlich auch alt, auch alt im negativen Sinn. Wir wissen, das ist nicht nur eine biologische Frage, sondern hängt entscheidend ab von den Lebensbedingungen und den Arbeitsbedingungen. Deshalb ist die Frage, wie wir damit umgehen, ganz entscheidend davon abhängig, wie es gelingt, Lebens- und Arbeitsbedingungen zu schaffen, die das positive Moment von Altern zum Tragen bringen, also ein Entwicklungsmodell von Altern, aber nicht im Sinne von Defizit, sondern im Sinne positiver Entwicklung. Nur dieses ist eben ganz entscheidend davon abhängig, dass es entsprechende Bedingungen und Arbeitsbedingungen gibt.

Dr. Michael Jungblut, ZDF (Moderation): Professor Walker, ist es ein deutsches oder ein gesamteuropäisches Problem, dass wir diese Vorstellung von älteren Menschen haben, sowohl als Arbeitnehmer als auch als Verbraucher, dass sie nicht mehr beeinflussbar sind, dass sie stur das weiter trinken und essen, was sie gewohnt sind, und mit dem Auto fahren, mit dem sie schon mit 20 gefahren sind? Oder gibt es dazu in anderen euopäischen Ländern realistischere, modernere Einstellungen?

Prof. Alan Walker, University of Sheffield: Die kurze Antwort darauf lautet Altersdiskriminierung. Wir müssen uns klar sein, worüber wir sprechen: Dies ist Altersdiskriminierung, und es ist in allen europäischen Ländern kulturell bedingt. Es gibt Stereotype, die für alte Leute oft sehr negativ und herabwürdigend sind, wie Herr Jungblut dargelegt hat. Es ist ein gesamtgesellschaftliches Problem, das nicht speziell mit der Arbeitswelt verbunden ist. Man findet es im TV, man findet es in den Zeitschriften usw. Andererseits haben wir ein besonderes Problem in der Arbeitswelt. Wenn Arbeitgeber Leute entlassen oder einstellen müssen, erfolgen diese Entscheidungen oft unter irrelevanten Altersgesichtspunkten. Sie nehmen Alter stellvertretend für Kapazität oder Fähigkeit. Und wie diese Forschung und Forschung im übrigen Europa zeigt, gibt es keine Verbindung zwischen Alter und Leistungsfähigkeit. Das ist ein irreführende Gleichsetzung. Wenn wir also grundsätzlich etwas dagegen tun wollen, müssen wir gegen Altersdiskriminierung sowohl in der Gesellschaft als auch am Arbeitsplatz vorgehen.

Dr. Peter Rosenberg, Bundesministerium für Arbeit und Sozialordnung: Ich überlege mir bei dem Wort age discrimination, seit wann es so etwas wohl gibt. Früher hatten wir die gegenteilige Auffassung. Da war der alte Mensch der weise Mensch – er konnte es sein; es war sicher nicht jeder –, der aber doch als Berater in allen Lebenslagen herangezogen wurde. Allmählich hat sich innerhalb der Industriegesellschaft dieser andere Alterungsprozess ergeben. Diese age discrimination ist sicher nicht angeboren und müsste geändert werden können. Wir stellen durch die Untersuchungen fest, dass das Altern, wie Professor Walker sagte, eben kein geeignetes proxy für Leistungsfähigkeit ist. Es ist eine andere Leistungsfähigkeit, die möglicherweise Junge und Alte auseinanderhält. Vielleicht gelingt es uns nicht so ganz, zu vermitteln, dass Alte in bestimmten Bereichen hoch leistungsfähig sind. Das hat auch etwas damit zu tun, dass wir uns in den 50er und 60er Jahren angewöhnt haben, das vorzeitige Ausscheiden aus dem ach so beschwerlichen Erwerbsleben als soziale Wohltat zu feiern. Das war berechtigt für einige körperliche Berufe, das war sicher nicht so berechtigt für geistige Berufe, für körperlich weniger anstrengende Berufe. Aber da hat man eigentlich nicht weiter diskriminiert. Von daher meine ich, muss man an zwei Stellen ansetzen. Wir müssen dieses Altersbild, dieses Leistungsfähigkeitsbild in der Öffentlichkeit verändern, wir müssen aber auch der Bevölkerung klar sagen, es geht einfach nicht, dass man sehr früh aus dem Erwerbsleben ausscheidet und dann noch eine Alterssicherung hat. Das ist die eine Seite. Die andere Seite ist, dass auch Arbeitsplätze angeboten werden müssen und dass nicht Arbeitgeber die erste beste Gelegenheit suchen, einen Älteren auf Kosten welcher Instrumente auch immer aus dem Betrieb zu entfernen. Meines Erachtens geht das nur in einem konsensualen Prozess in der Gesellschaft, hier beide Seiten zusammenzubringen. Ich will hier nicht das „Bündnis für Arbeit" nennen – das hat genug eigene Schwierigkeiten – und andere, aber ich meine, ein derartiger gesellschaftlicher Dialog zwischen Arbeitgebern, Arbeitnehmern und Politik muss sehr viel intensiver geführt werden, als dies in der Vergangenheit geschehen ist.

Dr. Michael Jungblut, ZDF (Moderation): Sie hatten vorhin erwähnt, dass geistige Arbeit länger jung hält, etwas, was man häufig beobachten kann, und früher diejenigen, die körperlich arbeiteten, natürlich auch wegen der starken Belastung früher erschöpft waren. Aber wir stellen auch fest, dass immer mehr Menschen hauptsächlich mit dem Kopf arbeiten, auch wenn sie in der Fabrik sind. Maloche gibt es kaum noch; die müssen auch Computer bedienen und viele andere komplizierte Dinge machen. Man muss vielleicht auch einmal darüber nachdenken, ob nicht dieser Prozess des Jungbleibens auch auf ganz andere soziale Gruppen übergreift als früher nur auf die Dichter und Denker.

Heinz Putzhammer, Deutscher Gewerkschaftsbund: Ich denke schon, anknüpfend an das, was Herr Rosenberg gesagt hat, manchmal ist es einfach ein bisschen differenzierter. Es ist auch nicht so, dass wir sozusagen die immer größere Anzahl von immer älteren Menschen haben, die fit bis zum geht nicht mehr sind und die wider ihren Willen aus dem Betrieb hinausgedrängt und diskriminiert werden, weil sie nicht arbeiten dürfen. Wir haben nach wie vor eine große Anzahl von Beschäftigten, die in der Arbeit verschlissen werden und die in der Tat deswegen ihre Qualifikationen im hohen Alter nicht mehr verwerten können, weil sie durch die Arbeitsbedingungen, durch die ganze Arbeitsumwelt, durch die Art, wie gearbeitet wird, durch die Art, wie die Standards in den Betrieben gesetzt werden, eben in der Tat in ihrer Arbeitskraft verschlissen werden. Das trifft nicht für alle zu, das will ich gar nicht behaupten, aber wenn man sozusagen den Überblick über die gesamte erwerbstätige Bevölkerung nimmt, darf man nicht vergessen, dass das nach wie vor der Fall ist. Suchen Sie mal in bestimmten Berufen einen 50jährigen Beschäftigten. Sie werden keinen finden, und zwar nicht deshalb, weil sozusagen alle in den Vorruhestand gegangen sind, sondern weil in bestimmten Berufen die Arbeitsbedingungen so sind, dass man, wenn man älter ist, schlicht die Bedingungen nicht mehr erfüllen kann. Das ist auch eine Seite der Angelegenheit. Es ist ein Verdienst dieser Prognos-Studie, dass man weiß, dass man ältere Arbeitnehmer in Zukunft wieder brauchen wird, und man täte gut daran, mit der vorhandenen Arbeitskraft, mit der vorhandenen Qualifikation sehr sorgsam umzugehen. Ich will noch kurz einen zweiten Punkt beleuchten. Das gilt insbesondere auch dann, wenn man sozusagen auf Innovation, auf neue interessante Betätigungsfelder setzt. Da ist das Vorurteil, Innovation gehe nur mit ganz Jungen. Da ist es auch ein Verdienst der Prognos-Studie, nachgewiesen zu haben, dass man sehr wohl auch die Qualifikationen der Erfahrenen, der schon lange Beschäftigten braucht. Aber das bedeutet eben, man muss ihre Qualifikation aufrecht erhalten, man muss ihnen Gelegenheit geben, sie zu erweitern, und man muss in der Organisation in den Betrieben dafür sorgen, dass sozusagen die Jungen von den Alten während der Arbeit lernen, dass sie gemischt zusammengesetzt werden usw., wie das alles in der vorliegenden Studie beschrieben ist.

Dr. Michael Jungblut, ZDF (Moderation): Wobei das durchaus ein gegenseitiger Prozess sein kann. Auch die Älteren können gelegentlich von den Jüngeren lernen, wenn es zum Beispiel um Computer geht. Da hole ich mir gelegentlich auch einen von den Jüngeren, der das immer ganz genau weiß. Herr Husmann, Angst vor älteren Mitarbeitern in den Betrieben. Das hängt natürlich auch mit den Themen zusammen, die wir gerade diskutiert haben. Ich hatte vorhin gesagt, wir müssten versuchen, ein bisschen vernetzt zu denken. Hängt es nicht auch ein bisschen damit zusammen, dass man, wenn man jemand einstellt, der sich mit 55, 58 noch bewirbt, sagt, um Gottes willen, den kriegen wir nie wieder los, da sind so viele soziale Schutzrechte, so dass man eigentlich denjenigen, denen man vom Staat her helfen will mit den Schutzrechten, im Grunde Knüppel zwischen die Beine wirft?

Jürgen Husmann, Deutsche Arbeitgeberverbände: Das trifft sicher zu. Lassen Sie mich, bevor ich auf diese Frage eingehe, noch eine andere Position hier vertreten, die auch das Ökonomische etwas beleuchtet. Wir haben lange Zeit die Auffassung vertreten können, mit den demographischen Veränderungen, mit der Verringerung der Zahl der Erwerbstätigen in der Bevölkerung würde sich das Thema Arbeitslosigkeit von alleine erledigen. Das war lange Zeit gängige Auffassung. Inzwischen wissen wir dank Prognos, das ist nicht der Fall. Das Beschäftigungsproblem wird uns erhalten bleiben, wenn wir nicht ganz bestimmte Maßnahmen, insbesondere in der Reform der sozialen Sicherungssysteme ergreifen,. Das bedeutet aber auch, wir müssen alles tun, um die noch verfügbaren Erwerbsfähigen in Arbeit zu bekommen. Von der Seite gehe ich an das Thema Ältere heran. Wir haben also aus rein ökonomischen Gründen allen Grund, das Problem Beschäftigung von Älteren in den Blick zu nehmen, damit wir ein möglichst hohes Beschäftigungsniveau erreichen und damit auch die Finanzierung der sozialen Sicherungssysteme usw. bewältigen können. Nun darf ich sagen, das Thema ältere Arbeitnehmer ist für die Arbeitgeber in ihrer Personalpolitik ein Uraltthema. Die Bundesvereinigung der Deutschen Arbeitgeberverbände hat schon in den 70er Jahren praktische Arbeitshilfen für Betriebe mit älteren Mitarbeitern herausgegeben. Ich habe hier gerade ein Exemplar aus dem Anfang der 80er Jahre. Insofern ist das Thema nicht neu. Wir alle wissen, dass es mit der Beschäftigung von unterschiedlichen Arbeitnehmergruppen, unterschiedlichen Jahrgängen unterschiedliche Probleme gibt. Die Frage ist nur: Müssen wir uns in Zukunft intensiver damit auseinandersetzen? Das werden wir wohl tun müssen. Jetzt komme ich auf Ihre Frage. Vorhin ist gesagt worden, wir müssen uns wohl ein anderes Bild von den Menschen machen, Wir müssen die Anschauungen ändern. Ich gestehe, davon halte ich überhaupt nichts. Die Anschauungen werden wir nicht ändern. Die Anschauungen werden höchstens durch Fakten geändert, und zu diesen Fakten können wir das zählen, Herr Jungblut, was Sie angesprochen haben, dass wir bisher Ältere als besonders Schutzbedürftige ansehen, deshalb einen besonderen Kündigungsschutz eingeführt haben, dass wir auch im Zusammenhang mit Älteren und deren Entgelt oft noch vom Senioritätsprinzip ausgehen: Je älter, um so höher der Verdienst, was nicht unbedingt mit der Leistung in Einklang zu sein braucht. Diese Dinge müssen wir ändern, also die Fakten müssen wir ändern, damit der Anreiz, die Attraktivität für die Unternehmen größer wird, Ältere zu beschäftigen. Das halte ich für wichtig. An Anschauungen, an Bildern etwas zu ändern, das wird nicht gelingen. Das ist etwas für schöngeistige Literatur, aber es wird die ökonomischen Fakten nicht ändern.

Dr. Michael Jungblut, ZDF (Moderation): Gerede allein wird es wahrscheinlich nicht bringen. Herr Schuster, VW gehört zu den wenigen Unternehmen, die auf dem Gebiet sehr dezidiert etwas getan haben. Das hatte natürlich auch seine besonderen Gründe, das war der Anstoß. Aber gibt es darüber hinaus einfach auch aus der Erkenntnis heraus, dass das Problem, das wir heute diskutieren, auf uns zukommt, eine langfristige vorausschauende Personalpolitik bei VW, die der Hintergrund ist, abgesehen von der Lösung akuter Probleme?

Dr. Helmut Schuster, Volkswagen AG: Ich glaube, ich habe eingangs deutlich gemacht, dass wir die Älteren nicht als problematische Mitarbeiter ansehen. Sicherlich hat auch Volkswagen in der Vergangenheit auf akute Beschäftigungsprobleme mit Frühverrentungsmaßnahmen reagiert, und folgt sozusagen dort dem *mainstream*. Wir sind aber überzeugt, dass dies jetzt zum Ende gekommen ist und dass wir zu dieser Politik nicht zurückkehren, sondern andere Wege ansteuern sollten. Da zählen mehrere Aspekte. Das eine ist, statt dass wir starre Lebensmuster und Biographien vorgeben, sollten wir den selbständigen und mündigen Mitarbeitern/Mitarbeiterinnen eigene Lebensentwürfe mit variablen Lebensarbeitszeiten und den entsprechenden Vorsorgeformen anbieten. Wir haben mit dem Konzept des Zeitwertpapiers eine solche Form, dass man rechtzeitig Rücklagen aufbauen kann für einen früheren Übergang in den Ruhestand oder aber auch für eine bessere Altersversorgung, wenn man denn bis zum Schluss durchhält und gebraucht wird und seine Karriere weitermacht. Diese Form, dass eine Generation für sich selbst sorgt, statt dass man darüber nachdenkt, wie 50 junge Arbeitnehmer zusammenlegen müssen und wie man sie überzeugt, um einen mit 60 in den Ruhestand schicken zu können, halten wir, jedenfalls langfristig, abgesehen von kurzfristigen Solidarmaßnahmen, für den richtigen Weg. Das zweite ist, wir haben die älteren Mitarbeiter, und es ist auch wahr, was Herr Putzhammer sagte, dass natürlich auch der Verschleiß durch Arbeit ein Thema ist, dem man sich stellen muss. Aber gerade hier zählt etwas, was uns heute trifft und was man heute auch verhindern kann, wenn man darüber nachdenkt, wer denn Mitte des nächsten Jahrhunderts die Mitarbeiter sein werden. Es sind ja die jungen Leute, die wir heute ausbilden und einstellen. Da zeigt sich eben, dass wir vor 30, 40 Jahren in Europa um uns gegriffen haben, um An- und Ungelernte in die Betriebe hineinzuholen, und uns um die Qualifikation und die weitere

Entwicklung nicht gekümmert haben. Durch die einseitige Beschäftigung und dadurch, dass Lern- und Belastungsanreize im Wechsel von Kopf und Körper nicht stattgefunden haben, haben wir dann halt die beschränkten Einsatzmöglichkeiten und das Problem, dass natürlich die Betriebsleiter vor Ort sagen: Mein Gott, habt ihr nicht die Möglichkeit, hier einen Weg in den Vorruhestand zu eröffnen? Diese Probleme sind da, auf die wird man auch reagieren müssen, aber da kann man auch präventiv Personalpolitik betreiben. Es wird darauf ankommen, die Jungen rechtzeitig so in neue Arbeitsformen und Lernanreize und Belastungswechsel hineinzubringen, denn es geht ja nicht darum, die Belastung abzusenken. Wir haben schon relativ kurze Arbeitszeiten in Deutschland im internationalen Vergleich. Das sind nur noch 15 bis 20 Prozent der gesamten Jahresstunden, in denen gearbeitet wird. Das ist das untere Level, weiter darunter kann man eigentlich nicht mehr gehen.

Dr. Michael Jungblut, ZDF (Moderation): Vielen Dank. Das Modell, das Sie entwickelt haben, also Arbeitszeitkonten bzw. Arbeitszeitwertpapiere, ist sicherlich eines, was dazu beitragen könnte, die Probleme zu lösen, die wir heute hier diskutieren. Haben Sie denn beobachtet, dass es Nachahmer gibt, dass Interesse da ist? Denn Ihr Modell würde ja um so besser funktionieren, je mehr andere das machen, so dass man mit diesen Arbeitszeitkonten dann auch den Betrieb wechseln kann, vergleichbar einer Aktie, die man mitnimmt, wenn man sie einmal gekauft hat.

Dr. Helmut Schuster, Volkswagen AG: Das Interesse ist sehr groß, deshalb bieten wir inzwischen allen Unternehmen und allen Branchen an, wer es will, kann eine Kompletteinführung des Modells bei uns als Dienstleistung buchen. Aber daneben interessiert natürlich eine andere Frage, und das ist auch eine sozialpolitische. Wenn man solche Guthaben aus aufgeschobenem Entgelt und Mehrarbeitszeiten verzinst von Arbeitgeber zu Arbeitgeber mitnehmen könnte, wäre das nicht nur eine Lösung für Klein- und Mittelbetriebe, die das sozusagen über eine Bank auch darstellen könnten. Ein älterer Mitarbeiter hätte dann in 20, 30 Jahren so viele Zeitwertpapiere im Rucksack, dass er, wenn er arbeitslos würde und zu einem neuen Arbeitgeber käme, sagen könnte: Ich bin der variabelste Arbeitnehmer, ich habe meine Beschäftigungssicherung schon im Sack, ich habe meinen Vorruhestand schon dabei, bei mir brauchst du keine Beschäftigungshemmnisse zu fürchten, im Gegenteil, wenn die Arbeit Spaß macht und du mich brauchst, kann ich besonders gut eingesetzt werden. Dies würde auch das Problem der Älteren entschärfen. Da brauchen wir nur die Hilfestellung des Gesetzgebers, dass er diese Übertragbarkeit von Arbeitgeber zu Arbeitgeber in einer der Novellen zum Flexi-Gesetz realisiert. Das wäre eigentlich eine Bitte, die wir haben.

Dr. Michael Jungblut, ZDF (Moderation): Herr Böhle, Sie hatten sich vorhin gemeldet, aber ich will erst noch eine andere Frage anschließen: Es wäre doch auch eine ganz sinnvolle Arbeitsteilung, die sich zwischen den Jungen und Alten ergeben würde, dass man in Jahren, wo man körperlich leistungsfähig ist, ein paar Überstunden kloppt, die dann später über dieses Zeitwertpapier gutgeschrieben werden, und später, wenn man älter wird, man eben dieses Guthaben hat und weniger arbeitet. – Sie schütteln den Kopf, aber ich kenne das aus vielen Papieren, dass es sinnvoll ist, dass Ältere etwas weniger arbeiten.

Prof. Dr. Fritz Böhle, Universität Augsburg: Ich bin auch dafür, dass die Älteren weniger arbeiten, aber nicht so, dass die Jüngeren dafür mehr arbeiten, denn das ist doch genau das Problem, was Sie gerade so locker sagen: ein paar Überstunden klotzen. Das bringt langfristig den Verschleiß, von dem wir sprechen.

Dr. Michael Jungblut, ZDF (Moderation): Könnten Sie sich vorstellen, dass Jüngere manchmal auch gern länger arbeiten? Ich kenne eine ganze Menge.

Prof. Dr. Fritz Böhle, Universität Augsburg: Doch, aber das löst nicht grundsätzlich das Problem. Wir müssen darauf achten, dass wir die Jungen dazu anzuhalten, langfristig zu denken. Das ist ein uraltes Problem der klassischen Akkordarbeit, dass man mit 20, 30 ranklotzt, um die Familie zu ernähren, ein Häuschen zu bauen, und dann ist man mit 55 erledigt. Es gibt heute den Schutz des einzelnen auch vor sich selbst, sich nicht zu verschleißen im Arbeitsleben, als ein neues Problem. Ich bin Herrn Husmann dankbar für den Hinweis: Ist die Frage der Beschäftigung älterer Arbeitnehmer nicht ein Uraltthema? Er hat recht, und vielleicht sind hier viele Teilnehmer, die ähnliches denken, nicht zuletzt, weil das Programm Humanisierung der Arbeit vor vielen Jahren, Jahrzehnten schon fast, mit angestoßen wurde. Das Neuartige liegt in etwas, was ich nennen würde, Unerwartetem. Herr Putzhammer hatte darauf hingewiesen.

Wir kennen die Probleme älterer Arbeitnehmer seit Jahrzehnten, ja fast Jahrhunderten, im Bereich körperlicher Arbeit: Verschleiß ab 40, 45. Aber immer ist die Erwartung gewesen, wenn durch Technisierung körperliche Belastung abgebaut wird, wenn die Bereiche von Angestelltentätigkeiten, wenn geistige und qualifizierte Arbeit zunehmen, dass sich dann quasi unter der Hand das Problem der Beschäftigung Älterer löst. Genau dieses tritt nicht ein. Dieses nenne ich eine dramatische Entwicklung, weil sie völlig unerwartet auftritt, denn gerade in jenen Bereichen, die bisher vom Altersproblem verschont waren – und das waren die Bereiche qualifizierter anspruchsvoller Tätigkeiten, körperlich entlasteter Tätigkeiten –, da finden wir heute die Ausgliederung, da werden heute neue Formen von Arbeit installiert, reorganisiert, die offenbar zu Lasten der Beschäftigung Älterer gehen. Dieses hat der Forschungsverbund gezeigt, und das wirft eine Reihe von Fragen auf, denn wir wissen die Gründe nicht genau. Das ist eine neue Fragestellung: Warum passiert das dort?

Dr. Michael Jungblut, ZDF (Moderation): Vielen Dank. – Herr Professor Walker, wenn Sie sich diese Debatte so anhören, haben Sie den Eindruck, dass wir in Deutschland weiter sind als in anderen Ländern oder Dinge diskutieren, die in Partnerländern in Europa schon längst als gelöst gelten? Zum Beispiel spielen in Frankreich die Älteren auch im Bewusstsein der politischen Parteien eine viel größere Rolle, da sind die als eigenständige Kraft längst anerkannt, aber auch von der Wirtschaft. Möglicherweise hinken wir in Deutschland da ein bisschen hinterher, oder haben Sie diesen Eindruck nicht?

Prof. Alan Walker, University of Sheffield: Das glaube ich eigentlich nicht, dass Deutschland hier ernstlich aus der Reihe der anderen europäischen Länder ausschert. Wir haben vor kurzen eine Studie in neun europäischen Mitgliedstaaten abgeschlossen einschließlich Deutschland. Dabei fällt auf, wenn man die Länder von Nord nach Süd vergleicht, dass sich die skandinavischen Länder nachdrücklich unterscheiden, weil sie beim Humankapital über eine lange Zeit anders vorgegangen sind. Humankapital hat für sie einen besonderen Wert, sie schulen Personal und sie führen Maßnahmen des Job Design ein, in denen die Arbeitssituation dem Alternsprozess angepasst wird – ich greife ein Argument von Herrn Schuster auf, ein sehr wichtiges Argument –, sie konzentrieren sich auf Vorbeugung. Das ist das Problem für die meisten europäischen Arbeitsmärkte, sie sind reagierend; wir reagieren auf Probleme, wenn sie auftreten, wir versuchen nicht, sie zu vermeiden. Diese Forschung war anders als alles, was wir vorher in Europa gemacht haben, weil wir gefragt haben: Warum suchen wir nicht nach Beispielen einer guten Praxis statt solchen einer schlechten Praxis? Wir müssen die Arbeitgeber finden, die das Richtige tun, die Maßnahmen ergriffen haben, die eine Anpassung an das Altern ermöglichen oder das Problem überhaupt zu vermeiden suchen. In den neun europäischen Ländern haben wir ganz leicht mehr als 160 Beispiele für eine gute Praxis gefunden. Die Frage ist also: Wieso haben einige Gesellschaften eine gute Praxis installiert, wohingegen die Mehrzahl immer noch in der Reaktivität verharrt? Dafür gibt es drei Hauptgründe. Der erste ist die Situation am örtlichen Arbeitsmarkt. Nichts schiebt Arbeitgeber stärker an als Arbeitskräftemangel. Der zweite Grund ist der öffentliche Sektor. Es ist wichtig, sich bewusst zu sein, dass der öffentliche Sektor durch Anreize, die er anbietet, darauf hinwirken kann, dass gute Praxis im privaten Sektor eingeführt wird. Der dritte Grund – oft in der Forschung erwähnt – ist die Kultur der Organisation. Wenn man eine lange Kultur in der Wertschätzung von Humankapital hat und versucht, die Fähigkeiten der Arbeitnehmer zu erhalten und die Schulung nicht zu vernachlässigen, hat man die Basis für eine gute Praxis. Dahin müssen wir in 5, 10, 20 Jahren kommen: verhindern, dass Alter ein Beschäftigungsproblem wird. Dies sollte in Zukunft kein Punkt mehr sein, wir müssen das verhindern. Wir können den Umschwung natürlich nicht über Nacht schaffen, denn Ausbildung und Erziehung sind ein Generationsproblem.

Arbeitsprozesse haben manche Arbeitnehmer ausgelaugt in früheren Phasen, so dass wir Mittel benötigen, um solche Arbeitnehmer zu schützen oder um sie zu schulen und nachzuschulen. Dies gilt insbesondere für ältere Frauen, die zu einem frühen Zeitpunkt aus dem Arbeitsleben ausgeschieden sind. Das Ergebnis muss in jedem Falle sein, dass wir nach Modellen suchen, die verhindern, dass Alter ein Problem in der Beschäftigung wird.

Dr. Michael Jungblut, ZDF (Moderation): Herr Schuster, ich bleibe noch bei dem Punkt, wo Herr Professor Böhle mir zu verstehen gegeben hat, dass ich da irgendwo eine Schraube locker habe. Aber ich könnte mir immer noch vorstellen – ich weiß es aus vielen persönlichen Erfahrungen –, dass junge Leute sich einfach nicht in so ein Arbeitskorsett einzwängen lassen wollen. Die wollen, wenn sie im Marketing sind, wenn sie in der Forschung sind, wenn sie in der Personalabteilung sind, wo auch immer, in der Konstruktion, manchmal länger als sieben Stunden arbeiten. Die sitzen in Softwarehäusern mit Begeisterung zwölf Stunden. Warum soll man denen das nicht erlauben, ihnen aber sagen, ihr könnt das ansammeln, und wenn ihr ein bisschen älter seid, kommt ihr mit fünf Stunden aus oder macht einen längeren Urlaub. Ist das wirklich ein so dämlicher Gedanke?

Jürgen Husmann, Deutsche Arbeitgeberverbände: Natürlich überhaupt nicht.

Dr. Michael Jungblut, ZDF (Moderation): Das wollte ich gerne einmal hören, vielen Dank.

Jürgen Husmann, Deutsche Arbeitgeberverbände: Wir haben doch im Zusammenhang mit den Diskussionen zur Abgrenzung zwischen Arbeitnehmern und Selbständigen, Stichwort Scheinselbständigkeit, gerade in den letzten Monaten in der Bundesrepublik miterlebt, welche neuen Kategorien von Arbeitsorganisation sich inzwischen in der Bundesrepublik finden, so dass sich viel mehr selbständige Elemente in Arbeitsverhältnissen niederschlagen, die man gemeinhin bisher als Arbeitnehmerarbeitsverhältnisse gesehen hat. Schon von der Seite her ergibt sich der Zwang für die Betroffenen, ganz anders über das Thema Arbeitszeitflexibilisierung nachzudenken, als es bisher der Fall war. Da wird natürlich rangeklotzt, und da wird vor allem auch in internationalen Maßstäben gedacht. Das kommt vielleicht ein bisschen zu kurz hier bei uns, dass, ich sage mal, outgesourcte Konstruktionsteams rund um den Globus herum rund um die Uhr arbeiten. Ich meine auch, es kommt bisher hier in der Diskussion der Unterschied zwischen den großen Industrieunternehmen und den Kleinunternehmen etwas zu kurz, der sich widerspiegelt in dem unterschiedlichen Zugang zum Thema Frühverrentung. Sie können seit Jahren feststellen, dass dies ein Thema vor allem für die größeren Unternehmen ist, wo die Konjunkturschwankungen sich im allgemeinen viel kräftiger niederschlagen. Also das, was man früher so als Schweinezyklus in der Ökonomie bezeichnet hat, kommt in den Großunternehmen anders zum Tragen als in den kleinen und mittleren. Und die kleinen und mittleren Unternehmen haben in all den vergangenen Jahren, auch Anfang der 90er Jahre, keine Beziehung zum Thema Frühverrentung entwickelt, weil sie das Problem nicht hatten. Dort werden im Gegenteil bis zum heutigen Tag händeringend ältere Fachkräfte gesucht. Das spiegelt sich in Ihrer Untersuchung wider, Herr Wolff. Insofern ist der Report, den Sie vorgetragen haben, sehr wertvoll, weil er die Differenziertheit der Fakten zum Ausdruck bringt, und Sie selbst auch als eine Kernthese zum Ausdruck gebracht haben, dass pauschale Urteile in keiner einzigen Beziehung angebracht sind.

Deshalb also meine Antwort auf Ihre Frage: Wir werden sehen, dass sich dieser Prozess noch intensiviert, und das ist auch einer der Gründe, weshalb ich glaube, dass das Modell mit den Arbeitszeitkonten, das Herr Schuster angesprochen hat, in den nächsten Jahren noch mehr Furore machen wird als bisher. Wir können – wir haben das als BDA versucht –, Unternehmerbeispiele an einer Hand aufzählen, die sich mit Lebensarbeitszeitkonten befassten. Das waren kaum die Finger einer Hand, die bisher an Unternehmensbeispielen zusammenkamen. Durch die neueren Entwicklung, insbesondere auch durch die Tatsache, dass wir das Thema Überstunden in einer Art und Weise in den Griff bekommen wollen, wie es für alle Beteiligten angemessen ist, bekommen wir zum Thema Arbeitszeitkonten in Verbindung mit der Notwendigkeit, individuelle Altersvorsorge anzugehen – nicht mehr über die Kollektivsysteme, sondern individuell per Kapital gedeckt –, einen ganz anderen Zugriff auf dieses Thema, und das ist vielleicht, wenn wir von Anschauung reden, im Moment das Wichtigste. Wir brauchen auch im Sinne von Mr. Walker Prävention, und diese Prävention würde ich in erster Linie ansetzen bei den Stichworten Selbstverantwortung, Eigenverantwortung, das heißt also, eigenverantwortliche Lebensplanung, und dazu gehört in erster Linie die Altersvorsorge. Dazu könnte, wenn es entsprechend ausgestattet ist, arbeitsrechtlich, steuerrechtlich vor allem auch, das Stichwort Arbeitszeitflexibilität mit der Arbeitzeitkontenidee einen wesentlichen Beitrag leisten.

Dr. Michael Jungblut, ZDF (Moderation): Herr Schuster, wollen Sie das aus Ihrer Sicht ergänzen? Sie können nachher insgesamt noch einmal antworten. Ich möchte aber noch auf das Bildungssystem kommen. Das ist auch wichtig. – Herr Schuster.

Dr. Helmut Schuster, Volkswagen AG: Ich kann das ergänzen und bestätigen, was Herr Husmann sagte. Ich glaube, es gilt grundsätzlich für alle Arbeit: die, die Spaß macht, kann ruhig auch mal länger dauern, und da will man sich auch voll einbringen. Wo man vor der Arbeit flieht, liegt es an vielen Dingen, die zusammenkommen. Man muss dann nachdenken, was man tun kann. Aber man kann nicht pauschal sagen, Industriearbeit führe zu Verschleiß. Es liegt doch eine große Gestaltungsbandbreite zwischen den Formen, die vielleicht wirklich zu Verschleiß führen, und anderen, wo die Belastungs-, die Lern- und anderen Anreize bis ins hohe Alter gegeben sind und auch die Mitarbeiter sozusagen mitgenommen werden auf dem Weg in die Arbeit und in die Zukunft. Man darf sich auch nicht von Statistiken täuschen lassen; denn durch unsere Sozialsysteme werden nach wie vor Anreize gesetzt. Um sich in einen Vorruhestand zu hangeln, muss man am Ende Krankheitszeiten, Erwerbsunfähigkeitselemente und andere Dinge nachweisen. Wenn einer partout will, dann helfen alle Partner dabei. So kommen auch Statistiken zustande, die nicht immer den wahren Sachverhalt wiedergegeben. Ich will nur auf zwei Erfahrungen hinweisen, die ich international gemacht habe: Ich habe extra ein Werk der Automobilindustrie in Nordamerika besucht, weil es als produktivstes galt. Dort lag das Durchschnittsalter der Belegschaft bei 48 Jahren.In unserer "Gesundheitsliga" in Europa liegt unser Werk Barcelona auf Platz eins. Auch dort liegt das Durchschnittsalter bei fast 50 Jahren. Es gibt jede Menge motivatorische Gründe, warum das Verhalten in die eine oder in die andere Richtung gesteuert wird. Noch ein weiterer Punkt: Ich bin sehr für moderne, progressive Formen der humanen Arbeitsgestaltung. Aber man darf auch nicht den Gesamtzusammenhang der Lebensführung verkennen. Ich habe neulich gelesen, in England – das mag auch in Deutschland der Fall sein – verbringt der durchschnittliche Arbeitnehmer 1200 Stunden im Jahr – das sind etwa 15 Prozent des Jahres – vor dem Fernseher. Mehr arbeiten die Arbeitnehmer in der deutschen Industrie am Produkt meist auch nicht. Das hält sich so etwa die Waage. Da frage ich mich: Was führt mehr zum Kreativitäts-Kill und mehr zur Bremse in der persönlichen Motivation, sich an der Gesellschaft zu beteiligen? Das möchte ich als offene Frage provokativ in den Raum stellen. Ich sehe schon an Ihrer Reaktion, dass Sie mir nicht alle zustimmen. Aber es gibt andere Elemente der Lebensführung, die nicht durch Arbeit determiniert sind und die wir inzwischen, wenn wir uns um Arbeitnehmer kümmern, auch in unser Kalkül mit einbeziehen müssen. Es geht um die ganzheitliche Sicht, nicht darum, wieder neue einseitige Perspektiven einzuführen. Das ist wichtig. Deswegen versuchen wir auch – und das ist auch ein Element unserer Politik –, den Prozess des Älterwerdens in eine neue Dimension hineinzubringen, das Verhältnis von Arbeit und Nichtarbeit neu zu definieren. Wir haben zum Beispiel mit unserem Aktivzentrum Bauhof versucht, gerade für Ältere neue Felder des Engagements für die Gesellschaft im Sinne einer Selbstorganisation, einer neuen Form – ehrenamtliche Arbeit ist ja nicht out –, zu identifizieren. Hier neue Formen zu finden, ist das Entscheidende, wenn denn die Erwerbsarbeit zu Ende geht. Das sind Ansatzpunkte, die wichtiger sind als manches andere, was auch thematisiert wird.

Dr. Michael Jungblut, ZDF (Moderation): Jetzt wollen wir nicht in die Höhen und Tiefen der Kulturkritik einsteigen und Sinn oder Unsinn des Fernsehens diskutieren. (Heiterkeit) Damit könnten wir sicherlich auch den ganzen Abend verbringen.

Das sieht auch jeder anders. Wir freuen uns natürlich, wenn die Leute vor den richtigen Sendungen sitzen.

Heinz Putzhammer, Deutscher Gewerkschaftsbund: Es könnte ja sein, dass die Tatsache, dass die Leute abends vor dem Fernseher sitzen und sich den Blödsinn reinziehen, damit zusammenhängt, dass sie von der Arbeit so geschafft sind, dass sie zu größeren kulturellen Aktivitäten nicht mehr die Fitness haben. Aber man darf nicht generalisieren, weder in der einen noch in der anderen Richtung. In der Frage der Flexibilisierung, Herr Husmann, ist es in der Tat so, dass wir im Bündnis für Arbeit vielleicht noch nicht alles so weitgehend diskutiert haben, als dass wir uns nicht noch stärker annähern könnten. Gerade in der Frage der Überstunden liegt es ja auf der Hand: Wenn es eine Möglichkeit gäbe, durch Flexibilisierung der Arbeitszeitkonten dazu zu kommen, Überstunden verstärkt in Freizeit auszugleichen, wenn man davon wegkäme, dass sich die Leute die Überstunden auszahlen lassen müssen, sie gar nicht in Freizeit ausgleichen können, wäre damit auch ein direkter Beschäftigungseffekt verbunden und wäre damit natürlich auch der Effekt verbunden, dass die Gesundheit, die Arbeitsfähigkeit besser geschützt wären, als wenn die Leute Überstunden klotzen und sie sich auszahlen lassen müssen. Das ist auch der Grund, weswegen ich bei aller Anerkenntnis, dass VW ein sehr cleveres Modell entwickelt hat, unter den gegenwärtigen Bedingungen gegenüber dem Kontenmodell etwas skeptisch bin; denn das Problem bei den Lebensarbeitszeitkontenmodellen ist, dass wir jetzt Arbeitslosigkeit haben und wir diese Arbeitslosigkeit nicht beseitigen, wenn wir die Leute jetzt ermuntern, Überstunden zu machen, und genau dann – wie Prognos ja nachgewiesen hat –, wenn der Mangel auftritt, die Arbeitszeitkonten ausgelöst werden müssen. Das heißt, dann würde der Mangel noch verschärft. Das scheint ein gewisses Problem zu sein.

Dr. Peter Rosenberg, Bundesministerium für Arbeit und Sozialordnung: Da will ich weitermachen: Dieses Modell ist nämlich genau das, was wir heute beim Umlageverfahren der gesetzlichen Rentenversicherung bedauern. Wir müssten heute höhere Umlagebeiträge zahlen, um später etwas herauszubekommen. Das geht nicht auf. Diese erhöhte Produktion aus Überstunden von heute viel mehr Jüngeren verkehrt sich in 2030 in die wesentlich geringere der dann sehr viel häufigeren Älteren. Deswegen geht das Modell gesamtwirtschaftlich nicht auf. Darüber muss man nachdenken, es sei denn, man wäre der Meinung, in 2030 brauchen wir insgesamt deutlich weniger Arbeit. Dann gehen verschiedene Modelle recht ordentlich auf. Zu Ihrem Flexibilitätsbegriff, Herr Husmann, habe ich auch noch ein paar Bedenken: Das gilt bezüglich der Arbeitszeit genauso wie hinsichtlich der Scheinselbständigkeit. Bei der Arbeitszeit haben wir keine so engen Grenzen, als dass für die Unternehmen bei hinreichender Vereinbarung mit den Arbeitnehmern nicht ein Flexibilisierungspotenzial im gesetzlichen Rahmen erreichbar wäre. (*Husmann:*

Hatte ich das bestritten?) – Nein, sie haben nur gesagt, man müsse noch sehr viel mehr Überstunden zulassen. Das geht ja in die gleiche Richtung wie bei den Scheinselbständigen. Bei den Scheinselbständigen haben Sie auch gesagt, man sehe darin die Kreativität neuer Arbeitsformen. Bei den meisten Scheinselbständigenproblemen sehen Sie weniger Kreativität als schlichte Arbeitnehmertätigkeit, die aber zur Vermeidung von Sozialversicherungsbeiträgen in ein Vertragsmodell scheinbarer Selbständigkeit umgewandelt wird. Mit diesem Argument zukunftsweisender Kreativität wäre ich doch sehr zurückhaltend. Wenn, wie Sie sagen, die Frühverrentung in Kleinunternehmen gar keine Rolle spielt, dann sollten wir einmal überlegen, warum das so ist. Wenn ich mir kleinere Handwerksbetriebe anschaue, stelle ich fest, dass die fast so etwas wie altersgerechte Arbeitsplätze haben. Die beschäftigen nämlich ihre Alt-Meister und -mitarbeiter nicht auf den gleichen Arbeitsplätzen, auf denen sie die jungen beschäftigen, sondern sie differenzieren da. Das ist im Kleinbetrieb, obwohl der angeblich so unflexibel ist, offensichtlich häufig möglich. Dadurch können sie nun den Erfahrungsschatz, der im Handwerk sicher eine besonders große Rolle spielt, besser nutzen, als das in der Industrie vielfach getan wird, wo man dann eben schon in die Richtung geht – das ist nicht nur die Nachfrage des Arbeitnehmers nach der Frühverrentung, sondern das ist auch das teuer bezahlte Angebot des Arbeitgebers an die Arbeitnehmer –, vorzeitig auszuscheiden.

Dr. Michael Jungblut, ZDF (Moderation): Das ist ein interessanter Aspekt vielleicht auch für die Arbeitsgruppe, die sich mit der Problematik im Handwerk noch besonders beschäftigt. Das wäre sehr positiv, wenn dort tatsächlich gelänge, was woanders noch angestrebt wird.

Prof. Dr. Fritz Böhle, Universität Augsburg: Zur Klarstellung: Ich habe mich grundsätzlich nicht gegen Flexibilisierung gewendet, sondern nur gegen ein Modell, in der Jugend Konten anzusammeln, um davon dann im Alter Nutzen zu haben. Das halte ich in der Tat nicht mehr für zukunftsorientiert. Worum es genau ginge, wäre, Flexibilisierung so zu nutzen, dass sie während des Erwerbslebensverlaufs, während der Erwerbsbiographie, zu Phasen von Arbeit und Entlastung dient, um eben möglichst lange in einem Zustand zu bleiben, in dem die Erwerbsfähigkeit, wie immer man sie definiert, erhalten bleibt. Flexibilisierung in der Form ja. Sie müsste dann aber von beiden Seiten, Betrieb und Arbeitskräften, gestaltbar sein. Ich kann mir auch noch eine zweite Ebene der Flexibilisierung vorstellen, die an dem Punkt ansetzt, an dem jetzt die Verrentung beginnt. Das jetzige Modell ist ja nach der Prämisse alles oder nichts konstruiert, entweder Erwerbsarbeit oder Rente. Hier müsste man nachdenken, inwieweit es möglich wäre, sehr viel flexiblere Formen von Teilrente, Teilerwerbsfähigkeit, aber möglicherweise auch kombiniert mit der Schaffung völlig neuer Beschäftigungsformen zu entwickeln. Ich denke auch an Beschäftigungsformen jenseits von Markt und Staat, in Zwischenbereichen, die es ermöglichen, an dem Grundsatz festzuhalten, möglichst lange in Erwerbsarbeit eingegliedert zu sein, auch wenn Erwerbsarbeit nicht auf alle Zeiten das Primäre der eigenen Existenzsicherung darstellt. Aber man sollte von diesem Alles-oder-Nichts, Verrentung oder Erwerbsarbeit, wegkommen.

Dr. Michael Jungblut, ZDF (Moderation): Darüber wird man sicherlich nachdenken müssen, auch über die Frage, ob man das dann in Form von Sabbaticals oder ähnlichem nutzt. Da wird sicher auch ein Konsens mit Herrn Schuster möglich sein. Ich weiß nicht, ob das in Ihrem Modell schon drin ist. Nicken Sie einfach oder sagen Sie ja.

Dr. Helmut Schuster, Volkswagen AG: Nein, es ist noch nicht drin.

Dr. Michael Jungblut, ZDF (Moderation): Noch nicht! Kann noch werden. Meine Damen und Herren, haben Sie das Bedürfnis, an dieser Stelle einzuhaken?

Wolfgang Staudt: Ich versuche, einen Widerspruch in den Äußerungen von Herrn Husmann im Zusammenhang mit der Entlohnung für Ältere aufzuspüren. Wir haben ja im Einführungsreferat Daten zur Qualifikation von Älteren gehört. Zum Schluss Ihres ersten Beitrages erwähnten Sie, wir müssten angesichts der Produktivität von Älteren auch darüber nachdenken, ob wir den Senioritätszuschlag, der in vielen Entlohnungen für Ältere drin ist, nicht abbauen müssen. Wenn ich das heute mittag richtig verstanden habe, ist der Senioritätszuschlag von den Tarifpartnern gerade damit gerechtfertigt worden, dass die Älteren im Verlauf ihrer Qualifikation ein Wissen aufgebaut haben, das sie dann wieder abgeben. Herr Husmann, habe ich Sie falsch verstanden, oder habe ich Sie dabei erwischt, dass Sie auch diese Diskussion nutzen, um die Entlohnung abzubauen?

Dr. Michael Jungblut, ZDF (Moderation): Ich schlage vor, wir sammeln erst einmal die Wortmeldungen. Dann sollte jeder hier am Tisch, der angesprochen wurde oder sich angesprochen fühlt, etwas dazu sagen. So nutzen wir vielleicht die verbleibende Zeit am besten.

Prof. Dr. Ulrich Ritter, Universität Frankfurt: Ich bin Autor des Buches "Alterspolitik", das hier ausliegt. – Wir haben von kleinen Problemen gehört, die zu großen Problemen werden. Ich will darauf hinweisen – zwei Stichworte sind nicht aufgetaucht: Kleines Potenzial jetzt – deshalb ist es noch nicht aufgetaucht –, aber großes Potenzial, wenn man die Entwicklung in anderen Ländern betrachtet. Ich nenne die Stichworte Internet – und bewusst nicht Intranet, also diese protektionistischen Erscheinungen – und Telearbeit auch für die Weiterbildung und die selbstverantwortete Weiterbildung von Arbeitnehmern. Neben Telearbeit ist auch

Teleberatung zu nennen. Selbst Leute, die nicht mehr zu dem Betrieb hingehen können, sind ein Potenzial, das genutzt werden kann – intelligent homes.

Prof. Dr. Johann Behrens, Universität Halle: Bei dieser Diskussion, in der Jugend klotzen, im Alter auf Zeitkonten zurückgreifen, ist ein Gegenargument überhaupt nicht gefallen: das, dass in jüngeren Jahren noch eine andere Aufgabe ansteht, nämlich Familiengründung. (Beifall) Es ist, glaube ich, nicht möglich, gleichzeitig 14 Stunden zu arbeiten und kleine Kinder aufzuziehen. Dass das gerade in einem Demographieschwerpunkt eine ungeheure Rolle spielt, zeigt uns ja die Entwicklung der Fertilitätszahlen bei der Vereinigung mit der DDR. Es wurde deutlich: Allein die Möglichkeit, Kinder und Arbeit zu verbinden, ist der entscheidende Erklärungsfaktor für eine Geburtenrate. Mein zweites Argument ist ein ganz anderes. Wir wissen ziemlich genau – da möchte ich Herrn Putzhammer deutlich unterstützen –, dass es Tätigkeiten gibt, die begrenzt sind, die berufliche Sackgassen sind, dass es nicht durchgängig ein Problem ist, bis zum gesetzlichen Rentenalter erwerbstätig zu bleiben, sondern dass das nur für bestimmte Tätigkeiten ein Problem ist. Das sind übrigens nicht die Tätigkeiten, die die schwierigsten sind und die am besten bezahlten sind, sondern eher die, die als leichter gelten und schlechter bezahlt sind. Das Problem, das Betriebe lösen müssten, liegt darin, dass es Leuten möglich werden muss, von der einen Tätigkeit zur anderen Tätigkeit zu wechseln. Das geht überbetrieblich durch Einstellung auch Älterer und innerbetrieblich durch horizontale Laufbahnen. Da kennen wir sehr viele sehr einfache Fehler, die in jedem Betrieb zu sehen sind und die auch erklären, dass manchmal kleine Handwerker – übrigens nur dann, um Herrn Rosenberg zu unterstützen, wenn der Betriebsinhaber selber älter ist – dieses Problem lösen.

Dr. Heinrich Geißler, worklab Wien: Wir beschäftigen uns seit Jahren mit dem Bereich “Gesund bleiben und älter werden”. Ich glaube, dass es nicht richtig ist, was Herr Husmann gesagt hat, dass es nicht darum gehe, die Anschauungen zu ändern. Es geht sehr wohl darum, die Anschauungen zu ändern, die über das Altern in unserer Gesellschaft bestehen. Zwei Stichworte dazu: Ein 57jähriger Banker sagt zu seinem 52jährigen Mitarbeiter: Wenn es nach mir ginge, würde ich alle über 50 rausschmeißen. – Das brauche ich nicht sonderlich zu kommentieren. Diese gesellschaftlichen Einstellungen, die über das Alter bestehen, entwickeln sich bei den Älteren zu Self-fulfilling prophecies. Sie trauen sich selbst oft gewisse Dinge nicht zu. Wir unterstützen sie dabei, sich Dinge nicht zuzutrauen, indem wir Ihnen zum Beispiel nicht in einer altersgerechten Didaktik neue Technologien vermitteln, sondern mit den Medien, mit denen wir sie Jungen vermitteln, und damit die Lerngewohnheiten, das eigene Tempo und diese Dinge nicht berücksichtigen. Ich glaube, im Gegenteil, es gilt sehr wohl auf allen Ebenen, gesellschaftlich, individuell, betrieblich, Anschauungen zu verändern.

Johann Scheck: Ich bin mittlerweile 57 Jahre und stehe noch im Arbeitsleben. Als ich zu lernen begonnen habe, gab es noch keinen Computer und fast nirgendwo einen Fernseher. Ich habe Elektriker gelernt und bin heute noch als Elektriker tätig. Meine Erfahrungen – und mein Chef weiß das –, sind der Grund, dass er mir mehr Geld zahlt als den Jungen. Ein Junger legt zwar schnell ein Kabel, schließt es dann aber umständlich an oder legt es umständlich auf. Ich, der ich das mit meinen Erfahrungen nicht umständlich mache, bin schneller als der Junge. Beispiel PC: Herr Jungblut, Sie haben vom Computer gesprochen. Niemand schmeißt sofort den Computer weg, wenn ein neues Programm kommt. Er macht das neue Programm drauf. Also wäre es doch unsinnig, Herr Husmann, einen alten Mann hinauszuschmeißen, weil man sagt: Die Alten sind zu teuer. Noch einen Satz zu Herrn Husmann: Mich hat besonders gestört, dass Sie argumentiert haben, dass es Kündigungsschutz für Ältere gebe. Den gibt es nur für Leute, die mindestens 20 oder 25 Jahre in demselben Betrieb gearbeitet haben. Das ist nicht überall in der Bundesrepublik so, sondern nur in bestimmten Industriezweigen gibt es diesen Kündigungsschutz, nicht in dem Gewerbe, in dem ich arbeite. Dann kam das Argument der geistigen Arbeit. Ich habe mechanisch gearbeitet, aber auch im Kopf. Wenn Sie sich in einem Industriebetrieb an eine CNC-Maschine stellen, dann werden Sie feststellen, dass die Leute schnell geistig arbeiten, aber keine Denker und Dichter sein müssen.

Dr. Michael Jungblut, ZDF (Moderation): An Ihnen sieht man, dass wir hier ein sinnvolles Gespräch führen, dass Ältere durchaus noch am Ball sein können. Dann sehen sie auch gar nicht alt aus, wenn ich das von hier aus beurteilen kann. Was die geistige Arbeit angeht, waren wir uns hier einig, dass die heute auch in den Bereichen anzutreffen ist, wo man früher nur mit den Händen gearbeitet hat. Heute führt eben die Technik dazu, dass man das gar nicht mehr so trennen kann.

Jürgen Husmann, Deutsche Arbeitgeberverbände: Ich fange mit dem letzten an. Ich möchte nicht missverstanden werden. Mir geht es darum, dass Alter an sich kein Wert ist, um höher entlohnt zu werden. Wenn Alter verbunden ist mit mehr Wissen, mit mehr Erfahrung, mit den Qualifikationsprofilen, die Sie im Zusammenhang mit dem Alter angesprochen haben, und dieses von den Unternehmen abgefordert wird, dann ist das natürlich entsprechend zu entgelten, ganz logisch. Wenn ich ein Beispiel bringen darf: Nehmen Sie den Bankbereich. Im Bankbereich können Sie doch davon ausgehen, dass in der Kreditabteilung vor allem Erfahrung zählt. Die Mitarbeiter der Kreditabteilung müssen Kunden, die Darlehen in Anspruch nehmen wollen, Kredite in Anspruch nehmen wollen, abschätzen können. Das sind Ermessensspielräume. Das setzt Erfahrung voraus. Das wird entgolten. Aber wenn Sie verwaltungsmäßige Vorgänge über EDV zu organisieren haben, dann brauchen Sie eben nicht diese Erfahrung, sondern dann brauchen Sie ganz konkretes Know-how und Wissen. Dann wird es nicht entgolten. Ich meine das mit Senioritätsprinzip, was wir in klassischster Weise im öffentlichen Dienst hatten. Ich weiß nicht, ob wir es immer noch haben – da ist ja eine Reform im Gange –, dass automatisch mit Dienstaltersstufen das Gehalt wächst. Das kann es nicht sein. Wir können sagen, was wir gerne wollen, was wir schön finden. Aber hier geht es um die Frage, ob wir eine alternde Gesellschaft in Zukunft noch voll beschäftigen können. Da kann man nicht – dabei bleibe ich – mit Bildern und Anschauungen operieren, sondern da muss man Anreize setzen, ganz besonders in der Marktwirtschaft. Es muss sowohl für den Arbeitnehmer attraktiv sein, bestimmte Talente, bestimmte Qualifikationsprofile anzubieten, wie für den Arbeitgeber, die abzurufen und entsprechend zu entgelten. Anders geht es nun einmal nicht. Damit habe ich gleichzeitig auch etwas zum Thema Entlohnung gesagt. Das ist keine Automatik, sondern es geht nur darum, dass nicht das Alter als solches etwas zählt. Im übrigen: Ihr Hinweis zu Telearbeit und zu den Beschäftigungspotenzialen, die wir haben, ist insofern wichtig, als wir allein schon an den Differenzen der Erwerbsquoten zwischen alten Bundesländern und neuen Bundesländern mit der viel höheren Erwerbsquote in den neuen Bundesländern feststellen können, welche großen Unterschiede es durch Bildung und durch die verschiedenen Infrastrukturen gibt. Dadurch können wir noch wesentliche Potenziale erschließen, und es steht durchaus gar nicht alles fest.

Dr. Helmut Schuster, Volkswagen AG: Bildung zukünftig auch über Internet zum Selbsteinwählen anbieten, in der Freizeit sehen, was interessant ist, und dann auch neue didaktische Konzepte anbieten, ist der Weg, den wir schon begonnen haben. Wir bieten unsere neuen Arbeitsaufgaben, die wir über Qualifikation absichern, auch in dieser Weise an. Das bringt einen höheren Durchdringungsgrad und ermöglicht auch eine höhere Eigendisposition. Das ist ein sehr guter Ansatz. Lassen Sie mich noch einen Punkt erwähnen, der etwas unterbelichtet geblieben ist: Wir denken, dass es inzwischen auch auf eine starke Individualisierung der Lebensstile hinausgelaufen ist. Deswegen glauben wir, dass nur noch Angebote überzeugen, wo jemand auch etwas für sich tun kann. Viele Leute haben von großen Verschiebebahnhöfen und davon, darauf zu hoffen, dass später im Alter jemand etwas für sie regelt, die Nase voll. Das ist auch einer der Gründe, warum wir mit den Zeitwertpapieren, mit eigenverantwortlichen Systemen nun auf die Bildfläche gekommen sind. Nur, damit man das vielleicht versteht.

Prof. Alan Walker, University of Sheffield: Zwei kurze Worte: Erstens. Wir müssen daran denken, dass wir Teil der Europäischen Union sind. Obwohl ich dem Ministerium zu dieser Forschung gratuliere, gibt es ganz ähnliche Forschungsvorhaben in anderen Ländern. Wir müssen hier also einen Wertzuwachs aus dem Erfahrungsaustausch gewinnen. Wir müssen hier mehr tun. Es gibt tatsächlich Möglichkeiten, dass Europa in einem Bereich etwas ausmacht. Wir lernen von Erfahrungen in anderen Ländern. Das ist kein Problem, das spezifisch für Deutschland ist. Es gibt Lösungen, Teillösungen, vollständige Lösungen in vielen Ländern, viele Beispiel für good practice, von denen man hier in Deutschland lernen kann. Andersherum gilt das genauso. Gute Beispiele aus Deutschland können in anderen Ländern auch eine Rolle spielen. Der zweite Punkt: Diese self-fulfilling prophecy, die erwähnt wurde. Wir vergessen oft: Schlechte Arbeitsbedingungen sind eine sich selbst erfüllende Prophezeiung. Wenn man Leute nur zu Beginn ihrer Laufbahn ausbildet, ist das eine sich selbst erfüllende Prophezeiung. Wenn man sie nicht weiterbildet, ist das genauso eine self-fulfilling prophecy; denn diese Leute enden in einem immer flexibleren Arbeitsmarkt ohne die Fähigkeiten, ohne die Möglichkeiten, den Anforderungen der Arbeitgeber zu entsprechen. Deswegen müssen wir diese selbsterfüllende Prophezeiung zerstören. Wir brauchen hier einen größen Grad an Verantwortung auf der Ebene der Regierungen, auf der Ebene der Unternehmen und auf der Ebene des einzelnen. Hier müssen wir uns konzentrieren, Alter im gesamten Lebensablauf zu handhaben. Das ist etwas, was fast mit der Geburt beginnt. Das betrifft uns alle. Wir sind alle alternde Beschäftigte. Selbst während ich hier rede, altere ich. Wir müssen uns alle einstellen, Veronika Pahl, Gerhard Naegele, haben das am Anfang gesagt: Wenn wir fragen, in wessen Verantwortung dieses Problem liegt, so ist die Antwort darauf: in jedermanns Verantwortung! Der Staat, die Arbeitgeber, die Gewerkschaften, wir alle als einzelne Arbeitnehmer oder Beschäftigte müssen die Kultur ändern, in der wir altern, und stärker die Wichtigkeit berücksichtigen, sich im gesamten Leben auf diesen Alternsprozess einzustellen.

Heinz Putzhammer, Deutscher Gewerkschaftsbund: Ich denke, an einer Stelle, Herr Husmann, täten sich die Arbeitgeber einen Gefallen, wenn sie ein bisschen positiver dächten. Man hat manchmal den Eindruck, sie suchten überall die Lösung der Probleme in der Weise: Da und dort und an einer dritten Stelle müsste man den Standort noch ein bisschen verschlechtern, also ein bisschen Kündigungsschutz weg, und dann wird es wieder besser, ein bisschen Senioritätsprinzip weg, und dann wäre alles wieder ein bisschen leichter zu finanzieren usw. Das will ich hier jetzt gar nicht alles persönlich unterstellen. Die Frage ist vielmehr: Wo kann man etwas verbessern? Da, denke ich, wäre die Frage der Qualifikation im Betrieb eine, an der man gemeinsam ansetzen sollte, etwas zu verbessern. Deutschland hat, immer noch geachtet in der Welt, ein sehr gut funktionierendes allgemeinbildendes und berufsqualifizierendes Bildungswesen. Die Voraussetzungen werden sozusagen ganz anständig geschaffen. Aber wie die Qualifikation im Betrieb gepflegt wird, das ist nicht Weltstandard. Da könnte man gemeinsam etwas verbessern.

Dr. Peter Rosenberg, Bundesministerium für Arbeit und Sozialordnung: Herr Jungblut, Sie hatten eingeleitet, Sie wollten, das Thema vernetzt betrachten. Mir ist bei dem Beitrag von Herrn Behrens aufgefallen: Wir haben wenig vernetzt betrachtet. So ein Aspekt wie Vereinbarkeit von Beruf und Familie in verschiedenen Phasen ist ein ganz wichtiger. Ich meine aber, auch die Vereinbarkeit von Marktwirtschaft und sozialer Sicherung ist ganz wichtig. Wir können sicher nicht alles unter rein betriebswirtschaftlichen Gesichtspunkten organisieren, sondern bei aller Individualisierung der Lebensstile, Herr Schuster, ist wahrscheinlich auch VW zu klein, um dieses für unsere gesamte Gesellschaft zu organisieren. Wir werden also schon noch von einer sozialen Gestaltung unserer Gesellschaft insgesamt ausgehen müssen und darin das Problem der Arbeit für Alte integrieren müssen.

Prof. Dr. Fritz Böhle, Universität Augsburg: Ich frage, noch einmal an Herrn Husmann anknüpfend: Ist das nicht ein altes Problem? Irgendwo ja. Aber ich denke, die Diskussion hat wie die Forschung des Verbunds erneut gezeigt, dass es alt und gleichzeitig hochaktuell ist, hochbrisant. Meine These war ja: Wir stehen vor völlig neuartigen Problemen der Beschäftigung Älterer im Erwerbsleben. Wir sind alle überzeugt, dass die Humanressource im Zuge des Älterwerdens nicht a priori verschleißt, sondern sogar Potenziale hat, und trotzdem werden Ältere ausgegliedert. Diesen Dingen weiter nachzugehen, halte ich für eine entscheidende Herausforderung. Es werden sicher eine Menge Lernprozesse dazu notwendig sein. Vielleicht kann die weitere Diskussion mit dazu beitragen, dass solche Lernprozesse begünstigt und befördert werden.

Dr. Michael Jungblut, ZDF (Moderation): Sie haben völlig recht, Herr Rosenberg. Mit dem vernetzten Denken haben wir es nicht so ganz geschafft, sonst hätten wir auch über Bildungspolitik und viele andere Dinge reden müssen. Das hätte ich sehr gerne gemacht. Aber Sie gehen ja jetzt noch in die Einzeldiskussionen. Dabei können Sie diese Themen aufgreifen, vielleicht immer so ein bisschen mit dem Bewusstsein: Das Puzzle muss nachher irgendwie zusammenpassen. Ich denke auch, dass es ganz wichtig ist, dass rechtzeitig die Weichen gestellt werden, dass nicht wieder, wie Sie es vorhin sagten, eine Untersuchung nach der anderen auf den Tisch gelegt wird und keine Schlussfolgerungen daraus gezogen werden. Ich möchte noch an eines erinnern, was Sie, Herr Dr. Wolff gesagt hatten: Jeder ist auch ein bisschen für sich selber verantwortlich. Man kann nicht immer alles dem Staat, den Gewerkschaften, den Unternehmen oder wem auch immer zumuten. Ich glaube, darüber müssen wir auch noch ein bisschen nachdenken. Lassen Sie mich mit einem Wort von Johannes Rau, unserem jetzigen Bundespräsidenten, schließen. Der hat auch einmal etwas zum Thema Altern gesagt: „Vegetarier werden nicht älter, sie sehen nur so aus.“

Prof. Dr. Gerhard Naegele: Schönen Dank, sehr geehrte Herren – Damen sind ja nicht auf dem Podium –, für die Diskussion. Drei Kommentare aus meiner Sicht:

Es ist deutlich geworden, dass die Probleme erkannt sind, schon seit längerem. Herr Rosenberg, Sie haben recht, auch auf europäischer Ebene. Alan Walker hat das betont. Zweitens. Der Forschungsverbundbericht – und das ist nicht ein Prognos-Bericht, sondern ein Forschungsverbundbericht – hat verdeutlicht, dass wir Problembewusstsein benötigen. Insofern müssen wir doch Überzeugungsarbeit leisten, mehr als Herr Husmann es vielleicht gemeint hat. Ich hoffe, dass Sie dazu Ihren Beitrag leisten, Herr Husmann, und endlich mit der 3. Auflage dieser Broschüre der BDA rüberkommen. Wir warten seit 1981 darauf. Wegen der Vorlaufzeit und wegen des Risikos der falschen Weichenstellung – das hat Fritz Böhle angesprochen – gilt es jetzt zu handeln; wir müssen jetzt anfangen. Konzepte brauchen lange, um sich in den Betrieben und in den Köpfen durchzusetzen. Konzepte müssen nach meiner Einschätzung – ich werde das vielleicht morgen in meinen Abschlussresumee auch noch einmal sagen – sowohl präventiv im Sinne von alternsgerecht oder lebenslaufbezogen sein, sie müssen aber auch reaktiv sein im Blick auf die jetzigen Problemgruppen, ältere Langfristarbeitslose, Menschen, die in bestimmten Berufen nicht mehr bis zum 55. Lebensjahr durchhalten, die gewisse Hilfestellungen benötigen. Insofern beides, kompensatorisch oder reaktiv wie präventiv lebenslaufbezogen. Wir werden morgen hoffentlich mehr über geeignete Instrumente und Maßnahmen hören. Die Breite der Palette an Möglichkeiten ist benannt worden. Sie reicht von dem Faktenschaffen, Herr Husmann, im Sinne von Deregulierung – so habe ich Sie verstanden – bis hin zur Entwicklung von lebenslaufbezogenen Konzepten. Wir haben leider nicht über Lernen, über Weiterbildung, über lebenslanges Lernen gesprochen. Dazu hat ja der Forschungsverbund eine Reihe von Ergebnissen geliefert. Ziel dieser Veranstaltung morgen soll so etwas wie eine Berliner Erklärung sein. Vielleicht ist das zu hoch angesetzt, aber es ist unser Wunsch, dass wir hier mit einer Botschaft herauskommen, die dann auf bereits vorliegenden Erklärungen auf europäischer Ebene aufsetzen könnte. Es gibt den Wiener Aktionsplan, und es gab im August eine Konferenz in Turku, in der so etwas wie eine Turku-Erklärung veröffentlich worden ist. Es wäre schön, wenn wir es morgen schafften, so etwas wie eine Berliner Erklärung zum demographischen Wandel zustande zu bringen. Die Voraussetzungen dafür sind gut.

Ich hoffe, Ihr Interesse für die zehn Arbeitsgruppen, in denen Sie die Forscherinnen und Forscher aus dem Projektverbund und die Beiratsmitglieder antreffen werden, geweckt zu haben. In diesem Sinne wünsche ich Ihnen einen schönen Abend.

Teil 2: Arbeitsgruppen
Zum Stand der Forschung und der Diskussion

Arbeitsgruppe 1

Wandel der Leistungspotenziale im Prozess des Alterns

Professor Dr. Andreas Kruse,
Institut für Gerontologie der
Universität Heidelberg
(Co-Autorin: Gabriele Maier)

Psychologische Beiträge zur Leistungsfähigkeit im mittleren und höheren Erwachsenenalter – eine ressourcenorientierte Perspektive

1. Zur kognitiven und beruflichen Leistungsfähigkeit im Erwachsenenalter

Die kognitive Leistungsfähigkeit im Erwachsenenalter wird in der psychologischen Forschung zunächst unter dem Aspekt des Verlaufs der kristallinen und der fluiden Intelligenz betrachtet. Erstere beschreibt die erfahrungsgebundene Intelligenz, d.h. die Fähigkeit zur Lösung vertrauter kognitiver Probleme, letztere beschreibt die Mechanik der Intelligenz, d.h. kognitive Basisoperationen, die vor allem für die Bewältigung neuartiger kognitiver Probleme notwendig sind. Für diese beiden Dimensionen ist ein *differenzieller Verlauf* charakteristisch, der in Ansätzen bereits im jüngeren und mittleren Erwachsenenalter erkennbar ist: Während die Leistungsfähigkeit in der kristallinen Intelligenz über weite Abschnitte des Erwachsenenalters erhalten bleibt oder sogar weiter zunimmt, geht die Leistungsfähigkeit in der fluiden Intelligenz – bedingt durch abnehmende Plastizität und zunehmende Schädigungen des Zentral-Nerven-Systems – zurück.

Bereits im dritten Lebensjahrzehnt ist eine (wenn auch nur geringfügige) Abnahme der Geschwindigkeit der Informationsverarbeitung erkennbar. In späteren Phasen des Erwachsenenalters ist der Rückgang der Leistungsfähigkeit in der fluiden Intelligenz deutlich: Dieser zeigt sich vor allem in abnehmender Umstellungsfähigkeit sowie in einem weiteren Rückgang der Geschwindigkeit der Informationsverarbeitung. Allerdings sind zwei Aspekte zu berücksichtigen, die den Verlauf in der fluiden Intelligenz *modifizieren* können: Einerseits wird durch *kontinuierliches Training* dazu beigetragen, dass Verluste in dieser Intelligenzdimension geringfügiger ausfallen, da Training mit hoher DNA-Aktivität in den Nervenzellen und daraus folgender Erhaltung der Plastizität der Nervenzellen verbunden ist (Beispiel: Neuronale Grundlagen von Plastizität).

Andererseits wird durch *mangelnde Anregungen* in der Umwelt – zum Beispiel am Arbeitsplatz – dazu beigetragen, dass die Verluste in der Umstellungsfähigkeit und Geschwindigkeit der Informationsverarbeitung noch gravierender ausfallen. In diesem Kontext ist das Konstrukt der intelligenzdezelerierenden Umwelt bedeutsam: In dem Maße, in dem sich Arbeitnehmer – zum Beispiel im Beruf – auf die Ausführung weniger Aktivitäten beschränken (oder aufgrund des Tätigkeitsprofils auf diese beschränkt werden), geht deren Umstellungsfähigkeit im mittleren und höheren Erwachsenenalter zurück. Die Auswirkungen dieser in der Arbeitspsychologie und Arbeitssoziologie als Prozess *zunehmender Dequalifizierung* beschriebenen Entwicklung auf die berufliche Leistungsfähigkeit sind eindeutig: Arbeitnehmer büßen mehr und mehr das Potenzial zum konstruktiven Umgang mit *neuartigen* Anforderungen ein (ausführlich dazu Kommission 1998).

Die psychologische Forschung beschäftigt sich seit Mitte der 80er Jahre zusätzlich mit der Entwicklung der praktischen Intelligenz sowie der Ausbildung bereichsspezifischer Wissenssysteme (ausführlich dazu Baltes 1990; Kruse/Rudinger 1997; Weinert 1994). Die praktische Intelligenz, die die Fähigkeit zur Lösung alltagspraktischer Probleme und Anforderungen beschreibt, wird dabei als eine eigene Intelligenzdimension verstanden, die allerdings statistisch bedeutsame Zusammenhänge mit der kristallinen und der fluiden Intelligenz aufweist (ausführlich dazu Schaie 1996; Beiträge in Sternberg/Wagner 1986).

Die Notwendigkeit, in Intelligenzmodellen von einer „alltagspraktischen“ Dimension der Intelligenz auszugehen, ergibt sich aus konzeptionellen Überlegungen (vgl. Labouvie-Vief 1985). Das „klassische“ Konstrukt der Intelligenz weist eine deutliche Orientierung an Fähigkeiten auf, die vor allem in der schulischen Bildung besonders betont werden. Wie Labouvie-Vief (1985) aufzeigt, sind nach Abschluss der schulischen Bildung und bei Eintritt in die berufliche Ausbildung, vor allem aber nach Aufnahme der Berufstätigkeit vielfach Fähigkeiten und Fertigkeiten gefragt, die durch die klassische Operationalisierung von Intelligenz nicht ausreichend abgebildet werden.

Neben bereichsspezifischen Fertigkeiten sind vor allem allgemeinere Fähigkeiten zu nennen, die grundsätzlich für die Bewältigung alltagspraktischer Probleme und Anforderungen notwendig sind, wie zum Beispiel Überblick über ein Arbeitsgebiet, Kompetenz in der Vorbereitung (Begründung) und Ausführung von Entscheidungen, Entwicklung und Erweiterung von effektiven Handlungsstrategien. Bislang sind nur wenige empirische Studien zur Entwicklung der praktischen Intelli-

Beispiel: Neuronale Grundlagen von Plastizität

Entwicklungsprozesse sind an Prozesse im Zentral-Nerven-System gebunden: Sie setzen Plastizität voraus, das heißt ein ausreichendes Maß an Veränderungsfähigkeit der Nervenzellen und der Netzwerke, zu denen einzelne Nervenzellen verbunden werden. Die Plastizität – darin stimmen alle neurophysiologischen Arbeiten überein – ist ein wesentliches Merkmal des Zentral-Nerven-Systems, das über den gesamten Lebenslauf hinweg Bestand hat. Mit anderen Worten: Die Nervenzellen zeichnen sich grundsätzlich und in allen Lebensaltern durch eine hohe Veränderungskapazität (oder Lernfähigkeit) aus. Diese Aussage ist für die Erhaltung und Förderung der Kompetenz im Alter von großer Bedeutung: Die neurophysiologischen Bedingungen für die Erhaltung und Förderung der Kompetenz sind im Alter gegeben. Aus diesem Grunde ist auch die Aussage gerechtfertigt, dass ältere Menschen sowohl durch seelisch-geistige Aktivität als auch durch Offenheit für neue Anregungen – das heißt also durch eigenes Verhalten – erheblich zu ihrer seelisch-geistigen Leistungsfähigkeit beitragen.

Die Veränderungskapazität des Zentral-Nerven-Systems ist durch die morphologische Struktur der Nervenzellen (also ihren Aufbau oder ihre Architektur) bedingt: An einzelnen Stellen der Nervenzelle sind Verästelungen erkennbar, die sich bei kontinuierlicher Erregung der Nervenzelle weiter ausdifferenzieren und ein erhöhtes Maß an Empfänglichkeit für Erregung durch andere Nervenzellen entwickeln. Die Erregung der Nervenzelle wird durch die Stimulation unserer Sinne, durch Denken und Lernen sowie durch den Gebrauch unserer Fertigkeiten bewirkt. Diese Aussage ist für den gesamten Lebenslauf gültig. Aus ihr lässt sich die Forderung nach hoher seelisch-geistiger Aktivität sowie nach kontinuierlicher Nutzung alltagspraktischer, intellektueller und psychomotorischer Fertigkeiten im Alter ableiten. Damit sind optimale Bedingungen für die Stimulation neuronaler Netzwerke und für die Erhaltung der Lernfähigkeit gegeben.

Die Veränderungskapazität der Nervenzellen ist jedoch nicht nur auf deren morphologische Struktur zurückzuführen, sondern auch auf die Tatsache, dass die Erregung von Nervenzellen und von neuronalen Netzwerken (dies sind die aus einzelnen Nervenzellen gebildeten Netzwerke) durch elektrophysiologische und biochemische Prozesse herbeigeführt wird, die ihrerseits höchst variabel auf situative Anforderungen antworten. Damit wird zum Ausdruck gebracht, dass sich elektrophysiologische und biochemische Prozesse mit höherer Geschwindigkeit und Präzision aktivieren lassen, wenn sie bereits mehrfach ausgelöst worden sind. Bildlich gesprochen: Diese Prozesse haben ein „Gedächtnis“, in dem Häufigkeit und Muster früherer Aktivierungen gespeichert sind. Daraus ergibt sich eine weitere wichtige Folgerung für die Leistungsfähigkeit im Alter: Das neu Gelernte sollte kontinuierlich eingesetzt und verfeinert werden, denn auf diese Weise kann der im Alter erkennbare Rückgang der Geschwindigkeit und Präzision der Erregungsübertragung in Teilen kompensiert werden.

genz ausgerichtet worden; doch sind gerade deren Befunde für die Bestimmung der Leistungsfähigkeit des Menschen im Beruf von hoher Relevanz. Zwei Befunde sind an dieser Stelle besonders hervorzuheben.

Befund 1: In einer Untersuchung von Klemp/McClelland (1986) wurde die Frage nach jenen alltagspraktischen Fähigkeiten gestellt, die Grundlage für die besonders erfolgreiche Bewältigung der Führungsaufgaben in einem Unternehmen bilden. Für diese Untersuchung wurden n=150 erfolgreiche Senior-Manager großer Unternehmen nominiert; diese sollten zunächst selbst eine genaue Beschreibung ihrer beruflichen Stärken sowie jener Strategien geben, die ihrer Ansicht nach den beruflichen Erfolg begründen. Weiterhin wurden zahlreiche Mitarbeiter der jeweiligen Unternehmen darum gebeten, die beruflichen Stärken sowie jene Strategien der Senior-Manager zu beschreiben, die ihrer Meinung nach entscheidenden Anteil an deren beruflichen Erfolg haben. Zu jenen Strategien, die Klemp/McClelland (1986) als Grundlage für die besonders erfolgreiche Bewältigung der Führungsaufgaben ermittelt haben, zählen hauptsächlich:

1. Planung, kausales Denken (Beispiel: Entwicklung von Strategien zum effektiven Umgang mit neuen beruflichen Anforderungen sowie zur Personalentwicklung),
2. Synthetisches und konzeptuelles Denken (Beispiel: Identifikation der wichtigen Merkmale eines Arbeitsablaufes),
3. Aktive Informationssuche zum besseren Verständnis möglicher Problemen bei einzelnen Arbeitsabläufen und möglichen Ursachen dieser Probleme),
4. Bedürfnis nach Einflussnahme,
5. Direkte Einflussnahme (Beispiel: Problem- und ergebnisorientierte Gespräche mit Mitarbeiterinnen und Mitarbeitern),
6. Kooperations- und Teamfähigkeit (Beispiel: Delegation spezifischer Aufgaben und Entscheidungen an Mitarbeiterinnen und Mitarbeiter sowie systematisches Abrufen der erzielten Ergebnisse),
7. Symbolische Einflussnahme durch Vorbild-Funktion,
8. Selbstvertrauen und hohe berufliche Motivation (intrinsische Motivation).

Befund 2: In Untersuchungen zur beruflichen Leistungsfähigkeit im mittleren und höheren Erwachsenenalter (Überblick in Kruse/Rudinger 1997) wurde deutlich, dass die Erhaltung der Leistungsfähigkeit auch auf der erfolgreichen *Kompensation* eingetretener Einbußen in einzelnen Fähigkeitsbereichen durch Stärken in anderen Fähigkeitsbereichen gründet. *Einbußen* sind vor allem in jenen Arbeitsabläufen erkennbar, die hohe Leistungen in der „kognitiven Mechanik“ erfordern. Der „kognitiven Mechanik“ sind dabei folgende Komponenten zuzuordnen: Geschwindigkeit der Informationsverarbeitung, Umstellungsfähigkeit in neuartigen kognitiven Situationen, Differenzierungsgrad der Wahrnehmung, Geschwindigkeit und Prägnanz psychomotorischer Funktionen.

Stärken sind hingegen in jenen Arbeitsabläufen erkennbar, die hohe Leistungen in der „kognitiven Pragmatik" erfordern. Der „kognitiven Pragmatik" sind dabei folgende Komponenten zuzuordnen: Durch Gesellschaft und Kultur vermitteltes allgemeines Wissen, bereichsspezifisches Fakten- und Strategiewissen, wobei das Faktenwissen im Sinne des „gewusst was", das Strategiewissen im Sinne des „gewusst wie" zu interpretieren sind, differenzierte, gut geordnete und leicht abrufbare Wissenssysteme. Die empirischen Befunde machen deutlich, dass Expertise in der „kognitiven Pragmatik" eine Grundlage für die Kompensation alterskorrelierter Verluste in der „kognitiven Mechanik" bildet.

Dieser – in der psychologischen Forschung immer wieder replizierte Befund – wurde auch von Salthouse (1991) in seinen Analysen zur beruflichen Leistungsfähigkeit von Sekretärinnen im sechsten Lebensjahrzehnt bestätigt. Im Vergleich zu Sekretärinnen im dritten oder vierten Lebensjahrzehnt ist bei diesen die Anzahl der Anschläge in einem definierten Zeitraum statistisch signifikant geringer; doch erstellen sie in der gleichen Zeit und mit gleicher Qualität das Manuskript. Die verlängerte Reaktionszeit kompensieren sie dadurch, dass sie beim Schreiben den Text weiter vorauslesen. Dieser bessere Überblick bildet das Resultat von Erfahrungen, Wissen und effektiven Arbeitsstrategien.

In weiteren Untersuchungen zur beruflichen Expertise hat Krampe (1994) zeigen können, dass ältere erfolgreiche Pianisten die verringerte motorische Geschicklichkeit durch die Antizipation von Bewegungsabläufen kompensieren. In den genannten Kompensationsstrategien spiegeln sich Fähigkeiten und Fertigkeiten wider, die auch im Sinne der bereichsspezifischen Expertise interpretiert werden können: In der erfolgreichen Auseinandersetzung mit beruflichen Anforderungen entwickeln Menschen (a) Fakten- und Handlungswissen sowie (b) die Fähigkeit, dieses Wissen in effektive Strategien umzusetzen. Diese Stärken können erklären, warum trotz bestimmter Einbußen in Fähigkeiten und Fertigkeiten, die in hohem Maße durch zentralnervöse Strukturen und Prozesse bestimmt sind, die berufliche Leistungsfähigkeit im fünften und sechsten Lebensjahrzehnt erhalten bleibt.

Diese genannten Befunde werden durch Meta-Analysen, in die mehr als 100 Studien zur beruflichen Leistungsfähigkeit älterer Arbneitnehmer eingegangen sind, bestätigt. Diese Analysen zeigen, dass es keinen signifikanten Unterschied zwischen der Arbeitsleistung älterer und jüngerer Arbeitnehmer gibt. Die durchschnittliche Korrelation zwischen beruflicher Leistungsfähigkeit und Alter liegt bei +0.06, sie variiert je nach Studie zwischen -0.44 und +0.66 (vgl. Warr 1995).

Zwar belegen diese Studien, dass Leistungsdifferenzen in bezug auf verschiedene berufliche Arbeitsfelder oder verschiedene Dimensionen der Arbeitstätigkeit bestehen können, dennoch wird deutlich: Es gibt keine generellen Unterschiede in der Leistungsfähigkeit älterer und jüngerer Arbeitnehmer in derselben Tätigkeit. Die Abbildung veranschaulicht diese Aussage (Abb. 1). In die sechs in das Modell einbezogenen Studien wurden die folgenden beruflichen Tätigkeitsfelder einbezo-

Abb. 1 Alter und berufliche Leistungsfähigkeit

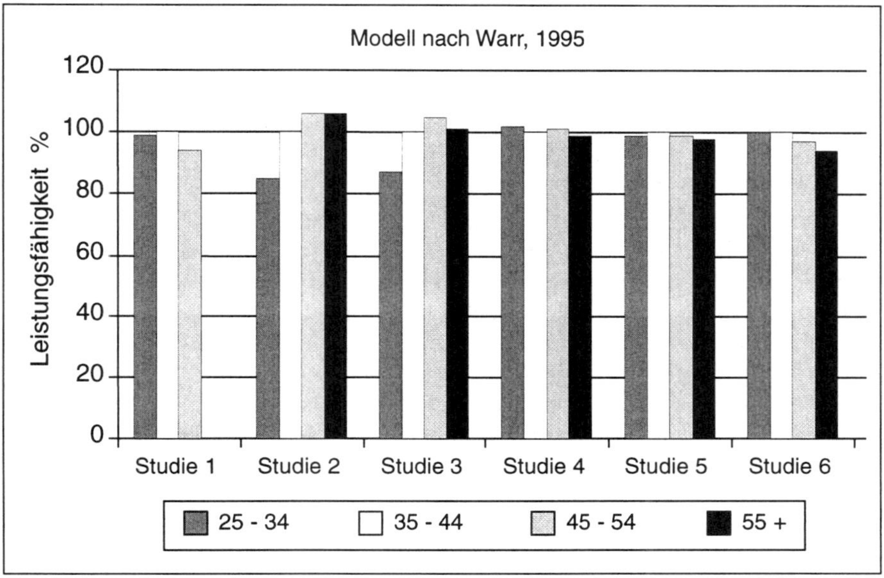

gen – *Studie 1*: Ausgebildete Industriearbeiter, *Studie 2:* Angelernte Fließbandarbeiter, *Studie 3:* Briefesortierer, *Studie 4:* Büroangestellte, *Studie 5:* Maschinenbediener, *Studie 6:* Facharbeiter mit komplexer Überwachungstätigkeit.

Weiterhin machen die Studien deutlich, dass die Leistungsdifferenzen innerhalb einer Altersgruppe weitaus größer sind als jene zwischen den verschiedenen Altersgruppen. Darüber hinaus ist zu beachten, dass die in Laboruntersuchungen beobachteten kognitiven und physiologischen Verluste in den wenigsten Tätigkeiten zum Tragen kommen. Dies ist u.a. darauf zurückzuführen, dass alterssensible Basisfähigkeiten nicht für die gezeigte Arbeitsleistung entscheidend sind oder weil Fähigkeitsreduktionen durch Veränderungen des Arbeitsvollzugs kompensiert werden können (vgl. Salthouse 1984). Im folgenden sollen nun die wichtigsten Faktoren angeführt werden, die die Qualität von Arbeitsleistungen beeinflussen.

Es ist unbestritten, dass biologisch-physiologische Alternsprozesse im Sinne eines Abbaus zunächst vor allem bei Personen in Berufen mit hoher physischer Beanspruchung zum Tragen kommen. Arbeiten, die schweres Heben erforden wie zum Beispiel bei Bauarbeitern, bei Fliesenlegern oder Friseusen und Putzfrauen. Einseitige Muskelbelastungen in diesen Tätigkeiten führen vor allem zu Erkrankungen des Bewegungsapparates, Klimabelastungen durch Außenarbeiten führen zu chronischen gesundheitlichen Beschwerden. Dennoch bestehen auch in diesen Tätigkeitsfeldern Interventionsmöglichkeiten zum Erhalt der beruflichen Leistungsfähigkeit, die bislang zu wenig genutzt werden. So konnte Ilmarinen (vgl. Ilmarinen et al. 1991) zeigen, dass eine altersangemessene Reduktion der physischen Arbeitsbelastung (von 4000 kg auf 3000 kg pro Schicht bei Packerinnen) bei gleichzeitiger Hinzunahme mentaler, erfahrungsbezogener Aufgaben (Unterweisung Jüngerer, Wissensvermittlung) eine gesundheitsförderliche und somit leistungserhaltende Wirkung entfaltet. Eine ausreichende und altersentsprechende kardiopulmonale und muskuloskelettale Leistungsfähigkeit kann darüber hinaus durch regelmäßige physische Aktivität erreicht werden. „Strong Walking“ dreimal pro Woche für je 30 Minuten ausgeübt, führt zu einer signifikanten Zunahme der kardiopulmonalen Leistungsfähigkeit. Zu diesen und ähnlichen Aktivitäten anzuregen, ist somit eine vordringliche Aufgabe betrieblicher Gesundheitsförderung.

Haltungsschäden treten jedoch auch auf, wenn keine körperliche Schwerarbeit ausgeübt wird. Die häufig vertretene Annahme, wonach ältere Arbeitnehmer generell durch Veränderungen in der Arbeitswelt von „muscle work“ zu „brain work“ profitieren, ist so allgemein formuliert nicht haltbar. Beispielsweise können sensorische Einschränkungen bei der Ausübung von Bildschirmarbeit und/oder ein unergonomisch eingerichteter PC-Arbeitsplatz langfristig zu Fehlhaltungen führen, woraus schließlich ebenfalls erhebliche chronische degenerative Erkrankungen des Bewegungsapparates resultieren (vgl. Mayer/Kraus-Mackiew 1999). Auch im Bereich der Bildschirmarbeit ist die betriebliche Gesundheitsförderung gefragt. Dabei hat sich gezeigt, dass weniger allgemeine Konzepte und Programme als vielmehr dem individuellen Arbeitsplatz und dem funktionalen Status des Arbeitnehmers angemessene Interventionsstrategien erforderlich sind.

Abnehmende Sinnesleistungen sind zudem vor allem in jenen Tätigkeitsbereichen relevant, in denen erhöhte Unfallgefahr besteht. Bei Berufskraftfahrern oder Busfahrern sind gute Hör- und Sehfähigkeit sowie die Fähigkeit, in komplexen Situationen adäquat zu reagieren, wesentliche Voraussetzungen für die Arbeitsleistung. Dennoch führt verminderte Reaktionsfähigkeit nicht generell zu schlechteren Arbeitsleistungen, es lassen sich auch in diesem Bereich Kompensationsstrategien identifizieren. Mit zunehmender Berufserfahrung verbesserte Fahrstrategien, die Kenntnis typischer Situationen sowie erhöhte Umsicht führen zu sorgfältigerem Fahrverhalten und wirken sich auf die Unfallhäufigkeit aus. Bei einem Vergleich der Unfallhäufigkeit jüngerer und älterer Fahrer schneiden ältere Arbeitnehmer besser ab (vgl. zusammenfassend Dittmann-Kohli/van der Heijden 1996). Es ist bislang nicht gelungen, die in Laboruntersuchungen nachgewiesene Verlangsamung der Informationsverarbeitungs- und Reaktionsgeschwindigkeit, Verschlechterungen in der Funktion des Arbeitgedächtnisses und der selektiven Aufmerksamkeit in ihren Auswirkungen auf die tatsächlich gezeigte Arbeitsleistung zu bestimmen. Salthouse und Maurer (1996) führen verschiedene Gründe an, warum Aussagen zur tatsächlichen Leistungsfähigkeit älterer Beschäftigter bislang so schwer zu treffen sind: Begrenztes Datenmaterial, schwache Powereffekte, begrenzter Altersrange von untersuchten Belegschaften, Selektivität (leistungsgewandelte Mitarbeiter scheiden meist vor dem 60sten Lebensjahr aus), unterschiedliche Verantwortungsbereiche bei gleicher Tätigkeitsbeschreibung oder Berufsbezeichnung, Altersstereotype in der Leistungseinschätzung durch Vorgesetze, sowie inadäquate Methoden bei der Erfassung.

Immer schneller aufeinanderfolgende Veränderungen der Arbeitsanforderungen, informationstechnologische Innovationen und Automatisierungsprozesse stellen bereits heute hohe Anforderungen an die Umstellungsfähigkeit und Qualifikation von Beschäftigten. Auch in dieser Hinsicht bestehen besondere „Qualifizierungsrisiken" für ältere Beschäftigte. Insbesondere die geringe Teilnahme älterer Arbeitnehmer an Qualifizierungsmaßnahmen führt zu ihrer Benachteiligung auf dem Arbeitsmarkt. Die Gefahr, bei Re-engineering-Prozessen aufgrund fehlender Qualifikationen aus dem Arbeitsleben ausgegliedert zu werden und aus denselben Gründen nicht mehr aus der Arbeitslosigkeit in den Beruf zurückkehren zu können, besteht in hohem Maße jenseits des 45sten Lebensjahres. Dabei spielen individuelle und systemische Gründe eine ausschlaggebende Rolle: Ältere Arbeitnehmer sind zum Teil nicht mehr bereit, Neues zu lernen, andererseits wird ihnen die Teilnahme an Weiterbildung häufig auch seitens der Unternehmen verwehrt, aus deren Perspektive sich Weiterbildungskosten für Ältere nicht mehr amortisieren. Hier ist von beiden Seiten ein Umdenken gefordert, könnten entsprechende Personalentwicklungs- und Karrieremodelle förderlich wirken. Die sollten sich auf die Gestaltung der Arbeitstätigkeit und Arbeitszeit, die Konzeption von Qualifizierungsmaßnahmen sowie die Veränderung sozialer Wahrnehmungen in Unternehmen beziehen.

Folgt man den genannten Ergebnissen aus Untersuchungen zur beruflichen Leistungsfähigkeit im mittleren Erwachsenenalter, so ergibt sich ein überraschender Befund, der zu einer Revision des öffentlichen – und in fast allen Unternehmen vorherrschenden – Bildes älterer Arbeitnehmer führen muss: Diese erbringen auch in jenen Berufen, in denen geschwindigkeitsbezogene und psychomotorische Fertigkeiten dominieren, keine schlechteren Leistungen als jüngere Arbeitnehmer. Nun wurde aber hervorgehoben, dass im Erwachsenenalter Kapazitätsrückgänge in zwei neurophysiologischen Bereichen festzustellen sind, die sich unmittelbar auf die Leistungen in den genannten Berufen auswirken: Zum einen sind Rückgänge in der Geschwindigkeit der Informationsverarbeitung und in der Geschwindigkeit, mit der psychomotorische Abläufe aktiviert werden, erkennbar, zum anderen Rückgänge in der Restitutionskapazität, die als Zeitraum zur Wiederherstellung der optimalen Leistungsfähigkeit definiert werden kann.

Im frühen Erwachsenenalter finden wir Kapazitätsreserven in der Geschwindigkeit der Informationsverarbeitung und der Aktivierung psychomotorischer Abläufe, die in den meisten Fällen deutlich *über* den aktuellen beruflichen Anforderungen und den gezeigten Leistungen (Performanz) liegen. Diese Ressourcen gehen im höheren Erwachsenenalter zurück – sie liegen, wie arbeitspsychologische

Studien zeigen, in vielen Fällen unterhalb der Leistungsanforderungen, die in den genannten Berufen an die Informationsverarbeitungsgeschwindigkeit und psychomotorische Funktionen gestellt werden. Hinzu kommen Erholungsdefizite (Restitutionsdefizite), die eigentlich längere Erholungsphasen zwischen zwei aufeinander folgenden Arbeitstagen oder mehrere kurze Erholungspausen hypnoide Phasen) während eines Arbeitstages erfordern. Darauf deuten Untersuchungen von Ilmarinen (vgl. Ilmarinen et al. 1991) hin. Eigentlich wäre eine signifikante Abnahme der Performanz zu erwarten.

Trotzdem bleiben die gezeigten beruflichen Leistungen auf einem relativ stabilen Niveau. Dafür sind vor allem zwei Faktoren verantwortlich zu machen: Zum einen die höhere berufliche Routine, zum anderen Erfahrungen, die ältere Arbeitnehmer dazu befähigen, einzelne Verluste in basalen Fähigkeiten auszugleichen. Zu diesen Erfahrungen werden vor allem größerer Überblick über Arbeitsabläufe und effektive Interaktion mit Kollegen gezählt. Die bereits berichtete Studie von Salthouse (1991) hat dies deutlich machen können.

Dieser Befund weist auf Kompensationsmöglichkeiten durch erfahrungsbezogene Strategien und Wissen hin – es wird in Zukunft zu klären sein, wie weit diese Kompensationsmöglichkeiten reichen. Zum anderen macht der Befund deutlich, dass älteren Arbeitnehmern in Weiterbildungsveranstaltungen die Möglichkeit eröffnet werden sollte, zu Formen der Kooperation innerhalb von Arbeitsgruppen zu finden, die in verstärktem Maße auf gemeinsamer Arbeitsplanung und Arbeitsteilung beruhen. Es kommt hinzu, dass Unternehmen größeres Gewicht auf längere Erholungsphasen zwischen aufeinanderfolgenden Arbeitstagen oder auf eine größere Anzahl von Erholungspausen (hypnoide Phasen) im Verlauf eines Arbeitstages legen sollten. – Eine weitere Anforderung ergibt sich aus den Innovationen am Arbeitsplatz: Die Weiterbildungsangebote für ältere Arbeitnehmer müssen erkennbar ausgebaut werden, damit der kompetente Umgang mit Innovationen gefördert wird. Erfahrungen können dann kontraproduktiv wirken, wenn Möglichkeiten fehlen, sich an Innovationen anzupassen und deren Gebrauch zu erlernen (ein häufig genanntes Beispiel ist der Übergang von der Elektromechanik zur Elektronik).

Erfahrungen wirken produktiv, wenn vertraute Arbeitsabläufe ausgeführt werden. Sie können kontraproduktiv wirken, wenn Innovationen eingeführt werden, ohne dass Mitarbeiter in deren Gebrauch kontinuierlich und systematisch unterwiesen werden. Weiterbildung würde dazu beitragen, die gewonnenen Erfahrungen produktiv zu nutzen und zu erweitern.

2. Die subjektive Deutung der eigenen beruflichen Situation: Der Aspekt des Innovationspotenzials älterer Arbeitnehmer

In einer Studie von Maier (vgl. Maier 1997, 1998), in der Arbeitnehmer (45 bis 55 Jahre alt) aus der chemischen Industrie befragt wurden, war es das Ziel, zu untersuchen, wie sich ältere Arbeitnehmer an die an sie gestellten beruflichen Anforderungen anpassen, um daraus Folgerungen bezüglich ihrer Bereitschaft und Fähigkeit zu Innovationen abzuleiten. Mittels gruppierender statistischer Verfahren konnte in der untersuchten Stichprobe (n=75) zwischen drei Gruppen differenziert werden: (1) erfolgsorientierte, sozial-integrierte (45,3%), (2) passive, sich anpassende (38,7%), (3) kritisierende, beruflich wenig zufriedene (16%) Arbeitnehmer.

Neben dem „Erleben beruflicher Erfolge" in der gegenwärtigen Arbeitssituation bildeten die für Innovationsfähigkeit relevanten Merkmale: „Zielorientierung", „Risikobereitschaft", „Bereitschaft zur Übernahme von Verantwortung" und das „Erleben der beruflichen Umwelt als Bereicherung des eigenen Lebensraums" die zentralen differenzierenden Variablen. Es konnte gezeigt werden, dass die sog. „erfolgsorientierten, sozial-integrierten Arbeitnehmer" die kontinuierliche Verbesserung ihrer Arbeitssituation als zentralen Bestandteil ihrer Tätigkeit wahrnehmen, während dagegen die sog. „passiven, sich anpassenden Arbeitnehmer" ihre berufliche Situation hinnehmen, ohne selbst aktiv eigene Ziele zu verfolgen; die „kritisierenden, beruflich wenig zufriedenen Arbeitnehmer" erleben sich selbst in der ambivalenten Situation zwischen ihrem Bedürfnis nach Beteiligung und Verantwortungsübernahme einerseits und der Geringschätzung bzw. Nutzlosigkeit ihrer Kompetenzen andererseits. Die Ergebnisse der Untersuchung legen nahe, dass in bezug auf die Bereitschaft zur flexiblen Einstellung auf ungewohnte Situationen, Neuerungen und Änderungen keine der identifizierten Gruppen generell als „innovationshemmend" eingestuft werden kann. Trotzdem ist bezüglich der Innovationsfähigkeit in dreifacher Hinsicht zu differenzieren.

Erstens: Die „erfolgsorientierten, sozial-integrierten" Arbeitnehmer zeigen eine hohe Motivation zu kontinuierlicher Weiterentwicklung der Arbeitsqualität in ihrem Arbeitsbereich; aus diesem Grunde kann davon ausgegangen werden, dass diese Gruppe Impulse für Innovationen gibt.

Zweitens: Die Tatsache, dass die Gruppe der „passiven, sich anpassenden" Arbeitnehmer hohe Anpassungsbereitschaft an die Anforderungen im Arbeitskontext zeigen, ohne dass dafür größerer Druck von außen notwendig wird, lässt es nicht zu, diese Gruppe als Innovationshemmnis im Sinne des Widerstandes gegenüber Veränderungen zu beschreiben. Diese Gruppe ist vielmehr der Gefahr ausgesetzt, an Innovationsprozessen gar nicht mehr beteiligt bzw. sogar arbeitslos zu werden, da ihre Tätigkeitsbereiche bei betrieblichen Umstrukturierungsmaßnahmen am ehesten entfallen und sie aufgrund ihrer fehlende Qualifikationen nur schwer in anderen Bereichen eingesetzt werden können.

Drittens: Die Tendenz der „kritisierenden, beruflich wenig zufriedenen" Arbeitnehmer, auf Mängel und Missstände in ihrem Arbeitsumfeld aufmerksam zu machen, kann zwar vorschnell als widerständig angesehen werden, möglicherweise könnte die Auseinandersetzungsbereitschaft dieser Gruppe jedoch für Unternehmen sogar ein Potenzial darstellen, das bei gezielter Nutzung – beispielsweise in Form der Integration der Arbeitnehmer in die Planung und Diskussion von Umstrukturierungs- bzw. Neugestaltungsvorhaben – zur Verbesserung geplanter Innovationsvorhaben beitragen könnte.

3. Aspekte der Intervention in der mittleren Phase des Erwerbslebens

Welche Folgerungen zur Förderung der „Innovationsfähigkeit" bei „älteren Arbeitnehmern" lassen sich aus diesen unterschiedlichen Formen des Erlebens und Verhaltens ableiten? Die nachfolgende Abbildung gibt einen Überblick über jene Faktoren, die bei der Beantwortung dieser Frage berücksichtigt werden müssen und die in diesem Abschnitt unseres Beitrags diskutiert werden sollen.

Abb. 2 Sicherung der Innovationsfähigkeit mit alternden Belegschaften

Strukturelle und motivationale Förderung des ‚lebenslangen Lernens'

Bewahrung des Herausforderungscharakters von Arbeitstätigkeiten

Förderung der Leistungsmotivation durch erweiterte Handlungs- und Entscheidungsspielräume

Integration von Personalentwicklung und Gesundheitsförderung

Integration des ‚Expertenwissens' der Mitarbeiter bei Arbeitsplatzanalysen und -anpassung

Qualifizierung von Führung und Personalmanagement in bezug auf Fragen des Alterns

Flexibilisierung von Arbeitsstrukturen und Arbeitszeiten

Flexibilisierung von Berufsausstiegsmöglichkeiten

Die Zusammensetzung der Gruppe: „erfolgsorientierte, sozial-integrierte Arbeitnehmer" ließ zwar einen Zusammenhang zwischen Ausprägung in den für Innovationsfähigkeit relevanten Merkmalen und dem beruflichen Status erkennen, die Mehrzahl der Arbeitnehmer in dieser Gruppe hat jedoch keinerlei Führungsverantwortung, so dass es neben der beruflichen Position noch andere Faktoren sein müssen, die Innovationsfähigkeit begünstigen.

Einen Hinweis gibt möglicherweise die Analyse des *Herausforderungscharakters* der Arbeitstätigkeit. Der Forderungscharakter der beruflichen Tätigkeit wird in der Arbeitspsychologie als eine wichtige Voraussetzung für Leistungsmotivation und Arbeitszufriedenheit angesehen (vgl. Alioth 1980; Ulich 1992). Die Untersuchung konnte zeigen, dass die Gruppe der „erfolgsorientierten, sozial-integrierten Arbeitnehmer" ihre Tätigkeit deutlich herausfordernder wahrnimmt als die Arbeitnehmer der beiden anderen Gruppen. Damit könnten die vorliegenden Ergebnisse darauf hindeuten, dass das Ausmaß beruflicher Herausforderung für die Innovationsfähigkeit bei „älteren Arbeitnehmern" sogar eine besondere Rolle spielt: Die häufig erkennbare Tendenz, die eigenen beruflichen Anforderungen als „Routinetätigkeiten" zu interpretieren, könnte entstehen, weil „ältere Arbeitnehmer" mit ihren beruflichen Anforderungen seit langer Zeit vertraut sind, und diese deswegen als weniger herausfordernd erleben. Veränderungen im Arbeitsplatzprofil könnten das Erleben der beruflichen Tätigkeit als „Herausforderung" und damit die Leistungsmotivation älterer Beschäftigter fördern. Weitere Analysen dieser Untersuchung (vgl. Maier 1997) weisen in Übereinstimmung zu arbeitspsychologischen Befunden auf die Richtung derartiger positiver Veränderungen des Arbeitsplatzprofils hin: Erweiterte Handlungsspielräume, vermehrte Entscheidungskompetenz sowie die Integration technischer Veränderungen in den Arbeitskontext erwiesen sich als Merkmale, die in besonderem Maße die erlebte Herausforderung bei den befragten älteren Arbeitnehmern begünstigen. Die Tatsache, dass der größte Teil der befragten Personen die Anforderungsprofile – ebenso wie deren Veränderungen in den vergangenen Jahren – in den durchgeführten Explorationen sehr differenziert schildern konnte, rechtfertigt die Empfehlung, Mitarbeiter in die Arbeitsplatzanalyse und in den Prozess der (Neu-)Gestaltung bei Umstrukturierungsprozessen einzubeziehen.

Damit würde insofern ein neuer methodischer Schritt realisiert, als Arbeitnehmer auch als Experten in bezug auf die Beurteilung täglicher Anforderungen am Arbeitsplatz sowie ihrer möglichen beruflichen Stärken und Schwächen angesehen würden. Das Ergebnis einer derartigen Arbeitsplatzanalyse muss dabei nicht grundsätzlich eine Erweiterung des Aufgabenspektrums bedeuten. Je nach Arbeitssituation könnte ein Abbau von Routineaufgaben bei Beibehaltung der dem jeweiligen Kompetenzprofil entsprechenden „Kernaufgaben" sogar die Bereitschaft zu einem gleitenden Übergang in den Ruhestand fördern, da eine derartige Teilzeittätigkeit keinen „Arbeitsplatz zweiter Klasse" bedeuten würde. In bezug auf das Ausmaß *beruflicher Fort- und Weiterbildung* müssen allen drei Gruppen Qualifikationsdefizite bescheinigt werden.

Das vergleichsweise größere Ausmaß an beruflichen Qualifizierungsmaßnahmen der „erfolgsorientierten, sozial-integrierten Arbeitnehmer" verweist jedoch auf die Notwendigkeit zu lebenslangem Lernen als Zugangsvoraussetzung zur Partizipation an Innovationsprozessen in Unternehmen. Die Tatsache, dass der Zeitpunkt des Ausstiegs aus der beruflichen Weiterbildung bei den meisten Befragten bereits vor dem 45sten Lebensjahr liegt, (vgl. Kuwan/Waschbüsch 1994) zeigt, dass die Förderung der Bereitschaft zu lebenslangem Lernen bereits zu einem früheren Zeitpunkt im Lebenslauf erfolgen muss. Gezielte Maßnahmen für „ältere Arbeitnehmer" – nach einer längeren Unterbrechung in der Lernbiographie – können dagegen nur partiell fachspezifische Defizite kompensieren oder im Sinne einer

„Bewältigungshilfe“, die Anpassung an die berufliche Situation nach einem unfreiwilligen Wechsel erleichtern. Des weiteren könnte das erlebte Ausmaß, im Arbeitsumfeld gebraucht zu werden, einen die Innovationsfähigkeit begünstigenden Faktor darstellen.

Das Ergebnis, wonach sich die „passiven, sich anpassenden“ sowie die „kritisierenden, beruflich wenig zufriedenen“ Arbeitnehmer kaum von ihren Kollegen und Vorgesetzten gebraucht fühlen, spricht möglicherweise für die Bedeutung von im Arbeitskontext geforderten sozialen Interaktionen für Innovationsfähigkeit. Wenn es gelingt, diese Hypothese in weiterführenden Untersuchungen zu bestätigen, dann ergibt sich ein weiteres Merkmal, das von Bedeutung für Erfolgsorientierung, Mitverantwortung sowie für die Ausprägung der Zielorientierung ist: Die Stärke der Identifikation mit der Arbeitsgruppe. Damit würden Aussagen der Arbeitspsychologie bekräftigt, die auf die Bedeutung der Gruppenzugehörigkeit und die Art der Gruppenbeziehungen für die Arbeitsleistung hinweisen, und die sich auch in Beiträgen zur Gruppenarbeit finden (vgl. Bullinger 1993; Kalkstein 1996).

Schließlich könnte die in der gesamten Stichprobe außerordentlich positive Einstellung gegenüber technischen Innovationen in allen drei Gruppen als Sozialisationseffekt durch die Arbeitsbedingungen in einer klassischen Automationsbranche gedeutet werden, in der es zur zentralen Aufgabe der Mitarbeiter gehört, durch die kontinuierliche Anpassung an die neuesten technischen Standards die Verbesserung der Produktqualität zu gewährleisten. Insgesamt weisen die Ergebnisse somit auf einen engen Zusammenhang zwischen Innovationsfähigkeit und anregender Gestaltung der Arbeitssituation (wie zum Beispiel herausfordernde und somit lernförderliche Arbeitsbedingungen, Integration in eine Arbeitsgruppe, lebenslange Qualifizierung) hin und bieten damit Ansatzpunkte für betriebliche Personalentwicklungskonzepte mit alternden Belegschaften.

4. Intervention in der Spätphase des Erwerbslebens

Die Neugestaltung des Übergangs vom Erwerbsleben in die nachberufliche Lebensphase durch die Einführung *gleitender Formen des Übergangs in den Ruhestand* ist wohl die meist diskutierte und übereinstimmend aus gerontologischer und sozialpolitischer Perspektive seit den 70er Jahren immer wieder erhobene Forderung (vgl. Bäcker/Naegele 1993). Mittels eines gleitenden Ausstiegs aus dem Erwerbsleben soll die Möglichkeit zur individuellen schrittweisen Reduzierung der Arbeitszeit je nach dem Verhältnis zwischen physischen und psychischen Arbeitsanforderungen einerseits und individuellen Kompetenzen und (pysischen, psychischen sowie materiellen) Ressourcen andererseits ermöglicht werden.

Der graduelle Abbau beruflicher Aufgaben wird zudem als Chance gesehen, gleichzeitig kontinuierlich außerberufliche Interessen und Aktivitäten zu entwickeln oder zu vertiefen. Damit soll die Anpassung an das Leben ohne Beruf erleichtert und negative Folgen für den weiteren Alternsprozess vermieden werden. Obwohl aktuell mit der *Teilrente* und dem *Altersteilzeitmodell* gesetzliche Möglichkeiten zum gleitenden Ausstieg aus dem Erwerbsleben gegeben sind, kann eine breite Umsetzung dieser Formen des Übergangs in den Ruhestand als gescheitert angesehen werden (vgl. Bäcker/Naegele 1996). So wiegen die damit verbundenen Nachteile weder aus Sicht der Betriebe (finanzielle Belastungen bleiben bei den Unternehmen, hoher technisch-organisatorischer Aufwand, Ein- und Durchführungsprobleme bei der Teilung von Arbeitsplätzen, Störungen im Arbeitsverlauf, Informations- und Kommunikationsprobleme) noch aus Sicht der Arbeitnehmer (Bevorzugung eines abrupten Berufsendes, antizipierter Statusverlust, keine attraktiven Teilzeitarbeitsplätze, finanzielle Nachteile) die angenommenen Vorteile auf.

Darüber hinaus werden *Modelle der Neugestaltung der Lebensarbeitszeit* diskutiert. Dabei muss sich die Lebensarbeitszeit nicht erhöhen; mittels einer lebenslagen- und bedarfsspezifischen Flexibilisierung von Lage und Verteilung der Arbeitszeit im mittleren Lebensalter (zum Beispiel durch Teilzeitphasen, Sabbaticals oder die Einrichtung von Arbeitszeitkonten) würde zudem bereits während der Berufstätigkeit eine wichtige Voraussetzungen für einen erfolgreichen Einstieg in den Ruhestand geschaffen – das frühe Einüben und Praktizieren von Interessen und Aktivitäten auf die nach dem Berufsende zurückgegriffen werden kann (vgl. Bäcker/Naegele 1993).

Neben einer Veränderung der Arbeitszeit können erste Ansätze der Personalentwicklung und beruflichen Weiterqualifizierung identifiziert werden, die sich entweder speziell an ältere Arbeitnehmer (bislang überwiegend an Facharbeiter oder Führungskräfte) richten oder altersintegrativ angelegt sind (vgl. Frerichs 1996; Kayser/Uepping 1997). Ziel dieser Maßnahmen, die aufgrund besserer finanzieller und materieller Ressourcen überwiegend in Großbetrieben durchgeführt werden, ist insbesondere die präventive Vermeidung oder die Beseitigung von Qualifikationsdefiziten älterer Arbeitnehmer.

Dabei stützen sich diese Maßnahmen überwiegend auf praxisnahe und erfahrungsorientierte Lernkonzepte und sind an den besonderen Lernbedingungen älterer Beschäftigter ausgerichtet (zum Beispiel arbeitsplatznahes Lernen, Wechsel von Lern- und Anwendungsphasen, modulare Lernkonzepte). Darüberhinaus werden Lernmöglichkeiten zur Steigerung der Produktivität älterer Arbeitnehmer über geeignete Technik- und Arbeits(platz)gestaltung angestrebt (zum Beispiel ergonomische Verbesserungen, Gruppenarbeit, job-rotation).

Solange keine erheblichen Unterschiede in den Lernvoraussetzungen zwischen älteren und jüngeren Mitarbeitern bestehen, ist altersintegrativen Konzepten eindeutig der Vorzug vor altershomogenen Maßnahmen zu geben, da erstere Stigmatisierungen Älterer vermeiden und intergenerationelles Lernen unterstützen. Desweiteren liegen erste Erfahrungen mit *Beschäftigungsinitiativen für ältere Arbeitslose* vor. Diese – nahezu ausschließlich durch das AFG finanzierten Programme –

umfassen sowohl präventive Konzepte für von Arbeitslosigkeit bedrohte Personen (Arbeitsplatzwechsel von einem größeren zu einem kleineren Unternehmen oder spezielle Qualifizierungsmaßnahmen) als auch reintegrative Maßnahmen für ältere Arbeitslose (bspw. leisten sog. Beschäftigungs- und Qualifizierungsgesellschaften, sowohl Weiterbildung als auch Arbeitsvermittlung).

Es ist als kritisch zu erachten, dass es sich bei den meisten dieser Ansätze häufig um ad-hoc Strategien handelt, die aufgrund plötzlich auftretender betriebsspezifischer Probleme der Organisationsentwicklung konzipiert und zumeist nur einmalig durchgeführt wurden. Forschungsdefizite können auch in bezug auf die Evaluation von Programmen konstatiert werden. Werden Maßnahmen von den Unternehmen bzw. den Trägern überhaupt evaluiert, so werden die Ergebnisse in den seltensten Fällen der wissenschaftlichen Fachöffentlichkeit zugänglich gemacht. Insofern existieren mehr „theoretische" Konzepte als praktisch Erfahrungen mit diesen, da bei Entscheidungen „für" oder „gegen" entsprechende Maßnahmen die ökonomische Solvenz von Unternehmen zumeist die erste Priorität einnimmt.

Literatur

Alioth A. (1980): Entwicklung und Einführung alternativer Arbeitsformen. Schriften zur Arbeitspsychologie Band 27. Bern.

Bäcker, G.; Naegele, G. (1993): Alternde Gesellschaft und Erwerbstätigkeit. Köln.

Bäcker, G.; Naegele, G. (1996): Altersteilzeit statt Frühverrentung: Gelingt der Durchbruch zu einem flexiblen und späteren Austritt aus dem Berufsleben? In: Zeitschrift für Gerontologie und Geriatrie, H. 29, S. 348-351

Baltes, P.B. (1990): Entwicklungspsychologie der Lebensspanne: Theoretische Leitsätze. In: Psychologische Rundschau, H. 41, S. 1-24

Bullinger, H.-J.; Volkholz, V.; Betzl, K.; Köchling, A.; Risch, W. (Hrsg.) (1993): Alter und Erwerbsarbeit der Zukunft. Berlin.

Dittmann-Kohli, F.; van der Heijden, B. (1996): Leistungsfähigkeit älterer Arbeitnehmer – interne und externe Einflussfaktoren. In: Zeitschrift für Gerontologie und Geriatrie H. 29, S. 323-327

Frerichs, F. (Hrsg.) (1996): Ältere Arbeitnehmer im Demographischen Wandel – Qualifizierungsmodelle und Eingliederungsstrategien. Münster.

Ilmarinen, J. (1995): Arbeitsfähigkeit und Alter. 10 Jahre Längsschnittstudie in verschiedenen Berufsgruppen. In: Karazman, R.; Geißler, H.; Kloimüller, I.; Winkler, N. (Hrsg.): Betriebliche Gesundheitsförderung für älterwerdende Arbeitnehmer, S. 15-33

Ilmarinen, J.; Louhevaara, V.; Korhonen, O.; Nygård, C.-H.; Hakola, T.; Suvanto, S. (1991): Changes in maximal cardiorespiratory capacity among aging municipal employees. In: Scandinavian Journal of Work, Environment and Health, H. 17, S. 99-109

Institut für Sozialmedizin, Epidemiologie und Gesundheitssystemforschung (ISEG) (1996): Effektevaluation von Programmen zur Vorbereitung auf den Ruhestand. Hannover.

Kalkstein, J. (1996): Methoden zur Integration leistungsgewandelter älterer Arbeitnehmer im Betrieb. Dortmund.

Kayser, F.; Uepping, H. (Hrsg.) (1997): Kompetenz der Erfahrung. Neuwied.

Klemp, G.O.; McClelland, D.C. (1986): What characterizes intelligent functioning among senior managers? In: Sternberg, R.J.; Wagner, R.K. (Eds.): Practical intelligence in an everyday world (pp. 31-50). New York.

Kommission des Deutschen Bundestages (1998): Demographischer Wandel. Herausforderungen unserer älter werdenden Gesellschaft an den einzelnen und die Politik. Zweiter Zwischenbericht. Bonn.

Krampe, R.T. (1994): Maintaining excellence: Cognitive-motor performance in pianists differing in age and skill level. Berlin.

Kruse, A.; Rudinger, G. (1997): Lernen und Leistung im Erwachsenenalter. In: Weinert, F.E.; Mandl, H. (Hrsg.): Enzyklopädie der Psychologie – Pädagogische Psychologie: Psychologie der Erwachsenenbildung, S. 46-85. Göttingen.

Kuwan H.; Waschbüsch E. (1994): Betriebliche Weiterbildung. Ergebnisse einer Befragung von Erwerbstätigen und betrieblichen Experten in Deutschland. Bonn.

Labouvie-Vief, G. (1985): Intelligence and cognition. In: Birren, J.E.; Schaie, K.W. (Eds.): Handbook of the psychology and aging, pp. 500-530. New York.

Lehr, U. (1994): Physische, psychische und soziale Probleme des Älterwerdens. In: Hromadka, W. (Hrsg.): Auf dem Weg in die Ruhestandgesellschaft, S. 1-20. Stuttgart.

Maier, G. (1997): Das Erleben der Berufssituation bei älteren Arbeitnehmern – Ein Beitrag zur differenziellen Gerontologie. Frankfurt.

Maier, G. (1998): Formen der Erlebens der beruflichen Situation: Ein Beitrag zur Innovationsfähigkeit älterer Arbeitnehmer. In: Zeitschrift für Gerontologie und Geriatrie H. 31, S. 127-137

Salthouse, T.A. (1984): Effects of age and skill in typing. In: Journal of Experimental Psychology: General 113, S. 345-371

Salthouse, T.A. (1991): Theoretical perspectives on cognitive aging. Hillsdale, NJ.

Salthouse, T.A.; Maurer, T.J. (1996): Aging, Job Performance, and Career Development. In: Birren, J.E.; Schaie, K.W. (Eds.): Handbook of the Psychology of Aging, pp. 353-364).

Schaie, K.W. (1996): Intellectual development in adulthood. In: Birren, J.E.; Schaie, K.W. (Eds.): Handbook of the psychology of aging, pp. 167-209.

Sternberg, R.J.; Wagner R.K. (Eds.): Practical intelligence in an everyday world. New York.

Taylor, R.N. (1975): Age and experience as determinants of managerial information processing and decision-making performance. In: Academy of Management Journal, H. 18, S. 74-81

Ulich E. (1992): Arbeitspsychologie. Zürich: Verlag der Fachvereine.

Warr, P. (1995): Age and job performance. In: Snel, J.; Cremer, R. (Eds.): Work and Aging: An European Perspective, pp. 309-322. London.

Weinert, F.E. (1994): Altern in psychologischer Perspektive. In: Baltes, P.; Mittelstraß, J.; Staudinger, U. (Hrsg.): Alter und Altern: Ein interdisziplinärer Studientext zur Gerontologie, S. 180-203. Berlin.

Professor Dr. Juhani Ilmarinen
Institute for Ocupational Health, Helsinki

Die Arbeitsfähigkeit kann mit dem Alter steigen

Der informelle Arbeits- und Sozialministerrat in Oulu, Finnland, hat im Juli 1999 über die Beschäftigung und Stellung älterer Arbeitnehmer auf dem europäischen Arbeitsmarkt diskutiert (vgl. Referenzdokument 1999). Leitthemen der Diskussionen waren neue Arbeitsorganisationen, Arbeitsfähigkeit, Sozialschutz und Altersdiskriminierung.

Um die Beschäftigung der älteren Arbeitnehmer zu fördern, wurden sowohl die Beschäftigungsfähigkeit als auch die Arbeitsfähigkeit betrachtet. Es wurde festgestellt, dass die Förderung der Arbeitsfähigkeit wie die der Beschäftigungsfähigkeit notwendig sind, um die Beschäftigung der älteren Belegschaften zu verbessern. Die Förderung der Arbeitsfähigkeit wurde als Grundlage der weiteren Prozesse verstanden (vgl. Ilmarinen 1999) (Abb. 1).

Einflussfaktoren für die Arbeitsfähigkeit aus individueller Sicht sind Gesundheit und Leistungsfähigkeit, Ausbildung und Kompetenz, Motivation und Arbeitszufriedenheit, Werte und Einstellungen, aber auch Arbeit.

Der ältere Arbeitnehmer wird täglich seine menschlichen Ressourcen im Arbeitsleben gegen die Arbeitsanforderungen realisieren. Diese Beziehung zwischen den Ressourcen und der Arbeit lässt sich als Arbeitsfähigkeit bezeichnen (Abb. 2). Arbeitsfähigkeit ist nach diesem Konzept, das auf langjährigen, prospektiven Untersuchungen in Finnland bei älteren Arbeitnehmern beruht, ein dynamischer Prozess der Anpassung von individuellen Ressourcen und Arbeit (vgl. Ilmarinen 1999).

Die Arbeitsfähigkeit kann mit Hilfe des Arbeitsfähigkeitsindexes (AFI) beurteilt werden (vgl. Tuomi et al. 1998; Karazman et al. 1995). Der Arbeitsfähigkeitsindex lässt sich aus den Antworten auf sieben Fragen ermitteln, die die physischen und psychischen Beanspruchungen durch die Arbeit, den Gesundheitszustand und die Leistungsreserven des Arbeitnehmers betreffen. Die Vorhersagekraft des AFIs

Abb. 1 Verhältnis zwischen Arbeitsfähigkeit, Beschäftigungsfähigkeit und Beschäftigung

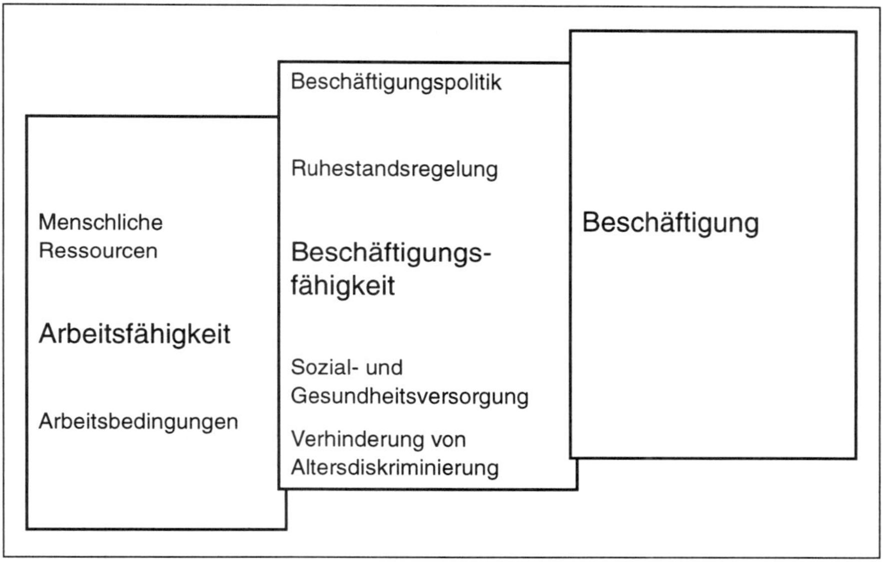

Abb. 2 Einflussfaktoren auf die Arbeitsfähigkeit aus individueller Sicht

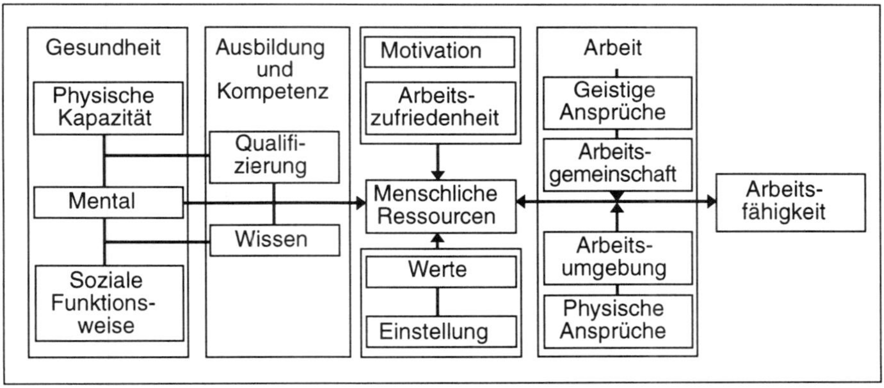

ist nach elfjährigen Längschnittstudien sehr gut belegt. In Abbildung 3 sind als Beispiel der individuellen Unterschiede des AFIs sowie der Änderungen des AFIs mit dem Alter die Ergebnisse von Frauen mit Bürotätigkeiten dargestellt. Im Alter von 45 bis 51 Jahren liegen die meisten individuellen AFI-Punkte, die von 7 bis 49

Punkten variieren können, in den zwei besten Kategorien „gut“ (36 bis 43 Punkte) und „ausgezeichnet“ (44 bis 49 Punkte). Nur zwei Frauen gehören zur Kategorie „schlecht“ (7 bis 27 Punkte). Dieselben Frauen sind ca. zehn Jahre später auf der rechten Seite der Abbildung dargestellt. Die meisten individuellen AFI-Punkte liegen jetzt in der Kategorie „mittel“ (27 bis 36 Punkte) und die individuelle Variation innerhalb der Gruppe ist deutlich größer geworden. Insgesamt zehn Frauen im Alter von 56 bis 62 Jahren liegen in der Kategorie „schlecht“. Das Beispiel zeigt, dass Arbeit alleine die Arbeitsfähigkeit nicht erhält (Abb. 3) (vgl. Ilmarinen et al. 1997). Die Längschnittstudien in verschiedenen, sowohl physisch als auch mental belastenden Arbeitsgruppen haben ähnliche Ergebnisse ergeben: Um Arbeitsfähigkeit mit dem Alter zu erhalten, sind Förderungsmaßnahmen dringend nötig.

Das „FinnAge – Respect for the Ageing“-Programm (1990-1996) hat verschiedene Förderungsmaßnahmen in der Praxis geprüft (vgl. Ilmarinen/Louhevaara 1999).

Abb. 3 Individueller Arbeitsfähigkeits-Index: Werte von Frauen mit Bürotätigkeiten

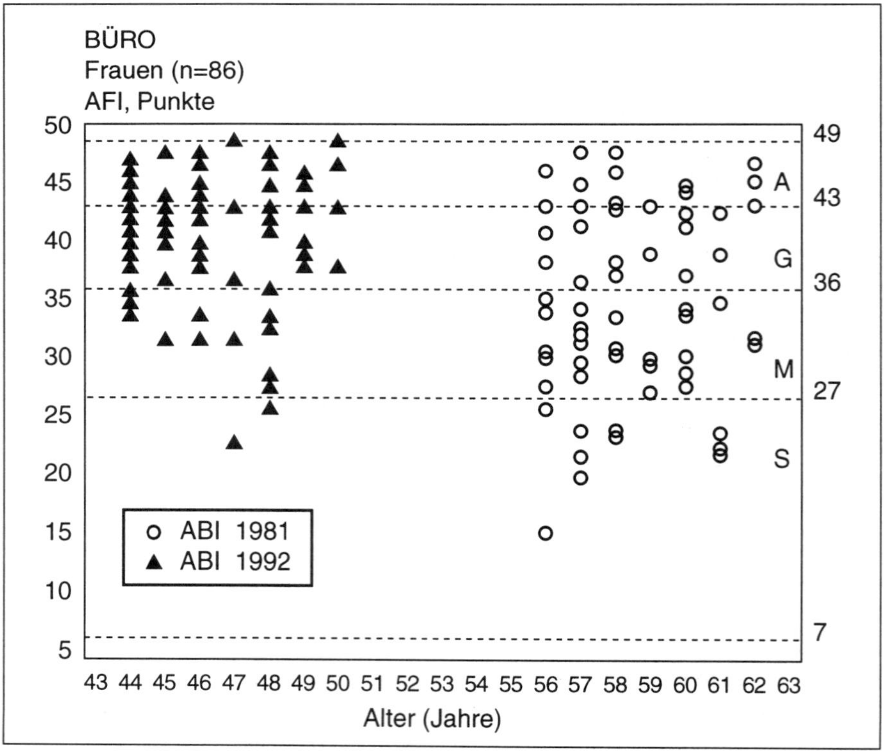

Die Grundlage der Maßnahmen sind epidemiologische Untersuchungen, die gezeigt haben, welche Aktionen die Verbesserungen des Arbeitsfähigkeitindexes in elf Jahren statistisch signifikant erklärt haben. Ein logistisches Modell für einen verbesserten AFI älterer Arbeitnehmer (51 bis 62 Jahre) hat die folgenden Faktoren ergeben: Verbesserte Einstellung der Vorgesetzten, Verringerung einseitiger Bewegungen am Arbeitsplatz und verstärkte körperliche Aktivität in der Freizeit. Aus anderen Untersuchungen kommt dazu noch die Entwicklung der professionellen Kompetenz.

Auf Grund der Ergebnisse und Erfahrungen haben wir ein ganzheitliches Modell zur Förderung der Arbeitsfähigkeit im zunehmenden Alter entwickelt (Ilmarinen/ Rantanen 1999) (Abb. 4). Es sind vier Dimensionen, die einen Einfluss auf das

Abb. 4 Förderungsmodell der Arbeitsfähigkeit – Vier Dimensionen von Maßnahmen und die Konsequenzen der Verbesserung von Arbeitsfähigkeit

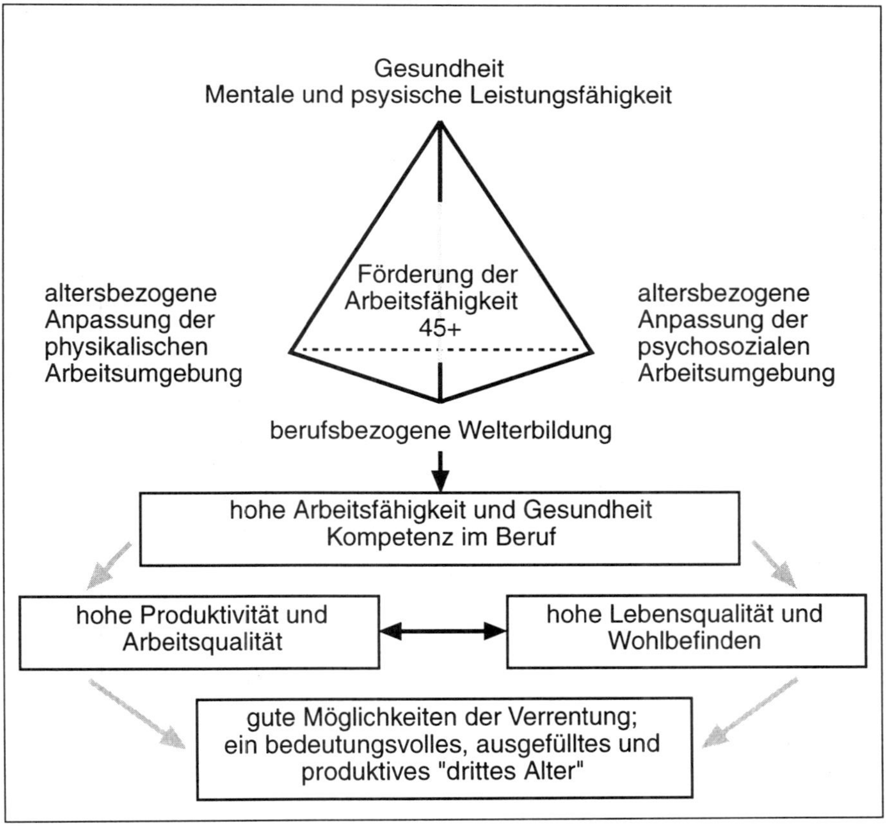

Arbeitsleben und auf den Arbeitnehmer haben und die dadurch die Arbeitsfähigkeit fördern. Wichtig ist, dass sowohl individuelle Anpassungen in der praktischen Arbeit wie auch solche in der berufsbezogenen Weiterbildung stattfinden müssen.

Entscheidend ist, dass mehrere Maßnahmen integriert durchgeführt werden, die gleichzeitig auf die Arbeit und auf das Individuum fokussiert sind. Wenn Maßnahmen in der vier Bereichen (Ergonomie, Arbeitsorganisation, Leistungsfähigkeit, Weiterbildung) in betriebsnaher Praxis durchgeführt werden, bleibt die Arbeitsfähigkeit gut oder kann sich sogar noch verbessern. Als Konsequenz ergibt sich eine Verbesserung der Produktivität und Arbeitsqualität sowie ein Anstieg der Lebensqualität. Eine weitere Absicht der Förderungsmaßnahmen ist, dass das dritte Lebensalter zeitlich so lange und qualitativ so gut wie möglich dauert. Ein sinnvoller dritter Lebensabschnitt ist das Endziel der Förderungsmaßnahmen zur Arbeitsbewältigung. Die Ergebnisse zeigen, dass die präventiven Maßnahmen innerhalb der Arbeitswelt beginnen müssen, um ein erfülltes Leben zu ermöglichen und um gesellschaftliche Kosten zu sparen. „Ergonomie und Altern" bedeutet in erster Linie einen Abbau der ungünstigen physischen Arbeitsbelastungen. Weil die kardiopulmonale und muskuloskeletale Leistungsfähigkeit mit dem Alter deutlich abnimmt, soll auch die Arbeitsbelastung entsprechhend physisch leichter werden.

Eine weitere Notwendigkeit ist das Vermeiden von schlechten Körperhaltungen, weil die meisten älteren Arbeitnehmer wenigstens eine muskuloskeletale Erkrankung haben. Zudem ist eine neue Pausenregelung für ältere Mitarbeiter wichtig, weil der Erholungsprozess von der Belastung mit dem Alter deutlich langsamer wird. Deshalb sind sog. Mikropausen direkt nach der Belastungsspitze erforderlich. Ein anderer Schwerpunkt ist die Prävention von Arbeitsunfällen. Die älteren Arbeitnehmer sind empfindlicher und verwundbarer gegen Unfälle als die jüngeren und ihre Rehabilitation dauert oft länger. Die Ergebnisse innerhalb der EU zeigen auch, dass das Risiko tödlicher Unfälle deutlich mit dem Alter ansteigt. Hier spielen wahrscheinlich Verkehrsunfälle eine wichtige Rolle.

Auch beim Thema „Arbeitsorganisation und Altern" gibt es mehrere Schwerpunkte. Einer der wichtigsten ist die Führungsqualität. Die praktische Frage lautet: Was müssen die Vorgesetzten über Altern und Arbeit wissen und wie kann man dieses Wissens in der Praxis realisieren? Unsere Längschnittstudien haben vier Dimensionen altersbezogener Führungsqualität ergeben, die als Modell eines Age-Management bezeichnet werden können. Die vier Dimensionen sind:

- Einstellung zum Altern – Abbau stereotyper Einstellungen,
- Formen der Zusammenarbeit – Fähigkeit zur Teamarbeit,
- Organisation der Arbeit nach individuellen Ressourcen – bessere Nutzung der zunehmenden mentalen Kräfte und
- Kommunikation – Fähigkeit zur offenen Kommunikation . Ein anderer Schwerpunkt ist die Anpassung der Arbeitszeiten nach dem Alter.

Der Bedarf nach höherer Flexibilität nimmt oft mit dem Alter zu, nicht nur wegen des eigenen Gesundheitszustands, sondern auch auf Grund von Pflege-Anforderungen im Familienumfeld. Es gibt heutzutage mehrere Alternativen, wie die Flexibilität der Arbeitnehmer und Arbeitgeber aufeinander abgestimmt werden können. Leistungsfähigkeit und Altern ist die erste individuelle Dimension, die auf die eigene Verantwortung fokussiert. Dabei geht es um physische, mentale und soziale Leistungsfähigkeit und deren Interaktionen. Ziel ist, die vorzeitige Abnahme der Leistungsfähigkeit zu verhindern.

Die Studien haben gezeigt, dass die physische Leistungsfähigkeit zuerst abzunehmen beginnt – spätestens nach dem vierzigsten Lebensjahr. Der Hauptgrund hierfür ist die Abnahme der täglichen, physischen Aktivitäten. Es ist zu betonen, dass physische Arbeit heutzutage keinen Trainingscharakter hat; eine einseitige, statische Muskelarbeit enthält leider nicht solche Kombinationen von Intensität, Dauer und Frequenz, die für ein Training notwendig ist. Deshalb müssen auch „Schwerarbeiter" regelmäßig gesunde physische Aktivitäten ausüben, um ihre Leistungsfähigkeit zu erhalten. Die neuesten Ergebnissen dazu haben gezeigt, dass eine geringe kardiopulmonale Leistungsfähigkeit der größte Risikofaktor für die Mortalität sowohl bei Frauen als auch bei Männern ist. Die Reihefolge der Risikofaktoren ist folgende: niedrige Leistungsfähigkeit, Rauchen, Bluthochdruck, Cholesterol und Übergewicht. Die Liste der Risikofaktoren ist bekannt und bietet klare Ziele fur die Gesundheitsförderung; allerdings müssen wir heute mehr für die Prävention der niedrigen physischen Leistungsfähigkeit einsetzen als früher.

„Altern und Kompetenz" erfordert Weiterbildung und persöhliche Karriereplanung. Die Arbeitsanforderungen ändern sich schneller als früher und die Informationsgesellschaft bedeutet auch neue Kompetenzen sowohl fur die jüngeren als auch für die älteren Arbeitsnehmer. Wegen der großen Unterschiede in der Grundausbildung zwischen den jüngeren und älteren Generationen ist der Bedarf nach Weiterbildung unter den älteren Belegschaften in den Betrieben viel größer als unter den jüngeren. Eine der wichtigsten Anforderungen, wo die älteren Mitarbeitern neue Kompetenzen benötigen, sind neue Technologien. Wichtig ist, dass das Lernen im Alter zwischen 45 und 65 nicht direkt abhängig vom Altern ist.

Lernen ist aber sehr abhängig davon, wie die Weiterbildung organisiert wird. Ältere Arbeitnehmer brauchen Lernverhältnisse und Lernumgebungen, die auch pädagogisch auf ihre Grundausbildung und Arbeitserfahrung ausgerichtet sind. „Learning by doing" ist ein wichtiges Stichwort für ein gutes Weiterbildungskonzept für ältere Arbeitnehmer.

Eine Integration der vier Maßnahmen (Ergonomie, Arbeitsorganisation, Leistungsfähigkeit. Kompetenz) hat in verschiedenen Arbeitsgruppen gute Ergebnisse gezeigt. Es ist z.B. möglich gewesen, eine deutliche Abnahme der Arbeitsfähigkeit in vier Jahren (ohne Förderungsmaßnahmen) durch eine Verbesserung der Arbeitsfähigkeit in weiteren sechs Jahren zu ersetzen (mit Förderungsmaßnahmen). Die

Abb. 5 Veränderungen der individuellen Arbeitsfähigkeitskurven von Frauen mit Bürotätigkeiten

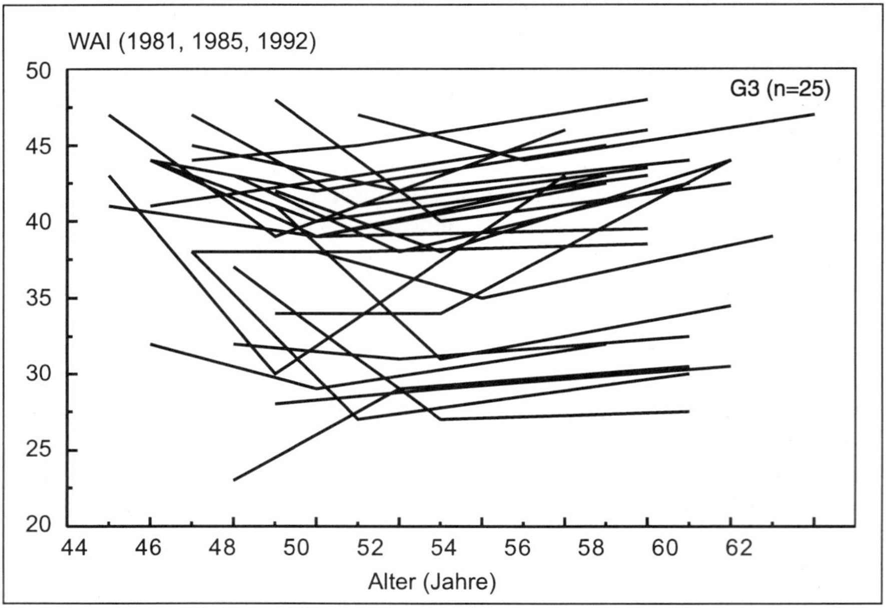

älteren Mitarbeiter konnten, wenn sie zehn Jahre älter waren, den gleichen Status der Arbeitsfähigkeit erreichen wie zum Zeitpunkt zehn Jahre früher. In den meisten Fällen konnte der Trend sinkender Arbeitsfähigkeit gestoppt und eine „steady state" Phase garantiert werden (Ilmarinen et al. 1997). Als Beispiele werden in den Abbildungen 5 und 6 die individuellen Arbeitsfähigkeitskurven von Frauen mit Bürotätigkeiten und von Männern mit Montagetätigkeiten dargestellt.

Die Ergebnisse der Förderungsmaßnahmen sind natürlich sehr davon abhängig, wie viele von den vier Aktions-Dimensionen durchgeführt worden sind, wie gut die Prioritäten der Maßnahmen bestimmt worden sind und wie gut die älteren Mitarbeiter an den persöhnlichen und arbeitsbezogenen Förderungsprozessen teilgenommen haben.

Auch die Unterstützung durch die Führungskräfte auf allen Ebenen des Betriebes und deren Verbindlichkeit spielt eine entscheidende Rolle. Ergonomie, Arbeitsorganisation und Führungsqualität können nicht ohne das Interesse der Führungskräfte daran gefördert werden.

Um das Interesse der Führungskräfte des Betriebes zu wecken, können nach Ergebnissen aus mehreren Studien z.B. die folgenden Argumente eingesetzt wer-

Abb. 6 Veränderungen der individuellen Arbeitsfähigkeitskurven von Männern mit Montagetätigkeiten

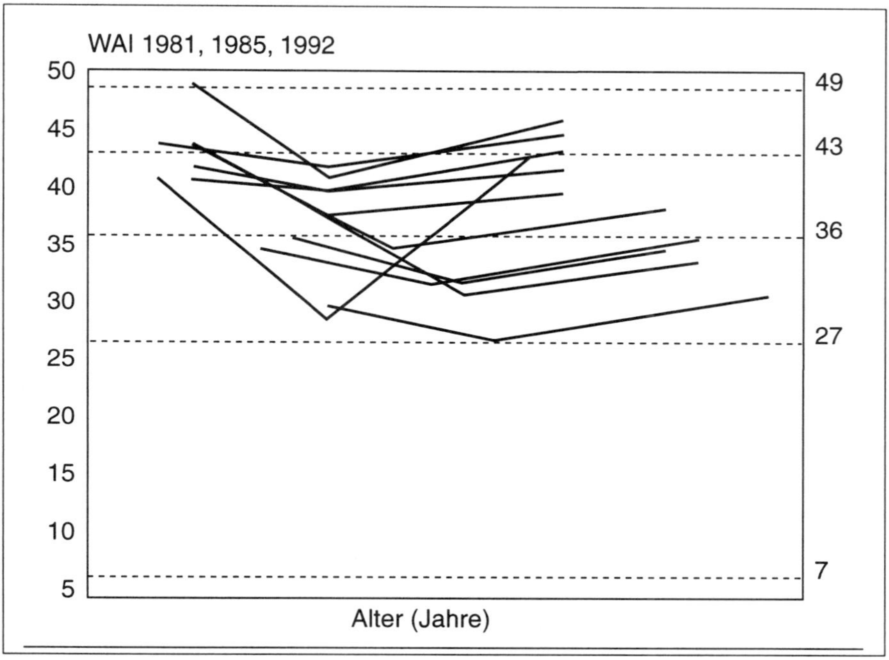

den: höhere Gesamtproduktivität, größere Konkurrenzfähigkeit, weniger krankheitsbedingte Fehlzeiten, besseres Management, kompetentere Arbeitskräfte, besseres Image, weniger Kosten durch arbeitsbedingte Erkrankungen.

Als Beispiel für die Wirtschaftlichkeit eines Förderungsprojektes in der Metallindustrie (Dalbo-Projekt) gelten die dreijährigen Ergebnisse in der Fundia Wire AG. Der Betrieb mit ca. 800 Mitarbeitern hat ca. 0,3 Mio. FIM (Finnmark) pro Jahr in das Projekt investiert. Die Schwerpunkte der Förderungsmaßnahmen waren Ergonomie und physische Leistungsfähigkeit.

Der Output lag bei ca. 3,0 Mio. FIM pro Jahr. Die im Vergleich zu den Kosten zehnfach höheren Erträge resultieren aus der Abnahme der Arbeitsunfähigkeitsrenten (1,6 Mio. FIM pro Jahr) und Krankenstandkosten (0,2 Mio. FIM pro Jahr) sowie einer Zunahme der Produktivität (1,3 Mio. FIM pro Jahr) (Näsman, nicht veröffentlichtes Manuskript).

Die Ergebnisse zeigen, dass der Wandel der Leistungspotenziale im Prozess des Alterns mit dem beschriebenen ganzheitlichen Konzept mit Erfolg gefördert werden kann. Arbeitsfähigkeit, die vom Gesundheitspotenzial, Kompetenzpotenzial und von vielseitigen Arbeitsmerkmalen bestimmt wird, kann mit dem Alter verbessert werden. Altern beinhaltet sowohl positive als auch negative Veränderungen der Arbeitskraft. Eine bessere Anpassung des Wandels der Leistungspotenziale an die Arbeit bedeutet, dass die negativen Veränderungen des Alterns beseitigt werden und positive Veränderungen besser genutzt werden können.

Die Grundstrategie ist, dass nicht nur der Mensch, sondern auch die Arbeit sich mit dem Alter ändern muss. Eine bessere Anpassung von Altern und Arbeit ist nicht nur nötig, sondern auch notwendig: In der Europäischen Union gibt es in Zukunft nicht genügend jüngere Erwerbspersonen, um die älteren zu ersetzen. Von 2000 bis 2025 werden die Senioren einen größeren Anteil der Arbeitskräfte ausmachen (50 bis 64 Jahre alt, über 30 Prozent der Arbeitskräfte) als die Junioren (15 bis 24 Jahre alt, über 18 Prozent der Arbeitskräfte) (Ilmarinen 1999).

Die Arbeitsanforderungen müssen auf alle Generationen, je nach Leistungspotenzialen, verteilt werden. Deshalb sollte die Förderung der Arbeitsfähigkeit der älteren Arbeitnehmer auch ein größeres Interesse der jüngeren sein; auch sie sollten eine gute Zukunft im Arbeitsleben haben.

Literatur

Ilmarinen, J. (1999): Ageing workers in the European Union – Status and promotion of work ability, employability and employment. Finnish Institute of Occupational Health, Ministry of Social Affairs and Health, Ministry of Labour, Helsinki, p. 274

Ilmarinen, J.; Louhevaara, V. (eds.): FinnAge – Respect for the aging: Action programme to promote health, work ability and well-being of ageing workers in 1990-1996. Finnish Institute of Occupational Health, People and work, Research reports 26, p. 308

Ilmarinen, J.; Rantanen, J. (1999): Promotion of work ability during ageing. American Journal of Industrial Medicine Supplement 1, p. 21-23.

Ilmarinen, J.; Tuomi, K.; Klockars, M. (1997): Changes in the work ability of active employees over an 11- year period. Scand J Work Environ Health 23: suppl 1, p. 49-57

Karazman, R.; Geissler, H.; Kloimuller, I.; Kloimuller, A. (1995): Work ability index. Arbeitsbewältigungsindex. Deutschsprachige Ausgabe. Institut fur betriebliche Gesundheitsförderung – IBG Österreich, Wien, Finnisches Institut für Arbeitsmedizin.

Referenzdokument der Präsidentschaft: Beschäftigung und Stellung älterer Arbeitnehmer auf dem Arbeitsmarkt. Neue Arbeitsorganisation, Arbeitsfähigkeit, Sozialschutz, Altersdiskriminierung. Der informelle Arbeits- und Sozialministerrat, 8-10 Juli 1999 in Oulu, Finnland.

Tuomi, K.; Ilmarinen, J.; Jahkola, A.; Katajarinne, L.; Tulkki, A. (1998): Work ability index, 2nd revised edition. Occupational health care 19, Finnish Institute of Occupational Health, p. 30

Professor Dr. Gunda Maintz
Direktorin und Professorin an der Bundesanstalt für Arbeitsschutz und Arbeitsmedizin (BAuA), Berlin

Zusammenfassung

Wir hatten eine sehr lebhafte Diskussion und zwei wichtige und interessante Vorträge zum Thema „Wandel der Leistungspotenziale im Prozess des Alterns".

Als Einstieg hatte ich einige Ergebnisse aus Untersuchungen vorgestellt, die in der Bundesanstalt für Arbeitsschutz und Arbeitsmedizin durchgeführt worden sind. Es ging um Beschwerden unterschiedlichster Art bei Beschäftigten in Büros (wie Schulter-, Nacken-, Rücken- und Augenbeschwerden, Müdigkeit, Lustlosigkeit usw.), deren Häufigkeiten in der Regel mit dem Alter zuzunehmen schienen. Bei genauerer statistischer Bearbeitung aller Einflussfaktoren stellte sich jedoch heraus, dass das Alter bei keiner der untersuchten Gesundheitsstörungen im Sinne der Hypothese des Defizitmodells signifikant zeichnete.

Der Vortrag von Herrn Professor Kruse vom Institut für Gerontologie der Universität Heidelberg brachte Beiträge zur Leistungsfähigkeit im mittleren und höheren Erwachsenenalter aus psychologischer Sicht. Das Modell der fluiden Intelligenz in Gegenüberstellung zur kristallinen Intelligenz dürfte inzwischen bekannt sein. Es hat das Defizitmodell des Alterns wissenschaftlich nachhaltig erschüttert. Der Begriff „fluide Intelligenz" steht dabei für flexible, geschwindigkeitsabhängige Leistungen, die altersabhängig abnehmen, während der Begriff der „kristallinen Intelligenz" eher die statischen Anteile und den Erfahrungsschatz beschreibt. Dieses Potenzial kann mit dem Alter eher noch zunehmen.

Professor Kruse stellte sodann den Begriff der praktischen Intelligenz vor. Er umfasst die Fähigkeit zur Lösung alterspraktischer Probleme und Anforderungen. Diese praktische Intelligenz sowie die Möglichkeit, nachlassende Leistungsbereiche kompensatorisch durch andere zu ersetzen bzw. ergänzen zu können, bilden die Voraussetzungen dafür, dass die berufliche Leistungsfähigkeit älterer Arbeitnehmer nicht schlechter sein muss als die der jüngeren, wie neuere Untersuchungsergebnisse gezeigt haben. So ist nachgewiesen und auch nachzulesen (WHO-Report, Meta-Analyse von 31 Arbeiten), dass das, was an Arbeit (Output) geleistet wird, in den Altersgruppen nicht unterschiedlich ist und dass es, wenn man von den 30- bis 40jährigen ausgeht, keinesfalls zu einer generellen Leistungsabnahme kommt.

Der zweite Vortrag wurde von Professor Ilmarinen gehalten, der beim Finnischen Institut für Arbeitsmedizin arbeitet. Er wandte sich den Fragen zu: Kann Arbeitsfähigkeit mit dem Alter steigen? Gibt es ein effektives Förderungskonzept für älterwerdende Beschäftigte? Diese zweite Frage kann für Finnland inzwischen mit Ja beantwortet werden. Es gibt in Finnland Längsschnitt- und Interventionsuntersuchungen an Beschäftigtengruppen verschiedener Berufszweige. Dazu wurde ein Instrument entwickelt, der Workability Index, der die Arbeitsfähigkeit im Sinne der Arbeitsbewältigung mittels Befragung prüft. Es zeigte sich, dass innerhalb der zehn Jahre, in denen diese Arbeiten gelaufen sind, der Arbeitsbewältigungsindex in vielen Berufsgruppen sinkt; es ist aber möglich, durch Interventionen dieses Absinken aufzuhalten. Wichtig ist, die Arbeitsanforderungen altersgerecht zu gestalten und das Abnehmen insbesondere der physischen Fähigkeiten des Älterwerdenden durch geeignete Maßnahmen zu verhindern.

Welche Interventionsmöglichkeiten sind nun erfolgsversprechend? Zur Beantwortung dieser Frage wurden die Personen näher untersucht, deren Arbeitsbewältigungsindex im Längsschnitt angestiegen bzw. mindestens gleichgeblieben war. Drei Faktoren haben sich überraschenderweise als sehr wichtig herausgeschält.

- Den stärksten Einfluss hat eine positive Haltung des Vorgesetzten zu dem Betroffenen (Odds ratio von 3,6).
- Versteht man zweitens, die Monotonie aus der Arbeit zu verbannen, beträgt die Odds ratio 2,1.
- Einen etwas geringeren Einfluss hat die physische Aktivität in der Freizeit.

Die von Professor llmarinen vorgetragenen Daten stützen unsere eingangs vorgestellten Untersuchungsergebnisse. Die eben genannten Faktoren, nämlich Haltung des Vorgesetzten, abwechslungsreiche Arbeit, Motivation und die eigene psychische Aktivität sind es, die mehr als der Ablauf von Lebenszeit die bisher als rein altersbedingt angesehenen Änderungen beeinflussen.

Die Diskussion war sehr erfrischend. Es gab einige Beispiele aus der Praxis, in denen aus Betrieben berichtet wurde, die Programme zur Gesundheitsförderung für Älterwerdende einsetzen. Das Problem ist hier, inwieweit die Erkenntnisse, die vorliegen, auch wirklich umgesetzt werden können. Ganz klar ist, dass man, um erfolgreich zu sein, sowohl das Management als auch die Arbeitnehmer erreichen muss. Es reicht nicht, hier nur an einer Seite anzusetzen. Wichtig sind auch die lebenslaufbezogene Bildung – das ist ja gestern schon genannt worden – und das Bewusstsein, dass eine Bildung nicht mehr lebenslang vorgehalten werden kann, sondern dass sie auch on the job erfolgen muss. Die interessante Frage, ob es denn geschlechtsspezifische Unterschiede im Altern und in der Leistungsfähigkeit geben könnte, wurde dahingehend beantwortet, dass es neurophysiologisch keine Grundlage für geschlechtsbezogene Unterschiede gibt. Dass es diese dennoch in manchen Bereichen gibt, scheint also eher andere Ursachen zu haben.

Wichtig ist auch die eigene Haltung zum Alter. Wir dürfen also nicht davon ausgehen, dass nur der Manager seine Einstellung gegenüber dem Beschäftigten zu ändern hat, auch der Beschäftigte darf von den neuen Erkenntnissen für sich selbst profitieren.

Ein letzter Hinweis war, dass insbesondere mehr individuelle Lösungen gefunden werden müssen. Wir leben in einer Gesellschaft, die stark auf das Individuum ausgerichtet ist. Hinzu kommt, dass sich die sehr starken interindividuellen, also zwischen den Personen bestehenden Unterschiede im Alternsverlauf durchschnittlich schon im 40. Lebensjahr anbahnen und spätestens hier, wenn nicht sogar früher, etwas getan werden muss, wenn man die alternsbedingten Einschränkungen aufhalten möchte.

Solche Programme müssen nicht teuer sein. Professor Ilmarinen konnte zeigen, dass eine Investition von 0,3 Millionen Finnmark, die ein Betrieb für ein Gesundheitsförderungsprogramm investiert hatte, mit einem Nutzen von 3 Millionen Finnmark zu Buche schlug, so dass der Unternehmer einschätzte, noch nie eine Investition getätigt zu haben, die derartig viel abwirft.

Arbeitsgruppe 2

Chancen Alternder auf dem Arbeitmarkt

Dr. Ernst Kistler,
Internationales Institut für
Empirische Sozialökonomie / INIFES, Stadtbergen
(Co-Autoren dieses Beitrages:
Markus Hilpert, Dorit Sing)

Entwicklung und Perspektiven des Angebotsüberhangs am Arbeitsmarkt[1]

1. Anhaltende Massenarbeitslosigkeit oder Arbeitskräftemangel? – Zu den Widersprüchen gängiger Zukunftsszenarien

Seltsames „trägt" sich zu in der Diskussion über die Zukunft des Arbeitsmarktes in Deutschland und anderen hochentwickelten Ländern. Während in der Auseinandersetzung über den Einfluss der demographischen Entwicklungen auf den Arbeitsmarkt auf der einen Seite schon mit einem mittelfristigen Zeithorizont ein massiver Arbeitskräftemangel auf breiter Front prognostiziert wird – so der vor allem eher demographisch-mechanistische Teil der Debatten – prognostizieren andere Auguren, unter ihnen nicht wenige Soziologen, die die demographische Entwicklung eher außen vor lassen, ein Ende der (Erwerbs-)Arbeitsgesellschaft und eine anhaltende, ja steigende Massenarbeitslosigkeit. Diese sei nur durch eine massive Arbeitszeitverkürzung und -umverteilung (in der dominierenden neoliberalen Version – Arbeitszeitverkürzungen individueller Art), ein Zurückdrängen der ge-

1 Der vorliegende Beitrag präsentiert einige Befunde von INIFES und SÖSTRA aus dem Forschungsverbund I des Förderschwerpunkts Demographischer Wandel. Im Rahmen dieses kurzen Referats/Beitrags können nur einige wenige der Ergebnisse aus diesen beiden Projekten hier kurz referiert und in den Gesamtzusammenhang der Arbeiten des Förderschwerpunkts eingebettet werden. Diese rekurrieren auf einige besonders in der einschlägigen Debatte vernachlässigte Aspekte, ohne deren Diskussion die Auseinandersetzung mit den Folgen des demographischen Wandels für den Arbeitsmarkt aber notwendigerweise verkürzt und einseitig bleibt (vgl. zu den Ergebnissen des ebenfalls zu Verbund I gehörenden ISF-Projekts den Beitrag von Volker Döhl in diesem Band sowie INIFES, ISF, SÖSTRA 1997, 1998; Rössel/Schaefer/Wahse 1999; Döhl/Kratzer/Sauer 2000; Hilpert/Kistler/Sing 2000).

> *"The major barrier to increase in the ratio of employed members of the labor force to the population is likely to consist in man-made barriers to the employment of older persons" (Joseph J. Spengler: Declining Population growth: Economic effects. In: The Commission on Population Growth and the American Future (Hrsg.): Research Reports, Vol II, Economic Aspects of Population Change, Washington, D.C., 1972, S. 96).*

wachsenen Erwerbsneigung oder gar einen „Arbeitsdrogenentzug" abminderbar. Dieses Nebeneinander der beiden sich eklatant widersprechenden Zukunftsbilder verwirrt nicht nur Entscheidungsträger und Öffentlichkeit, sondern macht vor dem Hintergrund der gegenwärtigen Arbeitslosigkeit die Diskussion über die Zukunft von Arbeitsangebot und Arbeitsmarktbilanzen auch sehr schwer darstell- und vermittelbar. Schlagworte wie „Ende der Arbeitsgesellschaft" oder „Demographische Falle" sind zwar vielleicht geeignet, auf Probleme aufmerksam und Forschungsmittel „locker zu machen", sie verstellen aber den differenzierenden Blick auf Ursachen und Lösungsmöglichkeiten. Die sich aus dem Zusammenhang von demographischem Wandel und Arbeitsmarkt ergebenden Probleme haben nämlich sehr viel mit unterschiedlichen Sichtweisen und Interessen zu tun; ein Faktum, das erfahrungsgemäß auch in entsprechenden Kommissionen meist nur mühsam „verkleistert" werden kann. So ist Harvey Leibenstein vorab auf jeden Fall zuzustimmen, der bereits 1972 in einem Gutachten für die „U.S. Commission on Population Growth and the American Future" schrieb: „The impact of population growth not only affects different groups differently, but it is likely that different answers might be obtained if we look at the problem from different potential viewpoints on the basis of different time horizons" (vgl. Leibenstein 1972, S. 63).

Ohne die beiden obengenannten Diskussionsschienen hier im einzelnen nachzeichnen zu können (vgl. z.B. Bullinger et al. 1993 für die These einer bevorstehenden Verknappung; Rifkin 1997 oder Beck 1999 für die These vom Ende der Arbeitsgesellschaft), kann man den Diskussionsprozess der letzten Jahre und den gegenwärtigen Stand im Überblick über die deutsche Literatur wie folgt skizzieren: Die Anfang der neunziger Jahre in der Bundesrepublik mit Vehemenz aufgekommene Vorstellung, in wenigen Jahren würde es zu einer demographischen Entlastung des Arbeitsmarktes nachhaltiger Art und dann zu einer Situation des Arbeitskräftemangels, wie in den sechziger Jahren, kommen, hat sich binnen weniger Jahre wieder gelegt. Als Indiz dafür mögen zwei Zitate aus dem ersten und zweiten Zwischenbericht der Enquete-Kommission Demographischer Wandel des Deutschen Bundestages dienen. Noch im ersten Zwischenbericht von 1994 äußert die Enquete-Kommission: „Während es gilt, für die nächsten 10 bis 15 Jahre die Zahl der Arbeitsplätze zu erhöhen, spricht vieles dafür, dass sich in den Jahren danach ein Mangel an Arbeitskräften bemerkbar machen wird" (1994, S. 212). Im zweiten Zwischenbericht ist die Vorausschau der Enquete-Kommission dann eine wesentlich vorsichtigere: „Aus dem demographischen Wandel können sich vor allem von der Arbeitsangebotsseite her (nach dem Jahr 2010) deutliche potenzielle Entlastungseffekte für den Arbeitsmarkt ergeben. Hier eröffnet sich die Chance, die Beschäftigungskrise langfristig zu überwinden. Dies setzt allerdings voraus, dass zum einen die Wachstumskräfte gestärkt und zum anderen die Beschäftigungsintensität des Wachstums erhöht werden kann" (1998, S. 290 f.).

Was steckt hinter dieser gewandelten Einschätzung der mittelfristigen Arbeitsmarktzukunft und warum ist – es sei vorweg genommen: nach unseren Ergebnissen – die zweite Einschätzung als realistischer anzusehen als die erste? Um diese Fragen beantworten zu können, ist zunächst ein Blick auf die gegenwärtige Situation auf dem Arbeitsmarkt und vor allem eine Hinterfragung der den vorliegenden Prognosen zugrundeliegenden Wirkungs- und Verhaltensannahmen zu leisten.

2. Zur Ausgangslage

„Der Anteil der Arbeitslosen im Alter von 50 Jahren und darüber hat sich ... erhöht, und zwar von 10% auf mehr als 15%. Dieses Phänomen ist hauptsächlich auf den steigenden Anteil dieser Gruppe in einem einzigen Land zurückzuführen, nämlich Deutschland, wo die entsprechenden Anteile älterer Arbeitsloser und arbeitsloser Jugendlicher sich genau umgekehrt zueinander verhalten wie in anderen Ländern[2]: 30% der Arbeitslosen waren 50 Jahre oder älter und nur 12% unter 25 Jahre alt; diese Differenz hat sich in den letzten zehn Jahren noch vergrößert" (Europäische Kommission 1999, S. 15; vgl. Abb. 1). Mit diesem gestiegenen *Anteil* der älteren (über 50 Jahre) Arbeitslosen an allen Arbeitslosen korrespondiert auf der anderen Seite eine inzwischen auch dramatisch gestiegene gruppenspezifische Arbeitslosen*quote* Älterer in der Bundesrepublik Deutschland. Darüber hinaus geht bei der Berechnung der gruppenspezifischen Arbeitslosenquoten ja die ebenfalls in der Tendenz angestiegene Nichterwerbstätigkeit Älterer im Sinne von vorzeitigen Verrentungsformen in die Bezugsgröße (Nenner) nicht mit ein. Dennoch weist die Bundesanstalt für Arbeit im Bundesgebiet West für 1998 überproportionale Arbeitslosenquoten in den Gruppen von 50 bis 54 Jahren in Höhe von 12,3%, bei 55 bis 59 Jahren von 22,4% und bei den über 60jährigen von 20,5% – bei einer Gesamtarbeitslosenquote von 10,9% – aus. Wie die Abb. 2 außerdem zeigt, ist neben den gestiegenen Arbeitslosenquoten bei den Älteren in den letzen Jahren auch ein Anstieg bei den jüngsten Altersgruppen zu konstatieren, der trotz einiger jüngster Erfolge bei der Bekämpfung der Jugendarbeitslosigkeit nicht übersehen werden darf.

Zwar weist die Entwicklung der Arbeitslosenquoten im Jahr 1998 – nicht zuletzt wegen einem leicht zurückgegangenen Arbeitsangebot – eine positive Tendenz auf, insgesamt kann jedoch noch keinesfalls von einer Trendwende gespro-

2 Wie Abb. 1 zeigt, weisen nur Portugal, Finnland und Schweden ein ähnliches Muster auf.

Abb. 1 Arbeitslose nach Altersgruppen in den Mitgliedstaaten der EU 1986, 1990 und 1997

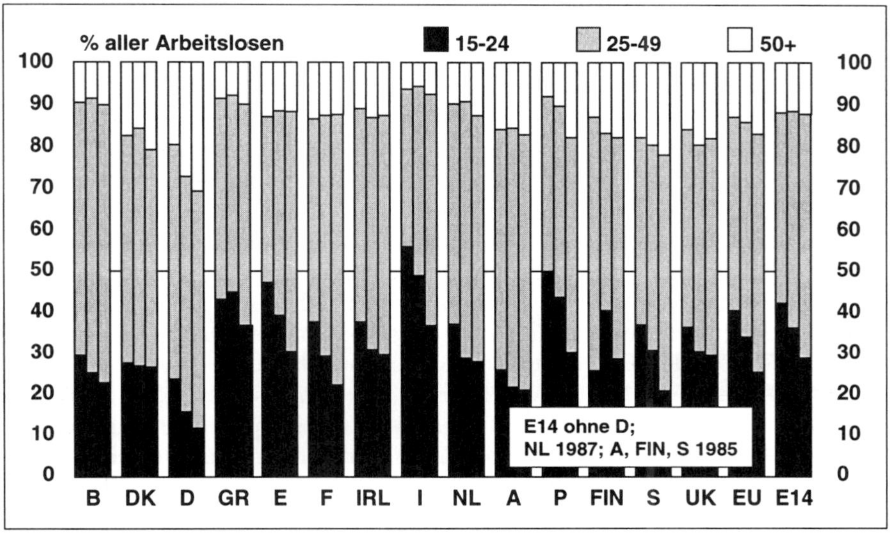

Quelle: Europäische Kommission 1999, S. 36

chen werden. Das Gesamtbild der Indikatoren Arbeitsvolumen, Erwerbstätigkeit und Arbeitslosenquote (vgl. Abb. 3) zeigt zwar – hier für die westlichen Bundesländer – eine (an den Erwerbstätigenzahlen gemessen) ansteigende Beschäftigung, aber auch eine stufenweise über die letzten 25 Jahre bei jedem größeren konjunkturellen Einbruch sich deutlich um rund eine Million erhöhende „Sockelarbeitslosigkeit", die die Erwartungen hinsichtlich des nächsten größeren konjunkturellen Einbruchs als nicht rosig erscheinen lassen. Grob gesprochen: Diese Anstiege mögen noch unter „konjunkturellen Ursachen" verbucht werden, der Trend und das Niveau weisen aber eindeutig auf strukturelle Arbeitslosigkeit hin. Außerdem steht der gestiegenen Beschäftigung ein langfristig gesunkenes Volumen an geleisteten Arbeitsstunden gegenüber, wodurch die (neben den in den letzten Jahren an Bedeutung zurückgehenden kollektiven Arbeitszeitverkürzungen mit der zunehmenden Frauenerwerbstätigkeit korrespondierende) ansteigende Teilzeitarbeit und der gerade in den letzten Jahren hohe Grad an Arbeitsverhältnissen mit geringem vereinbartem Stundenumfang zum Ausdruck kommt.

Bezogen auf die letzten eineinhalb Jahrzehnte gilt aber unbestreitbar auch: Die „insgesamt erfolgte Arbeitszeitverkürzung geht zu gut zwei Dritteln auf das Konto kollektiver Arbeitszeitverkürzungen und zu knapp einem Drittel auf den Zuwachs an Teilzeitarbeit ... Durch die Arbeitszeitverkürzung konnte Arbeitsvolumen in der

Gesellschaft umverteilt und ein höherer Anstieg der Arbeitslosigkeit verhindert werden“ (Düren/Wiedemeyer 1999, S. 34).

Insgesamt kann man von einer überproportionalen Betroffenheit durch Arbeitslosigkeit insbesondere bei geringer Qualifizierten, bei Personen mit gesundheitlichen Einschränkungen sowie Älteren in der Bundesrepublik sprechen, wobei gerade das individuelle bzw. auch kohortenspezifische Zusammentreffen mehrerer dieser Faktoren zu einer Kumulation bei der Langzeitarbeitslosigkeit führt. Die geschlechtsspezifischen Arbeitslosenquoten haben sich demgegenüber zwar in der Tendenz angeglichen, dennoch ist auch in dieser Hinsicht von einer stärkeren Betroffenheit von Frauen durch die hohe Arbeitslosigkeit auszugehen, da ihre Arbeitslosigkeitsdauer durchschnittlich höher und die Wahrscheinlichkeit des Abgangs aus der Arbeitslosigkeit in ein neues Arbeitsverhältnis geringer, respektive die des Ausscheidens aus dem Kreis der Erwerbspersonen höher ist.

Neben dieser wenig erfreulichen ersten Beschreibung der Ausgangssituation ist für eine Prognose der Arbeitsmarktentwicklung über längere Fristen – abgesehen von einer ganzen Reihe von Unwägbarkeiten in der Vorausschau – eine Reihe von Faktoren zu beachten, von denen im folgenden auf einige ausgewählte Aspekte (im Blick vor allem auf das Arbeitsangebot) kurz näher eingegangen werden soll. Be-

Abb. 2 Arbeitslosenquoten nach Altersgruppen in Westdeutschland (Ende September 1991 bis 1998)

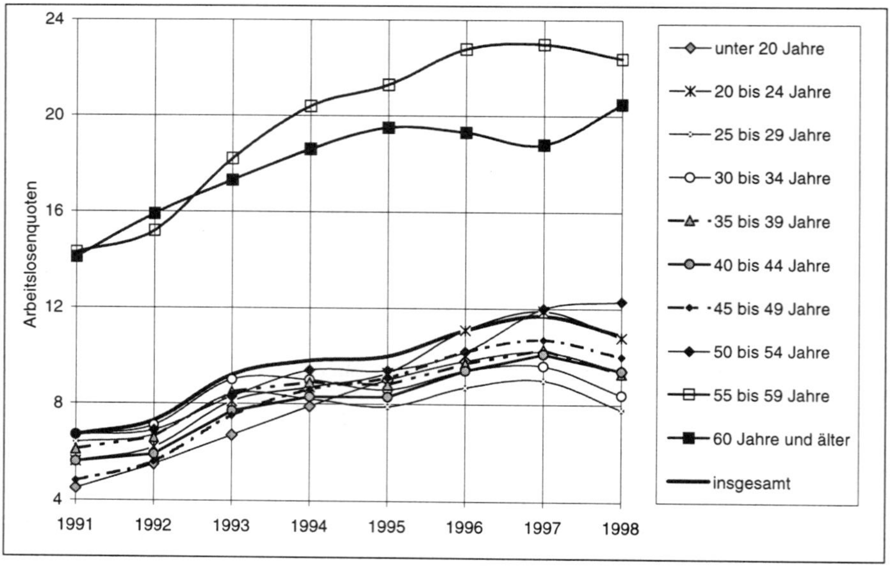

Quelle: Eigene Darstellung nach Bundesanstalt für Arbeit, ANBA, versch. Jahre

Abb. 3 Jahresarbeitsvolumen, Zahl der Erwerbstätigen und registrierte Arbeitslosigkeit in Westdeutschland 1960-1999

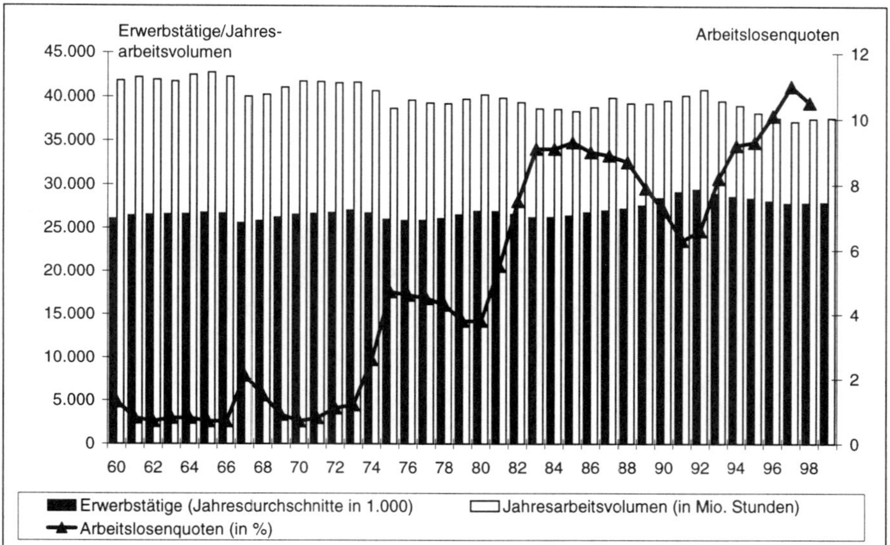

Bei den Erwerbstätigen und dem Jahresarbeitsvolumen 1999 handelt es sich um Prognosewerte der mittleren Variante (Variante II) des IAB.

Quelle: Eigene Darstellung nach Autorengemeinschaft, versch. Jahre.

vor mittelfristig ein „Umkippen" der Arbeitsmarktbilanz in Richtung einer flächendeckenden Verknappung an Arbeitskräften – wie von der „demographischen Fraktion" in der Debatte um die Zukunft des Arbeitsmarktes betont – denkbar ist, muss zumindest das gegenwärtige Maß an Unterbeschäftigung(en) abgebaut werden. Dieses ist, wie kurz angedeutet, gegenwärtig mit rund vier Millionen Arbeitslosen zweifellos ein erhebliches Reservoir. Hinzu kommt jedoch, was in der öffentlichen Diskussion über die Arbeitsmarktsituation und -zukunft gerne vernachlässigt wird, eine erhebliche Stille Reserve, d.h. Personen, die zwar nicht als arbeitslos registriert, sehr wohl aber arbeitssuchend sind. Auch diese hat über die Vergangenheit gesehen erheblich zugenommen (vgl. Abb. 4), und es kann – unbenommen der aus methodischen Gründen verschiedenen vorliegenden Schätzungen zu ihrem konkreten Umfang – von einer erheblichen Größenordnung von zusammengerechnet sicherlich gut 6, eher 7 Millionen offen und in diesem Sinne verdeckt Arbeitslosen in Gesamtdeutschland gesprochen werden. Die gesamtwirtschaftliche Beobachtung, dass neugeschaffene Arbeitsplätze nicht automatisch zu einer Reduzierung der Arbeitslosenzahlen führen, sondern aus der Stillen Reserve heraus besetzt wer-

Abb. 4 Entwicklung von registrierter Arbeitslosigkeit und Stiller Reserve (in der IAB-Abgrenzung) in Westdeutschland 1970-1999 (Personen in 1.000)

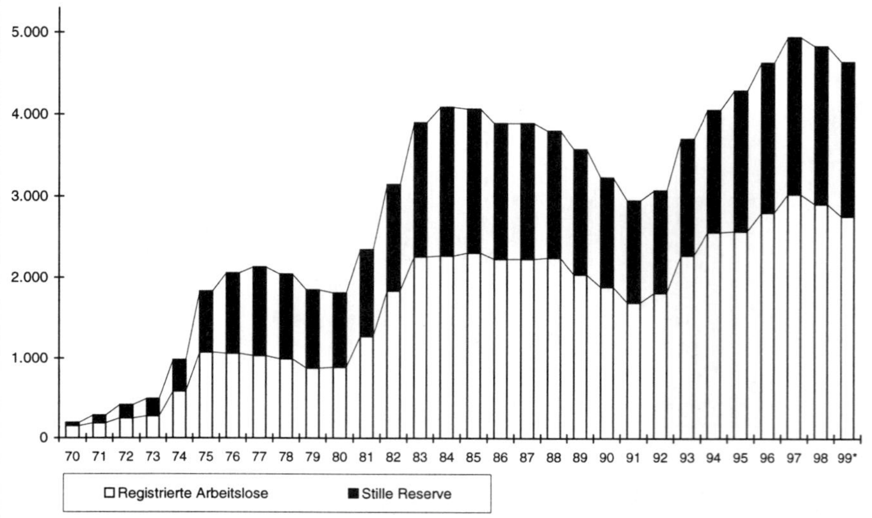

Bei der Stillen Reserve handelt es sich um einen Prognosewert der mittleren Variante (Variante II) des IAB.

Quelle: Eigene Darstellung nach Thon, Bach 1998 und Autorengemeinschaft, versch. Jahre.

den (vgl. Holst/Schupp 1997), dass also hier starke Arbeitsmarktbewegungen stattfinden, weist darauf hin, dass diese Betroffenen tatsächlich arbeitsmarktnah sind. Diese erheblichen Größenordnungen an Unterbeschäftigung sind natürlich bei mittel- und langfristigen Arbeitsmarktbilanzprognosen zu berücksichtigen. Eine von uns im Rahmen der Verbundarbeiten zusammen mit Infratest durchgeführte Befragung von Frauen (als dem sicher hier am stärksten betroffenen Arbeitsmarktsegment) hat darüber hinaus gezeigt, dass bei diesen Frauen in der Stillen Reserve auch eine recht hohe Mobilitätsbereitschaft bzw. Flexibilitätsbereitschaft vorhanden ist (vgl. Abb. 5). Sie wären im Falle eines entsprechenden Arbeitsplatzangebots auch zu langen Arbeitswegen, ggf. teils zu Umzügen und im Falle einer erfolglosen länger dauernden Suche nach einem Arbeitsplatz sogar dazu bereit (wohl im Sinne einer Verbesserung ihrer Arbeitsmarktchancen), eine vorübergehende unentgeltliche/ehrenamtliche Tätigkeit auszuführen.

Es sei an dieser Stelle allerdings angemerkt, dass eine solche Bereitschaft zu unentgeltlicher Arbeit insbesondere bei solchen Frauen zu verzeichnen ist, die aus Haushalten mit besserem Einkommensstatus stammen. Dieser gruppenspezifische

Abb. 5 Hohe Mobilitätsbereitschaft in der Stillen Reserve, Frauen (Angaben in v.H.)

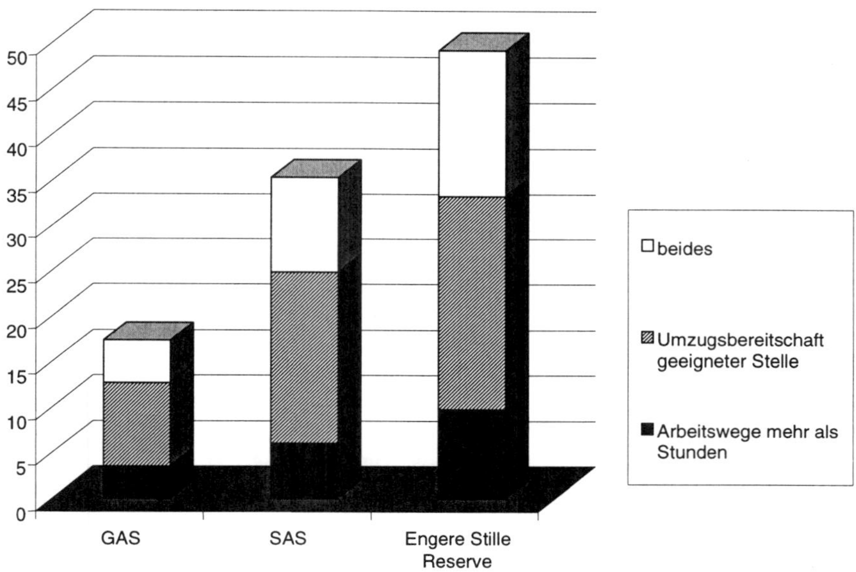

GAS: gemäßigt arbeitsmarktorientierte Stille Reserve, Erwerbsaufnahme in zwei bis fünf Jahren geplant; SAS: stark arbeitsmarktorientierte Stille Reserve, Erwerbsaufnahme sofort oder im kommeneden Jahr geplant; Engere Stille Reserve: Erwerbsaufnahme sofort geplant und möglich

Quelle: Eigene Darstellung und Berechnungen nach INIFES/Infratest 1998.

Befund, der auch von anderen empirischen Ergebnissen auf breiter Front bestätigt wird (vgl. Kistler/Sing 1999), lässt im übrigen erhebliche Zweifel an der Vorstellung aufkommen, durch freiwillige, ehrenamtliche Tätigkeiten, durch „Bürgerarbeit" etc. einen adäquaten Ersatz für nicht verfügbare, bezahlte Arbeitsplätze schaffen zu können.

Bevor (gemessen an der heutigen Situation) bedingt durch die demographischen Veränderungen aus der Situation eines erheblichen Arbeitskräfteüberschusses ein Arbeitskräftemangel entstehen könnte, würden also nicht nur die registrierte Arbeitslosigkeit, sondern auch die Stille Reserve im herkömmlichen Sinne abzubauen sein. Es gibt aber noch weitere Formen der Unterbeschäftigung, die von der gegenwärtigen Arbeitsmarktstatistik und -berichterstattung zwar nicht ausgewiesen werden, die dennoch bei einer Arbeitsmarktbilanzprognose als Potenzial Berücksichtigung finden müssen. Drei solche Formen seien hier kurz angesprochen; es gibt jedoch weitere (vgl. z.B. zum Problem unterwertiger Beschäftigung Büchel 1998; zur Frage des inhaftierten Erwerbspersonenpotenzials in den USA Freeman 1994; zur Historie des Reichsarbeitsdienstes – der ursprünglich ja ein freiwilliger Dienst war – als einer Form von Dienstpflicht Benz 1968):

Form 1: Obwohl in der Fachdiskussion wie in der Öffentlichkeit der Eindruck dominant ist, dass fast alle der in den letzten Jahren in den vorzeitigen Ruhestand – mit erheblichen Kosten für die Sozialversicherungssysteme und die Allgemeinheit – externalisierten älteren Arbeitnehmer, dies mit Freuden getan hätten, täuscht dieser Eindruck. Für die Bundesrepublik wie europaweit liegen relativ eindeutige Befunde aus Befragungen vor, dass ein erheblicher Teil der vorzeitig ausscheidenden Erwerbstätigen eigentlich lieber im Erwerbssystem verblieben wäre: Die EU-Kommission nennt europaweit die Zahl von 40% (vgl. Kommission der Europäischen Gemeinschaften 1998, S. 17; vgl. ähnlich Bogai et al. 1994). Eine Emnid-Befragung (1996) weist für Deutschland beispielsweise nach, dass ein Viertel der vorzeitig verrenteten Beschäftigten lieber länger gearbeitet hätte (Männer: 27%; Frauen: 20%). Das Phänomen der (Langzeit-)Arbeitslosigkeit Älterer vor dem Übergang in den Ruhestand ist dabei nicht neu, nur das Ausmaß und die langsame Einsicht in die Brisanz dieser Entwicklungen. Schon in einer Befragung älterer Langzeitarbeitsloser in den alten Ländern 1992 stellte Infas (1992, Übersicht 23.4) fest: 85,3% der Befragten über 60 Jahre betrachteten ihren Status als Übergang bis zur Rente – und: Bereits 41,8% der 50- bis 54-jährigen bzw. 71,6% der 55- bis 59-jährigen sahen dies so. In der Emnid-Befragung von 50- bis 69-jährigen, die seit maximal fünf Jahren aus einer sozialversicherungspflichtigen Beschäftigung in den Ruhestand gewechselt waren (vgl. Isforth 1997), zeigte, wie sehr sich gerade Befragte mit niedrigem formalen Schulabschluss, geringem gegenwärtigen Haushaltseinkommen und Frauen einen späteren Renteneintritt gewünscht hätten. Da es relativ wenig hellseherischer Fähigkeiten bedarf, um vorherzusagen, dass die bestehenden Möglichkeiten der „früh-/vorzeitigen" Übergänge in die Rentenzahlungen nicht zuletzt aus Gründen der Finanzierbarkeit der Alterssicherungssysteme weiter erschwert (und damit für die Betroffenen auch unattraktiver) werden, ist davon auszugehen, dass die künftigen Frühverrentungen in noch höherem Mass als die bisherigen eher unfreiwillig erfolgen. Hier liegt ein unbestreitbar älteres, aber quantitativ nicht unerhebliches Potenzial an Arbeitskräften vor.

Form 2: Ein gleichgerichteter Befund ist für die Gruppe der jüngeren Arbeitskräfte anzuführen. Die in der Vergangenheit langfristig gesunkene Erwerbsbeteiligung unter den jüngeren Arbeitskräften ist nicht nur dem Spaß am schönen Studentenleben geschuldet oder den gestiegenen Qualifikationsanforderungen vorauseilend. Wie Studentenbefragungen – jenseits über die Zeit hinweg erheblich angestiegener Zahlen von z.B. Studenten, die aus Gründen des Gelderwerbs arbeiten und bei denen die Bedeutung des Jobs als Einkommensquelle zunimmt (vgl. Schnitzer et al. 1999, S. 19 und 32), mit Folgen für die Studiendauer – deutlich zeigen,

„parkt“ ein nicht unerheblicher Anteil an Studenten und anderen jungen Menschen im Ausbildungssystem, um angesichts der schwierigen Arbeitsmarktlage in einem sozial anerkannten Status zu verbleiben und nutzt damit gleichzeitig die Gelegenheit zum Erwerb von Zusatzqualifikationen, um für den eigentlich dringend erwarteten und erhofften Arbeitsplatz die eigenen Chancen zu erhöhen – der daraus resultierende „Rückstau“ für den Arbeitsmarkt ist erheblich (vgl. Engelbrecht/Reinberg 1998).

Form 3: Eine weitere und in ihren Wirkungen äußerst ambivalent zu sehende Gruppe sind Erwerbstätige in unfreiwilligen Teilzeitbeschäftigungen (damit vor allem Frauen). Obwohl mehr Teilzeitarbeitsplätze als wichtigstes Instrument gerade unter frauenpolitischen Perspektiven (zur „besseren Vereinbarkeit von Familie und Beruf“) rundum gefordert werden und in der gegenwärtigen Arbeitsmarktsituation Teilzeit sicher auch ein wichtiges Instrument ist, um überhaupt mehr Beschäftigung zu schaffen (zumindest gemessen in Köpfen, wenn auch nicht in Arbeitsstunden), darf nicht verschwiegen werden, dass es inzwischen ein erhebliches Maß auch an unfreiwilliger Teilzeitbeschäftigung gibt, die im Sinne eines arbeitsmarktpolitischen „Benchmarking“ sowie unter Aspekten der Reserven für eine demographisch bedingt geringere Stärke der nachwachsenden Alterskohorten bedeutsam sind. Aus der schon erwähnten eigenen Erhebung von 1998 zusammen mit Infratest zeigt sich (vgl. Abb. 6), dass neben den Arbeitszeitreduzierungswünschen von vor allem Vollzeitbeschäftigten (die aber meist primär Überstunden und ihre vereinbarte Stundenzahl nur um wenige Stunden reduzieren wollen; vgl. z.B. Bauer/Groß/Schilling 1996, S. 163 ff.) bei den teilzeitbeschäftigten Frauen (vor allem bei denjenigen mit einem geringen vereinbarten Arbeitszeitumfang) ein erhebliches Maß an Unterbeschäftigung besteht. Diese wollen (zum guten Teil nicht nur im Umfang von einigen Stunden) ihre Arbeitszeit häufig tendenziell lieber ausweiten[3]. Auch für diese Teilgruppe ist mit Blick auf die zu erwartenden Entwicklungen in den Determinanten ihres Erwerbsverhaltens ein zusätzlicher Merkposten anzubringen. Gerade wenn die realen Arbeitnehmereinkommen weiterhin wenig steigen oder im Sinne der an sich nach neuen Befunden der EU-Kommission wenig Beschäftigungserfolg versprechenden Niedriglohnstrategien (vgl. European

3 Auch nach den Ergebnissen des europäischen Labour Force Surveys wächst die Zahl unfreiwillig Teilzeitbeschäftigter – wobei dort (vgl. European Commission 1999, S. 38) die Art der Fragestellung, als dichotome Alternative mit Blick auf einen alternativen Arbeitsplatz und ohne Hinterfragung der Vereinbarkeitsprobleme als Entscheidungsgrundlage des Antwortverhaltens, einen (weit nach unten) verzerrenden Indikator abgibt. Von da her sind andererseits auch Sätze wie der folgende aus dem Entwurf des gemeinsamen Beschäftigungsberichts 1999 mit methodischer Vorsicht zu handhaben: „In der EU arbeiteten 1998 17% der Erwerbstätigen Teilzeit, 58% davon freiwillig. Gegenüber 1994 sind beide Prozentsätze gestiegen, um 1,4 bzw. 2%“ (Europäische Kommission 1999a, S. 16).

Abb. 6 Tatsächliche und gewünschte Arbeitszeiten von abhängig beschäftigten Frauen im Vergleich (1998)

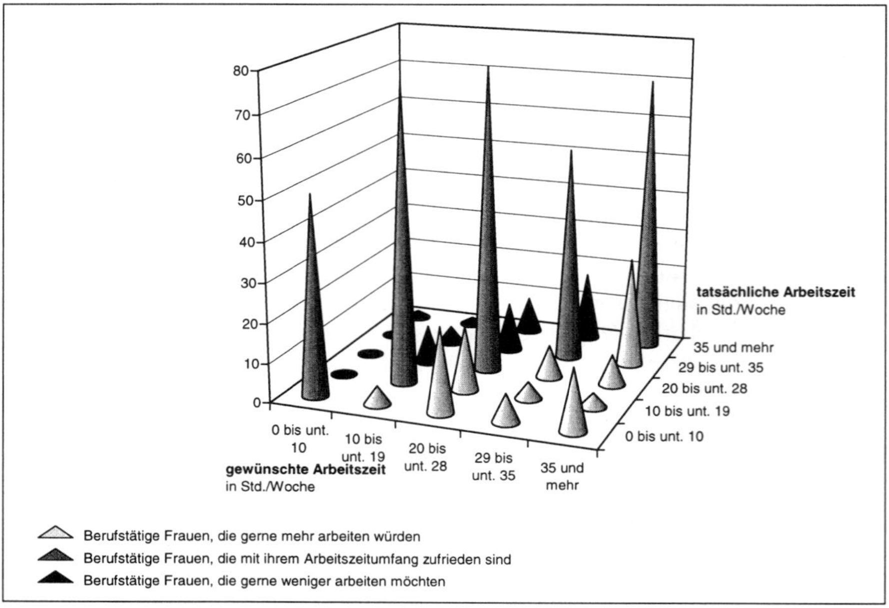

Quelle: Eigene Darstellung und Berechnungen nach INIFES/Infratest 1998

Commission 1999, S. 103 ff.) gar sinken würden, ist anzunehmen, dass das Maß der Unfreiwilligkeit in den Teilzeitbeschäftigungen zunimmt. Bereits heute zeigt sich, dass Teilzeitarbeit mit geringem Stundenumfang (entgegen der öffentlichen Diskussion, die im Rahmen der 630 DM-Job-Debatte immer darauf verwiesen hat, dass dies primär Zuverdienstmöglichkeiten für alleinerziehende Mütter oder Frauen aus Partnerschaften mit geringem Einkommen des Partners seien) eher eine Angelegenheit für Frauen aus Haushalten mit einem höheren pro-Kopf-Nettoeinkommen sind bzw. nur ein (zu) lange geduldetes Steuerschlupfloch des zumindest nicht ganz „kleinen Mannes“ oder der Frauen in eben nicht besonders prekären sozialen und Einkommenslagen (vgl. Kistler/Sing 1998).

Ein letzter hier anzuführender Punkt, der teils mit den vorgenannten zusammenhängt, betrifft die den Arbeitsangebotsprognosen zugrundeliegenden generellen Annahmen über die Entwicklung insbesondere der Frauenerwerbstätigkeit. Hier ist in der Diskussion der letzten Jahre zunehmend Realismus eingekehrt. Während in den ersten Jahren nach der deutschen Wiedervereinigung manche Beobachter (vgl. z.B. Zapf 1991) – nach dem Motto, dass „der Wunsch der Vater des Gedan-

Abb. 7 Projektion des Erwerbspersonenpotentials in Gesamtdeutschland 1995 bis 2040 – Wohnortkonzept, Erwerbspersonen in Mio.

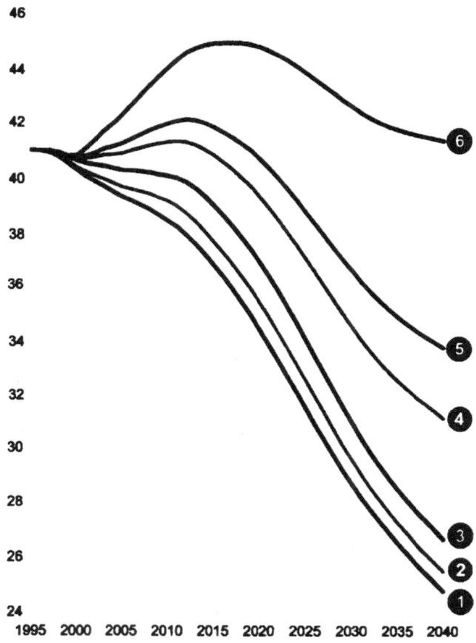

Quelle: Fuchs/ Thon 1999, S. 1.

kens" sei – annahmen, ein guter Teil der arbeitsmarktpolitischen Probleme vor allem in den neuen Bundesländern würde sich durch eine Reduzierung der Erwerbsbeteiligung ostdeutscher verheirateter Frauen auf westdeutsches Niveau einigermaßen lösen (lassen), wird bei den neueren Prognosen eher von einer umgekehrten Angleichung ausgegangen: „Die derzeit noch höheren ostdeutschen Potenzialquoten sinken und werden in einigen Jahren mit den steigenden westdeutschen Quoten übereinstimmen. Dabei steigen die westdeutschen Quoten allerdings deutlich stärker als die ostdeutschen Quoten sinken – insbesondere bei den verheirateten deutschen Frauen" (Fuchs/Thon 1999, S. 5). Die demzufolge vom Institut für Arbeitsmarkt- und Berufsforschung der Bundesanstalt für Arbeit erstellte neueste Potenzialprojektion bis 2040 berücksichtigt letztgenannten Punkt explizit. Aus den Berechnungen der Nürnberger Kollegen wird aber (vgl. Abb. 7) auch offensichtlich, dass Annahmen über den künftigen Wanderungssaldo der ausländischen Bevölkerung einen noch wesentlich größeren Einfluss auf die Entwicklung des Erwerbspersonenpotenzials in Gesamtdeutschland bis 2040 haben als die verschiedenen Erwerbsquotenvarianten (vgl. dazu differenziert Münz/Seifert/Ulrich 1997). Um es kurz zu fassen: Um im Jahr 2040 ein ähnlich hohes Erwerbspotenzial wie heute zu haben, wäre ab 2000 ein jährlicher positiver Wanderungssaldo von 500.000 Personen erforderlich. Angesichts der Modellrechnung und ihrer verschiedenen Varianten kommen Fuchs und Thon daher zu der Schlussfolgerung: „Nach 2010 sinkt das Angebot an Arbeitskräften. Selbst hohe Zuwanderungen werden diesen Trend nicht stoppen können“ (ebenda).

3. Zur geringen Plausibilität eines flächendeckenden Arbeitskräftemangels auf mittlere bis längere Sicht

Müssen wir angesichts dieser Prognosen also doch von einer Verknappung an Arbeitskräften auf breiter Front ausgehen, d.h. jenseits von einzelnen regionalen und in branchen-/berufsspezifischen Teilarbeitsmärkten auftretenden angebotsseitigen zyklischen Mangelsituationen von vor allem Fachkräften? Liegt die Demographie-Enquetekommission falsch, wenn sie im Vergleich vom ersten zu ihrem zweiten Zwischenbericht nicht mehr von einem bevorstehenden Arbeitskräftemangel, sondern nur noch von einer Entlastungs*möglichkeit* für den Arbeitsmarkt ausgeht? Die Antwort auf diese Zwischenfrage ist offensichtlich: Nein! Während die IAB-Prognose hinsichtlich des letztgenannten Punkts gegenüber früheren Projektionen durchaus mit Realitätssinn in den Annahmen arbeitet, wird dennoch in dieser in der Öffentlichkeit wieder stark beachteten Prognose nur auf die Arbeitsangebotsseite abgestellt; dies wird aber in den Medien nicht ausreichend berücksichtigt.

Die makroökonomischen Zusammenhänge und Wirkungen einer sinkenden Bevölkerungszahl auf die Arbeitskräftenachfrage bleiben in dieser Prognose außen vor – und das ist auch gar nicht die Absicht von Fuchs und Thon. Was mit der Diskussion um das „Ende der (Erwerbs-)Arbeitsgesellschaft“ umrissen wird und teilweise in den oben erwähnten einzelnen empirischen Punkten angesprochen wurde, ist damit beileibe also noch nicht abgedeckt. Auch wenn wir selbst hinsichtlich dieser generellen These vom Ende der (Erwerbs-)Arbeitsgesellschaft erhebliche Zweifel haben (vgl. z.B. Kistler/Schönwälder 1998; Kistler 1998; Sing 1998; Kistler/Sing 1998) und diese Diskussion eher für einen postmodernen Legitimationsversuch arbeitsmarktpolitischer Abstinenz erachten, darf die Entwicklung der Arbeitsnachfrage bei der Frage nach der Prognose einer Arbeitsmarkt*bilanz* natürlich nicht außer acht gelassen werden. Erinnert sei nur an die langsam wachsende Skepsis gegenüber den in der Vergangenheit gerne allzu rosig gezeichneten Arbeitsmarkteffekten technologischer Innovationen (vgl. z.B. Konrad 1999; Dostal/Hilpert/Kistler 1999) und an die Mahnung, dass jenseits aller zyklischen Spitzen die Rationalisierungspotenziale gerade der IuK-Technologien noch lange nicht ausgeschöpft sind (vgl. Kommission für Zukunftsfragen 1997, S. 66).

Eine der wenigen und die unseres Wissens jüngste grundlegende langfristige Vorausschau der Arbeitsmarktbilanz für die Bundesrepublik Deutschland hat die

Prognos AG für den Verband Deutscher Rentenversicherungsträger 1998 vorgelegt. Auch eingedenk der Unsicherheiten solch langfristiger Prognosen – diese Prognose (vgl. Eckerle/Oczipka 1998) zeigt in der Trennung nach einer eher optimistischen und einer eher pessimistischen Variante das voraussichtliche Zusammenspiel von Arbeitsangebot und -nachfrage unter verschiedenen Annahmen. Es wird deutlich, dass in der pessimistischen Variante die Arbeitsmarktsituation auch in Jahrzehnten ähnlich prekär sein würde wie heute. Für 2040 bedeutet das z.B.: 12,6% Arbeitslosenquote. Aber auch in der optimistischeren Variante wird auch kein genereller Arbeitskräftemangel vorausgesagt, sondern immer noch eine Arbeitslosenquote von ca. 4,7%. Zwei entsprechende Prognosen der Arbeitsmarktbilanz vom IfO bzw. vom Institut der Deutschen Wirtschaft liegen mit knapp dreieinhalb bzw. eineinhalb Mio. registrierten Arbeitslosen im Jahr 2040 etwas unterhalb des Wertes der pessimistischen Langfristvorausschau bzw. exakt beim Wert der optimistischen Variante von Prognos (vgl. Deutscher Bundestag 1998, S. 226).
Wir wollen nun hier nicht in die sehr stark normativ geprägte Diskussion eintreten, unterhalb wieviel Prozent Arbeitslosigkeit eine Vollbeschäftigungssituation besteht oder, wie es das immer noch gültige, aber weithin ignorierte „Gesetz zur Förderung der Stabilität und des Wachstums der Wirtschaft" ausdrückt, ein „hoher Beschäftigungsstand". Wichtiger erscheint der Hinweis, der aus solchen Prognosen folgt: Dass einer sinkenden Bevölkerungszahl nicht nur ein abnehmendes Erwerbspersonenpotenzial, sondern natürlich – trotz der steigenden Zahl an Betagten – auch eine abnehmende Nachfrage nach Arbeitskräften entsprechen wird. Der Verdienst dieser makroökonomischen Prognosen der Arbeitsmarktbilanz ist es gerade, diesen makroökonomischen Zusammenhang mitzuberücksichtigen und nicht auf nur einer Seite der Arbeitsmarktentwicklung ein Horrorszenario (was nicht bedeutet, dass „Mismatches" nicht ernst zu nehmen wären) aufzubauen.

4. Dennoch: Die Belegschaften werden nicht unerheblich altern

Verbleibt damit nicht mehr an Wirkungen des demographischen Wandels als eine Absenkung des Niveaus von Arbeitsangebot und -nachfrage sowie die zumindest plausible Hoffnung, das bestehende Maß an Arbeitslosigkeit ein Stück weit abzubauen? Auch hier lautet unsere Antwort: Nein.

Nach den Berechnungen der Berliner Kollegen von SÖSTRA im Rahmen unseres Verbundes wird im Verlauf der nächsten Jahrzehnte eine doch sehr deutliche Alterung der Belegschaften eintreten, die in erheblichem Maß die betrieblichen Strukturen tangieren und nicht zuletzt auch die internen und externen Arbeitsmärkte verändern wird.

Auf der Basis dieser Prognosen (vgl. Rössel/Wahse/Schaefer 1999) zeigt sich, zunächst gemessen am Altersdurchschnitt der Erwerbstätigen, dass die Belegschaften deutlich, wenn auch bei weitem nicht in dem Maß altern werden wie die Gesamtbevölkerung. Dies liegt daran (vgl. Abb. 8), dass die Effekte schwächer besetzter jüngerer Alterskohorten in Wellen das betrachtete „Fenster“ von 15 bis 64 Jahren (d.h. zunächst die betrachtete Gruppe des Erwerbspersonenpotenzials bzw., soweit dann in Arbeit, auch die Altersgruppen der Erwerbstätigen) „durchlaufen“. Nach den Berechnungen von SÖSTRA wird bis zum Jahr 2040 die demographische Veränderung zu einer Alterung der Gesamtbevölkerung führen, die sich in einer Steigerung des Altersdurchschnitts der Bevölkerung um 7,3 Jahre – von 40,2 Jahren im Jahr 1996 auf 47,5 Jahre im Jahr 2040 – auswirkt. Auf das Durchschnittsalter der Erwerbstätigen schlägt nach diesen Prognosen die dramatische Alterung der Bevölkerung mit einer Steigerung von maximal 2,2 Jahren im Gesamtdurchschnitt durch. Dabei wird das Erwerbspersonenpotenzial bereits im Jahr 2020 mit 41,5 Jahren im Durchschnitt diesen Höhepunkt erreicht haben, danach finden sozusagen zwar immer noch die Wellenbewegungen der demographischen Echoeffekte ihren Niederschlag in einer Veränderung der Gruppenstärken, die sich im Mittel aber ausgleichen.

Dies mag auf den ersten Blick als eine relativ geringe Steigerung um „nur“ 2,2 Jahre erscheinen. Ein Vergleich der Veränderung der Entwicklung in den bevorstehenden 25 Jahren bis 2020 (vom Prognoseankerpunkt 1996 ab gerechnet) mit den rund 25 Jahren zuvor, also dem Zeitraum von 1970 bis 1996, zeigt aber, dass der bisher bereits stattgefundene Prozess der demographischen Alterung in diesem zurückliegenden Zeitraum eine vergleichsweise moderate Alterung der Erwerbstätigen von lediglich 0,8 Jahren mit sich brachte. Demgegenüber ist eine Steigerung von 2,2 Jahren im Durchschnitt in einem gleich langen künftigen Zeithorizont doch erheblich bedeutender und wird sich natürlicherweise in einzelnen Teilarbeitsmärkten, differenziert nach Regionen, Berufen, Branchen zum Teil noch wesentlich stärker niederschlagen.

Darüber hinaus ist zu bedenken, dass eine solche Erhöhung des Durchschnittsalters mit erheblichen Verschiebungen zwischen den Altersgruppen im erwerbsfähigen Alter verbunden sein wird. Diese altersgruppenspezifische Zusammensetzung des Erwerbspersonenpotenzials – und je nach Annahmen über die Arbeitsmarktsituation in den Prognosejahren auch die Zusammensetzung der Belegschaften – hängt natürlich sehr von der zugrundegelegten Annahme über die Entwicklung der Erwerbsquoten und vor allem über die Wanderungen (und ihre Alterszusammensetzung und Fertilität) ab. Aus der – auf das Arbeitsangebot beschränkten – schon erwähnten Prognose des IAB präsentieren Fuchs und Thon für

4 Es wäre im übrigen eine völlig irreführende Erwartung, dass der demographische Wandel ein weiteres Nachlassen in den Bemühungen um Ausbildungsplätze rechtfertigen würde (vgl. mit entsprechenden Zahlen zur zu erwartenden Schulabgängerzahl aus allgemeinbildenden Schulen bis 2020 z.B. für Bayern Schönwälder/Kistler/Sing 1999, S. 159).

Abb. 8 Bevölkerung nach Altersgruppen in Deutschland 1960-2040 (Personen in Mio.)

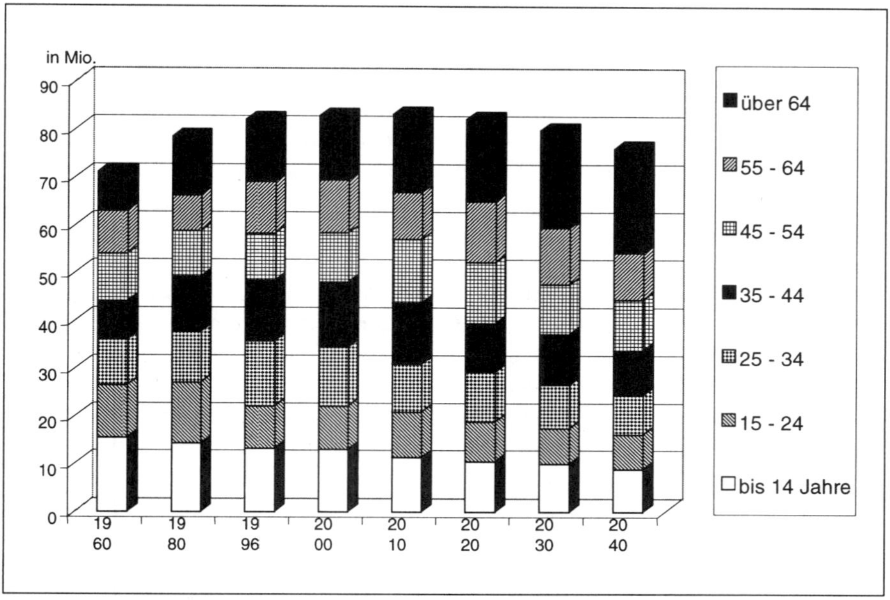

Quelle: Eigene Darstellung nach Rössel/Schaefer/Wahse 1999, S. 25 und S. 29.

eine ausgewählte Annahmenkombination ein Ergebnis, das zeigt, dass der Anteil der Altersgruppe zwischen 15 und 29 Jahren am Erwerbspersonenpotenzial sehr schnell, ja bereits in der allerletzten Zeit abgesunken ist und sich in den nächsten rund 20 Jahren knapp oberhalb, danach knapp unterhalb von einem Fünftel recht stabil einpendelt[4] . Es ist nicht unberechtigt zu sagen, dass sich ein erheblicher Teil der demographischen Veränderungen im Hinblick auf die jüngsten Altersgruppen sozusagen bereits in den letzten Jahren ereignet hat! Der Anteil der Altersgruppe über 50 Jahre steigt dagegen zunächst bis ca. 2020 von rund 23% im Prognose-Basisjahr 1996 um rund 10 Prozentpunkte und pendelt sich letztendlich bei rund 30% bis 2040 ein. Gegenläufig zu dieser Entwicklung verhält sich der prognostizierte Anteil der Altersgruppe zwischen 30 und 49 Jahren, der nach einem jetzt kurzfristigen Anstieg dann bis 2020 fällt, um danach bis 2030 wiederum anzusteigen und dann bis 2040 auf ein Niveau von etwas unter 50% wieder zu fallen.

Was wir also wirklich zu erwarten haben, ist eine nicht unerhebliche Alterung der Belegschaften, die sich vor allem in einem gegenüber heute überproportionalen Anteil der über 50jährigen niederschlägt.

5. Konsequenzen für die Perspektiven des Angebotsüberhangs am Arbeitsmarkt

Es war nicht Aufgabe dieses Beitrags und der zugrundeliegenden Projekte aus dem Verbund I des Förderschwerpunkts, sich mit den aus diesen Verschiebungen zu erwartenden Folgen für etwa die Innovationsfähigkeiten der Wirtschaft oder die nötigen Anpassungsreaktionen der Unternehmungen und Arbeitskräfte an diese Veränderungen auseinanderzusetzen (vgl. dazu die anderen Beiträge aus den anderen Verbünden in diesem Band). Wir wollen uns an dieser Stelle auf einige Implikationen für die Arbeitsmarktentwicklung insgesamt und die Arbeitsmarktchancen speziell der auf dem Arbeitsmarkt gegenwärtig besonders benachteiligten bzw. generell von Exklusionstendenzen besonders bedrohten Gruppen konzentrieren. Genaue, quantitative Aussagen diesbezüglich sind angesichts der generell herrschenden Prognoseunsicherheiten in diesem Bereich natürlich nicht möglich, plausible Rückschlüsse aus gegenwärtig beobachtbaren Tendenzen sind aber dennoch möglich, die zumindest vor einzelnen problematischen Entwicklungen warnen können. Das Hauptaugenmerk soll dabei hier der bereits in der einführenden Beschreibung der gegenwärtigen Situation besonders hervorgehobenen Gruppe der alternden und älteren Arbeitnehmer auf dem Arbeitsmarkt sowie den Frauen liegen.

Auch wenn, wie gezeigt, keine Situation einer generellen Verknappung des Arbeitsangebots auf mittlere und längere Sicht zu erwarten ist, wird die bereits gegenwärtig stattfindende bzw. erfolgte demographisch bedingte Reduzierung des Angebots an jüngeren Arbeitskräften den Rekrutierungsspielraum der Unternehmen im Segment dieser jüngeren Alterskohorten langfristig einschränken. Die aktuell zu beobachtenden Probleme z.B. auf dem Ausbildungsstellenmarkt, die nur dank der Wirkungen des Sofortprogramms der Bundesregierung einigermaßen ausgeglichen werden konnten – bei weiterhin recht hohem Anteil an sowieso bereits staatlich getragener Ersatzfunktion für betriebliche Ausbildungsstellen –, lässt den Schluss zu, dass die Wirtschaft, und insbesondere die Industrie, sich der mit dieser demographisch bedingten Veränderung verbundenen Rekrutierungsprobleme nicht ausreichend bewusst ist. Die Industrie verfährt immer noch sehr stark nach dem Motto „beggar my neighbour“. Eine solche Politik des sich Verlassens auf andere Kostenträger zur (Aus-)Bildung des Nachwuchses, nämlich auf die ausbildenden Betriebe (vor allem des Handwerks) und den Staat dürfte sich jedoch auf mittlere Sicht als kurzsichtig erweisen und erfordert im Prinzip bereits heute dringend Ausgleiche für diese Real-Subventionen.

Hinsichtlich der Altersgruppen der über 50- bzw. vor allem der über 55jährigen, ist zunächst auf die negativen arbeitsmarktpolitischen Konsequenzen und die fatalen Folgen für die sozialen Sicherungssysteme der sich eingebürgert habenden „Kultur der Frühverrentung bzw. der vorzeitigen Externalisierung auf den Arbeitsmarkt“ (vgl. z.B. Knuth 1999) zu verweisen. Es soll an dieser Stelle nicht auf die dahinterstehenden Stereotype über die abnehmende Leistungsfähigkeit oder die geringere Innovationsbereitschaft und -fähigkeit Älterer eingegangen werden – die Ergebnisse der anderen Verbünde liefern hier differenzierte Gegenbeweise und auch Ansatzpunkte für Gegenstrategien.

Interessanter erscheint uns hier ein Hinweis auf einen empirischen Befund aus den Vorbereitungsarbeiten zur Umsetzung unserer Projektergebnisse. Setzt man die Zuwachsraten in den Arbeitslosenzahlen der über 50jährigen beispielsweise differenziert nach Bundesländern in Beziehung zu deren arbeitsmarktpolitischer Lage, so ergibt sich ein interessantes Bild. Die Zuwachsraten in den Arbeitslosenzahlen der älteren Erwerbspersonen sind – abgesehen von der Sondersituation in Gesamtberlin und den neuen Ländern – tendenziell in denjenigen Bundesländern am höchsten, in denen sich die Arbeitsmarktlage bzw. -entwicklung noch relativ gut anlässt (vgl. Abb. 9). Noch deutlicher wird dieser Zusammenhang, wenn man weiter regional differenziert. Die Abb. 10 enthält entsprechende empirische Ergebnisse für die Arbeitsamtsbezirke in einem Bundesland, nämlich Bayern. Bei aller Problematik des Indikators (vgl. oben) – die nicht mehr der Verfügbarkeitspflicht unterliegenden älteren Arbeitslosen und die bereits frühverrenteten Personen sind

Abb. 9 Veränderung der Zahl der Arbeitslosen über 54 Jahre seit 1993 in den alten Bundesländern (Index 1993=100)

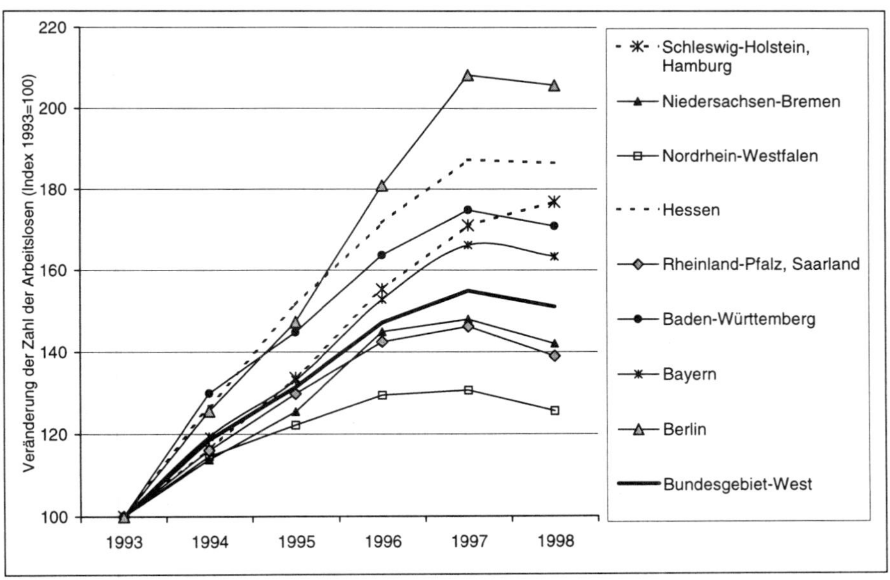

Quelle: Eigene Darstellung und Berechnung nach Bundesanstalt für Arbeit, Strukturanalyse, versch. Jahre

Abb. 10 Regionaler Zusammenhang zwischen dem Zuwachs der Arbeitslosenquote der über 54jährigen und dem Wachstum der Dienstleistungsbeschäftigung

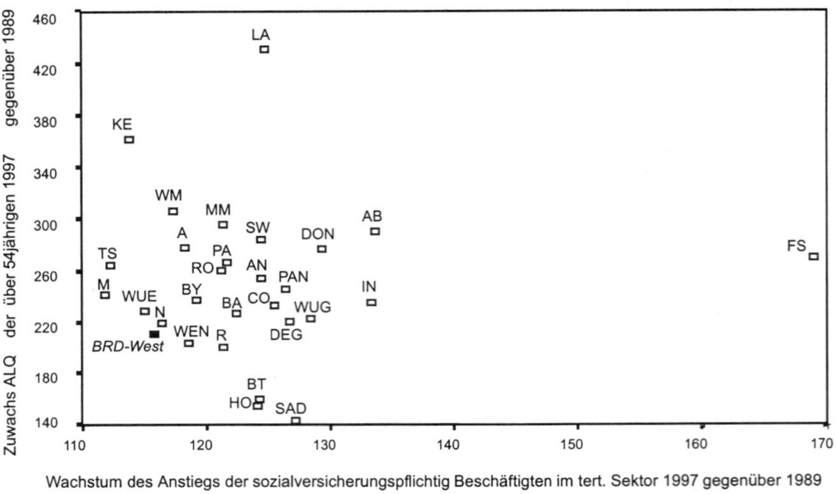

Anm.: Die Abkürzungen der Arbeitsamtsbezirke entsprechen den Kfz-Kennzeichen.

Quelle: Eigene Darstellung und Berechnungen nach Daten des Landesarbeitsamtes Bayern.

ja in diesen Zahlen nicht enthalten – erstaunt doch, wie auch innerhalb des arbeitsmarktpolitisch noch relativ erfolgreichen Bundeslandes Bayern es wiederum eher diejenigen Arbeitsamtsbezirke mit noch relativ besserer gesamter Lage sind (das heißt auch diejenigen, in denen der Dienstleistungsanteil besonders hoch bzw. wachsend, in denen der Anteil an modernen Technologien groß ist), in denen ein besonders starker Zuwachs in der Zahl älterer Arbeitsloser zu registrieren ist. Wir deuten dies zunächst als Indikator dafür, dass sich im strukturellen Wandel und gerade bei den wirtschaftlich erfolgreichen Branchen und Betrieben diese „Kultur der Frühverrentung" schon am weitesten festgesetzt hat. Das mag, betrachtet man den relativ hohen Anteil bei den Arbeitsamtsbezirken aus dem Speckgürtel der Landeshauptstadt München, auch daran liegen, dass entsprechende Großbetriebe (etwa aus dem IuK-Bereich) mit geradezu skrupelloser Konsequenz die Politik der Externalisierung älterer Arbeitnehmer zur Personalanpassung auf die Spitze treiben. Auf die Tatsache, dass gerade diese Großbetriebe über einen angeblich zukunftsbedrohenden Nachwuchsmangel bereits heute besonders laut klagen, sei hier nur am Rande verwiesen.

Wir interpretieren diesen Befund (jenseits des Problems kumulativer Beschäftigungsrisiken) als Hinweis darauf, dass der durch den demographischen Wandel bedingte Alterungsprozess auf eine durch den Strukturwandel beförderte Tendenz trifft, in dem insbesondere die „modernen" Betriebe geneigt sind, sich der älteren Beschäftigten – am liebsten auf Kosten der Allgemeinheit – relativ früh zu entledigen. Darin liegt Sprengstoff. Als Lunten an diesem Sprengsatz sind mehrere Probleme zu benennen:

- erstens die durch ein solches Zusammentreffen von demographischen und strukturellen Tendenzen ausgelösten Effekte auf die Finanzen der sozialen Sicherungssysteme, vor allem der gesetzlichen Alterssicherung, die in einem Teufelskreis über die Arbeitskosten weiterwirken (diese Lunte ist bekanntermaßen durch die Art der Finanzierung der deutschen Einheit dramatisch kürzer geworden);
- zweitens das (sollte die Wirtschaft weiter geneigt sein, immer nur möglichst passgenaue und möglichst hohe Qualifikationen von Abgängern aus dem Bildungssystem zu akzeptieren, ohne selbst mehr in Qualifikationen investieren zu wollen) sich im politischen Prozess verunmöglichende Zurückgreifen auf die Zuwanderung als Problemlöser bei partiellen Engpässen des Arbeitsangebots aus Unternehmenssicht;
- drittens aber, und nicht zuletzt, die Gefahr eines tatsächlichen Verlustes an Innovations- und Wettbewerbsfähigkeit durch die Verschleuderung von Humanressourcen bzw. Bildungsinvestitionen (offene und verdeckte Arbeitslosigkeit stellen nichts anderes dar).

6. Ausblick

Fassen wir die Ergebnisse zusammen: Die Vorstellungen von einem in absehbarer Zeit zu erwartenden demographisch bedingten Arbeitskräftemangel auf breiter Front sind wohl genauso irreal und interessengeleitet wie die vom Ende der (Erwerbs-) Arbeitsgesellschaft. Real ist dagegen ein deutlicher Alterungsprozess. Verstärkt droht sogar die Gefahr der „Kultur einer Externalisierung Älterer" und überhaupt aller Arbeitskräfte, die nicht passgenau den Anforderungen der Unternehmungen entsprechen.

Unter Berücksichtigung makroökonomischer Aspekte und der Tatsachen, dass die bestehende Unterbeschäftigung in Deutschland wesentlich größer ist, als es in den offiziellen Arbeitslosenzahlen zum Ausdruck kommt, und dass die Erwerbsorientierungen (v.a. der Frauen) zunehmen, ist das Eintreten des generellen Knappheitsszenarios auch nach 2010 nicht zu erwarten. Sehr wohl kann es aber – vielleicht stärker als schon bisher üblich – zu Mismatches auf Teilarbeitsmärkten kommen. Der demographische Wandel (im Sinne geringer besetzter nachrückender Alterskohorten) führt aber zweifellos dazu, dass auch die Belegschaften altern werden und der Ersatz für ausscheidende Arbeitskräfte nicht mehr nur bei Jungen erfolgen kann. Dies gilt im übrigen genauso auf europäischer Ebene. Es ist hier nicht der Ort, sich mit der jüngsten Prognose der Europäischen Kommission zur Beschäftigungsbilanz bis 2025 auseinanderzusetzen, was sowohl wissenschaftlich als auch politisch auf europäischer Ebene dringend notwendig erscheint (vgl. Kommission der Europäischen Gemeinschaften 1999). Nur einige kurze Anmerkungen:

- Die Definition von Vollbeschäftigung bei 75% Erwerbstätigenquote der 15-64jährigen ist auf der Basis der Erhebungsmethodik und -abgrenzung der Europäischen Arbeitskräftestichprobe ein durch nichts begründeter Wert. In Dänemark herrscht danach z.B. Überbeschäftigung und die oben ausgeführten Formen verdeckter Arbeitslosigkeit bleiben völlig außer acht.
- Drei, ja bis zu fünf Prozent Arbeitslosigkeit als fluktuationsbedingt einzuschätzen, ist angesichts der in Europa insgesamt gängigen Zahlen zum Job-Turnover und zum Labour-Turnover (vgl. z.B. Knuth 1998) reichlich hoch gegriffen.
- Das lineare Fortschreiben des 0,6% jährlichen Beschäftigungswachstums aus der Phase zwischen 1997 bis 2025 ist, wenn die prognostizierte (Erwerbs-) Bevölkerung (ab 2012) abnimmt, genauso eine heroische Annahme wie die Ignorierung der EU-Erweiterung in diesem Kontext bis 2025.
- Heroisch, ja recht naiv ist wohl auch die Vorstellung, die Unternehmensseite hätte ein unbegrenztes Interesse an einem vollständigen Abbau der Arbeitslosigkeit respektive keine Reaktionsmöglichkeiten, wenn es wirklich zu einer Verknappung der Arbeitskräfte auf breiter Front kommen würde.[5]

Die Liste dieser Diskussionspunkte ließe sich fortsetzen. Wir wollen hier auf diese Feinheiten verzichten, da die Kommission selbst zu recht betont, es sei „... unerlässlich, dass die Erwerbsquote in allen Altersklassen der Erwerbsbevölkerung soweit wie möglich angehoben wird“ (Kommission der Europäischen Gemeinschaf-

---

5 Als kleiner Beleg möge ein Bericht aus einer Arbeitsgruppe im Vorfeld des Europäischen Forums für Sozialpolitik dienen, der in seltener Offenheit die Positionen zum Thema Arbeitszeitverkürzung als Mittel gegen die Arbeitslosigkeit skizziert: „Auf europäischer Ebene scheint man zumeist der Option ‚flexible Verkürzung der Arbeitszeit auf mikroökonomischer Ebene‘ den Vorzug zu geben. In dem Bericht zu den Folgearbeiten im Anschluß an den Essener Gipfel wird vor den unerwünschten Auswirkungen einer einheitlichen, ‚verordneten‘ Verkürzung der Arbeitszeit gewarnt: dies könne Engpässe in bestimmten Segmenten des Arbeitsmarktes zur Folge haben, zu einem Inflationsdruck führen und auf diese Weise eher Arbeitsplätze vernichten als schaffen. Im übrigen wäre eine Arbeitszeitverkürzung langfristig gesehen nur schwer rückgängig zu machen, wenn durch den Geburtenrückgang die Arbeitskräftereserven ausgeschöpft sein werden: dann könnte eine unumkehrbare Reduzierung der Arbeitszeit einen erneuten Lohndruck erzeugen ... wobei den Arbeitgebern daran gelegen ist, jegliches Risiko einer impliziten Kostensteigerung zu vermeiden“ (Nicaise 1996, S. 19).

ten 1999, S. 9). In jedem Fall – und da sehen wir uns völlig einig mit der Mitteilung der Kommission „Ein Europa für alle Altersgruppen" – ist schon heute darauf zu achten, dass die bisherige gigantische Verschleuderung von Humankapital in offener oder verdeckter Unterbeschäftigung beendet wird: Qualifikationen haben eine zu kurze Halbwertzeit und je höher diese Qualifikationen sind, um so kürzer sind diese Halbwertzeiten. Auch deswegen gilt: „Das weibliche Erwerbspersonenpotenzial lässt sich nicht einfach an- und ausknipsen wie eine Taschenlampe" (Köhler/Kistler/Kopp 1997, S. 91). Gerade angesichts der erreichten Erfolge im bildungsseitigen Gleichziehen des weiblichen Geschlechts wäre eine Strategie des Zurückdrängens der hohen und weiter steigenden Erwerbsneigung, wie sie etwa die bayerisch-sächsische Kommission für Zukunftsfragen (1997, S. 99 ff.) propagiert, in jeder Hinsicht kurzsichtig und kontraproduktiv. Bei aller Notwendigkeit von Flexibilität auch auf Arbeitnehmerseite sind die Leitvorstellungen (und einseitige Verantwortungszuweisungen im Sinne „Employability" und „Flexibilisierung", von „Bastelbiographien" und „Arbeitskraftunternehmen" etc. zumindest in den heute sich andeutenden Formen genau das Gegenteil dessen, was der demographische Wandel geradezu erzwingt: Die Pflege des Humankapitals als unserem (in Festreden ja auch gerne beschworenen) wichtigsten Standortfaktor.

Nötig ist vielmehr – und der demographische Wandel bewirkt auch dies hoffentlich ein Stückchen weit mit (wobei dieser „Zwang" angesichts der Fristigkeit mikroökonomischer Kalküle von selbst nicht ohne Reibungskosten abgeht, die die Unternehmen wiederum zu externalisieren suchen werden) – ein Umdenken auf der Seite der Unternehmen: Wollen sie bei hoher Arbeitsproduktivität wettbewerbsfähig bleiben, so ist ein pfleglicher(er) Umgang mit dem entscheidenden Produktionsfaktor Arbeit angesagt. Die Externalisierung Älterer auf Kosten der Allgemeinheit wird ebenso erschwert werden wie der allzu leichte Rückgriff auf Jüngere mit immer den neuesten, auf Kosten der Allgemeinheit erworbenen Bildungsinhalten. Die Weiterbildungsanstrengungen und überhaupt die Personalentwicklung der Betriebe müssen andere werden als nur das Anlernen an neuen Technologien für viele und echte Qualifizierung für wenige Mitarbeiter.

Literatur

Autorengemeinschaft: Der Arbeitsmarkt in der Bundesrepublik Deutschland in den Jahren 19... In: MittAB, jeweils Heft 1, versch. Jg.

Bauer, F.; Groß, H.; Schilling, G. (1996): Arbeitszeit '95. Arbeitszeitstrukturen, Arbeitszeitwünsche und Zeitverwendung der abhängig Beschäftigten in West- und Ostdeutschland, Düsseldorf.

Beck, U. (1999): Schöne neue Arbeitswelt. Vision: Weltbürgergesellschaft, Frankfurt, New York.

Benz, W. (1968): Vom freiwilligen Arbeitsdienst zur Arbeitsdienstpflicht. In: Vierteljahreshefte für Zeitgeschichte, 16. Jg., Heft 4, S. 317 ff.

Bogai, D.; Hess, D.; Schröder, H.; Schmid, M. (1994): Binnenstruktur der Langzeitarbeitslosigkeit älterer Männer und Frauen. In: MittAB, 27. Jg., Heft 2, S. 73 ff.

Büchel, F. (1998): Unterwertig Erwerbstätige – Eine von der amtlichen Statistik übersehene Problemgruppe des Arbeitsmarktes. In: Schupp, J.; Büchel, F.; Diewald, M.; Habich, R. (Hrsg.): Arbeitsmarktstatistik zwischen Realität und Fiktion, Berlin, S. 113 ff.

Bullinger, H.-J.; Volkholz, V.; Betzl, K.; Köchling, A.; Risch, W. (Hrsg.) (1993): Alter und Erwerbsarbeit der Zukunft, Berlin, Heidelberg.

Bundesanstalt für Arbeit: Arbeitsmarkt 19... ANBA: Arbeitsmarktanalyse für die alten und die neuen Länder, Nürnberg versch. Jahre.

Bundesanstalt für Arbeit (versch. Jg.): Strukturanalyse 19..: Bestände an Arbeitslosen und offenen Stellen, Nürnberg.

Deutscher Bundestag (1994): Erster Zwischenbericht der Enquete-Kommission Demographischer Wandel, Bonn.

Deutscher Bundestag (1998): Zweiter Zwischenbericht der Enquete-Kommission Demographischer Wandel, Bonn.

Döhl, V.; Kratzer, N.; Sauer, D. (2000 i.E.): Im Schatten der Innovation, Frankfurt, New York.

Dostal, W.; Hilpert, M.; Kistler, E. (1999): Modelle mit zu vielen Unbekannten – Zum Forschungsstand und den Grenzen von Untersuchungen über die Beschäftigungseffekte moderner Technik. In: IAB; IfS; INIFES; ISF; SOFI (Hrsg.): Jahrbuch Sozialwissenschaftliche Technikberichterstattung 1998/99. Schwerpunkt: Arbeitsmarkt, Berlin, S. 19 ff.

Düren, H.; Wiedemeyer, M. (1999): Arbeit und Zeit zum Leben. In: Die Mitbestimmung, 45. Jg., Heft 8, S. 34 ff.

Eckerle, K.; Oczipka, T. (1998): Auswirkungen veränderter ökonomischer und rechtlicher Rahmenbedingungen auf die gesetzliche Rentenversicherung in Deutschland. Prognos-Gutachten 1998 für den Verband Deutscher Rentenversicherungsträger, Endbericht/Textband, DRV-Schriften Bd. 9, Frankfurt am Main.

Emnid (1996): Übergang in den Ruhestand. Tabellenband. Bielefeld.

Engelbrech, G.; Reinberg, A. (1998): Beschäftigungschancen von Jugendlichen in der alternden westdeutschen Gesellschaft. In: INIFES; ISF; SÖSTRA (Hrsg.): Erwerbsarbeit und Erwerbsbevölkerung im Wandel. Anpassungsprobleme einer alternden Gesellschaft, Frankfurt, New York, S. 65 ff.

Europäische Kommission (1999): Beschäftigung in Europa 1998, Luxemburg.

Europäische Kommission (1999a): Gemeinsamer Beschäftigungsbericht 1999, Entwurf, Teil I und II, Brüssel.

European Commisson (1999b): Employment in Europe 1999, Brüssel.

Freeman, R.B. (1997): Immer mehr Armut – die USA auf dem Weg in eine Apartheidwirtschaft? In: Harvard Business manager, Vol. I, S. 69 ff.

Fuchs, J.; Thon, M. (1999): Nach 2010 sinkt das Angebot an Arbeitskräften. Selbst hohe Zuwanderungen werden diesen Trend nicht stoppen können, IAB-Kurzbericht Nr. 4, Nürnberg.

Hilpert, M.; Kistler, E.; Sing, D. (2000 i.E.): Vom Arbeitskräfteüberschuss zum Arbeitskräftemangel? Subjektive Determinanten des Arbeitsangebotes und demographischer Wandel, Frankfurt, New York.

Holst, E., Schupp, J.: Hohe Fluktuation in der Stillen Reserve. In: DIW Wochenbericht, 64. Jg., Heft 47, S. 921 ff.

Infas (1993): Binnenstruktur der Langzeitarbeitslosigkeit, Tabellenband A, Bonn.

INIFES; INFRATEST (1998): Befragung von Frauen in Arbeit und in der Stillen Reserve 1998, Stadtbergen, München.

INIFES; ISF; SÖSTRA (Hrsg.) (1997): Arbeits- und Innovationspotenziale im Wandel. Thesen und Befunde zur Arbeit in einer alternden Gesellschaft, Stadtbergen, München, Berlin.

INIFES; ISF; SÖSTRA (Hrsg.) (1998): Erwerbsarbeit und Erwerbsbevölkerung im Wandel. Anpassungsprobleme einer alternden Gesellschaft, Frankfurt, New York.

Isforth, A. (1997): Mit 60 auf das Abstellgleis ...? Ergebnisse einer Umfrage. In: Bertelsmann Stiftung (Hrsg.): Mit 60 auf das Abstellgleis ...?, Gütersloh, S. 15 ff.

Kistler, E. (1998): Zwischen Szylla und Charybdis – Zukünfte der Erwerbsarbeit angesichts des demographischen Wandels. In: INIFES; ISF; SÖSTRA (Hrsg.): Erwerbsarbeit und Erwerbsbevölkerung im Wandel. Anpassungsprobleme einer alternden Gesellschaft, Frankfurt, New York, S. 9 ff.

Kistler, E.; Schönwälder, T. (1998): Eliten und Heloten – herrschen und dienen. Die rechtskonservativen Ideen der bayerisch-sächsischen Zukunftskommission. In: Soziale Sicherheit, 47. Jg., Heft 4, S. 121 ff.

Kistler, E.; Sing, D. (1998): Mangelnde Integration von Arbeitsangebot und -nachfrage, Marginalisierung und Humankapitalentwicklung. Oder: wie kann gestandenen Soziologen so etwa passieren? In: IfS; INIFES; ISF; SOFI (Hrsg.): Jahrbuch Sozialwissenschaftliche Technikberichterstattung. Sonderband: Beobachtungsfeld Arbeit, Berlin, S. 129 ff.

Kistler, E.; Sing, D. (1999): Frauen zwischen Erwerbsarbeit, Ehrenamt und Familienarbeit. Bericht zu einer Pilotstudie an die Hans-Böckler-Stiftung, Stadtbergen.

Knuth, M. (1998): Von der „Lebensstellung“ zur nachhaltigen Beschäftigungsfähigkeit. Sind wir auf dem Weg zum Hochgeschwindigkeitsarbeitsmarkt? In: Bosch, G. (Hrsg.): Zukunft der Erwerbsarbeit. Strategien für Arbeit und Umwelt, Frankfurt, New York, S. 300 ff.

Knuth, M. (1999): Senkung der Arbeitslosigkeit durch Ausstieg aus dem Vorruhestand. Gesellschaftliche und betriebliche Innovationserfordernisse im Umgang mit dem strukturellen und demographischen Wandel, hekt. Ms., Gelsenkirchen.

Köhler, D.; Kistler, E.; Kopp, A. (1997): Frauenerwerbsneigung und demographischer Wandel – Empirische Skizzen. In: INIFES; ISF; SÖSTRA (Hrsg.): Arbeits- und Innovationspotenziale im Wandel. Thesen und Befunde zur Arbeit in einer alternden Gesellschaft, Stadtbergen, München, Berlin, S. 65 ff.

Kommission der Europäischen Gemeinschaften (1998): Bericht über die Entwicklung der Beschäftigungsquoten. Beschäftigungsleistungen in den Mitgliedsstaaten, KOM (98)572/2, Brüssel.

Kommission der Europäischen Gemeinschaften (1999): Ein Europa für alle Altersgruppen – Wohlstand und Solidarität zwischen den Generationen. Mitteilung der Kommission KOM 221, Brüssel.

Kommission für Zukunftsfragen der Freistaaten Bayern und Sachsen (1997): Erwerbstätigkeit und Arbeitslosigkeit in Deutschland. Entwicklung, Ursachen und Maßnahmen – Leitsätze, Zusammenfassung und Schlussfolgerungen der Teile I, II und III des Kommissionsberichts, Bonn.

Konrad, W. (1999): Potemkinsche Dörfer. Zur Beschäftigungsdynamik der Informations- und Kommunikationstechnologien. In: IAB; IfS; INIFES; ISF; SOFI (Hrsg.): Jahrbuch Sozialwissenschaftliche Technikberichterstattung 1998/99. Schwerpunkt: Arbeitsmarkt, Berlin, S. 65 ff.

Leibenstein, H. (1972): The Impact of Population Growth on the American Economy. In: Morrs, E.R.; Reed, R. (Hrsg.): Economic Aspects of Population Growth and the American Future. Research, Reports, Vol. II, Washington, D.C., S. 49 ff.

Münz, R.; Seifert, W.; Ulrich, R. (1997): Zuwanderung nach Deutschland. Strukturen, Wirkungen, Perspektiven, Frankfurt, New York 1997.

Nicaise, I. (1996): Welche Partnerschaften für die Beschäftigung brauchen wir? Sozialpartner, NRO und Behörden, Forum Doc2, hekt. Ms., Leuven, Brüssel.

Rifkin, J. (1997): Das Ende der Arbeit, Frankfurt.

Rössel, G.; Schaefer, R.; Wahse, J. (1999): Zum Wandel der Alterspyramide der Erwerbstätigen in Deutschland, Frankfurt, New York.

Schnitzer, K.; Isserstedt, W.; Müßig-Trapp, P.; Schreiber, J. (1999): Student Life in Germany. The Socio-Economic Picture. Summery of the 15th Social Survey of the Deutsches Studentenwerk (DSW) produced by HIS Hochschul-Informations-System, Bonn.

Schönwälder, T.; Kistler, E.; Sing, D. (1999): Kapitel 5. Arbeitsmarkt. In: Bayerisches Staatsministerium für Arbeit und Sozialordnung, Familie, Frauen & Gesundheit: Bericht der Staatsregierung zur sozialen Lage in Bayern, Teil II, München, S. 117 ff.

Sing, D. (1998): Komponenten und subjektive Determinanten der langfristigen Entwicklung des Arbeitsangebots. Die „Stillen Reserven" sind größer als man denkt. In: INIFES; ISF; SÖSTRA (Hrsg.): Erwerbsarbeit und Erwerbsbevölkerung im Wandel. Anpassungsprobleme einer alternden Gesellschaft, Frankfurt, New York, S. 79 ff.

Spengler, J.J. (1972): Declining Population Growth: Economic Effects. In: Morrs, E.R., Reed, R. (Hrsg.): Economic Aspects of Population Change. The Commission on Population Growth and the American Future. Research Reports, Vol. II, Washington, D.C., S. 91 ff.

Thon, M.; Bach, H.-M. (1998): Die Schätzung von Potenzial-Erwerbsquoten, Stiller Reserve und Erwerbspersonenpotenzial für die alten Bundesländer 1970-1995, IAB-Werkstattbericht Nr. 8, Nürnberg.

Zapf, W. (1991): Die DDR 1989/1990 – Zusammenbruch einer Sozialstuktur? In: Berliner Journal für Soziologie, Heft 2, S. 147 ff.

Zunehmender Drang von nicht erwerbstätigen Gruppen auf den Arbeitsmarkt:	Unfreiwillige Unterbeschäftigung bei erwerbstätigen Frauen 1998:
• Jugendliche (gegenwärtig in Warteschleifen im Bildungssystem)	• Deutlich mehr Frauen in Teilzeit wollen länger arbeiten
• Frauen (höhere Erwerbsneigung und kürzere Erwerbspausen)	• Vollzeitbeschäftigte wollen ihren Stundenumfang eher nur leicht reduzieren
• Ältere (die zunehmend unfreiwillig ausscheiden)	(Quelle: INIFES/INFRATEST 1998)
(Quelle: INIFES)	

Projektaufgabe: Verdichtung vorliegender Ergebnisse zur Entwicklung der Erwerbsneigungen und des Erwerbsverhaltens der einzelnen Gruppen (nach Geschlecht, Alter usw.) in der Gesellschaft.

Subjektive Komponenten der langfristigen Arbeitsangebotsentwicklung

In den vorliegenden Diskussionen und Prognosen zur Zukunft der Arbeit(-smarktentwicklung) dominieren zwei Extrempositionen die Debatte: Einerseits wird von der demographischen Entwicklung her eine Arbeitskräfteknappheit auf breiter Front bereits in absehbarer Zeit prognostiziert. Andererseits ist vom "Ende der (Erwerbs-)Arbeitsgesellschaft" die Rede - immer weniger und fast nur noch Höchstqualifizierte würden danach bald normale Arbeit finden. Die Wahrheit liegt dazwischen. Eine genaue Analyse der bisherigen Arbeitsmarktentwicklung zeigt ein gegenwärtig wesentlich höheres Maß an Unterbeschäftigung, als es die registrierte Arbeitslosigkeit ausdrückt. Neben einer großen "Stillen Reserve" nicht gemeldeter Arbeitswilliger "parken" immer mehr Junge unfreiwillig im Bildungssystem. Das Maß an unfreiwilliger Teilzeit steigt. Ein hoher Anteil Älterer scheidet unfreiwillig vorzeitig aus dem Erwerbsleben aus.

Die häufig propagierten Vorstellungen einer verbreiteten Abkehr von der Erwerbsarbeit sind unzutreffend. Diese Reserven sind mobilisierbar, und strukturelle Entwicklungen verstärken den Trend (nicht zuletzt bei den Frauen) steigender Erwerbsneigung. Die Beschäftigungsquoten könnten und sollten gesteigert werden - ihr Zurückdrängen ist volkswirtschaftlich bereits heute ein falscher Weg. Diese Potenziale, die jetzt noch außerhalb des Erwerbssystems stehen, gilt es aber ebenso zu pflegen und zu entwickeln, wie das Humankapital in den Betrieben. Dies gilt, gerade weil keine generelle Arbeitskräfteknappheit sondern eine deutliche Alterung auch des Erwerbspersonenpotentials bevorsteht. Der entscheidende Beitrag aller Akteure zur Lösung der Zukunftsprobleme, die sich aus dem Zusammenwirken von demographischen und strukturellen Veränderungen ergeben, liegt in Investitionen in (Aus-/Weiter-) Bildung.

Auch um die Folgen der ab 2010 besonders massiv bevorstehenden Alterung von Erwerbspersonenpotential und Belegschaften auszugleichen, muß bereits heute begonnen werden, den Tendenzen von Ausgrenzung und Exklusion entgegenzuwirken.

Verbund 1: Arbeits- und Innovationspotenziale im Wandel
Projekt: Subjektive Komponenten der langfristigen Arbeitsangebotsentwicklung

INIFES - Internationales Institut für empirische Sozialökonomie, gemeinn. GmbH, Stadtbergen
(Markus Hilpert, Ernst Kistler, Dorit Sing)

Zur Entwicklung restriktiver Arbeit in vernetzten Produktions- und Dienstleistungsstrukturen vor dem Hintergrund demographischer Veränderungen

Im Schatten der Innovation

Die gegenwärtige Entwicklung lässt sich als "Entgrenzung von Arbeit" beschreiben. Deren Merkmal ist die zunehmende Erosion institutioneller und motivationaler Grenzen der Nutzung von Arbeitskraft. So setzt z.B. selbstorganisiertes Arbeiten mehr Eigeninitiative voraus, die Bewältigung rasch wechselnder Anforderungen erfordert individuelle Anpassungsbereitschaft, restriktive Zeit- und Kostenvorgaben lassen die "private" Zeit zur Flexibilitätsreserve werden. Bislang nicht in breitem Umfang zugängliche Ressourcen der Arbeitskräfte werden so verfügbar.

Die Anpassung betrieblicher Belegschaften an die neuen Anforderungen entgrenzter Arbeit erfolgt vielerorts vor dem Hintergrund eines drastischen Personalabbaus. Ältere waren und sind von diesem Abbau überproportional betroffen. In der Folge sind Ältere in vielen Betrieben mittlerweile eher die Ausnahme, dafür wächst ihr Anteil an den (Langzeit-)Arbeitslosen. Aus einem potentiellen "Altenproblem" der Betriebe wird ein Arbeitsmarktproblem, das ohne die massive Frühverrentung schon viel früher virulent geworden wäre. Angesichts des demographischen Wandels stößt die Externalisierung Älterer jedoch mehr und mehr an Grenzen (Stichworte: Finanzierungskrise, Rentenreform, Know-how-Abfluss, regionaler oder berufsspezifischer Mangel an geeigneten Arbeitskräften).

Die veränderten Arbeits- und Leistungsanforderungen und die anhaltende Beschäftigungslücke in einer insgesamt alternden Gesellschaft erfordern ganzheitliche Lösungen: Betriebliche Maßnahmen zur alternsgerechten Arbeitsgestaltung und zur Bewältigung der neuen Anforderungen müssen verbunden werden mit überbetrieblichen Lösungsansätzen zur Schaffung von Beschäftigungsalternativen.

Anteil der älteren Arbeitslosen an den Arbeitslosen insgesamt (Bundesgebiet West)

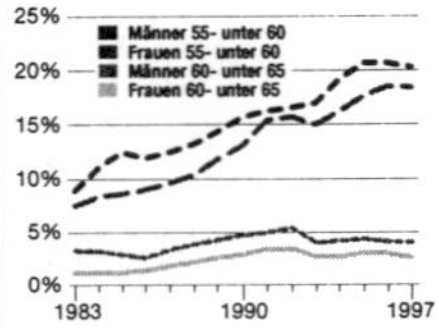

Ältere Arbeitslose (Männer und Frauen, 55 bis unter 65 Jahre (Bundesgebiet West)

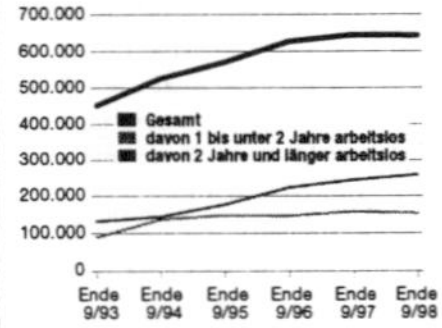

Anteil der „Altersrenten wegen Arbeitslosigkeit" von Männern und Frauen an den jeweiligen Versichertenrenten (alte Bundesländer)

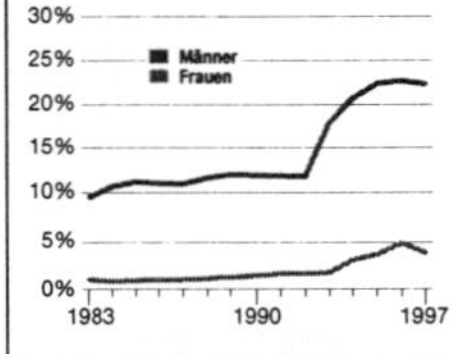

Verbund 1: Arbeits- und Innovationspotenziale im Wandel
Projekt: Im Schatten der Innovation

Institut für Sozialwissenschaftliche Forschung e.V. - ISF München
(Volker Döhl, Nick Kratzer, Dieter Sauer)

Dr. Volker Döhl,
Institut für sozialwissenschaftliche Forschung e.V. (ISF),
München
(Co-Autoren dieses Beitrages:
Nick Kratzer, Dieter Sauer)

Flexibilisierung von Arbeit und Beschäftigung – Chancen für Ältere

Die Chancen Älterer auf dem Arbeitsmarkt, so das Thema dieser Arbeitsgruppe, werden gegenwärtig entscheidend von zwei Faktoren bestimmt: auf der einen Seite von der generellen Entwicklung auf dem Arbeitsmarkt und auf der anderen Seite von den personalpolitischen Strategien der Unternehmen. Zum ersten Faktor hat sich der Kollege Kistler ausführlicher geäußert. Deshalb will ich hier nur nochmals eines kurz festhalten: Nach allen neueren Prognosen zur Arbeitsmarktentwicklung[1] wird bei einem zunehmenden Erwerbspersonenpotenzial das Arbeitsvolumen ten-

1 Vgl. dazu etwa: DIW (Gornig, M.; Görzig, B.; Schmidt-Faber, C.; Schulz, E.) (1997): Entwicklung von Bevölkerung und Wirtschaft in Deutschland bis zum Jahr 2010 – Ergebnisse quantitativer Szenarien, Beiträge zur Strukturforschung, Heft 166, Berlin; Kratzer, N.; Döhl, V.; Sauer, D.: Methodische und inhaltliche Aspekte einer Analyse heterogener Arbeitsstrukturen – Zur Notwendigkeit "integrierter Analyseansätze" vor dem Hintergrund aktueller Arbeitsmarktprojektionen. In: INIFES et al. (1997): Arbeits und Innovationspotenziale im Wandel, Stadtbergen/München/Berlin, S. 111-134; Döhl, V.; Kratzer, N.; Bernien, M.; Schaefer, R.; Wahse, J.: Die künftige Bedeutung des Dienstleistungssektors hinsichtlich der Beschäftigungschancen älterer Arbeitnehmer unter besonderer Berücksichtigung von Arbeitsbedingungen und -anforderungen. In: Enquete-Kommission "Demographischer Wandel" (Hrsg.) (1999): Herausforderungen unserer älter werdenden Gesellschaft an den einzelnen und die Politik, Band 3, Heidelberg, S. 103-275; Prognos (1998): Prognos-Gutachten. Auswirkungen veränderter ökonomischer und rechtlicher Rahmenbedingungen auf die gesetzliche Rentenversicherung in Deutschland.

denziell weiter abnehmen. Das bedeutet, dass auch zukünftig mit einer massiven „Beschäftigungslücke“ zu rechnen ist. Dadurch wird der Arbeitsmarkt auch weiterhin von einem „Verteilungskonflikt“ geprägt sein, in dem, so wie es jetzt bereits ausschaut, Ältere wohl nicht die allerbesten Karten haben dürften. Dies zeigt u.a. schon der Blick auf den überdurchschnittlichen Anstieg der Zahl der älteren (Langzeit-)Arbeitslosen. Diesen Sachverhalt sehen wir in einem ganz engen Zusammenhang mit dem zweiten Faktor, den personalpolitischen Strategien der Unternehmen, denn letztlich entscheiden Unternehmen darüber, welche Arbeitskräfte zu welchen Bedingungen eingesetzt werden oder auch nicht. Ich werde mich im Folgenden vor allem darauf konzentrieren. Dazu will ich zunächst einen kurzen Blick auf gegenwärtige Entwicklungstendenzen von Arbeit werfen.

Unternehmens-, Betriebs- und Arbeitsstrukturen sind in den vergangenen Jahren tiefgreifenden Veränderungen unterworfen worden. Sie haben alle von den neuen Leitbildern der Unternehmensrestrukturierung und Arbeitsorganisation gehört: Dezentralisierung, Verschlankung, Outsourcing, Reduktion auf die Kernkompetenzen, Centerbildung, Abbau der Hierarchieebenen, Bildung autonomer Gruppen und Unternehmenseinheiten, marktförmiger interner Austausch statt zentralistisch-bürokratische Organisation u.Ä.m.[2] Im Zuge dieser Restrukturierung erfährt auch Arbeit eine neue, wenn auch durchaus ambivalente Wertschätzung: Auf der einen Seite steht die neue Wertschätzung als Humanressource, mit der pfleglich umzugehen ist. Auf der anderen Seite wird sie immer stärker zur strategischen Manövriermasse betrieblicher Strategien der Kostensenkung und Flexibilisierung. Wo es also einerseits darum geht, die notwendige Arbeit auf ein Mindestmaß zu reduzieren, geht es andererseits darum, das in den Unternehmen verbleibende Arbeitsvermögen möglichst breit zu nutzen und die bislang verschlossenen Leistungs- und Flexibilitätsreserven voll auszuschöpfen. Diese doppelte Wertschätzung hat erhebliche Folgen für die Arbeits- und Beschäftigungsbedingungen, die in einem Bündel verschiedener Trends sichtbar werden:

- Neben einer zunehmenden Verdichtung der Arbeit und einer Erhöhung der Leistungsanforderungen mit erhöhter physisch-psychischer und mentaler Beanspruchung und Belastung kommt es zu einer
- Ausweitung des Umfangs und des Grades der *Selbstorganisation der Arbeit* und der mit ihr verbundenen *Verantwortung*,

---

2 Einen guten Überblick über die gegenwärtig stattfindenden Restrukturierungs- und Rationalisierungsprozesse der Unternehmen geben die Bände der vom Institut für Sozialwissenschaftliche Forschung (ISF) München u.a. herausgegebenen Jahrbuchreihe "Sozialwissenschaftliche Technikberichterstattung", insbes. das Jahrbuch 1996, Schwerpunkt "Reorganisation", erschienen im edition sigma rainer bohn Verlag, Berlin 1992 ff.

- zu einer raschen Veränderung der *Arbeitsinhalte und der Qualifikationsanforderungen,*
- zu einer zunehmenden *Flexibilisierung der Arbeitszeit* und
- zu einer *Erosion der sogenannten Normalarbeitsverhältnisse* und der *Ausweitung flexibler Beschäftigungsverhältnisse.*[3]

Von diesen Trends, auf die ich an dieser Stelle nicht näher eingehen kann, werden im Prinzip alle Arbeitskräfte erfasst, obgleich sich viele damit verbundene Maßnahmen vor allem auf die jüngeren Belegschaftsteile richten. Es wäre nahe liegend zu vermuten, dass angesichts einer tendenziell alternden Erwerbsbevölkerung eine breite Diskussion darüber eingesetzt hätte, ob und inwieweit mit den gegenwärtigen, vor allem aber künftigen Belegschaftsstrukturen eine solche Entwicklung zu bewältigen ist. Zwar zeigen diese Veranstaltung und die ihr zu Grunde liegenden Forschungsprojekte, dass durchaus auf wissenschaftlicher Ebene diese Fragen, vor allem mit Bezug auf die Sicherung der Innovationsfähigkeit der deutschen Unternehmen, vehement diskutiert werden. Diese Diskussionen finden jedoch – und dies zeigen die Ergebnisse der Forschungsarbeiten auch – bislang in den Unternehmen kaum einen nennenswerten Widerhall. Alle Untersuchungen bestätigen eine hohe Indifferenz der Unternehmens- und Betriebsleitungen gegenüber der demographischen Entwicklung als einem potenziellen betrieblichen Problem. Dies wiederum hat, so die Befunde unserer, aber auch anderer Untersuchungen[4], etwas zu tun mit den bis weit in die 90er Jahre hinein reichenden und sicherlich noch nicht abgeschlossenen betrieblichen Maßnahmen der Personalanpassung. Diese Maßnahmen haben zunächst eine quantitative Komponente: Dabei geht es um eine Reduzierung des Personalbestands und damit um eine Verringerung der Personalkosten. Sie hat zugleich eine qualitative Komponente: Mit dem Personalabbau erfolgt nämlich zugleich ein Personalumbau, da vom Abbau ältere Arbeitskräfte überproportional betroffen sind. Das heißt, die *Personalanpassungsmaßnahmen waren und sind in hohem Maße alterselektiv*. In der Folge haben sich die Belegschaften in den

---

3 Vgl. dazu Kratzer, N.; Döhl, V.; Sauer, D. (1998): Entgrenzung von Arbeit und demographischer Wandel. In: Inifes u.a. (Hrsg.): Erwerbsarbeit und Erwerbsbevölkerung im Wandel, Frankfurt/New York, S. 177-210.

4 Vgl. etwa Rosenow, J. (1992): Personalanpassung durch Verrentung – Zur Regulierungslogik der altersselektiven Externalisierungsstrategie in bundesdeutschen Unternehmen. In: Arbeit, Heft 2, S. 144-165; Rosenow, J.; Naschold, F. (1994): Die Regulierung von Altersgrenzen, Berlin; Gatter, J.; Hartmann, K. (1995): Betriebliche Verrentungspraktiken zwischen arbeitsmarkt- und rentenpolitischen Interessen. In: MittAB, Heft 3, S. 412-424; zusammenfassend auch Zühlke-Robinet, K. (1997): Arbeitszeitverkürzung und betriebliche Arbeitszeitflexibilisierung seit 1985, Graue Reihe des Instituts für Arbeit und Technik, Diskussionspapier Nr. 6, Gelsenkirchen.

betreffenden Unternehmen deutlich verjüngt, wodurch gleichsam automatisch eine Verbesserung des Verhältnisses zwischen den (gestiegenen) betrieblichen Anforderungen an die Beschäftigten und deren Leistungs- und Qualifikationspotenziale erzielt werden konnte. Dadurch wurde der betriebliche Problem- und Handlungsdruck, der durch eine älter werdende Belegschaft hätte entstehen können oder müssen, offensichtlich deutlich entschärft.

Möglich wurden diese altersselektiven „Externalisierungsmaßnahmen", weil zum einen die Unternehmen in der Lage waren, die damit verbundenen Kosten ebenfalls weitgehend zu externalisieren, d.h. vorwiegend auf die Träger der sozialen Sicherungssysteme zu überwälzen. Zum anderen stimmten diese Maßnahmen parziell durchaus mit den Interessen der Betroffenen nach einem finanziell abgesicherten frühzeitigen Ausscheiden überein. Darüber hinaus konnten sie mit dem mehr oder weniger expliziten Verweis auf die leistungsmäßigen und qualifikatorischen Defizite Älterer offensichtlich hinreichend legitimatorisch unterfüttert werden und so auf eine vergleichsweise hohe individuelle und gesellschaftliche Akzeptanz bauen. Eine weitere Voraussetzung war, dass in den Betrieben – zumal bei generell sinkendem Personalbedarf – ein quantitativ und qualitativ ausreichendes Maß an Arbeitskräften jüngeren oder mittleren Alters vorhanden war oder auf den externen Arbeitsmärkten rekrutiert werden konnte.

Die Frage stellt sich nun, ob solche Instrumente der „Problemlösung" weiterhin im gleichen Umfang zur Verfügung stehen.

a) Unseres Erachtens wird deutlich, dass die individuell und gesellschaftlich akzeptierte Legitimationsbasis, auf der im Wesentlichen eine konfliktarme Durchsetzung der Externalisierungsstrategien basiert, brüchig wird. Was die existenzsichernde finanzielle Absicherung betrifft, so stößt bereits jetzt die Abwälzung der Externalisierungskosten auf die sozialen Sicherungssysteme an deutliche Finanzierungsgrenzen. Auch werden die finanziellen Spielräume der Unternehmen, die eine zusätzliche finanzielle Flankierung der Externalisierung (Abfindungen) erlaubten, angesichts des wachsenden Kostendrucks enger. Das vorzeitige Ausscheiden wird damit für den einzelnen immer unattraktiver. Fraglich ist auch, ob das bislang konsensstiftende „Defizit-Modell" länger trägt. Es wird auch jenseits der Wissenschaft zunehmend problematisiert und der Zusammenhang zwischen dem kumulierten Altersrisiko einer leistungsmäßigen und qualifikatorischen Beeinträchtigung und der Art und Dauer der Beschäftigung wird auch einer breiteren Öffentlichkeit immer deutlicher.

(b) Die durch die Externaliserung Älterer erreichbare Anpassung der Personalstrukturen an gewandelte Anforderungen setzt – wie bereits erwähnt – ein ausreichend vorhandenes Arbeitskräftereservoir voraus. Angesichts der gegenwärtigen und mittelfristig zu überschauenden Arbeitsmarktlage dürfte dies zwar grundsätzlich weiterhin gegeben sein. Unsere empirischen Untersuchungen zeigen jedoch, dass es diesbezüglich aber erhebliche regionale und berufsspezifische Unterschiede gibt. In stark monostrukturell ausgelegten Regionen – wie etwa in der von der Automobil- und Automobilzulieferindustrie geprägten Region Niederbayern – haben kleinere und mittlere Unternehmen gegenüber den wenigen dominierenden Großbetrieben eine vergleichsweise ungünstige Position auf dem regionalen Arbeitsmarkt, wenn es darum geht, jüngere, qualifizierte Fachkräfte zu gewinnen. Bei einem gleichzeitigen weitgehenden Verzicht auf betriebliche Erstausbildungsmaßnahmen entstehen für diese Betriebe erhebliche Probleme, wenn sie gestiegene Anforderungen an Qualifikation und Leistungsfähigkeit über einen Personalaustausch bewältigen wollen. Auch wenn diese Probleme wegen der bislang bestehenden betrieblichen Altersstruktur noch nicht virulent geworden sind, so dürfte sich dies mittelfristig doch entscheidend ändern.

(c) Drittes Problem im Zusammenhang mit der forcierten Ausgliederung älterer Arbeitskräfte, nämlich das Problem des ungewollten „Know-how-Abflusses“, wird gegenwärtig ebenfalls stärker thematisiert. Die Unternehmen begeben sich in die Gefahr, für sie wichtige Qualifikationspotenziale zu verlieren. Dies betrifft vor allem auch die Qualifikationen, die auf personen- bzw. persönlichkeitsbezogenen Merkmalen aufbauen und bei denen die spezifischen Potenziale gerade älterer Arbeitskräfte besonders wirksam werden. Zugleich sollen ja diese qualifikatorischen Anforderungen mit der Ausweitung der Handlungsspielräume und Verantwortlichkeiten immer wichtiger werden. Dies legt einen veränderten Umgang mit der „Ressource ältere Arbeitskraft“ nahe.

Obwohl es also offensichtlich schwieriger werden dürfte, Maßnahmen der Externalisierung Älterer in gleichem Umfang durchzuführen wie bisher, ist derzeit keine prinzipielle Kehrtwende in Sicht. Auch die gegenwärtige Diskussion um eine modifizierte Neuauflage der Frühverrentung deutet in diese Richtung.

Aus den bisherigen Überlegungen folgt, dass der demographische Wandel bislang zwar kein besonderes Problem für Unternehmen darstellt, er wird jedoch im Zusammenhang mit den alterselektiven Externalisierungsmaßnahmen zu einer Verschärfung des Arbeitsmarktproblems führen und dies primär aus zwei Gründen: Erstens bleibt auch in einer mittelfristigen Perspektive eine Beschäftigungslücke fortbestehen und zweitens wird wegen des zunehmend eingeengten finanziellen Handlungsspielraumes der Unternehmen und des sozialen Sicherungssystems die bisherige Basis der altersselektiven Personalanpassungsstrategien („Sozialverträglichkeit“, Konsens) brüchig. Dies hat zur Folge, dass die Fortführung einer auf die Externalisierung Älterer gerichtete Personalanpassungspolitik der privaten und öffentlichen Unternehmen zu einem (weiteren) Anstieg der Erwerbslosigkeit dieser

Beschäftigtengruppe führen muss. Mit dieser Perspektive wäre also zu fordern, an entscheidenden Gründen für die Externaliserung Älterer anzusetzen, also betriebliche Maßnahmen zu fordern, die

1. faktisch zu einer Reduzierung des kumulierten Altersrisikos im Sinne der Prävention beitragen: durch Abbau belastender und gefährdender Arbeitsbedingungen, berufsbegleitende Qualifizierung zur Abwehr des Dequalifizierungsrisikos; ggf. auch durch Maßnahmen zur Modifikation der Expositionszeiten zur Vermeidung negativer Wirkungen und
2. zur Entfaltung, Pflege und Nutzung altersspezifischer Leistungspotenziale Älterer beitragen.

Die wäre zudem auch ein praktischer Beitrag, das „Defizit-Modell" endgültig seiner legitimatorischen Funktion zu entkleiden.

Allerdings taucht hier ein nicht geringes Problem auf, das im Zusammenhang steht mit den zu Beginn gemachten Ausführungen zu den neuen Arbeits- und Leistungsanforderungen in modernen Unternehmensstrukturen. Viele dieser neuen Anforderungen sind einer extremen Entwicklungsdynamik unterworfen und zudem in ihren Konturen bislang noch sehr unscharf. Dies bringt erhebliche Schwierigkeiten für die Definition von Qualifizierungsanforderungen und für zu entwerfende Qualifizierungskonzepte und zwar nicht nur für Ältere. Welcher Qualifikation bedarf die Organisation eines lebenslangen Lernprozesses oder die Entfaltung von Eigenverantwortung und Selbstorgansiation? Welche qualifikatorischen, aber auch sozialen Voraussetzungen sind erforderlich zur individuellen Bewältigung der Erosion des „Normalarbeitsverhältnisses"? Und viele weitere Fragen müssen geklärt werden. Dies ist jedoch nur die eine Seite.

Angesichts der prognostizierten weiterbestehenden Beschäftigungslücke – zumal nach den Befunden des Verbunds 1 ein zunehmender Drang bislang nicht erwerbstätiger Gruppen (vor allem Jugendliche in Warteschleifen des Bildungssystems und Frauen) auf den Arbeitsmarkt zu verzeichnen ist (Aktivierung der „Stillen Reserve") – ist es jedoch fraglich, ob diese Maßnahmen – selbst, wenn sie gelingen – ausreichen, um die Beschäftigungslage Älterer insgesamt nachhaltig zu verbessern. Um einen massiven Verteilungskampf um Arbeit und Beschäftigung zu mildern, in dem Ältere von vornherein nicht gerade die besten Chancen haben dürften, müssen weiterreichende Konzepte entwickelt werden, die einerseits zu einer generationenübergreifend ausgeglicheneren Verteilung bestehender Arbeitsvolumina führen und andererseits neue Beschäftigungsmöglichkeiten für Ältere erschließen, etwa derart, dass Übergänge in andere Unternehmen, vor allem aber andere Erwerbsformen ermöglicht werden (Teilzeit, Selbstständigkeit, Arbeitskräftepools), die den Arbeitsmarkt entlasten, eine alterns- und altersgerechte Laufbahngestaltung eröffnen und zudem den Unternehmen die Option offenhalten, auf die Potenziale, das Know-how älterer Arbeitskräfte zurückgreifen zu können.

Professor Robert Lindlay,
Institute for Employment Research (IER),
University of Warwick,
Coventry, England

Arbeitsmarktstrategien zur erfolgreichen Unterstützung der Alterung der Bevölkerung

Eine unausgewogene Debatte

Manche Kommentatoren sehen die Alterung der Bevölkerung anscheinend als ein Problem, dessen Natur unklar ist. Die vorgeschlagenen Lösungen reflektieren die Interessen verschiedener Gruppen, die jeweils anderen Zielen folgen: Arbeitgeber, Gewerkschaften, Bildungsanbieter, Verantwortliche für Ausbildungs- und Arbeitsmarktprogramme, Pensionsfonds, Versicherungsunternehmen und gesetzliche Sozialversicherung.

Einige der vorgeschlagenen Instrumente vernachlässigen, dass Veränderungen auch in den anderen als dem jeweils betrachteten Bereich erforderlich sind. Besonders auffallend ist die Ungleichheit zwischen der Aufmerksamkeit für die Steuerpolitik und Reformen der Finanzmärkte im Hinblick auf die Alterssicherung und der für die Möglichkeiten, die Arbeitsmarktbedingungen zu verändern, innerhalb derer die wirtschaftlichen Aktivitäten der älteren Menschen stattfinden.

Dieser Artikel behandelt die Arbeitsmarktaspekte der Debatte. Er weist insbesondere darauf hin, wie wichtig das Verständnis der Zusammenhänge zwischen Produktivität und Alterung in ihren verschiedenen Erscheinungsformen ist.[1]

---

1 Dieser Artikel beruht sowohl auf früheren IER-Forschungen als auch auf Ergebnissen einer vom Autor geleiteten Gemeinschaftsstudie für die Europäische Kommission: Alterung der Bevölkerung und Europäischer Arbeitsmarkt, im folgenden als „PALME" zitiert.

Der *Erfolg* einer alternden Bevölkerung

Das Altern der Bevölkerung beruht prinzipiell auf zwei höchst positiven Errungenschaften der westeuropäischen Gesellschaften: dem Rückgang der Sterblichkeitsraten (die Lebenserwartung ist in den letzten 50 Jahren um 10 Jahre angestiegen) und der zunehmenden Entscheidungsgewalt der Frauen über ihre Fruchtbarkeit (die durchschnittliche generelle Fruchtbarkeitsziffer ist vom baby-boom der frühen 60er Jahre bis Mitte der 90er Jahre von ca. 2,5 auf ca. 1,5 gesunken). Das dies zu einem „Problem" führen könnte, ist um so beunruhigender, wenn wir berücksichtigen, dass beide Faktoren ja auch größere Beschäftigungsmöglichkeiten für ältere Menschen generell und für Frauen im gebärfähigen Alter bedeuten. Unter dem Gesichtspunkt der vielgepriesenen „Lern- oder Wissensgesellschaft" begünstigt gerade das Altern der Bevölkerung die Chancen für ein Wachstum sowohl des Arbeitsangebotes als auch der Produktivität. Mehr ausgebildete, wissensfähige und erfahrene Menschen werden verfügbar sein, wenn die Nachfrage danach ansteigt.

Parallel dazu könnte die hohe Jugendarbeitslosigkeit in der Europäischen Union (Mitte bis Ende der 90er Jahre im Mittel ca. 20 Prozent der Beschäftigten oder 10 Prozent der Bevölkerung im Alter zwischen 15 und 24 Jahren) verringert werden, wenn die Zahl der Jugendlichen geringer wird und sie mehr Zeit benötigen, um sich durch Schule und Ausbildung auf das vor ihnen liegende Arbeitsleben vorzubereiten. Insgesamt gesehen sollte dies zu einer eher positiven als problematischen Einschätzung sowohl der Konsequenzen als auch der Ursachen der Alterung der Bevölkerung führen.

Alterung der Bevölkerung aus der Arbeitsmarkt-Perspektive

Allerdings hat die Debatte um das Altern der Bevölkerung und seine Konsequenzen viele Aspekte. Im Kern der Debatte besteht einigermaßen Konfusion darüber, wie das Leistungspotential von Menschen sich mit dem Alter ändert. Man ist unsicher, wie weit das Lernen im Lebenszyklus ausgedehnt werden kann und unter welchen Bedingungen es positiv auf das das Wirtschaftswachstum und den sozialen Zusammenhalt wirkt. Die Wirksamkeit vieler Ausbildungs-, Beschäftigungs- und Arbeitsexperimente ist kaum bekannt.

Altersbezogene Arbeitskosten werden als Grund für Frühverrentungen angesehen, obwohl dies keinesfalls offensichtlich ist. Die finanzielle Nachhaltigkeit der Rentenpolitik wird in Frage gestellt aufgrund einer unangenehmen Vermischung von Motiven und Analysen der Vorteile unterschiedlicher Formen privater und staatlicher Vorsorge. Die Personalpolitik von Unternehmen und Branchen wird als kurzsichtig kritisiert, doch die wirtschaftlichen Vorteile einer Vernachlässigung kurzfristiger Kosten-Nutzen-Abwägungen zugunsten langfristiger ist in der Praxis nicht selbstverständlich. Dies gilt umso mehr in Branchen und Berufen wie in der Stahlindustrie oder im Schiffbau, wo die Marktbedingungen dramatische Personalanpassungen notwendig gemacht haben. Hier und in zahlreichen anderen, weniger extremen Fällen müssen Arbeitgeber und Gewerkschaften unerfreuliche Entscheidungen im Zuge von umfangreichen Entlassungen treffen.

Ein anderer Aspekt ist die Altersdiskriminierung. Sie ist weit entfernt von deutlich wahrnehmbaren Vorurteilen gegenüber Älteren. Sie ist vielmehr versteckt in der Wirtschaftlichkeit der Beschäftigungssituation, die unermüdlich gegen die Interessen der Älteren gerichtet zu sein scheint. Beobachtungen von Altersdiskriminierung stecken auch hinter der Vorstellung, dass die Welt sich fortbewegt und keine Zeit ist, sich um die Opfer der wirtschaftlichen Anpassungen zu kümmern, wenn sie in der Rangordnung der „verdienstvollen Benachteiligten" etwas niedriger stehen. Die öffentlichen Sympathien gelten an erster Stelle den jungen Arbeitslosen, die noch keine richtigen Jobs hatten, um sie zu verlieren.

Schließlich umfasst die Alternsdebatte implizit verschiedene Aspekte im Hinblick auf die Risiken der unterschiedlichen sozio-ökonomischen Gruppen und darauf, bis zu welchem Grad diese Risiken unter Individuen und Haushalten geteilt werden sollten.

Produktivität und Altern

Im Kern der Alterns-Debatte stehen eine Reihe von Annahmen über die Beziehung zwischen Altern und Produktivität. Die meisten von ihnen implizieren, dass das Altern der Bevölkerung ein Problem für den *Erhalt* des Wachstums der gesamtwirtschaftlichen Produktivität genau dann ist, wenn dieses *gesteigert* werden muss, um mit der „Last der Abhängigkeit" fertig zu werden. Forschungsergebnisse dagegen lassen einigermaßen stabile Schlussfolgerungen darüber zu, wie die potentielle Produktivität sich mit dem Alter verändert, was ein etwas anderes Licht auf die Natur des Alterns-„Problems" wirft.

... auf der individuellen Ebene

Beginnt man auf der individuellen Ebene, dann sind die Kernaussagen der vorhandenen Untersuchungen:

- Die physiologische Leistungsfähigkeit, d.h. Stärke, Reaktionsvermögen, Sehkraft, Gleichgewicht usw. sinken mit dem Alter nach einem Höhepunkt im Alter von 25-35 Jahren, allerdings mit großen Unterschieden innerhalb der jeweiligen Altersgruppen und großen Überschneidungen zwischen den Altersgruppen, die beide mit dem Alter zunehmen.
- Intelligenz und kognitive Fähigkeiten: Die Ergebnisse von Intelligenztests unterscheiden sich bis zum Alter von 65 Jahren kaum. Das Gedächtnis und

die Geschwindigkeit der Informationsverarbeitung lassen mit dem Alter graduell nach.

– Soziale Fähigkeiten und Bewußtsein tendieren in verschiedenen Konterten zur Zunahme mit Alter und Erfahrung.
– Motivation und Lernfähigkeit hängen nicht so sehr vom Alter ab als von vorangegangenen Lernerfahrungen, die jemanden sowohl motivieren weiterzulernen als auch seinen Lernerfolg steigern.

Während die Beschaffenheit des Wandels in der Rhetorik der Informationsgesellschaft zu vermitteln scheint, dass das Spiel für das Klischee vom älteren Arbeitnehmer aus ist, deutet vieles darauf hin, dass alles offen ist, weil die Klischees falsch sind.

... auf der organisatorischen Ebene: Mythen und Realität

Die berufliche Leistungsfähigkeit im Verhältnis zum Alter hängt nicht nur von der potenziellen Leistungsfähigkeit der Menschen unterschiedlichen Alters ab, sondern auch vom Ausmaß, mit dem die betreffenden Arbeitsplätze die in Frage stehenden Qualifikationen verlangen. Eine gründliche Prüfung der Forschungsergebnisse von Gerontologen und Psychologen im Bereich der Industrie ergab: „Es gab keine signifikanten Unterschiede in der beruflichen Leistungsfähigkeit zwischen älteren und jüngeren Beschäftigten ... in nahezu allen Fällen liegen die Unterschiede innerhalb der Altersgruppen weitaus höher als zwischen den Altersgruppen.[2]

Diese Schlußfolgerung gilt nicht ohne Vorbehalte; Wissenschaftler z. B. weisen anscheinend signifikante altersmäßige Leistungsunterschiede auf. Allgemeiner gesehen schließen Vergleiche zwischen älteren und jüngeren Erwerbstätigen diejenigen aus, die arbeitslos oder frühverrentet wurden. Es ist nicht anzunehmen, dass letztere die gleiche Leistungsfähigkeit gezeigt hätten wie die erwerbstätigen Älteren, wenn sie ihre Arbeit nicht aufgegeben hätten. Allerdings bleibt das Gewicht der Belege durch diesen Faktor signifikant unbeeinflusst.[3]

Darüber hinaus gibt es bestimmte berufliche Charakteristika und Zusammenhänge, die für ältere oder jüngere Erwerbstätige jeweils nachteilig sind. Zum Beispiel lässt auf der einen Seite offenbar schwere Handarbeit frühere Kenntnisse ver-

---

2 Warr, P. (1994, p.10): „Age and Job Performance". Work and Ageing: A European Perspective. Eds. J. Snell and R. Cremer. London: Taylor and Francis.

3 Mehr noch: Während Ökonomen besonders diese Schlussfolgerung rätselhaft finden mögen, erzeugen ihre theoretischen Interpretationen ebenso verwirrende Einsichten. Vgl. Lindley, R.M. (1999, p.16): „Labour Market Strategies to Reinforce the Success of Population Ageing." Coventry: Institute for Employment Research, University of Warwick.

alten und Arbeit unter beträchtlichem Zeitdruck erzeugt mit zunehmendem Alter mehr Probleme. Auf der anderen Seite sind Arbeiten, die substantielles, wissensbasiertes Urteilsvermögen unter begrenztem Zeitdruck verlangen, tendenziell besser für erfahrenere Erwerbstätige.

Allerdings könnte das *Muster* des strukturellen und beruflichen Wandels ganz vorteilhaft für ältere Erwerbstätige sein. Das PALME-Projekt hat eine Reihe von Langzeitsimulationen für mehrere Branchen durchgeführt. Sie ergeben, dass die Konzentration des Beschäftigungswachstums auf den Dienstleistungsbereich sich wahrscheinlich verstärken wird. Die Betonung auf die qualitativen Aspekte der Leistungsfähigkeit spricht dann für die größeren sozialen Fähigkeiten und Erfahrungen der Älteren; dies gilt für eine Reihe von Branchen, insbesondere den Einzelhandel, private Finanzdienstleistungen, unternehmensorientierte Dienstleistungen und Pflegedienste. Dieser Effekt wird verstärkt werden durch die zunehmende Zahl älterer Kunden, die es vorziehen, von Mitgliedern ihrer eigenen Altersklasse betreut zu werden.

Auch spezifische berufsbezogene Projektionen über unterschiedliche Branchen zeigen eine Verlagerung der Berufsstruktur in Richtung auf mehr qualifizierte, wissensbasierte und paraberufliche Arbeit bzw. auf „Management" und hoch qualifizierte personenbezogene Dienstleistungen. Diese Tätigkeiten bieten älteren Erwerbstätigen Vorteile, vorausgesetzt, gewisse strukturelle Beschränkungen im Weiterbildungsbereich werden gelöst.

Unglücklicher Weise ist das Tempo des Wandels weniger günstig für ältere Erwerbstätige. So heben die meisten Stimmen die wachsende Bedeutung schnellen Lernens und akuten Zeitdrucks hervor. Sogar dieser Aspekt des Wandels jedoch muss sorgfältig betrachtet werden. Wenige der relevanten Studien hierzu berücksichtigen Kohorteneffekte, d. h. Unterschiede zwischen Kohorten im Hinblick auf ihre Lern- und Arbeitserfahrungen im *selben* Alter. Auch wenn 30-jährige leistungsfähiger sind als 60-jährige zum selben Zeitpunkt, kann dies daran liegen, dass letztere, als sie 30 (und älter) waren, nicht die richtige Vorbereitung erhielten, um sich auf veränderte Arbeitsbedingungen und Lernanforderungen einzustellen, und nicht daran, dass sie nun 60 sind.

Hindernisse der Beschäftigung Älterer

Danach scheinen die Haupthindernisse für die weitere Beschäftigung und Entwicklung älterer Erwerbstätiger zu sein: ihre verkümmerten früheren Kenntnisse, der Mangel an aktuellen Weiterbildungsmöglichkeiten generell und der Mangel an gezielter Weiterbildung, die wirksam auf die vorhandenen Kenntnisse und Möglichkeiten ihrer Erweiterung aufbaut.

Zugleich werden die Auswirkungen dieser Faktoren durch die Tatsache stark alterskorrelierter Arbeitskosten verstärkt. Ältere Erwerbstätige einzustellen, deren

Kompetenz für Arbeitsplätze, die sich schneller verändern als bisher, unbekannt ist, kann risikoreicher und teurer sein als die Entscheidung für viel Jüngere, deren Bildung und Ausbildung aktueller und erkennbarer ist. Für Firmen, die Weiterbildung finanzieren, wird auch die kürzere „Ertragsperiode" gegen die älteren Kandidaten sprechen, sei es bei Einstellungen oder Beschäftigten. Allerdings muss auch berücksichtigt werden, dass in jüngeren Belegschaften der Wechsel größer ist und dass die Ertragsperiode ohnehin umso kürzer ist, je schneller die Arbeitsinhalte sich verändern.

Doch auch wenn anzunehmen ist, dass die Einstellungs- und Weiterbildungsstrukturen gut funktionieren, könnten die Lohnstrukturen den Ausschlag geben, was mögliche Kosteneinsparungen durch die Bevorzugung jüngerer Beschäftigung bedeutet.

Gesundheitskosten und Pensionsverpflichtungen stellen zusätzliche potentielle Probleme der Beschäftigung Älterer dar, sei es aufgrund von krankheitsbedingten Fehlzeiten oder Ausscheiden aufgrund von Arbeitsunfähigkeit. Unter diesen Umständen bietet die Frühverrentung und nicht die Notwendigkeit, altersbezogene Löhne anzupassen, eine kurzfristige Möglichkeit, die allzu attraktiv für Arbeitgeber und – in der Tat – Gewerkschaften ist.

Potenziale nutzen
... durch die Schaffung breiterer Übereinstimmung

Der erste Schlüssel, um die Potentiale älterer Menschen auf dem Arbeitsmarkt zu realisieren, besteht darin, sicherzustellen, dass die verschiedenen Akteure im System ein gleiches Verständnis haben über:

- den Umfang der möglichen Leistungsfähigkeit dieser Gruppe,
- die Auswirkungen des Alterns der Bevölkerung und des Strukturwandels auf die heutigen und zukünftigen älteren Erwerbstätigen,
- die verschiedenen Möglichkeiten, ihren gegenwärtigen Beitrag zur Gesamtwirtschaft zu schwächen und dadurch ernsthaft den Nutzen zu begrenzen, den sie und die Gesellschaft ziehen können in Form von Beschäftigung, Einkommen und gesellschaftlicher Teilhabe.

... durch Vermeidung von „Ausgrenzung"

Der zweite Schlüssel besteht darin, dieses gemeinsame Verständnis dafür zu nutzen, ältere Arbeitnehmer in Beschäftigung und in ihren Stellen zu halten; wenn sie erst einmal „abgehängt" sind, ist die Umkehr dieses Prozesses schwierig, wie genial die Programme zur Reintegration dieser Personen auch sind. Die Erfahrungen aus vielen Weiterbildungs- und Arbeitsprogrammen zeigen, dass sie das tatsächliche

Problem der Langzeitarbeitslosigkeit nicht lösen. Statt dessen verkürzen sie künstlich die Dauer, indem sie die Langzeitarbeitslosen temporär vom Ende der Warteschlange an deren Spitze einreihen und doch nur wieder die Dauer verlängern.

Vielmehr müssen alle Anstrengungen unternommen werden, um zu verhindern, dass aus Arbeitslosigkeit, wenn sie entsteht, Langzeitarbeitslosigkeit wird, die dann zur völligen Ausgrenzung führt. Kern jeder Strategie gegen die Langzeitarbeitslosigkeit von Erwachsenen muss eine direkte oder indirekte finanzielle Förderung von Arbeitgebern auf dem ersten Arbeitsmarkt oder die Entwicklung von Unternehmen auf dem zweiten Arbeitsmarkt sein.[4]

... durch „Umsetzung“ in frühem Stadium

Sieht man die Schwierigkeiten für ältere Menschen, wenn sie arbeitslos sind, dann muss man sie so lange wie es geht, im ersten Arbeitsmarkt beschäftigt halten, indem man sie im frühen Stadium ihrer Beschäftigung entsprechend umsetzt, d.h. präventiv statt reaktiv handelt.

Dies kann durch (interne oder - in verwandten Organisationen - externe) job rotation geschehen, um dem/der Erwerbstätigen breitere Aufgaben in der Organisation zu ermöglichen; möglich ist auch die Versetzung auf einen weniger anspruchsvollen Job, wenn dies das eigentliche Problem ist, oder im späteren Stadium eine konzertierte Versetzung, wenn es unvermeidlich ist.

... unterstützt durch kontinuierliche Weiterbildung und Personalentwicklung

Um die Umsetzung in frühen Berufsstadien zu erleichtern, müssen Unternehmen genügend Kapazitäten für Weiterbildung und Personalentwicklung haben; besonders kleine und mittlere Unternehmen müssen Zugang zu externen Anbietern geeigneter Dienstleistungen haben.

Um auch spätere Versetzungen etwas zu erleichtern, müssen Arbeitgeber die Möglichkeiten der Weiterbildung über eine viel längere Periode im Arbeitsleben, wenn nicht über die ganze Zeit bis zur normalen Verrentung, ausweiten. Allerdings muss bei einer solchen Organisationsanpassung auch die Frage der Arbeitskosten beachtet werden, weil sie Personalentscheidungen beeinflusst. Schließlich müssen mögliche Ursachen für Altersdiskriminierung bekämpft werden, die in den Programmen und/oder im Verhalten der Entscheidungsträger auf dem Arbeits- und Weiterbildungsmarkt liegen.

---

2 Vgl. Lindley, R.M.; Shackleton, R.E.; Simm, C. (1999, forthcoming): Intermediate Labour Markets. London: DfEE Research Report.

Förderung von Leistungsfähigkeit und Fairness: Möglichkeit *und* Notwendigkeit

Über die kommenden zwei Jahrzehnte hinweg besteht die Chance, die Auswirkungen des Alterns der Bevölkerung mit einer Strategie anzugehen, die in der realen Wirtschaft angesiedelt ist und auf die Förderung von Leistungsfähigkeit und Fairness gleichermaßen zielt. Doch für Selbstzufriedenheit gibt es keinen Grund. Wenn diese Chance nicht ergriffen wird, wird die Alterung der Bevölkerung die Herausforderungen in den folgenden Jahrzehnten noch vergrößern.

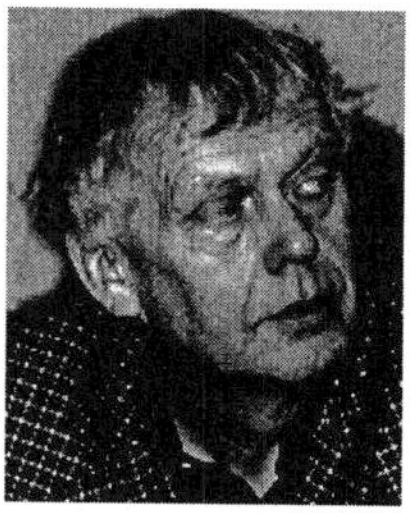

Dipl. Politologe Gerd Peters
Institut für Arbeitsmarkt- und Berufsforschung der Bundesanstalt für Arbeit, Nürnberg

Zusammenfassung

Mit dem Alter sind heute schon zahlreiche Arbeitsmarktprobleme verbunden: Langzeitarbeitslosigkeit, Ausgrenzungs- und Verschleißprobleme seien exemplarisch genannt. Diese Probleme werden im Laufe der nächsten 20 bis 30 Jahre weiter zunehmen. In dieser Arbeitsgruppe geht es vor allem darum, wie die Stellschrauben zur Beeinflussung des Umgangs mit diesem Problem auf der gesamtstaatlichen Ebene, auf der betrieblichen Ebene oder auch beim Einzelnen einzusetzen sind, damit die Problemlagen, die damit zusammenhängen, möglichst gut bewältigt werden können.

Dabei sollte unterschieden werden: Was kann die Wissenschaft beitragen, um Zusammenhänge und Problemlagen aufzuhellen? Wo ist die Politik gefragt, Rahmenbedingungen zu setzen, zu formulieren und zu modifizieren? Und schließlich: Was können wir tun, damit jeder einzelne, der älter wird und nicht das Glück eines unbefristeten, stabilen Beschäftigungsverhältnisses hat, mit der Situation Alter und Risiken auf dem Arbeitsmarkt fertig werden kann?

In den Referaten und in der Diskussion wurde zunächst deutlich, dass die Voraussetzung für einen befriedigenden Umgang mit dem Thema Altern und Arbeitsmarkt ein *ausreichendes Angebot an Arbeit,* also die Nachfrage nach Arbeitskräften durch die Betriebe, ist. Aufgrund des erwarteten Bevölkerungsrückgangs wird das Angebot an Arbeitskräften in Zukunft deutlich zurückgehen und das Durchschnittsalter des Erwerbspersonenpotenzials parallel dazu steigen. Die demografische Entwicklung der Zukunft wird die Probleme Älterer am Arbeitsmarkt nicht lösen können; sie leistet höchstens einen Beitrag zur Entspannung. Von einer drohenden *Arbeitskräfteknappheit* kann auf absehbare Zeit nicht ausgegangen werden. Das Arbeitsangebot dürfte sich aufgrund unfreiwilliger Teilzeitarbeit bei Frauen, des Reservoirs an bislang im Bildungssystem "geparkten" Jugendlichen, sowie der

Rücknahme von Möglichkeiten eines vorzeitigen Ruhestands deutlich erhöhen.[1] Es sind also auf Seiten des Arbeitsangebots Reserven verfügbar, die demografisch bedingte Rückgänge tendenziell kompensieren. Das schließt nicht aus, dass auf dem Arbeitsmarkt für bestimmte Qualifikationen (z.B. EDV-Spezialisten) und in bestimmten Regionen (z.B. Niederbayern) durchaus die Nachfrage nach Arbeitskräften das Angebot übersteigt.

Was bisher in der öffentlichen Diskussion eher unterbelichtet blieb, sind *die individuellen Wünsche und Präferenzen* der betroffenen Gruppe. Dies zeigt sich z. B. auch in der Praxis des gleitenden Ruhestands: die älteren Arbeitnehmer machen nicht von einem gleitenden Übergang Gebrauch, sondern präferieren in erster Linie Blockzeiten, die dann ein frühzeitiges Ausscheiden aus dem Arbeitsleben ermöglichen. Neben den Anreizen für die Betriebe, Ältere in Beschäftigung zu halten, fehlen auch die Anreize für die Älteren, im Betrieb zu bleiben. Hier ist eine Modifikation des Vorgehens unausweichlich. Als ein Lösungsansatz gilt hier eine generelle Arbeitszeitverkürzung.

Betrachtet man die betriebliche Ebene, wird deutlich, dass Personalanpassung und Personalumbau der letzten Jahre oft zu Lasten der Älteren gingen. Aktive Strategien, Ältere im Betrieb, im Beschäftigungssystem zu halten, sind weder auf gesellschaftlicher noch auf betrieblicher Ebene bisher erkennbar. Einmal vollzogene Desintegrationsprozesse wieder rückgängig zu machen, erweist sich als außerordentlich schwieriges Problem. Deshalb muss die zentrale Leitlinie der Politik sein, eine *Externalisierung Älterer* zu *vermeiden* und Ältere im Beschäftigungssystem zu halten. Zu berücksichtigen ist auch, dass eine betriebliche Politik der Externalisierung Älterer und der damit verbundenen Kosten künftig schwieriger wird: Die individuelle und gesellschaftliche Akzeptanz eines solchen Vorgehens ist nicht mehr gewährleistet.

Der betrieblichen Personalanpassungspolitik liegt die Annahme einer mangelnden Produktivität Älterer zugrunde. Empirische Studien belegen jedoch, dass *Leistungsfähigkeit und Produktivität* nicht zentral durch das Lebensalter bestimmt werden. Die berufsbegleitende Qualifizierung oder auch das vielgerühmte Life-long-Learning hängen entscheidend von der Lernfähigkeit und der Lernerfahrung ab. Probleme für Ältere erwachsen in erster Linie aus dem Übergang von langen Zeiten des Nichtlernens in eine Phase des Lernens oder des Lernen-müssens. Die betrieblichen Weiterbildungsangebote – auch für Ältere – nehmen ab. Gleichzeitig lässt sich auch eine Abnahme der Weiterbildungsbereitschaft von Älteren beob-

---

1 Inwieweit die aktuelle Diskussion um die Rente mit 60 zu einer strukturellen Veränderung dieses Trends führen könnte, ist nicht absehbar. Im Konzept der Rente mit 60 ist zudem im Augenblick ja nur eine auf fünf Jahre befristete Möglichkeit des vorzeitigen Renteneintritts vorgesehen.

achten. *Lernfähigkeit und Lernerfahrung* sind als Qualifikation – auch der Jüngeren – zu pflegen; sie finden aber noch keine (optimale) Entsprechung im betrieblichen Handeln.

Die berufliche Leistungsfähigkeit und Produktivität hängt neben der Qualifizierungserfahrung/fähigkeit von den Arbeitsbedingungen ab. Dies lenkt den Blick auf die *Arbeitsorganisations- und die Arbeitsplatzgestaltung* insgesamt: die Beschäftigungsbedingungen sind – auch für Jüngere – so zu gestalten, dass die Probleme erst gar nicht auftreten. Instrumente für einen altersgerechten Personaleinsatz existieren bereits. Eine Frage ist, ob für Ältere ein Einsatz in völlig neuen Arbeitsfeldern – außerhalb oder innerhalb der Betriebe – sinnvoll ist. Insgesamt ist bei der Gestaltung mehr Phantasie gefragt!

Auf gesellschaftlicher Ebene muss vor dem Hintergrund der *Deregulierungsdiskussion* noch mehr über die Auswirkungen des Marktes auf die Arbeitsmarktchancen Älterer nachgedacht werden.

Quintessenz der ganzen Diskussion ist, dass eine günstige Ausgangskonstellation besteht, die Probleme in den Griff zu bekommen. Denn: Arbeitsmarktbeteiligung von Älteren als Grundrecht in einer demokratischen Gesellschaft und das Konzept einer optimalen Nutzung von Humankapitalressourcen passen an sich zusammen. Es müsste also möglich sein, Lösungen näher zu kommen. Nur das Konzept, mit guten Beispielen voranzugehen, reicht wohl noch nicht ganz aus.

Arbeitsgruppe 3

Älterwerden im Handwerk - Chancen durch traditionelle und neuartige Arbeitsplätze

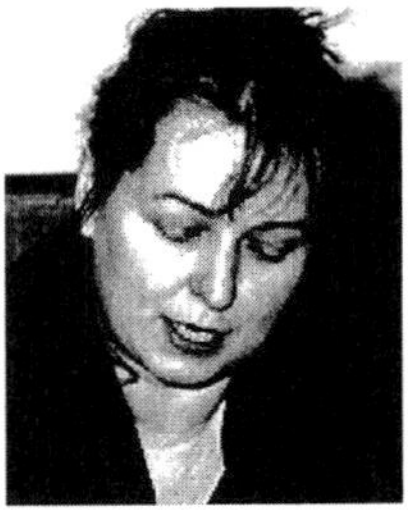

Christine Ax M.A.,
Institut für Produktdauer-Forschung, Hamburg

Handwerk: Zukunft in einer alternden Gesellschaft Einblicke und Ausblicke

Dass Deutschland ergraut, daran besteht gegenwärtig kein Zweifel. Die Botschaften der Statistik sind eindeutig. In den nächsten 30 Jahren wird der Anteil der über 60jährigen in der Gesamtbevölkerung von gegenwärtig einem Fünftel auf weit über ein Drittel ansteigen. Die Veränderungen, die absehbar auf uns zukommen, rücken in unserem Lande erst in den letzten Jahren verstärkt in den Fokus von Wissenschaft, Politik und Gesellschaft. Vor allem die Rentendiskussion sorgt dafür, dass der Alterungsprozess Deutschlands in die Schlagzeilen gerät.[1]

Anders als in den USA oder in Japan, in denen diese demographischen Entwicklungen schon länger diskutiert werden, blieben die Chancen, die sich aus einer verlängerten Lebensspanne für Gesellschaft und Individuum ergeben, bisher am Rande der Diskussion. Sehr zu unrecht: haben wir doch heute die Chance, einen gesellschaftlichen Lernprozess zu initiieren, der das kollektive Altern auf eine für Individuen und Gesellschaft gleichermaßen konstruktive Weise in die Arbeitswelt integrieren könnte.

Es ist daher erfreulich, dass im Rahmen des BMBF-Forschungsschwerpunktes „Demographischer Wandel und die Zukunft der Erwerbsarbeit am Standort Deutschland" die Folgen dieser gesellschaftlichen Veränderungen für die Arbeitswelt zum

1 Die sich als notwendig erweisenden Systemkorrekturen werden gegenwärtig leider noch gerne auf dem Rücken der älteren Arbeitnehmer ausgetragen: der hohe Anteil der älteren Arbeitnehmer an den Langzeitarbeitslosen, die Realität der Altersteilzeitsmodelle in den Betrieben oder die Rente ab 60 seien hierfür beispielhaft genannt.

Gegenstand von Forschung machte und dabei auch das Handwerk genauer untersucht werden konnte. Im Rahmen des Forschungsvorhaben „Demographische Veränderungen – Zukünftige Anforderungen und Strategien im Handwerk", von dem hier die Rede sein wird, haben sich in den Jahren 1996/1998 Forscher und Experten aus verschiedenen Perspektiven mit der Zukunft des Handwerks unter den absehbaren demographischen Bedingungen beschäftigt. Angesichts der großen wirtschaftspolitischen und beschäftigungspolitischen Bedeutung, die das Handwerk für Deutschland hat, ist es wichtig, frühzeitig zu diskutieren, ob und wie dieser kleinbetrieblich strukturierte Wirtschaftsbereich vom demographischen Wandel betroffen sein wird und durch welche proaktive Politik, Gesellschaft, Unternehmen und Intermediäre (Kammern, Verbände, Bildungseinrichtungen) den notwendigen Anpassungsprozess unterstützen können.

Das Forschungsvorhaben „Demographische Veränderungen – Zukünftige Anforderungen und Strategien im Handwerk" untersuchte u.a. folgende Fragen:

- Welche Altersstrukturen hat das Handwerk heute?
- Welche Chancen und Risiken ergeben sich aus dem Alterungsprozess der Gesellschaft für das Handwerk?
- Wird das Handwerk auch in Zukunft seinen Fachkräftebedarf selber decken können?
- Bildet das Handwerk genug und richtig aus?
- Wie muss die Aus- und Weiterbildung im Handwerk der Zukunft aussehen?
- Welcher neuen Märkte ergeben sich für das Handwerk und welche Qualifikationen werden benötigt?
- Sind die Arbeitsplätze im Handwerk alternsgerecht?
- Welche Personalpolitik und Personalentwicklung braucht der Handwerk heute und morgen?
- Was können bzw. sollen Tarifparteien, Politik und Intermediäre tun, um die Anpassung an den demographischen Wandel zu bewältigen?
- Wo können neue Arbeitsplätze im Handwerk entstehen, die auch für ältere Beschäftigte geeignet sind?

Hierfür wurden Basisdaten neu untersucht und bewertet. Die in diesem Zusammenhang durchgeführte Delphi-Befragung erlaubte darüber hinaus einen guten Überblick über die Wahrnehmung demographie-relevanter Themen im Handwerk heute.

Handwerk zwischen Tradition und Fortschritt

Handwerk in Deutschland, das sind rund 700.000 Kleinbetriebe mit durchschnittlich elf Beschäftigten. Handwerksbetriebe sind in rund 100 Berufen quer zu allen Branchen tätig: als Produzenten, Dienstleister und Händler, darunter u.a. Schlachter und Bäckermeister, Kfz- und Zweiradbetriebe, Metallberufe und Elektromechaniker, Friseure und Zahntechniker, Maurer, Zimmerleute, Optiker oder Galvaniseure.[2] Handwerksbetriebe haben in der Regel eine starke regionale Bindung und sie erwiesen sich bisher – auch unter den Bedingungen der Globalisierung – als ein stabiles Rückgrat der Binnenwirtschaft. So konnte das Handwerk seinen Anteil an den Beschäftigten zwischen 1970 und 1995 von gut 14% auf fast 17% der Erwerbstätigen ausbauen.

Während die Zahl der Erwerbstätigen in der Gesamtwirtschaft in den 25 Jahren seit 1970 um 8% zugenommen haben, ist die Beschäftigung im Handwerk um 29% gewachsen (nähere Angaben bei von Rothkirch 1998, S. 51-73). Handwerk war in den letzten Jahrzehnten darüber hinaus als Ausbilder überproportional am Entstehen von Humankapital und Humanvermögen beteiligt.

Bei dem Versuch, die Konsequenzen des demographischen Wandels auf das Handwerk zu bestimmen, wird schnell offensichtlich, dass eine isolierte Betrachtung des Faktors Demographie nicht sinnvoll ist. Handwerk ist – wie die Gesamtwirtschaft überhaupt – einer Vielzahl wirtschaftlicher, sozialer und technologischer Einflüsse ausgesetzt, die erst in ihrer Gesamtheit eine realitätsnahe Zukunftsbetrachtung erlauben sowie konkrete Strategieentwicklung für Branchen und Unternehmen möglich erscheinen lassen.

So heterogen die Ausgangslage der Handwerksbetriebe und ihrer Beschäftigten je nach Branche, Unternehmen und Region auch sein mag, es lassen sich dennoch einige für Kleinbetriebe charakteristische Merkmale bestimmen, die mit Blick auf den Faktor Demographie relevant sind:

- Langfristige Planung in Sachen Personalpolitik sind selten möglich oder erscheinen dem Einzelunternehmen nicht sinnvoll bzw. notwendig zu sein.
- Personalpolitik findet direkt auf der persönlichen Ebene statt. Die Beziehungsebene spielt im guten wie im schlechten eine größere Rolle (der Chef kennt seine Mitarbeiter, ihre Stärken und Schwächen). Handwerksbetriebe haben z.B. eine größere Neigung, auch in schlechten Zeiten die Mitarbeiter zu halten.
- Kleinbetriebe sind als „Schnellbote" der Wirtschaft anders als Großbetriebe in der Lage, ihre Personalzusammensetzung von der Qualifikation bis zum Alter kurzfristig zu beeinflussen und wo notwendig zu korrigieren.
- Kleinbetriebe verfügen über weniger Ressourcen, die sie für die Weiterbildung und Personalentwicklung einsetzen können.

---

2 Die novellierte Handwerksordnung hat die Zahl der Handwerksberufe von 127 auf 98 reduziert. Einige kleinere Handwerke wurden vom Vollhandwerk auf ein Nebengewerk zurückgestuft, eine ganze Reihe von Handwerksberufen, die miteinander verwandt sind oder deren Tätigkeitsbereiche stark angrenzend waren, wurden zu einem Beruf zusammengelegt.

- Kleinbetriebe haben in der Regel weniger strategische und planerische Ressourcen und geringe Möglichkeiten, ihre Position am Arbeitsmarkt zu beeinflussen.
- Viele Probleme und Entwicklungsaufgaben können vom Einzelbetrieb nicht gelöst werden. Zur Entwicklung von Branchenlösungen sind die Betriebe auf die Unterstützung oder Initiative von Intermediären (Kammern, Verbände, Innungen, Weiterbildungseinrichtungen) angewiesen.

Angesichts des gesellschaftlichen Interesses, die demographischen Veränderungen möglichst produktiv zu bewältigen, machte es daher Sinn, frühzeitig den Fragen nachzugehen, welche direkten oder indirekten „demographischen" Risiken und Chancen auf diesen Wirtschaftsbereich zukommen.

Nachwuchs für morgen: die Position des Handwerks am Arbeitsmarkt verbessern

Die Altersstruktur des Handwerks ist – soweit sie bekannt ist[3] – heterogen. Während die Altersstruktur der Betriebsinhaber überdurchschnittlich hoch ist (vgl. Abb. 1) und sich für den Bestand vieler Handwerksbetriebe hieraus deutliche Risiken ergeben, sind die Beschäftigten in vielen Handwerken heute erstaunlich jung (Bezugsgröße: Durchschnitt aller Beschäftigten).

Für einige Gewerke können schon heute demographische Risiken konstatiert werden. Diese sind jedoch nicht das Ergebnis gesellschaftlicher Altersprozesse. Sie spiegeln vielmehr die wirtschaftliche Entwicklungen und die Attraktivität dieser Berufe wieder. Eine Überalterung bei Inhabern und Beschäftigten finden wir heute beispielsweise bei Handwerken, die lange zu den Verlierern des Strukturwandels gehören z.B. das Schuhmacherhandwerk oder kleinere vom Aussterben bedrohte Gewerke (vgl. Abb. 2). Ungünstige Altersstrukturen prägen auch die Situation von Handwerkszweigen, die als wenig attraktiv gelten und daher Schwierigkeiten haben, Nachwuchs zu finden (darunter z.B. das Nahrungsmittelhandwerk). Wie weit die Ausbildungsintensität im Handwerk auseinanderfallen kann, macht u.a. der Ausbildungsquotient deutlich, der die Zahl der Lehrlinge ins Verhältnis zu den Beschäftigten setzt. Dieser schwankt zwischen 5,8 je 100 Beschäftigte im Bäckerhandwerk und 18 Lehrlingen auf 100 Beschäftigte im Kfz-Handwerk. Dass

3 Die Altersstruktur der Betriebsinhaber wird bei den Kammern in den Handwerksrollen erfasst. Das Alter der Beschäftigten im Handwerk ist für einzelne Gewerke oder Regionen bekannt. Flächendeckende Daten sind aus der Wirtschaftsstatistik und den einschlägigen Statistiken und Befragungen nicht zu entnehmen. Anhand der Ausbildungsquoten, der Prüfungsstatistiken und Daten der Krankenkassen bzw. Regionalstudien kann allerdings ein plausibles Gesamtbild gewonnen werden.

Abb. 1 Alterstrukturen der Betriebsinhaber

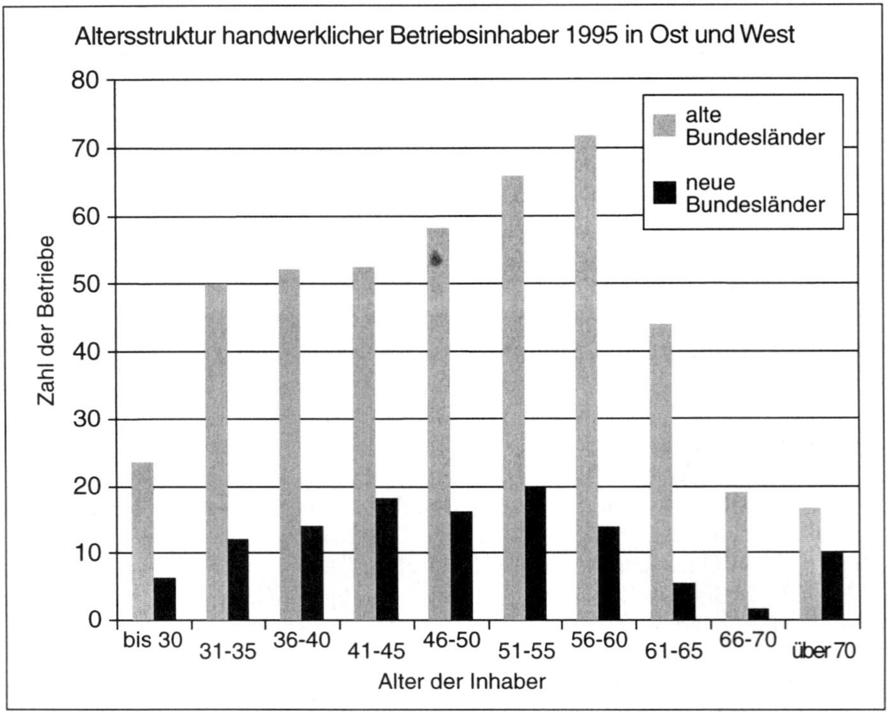

in vielen Handwerksberufen die *Beschäftigten bemerkenswert jung* sind, ist verschiedenen Ursachen zuzuschreiben:

- Das Handwerk hat – bis auf kleinere Bereiche – stets über seinen Bedarf ausgebildet: 15-17% der Beschäftigten standen einem Anteil von 30-35% bereitgestellter Ausbildungsplätze gegenüber.
- Rund die Hälfte der Beschäftigten verließen in den ersten zehn Jahren nach der Gesellenprüfung das Handwerk und wanderten in andere Wirtschaftsbereiche ab.

Die Frage nach den Chancen des Handwerks, seinen Fachkräftebedarf am Ausbildungs- und Arbeitsmarkt zu decken, sind sehr differenziert zu beantworten (nähere Angaben bei Rudolph 1998, S. 31-51). Unter den Prämissen, dass das Berufswahlverhalten der Schulabgänger, die Quote der bestandenen Gesellenprüfungen bzw. der Abwanderung aus dem Handwerk annähernd konstant bliebe, würde es wegen der in den letzten Jahren deutlich gesunkenen Ausbildungsbereitschaft der Betriebe mittelfristig trotz der günstigen Ausgangslage zu deutlichen *Engpässen* bei der Facharbeiterversorgung kommen.

Wichtiger noch als diese Mengenbetrachtungen sind detailliertere Ursachenanalysen, aus denen Zusammenhänge und damit auch mögliche Handlungsansätze erkennbar werden:

- Vieles weist darauf hin, dass das Erlernen eines Handwerks für viele Jugendliche noch immer zweite Wahl und dass Jugendliche deshalb ins Handwerk gehen, weil sie in anderen Wirtschaftsbereichen keine Chance haben.
- Es gibt Zusammenhänge zwischen der nachlassenden Ausbildungsbereitschaft der Betriebe und den traditionellen Rekrutierungsstrategien im Handwerk – das Handwerk profitiert leider noch immer zu wenig von dem generell gestiegenen Niveau der Schulausbildung. Das Handwerk muss seine Angebote an Realschüler und Abiturienten verstärken und vor allem mehr Frauen integrieren.
- Das Image des Handwerks entspricht in vielen Berufen nicht mehr den realen Anforderungen – dies führt zu Mismatch-Problemen am Ausbildungs- und Arbeitsmarkt und macht die Rekrutierung geeigneter Schulabgänger und Fachkräfte schwierig. Den hohen Anforderungen der Berufswelt ist eine wach-

Abb. 2 Alterstrukturen der Betriebsinhaber in bestimmten Bereichen

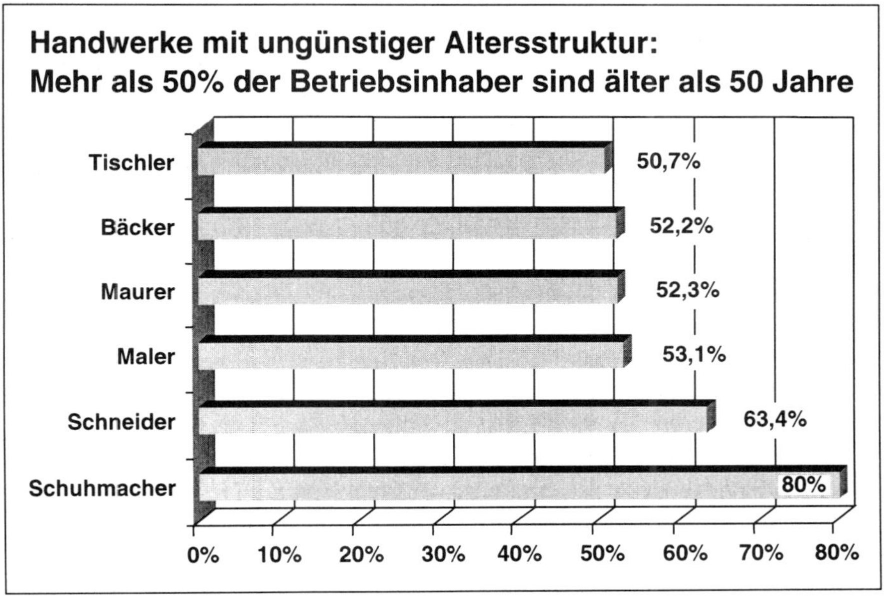

sende Zahl von Schulabgängern aus fachlichen oder persönlichen/sozialisationsbedingten Gründen nicht gewachsen.
- Fehlende Aufstiegsmöglichkeiten in Kleinbetrieben, relativ niedrige Entlohnung und Defizite im Arbeits- und Gesundheitsschutz führen zu Abwanderungsbewegungen aus dem Handwerk. Dies ist um so bedauerlicher, als entsprechende Umfragen belegen, dass die Arbeitszufriedenheit im Handwerk eigentlich überdurchschnittlich groß ist.

Die Ergebnisse der Delphi-Befragung, in der Experten aus der Handwerksorganisation bzw. Innungen und Verbänden sowie Handwerksexperten aus Wissenschaft und Verwaltung nach Fragen der Aus- und Weiterbildung, demographischen Risiken und zukünftigen Entwicklungen befragt wurden, machen deutlich, dass diese Entwicklungen von den Experten zum Teil durchaus gesehen und diskutiert werden. Häufig genug befürchten die Experten allerdings auch, dass das, was notwendig und sinnvoll ist, nicht unbedingt auch betriebliche Wirklichkeit werden wird.

So gehen die befragten Experten durchweg davon aus, dass die Anforderungen an die Beschäftigten im Handwerk auch in Zukunft weiter steigen werden. Die Experten sind sich demographischer Risiken für ausgewählte Wirtschaftsbereiche bewusst und sie plädieren dafür, mehr Lernstarke ins Handwerk zu holen. Als wichtigste Voraussetzung für eine steigende Ausbildungsbereitschaft sehen die Experten eine bessere schulische Ausbildung, den längeren Verbleib im Betrieb und eine stärke Ausrichtung der überbetrieblichen Ausbildung am betrieblichen Bedarf. Auf ältere Beschäftigte wollen die Handwerksunternehmen nach Ansicht der meisten Experten in Zukunft nicht verzichten. Die Integration von mehr Frauen ins Handwerk halten sie für überaus wünschenswert, allerdings auch eher unwahrscheinlich. Größere Chancen haben ihrer Ansicht nach ausländische Jugendliche und Arbeitnehmer. Dass die Fragen des Arbeits- und Gesundheitsschutzes im Handwerk nicht befriedigend gelöst sind, diese Ansicht teilt die Mehrheit der Experten ebenso wie die Einschätzung, dass in Zukunft dem lebenslangen Lernen und der Weiterbildung eine große Bedeutung zukommt.

Lebenslanges Lernen im Handwerk

Wie immer man es betrachtet: Lebenslanges Lernen wird in Zukunft für Beschäftigte und Unternehmen immer wichtiger werden (nähere Angaben bei Ax/Frevel 1997; Packebusch/Weber 1998; Marstedt/Müller 1998). Für die Beschäftigten auch deshalb, weil das lebenslange Anstellungsverhältnis, die sog. Normal-Berufsbiographie, sich schon heute als Fiktion erweist und für die Zukunft mit noch mehr Mobilität am Arbeitsmarkt zu rechnen ist. Für die Unternehmen gilt: die Bindung von guten Fachkräften an das Unternehmen setzt voraus, dass den Beschäftigten attraktive Entwicklungsangebote gemacht werden können. Karrieremuster sind in

Kleinbetrieben auch vorstellbar im Sinne von horizontalen Karrieren, eine Ausdifferenzierung von Beschäftigungsfeldern, das Hineinwachsen in neue Verantwortungsbereiche sind für Betriebe wie Beschäftigte der produktivste Umgang mit dem normalen Alterungsprozess der Belegschaftsmitglieder.

Dass hier mehr adäquate Angebote von Seiten der Bildungseinrichtungen gemacht werden müssen, ist offensichtlich. Modulare Bildungsangebote, wie sie z.B. bei der Handwerkskammer Hamburg entwickelt werden, die für Führungskräfte wie auch für praktisch Begabte lebenslang berufsbegleitend Chancen eröffnen, sind hier ebenso zu nennen wie neue Formen des Lernens, in denen Arbeiten und Lernen im Betrieb verknüpft werden. Von den neuen Medien ist hier zur Recht ein Innovationsschub zu erwarten.

Alternsgerechte Arbeitsplätze: ein nachhaltiger Umgang mit dem Erwerbsvermögen plus Personalentwicklung

Überraschend deutlich stellt sich gegenwärtig der Befund dar, dass dem Arbeits- und Gesundheitsschutz im Handwerk bisher nicht genügend Aufmerksamkeit geschenkt wurden. Packebusch/Weber (1998) und Müller/Marstedt (1998) machen deutlich, dass es sowohl im Interesse der Unternehmen als auch der Beschäftigten hier einen erheblichen Handlungs- und Entwicklungsbedarf gibt. Die hohe Motivation, mit der junge Menschen zunächst ins Handwerk gehen, und die überdurchschnittliche Zufriedenheit mit der immer noch wenig arbeitsteiligen und verantwortungsvollen Arbeit sowie dem Arbeitsumfeld machen deutlich, dass das Handwerk viele Ansatzpunkt für eine humane Arbeitswelt und eine hohe Arbeitszufriedenheit bietet und diesen Vorteil am Arbeitsmarkt nicht fahrlässig verspielen sollte.

Die Entwicklung neuer handwerksgerechter Personalentwicklungsstrategien und praxisnaher Problemlösungen für den Umgang mit Gefahrstoffen sowie Arbeitsprozessen, die gegenwärtig mit hohem körperlichem Verschleiß verbunden sind, müssen auch von Seiten der Intermediäre (Kammern, Verbände, Innungen, Berufsgenossenschaften und Krankenkassen) verstärkt in Angriff genommen werden. Zumal die Berufsgenossenschaften sind aufgerufen, ihren neu erteilten Auftrag, auch vorbeugenden Gesundheitsschutz zu betreiben, verstärkt mit Leben zu füllen.

Der nachhaltige Umgang mit dem eigenen und fremden Arbeitsvermögen ist unter der neuen demographischen Perspektive sowohl für die Unternehmensleitungen als auch für die Beschäftigten und ihre Vertretungen eine wichtiger werdende Aufgabe. Wer auch mit 60 und darüber hinaus noch tätig sein möchte oder muss, der sollte rechtzeitig mit seinen Kräften haushalten und seine Potenziale weiterentwickeln. Die Erhaltung und Weiterentwicklung des Arbeitsvermögens wird vor diesem Hintergrund ein Gut, das kurzfristigen Zielen der Beschäftigten und Unternehmensleitungen (z.B. Überstunden statt Freizeitausgleich) nicht mehr ohne weiteres geopfert werden darf.

Flexibilisierung der Arbeitswelt: Aufgaben für die Tarifpartner

Auch flexiblere Arbeitszeiten – vom der Teilzeit bis zum Sabbatjahr – sind Chancen, die dem Handwerk und seinen Beschäftigen einen produktiven Umgang mit dem demographischen Wandel erlauben. Flexible Arbeitszeiten sind – richtig eingeführt – in der Lage, die Betriebskosten zu senken und die Position am Markt als Dienstleister zu verbessern. Außerdem können Arbeitszeit-Flexibilisierungspotenziale u.a. systematisch genutzt werden, um die Vereinbarkeit von Arbeit und Familie für Männer und Frauen zu erhöhen. Die Altersteilzeit ist ein guter Weg, erfahrene älteren Mitarbeiter entsprechend ihren Wünschen und ihren Möglichkeiten im Betrieb zu halten und einzusetzen.

Dass an diesen Themen ein großes Interesse von Seiten des Handwerks besteht, belegen die Ergebnisse der Delphi-Befragung. Und die Wirklichkeit der Betriebe (nähere Angaben bei Oppolzer/Zachert 1998) ist schon heute bunter, als es die geltenden Tarifverträgen erwarten lassen. Es ist zu wünschen, dass die Tarifpartner diese Zukunftsfenster erkennen und in Zukunft gemeinsam die Problemlösungspotenziale erschließen, die sich über eine kluge Arbeitszeitpolitik für die Gesellschaft und Individuen ergeben können. Die Integration von Frauen in die Arbeitswelt des Handwerks, lebenslanges Lernen und die Vereinbarkeit von Arbeit und Familie für Frauen und Männer als Voraussetzung für eine kinderfreundlichere Gesellschaft können auf diese Weise befördert werden.

Last but not least: Handwerk bietet Chancen für neue Arbeit

Da kaum etwas die Chancen älterer Beschäftigter am Arbeitsmarkt durchschlagender bessern würde (ohne die Chancen der Jungen zu mindern), als eine stärkere Position der „Ware Arbeitskraft" am Markt, ist natürlich auch die Frage von höchstem Interesse, wo unter unter welchen Bedinungen neue Arbeitsplätze und echte Beschäftigungsgewinne auch im Handwerk zu erwarten wären. Wachstumschancen, neue Beschäftigungsfelder im Handwerk waren daher mit Blick auf wichtige Trends Gegenstand von Betrachtungen (nähere Angaben bei Ax 1997):

- Handwerk und die Kunden 50+
- Nachhaltige Arbeitsplätze: Handwerk als Anbieter ökoeffizienter Produkte und Dienstleistungen

Der Seniorenmarkt und das Handwerk

Die Zahl der älteren Kunden wird für das Handwerk aus demographischen Gründen deutlich zunehmen: Während heute ein Fünftel der Bevölkerung 60 Jahre und älter ist, wird es im Jahre 2010 ein Viertel und im Jahre 2030 ein Drittel sein. Der größere Teil dieser Kundengruppe ist weiblich. Die Kundengruppe verfügt über eine vergleichsweise große Kaufkraft. Pro Kopf gerechnet liegt sie bei den Personen zwischen 30 und 39 Jahren bei 1.300 DM pro Monat, bei den 50-59jährigen bei 1.850 DM und bei den wenigsten 60jährigen bei 1.700 DM pro Monat. In den kommenden vier Jahren werden fünf Millionen Haushalte Werte von 2,6 Billionen DM erben, wovon über eine Billion DM Geldvermögen sind. 72% der 50-69jährigen sind mit ihrem Familieneinkommen zufrieden.

Die älteren Verbraucher (50+) bilden ein besonders wichtiges Marktsegment, das für das Handwerk aus verschiedenen Gründen besonders wichtig sein dürfte:

- dieses Marktsegment wird als Einziges weiter wachsen,
- es verfügt über ein hohes Kaufkraftpotenzial und
- da die Erwartungen dieser Kundengruppe an Qualität und Service sehr hoch sind, ist die Bereitschaft und die Fähigkeit, diese Kundengruppe zufrieden zu stellen, ein gutes Barometer für die erfolgreiche Kundenorientierung des Unternehmens und seiner Produkte und Dienstleistungen.

Allgemein gilt: je älter die Kunden sind, desto stärker müssen die Unternehmen und ihre Beschäftigten auf die altersspezifischen Bedürfnislagen eingehen. Auf der einen Seite nehmen die altersspezfischen Handicaps zu (Hör- und Sehvermögen, Beweglichkeit), auf der anderen Seite wächst der Wunsch nach persönlicher Betreuung, nach Höflichkeit, Aufmerksamkeit und Geduld. Freundlichkeit ist für diese Kundengruppen wichtiger als der Preis (vgl. Abb. 3).

Neben den personenbezogenen Dienstleistern sowie den Bereichen Reparatur und Instandhaltung sowie den Gesundheitshandwerkern sind es vor allem auch die Handwerke, die die Bereiche Bauen und Wohnen berühren, die sich rechtzeitig mit diesen Kundengruppen und ihren Wünschen beschäftigten sollten.

Ältere Menschen leben in verschiedenen Wohnwelten, die jedoch alle spezfische Märkte auch für das Handwerk darstellen. Die große Mehrheit der Älteren lebt bis zuletzt in der eigenen Wohnung. In der Bundesrepublik gibt es elf Millionen Haushalte mit 16 Millionen Personen im Alter von 60 und mehr. Drei Millionen Wohnungen von Haushalten älterer Menschen sind mit Ausstattungsmängeln behaftet. Mehr als eine Million Wohnungen müssen als „Substandard“ gekennzeichnet werden, was insbesondere für Handwerker von Interesse ist, wenn sie über die reinen technischen und fachlichen Aufgaben hinaus auch als Dienstleister, Berater und in gewissem Sinne auch als Betreuer fungieren wollen.

Auch die Übernahme von kleineren Reparaturaufträgen kann sich auszahlen, wenn derselbe Kunde oder seine Bekannten später nach einem „zuverlässigen und freundlichen“ Handwerker sucht. Ein wachsender Anteil älterer Menschen entscheidet sich für Formen des „betreuten Wohnens“. Bisher wurden ca. 300.000 Wohnungen dieser Art gebaut, die den Anforderungen des „barrierefreien“ Wohnens entsprechen und mit speziellen Dienstleistungsangeboten verbunden sind. Hier ent-

Abb. 3 Kriterien für die Kundengewinnung im Marktsegment der Senioren

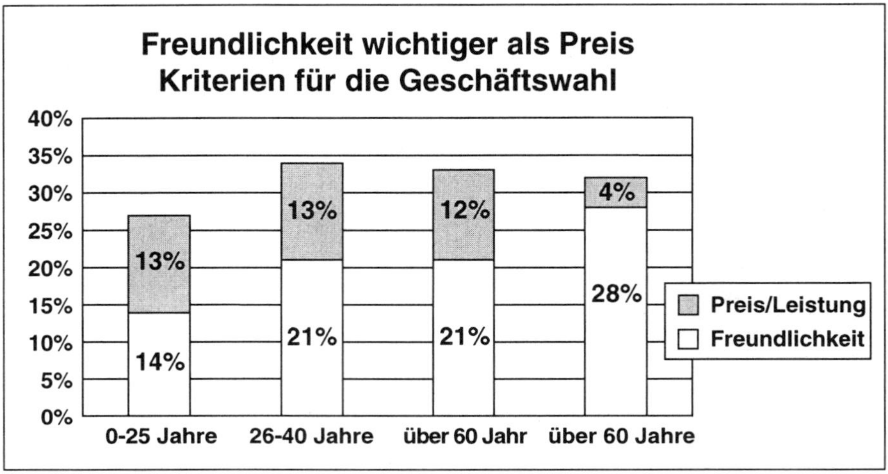

Quelle: nach Textil-Mitteilungen, Nr. 34/21. Aug. 1996

stehen für das Handwerk nicht nur Bau- und Erhaltungsaufgaben. Auch die Errichtung und der Betrieb von Anlagen könnte von Arbeitsgemeinschaften aus dem Handwerk übernommen werden. Die Handwerksbetriebe müssen sich stärker als bisher mit diesen Märkten und den Wünschen der älter werdenen Kundschaft beschäftigen. Das erfordert eine neue Sensibilität. Ein Handwerksbetrieb, der Zugang zu den Älteren gefunden hat, gute Arbeit leistet und Kontinuität sicherstellt, hat diese Kunden für sich gewonnen. Die Senioren sind standortgebunden und suchen Beständigkeit. Sie sind bereit, die gleiche Beständigkeit in Form von dauerhafter Kundenbindung zu pflegen.

Nachhaltige Arbeitsplätze: Handwerk als Anbieter ökoeffizienter Produkte und Dienstleistungen

Wurde das Thema Ökologie in der Vergangenheit maßgeblich in den Begriffen des nachsorgenden Umweltschutzes und des Naturschutzes verhandelt, so lässt sich die Steigerung der Ressourcenproduktivität auch als ein Prozess der Verdienstleistung beschreiben. Produkte können in solchen nachhaltigeren Szenarien beispielsweise durch Dienstleistungen substituiert bzw. um höherwertige Dienstleistungen ergänzt werden. Solche Produkte hätten einen entsprechend höheren Nutzen im Sinne der Materialintensität pro Serviceeinheit und würden von vornherein so konzipiert, dass sie einen längeren oder intensiveren Gebrauch möglich machen. Auch Strategien des Remanufacturing bzw. Upgrading sowie der Einsatz von Materialien, die eine Weiterverwendung im Sinne der Kreislaufwirtschaft ermöglichen, spielen bei solchen Überlegungen eine wichtige Rolle.

Es ist vor diesem Hintergrund also mehr als sinnvoll, den Versuch zu unternehmen, für und mit den Akteuren einzelner Handwerkszweige Szenarien zu entwikkeln, wie ein solcher Strukturwandel aussehen könnte und mit innovativen Unternehmen Dienstleistungen und Produkte zu entwickeln, die jeweils ein Teil der Lösung des Problems sein könnten. Es versteht sich von selbst, dass bei dieser Entwicklung der Kunde, seine Bedürfnisse und seine Gewohnheiten Ausgangs- und Endpunkt aller Überlegungen sein muss: von der Produktkonzeption bis zum Service-Design.

Wenn wir die uns bekannten Strategien der Ökoeffizienz heute diskutieren, so geht es in der Regel nicht darum, die unterschiedlichen Lösungsansätze der Dematerialisierung alternativ zu diskutieren. Wir müssen vielmehr im Sinne von ökologischem Produkt- resp. Servicedesign in jedem Einzelfall alle vorstellbaren Lösungsansätze, darunter auch konkurrierende Lösungsansätze in Erwägung ziehen, um schließlich die optimale Lösung für die jeweiligen Bedürfnisfelder, Produkte und Dienstleistungen zu identifizieren.

Einer der wichtigen strategischen Optionen für solche Konversionsstrategien ist die Evolution unserer Wirtschaftsweise von der Durchflusswirtschaft hin zu einer Systemerhaltungswirtschaft.[4] Eine solche „Serviceökonomie“ hat nicht nur den Vorzug ressourceneffizienter zu sein, sie ist auch eine Chance für den Faktor Arbeit – eine Chance dem altindustriellen Dilemma des „Verschwenden müssens, um arbeiten zu dürfen“, zu entkommen.

Auf das Handwerk mit seinen über sechs Millionen Beschäftigten bezogen könnte sie bedeuten, dass wesentliche Tätigkeitsfelder und Kernkompetenzen des Handwerks vor allem in den Bereichen Instandhaltung und Modernisierung verstärkt nachgefragt und weiterentwickelt werden könnten. Systematisch betrachtet gehört das institutionalisierte Handwerk nämlich heute zu den Wirtschaftsakteuren, die die größte Kompetenz und das größte wirtschaftliche Eigeninteresse an dem Erfolg solcher Konzepte haben müsste.

Beispiel: Handwerk als ökoeffizienter Dienstleister

An der Situation des Radio- und Fernsehtechnikerhandwerks lässt sich das heute noch beherrschende Dilemma des Handwerks wunderbar deutlich machen. Seit Jahren befindet sich das Elektrohandwerk im Strukturwandel. Die Radio- und Fernsehtechniker-Werkstätten sind hiervon am stärksten betroffen. Eine Studie über die

4 Vgl. die Arbeiten des Institutes für Produktdauer-Forschung Genf, das seit über 20 Jahren solche Ansätze untersucht und weiterentwickelt: http://www.product-life.org

Zukunft der Radio- und Fernsehtechnikerbetriebe, die im Auftrag des europäischen Fachverbandes für die Niederlande in Auftrag gegeben wurde, geht davon aus, dass die Hälfte bis zwei Drittel aller Unternehmen in den nächsten Jahren wohl werden aufgeben müssen.

Immer kürze Produktlebenszyklen und schnell sinkende Preise (derzeit z.B. für hochwertige Monitore und Notebooks) führen zu sinkenden Handelsspannen, unberechenbaren Märkten und machen die Reparatur für den Konsumenten uninteressanter. Gleichzeitig lässt die schnelle Durchdringung der Haushalte mit modernen IuK-Technologien und die große Zahl der elektronischen Geräte und Helfer ein Vakuum in den Bereichen Beratung, Reparatur, Service, aber auch Aufrüstung, Weiter- und Wiederverwendung entstehen.

Die Radio- und Fernsehtechnikerwerkstätten werden in diesem Prozess scheinbar überflüssig. Auch wenn die Novellierung der Handwerksordnung diese Veränderungen reflektiert: die Geschwindigkeit des technischen Wandels und die schnelle Veränderung der Märkte führen zu Verwerfungen und stellen die Zukunftsfähigkeit sehr vieler Handwerksbetriebe in Frage. Die starke Position der Produzenten, Großhandels-Betriebsformen wie Mediamärkte und die Lobby der Verwerter beschränken den wirtschaftlichen Raum für das Handwerk langsam aber stetig. Während die Reparatur schon lange als ein wenig rentables Geschäft in den Hintergrund der Geschäftstätigkeit der meisten Radio- und Fernsehwerkstätten getreten ist, erleben die Radio- und Fernsehtechnikerwerkstätten gegenwärtig, dass ihnen ihr neues Standbein, der Handel, zunehmend wegbricht.

Auch als Partner und als potenzieller Verbündeter der Konsumenten hat das Handwerk verloren. Die starke Anbindung an den Handel, das geringe wirtschaftliche Interesse an professionellen Reparaturdienstleistungen sowie die geringe Kundenorientierung und Kundenbindung führten in der Vergangenheit dazu, dass das Elektrohandwerk die Wegwerfmentalität der Verbraucher (z.B. mit teuren Kostenvoranschlägen) sogar tendenziell nährte und viel Vertrauen verspielte. Konzeptionelle Überlegungen und erste Versuche der Neupositionierung dieses Handwerks am Markt reflektieren alle Aspekte, die mit einem ökologischen Re-Design dieser Wertschöpfungsketten heute und in Zukunft verbunden sind.

Dabei fällt auf, dass die gegenwärtig in der Diskussion befindlichen Umsetzungsstrategien dieser Branche, die infolge des Kreislaufwirtschaftsgesetzes in verschiedenen Arbeitskreisen und europäischen Zusammenhängen vorangetrieben werden, von den Produzenten und den Verwertern getragen werden. Der Akteur Handwerk, der das größte Interesse an der Nutzungsphase dieser Produkte hat, steht außen vor.

Die wichtigsten Innovationen und Ansatzpunkte für zukunftsfähige Strategien kommen derzeit aus dem Handwerk selber. Unterstützt von der ASWO – einem niedersächsischen Großhandelsunternehmen für Elektro- und Elektronikersatzteile – entstanden und entstehen gegenwärtig Netzwerke, neue Dienstleistungskonzepte und Kooperationswerkzeuge, die vielversprechend sind und in Zusammenarbeit mit dem Handwerk weiterentwickelt werden sollen: von Datenbanken, die die Reparaturwerkstätten unterstützen, bis hin zu integrierten betriebswirtschaftlichen Konzepten (Marketing, Kostenrechnung) sowie überregionalen Kooperationsstrukturen und deren Logistik.

Daneben werden Aktivitäten von Handwerksbetrieben aufgegriffen und verstärkt, die systematisch in die Verwertung bzw. das Recycling von Produkten (Kühlschränke/ PCs) eingestiegen sind. Auch hier zeichnet sich eine notwendige und eine mögliche Professionalisierung ab, die in der Zukunft weiterentwickelt und auf eine breitere Grundlage gestellt werden sollte. Dabei muss das Handwerk bei der Neukonzeptionierung seiner Dienstleistungen in erster Linie auf kluge Allianzen mit den Service- und Nutzeninteressen der Käufer setzen.

Dass viele Konsumenten es – zumal im IuK-Bereich – leid sind, heute Produkte zu kaufen, die morgen schon veraltet sind, belegen nicht zuletzt die Werbeprospekte der jüngsten Vergangenheit. Immer mehr Produzenten werben für ihre Geräte mit Argumenten aus den Bereichen Service und Aufrüstgarantien (Toshiba Notebooks, Vobis-PCs).

Einer der jüngeren Schlussberichte der Umwelt-Enquetekommission des Deutschen Bundestages befasste sich vertiefend mit dem Thema des nachhaltigen Wirtschaftens am Beispiel Bauen und Wohnen. Die Zukunft der Baubranche sind – hier sind die Ergebnisse deutlich – weniger im Bereich Neubau als vielmehr in den Bereichen Instandhaltung, Instandsetzung, Weiter- und Wiederverwendung von Gebäuden, Bauen im Bestand und Nachverdichtung, Wärmedämmung, Energiedienstleistungen und –management zu suchen.

Die Städte sind im wesentlichen gebaut. Die Zeiten der großen Infrastrukturinvestitionen oder der großzügigen Ausweisung von Neubaugebieten sind vorbei. Die öffentliche Hand ist hoch verschuldet und hat wenig finanzielle Spielräume. Der Gewerbebau stagniert. Auch die Praxis des Bauens hat sich verändert. Kostensparendes Bauen ist heute in der Regel mit dem Einsatz von Präfabrikaten verbunden. Die Gebäude und ihr Management werden immer intelligenter, die Anforderungen an die Qualifikationen der Beschäftigten steigen ebenso wie die Wissens- und die Informationsverarbeitungsanteile an der Produktion.

Einer der großen Wachstumsmärkte der Zukunft ist das Gebäudemanagement. Der Geschäftsbereich des Gebäudemanagement umfasst heute faktisch die Bewirtschaftung von Gebäuden aus einer Hand: von der Instandhaltung über das Kosten- und Energiemanagement bis hin zur kompletten Übernahme des Gebäudes und des Leasings an Nutzer. Die großen Facility-Management-Unternehmen waren bisher in der Regel Töchter von Großbetrieben, darunter z.B. Raab Karcher oder Töchter von Energieversorgungsunternehmen.

Diese bedienten sich bei der praktischen Umsetzung in der Regel des örtlichen Handwerks und übernahmen selber das Management und die Kundenakquisition. In der jüngeren Vergangenheit kam es nun in verschiedenen Regionen Deutschlands zum Aufbau von handwerklichen Kooperationen. Ziel dieser Kooperationen ist es, durch Komplettangebote diesen Gebäudemanagementmarkt dem Handwerk direkt zu erschließen.

Eine der meistbeachteten Unternehmensgründungen im Handwerk der letzten Jahre war die Gründung der Facility-Management-Hamburg (FMH), einer Aktiengesellschaft, die im Besitz von 130 Hamburger Handwerksbetrieben ist und mit einer eigenen Geschäftsführung als Gebäudemanager am Hamburger Markt aktiv wird. FMH hat unter einem Dach sämtliche Gewerke des Bauhandwerks sowie das Gebäudereinigerhandwerk. Nicht mehr das Bauen selber ist hier Geschäftsgegenstand. Verkauft wird dem Kunden vielmehr die unter Kosten und Langlebigkeit optimierte Nutzung der Gebäude mit einem deutlichen Schwerpunkt bei der vorsorgenden Instandhaltung.

Das Angebot weitergehender Dienstleistungen, die das Wohnen selber betreffen, sind hier auch in zweiter Linie durchaus vorstellbar. Die Bereitstellung und Wartung von Wohn-Infrastruktur: von der Waschmaschine über die Küchengeräte bis hin zum Thema Medien sowie die ganze Bandbreite an personenbezogenen Dienstleistungen (Waschen, Einkaufen etc.).

Handwerk als ökoeffizienter Dienstleister kann in diese Märkte noch sehr viel stärker hineinwachsen, wenn es seine Rolle in diesem Sinne neu definiert und den Markt für sich aktiv entwickelt. Dass solche Quantensprünge der Innovation durchaus machbar sind – sogar durch Forschungsvorhaben initiiert – zeigt das Beispiel des Kfz-Handwerks, das – animiert durch die Ergebnisse eines Forschungsprojektes mit dem Schwerpunkt „ökoeffiziente Dienstleistungen" im Programm Dienstleistung 2000 – sich heute in Teilen wohl schon vorstellen kann, als Mobilitätsanbieter im Sinne mit Leasingstrategien an den Markt zu gehen.

Aufgaben für den Staat und Intermediäre

Nicht nur die Unternehmer, auch der Staat und das Unternehmensumfeld (Kammern, Verbände, Innungen, Kommunen und Wirtschaftsförderung, Berufsgenossenschaften u.a.) tragen bei der Bewältigung des Demographischen Wandels Verantwortung. Die Ausgrenzung älterer Beschäftigter – dies haben die letzten zehn Jahre gezeigt – ist vor allem auch davon abhängig, unter welchen ökonomischen und rechtlichen Rahmenbedingungen sich der Faktor Arbeit insgesamt vermarkten muss. Hier sind – genau wie bei der Entwicklung branchenübergreifenden Problemlösungen – die einzelnen Unternehmer wie auch die Beschäftigten überfordert. Aus der Sicht des Handwerks sind hier vor allem solche Maßnahmen wünschenswert, die die Belastung des Faktors Arbeit (Abgaben, Steuern) senken, den Anreiz für Schwarzarbeit mindern und die Faktorkosten zugunsten des Faktors Arbeit korrigieren. Alles in allem bietet das arbeitsintensive Handwerk durchaus Ansatzpunkte zur Schaffung neuer Beschäftigungsfelder, in denen auch ältere Beschäftigte ihren Platz haben. Dazu müssen jedoch Rahmenbedingungen geschaffen werden, die den Faktor „Arbeit“ als Anbieter und als Nachfrager von Produkten und Dienstleistungen wieder stärker begünstigen.

Fazit: Das Werk der Gesellinnen und Gesellen stärken!

Das Handwerk hat bislang seinen Fachkräftebedarf problemlos decken können, weil es weit über den eigenen Bedarf ausbildet hat. Diese Strategie ist wegen der gestiegenen Anforderungen in der Arbeitswelt schon heute problematisch und wird in Folge des demographischen Wandels definitiv an ihre Grenzen stoßen. Um diese Herausforderung zu bestehen, muss das Handwerk seine Position am Arbeitsmarkt verbessern. Dies setzt voraus, dass der Arbeits- und Gesundheitsschutz einen höheren Stellenwert erhält und mehr Karriere- und Entwicklungsangebote an die Beschäftigten gemacht werden müssen.

Gerade für das arbeitsintensive Handwerk gilt, dass Rekrutierungsstrategien und der sorgfältige und verantwortungsvolle Umgang mit den Fachkräften und deren Arbeitsvermögen darüber entscheiden wird, ob die unzweifelhaft großen Chancen am Markt künftig genutzt werden können. Dabei gehen Zukunftsstrategien und produktiver Umgang mit dem demographischen Wandel Hand in Hand. Das Handwerk der Zukunft muss qualitativen Strategien bei der Personalrekrutierung und der Personalentwicklung einen höheren Stellenwert einräumen.

Die Beschäftigten im Handwerk brauchen Unternehmen, die ihnen Entwicklungsperspektiven bieten und die das Arbeitsvermögen der Gesellen und Gesellinnen erhalten und kontinuierlich weiterentwickeln. Kammern und Verbände stehen in der Verantwortung, diesen Prozess zu moderieren und zu begleiten.

Die Flexibilisierung der (Lebens-)Arbeitszeiten und neue Formen des lebenslangen Lernens sind geeignet, gleichermaßen dem Interesse der Unternehmen als auch der Beschäftigten zu dienen. Die Tarifparteien sind aufgerufen, hier die entsprechenden Rahmenbedingungen zu schaffen.

Literatur

Ax, C. (1994): Der alte Traum vom ganzen Menschen. In: Wohlstand Light, Perspektiven für ein Zukunftsfähiges Deutschland. Politische Ökologie, H. 39

Ax, C. (1995): Für ein 21. Jahrhundert der neuen Qualitäten. In: Zukünfte, Jg. 5 (1995), S. 15-16

Ax, C. (1996): Agenda 21: Hamburgs mühsamer Weg ins 21. Jahrhundert. In: Germanwatch (Hrsg.): Lokal Handeln, Global Denken, S. 42-55

Ax, C. (1997a): Dienstleistungen statt Produkte – Neue Märkte für das Handwerk. In: Bullinger, H.-J. (Hrsg.): Dienstleistungen für das 21. Jahrhundert. Gestaltung des Wandels und Aufbruch in die Zukunft, S. 557-586

Ax, C. (1997b): Über das Zuviel und Zuwenig der Massenproduktion, Plädoyer für eine handwerkliche Ästhetik der Nachhaltigkeit. In: Unternehmensgrün (Hrsg.): Von der Vision zur Praxis, Nachhaltiges Wirtschaften als Perspektive von Unternehmen, S. 113-125

Ax, C. (1997c): Wochenmarkt statt Weltmarkt, Maßproduktion statt Massenproduktion. Die Bedeutung des Handwerks für den AGENDA-21 Prozess am Beispiel Hamburg. In: Birzer, Feindt, Spindler (Hrsg.): Nachhaltige Stadtentwicklung, Konzepte und Projekte, S. 154-164

Ax, C. (1997d): Das Handwerk der Zukunft, Leitbilder für nachhaltiges Wirtschaften. Basel, Boston, Berlin.

Ax, C. (1999): Umweltgerechtes Wirtschaften und ländlicher Arbeitsmarkt – Rahmenbedingungen und Beschäftigungspotenziale. In: Umweltbundesamt (Hrsg.): Umweltschutz und Beschäftigung in ländlichen Räumen

Ax, C. (Hrsg.) (1999): Werkstatt für Nachhaltigkeit - Handwerk als Schlüssel für eine zukunftsfähige Wirtschaft. In: „Politische Ökologie. Jg. 15 (1998), Sonderheft 9

Ax, C.; Frevel, A. (1997): Handwerk: Chancen und Risiken des demographischen Wandels. In: Klose, H.-U. (Hg.): Perspektiven der alternden Arbeitsgesellschaft, Forum Demographie und Politik, H. 9, S. 129-159

Marahrens, W.; Ax, C.; Buck, G. (Hrsg.) (1991): Stadt und Umwelt, Aspekte einer europäischen Stadtpolitik. Basel, Boston, Berlin

Marstedt, G.; Müller, R. (1998): Die Arbeit ist befriedigend – aber kann man im Handwerk auch alt werden? In: Klose, H.-U.; Ax, C.: Zukunft des Handwerks in einer alternden Gesellschaft, Forum für Demographie und Politik, H. 11, S. 115-141

Oppolzer, A.; Zachert, U. (1998): Arbeitszeit und Tarifrecht im Handwerk bis 2010. In: Klose, H.-U.; Ax, C.: Zukunft des Handwerks in einer alternden Gesellschaft, Forum für Demographie und Politik, H. 11, S. 157-181

Packebusch, L.; Weber, B. (1998): Altern im Handwerk – Beispiel Dachdecker, Kfz- und SHK-Handwerk. In: Klose, H.-U.; Ax, C.: Zukunft des Handwerks in einer alternden Gesellschaft, Forum für Demographie und Politik, H. 11, S.101-115

Rudolph, A. (1998): Demographische Entwicklung und Nachwuchssicherung im Handwerk. In: Klose, H.-U.; Ax, C.: Zukunft des Handwerks in einer alternden Gesellschaft, Forum für Demographie und Politik, H. 11, S. 31-51

Schenkel, W.; Ax, C. (1998): Schlaraffenland – Alte Märchen und neue Wirklichkeit. In: Jahrbuch Ökologie, S. 31-40

von Rothkirch, C. (1998): Handwerk im Wandel der Industriegesellschaft. In: Klose, H.-U.; Ax, C.: Zukunft des Handwerks in einer alternden Gesellschaft, Forum für Demographie und Politik, H. 11, S. 51-73

Das Werk des Gesellen und der Gesellin stärken

Deutschland altert! Was wird aus dem Handwerk?

Nachwuchssicherung war für das Handwerk bisher kein Thema: doch fast die Hälfte der Gesellinnen und Gesellen verlässt das Handwerk in den ersten zehn Jahren.

Handwerk hat Zukunft - wenn es sie gestaltet: Dies gilt auch und gerade unter veränderten demographischen Vorzeichen.

Alternsgerechte Arbeitsplätze: nur mit einer aktiven Personalentwicklung können Zukunftsmärkte erobert werden: das Handwerk braucht in Zukunft auch die Frauen und erfahrene ältere Arbeitskräfte ...

Lebenslanges Lernen im Handwerk erfordert neue Angebote an Betriebe und Beschäftigte.

Kann man im Handwerk auch alt werden?

Ausbilden reicht nicht - das Handwerk muss die Fachkräfte auch halten können ...

Wenn der leistungsstarke Nachwuchs gar nicht erst kommt oder schnell wieder geht ...

Verbund 2: Demographische Veränderungen - Zukünftige Anforderungen und Strategien im Handwerk
Projekt: Strategien für das Handwerk

Zukunftswerkstatt der Handwerkskammer Hamburg (Christine Ax, Marianne Ludewig)

Eine Chance für die Arbeit – Voraussetzungen eines hohen Beschäftigungsstands bei alternder Bevölkerung

Unbeschadet demografischer Strukturbrüche wird der Mangel an Arbeitsplätzen noch für längere Zeit das bestimmende Problem bleiben. Besonders betroffen sind ältere Arbeitnehmer.

Projektziel war es festzustellen, ob sich tatsächlich gerade im Handwerk Beschäftigungsmöglichkeiten erschließen lassen, die zugleich den Zielsetzungen nachhaltigen Wirtschaftens entsprechen.

An zwei Beispielen wurde herausgearbeitet, dass derartige Beschäftigungspotentiale durchaus vorhanden sind und von einer spürbaren Entlastung des Faktors Arbeit besonders profitieren würden.

Daneben gibt es aber eine Reihe weiterer Voraussetzungen, die geschaffen und Hürden, die überwunden werden müssen, über:

- breite Sensibilisierung der Öffentlichkeit
- aktives Marketing durch das Handwerk
- betriebsübergreifende Kooperationen
- Zusammenarbeit mit den Herstellern (Automobile Solarausstattungen), Kammern, Verbänden, NGOs
- aufklärende Verbraucherberatung, Qualifizierung der Inhaber und Mitarbei ter

Beschäftigungsmöglichkeiten im Handwerk:

Beispiel 1
Umfassende zerstörungsfreie Altfahrzeugdemontage

Beispiel 2
Nutzung von Sonnenenergie zur Warmwassergewinnung

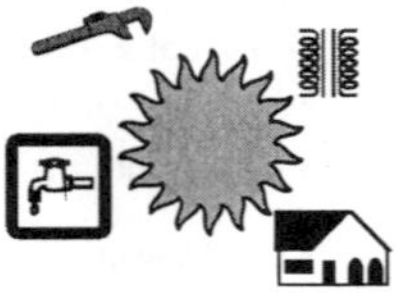

Verbund 2: Demographische Veränderungen - Zukünftige Anforderungen und Strategien im Handwerk
Projekt: Eine Chance für die Arbeit

Institut für Sozialwissenschaftliche Forschung e.V. - ISF München
(Hans Gerhard Mendius, Stefanie Weimer)

Dr. Hans Gerhard Mendius,
Institut für Sozialwissenschaftliche Forschung e.V. (ISF),
München

Umweltorientierte Arbeitsplätze – eine Zukunftsperspektive für das Handwerk und seine Beschäftigten[1]

1. Stellung des Handwerks auf dem Arbeitsmarkt

1.1 Unzulängliche Arbeitskräfteversorgung - ein altes Leiden des Handwerks

In jüngerer Zeit beklagt eine ganze Reihe von Gewerken des Handwerks (auch nach der erfolgten Neuordnung der Anlage A zur Handwerksordnung gibt es noch an die 100 Gewerke) zunehmend eine unzulängliche Arbeitskräfteversorgung. Das Lamento über den Mangel an geeigneten Arbeitskräften und schulisch gut vorge-

1 Der Beitrag stellt eine ergänzte und überarbeitete Fassung des auf dem Fachkongress „Altern und Arbeit" vom Autor gehaltenen Referats dar. Die vorgestellten Ergebnisse beruhen auf den Arbeiten am Projekt „Eine Chance für die Arbeit – Voraussetzungen eines hohen Beschäftigungsstandes bei alternder Bevölkerung". Das Vorhaben wurde vom ISF München im Rahmen des Verbunds „Demographische Veränderungen – Zukünftige Anforderungen und Strategien im Handwerk" (Verbund 2 des Förderschwerpunkts des BMBF zum Thema „Demographischer Wandel und Zukunft der Erwerbsarbeit am Standort Deutschland") durchgeführt. Beteiligt waren Stefanie Weimer, Eckhard Heidling und der Autor. Auch wenn der Beitrag gegenüber dem Referat etwas ausgeführt wurde, wird doch die prononcierte thesenartige Form der Aussagen beibehalten. Eine ausführlichere Darstellung – vor allem auch der empirischen Befunde – findet sich in Mendius/Weimer 1998 sowie im Abschlussband zum Verbundprojekt, der Anfang 2000 erscheinen wird. Näheres zum konzeptionellen Hintergrund des ISF-Projektes findet sich bei Mendius 1997.

bildeten, motivierten und qualifizierungsbereiten Auszubildenden ist aber nicht zum ersten Male zu vernehmen, sondern wiederholt sich in gewissen Abständen seit vielen Jahren immer wieder. Wenn man sich mit den Zukunftsaussichten des Handwerks und insbesondere mit den Potenzialen befassen will, die in der Erschließung neuer umweltorientierter Tätigkeitsfelder stecken können, ist es daher dringend geboten, die Ursachen derartiger Versorgungsprobleme etwas näher zu beleuchten. Es dürfte nämlich kaum einem Zweifel unterliegen, dass sich dauerhafte Erfolge bei der Erschließung neuer Absatz- und damit Beschäftigungschancen nur erzielen lassen, wenn es gelingt, die Arbeitskräfteengpässe zu überwinden.

Zunächst einmal ist festzustellen, dass sich bezüglich des beklagten Mangels sinnvollerweise zwischen der *qualitativen und der quantitativen Dimension* unterscheiden lässt. Quantitativer Fehlbedarf liegt vor, wenn die Zahl der rekrutierbaren Arbeitskräfte einfach zu gering ist, sei es, weil die Zahl der Auszubildenden, die bereit sind, eine Lehre im Handwerk anzutreten, nicht ausreicht, um den Bedarf zu decken, und/oder weil sich auch auf dem Arbeitsmarkt nicht genügend Personal gewinnen lässt. Zahlenmäßige Engpässe können aber auch auftreten, wenn zwar zunächst gelingt, in an sich ausreichendem Umfang zu rekrutieren, es dann aber nach der Ausbildung zu einer starken Abwanderung von ausgelernten Gesellen in andere Wirtschaftszweige kommt.

Darüber hinaus werden aber auch erhebliche Defizite in der qualitativen Dimension konstatiert. Insofern die eingestellten Arbeitskräfte oder jedenfalls ein Teil davon (z.B. nach Kriterien wie Niveau der schulischen Bildung, Motivation, Flexibilität) nicht den Anforderungen der Betriebe entspricht, liegt ein qualitatives Versorgungsproblem vor. Derartige Schwierigkeiten treten – und zwar durchaus auch in ausgeprägter Form – selbst dann auf, wenn rein zahlenmäßig betrachtet genügend Arbeitskräfte verfügbar sind. Solche qualitativen „Flaschenhälse" sind aber vor allem auch zu konstatieren, wenn ohnedies zahlenmäßiger Mangel herrscht, und sie verschärfen dessen Auswirkungen zusätzlich. Folgt man den Verlautbarungen aus dem Handwerk, so ist – jedenfalls in einer Reihe von Gewerken und mit unterschiedlich ausgeprägten regionalen Schwerpunkten – die derzeitige Situation dadurch charakterisiert, dass sich neben den schon länger festgestellten qualitativen Defiziten verstärkt auch wieder quantitative Versorgungslücken bemerkbar machen.

1.2 Hauptursache der Probleme

Wenn es um die Erklärung der Probleme der Arbeitskräfteversorgung im Handwerk geht, wird neuerdings verstärkt ein Zusammenhang mit der demographischen Entwicklung hergestellt. Nun kann kein Zweifel daran bestehen, dass die unverkennbar bereits zu konstatierenden und sich voraussichtlich noch erheblich weiter verschärfenden *Verschiebungen im Altersaufbau* der Erwerbsbevölkerung (abnehmende Anteile Jüngerer, und rasch ansteigende Anteile Älterer) eine massive gesellschaftliche Herausforderung bedeuten. Die sich daraus ergebenden weitreichenden Folgen z.B. für den Arbeitsmarkt, die Sozialversicherungssysteme, aber auch für die betriebliche Personalpolitik, sind bei weitem noch nicht ausreichend analysiert worden. Erst recht kann nicht davon die Rede sein, dass die notwendigen Maßnahmen bereits entwickelt, geschweige denn bereits auf den Weg gebracht wären (vgl. dazu Pack et al. 1999). Selbstverständlich ist auch das Handwerk in nicht zu unterschätzender Weise von diesen Trends betroffen. Dennoch ist es außerordentlich wichtig, sich darüber klar zu werden, dass die demographischen Umbrüche eben *nicht die primäre Ursache* der skizzierten Arbeitskräfteversorgungsschwierigkeiten vieler Handwerksbetriebe sind, wenn sie auch ohne Frage erheblich zur Verschärfung der Problematik beitragen.

Entscheidend für die Probleme vieler Handwerksbetriebe bei der Arbeitskräfterekrutierung ist nicht die umfassende Verschiebung im Altersaufbau der Bevölkerung, sondern die vergleichsweise *schlechte Position großer Teile des Handwerks auf dem Arbeitsmarkt.* Bildlich gesehen kann man sich die Situation so vorstellen, dass die auf dem Arbeitsmarkt auftretenden Arbeitskraftnachfrager (Unternehmen) bei der Suche nach Arbeitskräften eine Schlange bilden. Je nach ihrem Platz in dieser Schlange kommen sie dann früher oder später zum Zuge. Wer die (vermeintlich oder tatsächlich) begehrenswertesten Arbeitsplätze anbietet, hat die besten Auswahlmöglichkeiten unter den verfügbaren Arbeitskräften (dazu gehören nicht nur Arbeitslose, sondern auch zum Wechsel bereite bzw. durch entsprechend lukrative Angebote motivierbare Arbeitnehmer in Beschäftigung). Je weiter vorne man in der Schlange rangiert, desto besser ist also die „Arbeitsmarktposition" des jeweiligen Unternehmens.

Aus diesen unterschiedlichen Arbeitsmarktpositionen ergibt sich auch, dass ausgeprägte generelle *Arbeitskräfteknappheit* (quantitativer Arbeitskräftemangel) keineswegs alle Unternehmen in gleicher Weise trifft: Selbst in Zeiten sog. Überbeschäftigung gelingt es attraktiven Unternehmen i.d.R., vergleichsweise problemlos die vakanten Arbeitsplätze zu besetzen, während Betriebe mit schlechtem Arbeitsmarktimage u.U. ihre Arbeitsplätze nicht besetzen können, selbst wenn sie eine erheblicher Konzessionsbereitschaft bezüglich der gestellten Anforderungen an den Tag legen. Die Situation dieser Unternehmen wird häufig noch zusätzlich dadurch verschärft, dass sie (aufgrund freiwilliger Mobilität, aber auch wegen zuweilen massiver Abwerbungsaktivitäten) in solchen Phasen noch zusätzlich wichtige „Leistungsträger" an die zuerstgenannten Unternehmen verlieren.

Aber auch wenn bei *Unterbeschäftigung* (wie sie in der Bundesrepublik seit vielen Jahren in großem Umfang zu verzeichnen ist) weit mehr als genügend Arbeitskräfte zur Verfügung stehen, können *qualitative Engpässe* auf dem Arbeitsmarkt (z.B. bei motivierten Auszubildenden mit höheren Schulabschlüssen oder Arbeitskräften mit modernen Abschlüssen) auftreten. Davon wiederum sind dann Arbeitskraftnachfrager „am Ende der Schlange" weit überproportional betroffen.

Würde man das beschriebene Geschehen aus Sicht der Arbeitnehmer als Anbieter von Qualifikationen und als Nachfrager nach Arbeitsplätzen betrachten, stellte sich die Situation genau spiegelbildlich dar: Personen mit begehrten modernen Qualifikationen sind auch von erheblicher Arbeitslosigkeit praktisch kaum betroffen. Umgekehrt heißt ein quantitativ ausreichendes Arbeitsplatzangebot noch lange nicht, dass jeder einen seinen Wünschen und Fähigkeiten entsprechenden Job finden kann.

2. Ursachen der Probleme der Arbeitskräfteversorgung im Handwerk

Wenn man sich mit den Ursachen von Rekrutierungsproblemen im Handwerk auseinandersetzt, muss man vorab deutlich darauf hinweisen, dass es *das Handwerk* im Sinne eines einheitlichen Wirtschaftszweigs mit hochgradig homogener Struktur *nicht gibt.* Die Betriebe (ca. 600.000) agieren unter höchst unterschiedlichen Rahmenbedingungen und Voraussetzungen (es gibt ca. 100 verschiedene Gewerke mit den entsprechenden dazugehörigen unterschiedlichen Produkt- und Dienstleistungsmärkten). Außerdem bestehen erhebliche regionale Divergenzen. Festzuhalten ist auch, dass die Betriebsgrößen extrem stark streuen (von 1 bis weit über 1.000 Beschäftigte). Von durchgängig einheitlichen Problemlagen des Handwerks, ja auch nur einzelner Gewerke zu sprechen, wäre daher völlig abwegig. Gleichwohl ist es legitim und notwendig, bei der Auseinandersetzung mit strukturellen Herausforderungen zu versuchen, zu bestimmten Generalisierungen zu gelangen, die sich dann allerdings immer wieder vor dem Hintergrund einer möglichst genauen Kenntnis der tatsächlichen Vielfalt der Problemlagen auf ihre Angemessenheit hinterfragen lassen müssen. Nach unserer auf langjähriger Erfahrung mit empirischer Forschung im Handwerk beruhenden Einschätzung (vgl. z.B. Mendius et al. 1987) gehört die *Arbeitskräfteversorgung* zweifellos zu den Gegenstandsbereichen, bei denen es noch am ehesten Sinn macht, *von Problemen des Handwerks* zu sprechen. Mit aller Vorsicht lassen sich folgende handwerkstypischen Aspekte festhalten:

- In der gesamten Nachkriegsperiode war – jedenfalls für weite Teile des Handwerks – eine gegenüber Industrie und Dienstleistungssektor insgesamt schwächere Arbeitsmarktposition charakteristisch, d.h., dass die meisten Handwerksbetriebe beim Wettbewerb um qualifizierte Arbeitskräfte weit hinten in der Schlange der Nachfrager rangierten.
- Im Handwerk ist die Erstausbildung im eigenen Betrieb der bei weitem bedeutendste Weg der Rekrutierung: 84% der im Handwerk Beschäftigten wurden auch dort ausgebildet. Dagegen haben in der Industrie nur 54% und im öffentlichen Dienst nur 41% der dort tätigen Arbeitskräfte ihre Ausbildung auch in diesem Wirtschaftszweig durchlaufen (vgl. Mendius 1999, S. 219). Aus dieser starken Orientierung auf Erstausbildung als Instrument der

Arbeitskräfteversorgung ergibt sich auch, dass demographische Veränderungen sich für das Handwerk am direktesten bei der Versorgung mit Auszubildenden bemerkbar machten.

- Das Handwerk bildete stets weit über den eigenen Bedarf und damit für andere mit aus. Das wird daran deutlich, dass 29,4% der in der Industrie und 23% der im öffentlichen Dienst Tätigen ihre Ausbildung im Handwerk absolviert (ebd.). Auf der anderen Seite verlor das Handwerk laufend nicht zuletzt besser qualifizierte Arbeitskräfte, die es gerne gehalten hätte, an andere Wirtschaftszweige. Daran änderten die zyklischen Schwankungen auf dem Arbeitsmarkt nichts Grundlegendes.
- Ableiten lässt sich daraus, dass *Handwerksunternehmen* – wenn sie nicht nur solange angemessen zum Zuge kommen wollen, wie ein Überangebot herrscht – ihre *Position auf dem Arbeitsmarkt aktiv verbessern müssen* – und zwar unbeschadet demographischer Veränderungen.

Ansatzpunkte für die Stärkung der Arbeitsmarktposition liegen u.a. bei der Bezahlung, bei der Verbesserung der Arbeitsbedingungen oder bei der Schaffung weitergehender Autonomiespielräume. Ebenfalls zielführend wäre eine Steigerung der Qualifikationsanforderungen, wenn gleichzeitig entsprechende Fort- und Weiterbildungsmöglichkeiten eingeräumt werden, die Schaffung von Aufstiegschancen im Betrieb sowie die stärkere Gestaltung der Arbeitsplätze in einer Weise, dass sie auch von älteren Arbeitnehmern angemessen ausgefüllt werden können (vgl. z.B. Packebusch/Weber 1998).

- Als besonders erfolgversprechend wäre auch eine stärkere Orientierung auf den vermehrten Einsatz von Frauen im Handwerk anzusehen. Und zwar nicht zuletzt deshalb, weil die weibliche Erwerbsbeteiligung noch weit hinter den Wünschen der Betroffenen zurückbleibt und nach Ansicht der Mehrheit der Arbeitsmarktexperten in Zukunft wachsen wird, und weil zugleich die Einschätzung vorherrscht, dass es gerade im Handwerk viele Berufe gibt, die sich nicht nur für eine Ausübung durch Frauen besonders eignen, sondern deren zukunftsträchtige Weiterentwicklung umgekehrt auch von einem verstärkten Fraueneinsatz stark profitieren könnte. Wenn es darüber hinaus gelingt, noch besser zu vermitteln, dass die Sicherheit der Arbeitsplätze im Handwerk keineswegs (so eine über lange Zeit hinweg verbreitete Einschätzung) schlechter einzuschätzen ist wie in anderen Wirtschaftszweigen, wäre damit ein weiterer Schritt zur Verbesserung der Arbeitsmarktposition getan.
- Betrachtet man die Entwicklung der letzten Jahre, so lässt sich zweifellos konstatieren, dass sich die Stellung des Handwerks teilweise bereits erheblich verbessert hat. Das gilt z.B. bezüglich der Wahrnehmung der Beschäftigungssicherheit durch die Arbeitnehmer. Hier verbreitet sich die Erkenntnis allmählich, dass ein Arbeitsplatz in einem Großunternehmen keineswegs

lebenslange Sicherheit bedeutet und viele Handwerksbetriebe diesbezüglich wesentlich besser sind als ihr bisheriger beschäftigungspolitischer Ruf. Dennoch bleibt auf diesem Feld – gerade was die „Öffentlichkeitsarbeit“ betrifft – noch einiges zu tun.

- *Erheblicher Nachholbedarf* besteht dagegen noch bezüglich der Schaffung von *Qualifizierungs- und Aufstiegsmöglichkeiten* und bei der *Verbesserung der Arbeitsbedingungen.* Das gilt um so mehr, wenn wegen demographischen Veränderungen davon ausgegangen werden muss, dass in Zukunft die Verbleibdauer der Arbeitskräfte im Handwerk auch in den Gewerken bzw. auf den Arbeitsplätzen, bei denen bisher das Gros der dort Beschäftigten spätestens Mitte 30 oder Anfang 40 dem Handwerk den Rücken kehrte, erheblich ansteigen wird.
- Es dürfte niemanden überraschen, dass sich an dieser Stelle über die skizzierten Ansatzpunkte hinausgehende Vorschläge oder gar *Patentrezepte* für die *Verbesserung der Arbeitsmarktposition des Handwerks* nicht liefern lassen. Konkrete Maßnahmen müssen auf die spezifischen Bedingungen in den einzelnen Gewerken ausgerichtet werden, zugleich regionalen Besonderheiten Rechnung tragen und für die Situation des einzelnen Handwerksbetriebes zusätzlich angepasst werden, was nur gelingen kann, wenn die unmittelbar Betroffenen (d.h. Handwerksbetriebsinhaber und Belegschaften) umfassend und in für sie praktikabler Weise einbezogen werden.

3. Arbeitskräfteversorgung im Handwerk – die Situation hat sich grundlegend verändert – das Problembewusstsein fehlt aber noch!

Betrachtet man die derzeitige Diskussion im und über das Handwerk, so muss man den Eindruck gewinnen, dass die skizzierte *Grundstruktur* (massiver Arbeitskräfteabfluss, Ausbildung über den eigenen Bedarf hinaus) *unverändert* fortbesteht und auch für die Zukunft mit keinen grundlegenden Änderungen gerechnet wird. Große Teile des Handwerks orientieren ihr Ausbildungsvolumen nach wie vor nicht in erster Linie am Bedarf, der sich rechnerisch ergeben würde, um die vorhandenen oder geplanten Arbeitsplätze angemessen besetzen zu können.[2] Entscheidende Kriterien bilden vielmehr die erwarteten Kosten-/Ertragsrelationen der Ausbildung sowie die betrieblichen Möglichkeiten, Ausbildung durchzuführen. Von erhebli-

2 Davon, daß eine mittel- oder längerfristig orientierte Personalplanung (oder gar Personalentwicklungsplanung) in Handwerksbetrieben meist keine oder nur eine sehr unterentwickelte Rolle spielt, darf angesichts der auf diesem Feld auch bei mittleren und größeren Unternehmen in anderen Wirtschaftszweigen nach wie vor verbreitet vorzufindenden „Zurückhaltung“ getrost ausgegangen werden (vgl. z.B. Mendius/Semlinger 1990).

cher Bedeutung sind aber auch der aktuelle Lehrstellenmangel und die daraus von den politischen Verantwortlichen abgeleiteten Appelle, zusätzliche Ausbildungsplätze bereitzustellen.[3] Die wichtigsten Motive für die „Überausbildung" dürften aber nach wie vor die skizzierten Erfahrungen mit Abwanderung und mit daraus resultierenden schwerwiegenden Engpässen bei der Arbeitskräfteversorgung bilden. Ob die nach Aussage von Handwerksbetriebsinhabern in vielen Fälle hinter dieser Praxis stehende Überlegung, quasi „auf Vorrat auszubilden", um bei wiederauftretender Fachkräfteknappheit zwischenzeitlich aus dem Handwerk abgewanderte Fachkräfte zurückholen zu können, tatsächlich funktioniert, bedürfte einer empirischen Überprüfung. Für eine endgültige differenzierte Beantwortung wären vermutlich zusätzliche quantitative und qualitative Untersuchungen erforderlich; durch eine gezielte Auswertung vorhandener Datensätze in dieser Perspektive ließen sich aber mit Sicherheit bereits wesentliche Aufschlüsse gewinnen.

Unsere bisherigen Erfahrungen legen den Schluss nahe, dass diese „Heimkehr-Mobilität" im Handwerk bislang kaum eine wesentliche Rolle gespielt haben dürfte. Das bedeutet aber keineswegs, dass – angesichts der hier vorgestellten Veränderungen zumal – eine solche „Heimkehr ins Handwerk" nicht eine sinnvolle Strategie zur Auflösung der Versorgungsengpässe im Handwerk sein könnte. Das gilt insbesondere, solange Unternehmen aus anderen Wirtschaftszweigen noch einerseits quantitative Personalüberhänge haben und sich andererseits in ihren Belegschaften zahlreiche Arbeitnehmer befinden, die aus dem Handwerk gekommen sind. Damit aber eine – vor allem in Ballungsregionen, wo die Arbeitskräfteengpässe in vielen Handwerkszweigen besonders ausgeprägt sind – arbeitsmarktpolitisch überaus sinnvolle Rückführung erfolgreich praktiziert werden kann, müssten einige Voraussetzungen geschaffen werden. An dieser Stelle kann darauf nicht im einzelnen eingegangen werden. Neben der Nutzung von Sozialplanmitteln, die beim Personalabbau in Großunternehmen i.d.R. in erheblichem Umfang bereitgestellt werden müssen, bieten auch die neuen Instrumente des Sozialgesetzbuches III Möglichkeiten, die in diesem Zusammenhang genutzt werden könnten.

Das verbreitete Festhalten an den bisherigen personalpolitischen Verhaltensweisen wird indes zunehmend problematisch, weil – offenbar von vielen noch unbemerkt – *wesentliche Veränderungen* stattgefunden haben, denen Rechnung zu tragen ist, will man Fehlentscheidungen vermeiden. Die *Abwanderung aus dem Handwerk geht zurück* und wird – so die hier vertretene These – künftig vermutlich erstmalig in der Nachkriegszeit weitgehend zum Stillstand kommen. Die wichtigsten Ursachen dafür sind, dass

3 Auch die Einbindung des Handwerks in das „Bündnis für Arbeit und Ausbildung ..." dürfte dazu beitragen, den Druck zur Bereitstellung von Ausbildungsplätzen auch unabhängig vom „rechnerischen Bedarf" zu erhöhen

- die Attraktivität von Arbeitsplätzen in Industrie und im Dienstleistungssektor im Verhältnis zum Handwerk abgenommen hat;
- die Sparten, die bisher handwerkliche Fachkräfte aufgesogen haben, seit einiger Zeit Personal abbauen und das – soweit derzeit absehbar – auch weiterhin tun werden (das zeigen z.B. die Ergebnisse entsprechender Unternehmensbefragungen);
- die „beschäftigungspolitischen Hoffnungsträger" (wie vor allem die IuK-Branche), von denen auch weiterhin die Schaffung von Arbeitsplätzen in erheblichem Umfang erwartet wird, einen Qualifikationsbedarf haben, der sich mit Handwerksabsolventen i.d.R. nicht abdecken lässt.

Damit steht das Handwerk – ohne dass das bereits ausreichend realisiert worden wäre – vor einer grundlegend neuen Situation. Vor allem wegen des Rückgangs der freiwilligen Fluktuation aus dem Handwerk hinaus werden dort *die Belegschaften in Zukunft rasch altern,* und zwar gerade in den Gewerken, deren Durchschnittsalter bislang aufgrund der hohen Fluktuation sehr niedrig lag, wie das z.B. bei den Dachdeckern oder im Kfz-Handwerk (vgl. dazu u.a. Packebusch/Weber 1998) der Fall ist. Daraus ergibt sich, dass künftig Arbeiten mit Angehörigen von Altersklassen ausgeführt werden müssen, die bislang in vielen Gewerken kaum noch präsent waren. Die Aufgabe, die Arbeitsplätze in einer Weise zu gestalten, die es erlaubt, dort alt zu werden und leistungsfähig und produktiv zu bleiben, nimmt damit eine ungekannte Dimension an.

Das entscheidende personalpolitische *Problem* wird vor diesem Hintergrund also in Zukunft für die meisten Handwerksbetriebe *weniger* darin bestehen, aus den kleiner werdenden Nachwuchsjahrgängen *genügend Auszubildende zu rekrutieren.* Es wird vielmehr vor allem darin liegen, mit dem zu erwartenden *„Nichtmehrabfluss" umzugehen* und zu verhindern, dass durch eine von dieser erhöhten „Bleibebereitschaft" ausgelöste weitere V*erschärfung der Probleme* bei der Übernahme von Ausgebildeten *(„zweite Schwelle")* das gerade verbesserte Arbeitsmarktimage erneut und dauerhaft Schaden leidet.[4] Sollte – wie geplant – das Verrentungsalter für Männer und Frauen auf 65 Jahre steigen, wird dies erst recht dazu beitragen, dass es noch auf lange Sicht das *vorrangige Problem* im Handwerk sein dürfte, den vorhandenen älterwerdenden Belegschaften genügend Beschäftigungsmöglichkeiten zu bieten.

4 Mit der veränderten „Arbeitsteilung" zwischen Handwerk und den anderen Wirtschaftszweigen bei der Berufsausbildung und der wechselseitigen Arbeitskräftemobilität, mit deren Ursachen und Auswirkungen befasst sich ein im Auftrag des Bundesministeriums für Bildung und Forschung im Herbst 1999 begonnenes Forschungsprojekt („Erstausbildung im dualen System und was kommt dann?"), das am ISF von J. Jaudas und dem Autor durchgeführt wird.

Versucht man, die angestellten Überlegungen zusammenzufassen, so ergibt sich, dass die *demographischen Strukturbrüche* also dem Handwerk aller Voraussicht nach eher weniger ausgeprägte *quantitative Arbeitskräfteengpässe* bringen werden, als es von vielen erwartet wird. Statt dessen stellt sich die *gewaltige Aufgabe*, vorhandene *Arbeitsplätze so zu gestalten, dass sie auch von Älteren noch voll ausgefüllt werden können und gleichzeitig wettbewerbsfähig sind, bleiben oder werden*. Darüber hinaus wird es entscheidend darauf ankommen, ob es gelingt, solche *Arbeitsplätze neu zu* schaffen.

Gerade wenn es einem um die Verbesserung der Beschäftigungschancen älterer Arbeitnehmer geht, ist es wichtig, dabei den folgenden Zusammenhang im Auge zu behalten: *Zusätzliche Arbeitsplätze* helfen immer *auch den Alten*. Selbst wenn die entstehenden Beschäftigungsmöglichkeiten direkt überwiegend oder ganz Jüngeren zugute kommen, verbessert sich durch die zusätzliche Arbeitskräftenachfrage auch die relative Arbeitsmarktposition der Älteren.[5] Selbstverständlich gibt es aber auch Möglichkeiten, neue Arbeitsplätze gezielt so zu gestalten, dass sie auch speziell an die Qualifikationen und besonderen Fähigkeiten Älterer anknüpfen, die zu nutzen sind.

Dass die Schaffung zusätzlicher Arbeitsplätze im Handwerk möglich ist und dass es dazu Chancen gerade bei umweltorientierten Tätigkeitsfeldern gibt, soll im folgenden an zwei Beispielen verdeutlicht werden. Wird dieser Ansatz erfolgreich praktiziert, lässt sich gleichzeitig ein substantieller Beitrag zur vieldiskutierten notwendigen nachhaltigen Entwicklung leisten, und es können die Möglichkeiten verbessert werden, im Handwerk „in Ehren alt zu werden".

4. Zerstörungsfreie Demontage und Weiternutzung von Altfahrzeugen und solare Warmwassergewinnung als Geschäftsfeld und Arbeitsplatzchance: Handwerk und ökologische Entwicklung

Wenn das Handwerk in der Lage ist, nicht nur zusätzliche, sondern auch besonders zukunftsfähige Arbeitsplätze zu schaffen, wäre das zugleich der effektivste Ansatz, die bislang eher prekäre Arbeitsmarktposition vieler seiner Unternehmen zu verbessern. Die Erhaltung der natürlichen Lebensverhältnisse bleibt – wenn sie auch teilweise gegenüber dem Thema der Arbeitslosigkeit etwas in den Hintergrund getreten ist – im buchstäblichen Sinne eine Überlebensfrage. Das Handwerk kann dazu – wie im folgenden skizziert werden soll – einen sehr wesentlichen Beitrag

---

5 Das gilt selbstverständlich in gleicher Weise für alle anderen Beschäftigten mit aufgrund tatsächlicher oder zugeschriebener Merkmale unterdurchschnittlichen Chancen auf dem Arbeitsmarkt - man spricht häufig von „Problemgruppen" und rechnet dazu oft relativ undifferenziert neben Älteren auch Ausländer, Behinderte oder Frauen (vgl. dazu Mendius 1999).

leisten und gleichzeitig seine wirtschaftliche Position verbessern, wenn es die sich ihm bietenden Chancen nutzt. Stellt man sich die Frage, ob das Handwerk für eine solche Rolle tatsächlich prädestiniert ist, so wird deutlich, dass es auf jeden Fall eine Reihe von günstigen Voraussetzungen dafür bietet: Das Handwerk verfügt über eine gewachsene Erfahrung im Umgang mit natürlichen Werkstoffen und zählt sparsame Verwendung der Ausgangsmaterialien und lange Lebensdauer der Produkte, die zugleich auch häufig auf Instandsetzbarkeit ausgelegt sind, zu seinen Prinzipien. Bewusst oder unbewusst werden damit wichtige Grundsätze des „nachhaltigen Wirtschaftens“ im Handwerk bereits seit langem praktiziert. Als in dieser Perspektive besonders vorteilhaft ist auch die Tatsache anzusehen, dass die beschäftigungsintensiven Verfahren des Handwerks sowie die typischerweise orts- und kundennah erbrachten Dienstleistungen lokale Märkte und Arbeitsplätze schaffen und stabilisieren, die von den immer mehr Platz greifenden Standortverlagerungen weit weniger bedroht sind als viele im industriellen Bereich.

Zu den Erfordernissen einer an den Zielen von Nachhaltigkeit orientierten Wirtschaftsweise gehört neben einem Rückbau bereits eingetretener Schädigungen unbedingt der sparsamere Umgang mit nichterneuerbaren Ressourcen (Erhöhung der „Ressourceneffizienz“). Die Verwirklichung dieser Zielsetzung erfordert den verstärkten Einsatz des derzeit keineswegs knappen und zugleich erneuerbaren Produktionsfaktors „menschliche Arbeit“ und begünstigt damit beschäftigungsintensive Bereiche wie das Handwerk (vgl. Mendius 1997; 1999; Mendius/Weimer 1999). Zwar eröffnet steigendes Umweltbewusstsein dem Handwerk neue Absatzchancen, es darf aber nicht übersehen werden, dass die nicht vom Himmel fallen, sondern vom Handwerk noch aktiv erschlossen werden müssen. Im folgenden sollen an Beispielen aus zwei Gewerken Möglichkeiten neuer, nachhaltiger Beschäftigungsfelder skizziert sowie vorhandene Spielräume, aber auch noch wirksame Hemmnisse und Barrieren für ihre Verbreitung, verdeutlicht werden.

4.1 Ökologische Haustechnik – ein zukunftsträchtiges Betätigungsfeld für das SHK-Gewerbe

Das Sanitär-, Heizungs-, Klimatechnik(SHK)-Handwerk gehört mit über 45.000 Betrieben und fast 500.000 Beschäftigten neben dem Kfz-Gewerbe zu den größten Handwerksbranchen. Die durchschnittliche Betriebsgröße liegt bei zehn Arbeitnehmern – fast 70% der Unternehmen beschäftigen sogar weniger als zehn Mitarbeiter. Das bei weitem wichtigste Gewerk innerhalb des SHK-Gewerbes ist das hier besonders interessierende „Installateur- und Heizungsbauerhandwerk“. Sowohl aufgrund konjunktureller als auch struktureller Ursachen befindet sich das SHK-Handwerk z.Zt. in einer schwierigen Situation. Zu nennen sind die starke Betroffenheit von der Rezession in der Bauwirtschaft, aber auch tiefgreifende Veränderungen auf den Absatz- und Beschaffungsmärkten wie das Aufbrechen des traditionellen dreistufigen Vertriebsweges – Hersteller-Großhandel-Handwerk, verstärkte Konkurrenz durch Baumärkte, Zunahme von Do-it-yourself und Schwarzarbeit. Auf der anderen Seite bieten sich dem Sanitär-, Heizungs- und Klimatechnik-Gewerbe besonders gute Chancen zur Sicherung von Absatzmärkten und Arbeitsplätzen im Umweltschutz, speziell im Bereich der ökologischen Haustechnik. Zu nennen sind u.a. Regenwassernutzung und Grauwasseraufbereitung sowie die thermische Solarenergienutzung, auf die etwas näher eingegangen werden soll.

Mit der *Nutzung von Sonnenenergie zur Warmwassergewinnung* und ggf. Heizungsunterstützung steht ein technisch ausgereiftes, tausendfach bewährtes Verfahren zur Verfügung. Die zur Installation erforderlichen zusätzlichen Basiskenntnisse lassen sich in wenigen Tagen vermitteln. Die Kosten einer für ein Einfamilienhaus geeigneten Standardanlage mit 6 qm Kollektorfläche belaufen sich zur Zeit auf ca. 8.000 DM und können über die Nutzung öffentlicher Förderprogramme weiter reduziert werden. Je nach baulichen Voraussetzungen und Sonneneinstrahlungsbedingungen lassen sich damit 60% und mehr des Warmwasserbedarfs eines Einfamilienhauses decken. Die Kollektorfläche für thermische Solaranlagen ist in Deutschland von 1996 noch 300.000 m^2 auf inzwischen 2 Mio. m^2 angewachsen.

Das Volumen des Markts für diese Technik wird vom Deutschen Fachverband für Solarenergie (DFS) auf jährlich 10 Mio. m^2 geschätzt. Gleichzeitig muss festgestellt werden, dass es – obwohl es sich um eine ausgereifte erprobte Technologie handelt und die Nutzung des Marktpotenzials erhebliche positive Beschäftigungseffekte hätte (eindeutig ein Zusatzgeschäft) – noch immer eine *Reihe von Hürden* gibt, die einer raschen Ausbreitung im Wege stehen und die bezogen auf das SHK-Gewerbe zu einem wesentlichen Teil „hausgemachte" Ursachen haben.

4.1.1 Aktives Marketing – noch immer ein Fremdwort!

Nach wie vor befasst sich nur ein Bruchteil der SHK-Betriebe überhaupt intensiv mit den Möglichkeiten einer Vermarktung von Anlagen zur Warmwassergewinnung über Sonnenenergie. Typisch für viele Betriebe ist, dass man abwartet, bis sich Kunden melden, bis also die Nachfrage „von selbst" kommt, statt sie aktiv zu fördern. Geschäftsfelder zu erschließen – also im Wortsinne unternehmerisch tätig werden – entspricht offenbar noch immer häufig nicht dem traditionell reaktiven, nicht langfristig ausgerichteten Marktverhalten vieler Betriebsinhaber.

4.1.2 Das Rentabilitätsproblem – wirklich eine unüberwindliche Hürde?

Als eine entscheidende Barriere für breite Marktdurchsetzung der Warmwassergewinnung mit Sonnenenergie wird immer wieder die angeblich nicht vorhandene Rentabilität (Amortisationsdauer bei heutigen Preisen sechs bis zehn Jahre) ins Feld geführt. Zu fragen aber ist, warum bei derartigen „Rentabilitätsrechnungen" immer noch davon ausgegangen wird, dass die Energiepreise auf dem heutigen Niveau bleiben, obwohl

- mittlerweile viele Länder (darunter die Bundesrepublik) bereits Maßnahmen zur stetigen höheren Belastung des Verbrauchs nichtregenerativer Energien eingeleitet haben und andere sie planen;
- die Hauptlieferanten fossiler Brennstoffe und insbesondere die OPEC-Staaten, dabei sind, erhebliche Preissteigerungen durchzusetzen;
- die Einhaltung der international beschlossenen Klimaziele ohne ein Ersetzen von fossiler durch regenerative Energie nicht zu erreichen sein wird.

Vergleichsrechnungen mit der plausiblen Annahme steigender Preise für fossile Energie während der Lebensdauer von Solaranlagen (20 Jahre oder mehr) würden eine sehr viel bessere und vor allem rascher zu erreichende Rentabilität ergeben. Noch entscheidender, als die Rentabilitätsdebatte auf eine realistische Grundlage zu stellen, wird es jedoch sein, das Marketing weg von der Preisdiskussion hin zu einer Umweltdiskussion (Besitz einer Solaranlage als positives „Statussymbol“) umzusteuern.[6]

4.1.3 Umfassende Beratung – eine Zukunftschance nicht nur auf dem Feld Solarthermie

Nicht nur die mangelnde Beratungskompetenz – speziell mit ungewohnten Umweltargumenten –, auch die mangelnde Beratungsbereitschaft vieler SHK-Betriebe bildet eine Barriere für Solarenergienutzung. Hinderlich ist auch die Politik der

6 Festzustellen ist nämlich, dass insbesondere private Haushalte bei praktisch keiner anderen ihrer wichtigen „Investitionen“ derartige Berechnungen anstellen: Beim Hausbau wird ansonsten sehr viel Geld für Dinge ausgegeben, deren Rentabilität keiner kaufmännischen Betrachtung standhalten würde (z.B. bei teuren Wand- und Deckenverkleidungen oder Bodenbelägen, repräsentativen Türen oder in Form kostentreibender baulicher Besonderheiten wie Erker, Dachgauben usw.). Erst recht würde beim Besitz und der Nutzung von Pkw eine kalkulatorische Kostenrechnung, wie sie für Solarthermie häufig angestellt wird, bei Autohaltern in vielen Fällen ergeben, dass der Besitz eines Pkw entweder gänzlich unwirtschaftlich ist oder zumindest die Anschaffung eines weit kleineren, weniger luxuriös ausgestatteten Fahrzeugs geboten wäre. Umgekehrt zeigt gerade die sehr ausgeprägte Bereitschaft, bei einem „positiv“ besetzten Gegenstand wie dem Privat-Pkw entgegen jeder kaufmännischen Logik viel Geld etwa für aufpreispflichtige Lackierung, Breitreifen oder Alufelgen, für „Tuning“ oder sogar für einen objektiv nicht benötigten Auto-Typ (Musterbeispiel ist der Siegeszug der kaum je entsprechend eingesetzten Geländewagen) auszugeben, dass sich mit einer derartigen Strategie im Erfolgsfalle erhebliche Mittel für „ökologisch orientierte“ Investitionen mobilisieren lassen müssten.

Hersteller von Geräten und Anlagen, die den Betriebsinhabern suggeriert, dass Verdienstmöglichkeiten hauptsächlich im Verkauf von Produkten und nicht in ihrem originären „handwerksspezifischen" Feld der Einheitlichkeit von Installation, Wartung und Beratung zu suchen sind. Hinderlich ist aber vor allem auch, dass viele Betriebe glauben, zeit- und personalintensive Beratungsleistungen nicht kostendeckend in Rechnung stellen zu können.

4.1.4 Besetzung zusätzlicher Geschäftsfelder – auch eine Frage geeigneten Personals

Die Erschließung neuer Tätigkeitsfelder scheitert aber auch oft an den begrenzten personellen Ressourcen der Handwerksbetriebe. Aufgrund der traditionellen Arbeitsteilung zwischen Meister und Geselle fungiert meist nur der Inhaber als „Innovationsträger", der sich dann in die neuen Techniken einarbeiten, die Kundenberatung und Planungen übernehmen muss usw. – angesichts der Überlastung vieler Handwerksunternehmer (wegen wenig entwickelter Fähigkeit zur Delegation) eine massive Innovationshürde. Aber auch wenn Betriebsinhaber gewillt sind, mehr derartige Aufgaben an ihre Mitarbeiter weiterzugeben, setzt das voraus, dass ihnen überhaupt entsprechend motivierte und qualifizierte Belegschaftsmitglieder in ausreichendem Umfang zur Verfügung stehen – womit sich wiederum der Kreis zum Problem der Arbeitskräfteversorgung und der Verbesserung der Arbeitsmarktposition schließt.

4.1.5 Zwischenbetriebliche Kooperation als Ansatz

In der Diskussion über die Möglichkeiten einer Verbesserung der Position von kleinen Unternehmen in dem sich verschärfenden Wettbewerb werden seit längerer Zeit die besonderen Potenziale betont, die in einer verstärkten betriebsübergreifenden Kooperation liegen können (vgl. z.B. Weimer/Mendius 1990; Mendius 1992). Das gilt – auch dieser Aspekt wurde verschiedentlich untersucht – nicht zuletzt auch für die Handwerksbetriebe, wobei zugleich aber festgestellt werden musste, dass gerade in diesem Wirtschaftszweig neben einer Reihe real existenter Hürden vor allem auch eine ganze Reihe von besonders eingefahrenen Vorbehalten überwunden werden muss.

Betriebsübergreifende Kooperation kann auch dem SHK-Betrieb den Einstieg in die Solarnutzung erleichtern: Die Bündelung von Solarkapazitäten und Knowhow (gemeinsame Werbung, Schulung, gemeinsame Anschaffung und Nutzung von Ausrüstung usw.) mindert das einzelbetriebliche Risiko bei der Erschließung dieses Marktes und schafft Voraussetzungen, sich an umfangreicheren Solarprojekten zu beteiligen. Gefragt sind offensive Marktöffnungsstrategien. So lassen sich gezielt „zufriedene Betreiber" von Solaranlagen als örtliche Multiplikatoren einsetzen, Wohnungsbaugesellschaften und Mehrfamilienhausbesitzer ansprechen, Paketangebote entwickeln. Regional/lokal ansetzende Aktionen von Kommunen, SHK-Innungen und Umweltverbänden, die Fördermittel mit offensiven Markterschließungskampagnen kombinieren, können Erfolg bringen – insbesondere wenn sie durch überregionale, professionelle Markterschließungsstrategien flankiert werden. Zur Finanzierung müssen neue Bündnispartner gesucht werden. Bleibt das SHK-Handwerk weiter passiv, ist zu befürchten, dass auch dieser Markt an Do-it-yourself und handwerksexterne Akteure verlorengeht. Wenn die Hersteller der Ausrüstungen auch weiterhin im Handwerk keinen leistungsfähigen Vertriebs- und Wartungspartner vorfinden, werden sie den Vertrieb und die Installation von Solaranlagen verstärkt selbst in die Hand nehmen.

4.1.6 Neue Tätigkeitsfelder – neue Anforderungen an die Mitarbeiter

Eine entscheidende Veränderung wird aber die Durchsetzung der ökologischen Haustechnik nicht zuletzt für die Beschäftigten des SHK-Gewerbes bedeuten, ist doch davon auszugehen, dass auf sie markant höhere Qualifikationsanforderungen zukommen werden:

- Die moderne Haustechnik ist durch die zunehmende Verwendung elektrotechnischer Module, elektronischer Steuerungs- und Regelungstechnik geprägt und verlangt eine „systemtechnische" Betrachtungsweise aller mit Klima, Sanitär und Heizung zusammenhängenden Vorgänge im Gebäude und ihrer Wechselwirkungen mit Blick auf die Energieeffizienz. Die Bezüge z.B. zum Elektrohandwerk – aber auch den Baugewerken – werden enger.
- Wünschenswert wäre eine auf dem Gesellenabschluss aufbauende bundeseinheitliche Weiterbildungsmaßnahme, um „verlässliche", einheitliche Kompetenzen beim Handwerk zu schaffen, auf die Vertriebsstrategien der Hersteller für Solarthermie aufbauen können. Zugleich ließe sich so die *Kundenakzeptanz der Solartechnologie* fördern.
- Damit wäre es auch leichter (s. Beispiel Kraftfahrzeug-Servicetechniker; vgl. Mendius et al. 1997), über einen derartigen anerkannten Fortbildungsabschluss das nicht sehr positive *Arbeitsmarktimage des SHK-Gewerbes zu verbessern* und die erforderlichen qualifizierten, aufgeschlossenen und motivierten Ausbildungsplatzbewerber auf dem Arbeitsmarkt zu rekrutieren.
- Für *ältere Arbeitskräfte* (dazu wird man mittlerweile zuweilen schon ab Mitte 30 gerechnet) könnten mit entsprechend ausgelegten gezielten Weiterbildungsmaßnahmen die Voraussetzungen verbessert werden, sie erfolgversprechend in den neuen Tätigkeitsfeldern einzusetzen (in der Kundenberatung, bei Wartung und Service, aber auch bei der Nachrüstung im Baubestand, wo körperliche Belastungen eine geringere Rolle spielen, aber das Erfahrungswissen von besonderer Bedeutung ist).

4.2 Altautoproblem lösen und Arbeitsplätze schaffen – zwei lohnende Aufgaben – ein Ansatz

Der zweite hier darzustellende Beispielbereich, auf dem sich Schaffung neuer Geschäftsfelder und positive Beschäftigungseffekte (nicht zuletzt für ältere Arbeitskräfte) mit ökologischen Entlastungswirkungen verbinden lassen, findet sich in der Automobilwirtschaft. Möglicher Nutznießer entsprechender Aktivitäten könnte nicht zuletzt das Kfz-Gewerbe sein.

Mit fast 540.000 Beschäftigten in mehr als 55.000 Betrieben sowie einem Umsatz von ca. 248 Mrd. DM (Zahlen von 1997) stellt das Kfz-Gewerbe eine der wichtigsten Branchen des Handwerks dar. Ungefähr 50% der Betriebe sind an ein Fabrikat gebunden; hier spielen neben Service und Reparatur auch der Verkauf von Ersatzteilen, der Gebrauchtwagenhandel, vor allem aber der Neuwagenhandel eine Rolle. Die übrigen Betriebe, die sog. Markenfreien, sind i.d.R. kleiner und beschränken sich im wesentlichen auf das Reparaturgeschäft und den Gebrauchtwagenhandel. Der *markengebundene Bereich* ist der wirtschaftlich und beschäftigungspolitisch weit bedeutendere (sein Anteil an der Beschäftigung wird auf bis zu 80% geschätzt). Betrachtet man die Nachkriegsgeschichte, so stellt sie sich für die Automobilwirtschaft und das Kfz-Handwerk im großen und ganzen als eine „Erfolgsstory" dar: Aus kleinsten Anfängen erreichte die Produktion von Pkw im Inland 1998 ca. 4,86 Mio., die Inlandszulassungen betrugen 3,65 Mio., und der Fahrzeugbestand, der für die Werkstattleistungen des Kfz-Gewerbes entscheidend ist, lag 1997 bei 41,32 Mio. Pkw.

Festzustellen ist aber auch, dass die Zulassungszahlen und der Fahrzeugbestand weitgehend von der Beschäftigung entkoppelt sind und der Aufwand pro Fahrzeug sinkt (Gründe sind u.a. rückläufige Fahrleistungen, ausgedehnte Wartungsintervalle, längere Lebensdauer wichtiger Komponenten, Rationalisierung von Service und Reparatur). Weiter gerät – nach der Rationalisierungswelle bei Automobilherstellern und ihren Lieferanten (im Zuge der „Lean-Production"-Kampagne Anfang der 90er Jahre) – jetzt verstärkt der Vertriebssektor und damit auch das Kfz-Gewerbe ins Blickfeld („Lean Distribution").

Seit einiger Zeit schlagen daher Branchenexperten Alarm: Tausende Betriebe und Zehntausende Arbeitsplätze im Kfz-Gewerbe sind – darin stimmen Unternehmens- und Arbeitnehmervertreter weitgehend überein – massiv gefährdet. Hauptursachen sind sinkende Reparaturanfälligkeit, weiter rückläufige Wartungsintervalle und vor allem die von den Automobilherstellern neuerdings stark forcierte Verkleinerung der Markennetze. Als besonders gefährdet in diesem Prozess gelten ältere Arbeitskräfte.

Auf der anderen Seite ist festzuhalten, dass jährlich in Deutschland etwa drei Millionen Fahrzeuge ausgemustert werden (bei einem Bestand von ca. 40 Mio. Pkw). Eine im ambitionierten und umfassenden Sinne umweltverträgliche Lösung (von der wir derzeit noch weit entfernt sind) kann – so wie These, die im folgenden etwas ausgeführt werden soll – ein gravierendes aktuelles Problem beseitigen, wäre zugleich eine zentrale Voraussetzung der Sicherung der „Zukunftsfähigkeit" der Automobilwirtschaft und könnte Beschäftigungsmöglichkeiten, gerade für ältere Arbeitskräfte aus dem Kfz-Gewerbe, schaffen.

4.2.1 Verbesserung der Umweltsituation und der Zukunftsaussichten der Automobilwirtschaft bei mehr Beschäftigung – Wie kann das funktionieren?

Durch die möglichst weitgehende zerstörungsfreie Demontage von Altfahrzeugen lassen sich Arbeitsplätze sichern und schaffen,

- indem sich im Kfz-Gewerbe die Chance eröffnet, durch preiswertere zeitwertgerechte Reparaturen in erheblichem Umfang Marktanteile von Schwarzarbeit und Do-it-yourself zurückzugewinnen und
- indem in der Automobilverwerterbranche über wachsende Nachfrage die Auslastung verbessert wird bzw. zusätzlicher Kapazitätsbedarf entsteht und
- indem es darüber hinaus auch in der Automobil- und Zulieferindustrie zu zusätzlichen Aufgaben im Bereich der Teile- und Komponentenaufbereitung kommt.

Noch bietet sich die Chance – bezogen auf die erwähnte Bedrohung von Arbeitsplätzen –, rechtzeitig aktiv zu handeln, statt nur zu reagieren[7],

- indem auf lokaler Ebene ansetzend,
- möglichst vorbeugend – also bevor im Kfz-Handwerk oder in der Verwerterbranche Belegschaften abgebaut oder gar Betriebe geschlossen werden müssen und bevor es zu Arbeitslosigkeit kommt (der Weg zurück ist nach einem Arbeitsplatzverlust um so steiniger, je älter man ist) – konkrete Aktivitäten zur Schaffung und Sicherung von Arbeitsplätzen angestoßen werden.

Die Instrumente dazu sind:

- Informieren, Sensibilisieren, Problembewusstsein schaffen,
- die Betroffenen an einen Tisch bringen,

7 Hierzu Anstöße zu liefern ist die Zielsetzung des Projekts „Strukturelle Umbrüche im Kfz-Handwerk und gefährdete Beschäftigung älterer Arbeitnehmer: Sensibilisierung und Implementation eines präventiven Gestaltungskonzepts zur Eröffnung von Einsatzchancen im Bereich umfassender Altfahrzeugnutzung", das im Rahmen der Umsetzungsphase des Förderschwerpunkts „Demographischer Wandel und die Zukunft der Erwerbsarbeit" durchgeführt wird.

- konkrete Voraussetzungen vor Ort klären,
- Initiativgruppen bilden,
- Umsetzungen in die Wege leiten.

4.2.2 Neue Ansatzpunkte nutzen

Bei diesen Aktivitäten kann daran angeknüpft werden, dass in letzter Zeit wichtige Rahmenbedingungen geschaffen wurden, und zwar

- das *Kreislaufwirtschaftsgesetz* (gültig seit 1996) (Weiterverwenden geht vor Verwerten, Produktverantwortung aller an der Entwicklung, der Herstellung, der Be- und Verarbeitung sowie dem Vertrieb Beteiligten);
- die *Altautoverordnung* (gültig ab 1.4.1998) (Einrichtung von Annahmestellen für Altfahrzeuge, von anerkannten Verwertungsbetrieben und Betrieben zur weiteren Verwertung. Kostenlose Rücknahme durch die Hersteller nur für nach dem 1.4.98 zugelassenen Kraftfahrzeugen und auch für diese nur innerhalb der ersten 12 Lebensjahre);
- die *Europäische Richtlinie zur kostenlosen Rücknahme von Altfahrzeugen* (vorgesehen: bis spätestens 2006 u.a. kostenlose Rücknahme für den Letztbesitzer, Übernahme der Kosten durch den Hersteller für alle ab dem 1.1.2001 erstmals zugelassenen Fahrzeuge ab sofort, für sämtliche dann im Verkehr befindlichen Fahrzeuge ab dem 1.1. 2006).

4.2.3 Alte Beteiligte direkt angesprochen

Damit es zu tragfähigen Lösungen kommt, muss versucht werden, alle Betroffenen an einen Tisch zu bringen mit dem Ziel, gemeinsam entsprechende Konzepte auszuarbeiten und umzusetzen. Angesprochen werden müssen

- *Unternehmen,* also das Kfz-Gewerbe, d.h. Kfz-Betriebe, Innungen, Landesverbände, Zentralverband, die im Bereich der Automobilverwertung tätigen Unternehmen, Automobilhersteller mit Austauschteileprogramm, Zulieferer, die Komponenten bereits aufbereiten (oder aufbereiten wollen), der Teile-Handel;
- *Arbeitnehmer,* d.h. Beschäftigte aus dem Kfz-Handwerk, Beschäftigte aus der Automobilverwertung, Arbeitslose mit entsprechender Ausbildung und/ oder Interesse, in diesem Bereich zu arbeiten, betriebliche und überbetriebliche Arbeitnehmervertreter (Betriebsräte, Gesellenvertreter in den Kammern und Innungen, Gewerkschaften);
- *weitere Institutionen,* für die derartige Initiativen von Interesse sind, wie mit Wirtschafts- und Beschäftigungsförderung befasste Stellen in Kommunen,

Landkreisen usw., die Arbeitsverwaltung, von solchen Trägern geförderte bzw. initiierte Beschäftigungsgesellschaften bzw. Projekte des zweiten Arbeitsmarktes mit einschlägigen Tätigkeitsfeldern, aber nicht zuletzt auch Bildungsträger.

Sowohl zu den notwendigen Rahmenbedingungen als auch den organisatorischen Voraussetzungen und den zu lösenden vielfältigen technischen und logistischen Problemen wurden bereits Vorarbeiten geleistet, an die angeknüpft werden kann. Mit der Durchführung von Informationsveranstaltungen, der Erarbeitung und Bereitstellung von Arbeitsunterlagen, der Vermittlung von Kontakten zwischen den beteiligten Akteuren sollen weitere Impulse geliefert werden.

Diese Anstoßfunktion kann reichen bis hin zur konkreten Unterstützung bei der Bildung von Netzwerken zur Einführung lokaler Verbundaktivitäten zur Schaffung von Arbeitsplätzen im Bereich der umfassenden zerstörungsfreien Automobildemontage (mit dem Ziel der Bereitstellung preisgünstiger Teile für die Verwendung zur zeitwertgerechten Reparatur, aber auch zur Wiederaufarbeitung für Instandsetzung und Neuproduktion), und sie kann die beratende und bewertende Begleitung der Aktivitäten umfassen.

Zweifellos werden bei der Umsetzung des Zieles der Schaffung zusätzlicher umweltfreundlicher Geschäfts- und Beschäftigungsfelder auch in den beispielhaft angesprochenen Bereichen noch erhebliche Widerstände zu überwinden und hohe Hürden zu nehmen sein. Erst recht gilt das, wenn man derartige Konzepte auf weitere Bereiche ausdehnen will. Gleichwohl ist festzustellen, dass die Chancen für viele Betriebe des Handwerks, ihre Marktposition zu sichern und auszubauen, Arbeitsplätze zu schaffen und zugleich die Arbeitskräfteversorgungsschwierigkeiten zu beheben sowie zu einem wichtigen Träger der dringend erforderliche nachhaltigen Entwicklung zu werden, durchaus positiv zu beurteilen sind – es kommt allerdings darauf an, sie aktiv zu nutzen.

Literatur

Klose, H.-U.; Ax, Ch. (Hrsg.) (1998): Zukunft des Handwerks in einer alternden Gesellschaft. In: forum demographie und politik, H. 11

Mendius, H. G.; Sengenberger, W.; Weimer, S. (1987): Arbeitskräfteprobleme und Humanisierungspotenziale in Kleinbetrieben, Frankfurt/New York.

Mendius, H. G.; Semlinger, K. (1990): Personalplanung und Personalentwicklung in der gewerblichen Wirtschaft – Ergebnisbericht über eine schriftliche Befragung von Wirtschaftsunternehmen in der Bundesrepublik Deutschland. Eschborn.

Mendius, H. G. (1992): Das Kfz-Gewerbe als externer Vertriebssektor im Kontext neuer Rationalisierungsstrategien der Automobilindustrie. In: M. Deiß; V. Döhl (Hrsg.): Vernetzte Produktion, S. 141-175.

Mendius, H. G. (1997): Arbeitsgesellschaft am Ende oder vor zukunftsfähigen Perspektiven? Überlegungen zu einer überfälligen Neuorientierung. In: Aus Politik und Zeitgeschichte. Beilage zur Wochenzeitung „Das Parlament", B 35/97, S. 14-22

Mendius, H. G.; Bauer, R.; Heidling, E. (1997): Kraftfahrzeug-ServiceTechniker – ein innovativer Qualifizierungsansatz für das Handwerk. Bonn.

Mendius, H. G.; Weimer, S. (1998): Handwerk und Arbeitsmarkt: auch die Arbeitskosten entscheiden über die Zukunftsfähigkeit. In: Klose, H.-U.; Ax, C. (Hrsg.): Zukunft des Handwerks in einer alternden Gesellschaft, forum demographie und politik, H. 11, S. 73-100

Mendius, H. G. (1999): Nachhaltigkeitsstrategien als Beschäftigungschance – Neue zukunftsfähige Arbeitsplätze im Handwerk. In: WSI-Mitteilungen, H. 9

Mendius, H. G., unter Mitarbeit von Braun, S.; Heidling, E.; Jaudas, J. (1999): Betriebliche Personalpolitik und Ausgliederungsprozesse. In: Bericht der Staatsregierung zur sozialen Lage in Bayern. Material- und Analyseband der wissenschaftlichen Projektgruppe, hrsg. v. Bayerischen Staatsministerium für Arbeit und Sozialordnung, Familie, Frauen & Gesundheit, S. 187-236

Mendius, H. G.; Weimer, S., unter Mitarbeit von Heidling, E. (1999): Beschäftigungschance Umwelt – Arbeitnehmerinitiativen für neue Arbeitsplätze im Handwerk. In: edition der Hans-Böckler-Stiftung 11

Pack, J.; Buck, H.; Kistler, E.; Mendius, H. G.; Morschhäuser, M.; Wolff, H. (1999): Zukunftsreport demographischer Wandel – Innovationsfähigkeit in einer alternden Gesellschaft. Bonn/ Köln .

Packebusch, L.; Weber, B. (1998): Altern im Handwerk – Anforderungen an die Personalentwicklung am Beispiel Dachdecker, Kfz- und SHK-Handwerk. In: Klose, H.-U.; Ax, C. (Hrsg.): Zukunft des Handwerks in einer alternden Gesellschaft, forum demographie und politik, H. 11, S.101-114

Weimer, S.; Mendius, H. G. (1990): Neue Anforderungen an Zulieferbetriebe im Groß-Kleinbetriebsverbund – Eine Herausforderung für die Qualifizierungspolitik. Arbeitspapier 1990-5, Arbeitskreis Sozialwissenschaftliche Arbeitsmarktforschung (SAMF). Paderborn.

Dr. Georg Cramer,
Handwerkskammer Düsseldorf

Zusammenfassung

Gibt es Chancen für Ältere im Handwerk, weil die kleinen Unternehmen neue Arbeitsplätze schaffen? Ich bin nicht sicher, ob wir darauf fertige Antworten haben. Um das Thema in unserer Arbeitsgruppe etwas breiter diskutieren zu können, haben wir die Diskussion in leichter Abwandlung dessen, was uns vorgegeben war, unter das Thema gestellt: „Die Gesellschaft altert – Was wird aus dem Handwerk?" Ich würde gern eine Vorbemerkung machen. In Deutschland sind im Handwerk knapp 20 Prozent aller arbeitenden Menschen beschäftigt. Wir reden also, wenn wir über das Handwerk sprechen, nicht über einen marginalen Wirtschaftsbereich, sondern über fast ein Fünftel der beschäftigten Menschen. Ich bin deshalb ganz froh, dass das Handwerk in diese Diskussion über das Altern im Beruf einbezogen worden ist. Denn es ist schon wichtig, sich auch Gedanken über das Älterwerden in den kleinen und mittleren Unternehmen des Handwerks zu machen. Darin waren wir uns in unserer Arbeitsgruppe sehr einig.

Das Handwerk ist natürlich vom Altern der Gesellschaft betroffen, in manchen Bereichen vielleicht ein bisschen stärker noch als andere Wirtschaftsbereiche. Aber die Probleme, die sich daraus ergeben mögen, werden noch nicht sehr gut wahrgenommen. Eine Überalterung ist in einigen Teilen des Handwerks zwar nicht zu übersehen, in anderen Teilen aber haben wir es mit ausgesprochen jungen Belegschaften zu tun.

Man kann das Handwerk also nicht als einen homogenen Wirtschaftsbereich betrachten, sondern muss schon deutlich differenzieren. Frau Ax hat in ihrem Vortrag beispielsweise darauf hingewiesen, dass es auf der einen Seite so etwas wie alternde Gewerke gibt. Sie brachte das Beispiel der Schuhmacher, die es seit vielen Jahren versäumt haben, Nachwuchs auszubilden, weil der Markt schrumpfte. Das Durchschnittsalter der Beschäftigten ist hier weit überdurchschnittlich und man kann die Sorge haben, dass dieser ganze Beruf ausstirbt. Doch Frau Ax hat dann auch darauf hingewiesen, dass es gerade in diesem Bereich durch technische Innovationen völlig neue Marktchancen gebe, um sich mit neuen Produkten, in der Maßschuhfertigung zum Beispiel, zu behaupten. Ob dies freilich mit den alten Beschäftigten im Schuhmacherhandwerk gelingen wird, steht wohl dahin.

Neben einigen alternden Gewerken aber gibt es auch viele sehr innovative und mit jungen Mitarbeitern besetzte Handwerksbereiche, etwa im I-und-K-Bereich. Es wurde aber darauf hingewiesen, dass gerade die neuen Berufsbilder in den I-und-K-Techniken inzwischen sehr stark der Industrie zugeordnet werden. Die betroffenen Handwerksunternehmen, die Telefonanlagen, Datennetze etc. bauen, haben deshalb schon jetzt Schwierigkeiten, geeignete Auszubildende und damit zukünftige Mitarbeiter zu finden.

Die Ausbildung spielt generell eine große Rolle im Handwerk. Das Handwerk bildet nicht nur weit überdurchschnittlich aus; es rekrutiert sich auch fast ausschließlich aus selbst ausgebildeten Mitarbeitern. Die Ausbildungsquoten sind weiterhin doppelt so hoch wie in anderen Wirtschaftsbereichen – mit der Folge, dass die Abwanderung aus dem Handwerk nach der Ausbildung und nach ersten Berufsjahren besonders hoch ist. Bislang verlässt über viele Jahre konstant etwa die Hälfte der im Handwerk Ausgebildeten über kurz oder lang diesen Wirtschaftsbereich. Das geschieht aus ganz verschiedenen Gründen – aber mit einer sicherlich nicht ganz zu leugnenden Negativauslese zu Lasten des Handwerks. Die Guten, Leistungsfähigen, die, die mehr Geld verdienen wollen, sind eher geneigt zu gehen.

Herr Dr. Mendius hat in diesem Zusammenhang die folgende These in die Diskussion eingeführt: Dieses im Handwerk bekannte Muster – Lehrlinge einstellen, und hinterher verliert man halt die Hälfte der jungen Gesellen – wird so nach seiner Auffassung nicht weiter aufrecht zu halten sein. Vor allem die Industrie, die die Absolventen aus dem Handwerk bisher übernommen hat, fällt als Arbeitgeber für Handwerker mehr und mehr aus. Die Zahl der von der Industrie nachgefragten Fachkräfte sinkt, und die qualitativen Anforderungsprofile werden zunehmend andere als die Ausbildungsprofile der Fachkräfte, die aus dem Handwerk kommen.

Seine Schlussfolgerung lautet deshalb: Das Handwerk wird altern, weil die Belegschaften in den Handwerksbetrieben aus Mangel an Alternativen zwangsläufig altern werden. Ich bin nicht sicher, ob diese These so von allen bei uns mitgetragen wurde. Das Altern erscheint etwa mit Blick auf die körperlichen Belastungen in einigen Handwerksberufen oder wegen neuer Anforderungen an die beruflichen Qualifikationen bislang eher als eine Herausforderung denn als ein Automatismus, der zwangsläufig auf die Unternehmen zukommt.

Denn zumindest rein quantitativ gesehen gibt es für das Handwerk keinen Nachwuchsmangel. Im Gegenteil: Die Jahrgangsstärken werden noch über die nächsten zehn Jahre, wenn ich das richtig sehe, zunehmen. Die Nachfrage nach Lehrstellen wird also noch wachsen, so dass wir dafür zu werben haben, dass die Betriebe zusätzliche Lehrlinge einstellen. In den Unternehmen wird auf absehbare Zeit also überhaupt nicht erkennbar sein, dass die Belegschaften angesichts einer insgesamt alternden Gesellschaft älter werden. Zunächst geht es doch darum, eine wachsende Zahl junger Menschen unterzubringen.

In der Diskussion wurde aber zugleich deutlich, dass das Handwerk in der Rekrutierung des Nachwuchses Probleme in qualitativer Hinsicht hat. Um zukunftsfähig zu bleiben, muss es gelingen, mehr Realschulabsolventen, aber auch mehr Abiturienten und, was die Übernahme von Unternehmen angeht, auch mehr Fachhochschulabsolventen als bisher für das Handwerk zu gewinnen. Das dürfte eine wesentliche Voraussetzung dafür sein, dass mehr Menschen auch im fortgeschrittenen Alter noch Aufgaben im Handwerk finden, die sie ausfüllen können.

In dem Zusammenhang haben wir über Karrieren im Handwerk geredet und das Stichwort „horizontale Karrieren" geprägt. Aufstiegskarrieren im üblichen Sinne sind in Betrieben mit fünf, sechs Beschäftigten natürlich nicht in der Weise möglich, wie in großen Unternehmen. Karrieren müssen anders verlaufen; die Karriereerwartungen sind andere als in großen Organisationen. Wir wissen aber, dass Mitarbeiter in Handwerksbetrieben mit ihrer Arbeit in der Regel besonders zufrieden sind. Ganzheitliches Arbeiten, Verantwortung für das Entstehen eines Produktes, die überschaubare Betriebsgröße mit persönlichen Beziehungen ist durchaus für viele attraktiv. Wenn Mitarbeiter gehen, tun sie dies meist, weil sie eine bessere Bezahlung wünschen, nicht wegen erhoffter besserer Arbeitsbedingungen.

Wie in mehreren Beiträgen deutlich wurde, beklagen gerade ältere und erfahrene Mitarbeiter darüber hinaus auch eine nicht optimale Personalführung in manchen Handwerksunternehmen: Sie fühlen sich nicht ausreichend gefordert, weil sie mit ihrer Innovationsfähigkeit und ihren Erfahrungen nicht ausreichend einbezogen werden, es kommt zu Konflikten wegen des oft sehr auf die Person des Inhabers zugeschnittenen Führungsstils.

Man wird also verstärkt Lösungen brauchen, um auch älteren und erfahrenen Mitarbeitern in kleinen Handwerksunternehmen zufriedenstellende Karrieren zu ermöglichen. Ich würde darin eine Chance sehen, qualifizierte Mitarbeiter länger im Handwerk zu binden und ihre Fähigkeiten und ihr Know-how für die Betriebe zu erhalten. Dafür wird man die Unternehmensleiter stärker so qualifizieren müssen, dass ihre Personalführung als weniger eingrenzend und mehr Chancen für die selbstverantwortliche Gestaltung der Arbeit bietend empfunden wird.

Wir haben uns dann gewissermaßen zur Ernüchterung sagen lassen, dass es auch weiterhin zeitlich befristete Karrieren geben dürfte. Im Handwerk gibt es Tätigkeiten, die witterungsabhängig sind oder die durch starke körperliche Belastungen gekennzeichnet sind. Solche Arbeiten können eben nur schwer bis ins höhere Alter ausgeführt werden. Dabei stellt sich allerdings stets die Frage: Kann man nicht noch mehr tun, um körperlich schwere Arbeiten zu erleichtern, um Arbeiten im Handwerk auch im höheren Alter ausführen zu können? Daraus würde ja nicht nur die Chance erwachsen, im Handwerk tatsächlich altern zu können, sondern für die kleineren Unternehmen auch mehr als bisher Erfahrungswissen zu halten und zu nutzen.

Wir haben dann noch einen ganz anderen Gedanken aufgegriffen: Nicht nur die Handwerker altern, sondern unsere Gesellschaft insgesamt. Ältere Menschen haben eigene Bedürfnisse und verfügen zumindest in großen Teilen über eine ganz beträchtliche Kaufkraft. Entstehen durch das Älterwerden unserer Gesellschaft somit nicht neue Marktchancen gerade für Handwerker? Wir haben diese Frage nicht vertiefen können. Um so interessanter erscheint es, hier weiter nachzuhaken: Welche Marktsegmente lassen eine steigende Nachfrage erwarten? Welche Marktpotenziale bietet beispielsweise der altengerechte Umbau von Wohnraum? Welche Bedeutung hat eine stärkere Dienstleistungsorientierung von handwerklichen Arbeiten für ältere Menschen und welche Anforderungen stellen sich damit an die Handwerksunternehmen hinsichtlich Kundenansprache, Spezialisierung auf altengerechte Angebote, Qualität der Produkte und Dienstleistungen etc. Und welche Qualifizierungsanstrengungen sind dafür erforderlich?

Herr Dr. Mendius hat darauf hingewiesen, dass eine ökologische Ausrichtung etwa im Bereich der Solarenergie oder im Bereich des Recyclings von Autoteilen neue Marktpotenziale für Handwerksunternehmen schaffen kann. Er knüpft damit Erwartungen an einen noch stärkeren Beitrag des Handwerks zur Lösung des Beschäftigungsproblems allgemein. Wo zusätzliche Beschäftigungsmöglichkeiten im Handwerk entstehen, ist das natürlich nicht nur gut für junge Leute, die dort ihre Ausbildung und ihren ersten Arbeitsplatz finden, sondern auch für ältere Beschäftigte, die nicht verdrängt werden, sondern im Handwerk bleiben können. Was für den Ökomarkt aber richtig ist, gilt vermutlich in noch weit stärkerem Maße für Beschäftigungsmöglichkeiten auf dem Markt für altengerechte Produkte und Dienstleistungen. Hier ist somit wirklich Bedarf, Marktpotenzial zu ermitteln und für Handwerksunternehmen zu erschließen.

Zum Abschluss ein Stichwort, das in der Diskussion auch immer wieder auftauchte; die Rede ist von „ideologischen Barrieren". Einige Diskussionsteilnehmer sagten: Ihr seid ja in euren Innungen, den Vollversammlungen und Handwerkskammern so organisiert, dass da alte Leute sitzen, die zur Innovation nicht mehr fähig sind und natürlich das Problem des Alterns im Handwerk nicht begreifen.

Nun stimmt die Vermutung, die Willensbildungsgremien des Handwerks seien überaltert, generell längst nicht mehr. Außerdem kann auch eine Chance darin liegen, dass in den Organisationen des Handwerks häufig auch ältere Menschen vertreten sind.

Wenn wir Altern im Handwerk ermöglichen wollen, brauchen wir natürlich auch in den Willensbildungsgremien Menschen, die Verständnis für die Situation der älteren Mitarbeiter mitbringen. Wir sollten diesen Aspekt jedenfalls nicht vorschnell beiseite schieben und weiternin nur über die alten Gremien im Handwerk lästern.

Aber das nur am Rande! Trotzdem: Speziell im Handwerk wird es so einfach nicht sein, die Tragweite der mit dem Altern der Gesellschaft einhergehenden Folgen zu vermitteln. Zumindest auf einzelbetrieblicher Ebene sind die Probleme bisher und werden auch in der näheren Zukunft nicht offensichtlich.

Wir haben deshalb überlegt: Was kann man da tun, um das Handwerk besser und frühzeitig vorzubereiten? Erreichen wird man immer dann etwas, wenn man gute Beispiele – best practice – vorweisen kann. Wir haben uns gewünscht, dass mehr Beispiele von gelungenen horizontalen, positiven Karrieren im Handwerk bekannt werden, dass man einfach mehr konkrete Erfahrungen darüber vermittelt, wie Menschen im Betrieb in Würde älter werden können. Wir brauchen solche Beispiele, weil daran auch deutlich zu machen ist, dass auf viele Unternehmen schleichend eben doch ein Alterungsproblem zukommt.

Die gleiche Erwartung haben wir mit Blick auf das Erschließen neuer Märkte, die sich aus dem Älterwerden der Gesellschaft ergeben können. Vorbildliche Beispiele finden am ehesten Nachahmer. Eine stärkere Motivation, sich mit den Chancen des Marktes für Ältere Menschen ernsthaft zu befassen, wird man dann erreichen, wenn man anschaulich zeigen kann, dass sich das tatsächlich lohnt.

Ich denke, das ist in aller Kürze das gewesen, was wir in unserer Arbeitsgruppe besprochen haben.

Arbeitsgruppe 4

Innovation und Altern im Betrieb

Dipl.-Soz. Josef Reindl,
Institut für Sozialforschung und Sozialwirtschaft e.V. (ISO),
Saarbrücken

Innovationsmilieus und Altern – empirische Befunde aus innovativen Unternehmen

Ich möchte meine Ausführungen mit einer kleinen Episode aus unserer empirischen Arbeit beginnen. Mein Kollege und ich haben ein Interview mit einem 55-jährigen Konstrukteur geführt, der so etwas wie die graue Eminenz in der Entwicklungsabteilung des Unternehmens war. Nachdem er uns eineinhalb Stunden ruhig und ausführlich Auskunft über den Innovationsprozess und die Alterszusammensetzung gegeben hatte, brach plötzlich der schiere Ärger aus ihm heraus. „Wenn man über alt und jung spricht, ist man schon auf dem Holzweg. Es gibt in der Gesellschaft kein Jung und Alt. Das ist ein natürlicher Vorgang. Es ist kein Prädikat, jung zu sein, keine Leistung. Es ist jeder mal jung und jeder mal alt. Das ist menschlich, und es gibt immer Junge und Alte zusammen. Wenn man da über jung und alt spricht, ist man fehl am Platz, denn jung und alt ist relativ. Nehmen Sie einen Leistungssportler, er ist mit 25 oder 28 Jahren alt. Man kann – wenn überhaupt – nur sagen, jemand ist für bestimmte Leistungen zu alt und kann sie aus menschlichen Gründen nicht mehr bringen. Aber es gibt andere, Philosophen zum Beispiel, die mit 70, 80 Jahren noch fit und nicht alt sind. Alt ist man nur, wenn man sich alt fühlt."

Der Ärger, der aus seinen Worten sprach, hatte einen konkreten Hintergrund. Im Unternehmen schwelte seit einiger Zeit ein Konflikt um das richtige Innovationsmuster, bei dem die älteren Entwickler (über die Hälfte von ihnen sind über 50 Jahre alt) ins Gerede gekommen waren. Lange Zeit herrschte in der Firma ein stark fertigungsorientierter und erfahrungsbasierter Innovationsmodus vor, der auf den vielseitigen, durch Erfahrung gewitzten und umsetzungsversierten Entwickler zugeschnitten war. Wir haben das dazugehörige Innovationsmilieu als „fertigungsorientiertes Innovationsnetzwerk" charakterisiert. Dann wollte das Management die Innovationsdynamik durch einen Wandel des Innovationsmusters steigern, für den der systematisch, methodisch und analytisch vorgehende junge Akademiker stehen sollte. Die älteren Entwickler, die bislang das Rückgrat des Produktentstehungsprozesses waren, sahen plötzlich in den Augen des Managements alt aus, obwohl sich keiner von ihnen alt fühlte. Sie haben diese Kränkung durch eine „Jetzt-erst-recht-Haltung“ verarbeitet und sie haben gewonnen. Das Management hat sie rehabilitiert und heute steht eine Politik des Generationenmix hoch im Kurs. Die Vorentwicklung, die neu installiert wurde, ist nicht nur die Domäne der jungen Methodiker, in ihr sind ebenso die älteren Allrounder vertreten. Jetzt heißt es in der Firma: „Wenn Sie diesen Mix hinkriegen, sind Sie unschlagbar.“

Der Ausgang des Konflikts im Unternehmen könnte unseren Gesprächspartner milde stimmen. Dann wäre sein Ärger nur ein Nachhall der innerbetrieblichen Auseinandersetzungen. Doch dem ist nicht so. Er verwehrt sich mit seinem Einspruch auch gegen einen Diskurs, der Jung gegen Alt in Stellung bringt, der mit der Jugend die angeblichen Schwächen des deutschen Innovationsmodells austreiben will. Dieser Diskurs bezieht sein Anschauungsmaterial aus einer jungen Branche: der Computer- und Software-Industrie. Er greift Phänomene, die den Spezifika dieses Technologiefeldes und dieses Marktes geschuldet sind, heraus und hält sie den etablierten Produktionsmächten hierzulande: dem Maschinenbau, der Elektroindustrie, der chemischen Industrie und der Automobilindustrie als Spiegel vor Augen. Er empfiehlt der deutschen Industrie unisono das Innovationsmuster der IT-Industrie und das kann – wie ich im Folgenden zeigen möchte – nicht gut gehen, ja es richtet, – befolgt man diesen Rat unmodifiziert – sogar Schaden an. Die Innovationsmilieus beider Bereiche sind zu unterschiedlich, als dass hier ein einfacher Transfer Nutzen bringen könnte.

Das Innovationsmilieu der Vorzeige- und Vorbildbranche IUK-Technologien ist das *Chaos*. Ich spreche damit kein Werturteil aus, sondern ich verwende den Chaos-Begriff soziologisch im Sinne einer Antithese zu Ordnung, Berechenbarkeit, Stetigkeit, Struktur, Kontinuität. Das Chaos manifestiert sich sowohl in der Unternehmenspolitik nach außen (dem Markthandeln und der Innovationsstrategie) als auch in der Binnenorganisation der Unternehmen.

In keiner anderen Branche ist ein derartig rascher moralischer Verschleiß von Produkten und Programmen feststellbar. Positiv formuliert existiert eine extrem hohe Innovationsrate, die in den Unternehmen als Beschleunigungseskalation erfahren wird. Entwicklungszeiten und Produktlebenszeiten stehen in einem häufig bizarren Verhältnis, die Branche misst ihre Produktzyklen nur noch in Monaten. Der Produktwettwerb ist hier zum Zeitwettbewerb geworden. Wer schnell ist, wer als erster auf dem Markt ist, macht das Rennen. Unter dieser Prämisse bleibt keine Zeit für die Reifung eines Produkts. Statt dessen erleben wir ein Stakkato von Neueinführungen, einzig unternommen in der Absicht, Innovatorenprofite zu erzielen. Da aber alle beschleunigen und da das geistige Kapital nicht so leicht durch Patente zu schützen ist, schrumpfen die Abstände zwischen Erstinnovator und Nachfolgern immer mehr. Die Folgen sind ein Preisverfall, eine in vielen Unternehmen unbefriedigende Gewinnsituation trotz hoher Wachstumsraten und die Flucht nach vorne in einen neuen Innovationszyklus oder unter das Dach der Branchengiganten. Was man dieser im Marktvorsprungsdenken verhafteten Branche mit Sicherheit nicht machen kann, ist der Vorwurf des overengeneering. Im Gange ist vielmehr ein Steigerungsspiel, das, spätestens nachdem das Netz der Netze für die Ökonomie dienstbar gemacht worden ist, keinen großen Zusatznutzen mehr abwerfen wird, das aber trotzdem seine Dynamik behalten wird, weil die Algorithmisierung und Informatisierung der Welt ein Millenium-Projekt ist.

Das Pendant zu den Turbulenzen auf den Produktmärkten und in der Produktentwicklung ist im Betriebsinneren der weitgehende Verzicht auf Strukturierung und Formalisierung. Es ist eine soziologische Sisyphusarbeit, das Organigramm selbst großer Unternehmen zu entziffern. Man hat eher das Gefühl, in Projektlandschaften zu versinken und sich auf einem Uni-Campus zu verlieren als hinter den Grundriss der Unternehmensarchitektur zu kommen. Vereinfacht ausgedrückt ist der Betrieb die Summe der Projekte und Projektteams.

Zwischen die Projektebene und die Unternehmensleitung schiebt sich nur eine schwache institutionelle Struktur. Unten herrscht sehr viel Freiheit, was das Wie der Projektarbeit anlangt. Unten herrscht aber ebenso viel Chaos, was die Priorisierung von Projekten anbetrifft und es herrscht eine große Intransparenz über Entscheidungsprozesse, Projektverantwortlichkeiten und Zuständigkeiten. Letztlich sind die Mitarbeiter auf sich selbst und die informelle Infrastruktur zurückgeworfen, um mit Schwierigkeiten fertig zu werden. Der ganze Betrieb ist auf Selbststeuerung und Selbstdisziplin der Teams aufgebaut, was unter dem Beschleunigungsdiktat notwendig die Entgrenzung der Arbeitszeit und den Zwang zur permanenten Erneuerung des eigenen Wissens nach sich zieht.

Da diese Unternehmen keine internen Arbeitsmärkte, auf denen sie die für sie erforderlichen Qualifikationen produzieren, ausgebildet haben, da sie als Angehörige der wissensbasierten Industrien vom ständigen Zufluss des im Wissenschaftssystem erzeugten Know-hows leben, und da die eigenen Erfahrungen und Lernprozesse nicht in Strukturen, Regeln und Verfahren vergegenständlicht sind, sondern nur informell aufbewahrt sind, deshalb hat hier einer gute Karten, der sich ansonsten in unserer Gesellschaft eher schwer tut. Es ist der *Anfänger*. Er ist in dieser Branche, in der die Wissensentwertung in einem Höllentempo erfolgt, die innovative Sozialfigur schlechthin.

Ja, es gibt große Computerunternehmen, die bewusst den Anfängerstatus kultivieren und ihre Mitarbeiter zu einem „lebenslangen Anfangen" auffordern. Wenn jemand etwas gut kann, soll er das Team wechseln und als Anfänger in ein neues einstiegen, heißt es da und auch, wir wollen die Kunst fördern, Anfänger auf immer höherem Niveau zu werden. Und unser Beinah-Wirtschaftsminister und erfolgreicher Computerunternehmer Stollmann sagt: „Wenn ich nicht Neues mehr in die Welt bringen kann, muss ich den Weg frei machen für Jüngere. Unsere Zukunft wird sehr viel mit jungen Menschen zu tun haben.“ Der Anfänger als Neuigkeitsträger wird i.d.R. sehr schnell ins Innovationsgetümmel geworfen und ihm wird zugetraut, sich darin zurechtzufinden. Langwierige Einarbeitungsprozesse unter der Obhut erfahrener Mitarbeiter, betrieblich unterstützte Sozialisationsprozesse gelten als entbehrlich. Man setzt auf Selbstmodellierung im Unternehmenssinne.

Dass der Anfänger und damit die Jugend in der Computer- und Software-Branche so hoch im Kurs stehen, hat neben der Jugend der Technologie mit dem hier vorherrschenden Innovationstypus zu tun. Er ist nicht kundenorientiert, sondern technologiegetrieben. Die jeweils neuesten technologischen Möglichkeiten leiten ihn weit mehr als die konkreten Problemstellungen der Kunden. Die Kundenbeziehung wird aufgenommen, wenn die Standardsoftware an die betrieblichen Abläufe angepasst werden muss bzw. was weit häufiger geschieht, die betrieblichen Abläufe an die Standardsoftware angepasst werden.

Es sind letztlich ein elitäres Innovationsverständnis und eine entstofflichte Technologie mit hoher Veränderungsdynamik, die im Augenblick noch das Dazwischentreten von Erfahrung, Reife, Routine und damit auch ältere Entwickler unwahrscheinlich und auch entbehrlich machen. Überspitzt ausgedruckt: diese Branche bräuchte die ältere Arbeitskraft nicht, wenn ihr andauernd ein Reservoir junger Nachwuchskräfte zur Verfügung stünde und wenn alles so weiter liefe wie bisher.

Lässt sich nun – so meine Ausgangsfrage – ein derart jugendzentriertes Innovationsmodell, das auf die Entstehung von Innovationsenergie durch die Zufuhr neuer Köpfe und auf die Selbstmodellierung des Anfängers setzt, für die traditionellen Industriebranchen fruchtbar machen, können sie etwas davon lernen? Die Antwort ist ein klares Nein. Der Innovationsprozess funktioniert hier anders. Er ist aufgespannt zwischen den Feldern „Kunde“, „Technologie“ und „Fertigung“. Je nach dem, ob es um kundenspezifische Produkte oder Standardprodukte geht, ist das Feld „Kunde“ oder das Feld „Fertigung“ bedeutsamer.

Das Technologiefeld wiederum differenziert sich nach Mechanik, nach Elektronik und nach Software bzw. je nach Produkt noch in weitere Technologiesparten. In ein solch vielgliedriges und komplexes Setting kann man niemanden einfach hineinstoßen und hoffen, dass es gleich klappt. Man wächst vielmehr in dieses Netzwerk hinein und nicht umsonst sagen uns unsere Gesprächspartner in den Unternehmen, dass es oft Jahre dauert, bis man seine Arbeit vollwertig verrichten kann.

Bis es so weit ist, braucht man als Jüngerer oder als Neuer den Rat und die Unterstützung der Älteren und Erfahreneren. Sie helfen mit, das Fachwissen innovationsrelevant zu machen und das heißt, es aufzuladen mit dem Wissen um Kunden- und Fertigungsspezifika. Sie sozialisieren den Neuen in den betrieblichen Innovationsprozess hinein.

Der Innovationsprozess in Unternehmen des traditionellen Sektors ist per se ein *interdisziplinärer Prozess*. Ob arbeitsteilig organisiert oder crossfunktional und projektförmig ausgelegt, der Entwickler bewegt sich in einem hochsensiblen Spannungsfeld zwischen Kunde, Vertrieb, Service, Produktmanagement, Fertigung, anderen Entwicklungsbereichen und dem Kostenmanagement. Er kann nicht nur als detailverliebter Individualist oder als isolierter Teammensch operieren, er muss immer auch Betriebsmensch sein. Bis er diesen Integrationsanforderungen voll nachkommen kann, vergeht Zeit. Auf der Höhe der Innovationskompetenz ist man von daher in diesen Unternehmen eher im mittleren Alter als in jungen Jahren. Hinzufügen muss man allerdings, dass eine solche Hierarchisierung in den Betrieben nicht gerne gesehen wird. Die Devise ist eher: „Es gibt immer Jüngere und Ältere zusammen." Klar ist aber, dass es Ältere gibt. Man investiert nicht so aufwendig in Mitarbeiter, um sich dann mit 50 von ihnen zu trennen.

Ich möchte zum Schluss noch einmal pointieren: Die Innovationskraft der Computer- und Software-Industrie kommt vom Anfänger. Die Innovationskraft des traditionellen innovativen Branchenclusters kommt vom älteren und erfahrenen Mitarbeiter. Dies gilt auch, obwohl die Beschleunigung des Innovationstempos nicht vor dem traditionellen Sektor Halt macht. Dass Ältere dieses höhere Tempo bislang mitgehen und dass sie bei dem raschen Wandel nicht unter die Räder kommen, hängt damit zusammen, dass viele Betriebe noch einen elementaren Grundsatz befolgen, der da lautet: Effektive Geschwindigkeit auf der Handlungsebene lässt sich nur erreichen durch Langsamkeit auf der Ebene der Spielregeln. Kritisch wird es immer dann, wenn basale Grundregeln wie die, dass es im Innovationsprozess immer Jüngere und Ältere zusammen gibt, aufgekündigt werden, oder wenn sich die Moden, Leitbilder und Konzepte überschlagen. Dann kann es tatsächlich passieren, dass Ältere zu Innovationsbremsern werden.

Das Kapitel „Jugend forscht" ist geschlossen, sagte kürzlich der neue Smart-Chef, um einen Schlussstrich unter die Innovationswirren um das Miniauto zu ziehen, das wie kein anderes Produkt die Jugendzentrierung auf die Spitze getrieben hat. Man kann für die traditionellen innovationsstarken Industrien nur hoffen, dass dieses Kapitel nicht wieder aufgeschlagen wird.

Bereich	altersbezogene Segmentierung	
Montage 	alte Produkte	neue Produkte
	ältere Mitarbeiter	jüngere Mitarbeiter
	traditionell arbeitsteilige AO	neue Arbeitsorganisation
Software-Entwicklung 	alte Produkte	neue Produkte
	ältere Mitarbeiter	jüngere Mitarbeiter
	ältere Programmiertools	neue Programmiertools

Alterssegmentierung - eine typische Entwicklungsbarriere

Innovationsfähigkeit bei veränderten Altersstrukturen

Für die anforderungsverschiedenen Bereiche der Serienmontage und der Softwareentwicklung werden Personal- und Organisationskonzepte entwickelt, mit denen die Innovationsfähigkeit bei sich verändernden Altersstrukturen langfristig gesichert werden kann. Anhand betrieblicher Fallstudien und Workshops werden Positivbeispiele und Gestaltungsalternativen zur Bewältigung altersstrukturellen Wandels herausgearbeitet. Ziel des Projektes ist das Aufzeigen von Lösungswegen zur Verbesserung der Einsatzmöglichkeiten älterer Mitarbeiter und zum Erhalt des Leistungspotentials jüngerer Arbeitnehmer.

Schwindende Flexibilität durch altersbezogene Segmentierung

Altersgemischte Gruppenarbeit ist kein Allheilmittel

Das Problem ist nicht das Alter der Mitarbeiter, sondern der Verlust von Lernfähigkeit durch zu geringe Lernanreize im Arbeitsleben

Verbund 4: Innovation bei veränderten Altersstrukturen

FH-IAO, Stuttgart; TU Chemnitz; BTU Cottbus
(J. Pack, H. Buck; H. Enderlein, A. Reif, J. Täubert; K. Kornwachs, S. Berndes, U. Lünstroth)

Professor Dr. Klaus Kornwachs,
Technische Universität Cottbus
(Co-Autoren dieses Beitrages:
Stefan Berndes, Uwe Lünstroth)

Innovation bei veränderten Altersstrukturen (INVAS) – Fallstudien aus der Software-Entwicklung

Zusammenfassung

Der Bereich der Software-Entwicklung gehört zu den Tätigkeitsbereichen, in denen die Innovationsstrategien häufig auf jüngere Mitarbeiter ausgerichtet sind. Dabei geraten die Unternehmen in die Gefahr, dass die bei älteren Entwicklern vorhandene Erfahrung nicht eingebracht werden kann. Im Projekt INVAS wurden die Auswirkungen der sich wandelnden, modernen Arbeitsverhältnisse analysiert, Beiträge zur Entwicklung von Strategien des Personal- und Weiterbildungsmanagements wurden geleistet, die möglichen negativen Auswirkungen dieser Entwicklungen begegnen, und Chancen des Wandels werden aufgezeigt, um Potenziale der Verbesserung der Innovationsfähigkeit der software-entwickelnden Unternehmen zu erschließen.

Einführung

Das Projekt INVAS (Innovationsfähigkeit bei veränderten Altersstrukturen) wurde vom BMBF gefördert (Förderungsnummer: 01 HH 96098) und in Zusammenarbeit mit dem Institut für Arbeitswirtschaft und Organisation der Fraunhofer-Gesellschaft Stuttgart sowie dem Lehrstuhl für Arbeitswissenschaft der TU Chemnitz durchgeführt. Während letzterer die Situation älterer Mitarbeiter in physisch belastenden Tätigkeiten in der Montage untersucht (vgl. Buck/Reif 1997), widmet sich das Teilprojekt der BTU Cottbus den geistig-kreativen Tätigkeiten der Mitarbeiter in der Software-Entwicklung (vgl. Abb. 1).

Abb. 1 Forschungsfragen des INVAS-Projektes

- Von welchen mitarbeiter- und teambezogenen Faktoren hängt die Innovationsfähigkeit des software-entwickelnden Unternehmens ab?
- Wird von den Unternehmen das Erfahrungs-Potenzial älterer Software-Entwickler genutzt?
- Wollen älter werdende Entwickler eine engagierte Rolle in den herausfordernden, aber psychisch belastenden innovativen Tätigkeitsbereichen des Softwareengineering einnehmen?

Stand in der ersten Untersuchungsphase die Analyse bestehender Probleme bei der Beschäftigung älter werdender Software-Entwickler im Mittelpunkt, so schloss sich in einer zweiten Phase die Entwicklung und Diskussion von möglichen Maßnahmen und unterstützenden Instrumenten des Personal- und Weiterbildungsmanagements an. Dazu zählt insbesondere der Vorschlag von Leitkonzepten zur Laufbahnentwicklung der Mitarbeiter im Softwarebereich (vgl. Behrens 1993). Ziel ist es, eine bessere Nutzung der Leistungspotenziale des älteren Mitarbeiters in den Unternehmen zu erreichen. Der Entwickler soll langfristig eine ausfüllende und für das Unternehmen gewinnbringende Tätigkeit ausüben können. Durch eine entsprechende Personal- und Qualifikationspolitik können die Unternehmen auch ihrer gesellschaftlichen Verantwortung gerecht werden, indem sie die Konkurrenzfähigkeit des Mitarbeiters am Arbeitsmarkt auf hohem Niveau halten (vgl. Trautwein-Kalms 1995, S. 75f; Hartmann 1995, Kapitel 5).

Ältere Mitarbeiter in der Software-Entwicklung

Software-Entwicklung ist ein Bereich ingenieurwissenschaftlicher Anwendung, in dem eine besonders rasche technische Entwicklung vorliegt. Das drückt sich u.a. in dem Wechsel von Basiskonzepten in Zeiträumen von ein bis zwei Dekaden aus (z.B. vom Mainframe zum PC und zu Client-Server-Strukturen oder auch von prozeduralen zu objektorientierten Programmiersprachen). Dieser rasche technische Wandel bedeutet für die Software-Entwickler die Notwendigkeit der ständigen Weiterqualifikation. Denn um die neuen Techniken benutzen zu können, muss das dazugehörige Wissen und Können dem aktuellen Stand entsprechen (vgl. Paul 1989, S. 119ff; Pack/Buck 1991).

Es ist deshalb nicht erstaunlich, dass in den im INVAS-Projekt durchgeführten Fallstudien (dokumentiert in Berndes/Lünstroth 1998, S. 39-56) in software-entwickelnden Unternehmen gefunden wurde, dass vorwiegend Hochschulabsolventen eingestellt werden, da sie eine „Quelle" aktuellsten Wissens darstellen. Die sich daraus ergebende – oft nicht einmal bewusst initiierte – „jugendzentrierte“ Innovationsstrategie baut zusätzlich auf den Bestrebungen der beruflichen Novizen auf: sie haben ihre Karriere noch vor sich und sind motiviert, die neueste Technik anzuwenden. Längerfristig werden sich aber aufgrund einer solchen Strategie sowohl Nachteile für die Innovationsfähigkeit des Unternehmens als auch für die Leistungsfähigkeit der Mitarbeiter ergeben.

Die Neueingestellten schenken wegen fehlender berufspraktischer Erfahrung kommerziellen oder betrieblichen Randbedingungen geringere Beachtung. In Zukunft wird in flacheren Hierarchien die fehlende Erfahrung immer weniger durch das Management ausgeglichen werden können. Die Problematik wird dann nicht mehr als unwesentlich angesehen bzw. mit einem Achselzucken bedauernd als nicht änderbar zur Kenntnis genommen werden können. Eine Personalstrategie, die sich allein auf die Hochschulabsolventen und deren Karriere konzentriert, führt dazu, dass die im Unternehmen schon länger tätigen und nicht in Führungspositionen aufgestiegenen Mitarbeiter nicht weiterqualifiziert werden, ihre Leistungspotenziale verkümmern und ihre Bedeutung für die Innovationsfähigkeit der Unternehmen abnimmt. Hier besteht die Gefahr, dass diese Mitarbeiter für den Software-Entwicklungs-Arbeitsmarkt uninteressant werden (vgl. Rohr 1996, S. 161-178). Im Zusammenhang mit dieser Problematik soll unter dem Begriff „älterer Software-Entwickler” derjenige Mitarbeiter im EDV-Bereich verstanden werden, dessen Berufstätigkeit bereits länger als ein Wechsel der Software-Basiskonzepte dauert.

Aus der bisherigen Erörterung zeigt sich, dass in Unternehmen, die Wert auf die Erfahrungen ihrer Mitarbeiter legen und diese langfristig nutzen wollen, die Notwendigkeit zu grundsätzlichen Überlegungen und Weichenstellungen besteht. Die Situation älter werdender Mitarbeiter muss verstärkt in Überlegungen der Personalplanung und eines innovativen Weiterbildungsmanagements einbezogen werden.

Fallstudien in software-entwickelnden Unternehmen, die im Rahmen des INVAS-Projektes durchgeführt wurden, zeigen, welche Probleme für die Innovationsfähigkeit entstehen, sobald diese Unternehmen bzw. Unternehmensbereiche nicht mehr personell expandieren. Für den Bereich der Hardware ist eine derartige Entwicklung seit dem Ende der 80-er Jahre deutlich erkennbar (vgl. Welzmüller 1992). Eine solche Periode der wirtschaftlichen Konsolidierung im Softwarebereich bedeutet oft, dass auch die älteren Mitarbeiter bei Strukturänderungen des Unternehmens beteiligt sind. Eine allein auf jüngere Mitarbeiter fixierte Innovationsstrategie wird dann für das Unternehmen problematisch und für den älteren Mitarbeiter kritisch, wenn er seine Konkurrenzfähigkeit am Arbeitsmarkt verloren hat.

Fallstudien in software-entwickelnden Unternehmen

Als hilfreich zur Erörterung branchenspezifischer Entwicklungen der Unternehmen erwies sich die im INVAS-Projekt vorgenommene Einteilung der software-entwickelnden Unternehmen in vier Typen unterschiedlicher Branchen-Ausrichtung (vgl. Abb. 2). *Erstens:* Standard-Software (Nicht individuell für einen Kunden hergestellte, z.B. Büro-, Datenbank-, Internet-Anwendungs-Software). *Zweitens:* Software für technische Produkte (z.B. Werkzeugmaschinen, Medizintechnik, in der Luftfahrt oder bei der Kraftwerkssteuerung). *Drittens:* Software für Geschäftsprozesse (Individuell für Kunden erstellte oder angepasste Software für Verwaltung/Buchhaltung, Management, etc.) für unternehmensinterne Kunden (z.B. in großen Banken u. Versicherungen). *Viertens:* Software für Geschäftsprozesse für externe Kunden.

Diese Bereiche unterscheiden sich nicht nur in der Art der Software-Produkte, sondern auch in ihrer Unternehmensgeschichte, der Dauer ihrer Existenz und zeigen zum Teil eine jeweils typische Unternehmensorganisation (vgl. Berndes/ Lünstroth 2000).

Im folgenden Abschnitt werden zwei Fälle solcher Unternehmen dargestellt, in welchen bereits mehrere Jahrzehnte Software-Entwicklung betrieben wird. Der Vergleich der Wirkungen unterschiedlicher organisatorischer Strukturen auf die Fähigkeit und Motivation älterer Software-Entwickler, Weiterqualifikation zu betreiben, ist für den jeweiligen Unternehmenstyp als typisch anzusehen. Im ersten Fallbeispiel, bei dem es sich um ein Unternehmen handelt, das Software für Geschäftsprozesse für unternehmensinterne Kunden erstellt, führte die Unternehmensstruktur und -kultur zum Abbau der anfänglich hohen Motiviertheit der Belegschaft. Das zweite Fallbeispiel zeigt auf, dass bei entsprechender betrieblicher Organisation älter werdende Software-Entwickler durchaus erfolgreich an Innovationsprozessen teilhaben. Aber auch in diesen Fällen muss näher betrachtet werden, welche Grenzen der individuellen Belastbarkeit auftreten und welche unterstützenden Maßnahmen von Unternehmensseite ergriffen werden sollten.

Fallbeispiel zum Unternehmenstyp „Software für Geschäftsprozesse für unternehmens-interne Kunden“

Beim Unternehmen „Internsoft“ handelt es sich um ein Großunternehmen der Banken- und Versicherungsbranche. Es existieren mehrere Software-Abteilungen, die für die Geschäftsabteilungen Software produzieren. Der mehrere hundert Mitarbeiter umfassende EDV-Bereich dieses Unternehmens blickt auf viele Jahrzehnte Entwicklungserfahrung zurück, da frühzeitig die jeweils neuesten technischen Datenverarbeitungsanlagen verwendet wurden.

In der Branche besteht die Notwendigkeit, ältere Datenbestände in neuen Anwendungen weiterbenutzen zu können. Deshalb werden Mitarbeiter gebraucht, die sich mit den älteren Systemen gut auskennen. Unter dieser Prämisse hat sich eine spezifische unternehmensorganisatorische Strukturierung ergeben. Die älteren Software-Entwickler, häufig Umschüler aus dem kaufmännischen Bereich, waren an

Abb. 2 Personalstruktur in der Software-Entwicklung (nach Beispielen aus den INVAS-Fallstudien

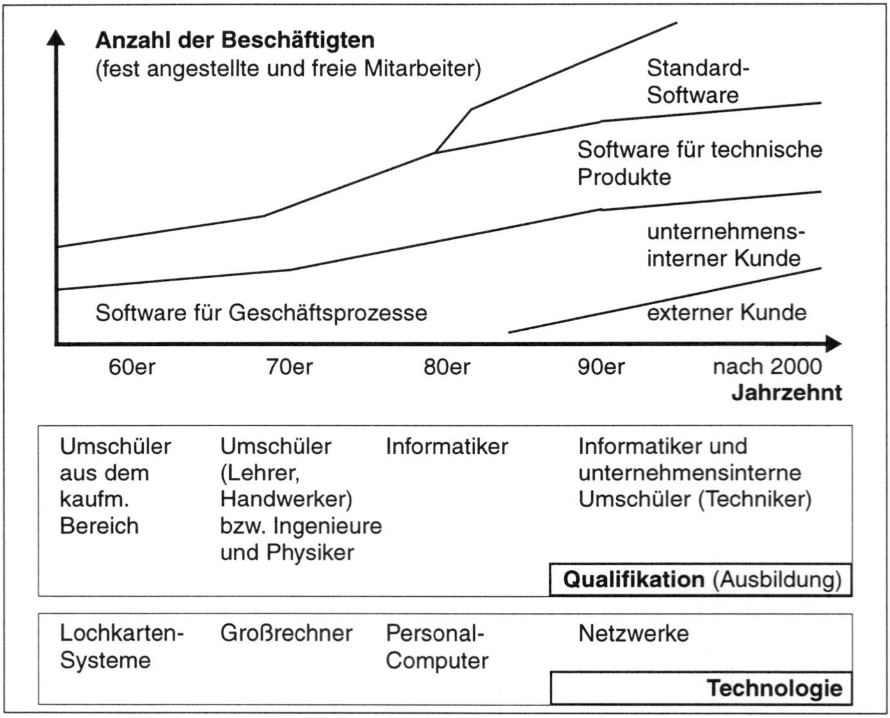

der Entwicklung der auf der Programmiersprache Cobol aufbauenden Anwendungen beteiligt. Man lässt sie in den Teams arbeiten, die spezialisiert sind auf die Weiterentwicklung der älteren Programme. Dort führen sie deren Anpassung an veränderte Geschäftsprozesse durch und stellen die fortgesetzte Nutzung der vor vielen Jahren angelegten Datenbestände und älterer Anwendungen sicher. Aufgrund dieses Einsatzes hat sich eine altersmäßige Segmentierung der Arbeitsgruppen herausgebildet.

Die Teams, welche die älteren Programme pflegen, bestehen vorwiegend aus älteren Mitarbeitern, da in diese kaum jüngere Mitarbeiter hineingenommen werden. Die jüngeren Entwickler sind an einer Mitarbeit in diesen Teams von sich aus auch wenig interessiert, da die Arbeitsaufgaben wegen der Benutzung älterer Sprachen und Tools als nicht herausfordernd und attraktiv genug gelten. In der Folge kann es zu einer „innerbetrieblichen Isolation" der in diesen Teams arbeitenden älteren Mitarbeiter kommen. Sie besitzen kaum informelle Kontakte zu anderen

Teams und das Interesse an der Weiterqualifikation geht überwiegend verloren. Durch die starke Spezialisierung und die langjährige Tätigkeit ohne Wechsel der Arbeitsaufgabe sind diese Entwickler wenig dahingehend trainiert und motiviert, Beiträge zu Anwendungen zu geben, die neue Konzepte und Tools benötigen. Bei betrieblichen Umstellungen, die Fachwissen und Engagement erfordern, welches außerhalb der engen Spezialisierung dieser älteren Entwickler liegt, besteht die Tendenz, solche Innovationen passiv oder aktiv zu verhindern.

Die geschilderte „Strategie“ des Mitarbeiter-Einsatzes setzt sich heute fort, so dass auch ein entsprechender „Verschleiß“ neu eingestellter Mitarbeiter abzusehen ist. Da bisher die Gratifikationen in diesem Unternehmen überdurchschnittlich sind, findet man trotzdem kaum Unternehmenswechsler. Das Know-how dieser Spezialisten bleibt dem Unternehmen erhalten, aber die Flexibilität gegenüber neuen Arbeitsaufgaben sinkt in der Regel stark ab. Das Engagement scheint sich mit zunehmender Betriebszugehörigkeit von der Zentrierung auf die berufliche Tätigkeit zu entfernen.

Zusammenfassend muss man nach den im Rahmen des INVAS-Projektes durchgeführten Fallstudien für einige Unternehmen des Unternehmenstyps „Software für Geschäftsprozesse“ folgende typische Situation älter werdender Software-Entwickler konstatieren:

- Die Personalplanung betreut und fördert hauptsächlich potenzielle Führungskräfte. Mit den Fachkräften in der Software-Entwicklung wird keine langfristige Perspektive ihrer beruflichen Laufbahn abgestimmt und geplant.
- Im Laufe der Zeit wachsen die Teams in eine enge Spezialisierung hinein. Die Arbeitsaufgabe der Mitarbeiter entwickelt sich zur Pflege älterer Systeme und Programme, eben derjenigen Systeme, auf die sich die Entwickler spezialisierten und „mit“ denen sie jetzt altern.
- Aufgrund der Spezialisierung und der Isolierung zwischen denjenigen Teams, die ältere und denjenigen, die neuere Technologien benutzen, entsteht bei den jüngeren Mitarbeitern der Eindruck, ältere Entwickler seien per se weder fähig noch gewillt, Innovationen gutzuheißen und zu unterstützen. Das Vorurteil wird gefördert durch vereinzelte negative Erfahrungen mit älteren Kollegen, die skeptisch gegenüber Neuerungen auftreten oder sogar die Behinderung von Innovationen betreiben.

Fallbeispiel zum Unternehmenstyp „Software für technische Produkte“

Untersucht wurde der Entwicklungsbereich eines Großunternehmens der Elektronikbranche („Technosoft“), in dem Software für komplexe messtechnische Systeme entwickelt wird. Es besteht eine langjährige Erfahrung mit Produktion und Betrieb dieser Anlagen. Der Innovationszyklus ist durch regelmäßige Markteinführung neuer

Varianten und Produktlinien bestimmt. Entlang dieser Linie des Produktwechsels machen die etwa 100 in diesem Unternehmensbereich tätigen Software-Entwickler einen berufsbiographischen Wandel mit. Er ist durch die ständige Weiterentwicklung von Kenntnissen und Fähigkeiten bezüglich des neuen Produkts charakterisiert. Die Entwickler haben meist eine Hochschulausbildung mit Abschluss in einer Ingenieurdisziplin, der Physik oder Informatik hinter sich. Im Laufe ihrer beruflichen Entwicklung werden sie nach abgschlossenen Projekten in der Regel in die sich neu bildende Arbeitsgruppe für die Entwicklung des neuen Produkts übernommen und können sich dort bedarfs- und tätigkeitsnah weiterqualifizieren. Aus ihrem bisherigen Berufsleben werden dementsprechend weniger einzelne Spezialkenntnisse als vielmehr die allgemeine Erfahrung mit Projektarbeit eingebracht. Die darin erworbene produktübergeifende Problemlösungskompetenz zeichnet die älteren Software-Entwickler vor den jüngeren Mitarbeitern aus. Diese Erfahrung, zusammen mit ständig erfolgender Erneuerung des Fachwissens, bewirkt, dass die älteren Software-Entwickler eine begründete Bewertung technischer Neuerungen vornehmen können. Wird dieses in den Teams als Bereicherung empfunden und gewürdigt, so wird wiederum eine positive Motivation gegenüber der Aneignung von Fachwissen stabilisiert. Der bestehende Weiterqualifikations-Druck hat nur dann negative Konsequenzen für die älter werdenden Software-Entwickler, wenn die Weiterqualifikation gänzlich dem Privatinteresse überlassen und in der Freizeit ausgeführt werden soll oder die Lerninhalte mit der bisherigen Praxiserfahrung der älteren Mitarbeiter nicht verknüpft werden können.

Für die im Projekt untersuchten Unternehmen des Unternehmenstyps „Software für technische Produkte“ lässt sich zusammenfassend das folgende Bild entwerfen:

- Auch in diesem Bereich gibt es in der Regel keine vorausschauende, langfristige Absprache über die Laufbahn und über Weiterqualifikationsmaßnahmen.
- Allerdings ist den Mitarbeitern aufgrund der bestehenden organisatorischen Strukturen und Abläufe klar, dass sie beruflich nur dann konkurrenzfähig bleiben, wenn sie ihr Fachwissen auf dem neuesten Stand halten. Erwerb und Einsatz betrieblicher Erfahrung kann beim älter werdenden Entwickler dazu beitragen, Weiterqualifikation gezielter und effizienter durchzuführen. Dadurch kann der Weiterqualifikations-Stress gemildert werden. Das wird insbesondere dann der Fall sein, wenn stärker mit administrativen Tätigkeiten behaftete Aufgaben wahrgenommen werden, wie sie das Projektmanagement mit sich bringt.
- Es ist nicht mit Zahlen belegbar, wie groß der Anteil der älteren Mitarbeiter ist, die extrem unter Stressauswirkungen bis hin zum Burn-Out-Syndrom leiden. Oft scheinen diese auch durch individuelle Faktoren bedingt oder stark beeinflusst zu sein. Im weiteren Verlauf des INVAS-Projektes wird

untersucht werden, welche Perspektiven der Laufbahnentwicklung für diese Mitarbeiter gegeben werden können und wie durch frühzeitige Beachtung negative Wirkungen von Zeitdruck und erhöhter Anforderungen der Weiterqualifikation vermeidbar oder verminderbar sind.

Zur Entstehung und Behebung des negativen Bildes des älter werdenden Software-Entwicklers in den Unternehmen aufgrund unternehmensstruktureller Gründe und von Vorurteilen

Bei dem im INVAS-Projekt untersuchten Unternehmen „Extrasoft" handelt es sich um die Tochter eines Großunternehmens, das eine Ausweitung der Software-Produktion (Software für Geschäftsprozesse) für externe Kunden anstrebt. Verbunden damit ist eine Veränderung der Organisationsstruktur sowie die personelle Expansion (bei bereits mehr als 100 in der Software-Entwicklung Tätigen). Für die Umsetzung der betriebswirtschaftlichen und logistischen Abläufe des Kunden in Software ist langjährige Erfahrung notwendig. Deshalb wird die Vergabe der wesentlichen Aufgaben, welche die Kenntnis von Geschäftsprozessen bei der Erstellung der Software beinhalten, in weniger lohnintensivere Länder ausgeschlossen. Für diese Aufgaben, die eine hohe Qualifizierung erfordern, wird auch bei Verlagerung reiner Codieraufgaben ins Ausland eine Kernbelegschaft in Deutschland bestehen bleiben und ausgebaut werden. Gerade bezüglich der neu zu gewinnenden Kunden spiele das Unternehmensimage, das auf den Erfahrungen der Mitarbeiter beruht, eine große Rolle und stelle einen Vorteil gegenüber den weniger renommierten Softwarehäusern dar.

Bezüglich der älteren Mitarbeiter zeigt sich das im ersten Fallbeispiel dargestellte typische Bild für Unternehmen im Bereich der Erstellung von Software für Geschäftsprozesse, die einen organisatorischen Wandel durchmachen. Diese Problematik wird noch verschärft durch den unternehmensgeschichtlich bedingten Aspekt der Prägung durch die hierarchischen Strukturen der jetzigen Muttergesellschaft, in der nach Angaben der Personalleitung ein Anspruchsdenken und ein Unwille, aktiv am Umlernen teilzunehmen, nicht unüblich gewesen sein soll.

Im Umgestaltungsprozess, der eine größere Kundenorientierung zum Ziel hat, überlagern sich diese allgemeinen Innovationshindernisse mit spezifischeren Problemen im Bereich der Software-Entwicklung. Die Umorganisation verursachte sowohl Positionsängste bei älteren Mitarbeitern in Führungskraft-Positionen als auch Ängste bezüglich der befürchteten Notwendigkeit, inhaltlich umzulernen. Die Tendenz, an altbekannten Systemen und Softwarelösungen festzuhalten, war ausgeprägt, was nicht allein aus der Tatsache einer langjährigen, in engen Bahnen spezialisiert ablaufenden Arbeit in diesen Bereichen zu erklären ist. Auch eine aus berufsbiographischen Gründen nicht vorhandene Fähigkeit der abstrakten Kenntnis von Konzepten der Informatik scheint dazu beizutragen. Das liegt an einer für die 70er Jahre bei diesem Unternehmenstyp typischen Entwicklung. Damals wurden viele Umschüler aus den Handwerks- und kaufmännischen Berufen sowie aus dem Bereich der Pädagogik im EDV-Bereich eingestellt. Es fehlten Informatiker, der Software-Bereich hatte noch nicht die heutige Komplexität erreicht und es erschien sinnvoll, betriebswirtschaftlich ausgebildete Personen die Software erstellen zu lassen, da sie sich mit den Geschäftsprozessen auskannten.

In der Beziehung zu jüngeren Kollegen spielt das „Senioritätsprinzip" (die generelle Zunahme der Entgelthöhe mit dem kalendarischen Alter) nach den Aussagen mehrerer Befragter eine wesentliche Ursache für die Verschlechterung der Arbeitsatmosphäre. Insgesamt entstand im Unternehmen das Bild des älteren Mitarbeiters, der generell eine abnehmende Karriereorientierung aufweise und ab etwa dem 50. Lebensjahr auch eine abfallende Leistungsfähigkeit. Dieses Bild beruht auf Erfahrungen und Vorurteilen, die u.a. aufgrund der bestehenden Unternehmensstrukturen entstanden.

In diesem Unternehmen konnten zwei Arbeitsbereiche, mit jeweils mehreren dutzend Mitarbeitern, näher betrachtet werden. Anhand der durchgeführten Interviews kann das Bild des älteren Entwicklers bei Vorgesetzten und jügeren Mitarbeitern dargestellt werden.

Aufgrund der bisher favorisierten Personalstrategien verwundert es nicht, dass im Arbeitsbereich A, der sich mit neueren Basiskonzepten (objektorientierte Sprachen, Client-Server-Architekturen sowie Internet-Anwendungen) beschäftigt, die meisten Mitarbeiter zwei bis fünf Jahre Betriebszugehörigkeit angeben, während im Bereich B (IBM mainframe und PC, sowie eine breite Palette an Programmiersprachen, aber mit Schwerpunkt auf Cobol) 10 bis15 Jahre Betriebszugehörigkeit genannt werden. Es ist davon auszugehen, dass in einem Großteil dieser Zeit die ausgeführte Tätigkeit fachlich eng spezialisiert war. Dementsprechend fällt auch die Einschätzung der Weiterqualifikationsmöglichkeit durch den Bereichsleiter negativ aus. Es wird von ihm als beinahe unmöglich angesehen, für die auf Cobol festgelegten Mitarbeiter mittelfristig eine Perspektive zu entwickeln.

Für die Entstehung und Stabilisierung weitgehend nicht altersgemischter Bereiche ist nicht allein die organisatorische „Isolierung" verantwortlich. Ursache von „altersspezifischen" Kommunikationsproblemen schon innerhalb von Bereich B sind unterschiedliche „Programmierkulturen". Dieses Problem wird ganz deutlich in den Interviews mit den beiden Bereichsleitern, in denen das Verhältnis beider Bereiche gegeneinander durch den Begriff „ritualisierte Abneigung" beschrieben wurde. Die jüngeren Mitglieder des Arbeitsbereiches A, Hochschulabgänger mit wenigen Jahren Berufserfahrung, stellen sich durch Abwertung des Bereichs B und der anderen Bereiche des Unternehmens in die Rolle einer Innovationselite. Während sie die neuesten Anwendungen vorantrieben, wären die anderen bei Cobol und bei alten Systemen „stehengeblieben". Teilweise wird ihre Karriereorientierung auch als für die eigene Teamatmosphäre belastend empfunden. Die jüngeren Mitarbeiter möchten in vielen Projekten arbeiten und sich in die interessanten Aufgaben einbringen. Dadurch wird die Koordination der Arbeit erschwert. Der für Bereich A zuständige Bereichsleiter hat die Problematik dieser Arbeitssituation erkannt und teilt auch die Einschätzung der Wichtigkeit von Überblicks-Know-How, das sowohl die Kenntnis der Geschäftsprozesse beinhaltet als auch die Fähigkeit, neue Technik auf ihre Einsetzbarkeit in der Praxis zu bewerten. Gerade weil die Perspektive für den Software-Bereich in Deutschland eher in Richtung Beratung denn Programmierung gehe, würde dieses Know How wesentlicher. Diese Einschätzung über die Wichtigkeit von Erfahrung deckt sich im wesentlichen mit derjenigen des Bereichsleiters für Bereich B, wobei jedoch hier klarer gesehen wird, dass zur größeren Bedeutung des Kundenkontaktes auch steigende Anforderungen bezüglich der Kommunikationsfähigkeit, der Kritikfähigkeit und der Systemanalyse notwendig werden, die bei älteren Mitarbeitern besser ausgeprägt sein können.

Als Beispiel einer erfolgreichen Weiterqualifikationsmaßnahme wird die Berufsbiographie eines Mitarbeiters angeführt, der mit ca. 55 Jahren unter Weiternutzung seiner Programmiersprachenkenntnisse auf eine Tätigkeit in einer anderen Betriebssystem-Umgebung überging. Als Faktoren, die den Erfolg garantierten, wurden neben der Initiative des Mitarbeiters die Anleitung und fortgesetzte Hilfestellung bezüglich des Betriebssystems sowie baldige Erfolgserlebnisse angegeben.

Fazit: Aus den Fallstudien kann gelernt werden, dass den älter werdenden Software-Entwicklern eine größere Aufmerksamkeit von Seiten der Personalleitung entgegengebracht werden sollte. Gerade in Unternehmen mit „jugendzentrierter" Kultur wird der Fehler gemacht, die neu eingestellten Hochschulabgänger nur bezüglich möglicher Führungskarrieren zu unterstützen und Fachkarrieren nicht zu entwickeln sowie ältereren Entwicklern zu wenig Beachtung zu schenken.

Beim Management existiert ein zwiespältiges Bild des älteren Entwicklers. Der Wert von Berufserfahrung wird prinzipiell anerkannt, ansonsten aber an den älter werdenden Mitarbeiter die Leistungsmesslatte für den „pflegeleichten", weil aufstiegsorientierten jüngeren Mitarbeiter angelegt. So bleiben Ursachen für den Verlust von Motivation und das Entstehen von Positionsängsten unerkannt und undiskutiert. Es wird die Verminderung von Leistungspotenzialen konstatiert, ohne die unternehmensstrukturellen Hintergründe zu betrachten.

Die geringe Altersmischung in den Bereichen und Teams führt oft zur Abschottung gegeneinander. Diese Art der Unternehmensorganisation unterstützt die Entstehung und Verfestigung von Vorurteilen bei jüngeren Mitarbeitern. Die Kenntnisse bei den Mitarbeitern mit geringer Betriebszugehörigkeit sind in der Regel aus der noch nicht lange zurückliegenden Hochschulausbildung aktueller im Bereich neuester Entwicklungen. Sie fühlen sich deswegen den älteren Entwicklern überlegen.

Unter diesen Umständen kann sich keine Unternehmenskultur entwickeln, die den Wert der Leistung und der Bedeutung langjähriger Erfahrung mit Geschäftsprozessen und Kundenanforderungen erkennt und würdigt, obwohl die Bereichsleiter sich dieses Potenzials für die Innovationsfähigkeit des Unternehmens im Prinzip bewusst sind. Die Leistung älterer Mitarbeiter beim Aufbau und dem Betrieb älterer Systeme wird von den jüngeren Entwicklern unterschätzt, die Bedeutung von Wiederverwendung (vgl. Weisbecker 1997, S. 6) und Dokumentation von Software bleibt gleichfalls unerkannt.

Die Abgrenzung gegenüber den älteren Mitarbeitern kann bei den jüngeren Entwicklern auch zur Verdrängung eigener Zukunftsplanung beitragen, indem Maßnahmen der Weiterqualifikation negativ bewertet werden, da sie nur bei Leistungsverminderung notwendig würden, wie man - so das Vorurteil - an den älteren Entwicklern feststellen könne.

Unter diesen Voraussetzungen bleiben wohlgemeinte Weiterbildungsanstrengungen dann oft auf halber Strecke stecken. Einerseits können sie vom älteren Mitarbeiter gar nicht als lohnende Herausforderung verstanden werden, wenn Weiterbildungsmaßnahmen unter den Kollegen als Zugeständnis der Leistungsminderung gelten. Andererseits ist es auch keine große Überraschung, dass wegen der fehlenden Sensibilisierung der Personalleitung bei entsprechenden Maßnahmen häufig nicht auf eine altersadäquate Gestaltung geachtet wird. Dabei können aus einzelnen positiven Beispielen der Weiterbildung älterer Mitarbeiter, wie z.B. dem im zuletzt dargestellten Fallbeispiel vorgestellten, durchaus Lehren für deren allgemeine Gestaltung gezogen werden. Im Einzelfall sind natürlich die speziellen Stärken und Schwächen des jeweiligen Mitarbeiters primär zu beachten. Wenn davon abstrahiert wird, können aber Aussagen über begünstigende Rahmenbedingungen formuliert werden. Zu deren Stützung und als zusätzliche Hinweise sind die Ergebnisse gerontologischer Untersuchungen heranzuziehen (vgl. Lehr 1991, S. 109-113; Fleischmann 1990; Weinert 1992; Barkholdt et al. 1997).

Im Rahmen der INVAS-Fallstudien ergab sich, dass es zum Gelingen der Weiterbildung älterer Software-Entwickler notwendig bzw. hilfreich ist, wenn

- ein Teil des erworbenen, speziellen Fachwissens weiterhin nutzbringend eingesetzt werden kann oder daran mit der neuen Aufgabe angeknüpft wird,
- die Erfahrung aus der Projektarbeit, die insbesondere in Überblickswissen besteht, vom älter werdenden Entwickler in den neuen Projekten eingebracht werden kann, wozu eine entsprechende Unternehmenskultur und eine dafür förderliche Atmosphäre im Team herrschen muss,
- nicht nur eine einmalige Umschulungsmaßnahme durchgeführt wird, sondern eine längerfristige Hilfestellung im neuen Kenntnisbereich ermöglicht wird, insbesondere, wenn diese Hilfe in der Zusammenarbeit mit Kollegen erfolgt, die umgekehrt die Erfahrung und das Wissen des älteren Mitarbeiters abfragen und anerkennen,
- Erfolgserlebnisse nicht dadurch erschwert werden, dass der ältere Mitarbeiter sofort in einem Tätigkeitsbereich arbeitet, in dem er mit dem neu erwor-

benen Wissen in direkter Leistungskonkurrenz zu jüngeren Mitarbeitern mit frischer Hochschulbildung steht,

– die Annahme der neuen Aufgabe als positive Herausforderung relativ schnell durch Erfolgserlebnisse gefördert und angespornt wird.

Möglichkeiten der Laufbahnentwicklung

Bezüglich der Mitarbeiter, die z. Zt. in einer starken Wachstumsphase in expandierende Software-Häuser eingestellt werden, und die die älteren Mitarbeiter von morgen sein werden, besteht die Möglichkeit und Notwendigkeit, gleich von Beginn der beruflichen Laufbahn ein starkes Bewusstsein für die Probleme der Laufbahnentwicklung zu schaffen. Der Unternehmensführung und dem Mitarbeiter muss bewusst sein, dass es in einem sich so schnell wandelnden Ingenieurbereich nicht ausreicht, eine Spezialisierungsnische zu suchen. In der Regel wird eine interessante, herausfordernde Arbeitsaufgabe in dieser Weise nicht für mehr als ein Jahrzehnt Bestand haben. Beim nächsten Wechsel des Basiskonzepts gehört der älter werdende Mitarbeiter aufgrund der organisatorischen Strukturentscheidungen im Unternehmen oder durch die Herabsetzung kognitiver Flexibilität in einer lernentwöhnenden Arbeitssituation zu denjenigen, die sich in der – vielleicht dann weniger gefragten Nische – „festgesetzt“ haben.

Wenn es gelingt, die Perspektive auf die Laufbahnentwicklung von Beginn der Berufsausübung an zu etablieren und in verbindlichen Vereinbarungen zwischen Mitarbeiter und Personalleitung münden zu lassen, könnten zukünftige Software-Entwickler eher vor dem Los des schwer korrigierbaren Feststetzens in Nischen bewahrt werden. Diesem Ziel kommt auch entgegen, dass sie oft bessere Voraussetzungen für die Gewinnung von Überblickserfahrung besitzen, da sie durch die Informatik-Ausbildung eine gute Grundlagenschulung für die Aufgaben mitbringen, die kognitive Flexibilität und Abstraktionsfähigkeit erfordern.

Sicherlich wird es schwierig werden, die notwendig werdenden Schritte weg von einer Fixierung auf eine Führungskarriere durchzusetzen. Der älter werdende Software-Entwickler hatte bisher in wachsenden Unternehmensstrukturen oft keine allzu großen Probleme, von der fachlichen Arbeit zur Führungsebene vorzudringen, wenn eine generelle Eignung und Motivation für Projektmanagementaufgaben und Menschenführung vorlag. In etablierten Unternehmen, deren Software-Bereich nicht mehr rapide wächst, und bei zunehmender Einführung flacher Hierarchien wird eine solche Art der Karriere in Zukunft schwerer werden. Andere, bisher durchgeführte Alternativen, der Einsatz in der Pflege älterer Systeme und in der Dokumentation werden in der Regel nicht als herausfordernd empfunden. In sie kann man zwar das Fachwissen, aber kaum die erworbene Erfahrung einbringen, und damit wirken diese Aufgaben eher demotivierend auf den Mitarbeiter. Generell erscheint für die längerfristige Laufbahnplanung sowohl für das Unternehmen als auch für den Mitarbeiter interessant, die Option mehrerer Einsatzmöglichkeiten zu erlangen, indem einerseits systematisch Erfahrung in unterschiedlichen Projekten und in mehreren Tätigkeitsschwerpunkten gesammelt wird (vgl. Behrens 1993). Das eröffnet die Perspektive auf einen Einsatz als Projektleiter, bereitet aber auch eine Fachkarriere als Berater gegenüber dem Kunden oder als Berater mit Überblickskenntnissen für die jüngeren Software-Entwickler (als sog. „Senior-Berater“) vor. Wichtig ist, dass diese Übergänge ohne große Sprünge in den Anforderungen, zugewiesenen Aufgabenbereichen und subjektiven Statusvorstellungen vor sich gehen, so dass Ängste vor dem Verlust der Position oder finanziellen Einbußen die Motivation nicht vermindern. Dazu scheint eine Voraussetzung zu sein, dass Formen der Zusammenarbeit mit jüngeren Mitarbeitern gefunden werden, die frei sind von untergründigen Vorurteilen und Überschätzungen des eigenen Arbeitsstils. Zur realistischen individuellen zeitlichen Aufwandsschätzung existieren Ansätze in der Informatikausbildung. In der jetzigen Arbeitsatmosphäre, die zum Teil durch „Hakker-Mentalität“ und Überstunden geprägt wird (vgl. Simonsmeier 1992), ist eine geregelte Projektorganisation vielleicht nur dadurch erreichbar, indem nicht nur eine Zuweisung von Tätigkeitsbereichen erfolgt, sondern jüngere und ältere Mitarbeiter bewusst in spezifischen Rollen innerhalb des Teams eingesetzt werden.

Literatur

Barkholdt, C.; Frerichs, F.; Naegele, G. (1997): Altersstruktureller Wandel. Herausforderungen an die berufliche Fort- und Weiterbildung. In: Klose, H.-U. (Hrsg.): Perspektiven der alternden Arbeitsgesellschaft. forum – demographie und politik, Heft 9.

Behrens, J. (1993): Laufbahngestaltung für Service-Ingenieure im Außendienst von Computerfirmen. In: Bullinger, H.-J. et al. (Hrsg.): Alter und Erwerbsarbeit der Zukunft. Springer-Verlag, Berlin, Heidelberg, New York, 227-232.

Berndes, S.; Lünstroth, U. (2000): Technology, Organisation and Qualifications in Software Development. In Coakes, E.; Lloyd-Jones, R.; Willis, D. (Hrsg.): The New Sociotech, Computer Supported Co-operative Work (CSCW), London 2000.

Berndes, S.; Lünstroth, U. (1998): Dienstleistungsbereich Software-Entwicklung – Karrieren, Faktoren, Biographien. Cottbus.

Buck, H.; Reif, A. (1997): Innovative industrielle Produktion bei veränderten Altersstrukturen. In: Klose, H.-U. (Hrsg.): Perspektiven der alternden Arbeitsgesellschaft. forum – demographie und politik, Heft 9, 159-181.

Fleischmann, U.M. (1990): Gedächtnis im Alter. In: Oswald, W.D.; Lehr, U.: Altern. Veränderung und Bewältigung, Verlag Hans Huber, Bern, Stuttgart, Toronto, 1991, 38-43.

Hartmann, M. (1995): Informatiker in der Wirtschaft. Perspektiven eines Berufs. Springer-Verlag, Berlin, Heidelberg, New York.

Lehr, U. (1991): Psychologie des Alterns. 7. Auflage, Quelle & Meyer, Heidelberg, Wiesbaden.

Pack, J.; Buch, H. (1991): „Entwickler haben jung zu sein“. In: Elsner, G.; Volkholz, V. (Hrsg.): Alter, Leistung, Gesundheit – eine Anregung zur Diskussion über die Tarifreform 2000 (Hans-Böckler-Stiftung, Graue Reihe - Neue Folge 35), Düsseldorf 1991, 66-72.

Paul, G. (1989): Die Bedeutung von Arbeit und Beruf für Ingenieure. Eine empirische Untersuchung. Campus Verlag, Frankfurt/Main.

Rohr, S. (1996): Arbeitswelt Datenverarbeitung. Zukunft und berufliche Orientierung in der DV. Berufsbilder, Chancen, Perspektiven, Computerwoche-Verlag, München.

Simonsmeier, W. (1992): Arbeitszufriedenheit und Überforderung der Software-Entwicklerinnen und Software-Entwickler. In: Trautwein-Kalms, G. (Hrsg.): KontrastProgramm Mensch-Maschine. Arbeiten in der HighTech-Welt, Bund-Verlag, Köln, 202-211.

Trautwein-Kalms, G. (1995): Ein Kollektiv von Individualisten? Interessenvertretung neuer Beschäftigtengruppen, Dissertation, Edition Sigma, Berlin.

Weinert, F.E. (1992): Altern in psychologischer Perspektive. In: Baltes, P.B.; Mittelstrass, J.: Zukunft des Alterns und gesellschaftliche Entwicklung (Akademie der Wissenschaften zu Berlin, Forschungsbericht 5), Walter de Gruyter, Berlin, New York, 180-203.

Weisbecker, A.; Frings, S.; Supe, G.S. (1997): PROMPT – Organisationsgestaltung und Methoden für menschengerechte Software-Entwicklungsprozesse. In: Fraunhofer-Institut für Arbeitswirtschaft und Organisation: Software-Technologien in der Praxis, Stuttgart, 1-24.

Welzmüller, R. (1992): Strukturumbrüche in der EDV-Industrie. In: Trautwein-Kalms, G. (Hrsg.): KontrastProgramm Mensch-Maschine. Arbeiten in der HighTech-Welt, Bund-Verlag, Köln, 75-86.

Professor Dr.-Ing. habil. Michael Lawo,
VSS Gesellschaft für Beratung, Projektmanagement und Informationstechnologien, Bremen

Ist Altern in einer jungen Branche wie der Informationstechnologie wirklich ein Problem?

Einführung

In einer Branche, die erst in den letzten 30 Jahren, also im Zeitraum eines Berufslebens entstand und die von kurzen Innovationszyklen geprägt ist, scheint das Altern der Mitarbeiterinnen und Mitarbeiter ein großes Problem zu sein. Aus der Erfahrung eines Unternehmens mit ca. 300 zu 80% akademisch ausgebildeten Mitarbeiterinnen und Mitarbeitern mit einer durchschnittlichen Betriebszugehörigkeit von über sieben Jahren und einem Durchschnittsalter von knapp unter 40 Jahren lässt sich aber feststellen, dass es sich nicht um ein generelles, sondern wenn überhaupt um ein individuelles Problem handelt.

Ausgehend von den zum Umgang mit Innovationen notwendigen Fähigkeiten der Beteiligten wird einerseits gezeigt, wie sich eine Mitarbeiterpersönlichkeit grundsätzlich auf diese Anforderungen einstellen kann, und wie andererseits die Unternehmensorganisation systematisch Forschungs- und Entwicklungsarbeiten in einem Mix aus jungen und älteren Mitarbeiterinnen und Mitarbeitern über eine Projektstruktur erfolgreich umsetzen kann.

Die enge Verzahnung von Forschung und Entwicklung mit der Personalentwicklung wird erläutert, um daraus abzuleiten, dass Altern kein Hemmschuh für die Innovation ist, sondern helfen kann, den Innovationsprozess zu einem festen Bestandteil der Unternehmensorganisation zu machen.

Das Thema wird aus der persönlichen beruflichen Erfahrung des Autors in Wissenschaft und Industrie während der letzten fünfzehn Jahre behandelt. Es wird also ausdrücklich nicht der Anspruch einer wissenschaftlich fundierten Analyse erhoben. Die Erfahrungen des Lesers können also durchaus anders sein und sollten Anlass für eine willkommene Diskussion sein. Zunächst mit der technischen Informatik persönlich zu Beginn der 70er Jahre im Rahmen des Studiums in Berührung gekommen, schildere ich den Entwicklungsgang, wie er sich im Unternehmensalltag wiederfindet.

In den 60er und 70er Jahren ging es den „Computer-begeisterten" Ingenieuren, Naturwissenschaftlern und Mathematikern zunächst um die Simulation physikalischer Phänomene mittels elektronischer Rechner. Diese Entwicklung hält teilweise heute noch an, indem immer komplexere Systeme bis hin zum Wetter simuliert werden. Die Erfordernisse an Hardware-Ressourcen sind dabei enorm und haben vier Jahrzehnte lang den technologischen Fortschritt auf diesem Gebiet bestimmt, ohne dass ein Ende abzusehen ist.

Durch die immer stärker werdende Integration von Modellen in die Steuerung von Maschinen mit der in den späten 80er Jahren entstandenen Disziplin der Mechatronik, der Verbindung von Mechanik und Elektronik, die sich in der Entwicklung von Steuerungssoftware für Maschinen (embedded Software) manifestierte, ergibt sich ein Arbeitsgebiet, das von ständigen Innovationen in den Anwendungsgebieten, der eingesetzten Technologie und sogar vollständig neuen Betätigungsfeldern geprägt ist. Elektronik hielt in allen möglichen Geräten des Alltags ihren Einzug (weiße und braune Ware, Automobil, Eisenbahn und Flugzeug, ...). Nach dem anfänglichen Scheitern des Ansatzes einer Computer Integrierten Produktion (CIM) müssen wir heute feststellen, dass viele Steuerungsfunktionen - nachdem die Bedeutung und Fähigkeit der Nutzer erkannt und berücksichtigt wurden - realisiert sind und wie scheinbar selbstverständlich auch integriert sind.

Die 90er Jahre sind die Jahre der Telematik, der Verbindung von Telekommunikation und Informatik. GSM (Mobilnetz Telekommunikation) und GPS (Satelliten gestützte Positionsbestimmung), LAN und WAN (lokale und globale Netze) für unternehmensinterne und weltweite Kommunikation wurden zunächst nur als technische Innovationen für den Sprach- und Datenaustausch, realisiert von Technikern für Techniker, gesehen. In dieser Phase hielt diese Technologie auch Einzug in unsere alltägliches Leben.

Neben dem wissenschaftlich-technischen Bereich existiert ein kaufmännisch-administrativer Bereich der Informatik, der von der (Massen-)Datenverarbeitung bestimmt wird. Waren in den Anfangsjahren (50er und 60er Jahre) die technisch - wissenschaftlichen Anwendungen die Motoren der Innovation, so änderte sich das in den 70er und 80er Jahren dramatisch, als der Computer Einzug in die kaufmännischen Abteilungen der großen Unternehmen in Produktion und Dienstleistung hielt. Die Rechenleistung der Computer wurde als Argument für jede Art von Rationalisierungsvorhaben herangezogen. Die Beschleunigung von Vorgängen bei Banken (z.B. bargeldloser Geschäftsverkehr) und in den Buchhaltungen aller großen Unternehmen standen im Vordergrund. In einer ersten Phase wurde von den

Unternehmen und Verwaltungen, angepasst an die bisherigen sehr individuellen Verfahren, sogenannte Individual-Software bis in die 80er entwickelt.

Nachdem sich die Erkenntnis durchgesetzt hatte, dass die Kosten ins Unermessliche zu wachsen drohten, begann dann in den 80ern die hohe Zeit der Standard - Software sowohl im technischen als auch im kaufmännischen Bereich. In den 90ern fand dann gerade im Bereich der kaufmännischen Anwendungen ein Verdrängungswettbewerb statt, der mit dem Erfolg der Software SAP R/2 und R/3 verbunden ist. Im technischen Bereich wurden die Innovationszyklen immer kürzer und Software ist heute Teil eines jeden Gerätes in Haushalt, Transport, Produktion und Unterstützungssystem zur Erbringung hochwertiger Dienstleistungen.

Beobachtungen

Vor dem Hintergrund dessen, dass es Menschen sind, die diese Technologie durch Innovationen vorangetrieben haben und diese Menschen altern, stellt sich nun die Frage: Welche Zusammenhänge bestehen in den beiden von mir erfahrenen Bereichen der technischen Datenverarbeitung im Forschungszentrum und in der Elektronikindustrie sowie der kaufmännischen Datenverarbeitung im Konzern und im Beratungsunternehmen zwischen dem Altern der dort jeweils beschäftigten Menschen und der Innovation in den Technologien und Anwendungen?

Innovationszyklen

Zunächst ist festzustellen, dass Innovationszyklen im technisch-wissenschaftlichen Bereich bezogen auf einzelne Marktsegmente (braune und weiße Ware, Automobil, Fertigungssteuerung,...) kürzer sind als im kaufmännisch-administrativen Bereich. Die Grundlagen (Hardware), Methoden (Betriebssysteme) und Verfahren im technisch-wissenschaftlichen Bereich ändern sich schneller als im kaufmännisch-administrativen Bereich. Die Gründe sind leicht einsichtig, da Methoden im kaufmännisch-administrativen Bereich vielfach gesetzlichen Bestimmungen oder tradierten Denkweisen unterliegen. Wenn sich Dinge im kaufmännisch-administrativen Bereich ändern, so beziehen sich diese Änderungen vornehmlich auf Randbereiche (z.B. Workflow). Damit bleiben im kaufmännisch-administrativen Bereich Methoden und Verfahren über viele Jahre wahr und bieten Orientierung (z.B. Finanz- und Rechnungswesen). Im weniger reglementierten Bereich der technischen Anwendungen sind zwar die zu lösenden Aufgabenstellung, z.B. in der Simulation stets ähnlich, und Verfahren z.B. in der Mathematik auch konstant, doch ergeben sich durch die Steigerung der Rechnerleistung immer neue Anwendungsgebiete und, um die Rechengeschwindigkeit zu steigern, immer neue Herausforderungen an die einzusetzenden und zu entwickelnden Software-Systeme. Gerade im Bereich der Steuerungs-Software Entwicklung war mit jedem neuen Prozessor eine neue Software zu entwickeln. Was bleibt ist das Problem des beschränkten Speicherplatzes und für die vorhandene Prozessorgeschwindigkeit die Algorithmen zu finden, die es erlauben, in Echtzeit (bei Steuerungen) oder in zumutbarer Zeit (Simulation) die notwendigen Ergebnisse zu ermitteln. Die Konsequenz hieraus ist, dass Innovationszyklen einerseits von der einsetzbaren Technologie, andererseits aber vom Anwendungsbereich (technisch-wissenschaftlich bzw. kaufmännisch-administrativ) bestimmt werden.

Die Technologie führt im technisch-wissenschaftlichen Bereich dazu, dass der Innovationszyklus also fast gleich der Zeit ist, die zur Entwicklung eines neuen Prozessors erforderlich ist (also teilweise kleiner als ein Jahr). Im kaufmännisch-administrativen Bereich werden dagegen die Innovationszyklen durch den Wechsel des Betriebssystems und der sehr viel teureren Massenspeichertechnologie und auch durch den technologischen Wandel im Bereich der Mensch-Maschine-Schnittstelle (Fernschreiber-, Kartenstanzer und Massendrucker, Alpha-numerischer Bildschirm, graphischer Bildschirm) bestimmt. So entstehen Innovationszyklen von ca. fünf bis zehn Jahren.

Auch die Anwendungen erzwingen im technisch-wissenschaftlichen Bereich kürzere Innovationszyklen als im kaufmännisch-administrativen Bereich. Ganz neuen Anwendungen, wie wir sie aus dem technisch-wissenschaftlichen Bereich als Innovationen vom Automobilbau beispielsweise kennen (Anti-Blockier-System, Airbag, Abstandssensorik, ...) stehen im kaufmännisch-administrativen Bereich eher immer wieder neue Begrifflichkeiten für altbekannte Problemlösungsversuche gegenüber (Workflowsysteme, Dokumentenmanagementsysteme, Produktdatensysteme, Wissensmanagementsysteme, ...). Gerade im kaufmännisch-administrativen Bereich entscheidet nämlich die Nutzung der System durch die Anwendergruppen viel eher über Erfolg oder Misserfolg. Nur einmal, nämlich beim ersten Scheitern des CIM-Ansatzes in der 80er Jahren ist im technisch-wissenschaftlichen Bereich ein ähnliches Phänomen zu beobachten gewesen. Gerade in organisatorischen, Nutzer-orientierten Anwendungsfällen eröffnen sich viele Chancen für anwendungs-erfahrene Mitarbeitende.

Befähigung und Karriere der Mitarbeitenden

Denn Mitarbeitende gewinnen im Laufe des Berufslebens, auch wenn sie zunächst rein Software-technisch gearbeitet haben, Kenntnisse über die Anwendungen; das unterscheidet ältere von jungen Mitarbeitenden. Der Wert dieser Kenntnisse ist sehr unterschiedlich abhängig vom Anwendungsbereich. Diese Kenntnisse stellen in vielen Fällen ein eher implizites, praktisches Wissen dar, welches durch die Vermittlung des entsprechen theoretischen Umfeldes für eine Tätigkeit als Beratender wertvoll wird; wertvoll sowohl für den Mitarbeitenden als auch das beschäftigende Unternehmen. Das theoretische Umfeld bedeutet im technisch-wissenschaftlichen Bereich vor allem Vertriebs- und Marketing-Wissen, dagegen im kaufmännisch-administrativen in erster Linie Wissen um Geschäftsprozesse und die betriebswirtschaftlichen Zusammenhänge in Spezialbereichen (z.B. Kostenrechnung). Damit eröffnen sich für erfahrene Mitarbeitende im technisch-wissenschaftlichen Bereich Karrieren in Vertrieb und Kundendienst. Im kaufmännisch-administrativen Bereich stehen daneben bei entsprechender Neigung auch Karrieren in der Beratung offen.

Karriere bedeutet immer auch Veränderung, sei es hinsichtlich des Arbeitgebers, des Einsatzgebietes (regional wie arbeitsinhaltlich) und Lernen. In meinen Augen ist Lernbereitschaft ein Persönlichkeitsmerkmal, das z.B. über die Karriere motiviert, jedoch niemals erzwungen werden kann. Ferner unterliegt nach meiner Erfahrung Lernbereitschaft keinem Alterungsprozess und ist kein Altersgruppenphänomen. Mir sind geradezu lernbegierige 60jährige genauso bekannt wie lernunwillige 25jährige. Die natürliche Neigung des Menschen zur Beharrung im Gewohnten ist vielleicht als Kriterium insofern auszumachen, als eine Erfahrung des persönlichen Erfolges in Form eines jahrelangen Ausbeutens einmal erworbenen Wissens mit einer eher repetitiven Tätigkeit z.B. in der Programmierung dazu führt, dass die Lernerfahrung und das daraus resultierende Erfolgserlebnis nicht mehr vermisst wird und eine einmal vorhandene Lerngewohnheit verloren geht. In solchen Fällen ist der Mitarbeitende nicht mehr weiterzubilden, sondern nur noch umzuschulen mit allen damit verbundenen Identitäts-Problemen.

Motivation

Zusammenfassend lässt es sich vielleicht auf die Eigenmotivation und die daraus resultierende bewusste Lernbereitschaft reduzieren. Doch will ich damit sowohl Arbeitgeber als auch Gesellschaft auf keinen Fall aus der Pflicht nehmen. Denn alle müssen wissen, dass es in einer von Innovation bestimmten Branche für alle Seiten von Vorteil ist, wenn ständig „hinzu-gelernt“ wird, statt, nachdem das Kind in den Brunnen gefallen ist, nur noch die Möglichkeit des „Umschulens“ besteht. Wir müssen es erreichen, dass wir aus einer „Sammler-und-Jäger-Phase“, was unser Wissen und unseren Wissenserwerb betrifft, in eine „Phase-des Säens-und-Erntens“ übergehen.

Ein bei vielen Mitarbeitenden aus meinem persönlichen Erfahrungskreis vorhandenes Motivationsmoment ist die natürliche oder anerzogene Neugierde und Technikbegeisterung als Persönlichkeitsmerkmal, das wir auch bei jeder Einstellung überprüfen. Ich hatte als ein Moment der Veränderung das Karrierestreben der Mitarbeitenden genannt. Doch werden unsere Unternehmen unabhängig von der Branche, also auch in der Informationstechnologie sowohl im Software-Produkt- oder Projektgeschäft, mit zunehmend flacher werdenden Hierarchien meist in Form von Projekten mit flexiblen Strukturen geführt. Damit sterben von klassischen Hierarchien geprägte Karrieren mehr und mehr aus. Das Senioritätsprinzips als Automatismus, ohne das oben beschriebene Hinzulernen durch Weiterbildung, kann nicht mehr angewandt werden bzw. führt dazu, dass Strukturen verkrusten und überaltern. Wir haben in einem dreigliedrigen Laufbahnmodell mit einer Vertriebs-, Beratungs- und Projekt-Laufbahn (vgl. Abb. 1) ein für alle Mitarbeitende transparentes Wertesystem für die auch gehaltliche Weiterentwicklung im Unternehmen gemeinsam mit dem Betriebsrat geschaffen.

Durch die Verknüpfung der Laufbahnstufen mit quantifizierten Zielen für jeden Mitarbeitenden sowohl in wirtschaftlicher Hinsicht (z.B. Projektergebnis aus der internen Kostenrechnung für einen Projektleiter in Abhängigkeit von der Projektgröße) als auch in Hinblick auf das persönliche Wissen (Prozesskenntnisse in drei Branchen für einen Unternehmensberater) ergibt sich ein transparentes und objektives Messsystem zur Beurteilung. Somit haben wir für die Mitarbeitenden zwei Möglichkeiten, ihre Erfahrungen in ihre Arbeit und berufliche Weiterqualifikation einzubringen: in der Projektmitarbeit durch fachliche Spezialisierung sowie in Management-Funktionen (Projektleitung) durch Übernahme von Verantwortung

Abb. 1 Laufbahnmodell in einem Beratungsunternehmen in der Informationstechnologie

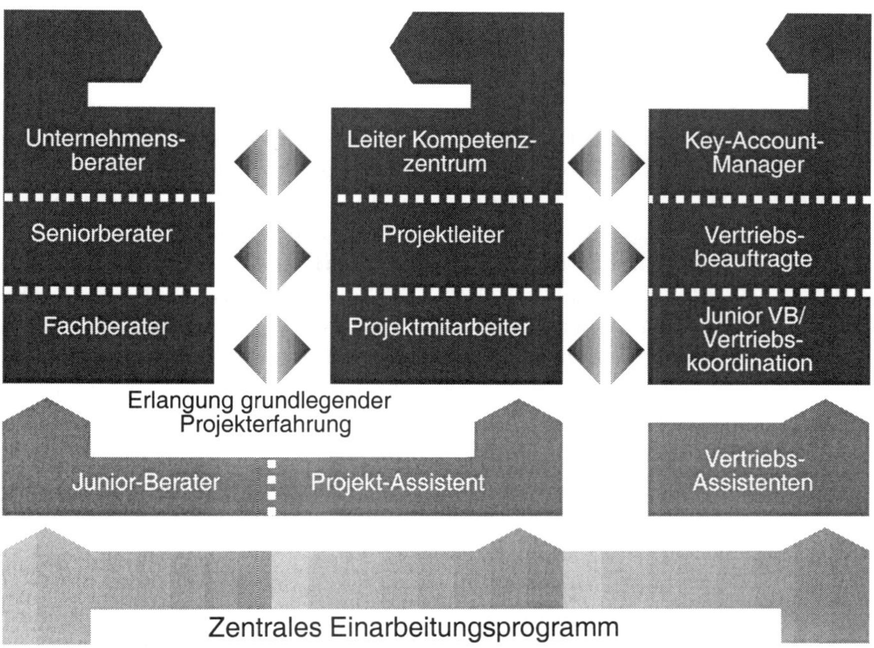

Abb. 2 Einarbeitungsprogramm in einem Beratungsunternehmen in der Informationstechnologie

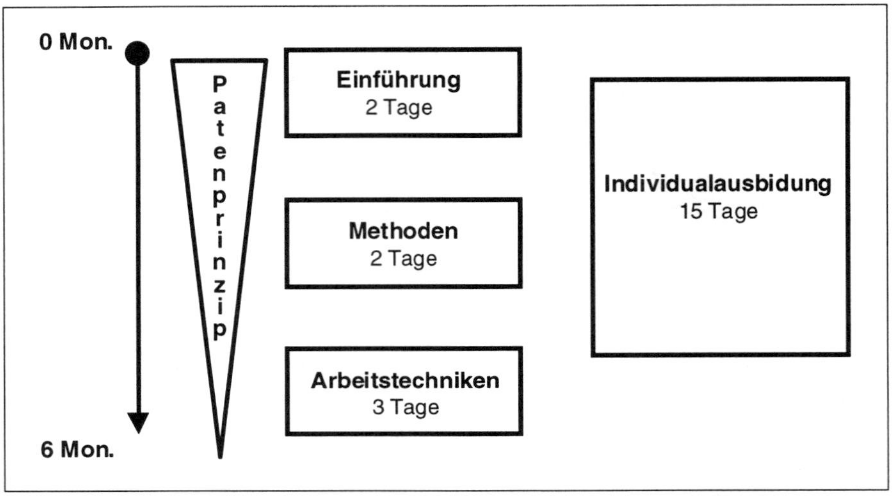

für immer größere Projekteinheiten mit immer größeren Risikopotenzialen. Durch die zumindest jährlich und bei Aufgabenwechsel durchgeführten Beurteilungs- und Fördergespräche besteht die Möglichkeit sowohl von Seiten des Mitarbeitenden als auch des Unternehmens die Standortbestimmung im Laufbahnmodell: Das Potenzial des Mitarbeitenden und die Weiterbildung und Förderung werden neben der Zielerreichung im Beurteilungszeitraum durchgesprochen. In diesen Gesprächen werden auch Ziele und Maßnahmen für die kommende Periode vereinbart.

Das ein solches Vorgehen funktioniert, setzt eine entsprechende Unternehmenskultur voraus, die wir neben der fachlich inhaltlichen Einarbeitung in unserem halbjährigen Einarbeitungsprogramm während der Probezeit schulen (vgl. Abb. 2). Daneben wird fallweise auch der mögliche Wechsel zwischen den Laufbahnen angewendet (vgl. Abb.1). Nach einer ca. zwei- bis drei-jährigen Praxiserfahrung im Unternehmen bieten wir jährlich ca. vierzig bis fünfzig Mitarbeitenden berufsbegleitend die Möglichkeit, während eines halben Jahres in vier Blockveranstaltungen an der Universität Bremen ihr Wissen in den Bereichen Strategie, Methodik, Recht und Basistechniken aufzufrischen.

Forschung und Entwicklung

Oben wurde bereits festgestellt, dass Innovationsprojekte im technisch-wissenschaftlichen Bereich von Technologiesprüngen und im kaufmännisch-administrativen

Bereich eher von „Mode"-Trends des Management veranlasst werden. Unabhängig davon ist es aber notwendig, sich als Unternehmen ständig an neuen Themen des Marktes zu orientieren. Im Rahmen des Qualitätsmanagement des Unternehmens werden jährlich in den Geschäftsstellen (insgesamt gibt es sechs) systematisch zwei Entwicklungsprojekte aufgesetzt. Das ist eine regelmäßig auftretende Arbeit, bei der erfahrene Mitarbeitende methodisch jüngeren überlegen sind, letztere sich jedoch eher in der Umsetzung überlegen zeigen. Hier bietet das Projektmanagement eine geeignete Möglichkeit, die gegebenenfalls unterschiedlichen Fähigkeiten im Team zu erproben. Daneben werden zahlreiche Forschungs- und Entwicklungs-Projekte mit Kunden durchgeführt, die teilweise öffentlich gefördert werden. Das Unternehmen gibt ca. 5% vom Umsatz für die Personalentwicklung und 4% für Forschungs- und Entwicklungsprojekte aus Eigenmitteln aus. Daneben werden ca. 4% vom Umsatz an Mitteln der EU und des Bundes für Forschungs- und Entwicklungsvorhaben eingeworben. Weitere 25% des Umsatzes sind von Kunden beauftragte Entwicklungsprojekte. Die Zahlen machen deutlich, dass ein erheblicher Anteil an Projektarbeit im Bereich der Forschung und Entwicklung anfällt. Die Erfahrung zeigt, dass unabhängig vom Alter in den Projekten sowohl junge als auch ältere Mitarbeitende zum Einsatz kommen. Durch die Dauerhaftigkeit des Innovationserfordernisses ist Innovation Gewohnheit und damit vertrautes Element der Arbeit.

In Innovationsprojekten hat sich gezeigt, dass in der Altersstruktur gemischte Teams optimal sind, mit Rollenverteilungen entsprechend Neigungen und Erfahrungen. So haben ältere Mitarbeitende Routine in den Prozessen und geben Sicherheit bei Kalkulation und Projektsteuerung. Jünger Mitarbeitende sind eher in der Umsetzung überlegen. Für den Erfolg von Projekten sind beide Fähigkeiten unabdingbar, und ein Rollentausch kann fatale Folgen für den Projektausgang haben. Gleichzeitig bieten diese Projekte als Training-on-the-job jüngeren Mitarbeitenden die Chance, von den älteren zu lernen und umgekehrt.

Eine Karriere in Beratung und/oder Vertrieb ist eine aus dem Projektgeschäft ableitbare, mit dem Altern harmonierende Karriere. Diese setzt neben dem Erlernen neuer Technologien und Verfahren in der Regel eine Veränderung im Werte-System der Mitarbeitenden im Laufe des Berufslebens voraus. Es ist also für jeden Einzelnen notwendig, sich mit den Unternehmenswerten Verantwortung und Leistungswille zu identifizieren.

Schlussbemerkung

Zum Schluss nochmals die Anmerkung, dass hier die Sicht eines Unternehmers eines mittelständischen Beratungsunternehmens der Informationstechnologie dargestellt ist. Die Notwendigkeit der permanenten Weiterbildung und Lernens ist Fakt. Gelingt es den Mitarbeitenden nicht dieses anzunehmen, so führt es regelmäßig früher oder später zur Abkehr vom Unternehmen. Im Sinne der gemeinsamen Sache, dass nämlich ein erfolgreiches Unternehmen auch sichere Arbeitsplätze bietet, ist das aber sowohl für die Mitarbeitenden als auch das Unternehmen eine zu respektierende Tatsache.

Ich denke, dass diese Aussagen nicht nur für mein sondern für viele, gerade auch kleinere Unternehmen gelten. Eine gesellschaftliche Verankerung von Systemen, die zum permanenten Lernen anhalten und Leistungsorientierung und eine positive Sicht auf Veränderungen fördern sowie eine Abkehr vom preußisch-militärischen Karriere-Ideal bedeuten, wäre nicht nur eine Hilfe für die Unternehmen, sondern gäbe auch den Mitarbeiten einen erheblichen Motivationsschub.

Jüngere Innovierer sehen andere Innovationshemmnisse als Ältere

Tätigkeitsbezogene Unterstützungs-strukturen für jüngere und ältere Innovierer

Stärken und Schwächen sowie Belastungen und Beanspruchungen altersbezogener Innovierergruppen

Gegenüberstellung der Tätigkeitsfelder, die ältere und jüngere Innovierer heute besetzen

Innovationshemmnisse aus Sicht der Innovierer

Abbau organisatorischer und personenbezogener Hemmnisse durch Selbstregulierung und Gestaltung, um Innovationschancen zu erhöhen

In den nächsten Jahren wird der Druck zur Kooperation zwischen jüngeren und älteren Innovierern (Mitarbeiter in F&E, Konstruktion usw.) verstärkt zunehmen, da

- verkürzte Time-to-market-Bedingungen zu erfüllen sind,
- jüngere Innovierer die innovativen Schlüsseltechnologien besser kennen,
- ältere Innovierer die Einsatzbedingungen der Produkte und Bedingungen der Kunden besser kennen,
- außerdem die Firmen für jüngere Innovierer attraktiv sein müssen, da diese wegen der geringen Absolventenzahlen die Arbeitsplätze wählen können.

Deshalb müssen differenzierte Vorstellungen von jüngeren und älteren Innovierern genauer beachtet werden.

Verbund 5: Innovation, Belegschaftsstrukturen und Altern im Betrieb

Projekt: Unterstützungsstrukturen für jüngere und ältere Innovierer

TU Hamburg-Harburg, AB Arbeitswissenschaft
(Klaus-Dieter Fröhner, Kerstin Nawroth)

Professor Dr. K.-Dieter Fröhner,
Arbeitsbereich Arbeitswissenschaft der
TU Hamburg-Harburg

Zusammenfassung

Wir sind zu einem positiven Bild gekommen. Natürlich kam in der Diskussion von vornherein heraus, dass nur die Beispiele derjenigen Unternehmen gezeigt werden, die an der Befragung teilgenommen haben. Dies sind in der Regel Unternehmen, die schon sensibilisiert sind, offen sind für das Thema Innovation und Altern im Betrieb und weiterhin Änderungsbereitschaft haben.

Lassen Sie mich die drei Vorträge, die wir gehört haben, in der Reihenfolge der Darstellung wiedergeben, weil der Programmaufbau einen sehr schönen Spannungsbogen vermittelte. Zunächst hat Herr Reindl aus sozialwissenschaftlicher Sicht vorgetragen: „Innovationsmilieus und Altern – empirische Befunde aus innovativen Unternehmen“. Dieser Vortrag war gewissermaßen branchenübergreifend. Herr Kollege Kornwachs hat sich dagegen auf eine Branche gestützt und als „Technik-Philosoph“ natürlich einen neuen Blick hineingebracht. Den Abschluss bildete der Vortrag des Kollegen Lawo, der als originärer Unternehmer eine Umstrukturierung in einem Unternehmen erfolgreich durchgeführt hat. So ergab sich der Spannungsbogen, innerhalb dessen diskutiert werden konnte.

Was sind nun die Punkte gewesen, die vorab bemerkenswert waren? Herr Reindl bezog sich auf eine Untersuchung mit 35 – größtenteils mittelständischen – Betrieben aus den Bereichen Maschinenbau, Elektrotechnik und Dienstleistung. Dabei hat er folgendes festgestellt: Die Älteren sind die Ideengeber, diejenigen, die Innovationen tragen. Erstaunlicherweise sind die Innovationsträger älter als das durchschnittliche Alter der Mitarbeiter der Unternehmen. Das ist ein ganz wichtiger Hinweis. Nun mag das daran liegen, dass man in einem tradierten Maschinenbauunternehmen zunächst den Anwendungsbezug kennen muss, bevor technologische Innovationen möglich werden. Es war jedenfalls ein eindeutiger Hinweis darauf, dass das übliche Erklärungsmodell von Jugend und Innovation nicht greift bzw.

nicht in der Breite greift, wie man das gemeinhin vermutet. Ganz wichtig war auch noch, dass die Firmen im Gegensatz zu dem heutigen Trend des schnellen Wechsels eigentlich daran interessiert sind, mit den Entwicklern ein großes Stück des Weges zu gehen. Denn der Beschäftigte nimmt für das Unternehmen ja eine große Verantwortung auf sich und wird für dieses Unternehmen durch seine fachliche Kompetenz prägend. Insofern muss diese Person gut in die Unternehmenskultur passen. Das heißt: Die Spielregeln haben sich in den Unternehmen, die Grundlage dieses Samples waren, sehr viel langsamer geändert, als das die heutige gesellschaftliche Diskussion vermuten ließe.

Der Vortrag von Herrn Kollegen Kornwachs hat sich auf die Softwarebranche konzentriert – eine im Vergleich junge Branche. Allerdings muss man sehen, dass sie so jung auch wieder nicht ist. Ich habe als junger Assistent mit der Softwareerstellung angefangen. Die Branche ist also schon ein ganzes Berufsleben alt. Man kann die Branche nur insofern als jung bezeichnen, als in den letzten Jahren sehr viele junge Unternehmen hinzugekommen sind. Dieses Problem tauchte auch in der Diskussion auf. Sie wissen ja alle: In diesem Bereich sind auch deutsche Unternehmen in aller Munde. Allerdings sind diejenigen, die diese Unternehmen gegründet haben – und heute noch im Vorstand sitzen –, alles ältere Mitarbeiter. Der Hintergrund ist also, dass die Branche sozusagen in einer dualen Situation ist: Auf der einen Seite gibt es lang getragenes Wissen im technisch-organisatorischen Bereich. Auf der anderen Seite gibt es dieses neue Wissen durch das Internet, durch Mikroelektronik.

So kann man auch in der Softwareentwicklung für jeden einen vernünftigen Arbeitsplatz finden – das hat Herr Kornwachs sehr schön herausgearbeitet: Die Komplexität der Softwareanalyse liegt vor allem in der Erstellung von Software, also in der Geschäftsprozessanalyse begründet. Die Implementation im Unternehmen, die Anpassung dieses komplexen Produktes an eine differenzierte Realität, umfasst dagegen durchaus Tätigkeiten, die für ältere Arbeitnehmer geeignet sind. Der große „Bauch" in diesem Projektbereich wird dennoch vornehmlich von jungen Leuten abgedeckt, die die neuen Tools kennen und mit diesen neuen Werkzeugen das Programm fitmachen, wenn auch oft nur in Teilbereichen.

Der Kollege Lawo hat ein sehr schönes Beispiel dargestellt, die Umkehrung eines an Standardsoftwareentwicklung orientierten Unternehmens zu einem Unternehmen, das sich am Beratungsgeschäft, am Projektgeschäft und am Vertrieb orientiert. Dies war deswegen interessant – man muss dazusagen: es ist natürlich nicht beliebig übertragbar –, weil die Mitarbeiter dieses Unternehmens ein hohes Durchschnittsalter haben, nämlich 40 Jahre. Dieses Unternehmen, das 300 Mitarbeiter hat, hat sich am Markt etabliert. Es hat seine Strategie ganz bewusst zu einer Zeit geändert, als ein großes deutsches Unternehmen aus der Nähe von Frankfurt den Softwarebereich dominiert hat. Man hat sich aus einigen Bereichen zurückgezogen, hat sozusagen eine andere Firmenstrategie entwickelt, mit nicht mehr ganz jungen Leuten, und ist gerade in diesem Bereich durchaus erfolgreich. Man hat dafür die Hierarchie abgebaut und es geschafft, mit Brüchen in der Lebensbiographie – und zwar nicht mit tatsächlichen Brüchen, sondern mit mentalen Brüchen – umzugehen. Diese Veränderungen in der Lebenssituation des einzelnen aufzunehmen, hat dieses Unternehmen in großem Maße geschafft. Insofern war das ein sehr schöner Abschluss.

Welche Folgen sehen wir nun? Was bleibt offen, und was ist machbar? Die Gesellschaft muss ihre Potenziale nutzen. Ich habe in meinem Eingangsstatement gesagt: Wir haben derzeit sehr viel mehr Arbeitsplätze im innovativen Bereich, als wir heute besetzen können. Eigentlich liegt das Problem vor der Tür: Im Maschinenbau schrumpfte die Zahl der Beschäftigten von 1982 bis 1997 um 12 Prozent. Gleichzeitig hat sich die Zahl der Ingeniere im selben Bereich um 54 Prozent erhöht. Heute sind die Ingenieursstudiengänge nur zu 60 Prozent ausgefüllt. Wir haben also gute Zeiten für ältere Ingenieure. In jedem Gespräch, das man heute mit Unternehmensvertretern führt, wird man darauf hingewiesen, dass sie keine Konstrukteure am Markt bekommen. Aber dass dies ein strukturelles Problem ist, wird noch nicht gesehen. Man fasst das immer als ein individuelles Problem auf.

Man müsste also eigentlich zu Handlungsmustern kommen. Herr Lawo hat darauf aufmerksam gemacht: Dieses Problem hat im Moment der Maschinenbau. Aber andere Sektoren trifft das schon lange. Daraus entstand die Diskussion, welche Entwicklungspotenziale die Gesellschaft hat, wenn sie die Koppelung von Ausbildungs- und Beschäftigungssystemen ein bisschen ernsthafter betreibt – denn derzeit sind diese beiden Bereiche entkoppelt –, und welche Stimulanz man bringen muss, um das zu verbinden und positive Entwicklungspfade aufzuzeigen. Denn die negativen Restriktionen kommen von alleine – das wissen wir alle –, sie sind schwerer zu heilen und meist kostenträchtiger, als man denkt. – Dies war die übergeordnete Fragestellung, der wir nachgegangen sind.

Dann sind noch einige pragmatische Anmerkungen gemacht worden. Was ganz wichtig war dabei: Alle sehen Defizite im Übergang zur projektorientierten Betriebsorganisation ohne funktionalistisch spezialisierte Abteilungen. Das kann vielleicht eine gewisse Zeit gutgehen, aber auf lange Zeit wird es wahrscheinlich keine erfolgversprechende Perspektive sein, wenn man sich darüber keine Gedanken macht. Man wird dies nicht in Projekten und man wird es nicht abteilungsbezogen lösen können. Die beruflichen Karrieren müssen abteilungsübergreifend laufen. Human resources management muss in den Mittelpunkt rücken.

Des weiteren behandelten wir die inhaltliche Frage, wie sich Innovationen im Verhältnis zum Lebensalter verhalten. Dabei wurde die Auffassung vertreten, dass dies heute eigentlich nicht so sehr als Problem gesehen wird. Ich sage allerdings: Das sind alles nur Wahrnehmungsmodelle; es gibt ja gar kein scharfes Instrumentarium, um das zu ermitteln. Aus dem Publikum kam Kritik dahingehend, was für einen Begriff von Innovation man überhaupt zugrunde legt. Dafür, dass man ihn operationalisiert hat, kann man sich nur entschuldigen und sagen: Innovation ist ein so schillernder Begriff, dass man sich heute ein Bein stellt bei dem Versuch, ihn zu operationalisieren. Wenn man aber betriebsübergreifende Modelle entwickeln will, dann ist eine Operationalisierung nötig.

Heraus kam auch: Wir müssen dieses Rollenverständnis – hier die Älteren, dort die Jüngeren – aufbrechen. Denn in allen Erhebungen wird darauf hingewiesen, dass durch berufliche Sozialisation ein Rollenverständnis geprägt wird, das durch reale Gegebenheiten und betriebliche Notwendigkeiten nicht gedeckt ist. Unisono hat man aber festgestellt, dass der Zeitdruck für Ältere reduziert werden muss. Schließlich müssen Rolle, Status und Aufgaben als lebenslanger Ersatz für eine Erwerbsbiographie interpretiert werden. In Unternehmen, die eigentlich keine hierarchischen Titel mehr zu vergeben haben, sind das Substitute oder Lebens- bzw. Entwicklungshilfe.

Darüber hinaus wäre es wichtig, Arbeit attraktiv zu machen. Das ist eigentlich der wichtigste Punkt, bei dem wir aus meiner Sicht in den nächsten Jahren in Konkurrenz treten werden. Wir werden nicht nur darum konkurrieren müssen, dass die Innovierer in den Vorruhestand gegangen werden. Vielmehr werden wir darum konkurrieren, dass sie aus dem Erwerbsleben ausscheiden wollen. Denn all die negativen Restriktionen bezüglich der Freisetzung haben – das muss man auch sehen – eine positive Umkehrung. Anders ist eine Lebensbewältigung nicht machbar. Das wird eine große Herausforderung sein: den Alten so attraktive Arbeitsplätze anzubieten, dass sie länger bleiben.

Als letztes haben wir uns die Frage gestellt – die wir natürlich überhaupt nicht beantworten konnten: Wie werden die Innovationen langfristig aussehen angesichts der Tatsache, dass wir eine alte Industriegesellschaft und eine alternde Gesellschaft sind?

Arbeitsgruppe 5

Berufe mit begrenzter Tätigkeitsdauer

Professor Dr. Johann Behrens,
Medizinische Fakultät der Martin-Luther-Universität Halle-Wittenberg und ISIS, gemeinnütziger e.V.

Was Demographie mit Kinder kriegen zu tun hat und was uns vorzeitig alt aussehen lässt – Illusionen im Trendmodell der Erwerbszeit[1]

1. Wie das Erwerbsleben im Leben verteilen? Das trendige Modell und das Modell gegen den Trend

---

1 Dieser Beitrag berichtet aus den Ergebnissen des vom Bundesministerium für Bildung und Forschung unter dem Förderkennzeichen 01 HH 96072 geförderten Verbundprojekts „Problem der begrenzten Tätigkeitsdauer und neue Arbeitszeitmodelle für ältere Arbeitnehmer – Altersintegrierte Arbeitspolitik", wie sie in Behrens et al. 1999 veröffentlicht wurden. Die Verantwortung für den Inhalt dieser Veröffentlichung liegt beim Autor. Der Autor dankt dem Ministerium und seinem Projektträger nicht nur für die finanzielle Förderung, sondern auch für viele inhaltlich bereichernde Erörterungen; er dankt den Partnern des Verbundes – der Universität Bremen, der Gesellschaft für Gerontologie Dortmund und insbesondere dem ISO e.V. Saarbrücken – für die regelmäßige und fruchtbare Abstimmung der Untersuchung und die Diskussion der Ergebnisse, die auch auf einer Reihe von Workshops mit den anderen Verbünden, mit dem Sonderforschungsbereich 186 der Deutschen Forschungsgemeinschaft und in den internationalen Fachgesellschaften der International Commission for Occupational Health und der 4-Countries-Conference erörtert und in früheren Fassungen und Vorüberlegungen publiziert werden konnten (z.B. Behrens et al. 1998); er dankt seinen Kolleginnen und Kollegen der Medizinischen Fakultät der Martin-Luther-Universität Halle-Wittenberg und im Frankfurter ISIS-Institut, die die Untersuchung wissenschaftlich, organisatorisch und technisch umsetzten, und vor allem den fast 300 Gesprächspartnern in Betrieben und Organisationen, die sich – häufig im Schutz der zugesicherten Anonymität – den Wissenschaftlerinnen und Wissenschaftlern des ISIS gegenüber überaus offen und pointiert zur Sache äußerten.

1.1. Hau rein bis spätestens 55 – und genieße im frühen und langen Ruhestand ein Reich der Freiheit

Empirisch sind in Deutschland zwei Arten zu beobachten, das Erwerbsleben im Leben zu verteilen. Die erste Art lag und liegt, zumindest in den alten Bundesländern, empirisch voll im Trend. Es handelt sich um das Modell „Hau rein bis 55 – und genieße dann einen frühen Ruhestand“. Nicht nur die überwiegende Anzahl aller von uns untersuchten Handwerksbetriebe, der Industriebetriebe und der Dienstleistungsbetriebe präferieren dieses Modell und suchen staatliche Regelungen nach Nischen ab, in denen es umsetzbar ist. Auch ein großer Teil der Renten- und Arbeitsmarktpolitik subventionieren es unbeabsichtigt und schaffen als ungewollte Nebenfolge Anreize zur frühen Ausgliederung (Behrens 1990).

Viele von uns befragte Beschäftigte sehen ebenfalls in Überstunden mit 30 die beste Vorbereitung nicht nur auf die gesundheitlichen Gefährdungen jenseits des 55. Lebensjahres, sondern auch auf das Reich der Freiheit, das mit der Rente anbrechen soll. Alle Banken, Lebensversicherungen, Bausparkassen unterstützen sie in dieser Ansicht mit großformatigen Plakaten von aktiven Alten am Meer und im Garten Eden sowie einschlägigen Sparplänen. Strategische Denker in Industriebetrieben, die von Montagearbeit leben wie die Autoindustrie, und Dienstleistungsbetrieben, die auf junge Mitarbeiter setzen, denken im selben Sparmodell: Wie kann ein Teil des (Über-)Stundenlohns der Dreißig- und Vierzigjährigen für Fonds abgezogen werden, aus denen dann Lohnsubventionen für ältere Leistungsgewandelte, Teilzeit- und Frührentner zu bezahlen sind (vgl. Behrens 1983, 1999; Viebrock 1999).

Selten kann ein einziger Verhaltenstrend so unterschiedliche Erwartungen harmonieren wie dieser: Er scheint gleichzeitig eine Lösung zu sein

- für die Arbeitslosigkeit der nachgewachsenen Generation,
- für die Arbeitslosigkeit der Älteren,
- für die gesundheitliche Vernutzung durch Arbeitsbedingungen,
- für die täglichen Zwänge, kleinen Erniedrigungen und Beleidigungen durch Vorgesetzte, Kollegen und Kunden
- für die unerfüllte Freiheitssehnsucht
- für die Anbieter von Sparplänen usw. usf.

Die Unterstellungen des Trendmodells lassen sich leicht hermeneutisch in folgender Lebensverlaufskurve (vgl. Abb. 1) darstellen, in der alles seine Zeit hat: Es gibt eine Zeit der Ausbildung. Es gibt eine Zeit der zeitlich und körperlich besonders belastenden, überstundenreichen Arbeit unter starkem Termindruck. Es gibt eine Zeit der Oberaufsicht vom sicheren und warmen Büro aus. Es gibt eine Zeit des Kinderkriegens und der Kindererziehung. Es gibt eine Zeit des Ehrenamtes und des bürgerschaftlichen Engagements. Es gibt eine Zeit des Gartens. Es gibt eine

Abb. 1 Das am häufigsten angestrebte illusionäre Trendmodell des Lebensverlaufs: nach dem frühen Ruhestand das Reich der Freiheit und der Familie

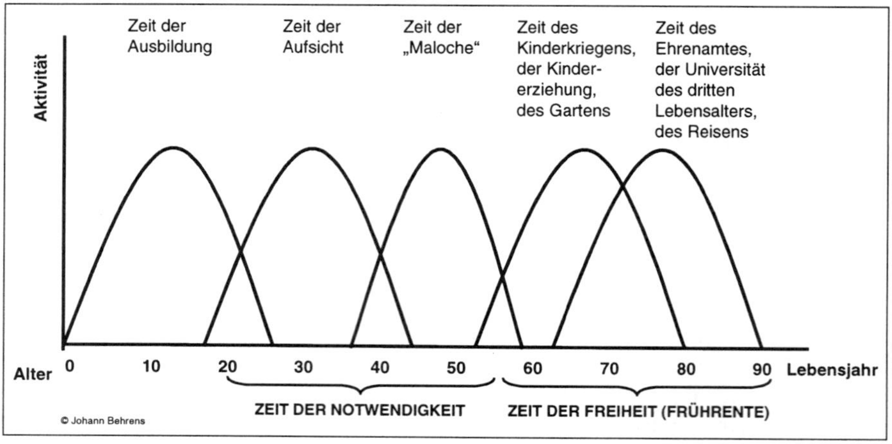

Zeit des Reisens. Es gibt eine Zeit der Universität des dritten Lebensalters. Alle diese Zeiten liegen im Trendmodell, das faktisch von der Mehrheit der Beschäftigten und der Betriebe angestrebt wird, *hintereinander* – auf die Zeiten der Knechtschaft folgen, wie bei Joseph und seinen Brüdern im Ägyptenlande, die Zeiten der Freiheit.

1.2. Was spricht eigentlich gegen das Trendmodell des Lebenslaufes?

So sehr das Modell im wirtschaftlichen Trend liegt und so massenhaft es angestrebt wird, so sehr kommen einem doch Zweifel, ob es wirklich realisierbar ist:

1.2.1. Finanzierbarkeit ist machbar

Die Finanzierbarkeit des frühen Ausstiegs aus der Erwerbstätigkeit ist noch das geringste Problem, obwohl es am meisten diskutiert wird. Sicher, die Rente muss finanziert werden. Es lässt sich nicht mit dem bisherigen Beitragssatz zur Rente und dem bisherigen Erwerbsausmaß finanzieren. Aber warum nicht seine Finanzierung trendgerecht vornehmen? Warum nicht durch Ausweitung der Erwerbstätigkeit in frühen Jahren die frühere Berentung finanzieren, entweder über die gesetzliche Rentenversicherung oder über Zusatzversicherungen und Vermögensbildung schon in jüngeren Jahren (vgl. Viebrock 1999)? Das läge ganz in der Logik des Modells.

1.2.2. Kindergeburten und Großeltern-Erziehung

Hier liegt zweifellos eine Schwierigkeit, die jeder beim ersten Blick auf die Abb. 1 bemerkt hat: Meine Fakultät ist weit davon entfernt – falls es überhaupt wünschbar wäre –, die Gebärfähigkeit in das für Arbeitsmarkt und Betriebe günstigere Alter von 60 an aufwärts medizinisch legen zu können, selbst wenn dies praktische Erfordernisse verlangten. Hier zeigt sich zum erstenmal und wird sich im folgenden noch öfter zeigen, dass das zeitliche *Hintereinander* der Lebensaufgaben im Trendmodell sich nicht gut realisieren lässt. Die Zeit der Familiengründung und Kindererziehung fällt ungünstigerweise mit der Zeit zusammen, die für hundertfünfzigprozentiges Reinhauen in der Erwerbstätigkeit, für Überstunden und Vermögensbildung vorgesehen ist.

Wenn es medizinisch keine Möglichkeit gibt, Geburten in die Zeit des „aktiven Alters“ zu legen, dann sind soziologisch Möglichkeiten der Großeltern-Erziehung zu prüfen. Unmittelbar nach der Geburt würden Kinder ihren frühberenteten Großeltern zur Aufzucht und Erziehung übergeben – wie früher in besseren Kreisen den Ammen. Die Großeltern-Erziehung ist ansatzweise empirisch hinreichend häufig realisiert, um ihre Eignung prüfen zu können. Zunächst kann das Modell durchaus Reize für die leiblichen Eltern haben. Sie würden zu lieben und flotten Tanten und Onkeln, die ihren Kindern bei ihren seltenen Besuchen kleine Geschenke und (von den Großeltern verbotene) Süßigkeiten zusteckten, sich verständnisvoll die Klagen der Kinder über ihre strengen Großeltern anhörten und manche interessante Geschichte aus der Welt der Erwerbsarbeit zu erzählen wüssten. Endlich könnten Eltern die Freunde ihrer Kinder sein.

Dem stehen vielfältige seelische Kosten gegenüber. Die Unabhängigkeit der Eltern von den Großeltern wäre deutlich reduziert. Eltern müssten den Erziehungs- und Lebensstil der Großeltern hinnehmen und ihn, ohne große Einfluss- und Abgrenzungsmöglichkeit, durch Unterhaltszahlungen für ihre Kinder alimentieren. Wie in der auf Besitz gegründeten großbürgerlichen Drei-Generationen-Familie verharrte die mittlere Generation lange in Abhängigkeit (auch wenn sie so herzlich ist wie in Igmar Bergmanns Kult-Film „Fanny und Alexander“). Auch für die Großeltern steht auf der Kostenseite einiges: Wie viele Enkel könnten sie gleichzeitig aufziehen? Zwei? Vier? Wie können die aktiven Großeltern gleichzeitig ihre eigenen hochbetagten Eltern pflegen? Wie können die aktiven Großeltern gleichzeitig ihren anderen ihnen angesonnenen gesellschaftlichen Aktivitäten nachkommen, vom Ehrenamt über das bürgerschaftliche Engagement bis zur Universität des dritten Lebensalters, der Gartenpflege, der Pflege von Freundschaften und dem Aufräumen des Schreibtisches mit all den seit Jahrzehnten unabgeschlossenen Papieren?

So bizarr es erscheinen mag, Geburt und Erziehung von Kindern auf die Zeit nach der Erwerbsarbeit zu legen, so selbstverständlich ist diese Ansicht überraschenderweise in Ansätzen weit verbreitet: So sprachen in unseren Interviews alle

Befragten der alten Bundesländer, in deren Betrieben das Programm „Frauen in Männerberufen“ gelaufen war, von sich aus einen Hauptvorteil dieses Frauenförderungsprogramms an: Frauen böten im Vergleich zu Männern den Vorteil, mit Anfang Dreißig, bevor die Montagearbeit und andere körperlich hochbelastende Arbeiten langsam schwerer würden, von sich aus diese Arbeitsplätze zu verlassen – nicht wegen der Arbeit, sondern um sich spätestens dann um eine Familie zu kümmern. Männer täten ihren Betrieben nicht diesen Gefallen.

Nach Lage der Dinge spricht also gegen das Trendmodell zunächst, dass es kinderfeindlich, elternfeindlich (und d.h. immer noch insbesondere: frauenfeindlich) ist. Die Unterstellung, dass Lebensaufgaben hintereinander bewältigt werden können, erwies sich zuerst an der Familiengründung als zur Zeit offensichtlich unzutreffend. Wo das Trendmodell trotzdem durchgezogen wird, führt es tendenziell zur Benachteiligung von Eltern, insbesondere Müttern, in der Erwerbsarbeit.

1.2.3. Das Trendmodell lässt uns vorzeitig sehr alt aussehen

Was für die Geburtenplanung ganz offensichtlich ist, gilt für die anderen in der Abb. 1 genannten Lebensaktivitäten weniger offensichtlich, dafür aber eher noch krasser: Auch bei ihnen ist kaum ein *Hintereinander* möglich. Das Trendmodell lässt uns vielmehr, während wir noch auf die Zeit der Freiheit warten, *vorzeitig sehr alt aussehen.*

Es führt dazu, dass Weiterbildung für Ältere, dass horizontale trainierende Laufbahnen, dass Einstellung Älterer auf herausfordernde und initiativen Arbeitsplätzen unterlassen werden. Je früher die Frühberentung, umso früher gelten wir als zu alt. Fähigkeiten in den mittleren Jahren sind aber, wie fast alle Beiträge dieses Bandes zeigen, eine Frage des Umgangs mit Belastungen in jüngeren Jahren, der Gewohnheit, der Übung, der Herausforderung und des Trainings. Ist es denn wirklich so erstaunlich, dass nicht alle Berufe gleichmäßig ins Ehrenamt, ins bürgerschaftliche Engagement, in die Universität des dritten Lebensalters führen? Das Trendmodell, das die Lebensphasen kompensierend hintereinander setzt, erweist sich trotz allen massenhaften Zuspruchs als Illusion. Nicht überall in Deutschland wird übrigens dieser Illusion in gleicher Stärke nachgehangen. In den neuen Bundesländern halten viele, insbesondere Frauen, ganz gegen den Trend an der Vorstellung fest, bis zum gesetzlichen Rentenalter Vollzeit erwerbstätig zu sein und trotzdem Kinder zu haben.

1.3. Lange Wellen gegen den Trend

Das Modell in Abb. 2 ist realistisch. Es handelt sich nicht um ein theoretisches Modell, sondern um eine Lösung, die sich empirisch studieren lässt, wenn sie auch nicht überall verbreitet ist.

Abb. 2 Nicht hintereinander, sondern nebeneinander – das realistische Modell

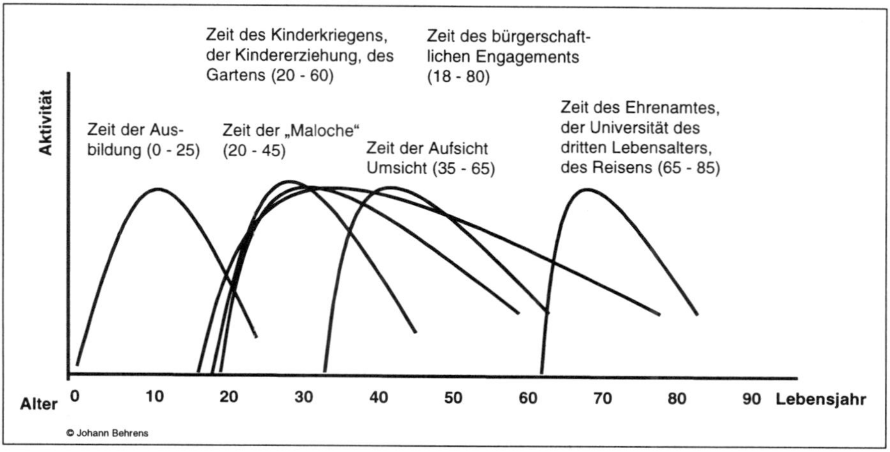

2. Länger erwerbstätig durch Arbeits- und Laufbahngestaltung: Personal- und Organisationsentwicklung

2.1. Was heißt begrenzte Tätigkeitsdauer? Wie gehen wir mit ihr um?

Wir wissen mehr darüber, wie wir bis zum gesetzlichen Rentenalter und häufig sogar noch darüber hinaus (auch als „Leistungsgewandelte") recht befriedigend berufstätig bleiben können, als es die öffentliche Diskussion vermuten lässt. Dies Wissen beziehen wir nicht so sehr aus Modellprojekten, sondern vor allem aus der systematischen Beobachtung alltäglicher Strategien von Betrieben und Beschäftigten. Aus diesen systematischen Beobachtungen lassen sich auch die Weichenstellungen, ja die „Fehler" an Statuspassagen erkennen, die in vielen Fällen verhindern, dass Menschen, die das wollen, tatsächlich bis zum gesetzlichen Rentenalter befriedigend berufstätig bleiben.

Was heißt „begrenzte Tätigkeitsdauer"? In vielen unserer Betriebsfallstudien verweisen betriebliche Vorgesetzte auf Arbeitsplätze, die von mehr als 50 % der auf ihnen Beschäftigten nicht bis ins gesetzliche Rentenalter, ja häufig nicht einmal bis ins 55. Lebensjahr ausgefüllt werden können: Auf diesen Arbeitsplätzen ist die Tätigkeitsdauer für die Mehrheit der Beschäftigten „begrenzt". Dies ist eine quantitativ gut nachvollziehbare operationale Definition von „begrenzter Tätigkeitsdauer". Sie tritt aus zwei unterschiedlichen Perspektiven ins Bewusstsein. Aus der individuellen Perspektive einzelner Beschäftigten mag diese Begrenzung unvorhersehbar zufälligen biographischen Entwicklungen, zum Beispiel gesundheitlichen, entspringen und nichts mit dem einzelnen Arbeitsplatz, sondern nur mit der eigenen persönlichen Biographie zu tun haben. Den Vorgesetzten fällt aber auf, dass sich diese begrenzenden Ereignisse an manchen Arbeitsplätzen häufen, an anderen nicht. Dadurch wird begrenzte Tätigkeitsdauer von einer individuellen Eigenschaft eines Beschäftigten zum Merkmal eines Arbeitsplatzes. Mit ihm hat der Betrieb zu rechnen.

Die erste Lösung, die bei begrenzter Tätigkeitsdauer einschlägig ist, ist selbstverständlich die Gestaltung des Arbeitsplatzes, so dass er für Arbeitskräfte jeden Alters zu bewältigen sein wird. Hier ist an einzelnen Komponenten in den letzten 20 Jahren auch viel geschehen, z. B. bei der Hydraulik für die Entlastung beim Heben schwerer Lasten. Nicht immer gelingt es aber, alle Eigenschaften eines Arbeitsplatzes alternsunkritisch zu gestalten. Um trotz am alten Arbeitsplatz begrenzter Tätigkeitsdauer als Person weiterhin erwerbstätig bleiben zu können, muss im Lebensverlauf zu solchen Tätigkeiten gewechselt werden können, die gerade Älteren die Erfüllung anspruchsvoller und innovativer Aufgaben ermöglichen. Solche Wechsel lassen sich tatsächlich, wie wir sehen werden, in großer Zahl beobachten: als Karriere (die allerdings nicht das Kriterium erfüllt, für alle verallgemeinerbar zu sein) oder als horizontale Laufbahnen. Zahlreiche Erwerbstätige finden sich dagegen in beruflichen Sackgassen, die solche Wechsel nicht fördern. Der Unterschied für die Erwerbsfähigkeit ist groß: Es hängt viel mehr von der Art der erreichbaren Arbeitsplätze als von der psychophysischen Leistungsfähigkeit ab, ob eine Person „relativ gesund“ am Erwerbsleben partizipieren kann oder relativ krank von ihm ausgeschlossen ist (vgl. dazu Abschnitt 3).

2.2. Die Figuration von Berufen, Generationen und Geschlechtern und die Ökonomie externer Effekte

Die Methode, die sich aus der Frage ergibt, ist die der Fallstudie als Interpretation eines natürlichen Experiments. Um etwas darüber zu erfahren, wie man länger erwerbstätig bleiben kann, bedarf es aus der betrieblichen Praxis entnommener Beispiele. Nicht nötig ist es, dass diese Beispiele sich schon überall verbreitet haben oder im statistischen Sinn repräsentativ für alle Alternsprozesse in allen Branchen sind. Es darf nur keine unüberwindlichen Gründe dafür geben, dass sie notwendigerweise immer Minderheitsbeispiele bleiben. In unsere Untersuchung sind Betriebe aller Größen und unterschiedlicher industrieller und Dienstleistungsbranchen aufgenommen worden, und zwar nach dem Kriterium des theoriegeleiteten kontrastierenden Samplings (vgl. Strauss/Corbin 1990, Kelle et al. 1998): Suche zu jedem Fallbeispiel nicht ein ähnliches, die These bestätigendes Beispiel, sondern das Gegenbeispiel – also zur These über stark arbeitsteilige Großbetriebe die Ein-Personen-Arbeit usw. Diese theoretisch geleitete Suche nach Kontrastfällen, nach Gegenbeispielen ist vom Aufwand her effizienter als die (beliebtere) Suche nach Beispielen, die die eigene These bestätigen. Fallstudien lassen sich nämlich ohnehin nicht in so großer Zahl und so flächendeckend durchführen, dass die Bestätigung durch viele ähnliche Fälle mehr Beweiskraft gewönne als die Bestätigung durch wenige. Kontrastfälle und Gegenbeispiele eröffnen dagegen eine Falsifizierungschance und drängen schneller zu einer Differenzierung und Fortentwicklung der theoretischen Annahmen. Nur wenn man aktiv Kontrastfälle und Gegenbeispiele gesucht hat, ist es ein überraschendes Ergebnis, dass sich Probleme und Lösungen in allen Arten von Betrieben gleichen. Daher wird zunächst das allen untersuchten Betrieben Gemeinsame in seine Varianten dargestellt, bevor im 6. Abschnitt besonders überraschende und harte Fälle auseinandergelegt werden. Solche Fallstudien mit den Mitteln des im Zeitverlauf wiederholten „qualitativen" Interviews, von Betriebsbegehungen und Aktenanalysen zur Rekonstruktion von Akteursperspektiven sind dabei nicht lediglich als hypothesengenerierende Vorstudien zu den eigentlich hypothesentestenden quantitativen Untersuchungen zu sehen (ein solches Phasenmodell der Verbindung qualitativer und quantitativer Studien ist seit Barton Lazarsfeld 1984, zuerst 1955, beliebt).

Im Gegenteil sind beobachtete Erwerbsverläufe, die mit sozialstrukturellen Variablen korrelieren, gar nicht verständlich, ohne die Perspektiven der Akteure zu rekonstruieren. Quantitative Untersuchungen sind insofern Vorstufen von qualitativen (vgl. zu solchen sogenannten Tiefenerklärungen Kelle et al. 1998, Faulbaum 1991, Behrens 1990). Daten und Methoden dieses Kapitels werden im Abschnitt 5.1 aufgeführt.

3. Drei betriebliche Strategien gegenüber begrenzter Tätigkeitsdauer und ihre Rückwirkung auf „Altern"

Alle in den Fallstudien befragten Unternehmen berichteten – unabhängig von ihrer Größe und ihrem Wirtschaftszweig – über eine Reihe von Arbeitsplätzen, die erfahrungsgemäß von der Mehrzahl der auf ihnen Beschäftigten aus hauptsächlich gesundheitlichen Gründen nicht bis ins gesetzliche Rentenalter, häufig nicht einmal bis zum 50. Lebensjahr bewältigt werden könnten. Die *Tätigkeitsdauer* auf diesen Arbeitsplätzen ist daher *begrenzt*. Den einzelnen Beschäftigten konnte diese Begrenzung zwar teilweise als biographisch unvorhersehbar erscheinen. Für die Unternehmen trat die Begrenzung aber so regelmäßig auf, dass sie – wenn auch manchmal inoffiziell – für sie Vorsorge treffen mussten. Das Spektrum betrieblicher Reaktionen auf arbeitsplatzspezifisch *begrenzte Tätigkeitsdauer* umfasste drei Strategien (vgl. Behrens 1990, 1993): Arbeitsplatzgestaltung, betriebliche und überbetriebliche Laufbahnpolitik und Externalisierung der betroffenen Beschäftigten aus ihren Betrieben heraus (zu anderen Betrieben, in die Arbeitslosigkeit, in die Frührente). Diese drei Möglichkeiten sind wechselseitig begrenzt substitutiv. Je mehr eine von den dreien genutzt werden kann, umso weniger muss von den beiden anderen Gebrauch gemacht werden. Je „sozialverträglicher" und kostengünstiger leistungsgewandelte, darunter auch ältere Beschäftigte zum Verlassen eines Betriebes bewegt werden und neue eingeworben werden können, umso weniger notwendig sind aus einzelbetrieblicher Sicht altersgerechte Gestaltung von Arbeitsplätzen und Einrichtung betrieblicher Laufbahnen. Wer sich funktionale Äquivalente gerne in „magischen Dreiecken" klarmacht, könnte hier eines sehen.

Wir erkennen dabei sofort, dass begrenzte Tätigkeitsdauer kein Sachverhalt ist, der völlig unabhängig von den drei betrieblichen Reaktionen auf sie auftritt. Im Gegenteil ist begrenzte Tätigkeitsdauer und Leistungswandel selber auch ein Ergebnis der negativen Rückkoppelung zwischen Arbeits- und Laufbahngestaltung einerseits, Externalisierung andererseits: Weil es die Möglichkeit der Externalisierung gibt, können Betriebe es sich leisten, Arbeitsplätze und Berufswege so zu gestalten, dass sie Arbeitsfähigkeit frühzeitig verschleißen und nicht die qualifikatorischen und organisatorischen Ressourcen zum rechtzeitigen Tätigkeitswechsel innerhalb eines gegebenen Berufes (nach dem Vorbild der vertikalen oder horizontalen „Berufskarriere") beinhalten. Und umgekehrt: Weil Arbeitsplätze die Arbeitsfähigkeit frühzeitig verschleißen und nicht mit den qualifikatorischen und organisatorischen Ressourcen zum rechtzeitigen Tätigkeitswechsel verbunden sind, scheint am Ende die Externalisierung als einzige Reaktion übrig zu bleiben.

Die negative Rückkoppelung wirkt auch auf die Konstitution des Alterns innerhalb der Betriebe. Dies wird besonders deutlich, wenn man zwischen drei Komponenten des Alterns und ihrer empirisch vorgefundenen Lösungen unterscheidet. Ein großer Teil der praktisch-betrieblichen, aber auch der gerontologischen Diskussion über alternde Belegschaften erörtert Altern vor allem unter dem Aspekt des physisch-psychischen Verschleißes, des Abbaus physisch-psychischer Leistungsfähigkeit. Dabei sind es noch zwei ganz andere Entwicklungen, die uns „alt" aussehen lassen. In unseren Untersuchungen hat es sich bewährt, zwischen drei Komponenten von Altern im Betrieb zu unterscheiden. Sie kommen häufig gemeinsam vor und steigern sich gegenseitig. Aber dass es sich um unterschiedliche Komponenten handelt, erkennen wir daran, dass sie fast immer ganz unterschiedliche Lösungen erheischen, dass die Lösung für eine Komponente wirkungslos bleibt, wenn es für die anderen keine gibt (vgl. Behrens 1990):

1) Physisch-psychischer Verschleiß
2) Veralten von Qualifikationen
3) Reputationsverlust und Entmutigung

In allen Betrieben kannten Fach- und Führungskräfte, Personalvertretungen und Beschäftigte Bereiche mit begrenzter Tätigkeitsdauer. Dabei war es keineswegs nur der psychophysische Verschleiß, der eine Fortsetzung der Tätigkeit bis ins Rentenalter unvorstellbar erscheinen ließ. Vielmehr scheinen sich drei Komponenten des Alterns wechselweise zu verstärken: psychophysischer „Verschleiß", Veralten von Qualifikationen, Entmutigung. *Psycho-physische Grenzen* zeigten sich

- bei schwerem Heben und Tragen (Bauhof, Innenausbau, Pflege, Frachtumschlag, sehr viel weniger in der Automobilmontage),
- bei besonderen körperlichen Anforderungen (Feuerwehr, Bau),
- bei Arbeitsumgebungseinflüssen wie Hitze, Nässe, Lärm (z.B. Feuerwehr, Bau, Frachtumschlag, weniger Montage),
- bei Zwangshaltungen (Bau, Frachtumschlag, Schreibtätigkeiten, z.T. Montage),
- bei Schicht- und Nachtarbeit (nahmen in allen Branchen eher zu),
- bei besonderen Anforderungen an Konzentration und Monotonieresistenz, (Daueraufmerksamkeit), Programmierung, Service in EDV,
- bei geringer Autonomie, insbesondere gegenüber eng getakteten Zeitvorgaben (begrenzt in der Automontage und Zulieferindustrie die Tätigkeitsdauer selbst da, wo schweres Heben und Tragen nicht mehr alternskritisch verbreitet sind).

Veraltende Qualifikation begrenzte die Tätigkeitsdauer fast in allen Branchen, vom Bau (wo Ältere sich scheuten, mit neuen Geräten umzugehen) bis zur Bank (Umstellung auf EDV) bis zum EDV-Bereich, wo System-Spezialisten mit den Systemen obsolet wurden, auf die sie spezialisiert waren. Qualifikatorische Sackgassen und gesundheitliche Belastungen korrelierten hoch und wirken aufeinander nach dem bekannten Muster des Teufelskreises: gesundheitlich belastende Arbeitsplätze qualifizieren häufig nicht; und die mangelnde formale Qualifikation begrenzt die Chancen zum Tätigkeitswechsel. Daraus ergibt sich das Ergebnis, dass primär- und sekundärpräventive Maßnahmen gegen vorzeitigen gesundheitlichen Verschleiß häufig zugleich Qualifizierungsmaßnahmen sein müssen.

Entmutigung und Rufverlust bilden eine vom psychophysischen Verschleiß und vom moralischen Verschleiß von Qualifikationen unabhängige Dimension. Wenn sie auch häufig mit gesundheitlichem und moralischem Verschleiß gleichgesetzt werden und Entmutigte sich manchmal krank und zurückgeblieben fühlen, haben Entmutigung und Rufverlust doch auch eigene Quellen. Statistisch erhöht sich die Wahrscheinlichkeit, bei unvorhergesehenen Fehlern dabei gewesen zu sein, mit der Dauer der Tätigkeit. Da Berichtigungen und Umorientierungen in Organisationen häufig mit Wechseln von Führungskräften verbunden sind, können auch – wie insbesondere unsere Fallstudien in Banken zeigten – die jeweiligen Mitarbeiter mit vom Rufverlust betroffen sein.

Organisationen, die durch das Versprechen von Karrieren herrschen und motivieren, erzeugen ebenfalls Entmutigung und Rufverlust bei zu langer Tätigkeit in derselben Position. Dies Motivationssystem ist auch darauf angewiesen, dass keine Beförderungsstaus entstehen. Entmutigung und Rufverlust drohen mit steigendem Alter drittens in Bereichen, die sich als besonders jung und dynamisch darstellen. Dafür ist die EDV nur ein Beispiel. Erst diese unabhängigen Quellen von Entmutigung und Rufverlust führen dazu, dass Ältere weniger innovativ wahrgenommen werden, als sie es biomedizinisch sein können. Obwohl die Literatur für eine Reihe von Dienstleistungen, z.B. für Banken, kaum gesundheitliche Probleme, die die Tätigkeit erheblich begrenzen können, aufführt, verjüngten Banken ihre Belegschaften in den vergangenen fünf Jahren erheblich. Dieser Befund aus Fallstudien erhärtete sich statistisch für das Bankgewerbe allgemein.

Abb. 4 Was uns alt aussehen lässt: Komponenten des vorzeitigen Alterns, beobachtete Gegenmittel und betriebsstrategische „Fehl"entscheidungen

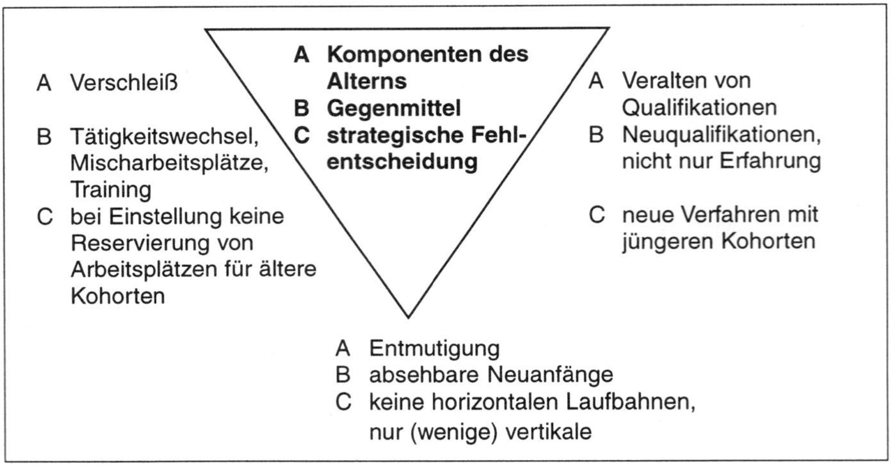

Diesen drei Komponenten von Altern entspricht je eine typische Gegenstrategie, in der Abb. 2 jeweils unter „B Gegenmittel" aufgeführt.

1) Verschleißbezogene Trainings- und Rehabilitationsmaßnahmen, Tätigkeitswechsel, Mischarbeitsplätze;
2) Erwerb neuer Qualifikationen, nicht nur Kumulation von Erfahrung;
3) Absehbare Neuanfänge als Reaktion auf Reputationsverlust und Entmutigung.

Diese typischen Gegenstrategien können durch strategische Entscheidungen von Betrieben erschwert werden. Bezogen auf das Problem der begrenzten Tätigkeitsdauer erweisen sie sich als „Fehl"entscheidungen. Auf diese Weichenstellungen in Sackgassen, (in Abb. 4 sind sie als „C strategische Fehlentscheidungen" den Komponenten des vorzeitigen Alterns und den Gegenmitteln zugeordnet) und auf ihre möglicherweise guten Gründe gehen wir später im 5. Abschnitt ein, wenn im 4. Abschnitt die Gegenstrategien skizziert sind.

4. Alle drei Gegenstrategien in einer: die horizontale und die vertikale Laufbahn

Alle drei Gegenstrategie kommen, wie leicht erkennbar, in einer Maßnahme zusammen, die aber nur für Teile von Belegschaften zugänglich ist. Dies ist die Laufbahn. Laufbahnen ordnen im Lebenslauf Anforderungen, Anreize und Belastungen so hintereinander, dass ein Erwerbsleben bis ins gesetzliche Rentenalter hinein regelmäßig erreicht werden kann – auch dann, wenn die einzelne Tätigkeit nur befristet auszuüben ist (z.B. Schichtarbeit, schweres Heben und Tragen, einige Dienstleistungen). Die bekannteste derartige Laufbahn ist die Karriere, vertikal als beruflicher Aufstieg, horizontal als zunehmende Spezialisierung und Virtuosität:

a) *Karrieren lösen das Problem des physischen, z.T. des psychischen Verschleißes*, indem sie auf zumindest orthopädisch weniger belastende Arbeitsplätze führen: z.B. von der Montage in die Meistertätigkeit, vom Bett zur Tätigkeit als Lehrschwester, vom Außen- in den Innendienst, vom Heben schwerer Lasten in die Bauleitung. Viele Vorgesetztenarbeitsplätze können zumindest orthopädisch gesehen als relative Schonarbeitsplätze gelten; fast alle Vorstände sind buchstäblich insofern „Leistungsgewandelte“, als sie nicht mehr zu denselben Leistungen fähig sind, zu denen sie mit 20 Jahren fähig waren.

b) *Karrieren lösen das Problem des moralischen Verschleißes von Qualifikationen,* in dem sie nicht nur neue Qualifikationen erfordern, sondern vor allem kränkungslose Übergänge ermöglichen. Die Entwertung der alten Qualifikation wird gar nicht bewusst: bevor sie bemerkt wird, ist man eine Stufe weiter. Es müssen auch nicht neue Qualifikationen für die alte Position, sondern andere Qualifikationen für eine bessere Position erworben werden. Dabei erscheint der Übergang zu altersgerechten Tätigkeiten nicht als Unfähigkeit zu den bisherigen, sondern als Fähigkeit zu neuen Aufgaben.

c) Reputationsverzehr: Dass *Aufstieg ein Mittel gegen Reputationsverzehr und Entmutigung* ist, braucht nicht weiter ausgeführt zu werden.

Dabei fällt auf: als je schwieriger eine Arbeit gilt, um so eher finden sich Ältere in ihr. Das Ausmaß kann man sich an einer Erscheinung klarmachen, die sich als Alterskorridor bezeichnen ließe. Er misst die Jahre zwischen den tätigkeitsbedingten „Altersgrenzen“ verschiedener Berufe. Der Alterskorridor ist 30 Jahre breit, der Abstand zwischen den tätigkeitstypischen „Altersgrenzen“ ist so lang wie eine ganze Generation: während man für einige Berufe in den Augen der befragten Vorgesetzten schon mit 42 fast zu alt ist, ist man es für andere erst jenseits der 70. Sehen wir uns an, welche Berufe die frühe, welche die späte tätigkeitsbedingte Altersgrenze zeigen, so finden wir als Faustregel, natürlich mit einigen Ausnahmen: Je besser entlohnt, je schwieriger und anspruchsvoller, je qualifizierter, je „prestigeträchtiger“ ein Beruf oder eine Position ist oder – besser gesagt – als solche gilt, um so eher finden wir sie an der oberen Grenze des Alterskorridors, umso eher liegen ihre tätigkeitsbedingten Altersgrenzen erst nahe an oder sogar jenseits der gesetzlichen. Diese Ergebnisse sind in den oben erwähnten Betriebsfallstudien gewonnen; sie geben die Einschätzungen und Entscheidungsroutinen („Regeln") betrieblicher Vorgesetzter wieder. Sind sie mit der Analyse von Erwerbsverläufen und Erwerbsverteilungen in Massendaten vereinbar? Nach den eingangs in Anspruch genommenen Regeln der Kombination von Betriebsfallstudien und bevölkerungsrepräsentativen Studien von Erwerbsverläufen sollen Ergebnisse aus der einen Datenquelle nur aufrechterhalten werden, wenn sie Ergebnissen der jeweils anderen Datenquelle nicht widersprechen. Die These der Laufbahn als gelungener Bewältigung begrenzter Tätigkeitsdauer ist dann besonders plausibel, wenn Aufgestiegene auch bei chronischen Erkrankungen und Stress länger als andere oder ebenso lang sich in der Erwerbstätigkeit halten können[2].

Der in mehreren Wellen, aber bedauerlicherweise nicht als Panel erhobene bundesdeutsche Nationale Gesundheitssurvey der Deutschen Herz-Kreislauf-Präventionsstudie (DHP) und das sozioökonomische Panel erfragen rudimentär Angaben zu Arbeitsbelastungen, die im Fall der DHP-Querschnitte retrospektiv, beim deutschen SOEP auch prospektiv auswertbar sind (vgl. Behrens et al. 1997). In einer multivarianten Analyse (logistische Regression) standen bei beiden Geschlechtern die Arbeitsbelastungen „Körperlich schwere Arbeit", „Hohes Arbeitstempo/Zeitdruck" und „Zwang zu schnellen Entscheidungen", speziell für Frauen „EDV-Bildschirmarbeit", „Langweilige, gleichförmige Arbeit" und „Starke Konkurrenz durch Kollegen", speziell für Männer „Widersprüchliche Anforderungen/ Anweisungen" sowie „Unangenehme/einseitige körperliche Beanspruchungen" signifikant in einem Zusammenhang mit der Beendigung von Arbeitsverhältnissen aus gesundheitlichen Gründen und Frühberentung. Annähernd 70 % der „Wechsel aus gesundheitlichen Gründen" führten in Arbeitslosigkeit oder zum Ausscheiden aus der Erwerbstätigkeit und Verschlechterungen der relativen Einkommensposition der betroffenen Haushalte.

Es gab allerdings einen Stressfaktor, der zwar als belastend angegeben wird, aber mit einer vorzeitigen Beendigung der Erwerbskarriere eher seltener verbunden war: Das ist die Arbeitsbelastung „Hohe Verantwortung für Menschen". Diese Arbeitsplätze sind mit überdurchschnittlichem Einkommen und höheren beruflichen Positionen verbunden. Dies Ergebnis deutet darauf hin, dass nicht Arbeitsbelastungen generell, sondern nur bestimmte Arbeitsbelastungen im Zusammenwir-

2 Die Ungleichheit vor Krankheit, vorzeitiger gesundheitlich bedingter Beendigung von Erwerbskarrieren und Tod steht in den meisten Ländern, die entsprechende Statistiken führen, in einem deutlichen Zusammenhang mit Einkommen und Geschlecht. Wodurch dieser Zusammenhang bewirkt sein könnte, ist damit aber noch nicht begriffen. Stellen Arbeitsbelastungen das Bindglied zwischen diesen Variablen dar (vgl. Behrens et al. 1997, Behrens 1997).

ken mit anderen Eigenschaften des Arbeitsplatzes (geringe Anforderungsflexibilität bei „relativer Gesundheit", mangelnde Anerkennung) in gesundheitlichen Krisen der Erwerbsfähigkeit kulminieren.

Dasselbe Ergebnis erbrachte eine weitere multivariante Analyse des deutschen SOEP (vgl. ebenfalls Behrens et al. 1997). Während sich für viele derjenigen, die in jedem der Jahre 1984 bis 1989 im SOEP chronische Beschwerden angaben, der Erwerbsverlauf labilisierte (Wechsel des Arbeitgebers bis zu Wechseln in Arbeitslosigkeit und Nichterwerbstätigkeit), blieb eine Minderheit dieser chronisch Beeinträchtigten konstant an ihrem Arbeitsplatz – obwohl sie einen erheblichen Umfang von Arbeitsunfähigkeitstagen aufwiesen und die Angabe „hoher nervlicher Beanspruchung" zunahm.

In allen anderen Arbeitsbelastungen, im Einkommen und ihrer beruflichen Stellung waren sie aber in einer günstigeren Lage als die übrigen chronisch Beeinträchtigten. Arbeitsbelastungen und Erkrankungsindikatoren scheinen danach erst zusammen mit Anerkennungspotenzialen von Arbeitsplätzen und deren – bei besser bezahlten Positionen häufigeren – Ausübbarkeit bei relativ eingeschränkter Gesundheit den Zusammenhang zwischen Einkommen und gesundheitlichen Krisen der Erwerbsfähigkeit verständlich zu machen. Die Ergebnisse der Betriebsfallstudien und der repräsentativen Verlaufs- und Verteilungsanalysen widersprachen sich nicht.

Die praktische Schlussfolgerung daraus scheint beim ersten Ansehen unrealistisch bis zur Absurdität: Man braucht sich das folgende Rechenexempel nur vor Augen zu führen, um das sichere Gefühl zu haben, dass es zwar rechnerisch richtig, aber sachlich weit von der Wirklichkeit der Bundesrepublik entfernt ist: Soll eine Bevölkerung bis weit ins siebente Lebensjahrzehnt hinein erwerbsfähig und erwerbstätig bleiben, so wäre ein möglichst frühzeitiger massenhafter Wechsel zu den besser bezahlten und „prestigeträchtigeren" Tätigkeiten, eine massenhafte Beförderung ein – rechnerisch – probates Mittel. Die Wechsel müssten frühzeitig, etwa am Ende des dritten Lebensjahrzehnts erfolgen. Denn Verschleißerscheinungen, die sich im fünften. Lebensjahrzehnt zeigen, haben ihre Ursache viel früher (vgl. Schmidt-Ohlemann/Behrens 1987).

Aber die Lösung „Aufstieg in Leitungs- und Ausbildungspositionen" widerspricht – so häufig sie bei Rückenproblemen Bauarbeitern, Pflegekräften, Handwerkern von ihren Ärzten gemacht wurde – einer Bedingung, die eingangs für die Präsentation von Beispielfällen gemacht wurde: Die vertikale Karriere ist eine Lösung, die nicht für alle Bedürftigen verallgemeinerbar und zugänglich sein kann.

Einzelne andere gelungene Bewältigungen aller drei Alternskomponenten sind in fast allen Branchen, wenn auch eher selten, nachweisbar. In der Montage und Fertigung konnte die Belastung durch schweres Heben und Tragen eingeschränkt werden. Im Bau und Transportwesen verbreiteten sich spezielle Schulungen richtigen Hebens und Tragens. In industriellen und in Dienstleistungsbereichen (Alten- und Krankenpflege) konnten durch Gruppen- und Teamarbeit, wenn die Art der

Entlohnung dies erlaubte, Arbeiten auch unter dem Gesichtspunkt individueller Einschränkungen umverteilt werden. In Einpersonen-Arbeitsprozessen, in denen Arbeitsteilungen und Hilfestellungen nicht möglich sind, ließen sich spezifisch zugeschnittene Marketing-Strategien beobachten. In einigen Industrie- wie auch Dienstleistungsbetrieben fanden sich formelle und informelle Reservierungen von Arbeitsplätzen für Leistungsgewandelte. In allen Branchen kamen eine Reihe von Beschäftigten in den Genuss von Laufbahnen, die Anforderungen, Anreize und Belastungen der Arbeitsplatzgestaltung in der Erwerbsbiographie so hintereinander ordneten, dass eine längerfristige Erwerbstätigkeit erleichtert wurde. Diese Laufbahnen waren allerdings überwiegend wiederum Aufstiege und als solche in ihrer Verallgemeinerbarkeit begrenzt.

Die jeweils spezifischen Maßnahmen der Arbeits-, Organisations- und damit in der Regel der Laufbahngestaltung darzustellen, sprengt den Rahmen einer Kurzdarstellung. Verallgemeinern lassen sich aber folgende Beobachtungen:

a) In den Betriebsfallstudien finden sich eine Fülle von Beispielen für die Bewältigung begrenzter Tätigkeitsdauer, wenn auch die häufigste Lösung nicht die Arbeitsplatz-, Organisations- und Laufbahngestaltung, sondern die Externalisierung über Frühberentung oder Aufhebungsverträge darstellt. Es zeigte sich, dass fast alle untersuchten Betriebe wie bisher auf die Externalisierung Älterer setzten (selbst in der Altersteilzeit), also die alternsgerechte Arbeitsplatz- und Laufbahngestaltung eher vernachlässigten und die Lösung der betriebsdemographischen Alternsprobleme der nächsten Generation von Führungskräften überließen. In der Automobil- und in der Zuliefererindustrie und anderen Branchen erwies sich ein Verständnis von Altersteilzeit als verbreitet, das Altersteilzeit nicht für einen fließenden Übergang in den Ruhestand nutzt. In der ersten Hälfte der Altersteilzeitperiode wird voll, in der zweiten überhaupt nicht mehr gearbeitet. Jede der beiden Hälften umfassen etwa zwei bis drei Jahre. Aber auch als Einzelfälle bleiben die gelungenen Bewältigungsversuche exemplarisch.
b) Häufig ist es nicht nur ein Grund, der eine Tätigkeit nur begrenzt ausübbar sein lässt (z.B. Heben und Tragen schwerer Lasten in ungünstiger Körperhaltung plus ungünstige Schichtarbeit plus eng getaktete Zeitvorgaben). Der Fortfall eines dieser begrenzenden Arbeitsumstände reicht dann allein nicht, um die Tätigkeitsdauer zu verlängern.
c) Gesundheits- und qualifikationsbezogene Programme müssen integriert werden – nicht nur in der rehabilitativen Tertiärprävention, sondern schon in der Primär- und Sekundärprävention.
d) Die Erleichterung von Wechseln und Neueinstellungen auch nach dem 45. Lebensjahr ist entscheidend zur Bewältigung begrenzter Tätigkeitsdauern. Da nach früheren Untersuchungen des ISIS etwa die Hälfte aller Unterneh-

men nicht länger als 5 Jahre bestehen, kann eine alternsgerechte Arbeitspolitik nicht nur auf die innerbetriebliche Laufbahn beschränkt bleiben. Vielmehr kommt es auf die Einstellungspolitik gegenüber Älteren an. Die Einstellung Älterer, um eine ausgewogenen betriebliche Altersstruktur zu erreichen, ist kaum ausgeprägt. Hierin ist eine Barriere der Beschäftigung Älterer deutlich zu erkennen. Das Arbeitslosigkeitsrisiko bei Eintritt in einen anderen Betrieb nach dem 40. Lebensjahr zeigte auch unsere Auswertung von Erwerbsverlaufsdaten der Gesetzlichen Krankenversicherung deutlich.

e) Es ist darauf zu achten, dass alle im einzelnen beispielhaften Maßnahmen der Arbeits- und Laufbahngestaltung nicht nur Maßnahmen für die – durch outsourcing kleiner werdenden – Kernbelegschaften größerer Unternehmen sind. Die Beschäftigung von Frauen, aber auch von Ausländern war in einigen untersuchten Betrieben mit der Erwartung verbunden, dass diese Erwerbspersonen mit begrenzten Tätigkeitsdauern an ihren Arbeitsplätzen besser zurechtkämen, weil sie aus scheinbar intrinsischen Gründen (Kinderwunsch, Rückkehrwunsch) ohnehin eine frühzeitige Unterbrechung der Erwerbstätigkeit planten. Diese z.B. in der Montage, aber auch in personalen sozialen Dienstleistungen verbreitete Erwartung scheint den langfristigen Bedürfnissen der betroffenen Erwerbstätigen ebenso wenig zu entsprechen wie den Erfordernissen der Sozialversicherung im demographischen Wandel.

f) Niemand wird nur deswegen innerbetrieblich befördert, weil er einen humanisierten (nicht unbedingt Schon-) Arbeitsplatz braucht. Und Betriebswechsel – eine auch orthopädisch häufig durchaus ratsame Entlastungs-Strategie (vgl. Schmidt-Ohlemann/Behrens 1987) – sind in der Bundesrepublik für Arbeiterinnen und Arbeiter jenseits des 40. Lebensjahres hoch riskant. Wie wir nachweisen konnten (vgl. Behrens et al. 1992), werden ältere Betriebswechsler besonders häufig arbeitslos, während das Risiko, arbeitslos zu werden, bei denen, die ihren Betrieb nicht wechseln, mit dem Alter sinkt.

g) Je schmaler die Alterspyramide der Bevölkerung an ihrer Basis wird oder sich sogar – wie zu erwarten – zu einer Vasen- oder Urnenform umkehrt, um so notwendiger und zugleich schwieriger können bei Vollbeschäftigung diese Wechsel werden, weil immer mehr Ältere immer weniger Jüngeren gegenüberstehen. Bei hoher Arbeitslosigkeit schlägt der demographische Wandel nicht direkt durch. Das Generationsverhältnis im Erwerbssystem muss dann das Generationsverhältnis in der Bevölkerung keineswegs abbilden. Das Erwerbssystem hat sich relativ verselbständigt. Der demographische Wandel wirkt sich vor allem über Lohnnebenkosten und Steuern auf das Erwerbssystem aus.

h) Je mehr Positionen vom Bewerber den Besitz eines in jungen Jahren zu erwerbenden Ausbildungsabschlusses voraussetzen, umso schwerer wird der Quereinstieg für Ältere ohne solche Zertifikate. Für diese Älteren wird die

Akademisierung der Berufswelt zum Laufbahnhindernis, wenn es nicht gelingt, altersspezifische Lernformen und Quereinstiege zu etablieren.

i) Auch der Trend zur „lean production" begünstigt innerbetriebliche Laufbahnen keineswegs. Der Trend zur Verringerung von Fertigungs- und Servicetiefen, zur Bedeutung von früh im Leben erworbenen Bildungsabschlüssen, zur Verjüngung der Belegschaften weist eher in die Gegenrichtung.

Schon diese neun Ergebnisse zeigen, dass Laufbahnen Produktions-, Bildungs- und betriebliche Altersstrukturen voraussetzen, von denen nicht behauptet werden kann, dass sie derzeit im Trend lägen.

Dieses Ergebnis muss von keinem der beteiligten Akteure gewollt sein. Er stellt sich als unbeabsichtigte Folge interdependenter Handlungen der einzelnen Akteure, als „Emergenzeffekt" ein. Solche Effekte sind Gegenstand der Figurationssoziologie und der Ökonomie externer Effekte. Mit jedem Durchlaufen der Feedbackschleife von Externalisierung und Arbeitsgestaltung verfestigt sich die Struktur.

Für die vorzeitige Begrenzung der Tätigkeitsdauer sind biologisch fassbare Alternsprozesse nahezu irrelevant. Um diese Irrelevanz nachzuweisen, müssen wir gar nicht behaupten, es gingen mit wachsendem Alter keinerlei Wandlungen der Leistungsfähigkeit einher (sie sind viel geringer, als häufig angenommen). Im Gegenteil können wir sogar davon ausgehen, dass mit zunehmenden Alter Wandlungen der Leistungsfähigkeit ubiquitär sind. Dass einige mit 70 innovativ, produktiv, zumindest einkommensreich sind, andere schon mit 45 als fast zu alt für ihre Tätigkeit gelten, kann offensichtlich nicht an der Leistungsfähigkeit, sondern nur an der Art der Tätigkeit liegen.

Ebenso irrelevant sind humankapitaltheoretische Erklärungen, wenn sie geringere Neuqualifikationen Fünfzigjähriger mit Abschreibungszeiten von Wissensinvestitionen begründen wollen. Es ist uns fast kein Arbeitsplatz bekannt, auf dem ein einmal erworbenes Wissen 20, 10 oder selbst acht Jahre vorhält und nicht grundlegend erneuert zu werden braucht. Wenn aber Wissen ohnehin nicht Jahrzehnte unerneuert vorhält, kann man nicht mangelnde Investitionen in das human capital eines Fünfzigjährigen damit erklären, dass die Nutzungszeit nur noch max. 15 Jahre währe.

Wie Strategien der Arbeitsplatz- und Laufbahngestaltung aussehen, die vorzeitig begrenzte Tätigkeitsdauer abwenden, dafür konnten eine Reihe empirischer Präzedenzfälle gezeigt werden. Wir kennen sie von den Firmen, für die wegen des einstellungsbedingten Vorherrschens einer Altersgruppe und aus anderen Gründen bereits derzeit Externalisierungswege versperrt sind. Denn diese müssen schon heute Probleme lösen, die in 20 Jahren alle Betriebe haben. An diesen Firmen lassen sich aber auch die „Hauptfehler" an Weichenstellungen und Statuspassagen erkennen, die oben in der Abb. 2 angeführt wurden und auf die wir im 5. Abschnitt eingehen.

5. „Fehl"-Entscheidungen an Weichenstellungen und Statuspassagen und ihre gesundheitlich-qualifikatorischen Folgen

5.1. Sechs falsche Weichenstellungen

Fehler Nr. 1: Keine rechtzeitige Mischung von Tätigkeiten. Laufbahnen verlangen bzw. werden erleichtert durch frühzeitige *Mischung von Tätigkeiten*, weil Mischungsverhältnisse von Tätigkeiten sich leichter ändern lassen, als abrupte Wechsel eingeführt werden können. Gegen diesen einfachen Grundsatz wird am häufigsten verstoßen. Personen werden jahrelang in Tätigkeiten belassen, die sich vorhersehbar als begrenzt erweisen und keine Trainingseffekte für Folgetätigkeiten aufweisen. Sie stellen das Gegenteil von Laufbahnen, nämlich Sackgassen dar. Die Personen scheinen dann für andere Tätigkeiten ungeeignet. Wurden in den von uns untersuchten Unternehmen hingegen schon in relativ jungen Jahren Tätigkeiten gemischt, z.B. Feuerwehrdienste mit Aufsichtsdiensten, Fahrertätigkeiten mit Wartung, Bauausführung mit Arbeitsorganisation und Verwaltungstätigkeiten, erwiesen sich Wechsel nicht nur im Mischungsverhältnis zwischen diesen Komponenten, sondern sogar Wechsel in bisher nicht ausgeübte Tätigkeiten und zu anderen Arbeitgebern als leichter.

Fehler Nr. 2: Virtuose Spezialisierungen in veraltende Wissensbestände. Höchste Investitionen bis hin zu virtuosen Spezialisierungen können genauso wirken wie ein Mangel an Weiterbildung, wenn die virtuosen Spezialisierungen in veraltende Wissensbestände erfolgen. In unserem sample boten dafür hochspezialisierte Systemspezialisten für EDV-Programme ein schlagendes Beispiel. Sie werden als Spezialisten mit einem System groß und zu anerkannten Autoritäten, und wenn das (z.B. proprietäre) System ersetzt wird, ist ihr Wissen entwertet. Die betriebliche Regel, die diese Wirkung erzeugt, ist ebenso einfach wie deutlich: Auf ganz neue Entwicklungen setzen Betriebe eher neueintretende Hochschulabsolventen als die eigenen älteren Spezialisten an; damit nutzen Unternehmen auch das für sie ziemlich freie Gut der Hochschulausbildung.

Fehler Nr. 3: Zu wenig „Absehbarkeit" horizontaler Laufbahnen. Laufbahnen werden in vielen Fällen erst möglich, wenn es absehbare Laufbahnen *auf gleicher hierarchischer Ebene* gibt, weil dann Wechsel auch bei ausgedünnten Vorgesetztenpositionen in die Lebensplanung einbezogen werden können. Die Absehbarkeit dieser Wechsel ist für Betriebe und Beschäftigte entscheidend, auch wenn später von ihnen kein Gebrauch gemacht wird. Das Problem spezieller Altenarbeitsplätze lag, wie insbesondere unsere Untersuchungen älterer ArbeitnerInnen nach einer Rehabilitation zeigte (vgl. Behrens 1996), darin: Sie stellten einen so krassen Bruch mit dem erreichten Status dar, dass Beschäftigten auch bei großen finanziellen Einbußen die Berentung erstrebenswerter schien, als diesem Statusverlust ausgesetzt zu sein.

Fehler Nr. 4: Zu wenig Neueinstellungen Älterer (unausgewogene betriebliche Altersstrukturen). Bei Neueinstellungen sind im betrieblichen Interesse *auch Ältere einzustellen*, weil Laufbahnen durch ausgewogene Altersstrukturen der Betriebe erleichtert werden (heute noch ganz unüblich, vgl. Behrens et al. 1992). In mehreren Fallstudien zeigte sich immer dieselbe falsche Weichenstellung: Einerseits klagten die Verantwortlichen der Personalabteilung über Kohorten gleichalter Mitarbeiter, die in Tätigkeiten mit begrenzter Ausführbarkeit eingestellt wurden und weder ihre Tätigkeit ausüben könnten noch anderweitig einsetzbar seien. Paradoxerweise erschien es ihnen selbstverständlich, auch in Zukunft möglichst keine Älteren einzustellen. Ganz unüblich war es, in der eigenen Verwaltungsabteilung eine Reihe von Arbeitsplätzen für Ältere aus anderen Abteilungen zu reservieren. Am Beispiel zweier Flughäfen im öffentlichen Eigentum kann das veranschaulicht werden: Die Personalverantwortlichen sehen deutlich und lange im Voraus, dass es im Betrieb Bereiche mit begrenzter Tätigkeitsdauer gibt. Sie nennen die Flughafenfeuerwehr, in der regelmäßig um das 45. Lebensjahr herum einige Feuerwehrleute die betriebsärztlich durch Simulation geprüften Anforderungen nicht mehr erfüllen können, innerhalb von ein bis zwei Minuten an ein brennendes Flugzeug heranzukommen und Menschen vor dem Erstickungstod durch die Giftschwaden der brennenden Flugzeugeinrichtung zu bewahren.

Ein anderer Bereich ist der Betriebshof, ein weiterer die Beladung von Flugzeugen, soweit sie nicht durch hydraulische Hebehilfen beherrschbar ist. Sie sehen gleichzeitig Bereiche, in denen diese frühen Altergrenzen weniger dominieren, so z.B. im Sicherheitsbereich das Checken der Passagiere oder in ihren eigenen Abteilungen, den Personalabteilungen. Sie sehen drittens Jahre im Voraus, dass eine große Kohorte fast gleichalt Eingestellter der Feuerwehr oder der Betriebshöfe auf die kritische Altersgrenze zuwächst: Die natürliche Fluktuation, die in jüngeren Jahren noch hoch ist, kommt Mitte 40 fast ganz zu Erliegen – und zwar genau deswegen, weil die Beschäftigten in Deutschland wissen, dass die Personalverantwortlichen anderer Firmen sie in diesem Alter ungern einstellen. Es handelt sich um den klassischen Fall einer von allen Beteiligten nicht gewollten Folge des eigenen unkoordinierten Handelns, das von der Verknüpfung der Generationen betroffen ist, sie aber nicht hinreichend beachtet. Obwohl die von uns interviewten Personalverantwortlichen ausführlich beklagten, auf welches (wie wir wissen, von ihnen selbst erzeugtes) „Altersproblem“ sie zusteuerten („wir fahren gegen die Wand und können fast nichts tun“), kamen sie nicht dazu, rechtzeitig mit den meist selbständigen Sicherheitsdiensten für das Checken der Passagiere Vereinbarungen über die Übernahme älterer Feuerwehrleute zu treffen oder in ihren eigenen Abteilungen Arbeitsplätze für Ältere zu reservieren. Selbstverständlich kann ein solcher Wechsel nicht plötzlich und unerwartet erfolgen. Zeitweise Aushilfe und Mischarbeit in jüngeren Jahren in den Bereichen, in denen man einmal arbeiten wird, sind erleichternde Voraussetzungen dafür, dass ein solcher Wechsel nicht allen Beteiligten unvorstellbar wird. Aber die Vorhersehbarkeit des fälschlich so genannten Altersproblems ist ja gegeben: Begrenzte Tätigkeitsdauer ist ein Phänomen, das oft für die einzelnen Beschäftigten, aber niemals für die Personalverantwortlichen einer Population plötzlich und unerwartet auftritt.

Weiter wird deutlich, dass eine Einstellung auch Älterer erfolgen muss, um die horizontalen Laufbahnen sichtbar und damit absehbar zu machen und Vakanzen kontinuierlich zur Verfügung zu haben. Dies wurde mit weithin sichtbaren Folgen bei den Einstellungswellen der Schulen und z.T. der Universitäten Anfang der Siebziger Jahre nur unzureichend beachtet. Wenn die Gesamtheit der Stellen nicht ausgeweitet wird, dominiert die gemeinsam eingestellte relativ junge Kohorte für Jahrzehnte und für Neueinstellungen entstehen keine Vakanzen.

Fehler Nr. 5: Fortbildung und Arbeit in ungünstig zusammengesetzten Teams. Fortbildung ist häufig in aufgabennahen altersspezifischen Qualifikationsgruppen günstiger, weil bei stark unterschiedlichen Aneignungsstilen und Vorbildung dadurch manchmal das Lernen leichter wird. Die Arbeit selber sollte dann aber in altersgemischten, nicht altershomogenen Teams geleistet werden.

Fehler Nr. 6: Zu wenig flankierende Strategien im Marketing. Flankierende Anstrengungen im *Marketing*, insbesondere im Dienstleistungsbereich, sind für die Laufbahngestaltung häufig schon deshalb entscheidend, weil die Anpassung der Marketing-Strategie an die Belegschaft erfolgreicher ist als die umgekehrte Anpassung. Darauf werden wir im 6. Abschnitt noch zurückkommen.

Erwerbs- und Berufsunfähigkeit, das sei als Ergebnis aller sechs genannten „Fehl“-Strategien festgehalten, zeigt häufig nichts anderes an als den Mangel an angemessen gestalteten Arbeitsplätzen und den Mangel an Laufbahnen.

5.2. Ihre Folgen für die relative Gesundheit

Diese Überlegungen mögen auf den ersten Blick nur soziologisch, nicht aber sozialmedizinisch relevant erscheinen. Sie entsprechen aber einem gewissermaßen latenten sozialmedizinischen Begriff von *relativer Gesundheit*, von dem zu zeigen ist, dass er – wenn auch nicht immer explizit – jeder Arbeitsunfähigkeits-, jeder Berufsunfähigkeits- und jeder Erwerbsunfähigkeitsbescheinigung zu Grunde liegt. Die faktische Unterscheidung von absoluter und relativer Gesundheit hat sich in der San-Francisco-Schule der Sozialmedizin (vgl. mit Literaturhinweisen Gerhardt 1993, 1989, Schmidt-Ohlemann/Behrens 1987, Behrens 1987, Gadamer 1993, Behrens et al. 1993) bei der Beobachtung herausgebildet, dass organmedizinischer Befund und Einschränkung von Lebensvollzügen keineswegs übereinstimmen und im Alltagsverständnis „Gesundheit“ eher an Teilhabefähigkeit bei jeweils als normal angesehenen Lebensvollzügen gemessen wird (von kommunikativ unterstellten Interaktionsfähigkeiten wie Zurechnungsfähigkeit über Geschäftsfähigkeit bis zur üblichen Berufstätigkeit) als an medizinischen Befunden (vgl. Behrens 1997).

Ein – an „absoluten“ medizinischen (z.B. organmedizinischen) Kriterien gemessen – organisch Kranker oder auch Schwerbehinderter kann relativ gesund sein, wenn er – z.B. als Diabetiker – in den für ihn wichtigen Bereichen annähernd so leben kann, als wäre er gesund. Offensichtlich ist „relative Gesundheit“ stark von der jeweiligen Tätigkeit abhängig, an der sie gemessen wird. Für die meisten einfachen, aber körperlich anspruchsvollen Un- und Angelerntentätigkeiten wären sie zu wenig gesund gewesen. Ein derartiger Vergleich zwischen Arbeitsanforderungen und medizinischen Kenngrößen ist die Grundoperation nahezu jeder Bescheinigung von Arbeits-, Berufs- oder Erwerbsunfähigkeit, wobei hier auf den selbstverständlich großen Unterschied nicht weiter einzugehen ist, ob jemand sich selbst eine Tätigkeit zumutet oder ob sie ihm von anderen zugemutet wird.

Der hier vertretene soziologische und sozialökonomische Begriff der relativen Gesundheit erweist sich als tragfähig bis hin zur Standard-Diagnostik. Er kann einen theoretischen, also klärenden Rahmen für die „Internationale Klassifikation der Schädigungen, Fähigkeitsstörungen und Beeinträchtigungen (ICIDH)“ (vgl. Matthesius et al. 1994) bieten. Diese von der Weltgesundheitsorganisation (WHO) gepflegte internationale Klassifikation zieht heute z.B. der Medizinische Dienst der Krankenkassen zur Begutachtung von Pflegebedürftigkeit heran (vgl. Richtlinien Spitzenverbände 1994). Die Klassifikation beschreibt die „Folgeerscheinungen von chronischen Erkrankungen und Behinderungen“: Fähigkeitsstörungen („Disabilities“) und soziale Beeinträchtigungen („Handicaps“) werden als Folge psychophysischer Schädigungen („Impairments“) thematisiert. Der Begriff der „Folgeerscheinung“ stiftet manchmal etwas Verwirrung, wenn der Zusammenhang von impairments einerseits, disabilities und handicaps so locker erscheint, dass von „Folgen“ kaum noch die Rede sein kann: Je nach ihrer Umwelt haben zwei Personen mit identischen körperlichen Schädigungen (impairments) sehr unterschiedlich schwere Fähigkeitsstörungen (disabilities) und Beeinträchtigungen (handicaps) zu gewärtigen. Gesundheit, Krankheit und Behinderung meinen gar keine psychisch-physischen Eigenschaften von Personen mehr, sondern mindestens genauso sehr Eigenschaften der Umwelt von Personen, genaugenommen die Zuträglichkeit von Umwelten für Personen, den Person-Umwelt-Fit. Damit sind Gesundheit, Krankheit und Behinderung rein organmedizinisch gar nicht mehr fassbar. Wenn es dennoch „Medizinische Dienste“ sind, die deren Zustand beurteilen sollen, müssen sie die soziale Umgebung der zu begutachtenden Person untersuchen. Der Begriff der „relativen Gesundheit“ spricht den Person-Umwelt-Fit einfacher und weniger missverständlich an als der Begriff der „Krankheitsfolgen“.

Deutlich wird auch die Konsequenz für den Versuch, zwischen dem Risiko gesundheitlich bedingter Erwerbsunfähigkeit und dem Risiko zu unterscheiden, keinen angemessenen Arbeitsplatz für eine vorhandene (Rest)leistungsfähigkeit zu finden. Die Risikentrennung ist logisch nur sehr begrenzt möglich, weil wir immer nur in Relation zu Arbeitsanforderungen invalide oder valide sein können.

6. Interne und externe Einflüsse auf die drei betrieblichen Strategien bei begrenzter Tätigkeitsdauer

6.1. Indirekte Einflüsse auf direkte Akteure

In welchem *Mischungsverhältnis und Ausmaß* Betriebe die drei Strategien – Arbeitsplatzgestaltung, Laufbahngestaltung, Externalisierung – realisieren, hängt ab von ihrer inneren „betrieblichen Sozialverfassung", von der zeitlichen Ausdehnung ihres Planungshorizontes, ihrer Marketingkompetenz und der Einschätzung ihrer Umwelt (vgl. Abb. 5). Zu dieser Umwelt gehört neben der Arbeitsmarktlage *auch* das Sozialversicherungssystem. Wenn das Sozialversicherungssystem es erleichtert, sich von älteren Beschäftigten mehr oder weniger einvernehmlich über die Frühberentung zu trennen, ist ein Anreiz gegeben, der dritten Strategie, der Externalisierung, betrieblich den Vorrang zu geben. Insofern hätte die Sozialversicherung, insbesondere die Rentenversicherung, einen sicherlich unbeabsichtigten Effekt auf Arbeitsbedingungen, nämlich den, sie zu verschlechtern – für alle, die einmal älter werden.

Abb. 5: Drei betriebliche Strategien gegenüber begrenzter Tätigkeitsdauer: wovon werden sie beeinflusst?

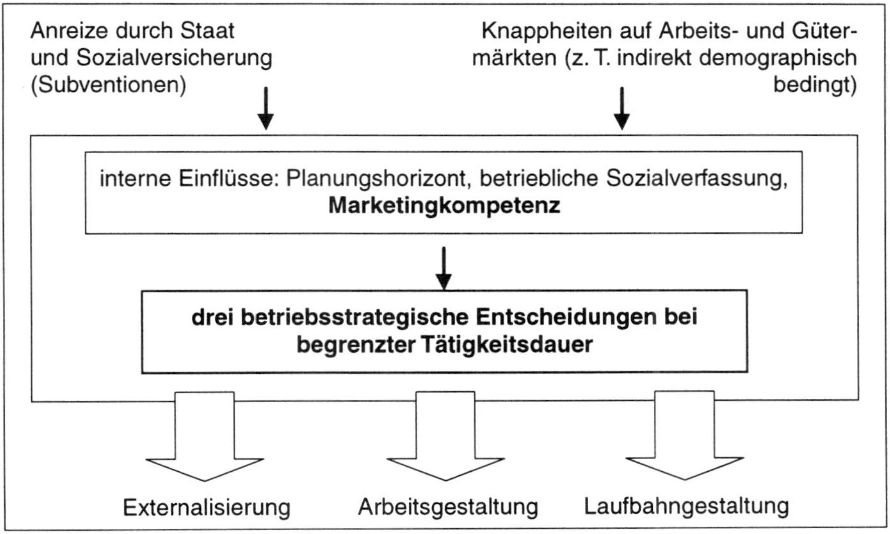

Diese Anreizwirkung hat die Sozialversicherung zugestandermaßen nur deshalb, weil die Kosten der Externalisierungsstrategie nicht denen zugerechnet werden (können), die sie nutzen. Im Gegenteil sind „Externalisierer" und „Arbeitsplatz-

und Laufbahn-Gestalter“ gleichermaßen an der Aufbringung von Frührenten beteiligt. Erst dadurch werden die Kosten zu externen Effekten. Das Umlageverfahren der Sozialversicherung bringt die Unternehmen in eine Situation, die in Ökonomie und Spieltheorie als „Gefangenendilemma“ erörtert wird: Selbst wenn für alle Unternehmen Investitionen in Arbeitsplatz- und Laufbahngestaltung am lohnendsten sind, kommt es nicht zu diesen Investitionen – solange das einzelne Unternehmen, das diese Investitionen tätigt, sich dadurch kostenmäßig schlechter stellt als das Konkurrenzunternehmen, das diese Investitionen nicht trägt. Im Vergleich zur Externalisierungsstrategie verteuert die Frührenten-Finanzierung die Gestaltungsstrategien relativ (vgl. zu diesem ökonomischen Argument Behrens 1994).

Dasselbe Argument gilt in der Tendenz auch für die Kosten der Arbeitslosigkeit. Auch deren Kosten können Unternehmen zwar keineswegs ganz, aber doch weitgehend externalisieren. Die kostenmäßige Internalisierung derartiger externer Effekte ist in der Umweltökonomie wesentlich breiter erörtert worden als in der Sozialpolitik-Forschung. Prinzipiell liegen ähnliche Erfassungsprobleme vor. Die „Verursachung von Erwerbsunfähigkeit“ ist – wegen Beschäftigtenmobilität, multifaktorieller Krankheitsentstehung und vor allem wegen der großen Bedeutung der Verursachung durch Unterlassen präventiver Qualifikation und Arbeitsplatzgestaltung (vgl. Behrens et al. 1992) – ähnlich schwer einzelnen Unternehmen zuzuordnen wie die Verursachung von Luftverschmutzung und ihrer Folgeschäden. Für solche Zurechnungsprobleme werden in der Umweltökonomie Modelle der zivilrechtlichen Proportionalhaftung diskutiert (vgl. Wagner 1991). Es würde den Rahmen dieses Aufsatzes sprengen, die Übertragbarkeit dieser Modelle auf den Bereich der Rentenversicherung – insbesondere auch unter verteilungspolitischen Gesichtspunkten – zu diskutieren. Im Unterschied zur Umweltpolitik propagiert auch kein sozialpolitischer Akteur zur Zeit eine solche Zurechnung von Erwerbsunfähigkeit zu Unternehmen. Allerdings ist festzuhalten, dass bereits heute durch die eigenen Daten der Kranken- und Rentenversicherung, die im Verwaltungsprozess routinemäßig anfallen und sowohl wichtige gesundheitliche Ereignisse der Versicherten als auch die Zugehörigkeit zu Unternehmen erfassen, bessere Voraussetzungen als im Umweltbereich für eine solche Zuordnung erfüllt wären (vgl. ausführlicher Behrens 1987, Behrens et al. 1992). Zumindest gegenwärtig spielen solche in der Umweltökonomie verbreiteten Modelle in der Rentenversicherungsdiskussion keine Rolle. So bleibt die Frage zu beantworten, ob es unternehmensinterne Gründe dafür gibt, den Anreizen nicht zu folgen.

6.2. Generationen im Betrieb: Wirkt eine „Herrschaft durch Karriere“ Externalisierungsanreizen der Sozialversicherung entgegen?

Dem Externalisierungsanreiz braucht kein Betrieb zu folgen. Wie wir zu zeigen versucht haben (vgl. Behrens 1984), kann es aus macht- bzw. kontrolltheoretisch, aber auch moralökonomisch (Kohli/Wolf 1987, Sadowski/Frick 1992, Behrens 1990) fassbaren innerbetrieblichen Gründen einzelwirtschaftlich rationaler sein, Beschäftigten lange Karrierewege zu eröffnen („Herrschaft durch Karriere“) statt sie tayloristisch durch aktuelle Entlohnung zu kontrollieren. Wenn der Lohn für heutiges Wohlverhalten in einer eher unbestimmten langfristigen Absicherung des Erwerbsverlaufs liegt, muss Fehlverhalten eher gemieden werden, als wenn es durch einen kalkulierbaren sofortigen Lohnabzug oder einen schnellen Zyklus von Feuern und Heuern geahndet würde.

Wenn Berufe, wie im Gefolge Durkheims Parsons annahm, für Sozialintegration entscheidend sind, dann deshalb, weil sie Erwartungen über viele Tätigkeitswechsel hinweg zu stabilisieren scheinen und langfristige Orientierungen lohnend machen. Aus betrieblichen Kontroll- und Integrationsinteressen kann eine Investition in Arbeitsplatz- und Laufbahngestaltung auch gegen Anreize des Sozialversicherungssystems resultieren. Aber ein Anreiz bleibt. Und gerade Herrschaft durch Karriere ist darauf angewiesen, dass ein würdiger Abschluss des Berufslebens früh genug gefunden wird, um auch nachwachsenden Kohorten Laufbahnen eröffnen zu können. Es dürfen, wie der terminus technicus heißt, keine Beförderungsstaus entstehen, weil sie den Kontroll- und Motivationspfad „Herrschaft durch Karriere“ gefährden.

Insofern geht vom selben Karrieremechanismus, der im mittleren Alter Leistungswandlungen durch laufbahngerechte Tätigkeitswechsel ausgleicht, in späteren Jahren ein Druck zur Externalisierung aus – und zwar, worauf es mir hier ankommt, völlig unabhängig von der Leistungsfähigkeit des alternden Beschäftigten wie von der konjunkturellen Lage des Betriebes. Herrschaft durch vertikale Karriere ist ein ganz eigenständig wirkender Mechanismus, der zunächst Externalisierung einschränkt und sie später – allerdings auf möglichst würdige Weise – unumgänglich macht. Das zeigen nicht nur die Untersuchungen in Banken.

6.3. Altersexternalisierung als sozial verträgliche Lösung der Probleme „begrenzte Tätigkeitsdauer“ und „Arbeitslosigkeit“

Betriebe sind kollektive Akteure, d.h., sie sind selber in ihrem Handeln Produkt der Strategien der Akteure Unternehmer, Betriebsräte usw., deren Handeln und seine Emergenzeffekte erklärt werden müssen. In unseren Betriebsfallstudien ergab sich, dass bis auf eine einzige Ausnahme in allen Fällen Betriebsräte oder Personalvertretungen und Personalleitungen insofern an einem Strang zogen, als sie sich um eine von ihnen so genannte „sozial verträgliche Lösung“ des Problems begrenzter Tätigkeitsdauer bemühten und dadurch meist einvernehmlich auf die Lösung: Externalisierung durch frühes Ausscheiden aus der Erwerbstätigkeit kamen – insbesondere, aber nicht nur, wenn auch aus konjunkturellen Gründen die Zahl der Arbeitskräfte reduziert werden sollte. Zweifellos ist die Sozial- und insbesondere die Rentenversicherung nicht die einzige Instanz, die Externalisierungsstrategien begünstigt und damit Strategien der Arbeitsplatz- und Laufbahngestaltung relativ benachteiligt. In unserem Projekt fanden wir z.B. bei Frauen häufig die Sequenz: Erwerbstätigkeit im Beruf A – Geburt eines Kindes – Erwerbstätigkeit im Beruf B. Hier ist es die Geburt eines Kindes oder genauer die soziale Konstruktion der Familienphase, die Externalisierungsstrategien begünstigt, weil das Personalmanagement mit einer „natürlichen“, d.h. von den Betroffenen nicht dem Betrieb angekreideten Fluktuation aus dem Beruf A heraus rechnen kann. In vielen Fertigungsbereichen war diese durch die soziale Konstruktion der Familienphase „natürlich“ gewordene Fluktuation ein wichtiges Argument dafür, früher typische Männerarbeitsplätze, z.B. in der Auto-Montage, vermehrt Frauen zugänglich zu machen. So wie hier die soziale Konstruktion der Familienphase, so begünstigt generell die Ausgestaltung der Sozialversicherung Externalisierung gegenüber Arbeitsplatz- und Laufbahngestaltung.

Unsere Ergebnisse unterscheiden sich etwas von denen einer Studie des Wissenschaftszentrums Berlin. „Mit der Annäherung an das Rentenalter wandelt sich für das betriebliche Personalmanagement die Humanressourcenqualität der älteren Beschäftigten zunehmend von einer stofflichen Ressource zu einer personalwirtschaftlichen Anpassungsressource“ fasst Rosenow (1992, S. 151) ein zentrales Ergebnis des Projekts „Betriebe und Staat im altersstrukturellen Wandel“ zusammen, das ebenfalls Betriebsfallstudien nutzt. Diese Formulierung deckt sich nicht mit unseren Ergebnissen.

Für das Personalmanagement aller untersuchten Unternehmen war nie nur einer der beiden Aspekte relevant, sondern immer beide: Für die rasche Anpassbarkeit – also unproblematische Rekrutier- und Entlassbarkeit – interessierten sich Unternehmen nur bei Arbeitskräften, von denen sie einen kostengünstige Beitrag zum erstellten Produkt bzw. Dienst erwarteten. Nur wegen seiner raschen Anpassbarkeit, seiner Eigenschaft als „Anpassungsressource“ wurde niemand beschäftigt. Zweitens war die relativ weniger problematische „Anpassung“ des Beschäftigungsvolumens in den von uns untersuchten Unternehmen eine Eigenschaft, die gerade nicht älteren, sondern eher jüngeren und weiblichen Beschäftigten, wenn nicht überhaupt Saisonkräften zukam. Von jüngeren, weiblichen und ausländischen Arbeitskräften konnten sich die Unternehmen bei Auftragsmangel, Umstrukturierung oder Kostendruck viel „billiger“ und schneller trennen als von über 45 oder 50 Jahre alten langjährigen Mitarbeitern. Erst unmittelbar mit Erreichbarkeit einer Frühberentung – also keineswegs allmählich und keineswegs bereits im Alter von 50 bis 55 Jahren – änderte sich das Bild so völlig und in einem so plötzlichen Sprung, dass die weitere Beschäftigung kaum noch als Möglichkeit ins Kalkül gezogen wurde.

Von Anpassungsflexibilität kann daher bei so sicher erwarteter Frühberentung keine Rede mehr sein.

6.4. Strategische Verteuerung der Externalisierung durch die Rentenversicherung?

Von den drei betrieblichen Strategien Laufbahngestaltung, Arbeitsplatzgestaltung, Externalisierung haben wir zu zeigen versucht, inwiefern sie teilweise substitutiv sind. Daraus könnte gefolgert werden, dass man nun nur den einen Weg verteuern oder schließen muss, um die Betriebe zu zwingen, die ersten beiden genannten Strategien zu wählen. Könnte nicht insbesondere die Rentenversicherung, wenn sie in der Vergangenheit mit Frühberentungsregelungen dazu beitrug, Externalisierungsstrategien zu begünstigen und damit Ältere zur Manövriermasse des Arbeitsmarktes zu machen, in Zukunft eine Trendumkehr auslösen?

In der Tat lässt sich die Heraufsetzung des Rentenalters als Versuch lesen, Externalisierung zu verteuern. Diese Strategie ist allerdings insofern sehr sorgfältig zu prüfen, weil es keine Verwechslung geben darf zwischen einer generellen Erschwerung der Externalisierung und der Erschwerung nur eines der Externalisierungswege. Das Verschließen eines Weges aus der Erwerbstätigkeit, z.B. des Weges vorgezogener Berentung und Invalidität, führt ceteris paribus zu nichts anderem als einer stärkeren Nutzung anderer „Exits“, z.B. Arbeitslosigkeit, wenn Beschäftigungsstrategien der Unternehmen auf Exits drängen. Dies ist schwer innerhalb eines Sozialversicherungssystems zu testen, aber der internationale Vergleich der OECD-Länder belegt die Äquivalenz von Externalisierungen (vgl. Behrens 1994, S. 119 - 128). So sind betriebsinterne Gründe gegen Externalisierungsstrategien von besonderer Relevanz.

7. Fazit

Für die vorzeitige Begrenzung der Tätigkeitsdauer scheinen biologisch fassbare Alternsprozesse nahezu irrelevant zu sein. Um diese Irrelevanz nachzuweisen, mussten wir gar nicht behaupten, es gingen mit wachsendem Alter keinerlei Wandlungen der Leistungsfähigkeit einher. Im Gegenteil konnten wir sogar davon ausgehen, dass mit zunehmenden Alter Wandlungen der Leistungsfähigkeit ubiquitär sind. Dass einige mit 70 innovativ, produktiv, zumindest gut bezahlt sind, andere schon mit 45 als fast zu alt für ihre Tätigkeit gelten, lag offensichtlich weniger an biologisch determinierten altersbedingten Wandlungen der generellen menschlichen Leistungsfähigkeit, sondern eher an der Art der Tätigkeit und dem Erwerbsverlauf, der zu ihr führte.

Ebenso wenig relevant sind humankapitaltheoretische Erklärungen des vorzeitigen qualifikatorischen Veraltens dann, wenn geringere Neuqualifikationen Fünfzigjähriger mit Abschreibungszeiten von Wissensinvestitionen begründet wird. Es ist uns fast kein Arbeitsplatz bekannt, auf dem ein einmal erworbenes Wissen 20, zehn oder selbst acht Jahre vorhält und nicht grundlegend erneuert zu werden braucht.

Wenn aber Wissen ohnehin nicht Jahrzehnte unerneuert vorhält, kann man nicht mangelnde Investitionen in das human capital eines Fünfzigjährigen damit erklären, dass die Nutzungszeit nur noch maximal 15 Jahre währe.

Die Ungleichheit der Chance, länger erwerbstätig zu sein, hat daher wahrscheinlich sehr wenig mit ungleicher biologischer Ausstattung oder mit zu kurzer Abschreibezeit für Wissen zu tun. Diese soziale Ungleichheit scheint fast ausschließlich reproduziert zu werden durch zwei Einflüsse: durch den Zuschnitt von Tätigkeiten, die sich als qualifikatorische und gesundheitliche Sackgassen erweisen, und durch die Zuweisung von Personen zu diesen Tätigkeiten nach schulischen Abschlüssen, Geschlecht und Region.

Es reicht offensichtlich nicht aus, lediglich auf den zweiten Einfluss einzuwirken und den Zugang zu fortbestehenden Sackgassen gleichmäßiger zu verteilen, also die Chancengleichheit zu erhöhen. Dadurch verringert sich noch nicht die Zahl der Sackgassen. Nur der veränderte Zuschnitt von Tätigkeiten, also eine horizontale Laufbahnen ermöglichende Arbeitsgestaltung, verallgemeinert die Chance zu länger andauernder Erwerbstätigkeit.Die Chance, in der Erwerbsarbeit alt zu werden, wurde in diesem Kapitel als externer Effekt betrieblicher Entscheidungen, als kollektives Gut interpretiert; und die Anreize zu deren Erzeugung scheinen prinzipiell spieltheoretisch beschreibbar zu sein (vgl. Abschnitte 4-6). Damit konnte auf zwei Ansätze zurückgegriffen werden, auf die hier nur verwiesen wurde (vgl. Behrens 1990, S. 803 ff): das historisch-soziologische Konzept von „Figurationen“, das Norbert Elias benutzte, und die ökonomische Analyse externer Effekte individuellen Handelns, der Logik kollektiven Handelns, wie sie formal in der Wohlfahrtsökonomie ausgearbeitet wurde.

Dass diese makrosoziologische Prozesse auf individuelle Entscheidungen zurückführt, war dabei eher ein Vorteil von Wohlfahrtsökonomie und formaler Spieltheorie. Ihre Grenze hat sie da, wo sie eigentlich gar keine Theorie ist, sondern bloß Kalkül. Erst der Bezug auf einen empirischen Gegenstand, hier auf empirische Wertschätzungen und Gewohnheiten der Entscheidenden, ihre zeitlichen Entscheidungshorizonte und Ziele machen aus dem Kalkül eine Theorie (ausführlicher Behrens 1984, de Swaan 1993). Das deuteten die hier nur verkürzt zu erörternden Fälle an: Betriebliche Arbeits- und Personalpolitiken scheinen in der Tat davon abzuhängen, wieweit die Kosten und Erträge der jeweiligen Politiken externalisiert oder aber den Betrieben zugerechnet werden. So wurde von den drei betrieblichen Strategien gegenüber begrenzter Tätigkeitsdauer – nämlich Arbeitsgestaltung, Laufbahngestaltung und Externalisierung – in der Vergangenheit die dritte, die Externaliserung, am meisten subventioniert und die anderen dadurch relativ verteuert. Um die tatsächlichen Entscheidungen nachvollziehen zu können, war aber die empirische Kenntnis des empirischen Planungshorizonts unverzichtbar. Welche Entscheidung richtig oder gar in irgendeinem definierten Sinn rational ist, hängt entscheidend vom Planungshorizont ab. Ohne Kenntnis der empirischen

Wertschätzungen und Planungshorizonte wird aus dem Kalkül keine Theorie. Nicht die Pfadabhängigkeit von schon getroffenen Entscheidungen, sondern die Antizipationsbereitschaft absehbarer, aber späterer Entwicklungen versieht Entscheidungen mit unterschiedlichen Kosten. Die betriebliche Sozialverfassung macht einen Unterschied. Das zeigt sich schon in ganz kleinen Betrieben mit wenigen Wochen Auftragspolster und fast keinem Einfluss auf Preise (vgl. letzten Abschnitt 6).

Gestaltung von Laufbahnen ist ein unverzichtbarer Bestandteil vorausschauender Personalpolitik und des Arbeitsschutzes. Ohne sie bleiben Bildungsmaßnahmen isoliert, Altenarbeitsplätze unerreichbar oder unattraktiv, und Präventionsmaßnahmen verschieben Altersgrenzen der Tätigkeitsdauer nicht wirksam. Lassen sich die Ergebnisse unserer Fallstudien generalisieren, so kann man zusammenfassen: Alle Maßnahmen, die erkennbar auf eine Alternsphase als „Problemgruppe" zugeschnitten sind statt auf den Lebenslauf, stigmatisieren schnell und verstärken das Alternsrisiko „Reputationsverlust". Umgekehrt zeigen in Deutschland Millionen „Leistungsgewandelte", die in Karrieren oder auch horizontale Laufbahnen hineingefunden haben, dass sie wegen der Mischung und absehbaren Abfolge ihrer Tätigkeiten den kritischen Altersgrenzen einzelner Teiltätigkeiten entgehen konnten. Solche Laufbahnen stützen auch Lern- und notwendige Verlernprozesse motivational und in der Umsetzung (vgl. Abschnitt 3). Dass Fünfzigjährige und Ältere zusammen nur 16% der Teilnehmer beruflicher Weiterbildungsmaßnahmen ausmachen und nur 9% der Weiterbildungsstunden nutzen (vgl. BMBW 1993, Frerichs 1994, S.6), kann das zu frühe Ende von Laufbahnen oder genauer Sackgassen anzeigen. So sehr Präventionsmaßnahmen am Arbeitsplatz physischem und auch psychischem Verschleiß vorbeugen können, sie werden nie alle Tätigkeitsgrenzen aufheben. Insofern können Präventionsmaßnahmen Maßnahmen der Laufbahngestaltung nicht ersetzen. Umgekehrt ist der rechtzeitige Wechsel von Tätigkeiten Voraussetzung dafür, dass die durch Prävention gesteigerte Fähigkeit in anderen Tätigkeiten überhaupt zum Zuge kommen kann. Laufbahngestaltung verbessert – wegen der Mischung von Tätigkeiten – nicht nur die Beschäftigungschance im jeweiligen Betrieb, sondern gerade auch beim Betriebswechsel[3].

---

3 Die These, dass vorausschauende Personalpolitik als Laufbahnpolitik erfolgsentscheidende Komponente des Arbeitsschutzes ist, bewährte sich überraschenderweise gerade an Betrieben, bei denen dies am wenigsten zu erwarten war: bei Ein-Personen-Arbeitsplätzen in Kleinstbetrieben mit acht bis zehn Mitarbeitern, die innerhalb der einzelnen Aufträge kaum Arbeitsteilung realisieren können. Paradoxerweise waren es - nach der übereinstimmenden Auskunft der befragten Gesellen, Meister und anderer Experten - keineswegs die größeren Betriebe mit mehr als 30 Beschäftigten, sondern gerade die Betriebe mit acht bis zehn Beschäftigten und einem selber älteren Inhaber, die eine für ältere günstige Laufbahnpolitik realisierten. Das belegt die Bedeutung der betrieblichen Sozialverfassung und die relativ einfachen Bedingungen, unter denen sie vorhersagbar wird. Im vergangenen Abschnitt sind

die betrieblichen *Marketingspezialisierungen* dokumentiert worden, die auch und gerade im Kleinbetrieb eine vorausschauende Laufbahnpolitik ermöglichen. Diese „Laufbahnen“ realisieren Tätigkeitsmischungen und führen auf Arbeitsplätze, die gerade nicht als statusmindernde spezielle Altenarbeitsplätze im Sinne von - wie ein Handwerker sagte - „halb Gnadenbrot, halb Deckung“ zu begreifen sind und auf dieser Basis Lern- und Verlernprozesse unterstützen. Das zeigt die entscheidende Bedeutung der betrieblichen Sozialverfassung für die Strategienwahl an den Waren- und Arbeitsmärkten.

Literatur

Arnason, J. (1978): Vorlesungsmitschrift.

Arnason, J. (1987): Figurational Sociology as a Counter-Paradigm. In: Theory, Culture and Society 4: 429-456

Barton, A. H.; Lazarsfeld, F. (1984, zuerst 1955): Einige Funktionen von qualitativer Analyse in der Sozialforschung, in: Hopf, C.; Weingarten, E. (Hg.), Qualitative Sozialforschung. 2. Auflage, Stuttgart: Klett-Cotta, S. 41-89 (Quelle: Frankfurter Beiträge zur Soziologie I, S. 321-361, Frankfurt a. M.: EVA 1955

Behrens, J. (1983): Die Reservearmee im Betrieb. Machttheoretische Überlegungen zu den Konzepten der „Kontrolle“, der „Eigentumsrechte“ und der „Sozialen Schließung“. In: Jürgens, U.; Naschold, F. (Hrsg.): Arbeitspolitik. Materialien zum Zusammenhang von politischer Macht, Kontrolle und betrieblicher Organisation der Arbeit. Leviathan. Sonderheft 5: 133-154. Opladen

Behrens, J. (1990): Gnade, bürgerliche Autonomie, Krankheit. Staatliche Sozialpolitik und betriebliche Sozialverfassung: Strategien zu ihrer Erforschung. In: Zeitschrift für Sozialreform, Heft 11/12, S. 803-827

Behrens, J. (1994): Der Prozess der Invalidisierung – das demographisch bedingte Ende eines historischen Bündnisses, in: Behrend, C. (Hg.), Frühinvalidität – ein „Ventil“ des Arbeitsmarkts?, Berlin: DZA (Beiträge zur Gerontologie und Altenarbeit Bd. 90)

Behrens, J. (1996): Vorausschauende Personalpolitik: Laufbahngestaltung als neue Aufgabe des Arbeitsschutzes, in: Frerichs, F. (Hrsg.), Älterer Arbeitnehmer im Demographischen Wandel – Qualifizierungsmodelle und Eingliederungsstrategien, Münster:Lit, S.123-140

Behrens, J. (1997): Krankheit/Armut: Individualisierung sichernde Lebenslaufpolitiken (Folgen dynamischer und handlungstheoretischer Untersuchungen für moralische Ökonomien von Gesellschaften mit Sozialstaaten) in: Hradil, S. (Hrsg. im Auftrag der der Deutschen Gesellschaft für Soziologie) Differenz und Integration. Die Zukunft moderner Gesellschaften. Verhandlungen des 28. Kongresses der Deutschen Gesellschaft für Soziologie in Dresden 1996, Frankfurt/New York: Campus, S. 1054-1074

Behrens, J.; Arrow, J. O.; Dreyer-Tümmel, A.; Dorenburg, U. (1992): Gesundheitsberichterstattung und berufliche Mobilität. In: Laaser, U., Schwartz, F.W. (Hrsg.): Gesundheitsberichterstattung und Prävention, Heidelberg, New York, Tokio usw.: Springer

Behrens, J.; Dreyer-Tümmel, A. (1994): Indikatoren der Rehabilitationsbedürftigkeit aus Routinedaten der gesetzlichen Krankenversicherung. Frankfurt a. M.: ISIS

Behrens, J.; Elkeles, T.; Schulz, D.; Koppelin, F.; Dreyer-Tümmel, A. (1997): Wird der Zusammenhang von niedrigeren Einkommen und Erwerbsunfähigkeitsrisiko durch „wahrgenommene Arbeitsbelastungen" und/oder durch „relative Gesundheit" verständlicher? Eine multivariate Analyse mit dem Nationalen Gesundheitssurveys der DHP und dem sozio-ökonomischen Panel (GSOEP) in: Das Gesundheitswesen

Behrens, J.; Elkeles, T.; Schulz, D. (1998): Begrenzte Tätigkeitsdauer und relative Gesundheit. Berufe und betriebliche Sozialverfassungen als Ressourcen für Tätigkeitswechsel, in: Heinz, W. R.; Dressel, W.; Blaschke, D.; Engelbrech, G. (Hrsg.), Was prägt Berufsbiographien? Lebenslaufdynamik und Institutionenpolitik, Nürnberg: Institut für Arbeitsmarkt und Berufsforschung der Bundesanstalt für Arbeit, BeitrAB 215

Behrens, J.; Voges, W. (1990): Labilisierende Berufsverläufe und der Übergang in den Ruhestand. In: Dressel, W. (Hrsg.): Lebenslauf, Arbeitsmarkt und Sozialpolitik, S. 201-219

Bonus, H. (1994): Die Langsamkeit von Spielregeln, in: Bonus, H. (Hrsg.), Die Beschleunigungsfalle oder der Triumph der Schildkröte, Stuttgart: Schäffer-Poeschl, S. 1-18

Bourdieu, P. (1985): Sozialer Raum und Klassen – Zwei Vorlesungen, Frankfurt a. M.: Suhrkamp

Cyert, R. M.; March, J. G. (1976): Die behavioristische Theorie der Unternehmung: eine Verbindung von Verhaltensforschung und Wirtschaftswissenschaft, in: Grochla, E. (Hg.), Organisationstheorie Band 2, Stuttgart: C.E.Poeschl, S. 360-372

Elias, N. (1976): Der Prozess der Zivilisation, 2 Bände, Frankfurt a. M.: Suhrkamp

Faulbaum, F. (1991): Von der Variablensoziologie zur empirischen Evaluation von Handlungsparadigmen, in: Esser, Hartmut; Troitzsch, K.G. (Hg.): Modellierung sozialer Prozesse, Bonn, S. 111-138

Frerichs, F. (Hrsg.) (1996): Älterer Arbeitnehmer im Demographischen Wandel – Qualifizierungsmodelle und Eingliederungsstrategien, Münster:Lit

Gadamer, H: (1993): Über die Verborgenheit der Gesundheit. Frankfurt: Suhrkamp

Gerhardt, U. (1993): Gesundheit – ein Alltagsphänomen. Konsequenzen für Theorie und Methodologie von Public Health. Berlin: Wissenschaftszentrum Berlin

Gerhardt, U. (1986): Patientenkarrieren, Frankfurt a. M.: Suhrkamp

Giddens, A. (1998): Ist das Rentenalter eine Fiktion, Professor Giddens? Ein Interview mit Patrick Barton, in: Frankfurter Allgemeine Magazin, 31. Woche, 31. Juli 1998, Heft 961, S. 44-45

Kelle, U.; Kluge, S.; Sommer, T. (1998): Integration qualitativer und quantitativer Verfahren in der Lebenslaufforschung, in: Heinz, W. R.; Dressel, W.; Blaschke, D.; Engelbrech, G. (Hrsg.), Was prägt Berufsbiographien? Lebenslaufdynamik und Institutionenpolitik, Nürnberg: Institut für Arbeitsmarkt und Berufsforschung der Bundesanstalt für Arbeit, BeitrAB 215, S. 335-361

Köchling, A. (1995): Wie Betriebe heute mit Altersstrukturen (nicht mit Älteren) umgehen – Anforderungen an die Zukunft, in: Mitteilungen aus der Arbeitsmarkt- und Berufsforschung, S. 437-453

Krais, B. (1989): Soziales Feld, Macht und kulturelle Praxis – Die Untersuchungen Bourdieus über die verschiedenen Franktionen der herrschenden Klasse in Frankreich, In: Eder, K. (Hrsg.), Klassenlage, Lebensstile und kulturelle Praxis – Beiträge zur Auseinandersetzung mit Pierre Bourdieus Klassentheorie, Frankfurt a. M.: Suhrkamp

Kuwan, H.; Waschbüsch, E. (1994): Betriebliche Weiterbildung. Ergebnisse einer Befragung von Erwerbstätigen und betrieblichen Experten in Deutschland. Bonn: Eigenverlag des Bundesministeriums für Bildung und Wissenschaft

Matthesius, R.-G. (Hrsg.) (1994): Internationale Klassifikation der Schädigungen, Fähigkeitsstörungen und Beeinträchtigungen (ICIDH), Wiesbaden:Ullstein Mosby

Nägele, G.; Frerichs, F. (1996): Situation und Perspektiven der Alterserwerbsarbeit in der Bundesrepublik Deutschland. In: Aus Politik und Zeitgeschichte B 35: 33-45

Nienhüser, W. (1992): Wirkungsweise und Gestaltung betrieblicher Personalstrukturen – am Beispiel der Altersstruktur. In: Zeitschrift für Personalforschung: 75-96

North, D. (1992): Institutionen, institutioneller Wandel und Wirtschaftsleistung, Tübingen: Mohr

Organization for Economic Co-Operation and Development (OECD), 1992: Employment Outlook, July 1992, Paris

Olson, M. (1968): Die Logik kollektiven Handelns. Tübingen: Siebeck

Richtlinien Spitzenverbände (1994): Richtlinien der Spitzenverbände der Pflegekassen über die Abgrenzung der Merkmale der Pflegebedürftigkeit und der Pflegestufen sowie zum Verfahren der Feststellung der Pflegebedürftigkeit vom 7.11.1994, Bonn

Rosenow, J. (1992): Personalanpassung durch Verrentung, in: Arbeit, Jg. 1, Heft 2/1992, S. 144-165

Sadowski, D.; Frick, B. (1992): Die Beschäftigung Schwerbehinderter: Betriebswirtschaftliche Analysen und politische Empfehlungen. Idstein: Schulz-Kirchner Verlag

Schnell, R.; Hill, P. B.; Esser, E. (1989): Methoden der empirischen Sozialforschung. 2. überarbeitete und erweiterte Auflage, München und Wien: Oldenbourg

Simon, H. A. (1957): „Rationality and Administrative Decision Making", in: Simon, H. A., Models of man. New York: Wiley: 196-206

Simon, H. A., and Associates (1992), Decision Making and Problem Solving, in: Zey, M. (Hrsg.), Decision Making. Newbury Park:Sage, S. 32-53

Strauss, A.; Cobin, J. (1990): Basics of Qualitative Research. Grounded Theory Procedures and Techniques. Newbury Park usw: Sage

Stiegler, G.; Becker, G. S. (1977): „De Gustibus Non Est Disputandum", American Economic Review: 76-90

de Swaan, A. (1993) Der sorgende Staat. Frankfurt/New York:campus

Wagner, G. (1991): Altersgrenze, Arbeitsmarkt und Altersaustritt. Habilitationsschrift. Ms. Berlin: Fachbereich Wirtschaftswissenschaften der TU Berlin

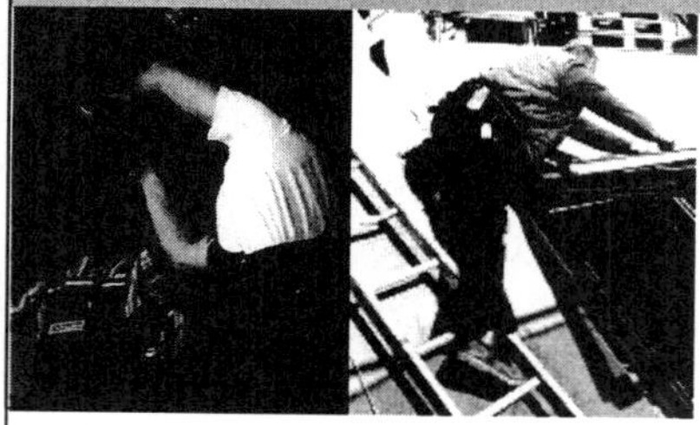

Installateure und Dachdecker bei der Arbeit

Zukünftige Gestaltungsfelder:

Laufbahngestaltung

Beteiligungsorientierter Führungsstil

Ausbau der innerbetrieblichen Weiterbildung

Maßnahmen zur Belastungs- und Gefährdungsreduktion

Neue Anforderungen an die Personalentwicklung im Handwerk

Ziel des Projektes war die Erarbeitung von Orientierungspunkten für Personalentwicklungsmaßnahmen im Handwerk. Zentral für das methodische Vorgehen war die Bewertung der Arbeitsgestaltung anhand von Tätigkeitsanalysen, die durch Befragungen und Beobachtungen sowie Analyse von Daten und Dokumenten komplettiert wurden.

Handwerkliche Tätigkeit ist nicht nur durch belastende, sondern auch durch gesundheits- und persönlichkeitsfördernde Bedingungen gekennzeichnet wie Selbständigkeit, Übernahme von Verantwortung, Einsatz von Fähigkeiten und Kenntnissen, Abwechslungsreichtum ...

Diese Ansätze sollten erhalten und ausgebaut werden. Handlungsbedarf besteht vor allem im betrieblichen Bereich auf der arbeitsorganisatorischen und personellen Ebene.

Verbund 2: Demographische Veränderungen - Zukünftige Anforderungen und Strategien im Handwerk
Projekt: Neue Anforderungen an die Personalentwicklung

FH Niederrhein, Mönchengladbach
(Lutz Packebusch, Birgit Weber)

Professor Dr. Lutz Packebusch,
Fachhochschule Niederrhein,
Mönchengladbach
(Co-Autorin dieses Beitrages:
Birgit Weber)

Berufslaufbahnen im Handwerk – Ansätze für eine alternsgerechte Gestaltung[1]

Einführung

Der weitaus größte Teil der Arbeitnehmer/-innen arbeitet in Klein- und Mittelbetrieben. Der Anteil der Vollarbeiter in Kleinbetrieben (< 200 Beschäftigte) beträgt mittlerweile über 60% bei den gewerblichen ArbeitnehmerInnen.

In einem abgeschlossenen Forschungsprojekt zur Personalentwicklung im Handwerk[2] haben sich Anhaltspunkte für die Notwendigkeit einer Laufbahngestaltung in Kleinbetrieben ergeben. Wir werden diese Situation und erste Ansätze skizzieren, die in einem Umsetzungsprojekt[3] in Zusammenarbeit mit der Kreishandwerkerschaft Neuss sowie mit Betrieben der Dachdecker- und SHK-Innung entwickelt und erprobt werden sollen.

Das Bild von einer ungebrochenen intakten Berufslaufbahn trifft heute nicht mehr zu. Patch-work-Laufbahnen verdrängen traditionelle Berufslaufbahnen. Am

---

1 Dieser Beitrag ist eine kongressbezogene veränderte Fassung (mit freundlicher Genehmigung des Herausgebers) des Aufsatzes „Alternsgerechte Gestaltung von Berufslaufbahnen im Handwerk", der im Heft 4/2000 der Zeitschrift „Personalführung" (Hrsg.: Deutsche Gesellschaft für Personalführung) erscheint.

2 Bundesministerium für Bildung und Forschung (FKZ 01 HH 9601/6) „Demographische Entwicklung und Zukunft der Erwerbsarbeit in Deutschland – Neue Anforderungen an die Personalentwicklung im Handwerk"

3 Bundesministerium für Bildung und Forschung (FKZ 01 HH 9901/0) „Öffentlichkeits- und Marketingstrategie zur Sensibilisierung, Beratung und Gestaltung im Bereich demographischer Wandel – Laufbahngestaltung in Kleinbetrieben"

Abb. 1 Beschäftigte nach Betriebsgrößen (Vollarbeiter nach Betriebsgrößen 1998)

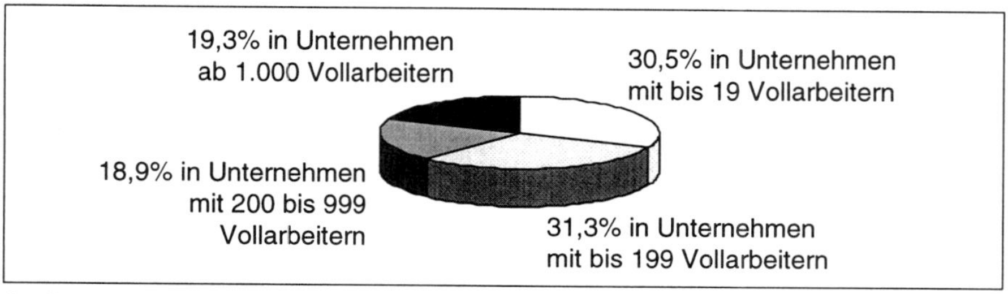

Quelle: Eigene Grafik nach Hauptverband der gewerblichen Berufsgenossenschaften – BG-Statistiken für die Praxis 1998, S.13. Vollarbeiter insgesamt: 28.786.079 (nur abhängig Beschäftigte, Unternehmer und nicht gewerbsmäßige Bauarbeiter)

Beispiel des Dachdeckers möchten wir das aufzeigen:

- mit 15/16 Jahren Ausbildung zum Dachdecker in Betrieb A
- mit ca. 19 Jahren Übernahme nach der Gesellenprüfung und Weiterbeschäftigung im Betrieb A
- mit 30/31 Jahren ist er
  entweder als Vorarbeiter (durch Bewährung), Spezialist (durch Weiterbildung), Baustellenleiter (durch Weiterbildung), Meister und/oder Inhaber (durch Weiterbildung) tätig
- oder er
  hat den Betrieb bzw. das Gewerk verlassen und ist arbeitslos,
  hat umgeschult,
  kann aus gesundheitlichen Gründen den Beruf nicht mehr ausüben,
  hat eine alternative Beschäftigung im Industrie- oder Dienstleistungsbereich gefunden.

In der Realität findet man wenig ältere Arbeitnehmer/innen in den von uns untersuchten Kleinbetrieben des Dachdecker-, Kfz- und SHK-Handwerks. Daraus ergeben sich für die Kleinbetriebe vor dem Hintergrund der Bevölkerungsentwicklung branchenspezifische Problemgemenge.

Problemlage

Die Problemlage kann in Anlehnung an Packebusch/Weber (1998) wie folgt skizziert werden: Die demographische Entwicklung in der Bundesrepublik Deutschland ist durch einen Rückgang und eine Überalterung der Bevölkerung gekennzeichnet. Zwar wird diese Veränderung nicht so dramatisch ausfallen, wie ursprüng-

Abb. 2 Entwicklung der Bevölkerung nach Altersgruppen

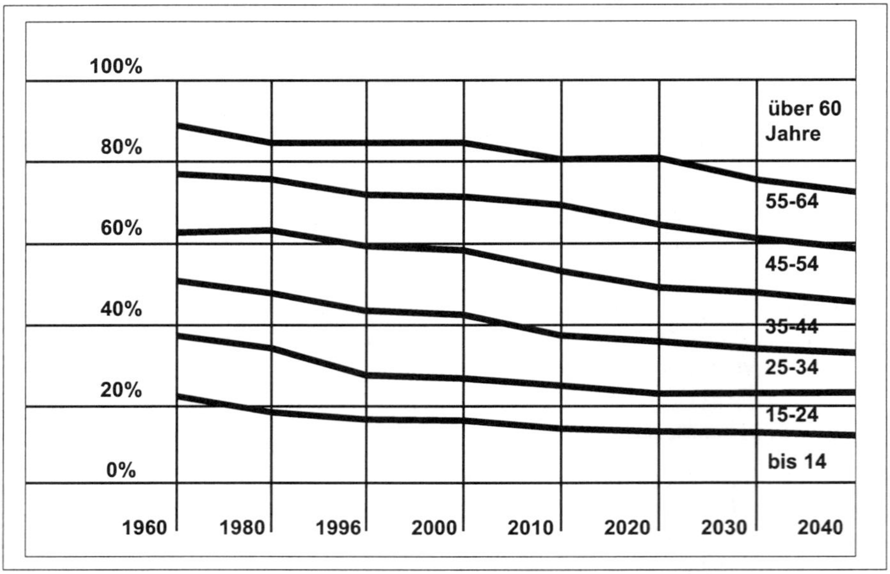

Quelle: Pack/Buck/Kistler/Mendius/Morschhäuser/Wolff (1999): Zukunftsreport demographischer Wandel. Bonn: BMBF, S. 10.

lich von Experten (vgl. Prognos 1989) befürchtet, aber sie wirkt sich auf die Altersstruktur der Erwerbspersonen aus.

Bereits heute hat das Handwerk in Abhängigkeit von regionalen Arbeitsmarktsegmentierungen in einigen Gewerken Personalprobleme. Trotz hoher Jugendarbeitslosigkeit ist es heute schon für Betriebe in den o.g. Gewerken regional schwierig, geeignete qualifizierte Bewerber/-innen mit ausreichender Betriebsbindung zu bekommen. 80% der Dachdeckerbetriebe und 100% der SHK-Unternehmen geben an, dass sie aufgrund der gestiegenen Qualifikationsanforderungen einen Bedarf an Realschulabgänger/-innen haben, aber Schwierigkeiten in der Rekrutierung sehen. Verstärkt wird dies durch die Gesundheitssituation insbesondere älterer Arbeitnehmer/-innen, von denen etliche wegen gesundheitlicher Belastungen frühzeitig aus dem Erwerbsleben ausscheiden.

Altersstrukturen im Handwerk

Bei Betrachtung der Altersstruktur in den ausgewählten Betrieben und Gewerken der Regionen Köln, Oberhausen/Mülheim, Essen und Aachen fällt auf, dass bei den Dachdeckern 62,1%, im SHK-Handwerk 61,4% und im Kfz-Handwerk 70,6%

Abb. 3 Altersstruktur in den untersuchten Gewerken und Regionen

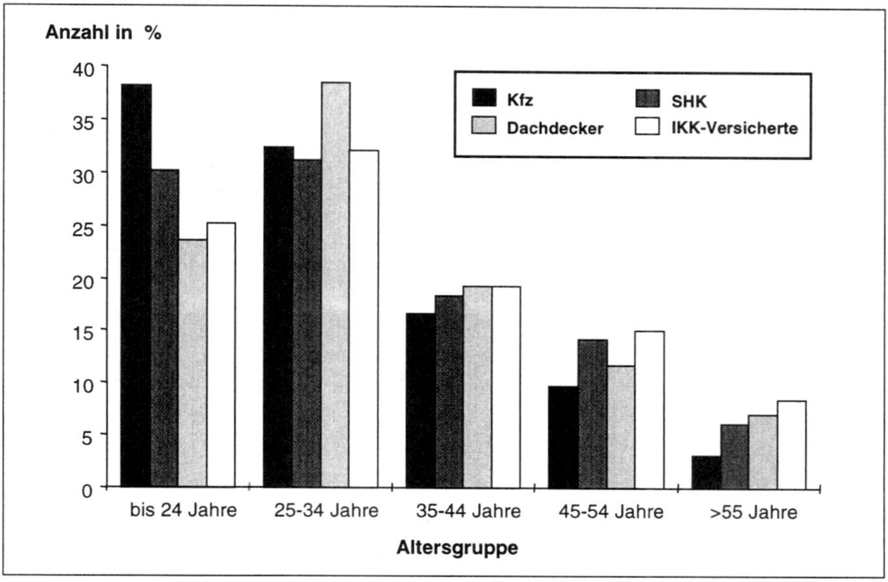

Quelle:Eigene Grafik auf der Grundlage von Mittelwerten der Jahre 1993-95 der Regionaldirektionen Aachen, Essen, Köln und Mühlheim/Oberhausen des IKK-Bundesverbandes auf der Basis von 66.317 Versicherten aus Dachdecker- , Kfz- und SHK-Betrieben.

der Beschäftigten jünger als 35 Jahre alt sind. Nur 6,3% bei den Dachdeckern, 7,6% im SHK-Gewerk und 3,3% im Kfz-Handwerk sind älter als 55 Jahre. Das Dachdecker-, Kfz- und SHK-Handwerk unterscheiden sich sehr deutlich in der Besetzung der Altersklasse der 15 bis 24jährigen und 25 bis 34jährigen:

- Kfz — 15 bis 24 Jahre > 25 bis 34 Jahre (aufgrund des hohen Anteils an Auszubildenden)
- SHK — 15 bis 24 Jahre = 25 bis 34 Jahre
- Dachdecker — 15 bis 24 Jahre < 25 bis 34 Jahre

Dies ist für die Personalentwicklung in Zukunft von entscheidender Bedeutung. Für die Dachdecker bedeutet diese Verteilung der Alterskohorten, dass sie ihren Bedarf an Leistungsträgern (die Gruppe der 25-34jährigen) nicht ersetzen können. Das SHK-Handwerk bekommt zumindest schwere Probleme, wenn man die heutigen Austrittsquoten fortschreibt. Die Altersstrukturen im Kfz-Handwerk haben sich inzwischen ebenfalls verschoben: Der Anteil der Auszubildenden ist zurück gegangen (vgl. Packebusch/Pohlen, in Vorbereitung).

Ursachen für junge Belegschaften

Zur Ermittlung möglicher Ursachen für den relativ geringen Prozentsatz älterer Mitarbeiter wurden die Geschäftsführer und Beschäftigten nach der Möglichkeit des Verbleibs im Gewerk bis zur Rente befragt.

Vor allem die Dachdecker und die Beschäftigten im Kfz-Handwerk sahen eine lebenslange Beschäftigung in ihrem Gewerk als kritisch an. Nur 23% bzw. 30% der Befragten im Dachdecker- bzw. im Kfz-Handwerk antworteten mit ja. Alle anderen verneinten diese Frage oder bejahten mit Einschränkungen. Die Beschäftigten im SHK-Gewerk schätzten eine Ausübung ihrer Tätigkeit bis zur Rente mit 11% Nein-Antworten wesentlich optimistischer ein.

Als Begründung für einen Nichtverbleib im Gewerk bis zur Rente nannten 89% von den befragten Dachdeckern und 75% der Befragten im SHK-Gewerk gesundheitliche Probleme. Auch hier haben wir bereits eine deutliche Möglichkeit zur Typisierung der Gewerke.

Belastungen

Anhand der vor Ort durchgeführten Tätigkeitsanalysen konnten die unterschiedlichen Belastungen ermittelt werden, denen die Beschäftigten aufgrund ihrer Tätigkeit ausgesetzt sind. In der Abb. 4 werden am Beispiel eines Dachdeckers die hauptsächlichen gewerkespezifischen Belastungen und die korrespondierenden alterskritischen Tätigkeiten dargestellt. Hier ist insbesondere die Einbindung der alterskritischen Tätigkeitselemente in den normalen Handlungsablauf von Bedeutung. Trotz des vermehrten Einsatzes von Maschinen und technischen Hebehilfen dominierten die *körperlichen Belastungen* im Dachdeckerhandwerk. Zwangshaltungen wurden in allen untersuchten Gewerken (Dachdecker, Kfz und SHK) als häufigste Belastung genannt. Im Kfz-Handwerk war die Luftbelastung durch Abgase etc. und der Umgang mit Gefahrstoffen ein zusätzliches Problem. Witterungseinflüsse spielten v.a. bei den Dachdeckern (Sonne, Wind, Regen) und SHK-Beschäftigten durch eine überwiegende Tätigkeit im Freien bzw. auf Baustellen eine Rolle. Bei den psychischen Belastungen wurde in allen drei Gewerken der Zeitdruck als größte Belastung von den Beschäftigten empfunden.

Erkrankungsschwerpunkte

Die subjektive Einschätzung der Befragten, dass gesundheitliche und körperliche Probleme eine Ausübung der Tätigkeit im Alter erschweren, wurde durch eine Analyse der AU (Arbeitsunfähigkeits)-Daten (Basis 66.317 Versicherte) des Bundesverbandes der Innungskrankenkassen (vgl. Packebusch/Weber 1998, S. 101-114) zum Teil untermauert. War der Krankenstand im KfZ-Gewerbe eher durch-

Abb. 4 Belastungen und alterskritische Tätigkeiten am Beispiel Dachdecker

Belastungen

Belastung des Rückens
Belastung der Gelenke
Verletzungsgefahr
Absturzgefahr
Lärm
Witterungseinflüsse
Gefahrstoffe

Alterskritische Tätigkeiten

Materialtransport
schwere körperliche Tätigkeiten
Zwangshaltungen
Tätigkeiten unter Zeitdruck
Leistungsvorgaben

Quelle: Eigene Erhebungen. Systematische Tätigkeitsanalysen über jeweils eine Tagesschicht in 15 Dachdeckerbetrieben in Köln, Mönchengladbach, Mülheim.

schnittlich, so wies vor allem das Dachdeckerhandwerk einen überdurchschnittlich hohen Krankenstand auf.

Vorhandene Ansätze für Strategien der Personalarbeit

Strategien sollten natürlich von vorhandenen positiven Elementen und Stärken ausgehend entwickelt werden. Hier spielen die eben nicht nur belastenden sondern auch gesundheits- und persönlichkeitsfördernden Bedingungen im Handwerk eine zentrale Rolle. Ansatzpunkte für das Handwerk können hierbei die nach arbeitswissenschaftlichen Kriterien vorhandene Qualität der Arbeit und die sich daraus ergebende subjektive Zufriedenheit mit der Tätigkeit sein.

Ausschlaggebend für die Attraktivität eines Berufs wird in Zukunft vermehrt die menschengerechte Gestaltung der Arbeit und Arbeitsplätze und die Zufriedenheit mit der Arbeit sein.

Arbeitswissenschaftliche Beurteilung

Handwerkstätigkeit weist – legt man als Beurteilungsgrundlage arbeitswissenschaftliche Kriterien wie Vollständigkeit, Freiheitsgrade, Abwechslung, Zeitstruktur, Arbeitsbeziehungen etc. zugrunde (s. Hacker 1995, Strohm/Ulich 1997, Ulich 1991) – eine Vielzahl von positiven Bedingungen auf:

- Es gibt flache Hierarchien und übersichtliche Strukturen.
- Die Informations- und Entscheidungswege sind kurz und direkt.

- Betriebsabläufe können der aktuellen Arbeitssituation schnell und flexibel angepasst werden.
- Die Handwerkstätigkeit zeichnet sich durch Aufgabenvielfalt, Abwechslungsreichtum, selbständige Entscheidungs- und Handlungsspielräume, eine hohe Arbeitszufriedenheit (vgl. Abb. 5) aus. Eine Entfremdung von der Arbeit und monotone Tätigkeiten aufgrund einer extremen Arbeitsteilung, wie wir sie aus vorangegangenen Analysen bei industriellen Tätigkeiten kennen, sind im Handwerk kaum anzutreffen.

Daraus resultiert eine überdurchschnittliche Arbeitszufriedenheit.

Arbeitszufriedenheit

Die Zufriedenheit wurde neben einem speziellen Zufriedenheitsbogen für das Handwerk von uns auch mit dem Instrument von Rosenstiel (Bayerisches Staatsministerium 1985) erhoben, um eine Verankerung für die Einschätzung der Zufriedenheit gegenüber anderen Beschäftigtengruppen zu erreichen.

Im Vergleich zu den Untersuchungen aus der chemischen Industrie war die Arbeitszufriedenheit mit der Arbeit insgesamt im Handwerk hoch. Auffällig waren die Unterschiede in der Zufriedenheit mit den Kollegen, Vorgesetzten, der Tätigkeit und den Entwicklungsmöglichkeiten. Neben den positiven motivationsfördernden Elementen in der Arbeitstätigkeit gibt es jedoch auch arbeitsbedingte Erkrankungen und gesundheitsgefährdende Faktoren am Arbeitsplatz, die ein Altern im Handwerk erschweren. Hier muss auch Einfluss genommen werden.

Zukünftige Gestaltungsansätze

In Zukunft werden sich traditionelle Arbeitsgestaltung und neue Formen der Laufbahngestaltung ergänzen müssen.

Laufbahngestaltung ersetzt keine Arbeitsgestaltung

Traditionelle Konzepte der Arbeitsgestaltung bilden auch weiterhin die Voraussetzung für eine Verlängerung der Verweildauer im jeweiligen Gewerk. Zukünftige Gestaltungsansätze sollten darüber hinaus zu einer Erhöhung der Attraktivität des Gewerkes beitragen.

Die Vorteile einer handwerklichen Tätigkeit – die Möglichkeit zum selbständigen Arbeiten, die Übernahme von Verantwortung, der Einsatz von Fähigkeiten und Kenntnissen, Abwechslungsreichtum der Arbeit – sollten kommuniziert werden.

Eine Reduzierung von Belastungen und Gefährdungen ist möglich. Die Ergebnisse unserer Untersuchung zeigen, dass vor allem im Bereich der Arbeitsbedingungen Veränderungen notwendig sind. Über 80% der interviewten Personen in

Abb. 5 Arbeitszufriedenheit

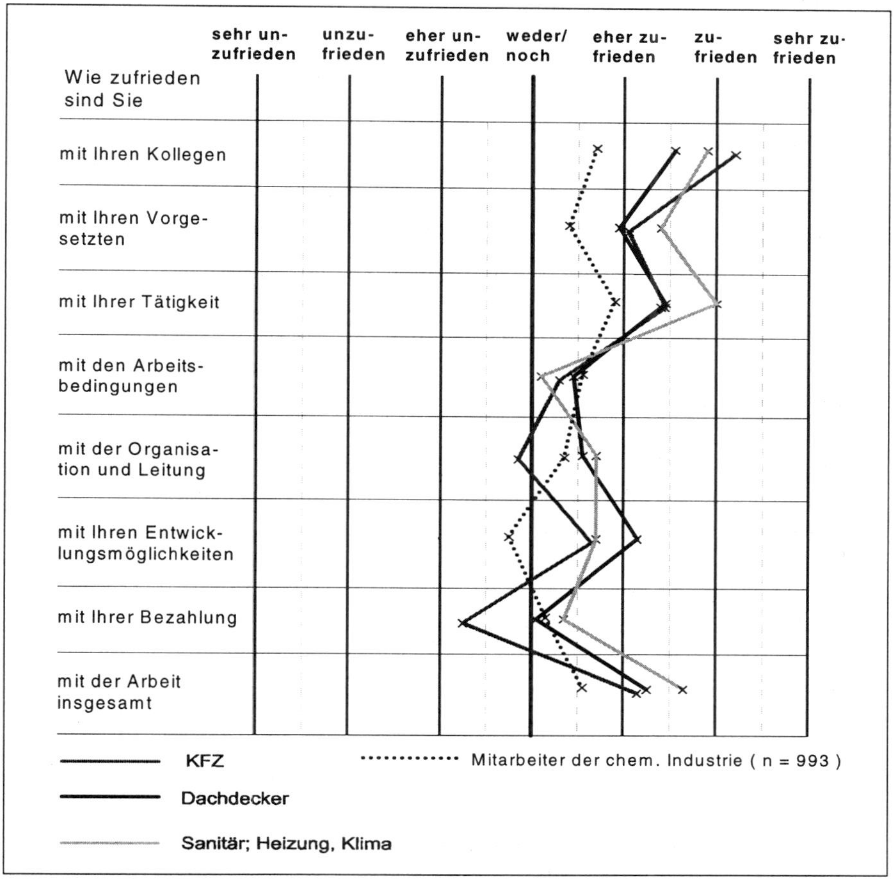

den Gewerken sehen Möglichkeiten der Belastungs- und Gefährdungsreduktion durch Verbesserungen in der Technik, Organisation und Person (vgl. Packebusch/ Weber 1998). Die Möglichkeiten des Alterns im Handwerk können damit verbessert werden.

Die Notwendigkeit komplexer Gestaltungsansätze

Die Verringerung von arbeitsbedingten Erkrankungen und gesundheitsgefährdenden Faktoren ist ein Aspekt, ein anderer die Entwicklung von differenziellen Laufbahnkonzepten inner- und außerhalb eines Gewerkes.

Eine alternsgerechte Laufbahngestaltung beinhaltet: neben der bereits angesprochenen Reduzierung der Belastungen und Gefährdungen im Bereich Arbeitsorganisation

- eine Veränderung des Führungsverhaltens; damit einher müsste ein mit den eigenen Fähigkeiten wachsender Handlungs- und Entscheidungsspielraum eingeräumt werden.
- Schaffung von Rahmenbedingungen für eine Weiterbildung am Arbeitsplatz und Qualifizierungsmöglichkeiten für alle (Gesellen und Führungskräfte) im fachlichen und außerfachlichen Bereich.

Insgesamt werden zu wenig Aktivitäten zur Personalbindung entwickelt. Dies schlägt sich in einer sehr hohen Fluktuationsquote (vgl. Packebusch/Pohlen, in Vorbereitung) nieder.

Möglichkeiten der Laufbahngestaltung

Damit Beschäftigte ihren Beruf bis zur Rente ausüben können, ist es erforderlich, langfristige präventive Maßnahmen für eine alternsgerechte Laufbahngestaltung zu entwickeln. Dabei ist die gesamte Spanne von der Akquisition geeigneter Bewerber bis zur Überleitung in weniger belastende Berufe im Auge zu behalten.

Der Einstieg ist der Anfang zum Ausstieg

Die Abbruch- und Durchfallquoten der Auszubildenden in den Gewerken sind hoch. Ein Grund für die hohe Abbruchquote könnten die im Verlauf der Ausbildung immer skeptischer und pessimistischer werdende Wahrnehmung der Jugendlichen über die zukünftigen Belastungen und Gesundheitsrisiken im Handwerk sein (vgl. Marstedt/Müller 1998).

Ein anderer Grund ist das Fehlen valider Auswahlinstrumente und der Mangel an Personalmarketingaktivitäten Wenn der Einstieg nicht der Anfang zum Ausstieg werden soll, bedarf es präventiver Maßnahmen. Hierzu gehören die

- Entwicklung eines gesundheitsbewussteren Alltags- und Berufsverhaltens.
- weiter verbesserte Berufsberatung; die Darstellung von tatsächlichen Anforderungen und Chancen sollte hier in den Vordergrund rücken. Unrealistische Erwartungen verhindern eine dauerhafte Berufsbindung.
- die Entwicklung von systematischen Personalauswahlverfahren als eine unabdingbare Voraussetzung für eine Erhöhung des Ausbildungserfolges und der Berufsbindung. Eine falsche Passung der Eignung des Bewerbers zu den beruflichen Anforderungen bedeutet in jedem Fall eine Erhöhung der Wahrscheinlichkeit des Laufbahnwechsels.

- Ausbildung der tatsächlichen Ausbilder, der Gesellen bzw. Vorarbeiter.
- Erweiterung der Ausbildungsinhalte um den Bereich der außerfachlichen Kompetenzen (Soziale, Kommunikative, Methodenkompetenz).

Das Ende der Externalisierung ist in Sicht

Die Möglichkeiten des Ausstiegs bzw. des Umstiegs älterer Erwerbstätiger werden durch die demographische Entwicklung und die wirtschaftlichen Strukturveränderungen erschwert. Bisher gab es die Möglichkeit für die Beschäftigten, die für sich eine lebenslange Beschäftigung in ihrem Gewerk als kritisch ansahen, in die Industrie und in den Dienstleistungsbereich zu wechseln. Solche alternsbezogenen Berufsverläufe brechen vor dem Hintergrund der Entwicklungen auf den industriellen und Dienstleistungs-Arbeitsmärkten zum großen Teil weg. Altern im Handwerk erfordert daher eine differenzielle Laufbahngestaltung inner- und außerhalb des Gewerks. Hierzu gehört innerbetrieblich die Entwicklung des eigenen Dienstleistungsangebotes passend zu den Qualifikationen und Möglichkeiten des Mitarbeiters. Außerbetrieblich kommen Arbeitsplätze z. B. im Gebäudemanagement in Frage, um für die Beschäftigten Perspektiven zu entwickeln, die ihr Arbeitsvermögen erhalten und weiterentwickeln. Hierbei kommt der fachlichen und nichtfachlichen Qualifizierung eine zentrale Vorbereitungsrolle für alternative Berufskarrieren zu.

Fazit

Im Handwerk besteht ein erhöhter Handlungsbedarf aufgrund spezieller Alters- und Qualifikationsstrukturen, um mittelfristig und in einigen Gebieten auch schon kurzfristig genau das geeignete Personal in Konkurrenz zu anderen an sich zu binden und längere Tätigkeitsdauern zu ermöglichen. Haupthindernis kann hier die vor allem physisch starke Belastung und Beanspruchung sein. Die Arbeitszufriedenheit im Gewerk und die arbeitswissenschaftlich positiv zu bewertenden Aspekte bieten allerdings auch gute Startbedingungen, um die Attraktivität für Junge zu verbessern und Älteren ein Verbleiben im Handwerk zu ermöglichen. Ein auf die speziell situative Gegebenheiten des Handwerks abgestimmte Personalarbeit kann diese Chance nutzen. Personalführungskonzepte von der „industriellen" Stange sind wenig hilfreich.

Literatur

Bayerisches Staatsministerium für Arbeit und Sozialordnung (Hrsg.) (1985): Betriebsklima geht jeden an. Arbeitswissenschaftliche Veröffentlichungen des bayerischen Staatsministerium für Arbeit und Sozialordnung. Bd. 11

Hacker, W. (1995): Arbeitstätigkeitsanalyse. Heidelberg: Roland Asanger

Hauptverband der gewerblichen Berufsgenossenschaften (1998). BG-Statistiken für die Praxis. St. Augustin

Marstedt, G.; Müller, R. (1998): Die Arbeit ist befriedigend – aber kann man im Handwerk auch alt werden? In. Klose, H.-U.; Ax, C. Zukunft des Handwerkes in einer alternden Gesellschaft. forum demographie und politik, 11, S.115-140

Moll, K.; Schmauder, M.; Kleindienst, C. (1998): Gesundheit und berufliche Bildung. Bremerhaven: Wirtschaftsverlag NW Verlag für neue Wissenschaft GmbH

Pack, J.; Buck, H.; Kistler, E.; Mendius, H.G.; Morschhäuser, M.; Wolff, H.(1999): Zukunftsreport demographischer Wandel. Bonn: BMBF

Packebusch, L. (1999): Prävention durch alternsgerechte Laufbahngestaltung – Beispiel Dachdeckerhandwerk. In Eichendorf, W.; Huf, C.A.; Karsten, H.; Rentel,A.; Tiller, R.-E.; Voß, K.-D.; Weber-Falkensammer, H.; Zwingmann, B. (Hrsg.). Arbeit und Gesundheit – Jahrbuch 2000. Wiesbaden: Universum Verlag

Packebusch, L. ; Weber, B. (1998): Altern im Handwerk – Anforderungen an die Personalentwicklung am Beispiel Dachdecker, KFZ- und SHK Handwerk. In. Klose, H.-U.; Ax, C. (Hrsg.) Zukunft des Handwerkes in einer alternden Gesellschaft. forum demographie und politik, 11, S.101-114

Prognos AG (1989): Arbeitslandschaft bis 2010 nach Umfang und Tätigkeitsprofilen. Text- und Anlagenband. BeitrAB 131.1 & 131.2. Institut für Arbeitsmarkt- und Berufsforschung d. Bundesanstalt f. Arbeit. Nürnberg

Strohm, O.; Ulich, E. (1997): Unternehmen arbeitspsychologisch bewerten. Zürich: vdf, Hochschulverlag an der ETH Zürich

Ulich, E. (1991): Arbeitspsychologie. Stuttgart: Poeschel

Dipl. rer. soc. Regine Romahn,
Technologieberatungsstelle beim DGB, Landesbezirk NRW, Oberhausen

Instrumente der alternsgerechten Arbeitsgestaltung

Ich möchte einige Aspekte mit Blick auf die Arbeit der Betriebe vor Ort aufnehmen. Wir sind eine Beratungseinrichtung beim DGB, Landesbezirk NRW, die die Aufgabe hat, Betriebsräte bei ihrer Tätigkeit zu unterstützen, in Form von Information, Qualifizierung und Beratung. Betriebsräte haben ja bei uns nach dem Betriebsverfassungsgesetz die explizite Aufgabe, sich gegen die Diskriminierung von Älteren einzusetzen. Hier möchte ich einige Aspekte nennen, die diese Arbeit erschweren oder erleichtern können.

Es ist hier schon mehrfach gesagt worden: Die Externalisierung war ein Weg, der sehr gerne gewählt worden ist. Dabei ist festzustellen, dass er sozial abgefedert und gesellschaftlich gut bewertet worden ist. Mit anderen Worten, alle Beteiligten hatten hier ein vergleichsweise „leichtes Spiel“: Die Betriebsräte sind dafür, dass sie sich für dieses Instrument eingesetzt haben, gesellschaftlich gelobt worden, weil es ja auch um Jung gegen Alt ging und man den Älteren im Prinzip die Berechtigung abgesprochen hat. Von daher ging das Verhalten der Betriebsräte konform mit dem, was man sich gewünscht hat. Darüber hinaus war es so, dass die Betroffenen nicht offensichtlich gelitten haben. Es ist keine Stigmatisierung erfolgt, wenngleich man durchaus feststellen muss, dass sie insofern eine Diskriminierung empfunden haben, als die Externalisierung nicht immer ohne Lohnabschlag erfolgen konnte.

Die Externalisierung hat allerdings in einem Umfang stattgefunden, dass die Sicherheit der Betriebe teilweise schon zur Disposition steht. Zudem hat sie dazu geführt, dass die verbliebenen Beschäftigten in eine ungesunde Arbeitsintensivierung gedrängt worden sind. Diese Entwicklung beschränkt sich nicht auf den Produktionsbereich; auch im Dienstleistungsbereich finden sich – Professor Packebusch hat es gesagt – ähnliche Ansätze. Als ein Beispiel möchte ich hier nur nennen, dass das Land Nordrhein-Westfalen in seiner Landesverwaltung 20.000 Arbeitsstellen abzubauen gedenkt und es auch auf kommunaler Ebene Einsparungen gibt, die ihren Höhepunkt bei weitem noch nicht erreicht haben. Mit der Lockerung des Ladenschlussgesetzes vor fünf Jahren sollten – das waren die Signale, die die Betriebsräte erreicht haben – Arbeitsplätze in großem Umfange geschaffen werden. Geführt hat das bestenfalls dazu, dass die bestehenden Arbeitsplätze erhalten werden konnten. Unter diesem Aspekt könnten die Interessenvertretungen die Neigung zu einer Umpolung verspüren, wenn dies mit anderen Strategien einhergeht, die Interessen der Unternehmen bzw. der Betriebsleitung zu stärken. Ich werde darauf noch im Zusammenhang mit den einzelnen Maßnahmen zu sprechen kommen.

Die Rentenzugänge wegen Erwerbs- und Berufsunfähigkeit sind unvermindert hoch. Dem statistischen Material ist zu entnehmen, dass die Arbeitsbelastung über die unterschiedlichen Branchen ungleich verteilt ist. Als alterskritische Belastungen sind ermittelt worden: hohe psychische Belastungen – dazu gehören auch Stress und eine zu erbringende hohe Konzentrationsleistung –, hohe bzw. starre Leistungsvorgaben, Termindruck und Taktarbeit, Arbeitsumgebungsbelastungen wie Lärm und schlechte Beleuchtung und körperlich anstrengende Arbeit, Heben, Tragen und Zwangshaltung.

Gab es früher in den Betrieben die Möglichkeit, „krankgearbeitete“ Arbeitnehmer umzusetzen, so ist das heute entfallen. Die dünner werdende Personaldecke lässt das heute nicht mehr zu. Angesichts dieser alterskritischen Arbeitsbelastungen stellt sich die Frage: Wo sind die Neuzugänge, bei welchen Tätigkeitsbereichen kann man denn von „Jobmaschinen“ sprechen? An erster Stelle wird hier immer der IuK-Bereich genannt. Dabei ist allerdings zu beachten, dass die hier durchzuführenden Arbeitsvorgänge gerade diese alterskritischen Tätigkeiten beinhalten. In einem Call-Center beispielsweise werden hohe Leistungsanforderungen gestellt: Teilweise sind alle 20 Sekunden neue Gespräche zu erledigen; es gibt Schicht- und Nachtarbeit. Die zweifelhafte Rolle der Politik war hier, mit einem Federstrich die kontinuierliche Schichtarbeit in diesem Bereich zu gestatten.

Derartige Beispiele lassen sich ausweiten auf die alte Humanisierungsforschung, die ja relativ konkrete Hinweise zur Arbeitsgestaltung gegeben hat. Die Gruppenarbeit beispielsweise wird in der Automobilindustrie zurückgefahren, das heißt, die Erfolge der früheren Jahre werden gerade wieder zunichte gemacht. Angesichts dieser Erfahrungen fragen sich die Betriebsräte, welche Strategien gefahren werden können, die die Potenziale des Menschen sinnvoll einsetzen.

Der demographische Wandel und die Finanzierbarkeit des Systems verlangen – das ist gesagt worden – ein Umdenken in den Betrieben. Es gibt Ungleichgewichtigkeiten innerhalb der Betriebe: In manchen Betrieben sind sehr viele ältere Beschäftigte, andere stehen derzeit noch überhaupt nicht unter Leidensdruck in dieser Hinsicht. Dort ist die Einsicht in die Notwendigkeit, eine neue Betriebspolitik zu fahren, teilweise schwer zu erzielen. Denn das bedeutet, dass einerseits Ältere längerfristig in den Arbeitsprozess zu integrieren sind; gleichzeitig muss die Arbeit aber auch alternsgerecht gestaltet werden. Darüber hinaus muss dafür gesorgt werden, dass diejenigen, die krank sind, auch tatsächlich aus dem Erwerbsleben ausscheiden können. Das heißt, die Flexibilität in der Betriebspolitik muss sehr hoch sein. Für die Betriebsräte ist es schwierig, sich vor diesem Hintergrund zu positionieren.

Ein weiteres kommt hinzu: Die Diskriminierung Älterer abzubauen, ist – das zeigen die Parallelen der staatlichen und betrieblichen Aktivitäten zur Antidiskriminierung von Frauen – für Betriebsräte und Gewerkschaften eine sensible Aufgabe. Es ist eine undankbare Aufgabe, weil das nie konfliktfrei vonstatten geht.

Die Aufgabe, das Arbeitsvermögen durch alternsgerechte Gestaltung der Arbeit zu sichern, ist nicht allein auf betrieblicher Ebene zu leisten. Dies umfasst verschiedene Bereiche: Gestaltung der Arbeitstätigkeit, physischer und sozialer Arbeitsschutz. Betrachtet man die Realität, so wird man feststellen, dass gerade bei Letzterem noch erheblicher Nachholbedarf besteht, gerade auch mit Blick auf die Älteren.

Dabei haben wir durchaus Instrumente, die in diesem Bereich Zugriffe möglich machen: Ich erinnere an § 5 Arbeitsschutzgesetz, mit dem eine umfassende Befähigungsbeurteilung im Betrieb möglich ist. Ich erinnere auch daran, dass das Arbeitsschutzgesetz darauf hinweist, dass besondere Risikogruppen zu berücksichtigen sind. In Veranstaltungen stelle ich immer wieder fest, dass Betriebsräte die Älteren als eine besonders zu schützende Gruppe ansehen.

Weitere wichtige Punkte sind die Aufgabenverteilung – hier bedarf es einer leistungsgerechten Aufgabenzuweisung – und die Laufbahngestaltung. Dabei geht es um Neupositionierung, Qualifizierung und Laufbahnplanung. Schließlich will ich noch auf den Bereich der Arbeitszeitgestaltung hinweisen, wo es um Fragen der Arbeitsflexibilisierung geht. Was die Älteren anlangt, müssen Fragen der täglichen und wöchentlichen Arbeitszeit tatsächlich in die Frage nach der Lebensarbeitszeit münden, was in den Betrieben leider noch lange keine Praxis ist. Gerade die Praxis der Arbeitszeitgestaltung zeigt, dass Betriebsräte Probleme haben, das Maximum an Flexibilisierung abzuwehren.

Staatlicherseits sollten zunächst einmal die Anreizsysteme überdacht werden. Es kann nicht wahr sein – ich sage das aus unserer Sicht, aus der Sicht der Interessenvertretung –, dass lediglich weniger gearbeitet wird, obwohl andere Instrumente stärker wirken. Das bedeutet auch, dass eine andere Arbeitsmarkt- und Beschäftigungspolitik betrieben werden muss, die die Möglichkeit schafft, über Verfahren nachzudenken, die in die Gestaltung der Erwerbstätigkeit Älterer auch außerbetriebliche Wege einbeziehen. Mit dazu gehört auch die Förderung der betrieblichen Präventionspolitik, die, wie ich schon sagte, derzeit leider zu wünschen übrig lässt. Dies umfasst Arbeits- und Gesundheitsschutz sowie Gesundheitsförderung unter dem spezifischen Aspekt Älterer, aber auch Fragen der Arbeitsstrukturierung und der Qualifizierung. Wesentlich dabei ist die Tatsache, dass der Staat selbst Arbeitgeber ist und eigentlich zum vorbildlichen Handeln aufgefordert wäre. Er kann einerseits zeigen, wie es funktioniert, und andererseits kann er zeigen, dass ihm die Standards, die er selbst setzt, etwas wert sind. Ich komme aus dem öffentlichen Dienst und weiß, dass es gerade im Bereich des Arbeitsschutzes die allergrößten Probleme gibt.

Weitere Akteure sind typischerweise die Tarifpartner, die in entscheidender Weise Arbeit gestalten können. Ich möchte hier einen Bereich nennen, der in diesem Zusammenhang wesentlich ist, nämlich die Sensibilisierung, die „Bewusstseinsarbeit". Von seiten der Betriebsräte gibt es noch Probleme, das darzustellen. Das gilt einerseits für die Person des einzelnen Betriebsrats, das gilt aber auch für das Betriebsratsgremium und die Belegschaft. Deshalb sind gerade die Tarifpartner ein wichtiger Ansprechpartner. Aber ich möchte nicht versäumen, darauf hinzuweisen, dass auch noch andere Partner in diesem Geschäft tätig sind, die erhebliche Hilfestellungen leisten können. Dazu gehören zum Beispiel die Krankenkassen oder die Arbeitgeberverbände, die Kammern, aber auch Einrichtungen des Bundes und der Länder.

Wenn man danach geht, wo als erstes Informationen nachgefragt werden von den Betriebsräten, dann muss man zu der Auffassung kommen, dass die Gewerkschaften eine sehr starke Position haben. Offensichtlich geht man hier davon aus, dass man sich darauf verlassen kann, dass keine problematischen Sichtweisen dahinterstehen. Zum anderen wird hier alles direkt auf die Handlungsebene der Akteure heruntergezogen. Betriebsräte haben eine andere Aufgabe als Betriebsleitungen; das ist gut so und muss auch so sein. Es bedeutet aber, dass jeweils zielgruppenspezifische Informationen zur alternsgerechten Gestaltung gegeben werden.

Das bedarf natürlich einer altersspezifischen Tarifpolitik, die belastungsspezifische Regelungen und durchaus auch Ausstiegsszenarien – Dr. Kuhn hat darauf hingewiesen, dass es in bezug auf die Schichtarbeit bereits Erfahrungen gibt – beinhalten. Derartige Verfahren sind aus meiner Sicht auszuweiten, und sie müssen auch vergütet werden, damit man Druck auf die Situation ausübt. Nach meinem bisherigen Kenntnisstand ist das leider erst dann der Fall, wenn der Leidensdruck sehr hoch ist. Derartige Kopplungen sind aus meiner Sicht sinnvoll, greifen aber in bezug auf den Arbeitsschutz auch nur begrenzt. Aber es hat Fortschritte gegeben, und es ist immer noch besser, als wenn man dies überhaupt nicht einbezogen hätte.

Ein letzter Punkt: Beratung auf allen Ebenen. Dies ist nicht nur für Betriebsräte der entscheidende Punkt. Die Mehrzahl der Klein- und Mittelbetriebe brauchen Unterstützung; Unternehmen wie Thyssen wissen sich immer durch eigenes Knowhow zu helfen und haben oft hervorragende Lösungen entwickelt. Da zeigt sich immer wieder, dass Beratung das A und O ist. Das muss stärker gefördert werden; denn gerade der Einstieg derartiger Problembehandlung im Betrieb ist nicht finanzierbar. Dies ist sowohl aus Sicht der Betriebsräte als auch aus Sicht der Betriebsleitungen der Fall. Das heißt, oftmals wird das nicht für notwendig gehalten und deshalb auch nicht eingekauft. Aus meiner Sicht ist bei der Beratung hinsichtlich der Arbeitszeitgestaltung eine interessengebundene Beratung nötig und sinnvoll, um als Betriebsrat wirklich helfen zu können. Das heißt nicht, dass man gegeneinander arbeiten sollte. Vielmehr sollte man auch dies im Konsens lösen. Aber es bedeutet, dass man unterschiedliche Interessen zulässt und akzeptiert, dass es unter den Betriebsratskollegen durchaus Ängste gibt. Denn schließlich handelt es sich um Wahlämter, die erhalten werden müssen, gerade auch deshalb, weil diese Kollegen gute Arbeit beim Problem der alternsgerechten Gestaltung der Arbeit leisten. Ebenso wichtig ist der die Beratung unterstützende Erfahrungsaustausch auf überbetrieblicher und kleinregionaler Ebene. Dort bilden sich, so zeigt die Erfahrung, immer wieder Netzwerke. So wird eine zusätzliche Beratungsebene eingezogen. Das ist sicher eine sehr sinnvolle Ergänzung und muss von den verschiedenen Partnern – dazu gehören aus meiner Sicht natürlich die Gewerkschaften, aber auch die Dachverbände und die Politik – gezielt initiiert werden.

Aus unserer Sicht ist es sinnvoll, in den Betrieben das umzusetzen, was an Forschungsprojekten für die betriebliche Praxis relevant ist. Diese Aufgabe muss über solche Verbundprojekte hinaus begleitet werden, wenn sie in der Praxis relevant werden sollen. Auch in der Vergangenheit musste erst eine Transferforschung initiiert werden, bevor das, was an guten Ergebnissen aus der Wissenschaft vorlag, den Weg in die Betriebe gefunden hat.

Professor Dr. Karl Kuhn,
Bundesanstalt für Arbeitsschutz und Arbeitsmedizin,
Dortmund

Zusammenfassung

Wir haben das Thema durch drei Referate abgehandelt. Das erste Referat von Herrn Behrens hat einen theoretischen Rahmen geschaffen: "Was uns alt aussehen läßt". Anschließend haben wir uns der Praxis zugewandt und die altersgerechte Gestaltung der Berufslaufbahn im Dachdeckerhandwerk näher betrachtet. Zum Schluß hat Regine Romahn aus der Sicht einer Technologieberatungsstelle beim DGB über Instrumente der alternsgerechten Arbeitsgestaltung vorgetragen. Ich werde ganz kurz die Inhalte der einzelnen Referate darstellen und dann die wichtigsten Punkte der Diskussion zusammenfassen.

Bezüglich der begrenzten Tätigkeitsdauer können drei Punkte unterschieden werden: erstens der gesundheitliche Verschleiß, zweitens das Veralten bzw. die Alterung von Qualifikation und drittens die Entmutigung. Herr Behrens hat auch gleich gesagt, welche probaten Gegenmittel rein theoretisch wirksam werden könnten. Gegen den Verschleiß hilft der Tätigkeits- bzw. der Belastungswechsel, das Training und Mischarbeitsplätze; gegen das Veralten von Qualifikation die Neuqualifikation – und diese sollte nicht nur auf Erfahrung aufbauen –; gegen die Entmutigung helfen absehbare Neuanfänge. Er hat aufgrund umfangreicher empirischer Forschungen betriebliche Entscheidungen analysiert und dabei drei strategische Fehlentscheidungen festgestellt: Erstens werden bei der Einstellung keine Arbeitsplätze für ältere Kohorten reserviert. Zweitens werden bei der Einführung neuerer Verfahren in der Regel nur die jüngeren Kohorten einbezogen. Drittens gibt es keine horizontale Laufbahngestaltung, sondern nur wenige vertikale Laufbahnen, die den meisten Arbeitnehmern ohnehin verschlossen sind.

Darauf basierend hat Professor Behrens sechs falsche Weichenstellungen für den Betrieb identifiziert: Erstens findet von Anfang an keine rechtzeitige Mischung von Tätigkeiten statt. Zweitens besteht – das wurde auch gestern im Zusammenhang mit EDV-Berufen berichtet – das Problem der hochqualifizierten Spezialisierung. Drittens horizontale Lösungen sind zu wenig absehbar; darauf werden wir später noch zu sprechen kommen. Viertens es gibt zu wenige Neueinstellungen Älterer. Damit werden unausgewogene Altersstrukturen geschaffen. Fünftens Fortbildung und Arbeit finden oftmals in ungünstig zusammengesetzten Teams statt. Sechstens es gibt zu wenig flankierendes Marketing.

In bezug auf Tätigkeiten mit begrenzter Dauer wurden drei betriebspolitische Entscheidungen unterschieden: Erstens die Externalisierung, zweitens die Entscheidung für Arbeitsgestaltung und drittens die Laufbahngestaltung. Die Entscheidung hinsichtlich des Einsatzes dieser Instrumente wird von außen mit beeinflußt, zum Beispiel durch das Setzen von Anreizen. Das Problem besteht darin, daß die Kosten der Externalisierung letztlich alle – das heißt die Steuerzahler – tragen, während Arbeitsgestaltung und Laufbahngestaltung in der Regel interne Kosten des Betriebes sind. Die Knappheit der Güter und die Probleme auf dem Arbeitsmarkt spielen dann naturgemäß eine größere Rolle.

Herr Packebusch ist anschließend auf das Dachdeckergewerbe eingegangen, das er empirisch näher untersucht hat. Die Problematik dieses Gewerkes lässt sich in vier Thesen zusammenfassen. Erstens: Die Alternsproblematik wird in den meisten Handwerksbetrieben verdrängt, so auch in den betroffenen Betrieben des Dachdeckerhandwerks. Zweitens: Der Berufseinstieg ist der Anfang vom Ausstieg. Das konnte anhand des Dachdeckergewerkes sehr deutlich gezeigt werden. Die Abbrecherquote während der Ausbildung liegt bei annähernd 50 Prozent. Zum einen ist die Berufsperspektive sehr düster, zum anderen nehmen die Beschäftigten die Belastung durchaus wahr, was zu Abbruchphantasien führt. Demgegenüber zeichnet die im Beruf verbliebenen Beschäftigten eine hohe Berufszufriedenheit aus, bei gleichzeitig sehr hoher Wahrnehmung ihrer gesundheitlichen Beanspruchung. Drittens: Laufbahngestaltung ersetzt nicht die Arbeitsgestaltung. Anhand des Dachdeckergewerkes hat Professor Packebusch zeigen können, dass Arbeitsgestaltung eigentlich die Voraussetzung für eine vernünftige Laufbahngestaltung ist. Viertens: Das Ende der Externalisierung ist in Sicht. Diese These, die in der Diskussion kontrovers behandelt worden ist, hat er damit begründen können, daß die alternden Kohorten nicht mehr durch jüngere ersetzt werden, was dazu führen wird, daß die Stellen nicht mehr besetzt werden können.

Frau Romahn von der Technologieberatungsstelle hat über ihre persönlichen Erfahrungen in der Beratung von Betrieben berichtet. Sie ist eingegangen auf alterskritische Momente wie Streß, psychische Belastungen, Schicht- und Nachtarbeit und Arbeitsumgebungsfaktoren. Sie hat darauf hingewiesen, daß die Umsetzung aus hoch belasteten Arbeitsplätze in weniger belastete kaum noch möglich ist, wobei zwischen den Betrieben ganz erhebliche Ungleichgewichte bestehen. Die Sicherung des Arbeitsvermögens und deren Instrumente sind bekannt. Sie werden aber unterschiedlich wahrgenommen:

- Arbeitsgestaltung
  Hier verzeichnet man nach wie vor einen erheblichen Nachholbedarf, auch wenn es inzwischen gesetzlich verankerte Möglichkeiten gibt, so § 5 Arbeitsschutzgesetz. Deshalb wird eine umfangreiche Gefährdungsbeurteilung gefordert, die unter anderem besondere Risikogruppen einbeziehen muß.
- Aufgabengestaltung
- Laufbahngestaltung
- Arbeitszeitgestaltung

Aus diesen Instrumenten hat Frau Romahn Forderungen abgeleitet. Sie hat sich zum einen für die Förderung einer konsequenten betrieblichen Präventionspolitik ausgesprochen. Zum anderen sollte ihrer Meinung nach der Staat als Arbeitgeber vorbildliches Handeln zeigen. In diesem Zusammenhang hat sie auf den zur Zeit stattfindenden Stellenabbau in diesem Bereich hingewiesen. Mit Blick auf die Tarifpartner fordert sie darüber hinaus eine altersspezifische Tarifpolitik, die bestimmten Belastungssituationen Rechnung tragen sollte, sowie eine stärkere Sensibilisierung der Probleme. Vonnöten sei eine Beratung auf allen Ebenen, mehr Erfahrungsaustausch und die Schaffung von “models of good practice”. Die Diskussion kann man in folgenden Punkten zusammenfassen:

- Wir brauchen mehr Forschung in bezug auf Berufswahlverhalten: Wie kommen Schüler zu ihren Berufen, wie steigen sie ein?
- Wir brauchen neue Berufskonstruktionen, die eine Palette von Möglichkeiten schaffen und nicht mehr oder nicht nur über das klassische Berufskonzept laufen. Hier wurde das Beispiel des Feuerwehrsmannes auf einem Flughafen erwähnt, der nach nicht bestandenen gesundheitlichen Untersuchungen seine Uniform ausziehen muß und letztendlich, weil keine anderen Möglichkeiten der Umsetzung bestehen, zum Parkwächter absteigt.
- Diese Berufskonstruktionen sollten unterstützt werden durch eine innerbetrieblich lernförderliche Gestaltung von Arbeitsplätzen, und zwar im Zusammenhang mit einer individuellen Lebensplanung.
- Wünschenswert wären neue Formen einer Bildungsabgabe.

In der Diskussion wurde darauf hingewiesen, daß es erhebliche Unterschiede zwischen den neuen und den alten Bundesländern gibt, zum Beispiel hinsichtlich der Berufserwartungen. In den neuen Bundesländern erwartet man immer noch das Modell des lebenslangen Ausübens eines Berufes, wohingegen in den alten Bundesländern der Ausstieg, das frühe Ausscheiden aus dem Beruf, eher im Bereich des Wünschenswerten zu liegen scheint.

Letztendlich brauchen wir eine bessere Passung der unterschiedlichen Politiken: im Bereich der Arbeitsmarktpolitik, der Gesundheitspolitik, der Rentenpolitik, der Bildungspolitik. All diese Politiken haben eigenständige Instrumentarien entwikkelt, die aber nicht ineinandergreifen. Dies läßt sich gerade am Problem der begrenzten Tätigkeitsdauer – die Folge sind gesundheitlicher Verschleiß, Entmutigung, mangelnde Neuqualifikation – festmachen. Darüber hinaus brauchen wir eine Verbesserung der Transferforschung und das von Herrn Behrens angesprochene Marketing, um eine neue berufliche Laufbahnpolitik voranzutreiben.

Arbeitsgruppe 6

Personalentwicklung bei alternden Belegschaften

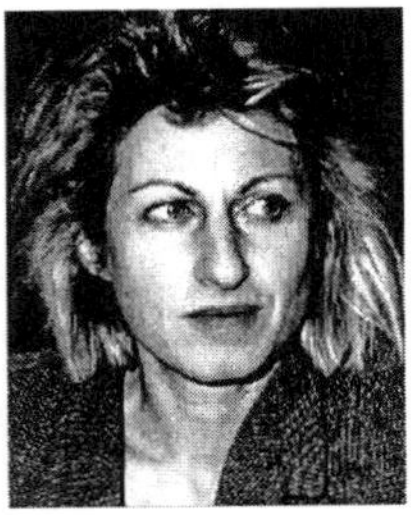

Dr. Martina Morschhäuser,
Institut für Sozialforschung und Sozialwirtschaft e.V. (ISO),
Saarbrücken

Personalentwicklung oder Personalaustausch? Perspektiven alter(n)sbezogener Personalplanung[1]

Altersbezogene Personalplanung als Freisetzungsplanung

Wenn es heutzutage – betriebsintern ebenso wie übergreifend in den Gesprächen zum Bündnis für Arbeit – um „ältere Arbeitnehmer" geht, dann geht es nahezu ausschließlich um eine einzige Frage: Ab welchem Alter und in welcher Form sollen und werden Beschäftigte zukünftig aus dem Erwerbsleben ausscheiden?

Die *Rente ab 60*, aktuell heftig und kontrovers diskutiert, war bislang Normalität. Mehr noch: der *Berufsaustritt* mehrere Jahre *vor 60* war an der Tagesordnung. In vielen Großunternehmen wurden in der Vergangenheit ganze Beschäftigtenjahrgänge komplett im Rahmen betrieblicher Frühverrentungsprogramme mit 57 Jahren oder noch früher verabschiedet. Dies wurde gefördert durch die bis 1996 geltenden gesetzlichen Rahmenbedingungen. Nunmehr wird nach neuen Wegen gesucht, um diese Praxis, zumindest noch für eine gewisse Zeit und in möglicherweise begrenztem Umfang, fortzusetzen. In diese Richtung zielen auch betriebliche Vereinbarungen und Tarifverträge zur Umsetzung des Altersteilzeitgesetzes und langfri-

---

1 Die Ausführungen beziehen sich schwerpunktmäßig auf die Situation in mittleren und großen Industriebetrieben. Grundlage bilden Untersuchungsergebnisse und Informationen, die in einem abgeschlossenen sowie in einem gerade begonnenen Forschungsprojekt gewonnen wurden. Diese wurden bzw. werden mit Mitteln des Bundesministeriums für Bildung und Forschung gefördert (Förderkennzeichen: 01 HH 960 57 und 01 HH 9901/0), letzteres im Rahmen der Gesamtstrategie „Öffentlichkeits- und Marketingstrategie demographischer Wandel". Die Verantwortung für den Inhalt dieser Veröffentlichung liegt bei der Autorin.

stig angelegter Arbeitszeitkonten. Betriebliche Personalplanung mit Blick auf ältere Beschäftigte war und ist bis heute in erster Linie *Planung von Personalfreisetzung*. Dementsprechend gibt es momentan nur relativ wenige Arbeitnehmer und Arbeitnehmerinnen, die 60 Jahre und älter sind; ihr Anteil an allen sozialversicherungspflichtig Beschäftigten beträgt lediglich zwei Prozent. Dennoch sind die Belegschaften in vielen Betrieben und Branchen schon in den vergangenen Jahren *im Durchschnitt* älter geworden, weil sich die *Altersstrukturen* verändert haben. Vielfach gibt es zwar nicht *mehr* ältere, aber *weniger* jüngere Arbeitskräfte. In den meisten größeren Unternehmen wurde Personal abgebaut, und es wurden weniger junge Arbeitnehmer neu eingestellt. Aufgrund personal- und wirtschaftspolitischer Faktoren sind somit etliche Unternehmen personell geschrumpft und dabei zugleich gealtert (vgl. dazu das Betriebsbeispiel in Abb. 1).

Down-Sizing heißt der Trend, der sich insbesondere in Großunternehmen und solchen Branchen vollzieht, in denen umfassend restrukturiert und rationalisiert

Abb. 1 Entwicklung der Altersstruktur in einem Maschinenbaubetrieb

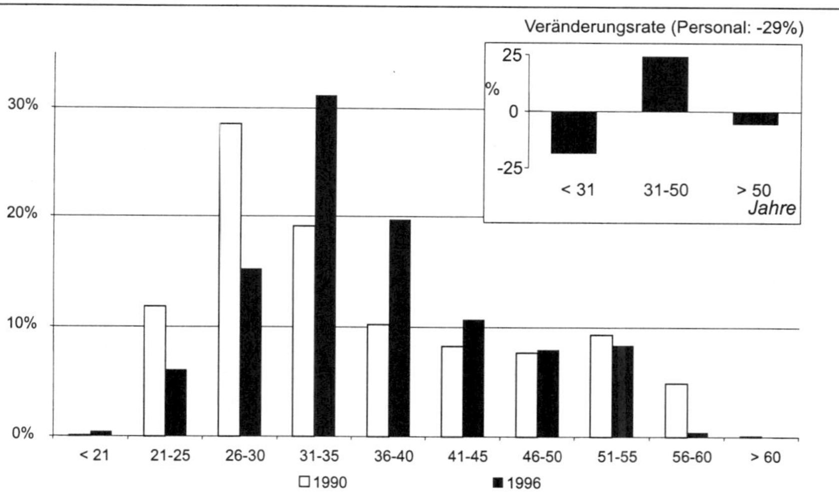

In dem dargestellten Maschinenbauunternehmen erfolgte ein drastischer Belegschaftsabbau von 1.041 Arbeitskräften im Jahr 1990 auf 741 im Jahr 1996. Die Anzahl der über 55jährigen hat sich in diesem Zeitraum von 52 auf lediglich drei Personen verringert; ihr Anteil an der gesamten Belegschaft beträgt damit nur noch 0,4 statt ehedem 5 Prozent. Gleichzeitig ist der Altersdurchschnitt (Median) aller Beschäftigten von 33,5 Jahre (1990) auf 35,5 Jahre (1996) angestiegen; und die personenstärkste Jahrgangsgruppe hat sich von den 26- bis 30jährigen zu den 31- bis 35jährigen verschoben.

Quelle: Betriebsstatistische Daten, eigene Berechnungen

wird. Und dieser Trend ist ungebrochen: Nach repräsentativen Betriebsbefragungen des Instituts für Arbeitsmarkt- und Berufsforschung geht die überwiegende Mehrzahl mittlerer und großer Firmen von einer negativen Beschäftigungsentwicklung in ihren Unternehmen aus. Der stärkste Beschäftigungseinbruch wird von Betrieben des Bergbaus, der Energie- und Wasserversorgung erwartet; aber auch Unternehmen des Gesundheitswesens, des Verkehrs und der Nachrichtenübermittlung sowie der Gebietskörperschaften und Sozialversicherungen rechnen mit deutlichen Beschäftigungseinbußen (vgl. Bellmann/Lahner 1999). In diesen Branchen ist also auch für die Zukunft mit einer eher geringen Anzahl an Neueinstellungen und damit kaum mit Verjüngungen zu rechnen.

Während der Anteil jüngerer Arbeitnehmer immer kleiner wird, sind die mittleren Altersgruppen, die „Baby-boomer-Generation", in den meisten größeren Betrieben zahlenmäßig besonders stark vertreten. Sie kommen nun in die Jahre und lassen den Altersdurchschnitt von Belegschaften ebenso ansteigen, zumal ihre Fluktuation bzw. freiwillige Mobilität im Beschäftigungssystem aufgrund der ungünstigen Arbeitsmarktsituation häufig gegen Null tendiert. Zugleich wird diese Beschäftigtengruppe nicht mehr durchgängig und weit vor dem Rentenalter aus den Betrieben ausscheiden (können).

Der prognostizierte demographische Wandel in der Erwerbsbevölkerung wird sich in der Zukunft sehr uneinheitlich in Unternehmen niederschlagen. Je nach vorliegender Altersstruktur, wirtschaftlicher Situation, personalpolitischen Weichenstellungen und regionalen bzw. Standortfaktoren werden einige Firmen stark altern, andere gar nicht. Dabei vollziehen sich betriebliche Alterungsprozesse schleichend. Bislang werden sie von Personalverantwortlichen kaum wahrgenommen.

Altersprobleme: hausgemacht?

Warum sollten Unternehmen, in denen der Anteil älterer bzw. „mittelalter" Beschäftigter wächst, diese Entwicklung im Blick haben? Was ist daran problematisch? Ein Alter von maximal 65 Jahren, bis zu dem Personen gemeinhin erwerbstätig sind, ist nicht gleichbedeutend mit abnehmender Leistungsfähigkeit.[3] Im Gegenteil: Ältere Arbeitnehmer sind aufgrund ihrer Berufserfahrung oftmals entscheidende Leistungsträger und Garanten für Qualität und Stabilität in Unternehmen.

Andererseits entspricht es betrieblichen Erfahrungen, dass die Qualifikation älterer Beschäftigter oftmals nicht mehr auf dem neuesten Stand ist und sie eher als ihre jüngeren Kollegen Neuerungen ablehnen und an Gewohntem festhalten. Des weiteren sind Ältere zwar nicht häufiger krank als Jüngere; wenn sie erkranken,

2 Vgl. dazu die einschlägigen Beiträge in diesem Band.

Abb.2 Arbeitsunfähigkeitstage 1998 nach dem Alter und nach Krankheitsarten

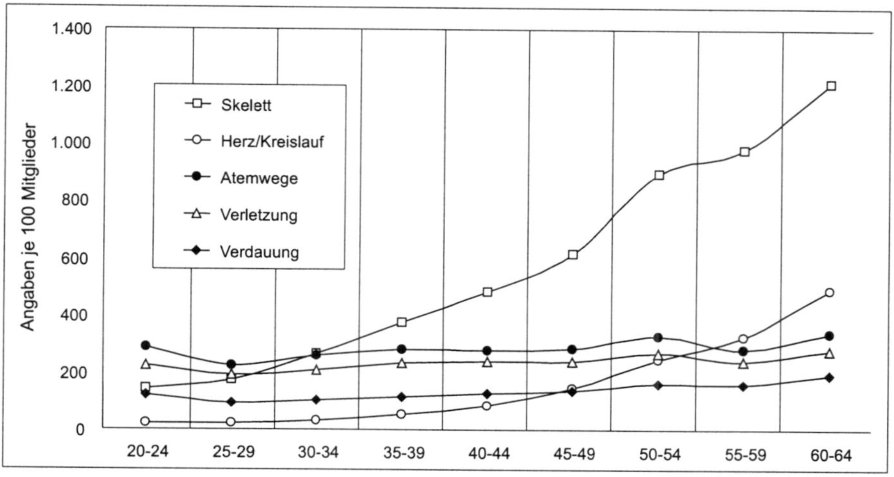

Quelle: Krankheitsarten 1998/99, BKK Bundesverband

sind sie jedoch – im Durchschnitt betrachtet – länger arbeitsunfähig. Vor allem die chronisch verlaufenden Volkskrankheiten „Muskel- und Skeletterkrankungen" sowie „Herz- und Kreislauferkrankungen" treten mit dem Älterwerden gehäuft auf (vgl. Abb. 2).

Reichen Qualifikation, Gesundheit oder Motivation der Beschäftigten mit den Jahren nicht mehr aus, um die an sie gestellten Anforderungen zu bewältigen, dann wird „Alter" zum Problem. Ob dieser Fall eintritt, hat allerdings weniger mit dem kalendarischen Alter der Betreffenden zu tun als mit ihrer Erwerbsbiographie, mit Art und Dauer der von ihnen im beruflichen wie außerberuflichen Leben ausgeübten Tätigkeiten und den dabei erfahrenen Belastungen und Ermutigungen. Wie sich die Leistungsfähigkeit von Arbeitnehmern mit dem Älterwerden entwickelt, hängt, von daher betrachtet, auch mit der betrieblichen Personalplanung, insbesondere mit der *Personaleinsatzplanung*, zusammen.

Die Personaleinsatzplanung, so wie sie heute vielfach – insbesondere in Großunternehmen und gewerblichen Arbeitsbereichen – praktiziert wird, trägt mit dazu bei, dass „Altersprobleme" entstehen. Ein besonders verbreitetes Prinzip, nach dem sie sich richtet, lautet beispielsweise: Positionen werden entsprechend der vorhandenen bzw. am leichtesten abgreifbaren Qualifikation besetzt.

Da Jüngere in der Regel die aktuelleren Kenntnisse vorweisen können, werden ihnen eher als Älteren Arbeitstätigkeiten zugewiesen, bei denen neue Verfahren und Entwicklungen eine Rolle spielen. Ein weiterer, ebenso üblicher und damit verknüpfter Leitsatz gängiger Personaleinsatzpraxis beinhaltet, dass Beschäftigte

Beispiel: Tischlerbetrieb

In einem kleinen Tischlerbetrieb mit insgesamt hohen physischen Arbeitsbelastungen gelten die Lackierarbeiten nach übereinstimmenden Aussagen als die körperlich leichtesten Tätigkeiten. Sie werden durchweg von jungen Beschäftigten ausgeführt, die ihre Lehre erst vor wenigen Jahren beendet haben. Die älteren Arbeitnehmer übernehmen dagegen die schwereren Arbeiten: Sie bauen bspw. Haustüren und montieren Treppen. Der Betriebsinhaber begründet diesen altersselektiven Personaleinsatz mit gestiegenen Qualifikationsanforderungen im Lackierbereich: Früher habe man fast stets Klarlacke verwendet und man habe mit den Lacken auf Wasser- oder Lösungsmittelbasis nicht viel falsch machen können. Heute müsse man mit bis zu 30 Lackqualitäten umgehen können und deren jeweilige Beschaffenheit und Verwendungsmöglichkeiten genau kennen. Diese Kenntnisse würden die Jüngeren schon von ihrer Ausbildung her mitbringen, während die Älteren für diese Arbeiten erst gezielt angelernt werden müssten.

langfristig in den Arbeitsfeldern eingesetzt werden, für die sie eingestellt wurden. Solche eingespielten Muster des Personaleinsatzes sind ökonomisch, zumindest in kurzfristiger Perspektive. Es werden Einarbeitungs-, Weiterbildungs- und Umgewöhnungszeiten bzw. -kosten gespart.

Langfristig betrachtet fördern sie jedoch, dass sich bei vielen älter werdenden Beschäftigten ein immer größer werdender Qualifikationsrückstand aufbaut und ihre Einsatzflexibilität sinkt. Üben sie langfristig Routinetätigkeiten aus, verlernen sie dabei das Lernen. Und sind sie auf Dauer hohen physischen oder psychischen Belastungen ausgesetzt, so steigt das Risiko, dass ihre Gesundheit verschleißt und sie vorzeitig „alt" werden. Fallen die angestammten Arbeitsplätze langjährig Beschäftigter der Modernisierung anheim, so treten schließlich massive und kaum noch lösbare Einsatzprobleme auf.

Es handelt sich hierbei um *unbeabsichtigte Folgen* gängiger Personaleinsatzpraxis. Die ihr zugrundeliegenden Prinzipien sind nicht schriftlich verankert; sie gelten informell. Und die Beschäftigten tragen mit dazu bei, dass sie sich im betrieblichen Alltag durchsetzen. Sie selbst sperren sich oftmals gegen mögliche Positionswechsel und Qualifizierungsangebote: sei es, dass sie sich an ihre Arbeit gewöhnt haben und mit einem Wechsel verbundene neue Anforderungen fürchten oder sei es, dass sie sich in „ihrem" Arbeitsbereich sozial verankert haben und die Zusammenarbeit mit fremden Kollegen scheuen. Zugleich stellen sie selbst allzu oft bei der Ausführung und Organisation ihrer Arbeit Gesundheitsinteressen hintan.

Die betriebliche Personalpolitik ist gemeinhin kurzfristig ausgerichtet – „nichts Langfristiges" gilt als Motto für die heutige Arbeitswelt (Richard Sennett). Angesichts verschärfter Wettbewerbsbedingungen richten sich Unternehmensziele vorrangig auf kurzfristige Ertrags- und Leistungssteigerungen. Diese sind dementsprechend auch für die persönliche Karriere von Personalverantwortlichen entscheidend. Der *Short-terminism* in der Personalpolitik führt nicht nur dazu, dass langfristige Alternsprozesse unberücksichtigt bleiben; vielmehr werden „Altersprobleme" dadurch teilweise selbst produziert.

Alternsbezogene Personalpolitik als Personalentwicklung

Welchen Prämissen müsste eine Arbeits- und Personalpolitik folgen, die das Etikett „altersgerecht" verdient? Ein Ansatzpunkt besteht darin, ältere Arbeitnehmer, die bestimmte Tätigkeiten nicht (mehr) in der geforderten Art und Weise ausführen können und insofern als leistungseingeschränkt gelten, ihrem Leistungsvermögen gemäß einzusetzen. Es handelt sich hierbei um eine reaktive und in der Vergangenheit in Unternehmen vielfach praktizierte Strategie, die aber auch in der Zukunft im Sinne einer sozialverträglichen Personalpolitik unverzichtbar bleiben wird. Allerdings erfordert ihre Verwirklichung zunehmend neue Ideen und Vorgehensweisen, da Arbeitsbereiche mit reduzierten Arbeitsbelastungen, die bislang in vielen Unternehmen für Ältere und Leistungsgeminderte reserviert wurden und für Versetzungen in Frage kamen, im Zuge von Rationalisierungs- und Restrukturierungsprozessen immer mehr verloren gehen.

Um der Entstehung von Altersproblemen vorzubeugen und um die langfristige Beschäftigungsfähigkeit der Erwerbstätigen zu fördern, ist jedoch ein präventiver, *alterns*bezogener Ansatz wichtig. In dieser Perspektive wären Qualifikation, Gesundheit und Motivation der Beschäftigten über den gesamten Erwerbsverlauf hinweg zu erhalten und zu fördern. Begrifflich lässt sich diese Strategie auch als *Personalentwicklung*[4] fassen. Während unter „Personalentwicklung" im betrieblichen Kontext in erster Linie Weiterbildungsmaßnahmen verstanden werden, wäre der Aspekt der Gesundheitsförderung angesichts des demographischen Wandels als wichtiges Ziel zu ergänzen.

Der Trend hin zur Wissensgesellschaft ist ungebrochen, und der Bedarf an gering qualifizierten Arbeitskräften sinkt kontinuierlich. Zugleich veralten Kenntnisse immer schneller. Beständige Qualifizierung ist deshalb eine notwendige und vielleicht sogar die aussichtsreichste Strategie, um Einsatzmöglichkeiten und Erwerbschancen alternder Arbeitnehmer zu sichern. *Employability* kann aber nur dann gefördert werden, wenn Arbeit und Personaleinsatz zugleich so gestaltet und organisiert werden, dass Beschäftigte erworbene Kenntnisse und Fähigkeiten in ihre Arbeit einbringen und in ihrem beruflichen Alltag weiterentwickeln können.

---

3 Nach Heeg/Münch (1993) wird Personalentwicklung definiert als „Inbegriff aller Maßnahmen, die der individuellen beruflichen Entwicklung der Mitarbeiter dienen und ihnen unter Beachtung ihrer persönlichen Interessen die Aneignung der zur optimalen Wahrnehmung ihrer jetzigen und künftigen Aufgaben erforderlichen Qualifikationen ermöglichen".

In vielen Unternehmen besteht jedoch ein Qualifikationsüberhang. Nach einer Erhebung des Max-Planck-Instituts für Bildungsforschung sind 16 Prozent der Arbeitnehmer in Westdeutschland und 26 Prozent in Ostdeutschland unterwertig beschäftigt – mit steigender Tendenz (vgl. Büchel 1998) . Dies zeigt, dass es nicht mit einem Appell an die Erwerbstätigen getan ist, sich für ihre Qualifikation selbst verantwortlich zu betrachten und lebenslang zu lernen. Vielmehr bedarf es zugleich institutioneller Voraussetzungen, wonach Tätigkeiten und Personaleinsatz so gestaltet werden, dass sie Qualifizierung sowohl voraussetzen als auch fördern. Es geht darum, Maßnahmen der betrieblichen Weiterbildung und der Arbeitsgestaltung miteinander zu verzahnen.

Alternsorientierte Personalentwicklung hieße, da anzusetzen, wo am ehesten Einsatzprobleme mit dem Älterwerden auftreten. Sie müsste sich dementsprechend vor allem auf Beschäftigtengruppen richten, die Verschleiß- und Routinetätigkeiten ausüben. Dies würde eine Kehrtwendung gegenüber heutigen Gepflogenheiten bedeuten: Personalentwicklung, sofern sie aktuell in Firmen als explizite Aufgabe wahrgenommen wird, ist ganz überwiegend an hochqualifizierte Fach- und Führungskräfte adressiert. Das gilt auch für die wenigen bislang existierenden speziellen Personalentwicklungsmaßnahmen für ältere Arbeitnehmer.

Organisatorische Weichenstellungen zur Förderung von Qualifikation und Gesundheit

Um die Leistungsfähigkeit Erwerbstätiger langfristig zu erhalten, kommen unterschiedliche Maßnahmen in Betracht (vgl. Morschhäuser 1999) – siehe Abb. 3. Nachfolgend wird dargelegt, wie durch Laufbahngestaltung und Gruppenarbeit ein Positions- und Aufgabenwechsel und damit Qualifikation und Flexibilität der Beschäftigten gefördert werden können.

Abb. 3 Maßnahmen alternsgerechter Arbeitsgestaltung

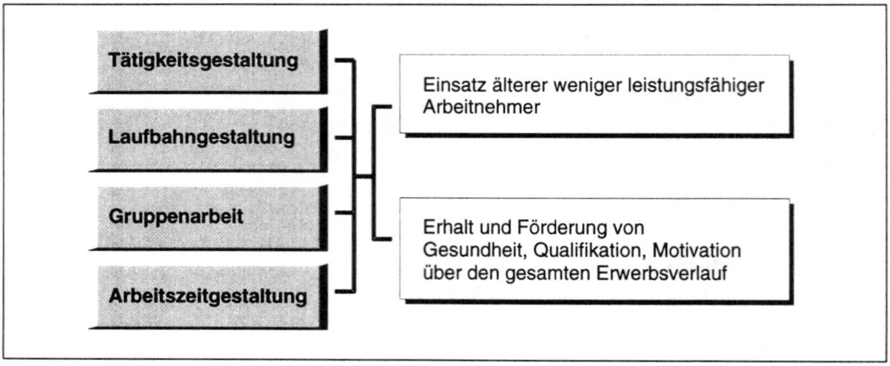

Beispiel: Maschinenbaubetrieb

> In einem Maschinenbaubetrieb mit überdurchschnittlich alter Belegschaft traten in der Schweißerei und Montage zunehmend Probleme auf, langjährig Beschäftigte und weniger belastbare Fachkräfte adäquat einzusetzen. Ausgehend von den vorhandenen Kompetenzen der Beschäftigten gründete die Firma daraufhin ein neues Geschäftsfeld, in das etliche der betreffenden Personen wechseln konnten. Es handelt sich um eine produktionsnahe Serviceabteilung, in der die Geräte, die im Betrieb hergestellt werden, kundennah gewartet und repariert werden. Gearbeitet wird im Zeitlohn und nicht mehr im Akkord wie zuvor; körperliche Belastungen spielen keine nennenswerte Rolle mehr. Die Fachkräfte, in der Produktion als „leistungseingeschränkt" eingestuft, können die neuen Aufgaben aufgrund ihrer langjährigen Erfahrungen und Detailkenntnisse über Produkte und Herstellungsprozess kompetent ausführen.

Laufbahngestaltung

Als ideale Form, im Erwerbsleben gesund alt zu werden, gilt die Karriere. Klassische Aufstiegswege im gewerblichen Bereich gehen mit sinkenden körperlichen und steigenden geistigen Anforderungen im Berufsverlauf einher (z.B. vom Facharbeiter zum Meister oder in die Arbeitsvorbereitung). Sie ermöglichen den Betreffenden, ihre Fähigkeiten und Kenntnisse weiterzuentwickeln und sind gemeinhin mit wachsender sozialer Anerkennung verbunden. Aber sie lassen sich heutzutage angesichts von Lean Management und Lean Production immer seltener realisieren.

Da traditionelle *eingespielte* Laufbahnmuster zunehmend der Vergangenheit angehören, ist es notwendig, neue, bislang eher untypische Positionswechsel und darauf bezogene Weiterbildungsmaßnahmen systematisch zu planen. Dabei kommen vor allem Quereinstiege in andere Arbeits- und Fachbereiche im Sinne *horizontaler Karrieren* in Betracht.

In dem angeführten Beispiel wird ein *neues* Tätigkeitsfeld für ältere Arbeitnehmer geschaffen. Die Beschäftigten bringen die notwendigen Qualifikationen für diese Aufgaben schon weitgehend mit. Wie eine *qualifizierende* Laufbahnplanung im Rahmen *bestehender* organisatorischer Strukturen aussehen kann, zeigen die von Heiko Spieker dargestellten Gestaltungskonzepte und -maßnahmen bei der VW AG, Werk Hannover (vgl. den entsprechenden Beitrag in diesem Band).

Letztlich geht es bei der Laufbahngestaltung um eine Umkehrung der oben geschilderten gängigen Prinzipien des Personaleinsatzes: vorausschauende und langfristige Planungen statt Ad-hoc-Politik; Normalität des Arbeitsplatzwechsels als Leitlinie für die Beschäftigten statt langfristiger Verbleib in einem angestammten Arbeitsbereich sowie fortlaufende Qualifizierung zur Erweiterung ihres Einsatzspektrums statt dieses einengende Routinen und Spezialisierungen.

Gruppenarbeit

Einen geeigneten Rahmen für einen qualifizierenden und gesundheitszuträglichen Personaleinsatz kann auch Gruppen- bzw. Teamarbeit bieten. Indem die Gruppenmitglieder wechselweise unterschiedliche Arbeitsaufgaben wahrnehmen und sie ihre Erfahrungen und Kenntnisse untereinander austauschen, können sie sich damit zugleich weiterqualifizieren. Und ein mit einem Arbeitsplatzwechsel einhergehender Belastungswechsel kommt darüber hinaus der Gesundheit zugute. Voraussetzung ist, dass die Gruppenaufgabe heterogene Tätigkeiten und Anforderungen umfasst.

Gruppenarbeit entwickelt sich jedoch keineswegs im Selbstlauf in eine alternstaugliche Richtung. In der Regel kommt es zu Spezialisierungen in Teams. Und nach vorliegenden Erfahrungen richten sich diese weitgehend nach einem einzigen Prinzip, das lautet: „Jeder macht das, was er am besten und schnellsten kann". Vorrangiges Ziel ist, in kürzester Zeit den höchst möglichen Output zu erreichen. Letztlich regeln die Gruppen damit ihren Personaleinsatz, ebenso wie Vorgesetzte bzw. Personalverantwortliche, ausschließlich nach den beschriebenen gängigen Richtlinien kurzfristiger Ökonomie. Außerdem kann in Arbeitsgruppen ein so starker Leistungs- und Gruppendruck entstehen, dass ältere Arbeitnehmer, sofern sie weniger leistungsfähig sind, einen schweren Stand in den Teams haben oder gar herausgedrängt werden.

Um die Möglichkeiten, die Gruppenarbeit prinzipiell zur Weiterbildung und Gesundheitsförderung bietet, auszuschöpfen, muss sie deshalb gründlich geplant und gestaltet werden. Es bedarf bspw. klar vereinbarter Zeiten für Rotation und Qualifizierung und einer Lohn- und Leistungsregulierung, die keinen übermäßigen Leistungsdruck für weniger belastbare Gruppenmitglieder erzeugt. Indem Gruppen die Aufgabenverteilung untereinander regeln, Erfahrungen austauschen oder Qualifizierungspläne erstellen, übernehmen sie selbst wichtige Personalentwicklungs-Funktionen. Von daher ist von zentraler Bedeutung, die Teams auch für diese Aufgaben zu qualifizieren, ihre soziale Kompetenz zu fördern und die Gruppensprecher mit Blick auf diese Funktion sorgfältig auszuwählen bzw. zu schulen. Das hieße, Beschäftigten bei Gruppenarbeit nicht nur eine erhöhte Eigenverantwortung für die Sicherstellung der Leistung, sondern zugleich für die Sicherstellung ihrer eigenen langfristigen Leistungsfähigkeit zuzuweisen.

Resümee

Um Qualifikation, Gesundheit und die langfristige Beschäftigungsfähigkeit von Arbeitnehmern zu fördern, gibt es unterschiedliche Strategien – aber es gibt keinen Königsweg und kein Standardrezept. Welcher Weg für ein Unternehmen der „richtige" und gangbare ist, hängt ab von den konkreten betrieblichen Ausgangsbedingungen, Problemlagen und Handlungsvoraussetzungen. Entscheidend ist in jedem Fall eine Grundsensibilität der Personalverantwortlichen und eine Unternehmenskultur, aufgrund derer „Altern“ bei der fortlaufenden Gestaltung von Arbeit und Personaleinsatz mitbedacht und berücksichtigt wird.

Wichtig ist dabei, die Fähigkeiten und Kompetenzen der Beschäftigten wahrzunehmen und im Sinne einer *Potentialentwicklung* zu fördern. Dies kann nur gelingen, indem sie in Veränderungsprozesse einbezogen und ihre Orientierungen bzw. Interessen berücksichtigt werden. In der Folge ließen sich dann auch längst überholte, doch fortbestehende negative Altersbilder und -klischees verändern.

Perspektive: Personalentwicklung oder Personalaustausch?

Die Existenz von „good-practice-Betrieben” belegt, dass trotz aller ökonomischen Zwänge Spielräume für alternsgerechte Arbeits- und Beschäftigungspolitiken vorhanden sind. Es handelt sich um Firmen, die Arbeitnehmern auch in der heutigen schnellebigen Zeit eine langfristige Beschäftigungsperspektive bieten, und deren Unternehmensleitlinien Aspekte sozialer und gesellschaftlicher Verantwortung umfassen. Aber es handelt sich bei ihnen zugleich um Ausnahmen.

Der Zug der Zeit fährt eher in die entgegengesetzte Richtung: Im Kontext betrieblicher Rationalisierungs- und Flexibilisierungsstrategien wachsen die Anforderungen an Arbeitnehmer, stets mobil, belastbar und leistungsfähig zu sein. Und je mehr die Leistungsnormen in den schlanken Fabriken und Verwaltungen anziehen, desto schwerer wird es, ihnen auf Dauer bzw. ein Erwerbsleben lang nachzukommen. Den Unternehmensprämissen permanenter Leistungssteigerung entspricht zugleich eine Politik des *Lean Employment*. Leiharbeit, Werkverträge, Subunternehmertum, abhängige Selbständigkeit, Arbeitsbefristungen, Outsourcing usw. – mit solchen *new forms of work* kann die Anzahl fest angestellter, schwer zu entlassender Arbeitnehmer reduziert und zugleich erleichtert werden, sich von weniger leistungsfähigen Beschäftigten zu trennen. „Die Sparökonomie der Betriebswirtschaft“, so beschreibt es Oskar Negt, habe eine „ganz eigentümliche, hintersinnig-listige Vernunft: Ich spare im eigenen Betrieb, was dadurch an gesellschaftlichen Kosten entsteht, wälze ich auf andere ab. Aber in einer Ökonomie der Gesamtgesellschaft, in der die Kosten nicht mehr von einem Bereich zum anderen verschoben und also vertuscht werden können, schlagen die Kosten für alle zu Buch“ (Oskar Negt in einem Beitrag der Frankfurter Rundschau vom 8.12.1999, S. 46).

Kosten, die Unternehmen durch kurzfristig angelegte Beschäftigungsverhältnisse oder durch Externalisierung älterer Arbeitnehmer sparen, kommen zwar in Form erhöhter Sozialversicherungsbeiträge durch die Hintertür wieder auf sie zu. Für die Vorreiter schlanker Beschäftigungsverhältnisse kann sich eine solche Politik dennoch rechnen. Wird der demographische Wandel in der Bevölkerung hier einen „natürlichen“ Riegel vorschieben? Wird er dazu führen, dass Unternehmen zukünftig aufgrund mangelnder junger Nachwuchskräfte gezwungen sein werden, mit alternden Arbeitskräften pfleglicher umzugehen und sich stärker für den Erhalt ihrer Beschäftigungsfähigkeit zu engagieren? Nach vorliegenden Forschungsergebnissen ist – mittelfristig betrachtet – wohl eher mit „Mismatch-Problemen" in einzelnen Branchen und Regionen als mit einer generellen Verknappung von Arbeitskräften zu rechnen (vgl. Kistler in diesem Band).

Größer ist meines Ermessens die Gefahr, dass altersbezogene Personalplanung auch in den nächsten Jahren und Jahrzehnten vor allem Freisetzungsplanung bedeuten wird; und zwar in weit weniger sozial verträglichen Formen als in der Vergangenheit üblich. Um zu verhindern, dass ältere Beschäftigte, die weniger belastbar (geworden) sind, zukünftig verstärkt aus Unternehmen herausgedrängt werden, ist von zentraler Bedeutung, gesetzliche Rahmenbedingungen und soziale Errungenschaften zu erhalten, die diskriminierenden und volkswirtschaftlich schädlichen Beschäftigungsstrategien Grenzen setzen (z.B. Kündigungsschutzbestimmungen, Arbeitsplatzsicherungsabkommen, definierte Voraussetzungen für Fremdfirmen- und Leiharbeit oder befristete Arbeitsverhältnisse).

Wie können darüber hinaus vorausschauende Strategien betrieblicher Personalentwicklung gefördert werden? Ein Ansatzpunkt kann darin bestehen, den Umsetzungsprozess alternsadäquater Gestaltungsmaßnahmen in „good-practice-Betrieben", die dabei aufgetretenen betrieblichen Hindernisse und positiven Effekte in den Unternehmen detailliert nachzuzeichnen und für andere transparent zu machen (Dies ist eine der Aufgaben unseres neuen Forschungsprojektes. Dabei geht es, in Kooperation mit ausgewählten Unternehmen, unter anderem um die Frage, wie engagierte Betriebspraktiker das Thema „Altern" in Unternehmen politikfähig machen können und in welcher Weise sie dabei von außen beraten und unterstützt werden können).

Betriebliche Positivbeispiele können zur Orientierung und Motivation derjenigen Firmen beitragen, in denen Alterungsprozesse bislang noch nicht thematisiert werden und in denen Personalverantwortliche diesbezüglich unsicher sind oder in einer Abwartehaltung verharren. In den vergangenen Jahren wurden betriebliche Frühverrentungen mittels gesetzlicher Regelungen subventioniert. Nun stellt sich die Frage: Sollten und könnten statt dessen alternsgerechte Arbeits- und Personalpolitiken staatlicherseits unterstützt werden, sofern diese nicht nur die betriebsspezifisch relevante Qualifikation und Einsatzfähigkeit der Arbeitnehmer, sondern deren generelle Beschäftigungsfähigkeit fördern?

Literatur

Bellmann, L.; Lahner, M. (1999): Beschäftigungserwartungen in West- und Ostdeutschland für 1999, in: Arbeit und Beruf Nr. 3/1999, S. 72-74

Heeg, F.J.; Münch, J. (Hrsg.) (1993): Handbuch Personal- und Organisationsentwicklung, Stuttgart, Leipzig, S. 74

Büchel (1998): Zuviel gelernt? Ausbildungsinadäquate Erwerbstätigkeit(en) in Deutschland, Bielefeld

Morschhäuser, M. (1999): Grundzüge altersgerechter Arbeitsgestaltung. In: Gussone, M.; Huber, A.; Morschhäuser, M.; Petrenz, J.: Ältere Arbeitnehmer. Altern und Erwerbsarbeit in rechtlicher, arbeits- und sozialwissenschaftlicher Sicht, Frankfurt/ Main, S. 101- 185

Heiko Spieker
Volkswagen Nutzfahrzeuge,
Hannover

Erfahrungen mit Personalplanung für den Lohnbereich – Praxisbericht von einem betrieblichen Arbeitsmarkt

Ich möchte zu Beginn den Betrieb vorstellen, also den Fall erklären, über den ich zu reden habe. Es geht um Volkswagen Nutzfahrzeuge, eine Fabrik in Hannover, in der leichte Nutzfahrzeuge hergestellt werden. Dort arbeiten 15.000 Menschen. Ich begreife das gerne als Kleinstadt mit all den Problemen, die es dort gibt.

Die Beschäftigung bleibt in unserer Prognose stabil. In einer fünfjährigen Planung kommen wir darauf, dass wir ungefähr diese Beschäftigtenzahl halten werden. Dieses Ziel wird auch in den dafür mit der Arbeitgeberseite geschaffenen Gremien cum grano salis bestätigt. Wir werden mehr Fahrzeuge arbeitstäglich produzieren als heute. Heute sind es rund 800. Wir werden am Standort weiterhin eine Konzerngießerei für Aluminiumzylinderköpfe betreiben. Das ist die größte in Europa, die Aluminium vergießt. Es werden Karosserieteile für den Konzernverbund, also für andere Markenprodukte, in Hannover abgepresst und dann in die Rohbauten an den Standorten geschickt werden, an denen es keine Presswerke gibt. Wir haben eine Wärmetauscherfertigung, also von Heizgeräten, um das Raumklima im Auto zu erwärmen oder die Flüssigkeiten im Auto, Kühlwasser und Öl, zu kühlen. Diese Wärmetauscherfertigung expandiert. In Hannover ist seit der Gründung von Volkswagen Nutzfahrzeuge als eigener Marke im Konzerverbund die Markenzentrale untergebracht, und es gibt einen Ausbildungsbetrieb mit ungefähr 180 Auszubildenden pro Jahrgang. Insgesamt – mit Fort- und Weiterbildung – sind es fast 1.000 Menschen, die am Standort in dem Bereich beschäftigt sind.

Diese Fabrik ist 1956 als Werk 2 der VW AG gegründet worden. Spezifische Probleme des Alterns, der Beschäftigung Älterer, erklären sich auch aus der Geschichte eines Unternehmens. Ich habe deshalb für Sie eine kleine Geschichte des

Unternehmens hierhin gelegt, die nach Erreichen des Rentenalters ausgeschiedene Betriebsräte – das ist ganz spannend bei uns – in einem Arbeitskreis geschrieben haben und fortschreiben. Immer wenn Betriebsräte bei uns ausscheiden, treten sie diesem Arbeitskreis bei und arbeiten ihre persönliche Interessenvertretungsgeschichte auf und legen das in diesen Broschüren nieder. Wir haben einen *Haustarifvertrag,* was für die Rahmenbedingungen, um Politik zu machen, sehr erheblich ist. Wir haben einen ausgesprochen hohen *Organisationsgrad* der IG Metall von 98 Prozent, sowohl im Arbeiter- als auch im Angestelltenbereich.

Zum zweiten möchte ich auf etwas eingehen, das gestern in der Diskussion mehrfach eine Rolle spielte: *Unternehmensleitbild.* Ich möchte das zu einem Thema der Leistungspolitik in Verbindung setzen. Die Volkswagen AG hat nach einer krisenhaften Entwicklung Anfang der 90er Jahre einen Tarifvertrag mit der IG Metall geschlossen, der in den Eckpunkten folgendes vorsieht: Niemand kann aus betrieblichen Gründen entlassen werden. Es gibt faktisch einen *Kündigungsschutz* für jeden, es sei denn, er randaliert im Betrieb, stiehlt, läuft völlig aggressiv herum und schlägt irgendwie Kollegen. Solche persönlichen Gründe führen zu Entlassungen, aber betriebliche überhaupt nicht. Wir übernehmen alle Ausgebildeten nach erfolgreicher Ausbildung; faktisch werden auch die, die ihre Ausbildung nicht erfolgreich abgeschlossen haben, in ein unbefristetes Arbeitsverhältnis übernommen.

Wir haben eine *Flexibilität der* Arbeit*zeitgestaltung* eingeführt, die in unterschiedlichsten Modellen ausgeprägt ist: Zeitvariablen am Tag, in der Woche, im Monat, im Jahr, Lebensarbeitszeit, Zeitscheck – Dr. Schuster hat etwas darüber erzählt. Wir haben also ein ganzes Bündel von Flexibilitätsregelungen auf dem Gebiet der Arbeitszeit. Dazu gehört auch Altersteilzeit, die wir nicht nur in diesem Block-Basis-Modell umsetzen – also die halbe Zeit voll arbeiten, halbes Geld, und dann Arbeitszeit null –, sondern auch arbeiten bis 60, unterschiedlichste Modelle. Über die Arbeitszeitregelungen bei Volkswagen habe ich hier noch eine Broschüre liegen, die schon etwas älter ist. Davon mögen Sie sich nachher auch mitnehmen. Das ist heute nicht zentrales Thema.

Dann haben wir eine Reihe tarifvertraglicher Regelungen, die das Ausscheiden mit 60 im Leistungslohnbereich, im Lohnbereich ermöglichen, ohne dass eine Rentenlücke entsteht, die Teilhabechancen dramatisch verschlechtert werden. Das heißt, die Kollegen scheiden im wesentlichen mit 82, 85 Prozent ihres Einkommens aus, bei Arbeitszeit null bis zum Erreichen der Rente, und sacken dann auch nicht auf die heute diskutierten gesetzlichen Niveaus, sondern durch zusätzliche Regelungen im Unternehmen sind im Vergleich zu den in den Zeitungsartikeln aktuell diskutierten Einkommensituationen relativ komfortable Einkommensituationen zu erreichen.

Wir haben aber auf der anderen Seite eine Öffnung der *Mobilität* mit Volkswagen verabredet. Das heißt, es gibt nicht nur ein erhebliches Maß an Flexibilisierung auf dem internen Arbeitsmarkt, was den Arbeitseinsatz je nach Bedarf in der Zeit angeht, sondern auch räumlich, also wo man im Betrieb eingesetzt wird, ja sogar darüber hinaus. In einer krisenhaften Entwicklung Anfang der 90er Jahre hatten wir immerhin 400 Beschäftigte aus Emden, die zeitweise in Hannover gearbeitet haben, fast ein Jahr die meisten. Wir haben zwischen den Werken, die räumlich nahe sind, wie Hannover, Salzgitter, Braunschweig, Wolfsburg – es ist noch vom angestammten Wohnort aus zu machen, die eine Fabrik oder die andere zu erreichen –, Flexibilitätsregelungen, die dann in Anspruch genommen werden, wenn auf den lokalen Arbeitsmärkten dieser großen Fabriken die Beschäftigung nicht gesichert werden kann.

Wir haben *Qualifizierungsverbünde.* Während Emden gerade ein Presswerk aufbaut, haben wir aus Emden Kollegen, die wir in unserem Presswerk in Hannover qualifizieren. Wir haben im Verbund eines Unternehmens mit etwas über 100.000 Beschäftigten Verabredungen dieser Art, also einige Mobilitätsregeln, damit die Leute auf dem internen Arbeitsmarkt, der 100.000 groß ist, hin- und hergeschoben werden können.

Was immer wieder eine Rolle spielt, zumindest mir in der Diskussion begegnet, ist das Argument, bei Volkswagen gebe es besondere Bedingungen, sei irgendwie alles ganz anders, eine ganz andere Welt als sonst irgendwo in der Industrie. Dem neige ich zu widersprechen. Ich glaube, dass wir bei Volkswagen in der Tat andere Bedingungen hergestellt haben. Aber Volkswagen ist, wenn man die Marktsituation anschaut, erst einmal ein Unternehmen, das mit den gleichen Rendite- und Gewinnerwartungen operiert, wie auch andere Unternehmen das tun, das in den vergangenen Jahren die Internationalisierung der Fertigungsstätten möglicherweise wie kaum ein anderes Unternehmen betrieben hat, das eine Plattformstrategie, eine Modularisierung der Fertigung betreibt, die dazu führt, dass die angestammten Felder von Beschäftigung an den Standorten in Deutschland eigentlich ständig im Wettbewerb zur Disposition stehen, also die Frage gestellt wird: Wird es diese Fertigung hier überhaupt noch geben?

Wir haben ferner immer mit dem Streit um die Definition dessen zu tun, was Kernfertigung ist, was wir also in Zukunft weiter tun werden, und was andere machen sollen, was outgesourct werden soll, sowohl in der Produktion als auch in Dienstleistungsbereichen. Wir haben es zu tun mit kurzen Modellzyklen, kürzeren jedenfalls als in der Vergangenheit, bei Nutzfahrzeugen, unserem Produkt aus Hannover, im Vergleich zum Pkw längeren, aber jetzt auch unter zehn Jahre sinkend. Wir stehen gerade wieder vor einer solchen Veränderung, die auch dieses Thema hier betrifft. Die Lean-Production-Diskussion muss ich nicht weiter ausführen.

Das führt zu *Rahmenbedingungen,* in denen insbesondere als Sanierungsszenario der 90er Jahre – Tarifvertrag „Volkswagen in der Krise" – von den Führungskräften seit einigen Jahren ausgesprochen kurzfristige, am Ertrag orientierte Ergebnisse erwartet werden. Das heißt, langfristige Perspektiven, wie sie hier auf der Tagung diskutiert werden, spielen für die meisten Akteure im betrieblichen Geschehen kaum eine oder gar keine Rolle. Im wesentlichen wird der Erfolg einer Führungskraft daran gemessen, was sie nächsten Monat zeigen kann; häufig spielt das Gespräch am Abend in der Fertigung vor Ort, wo die Audits der Fahrzeuge, die Mengen und die Qualitäten diskutiert werden, eine größere Rolle als irgendeine auch in Kosten bewertbare strategische Entscheidung. Das führt dazu, dass diese Führungskräfte, die Personalverantwortung in einem bestimmten Zuschnitt tragen, Interesse daran haben, die leistungsfähigsten und das heißt für sie häufig, die jüngsten und leistungsbereitesten Mannschaften bei sich zu versammeln.

Das zweite ist: Der Erfolg der operativen Führung wird weniger an qualitativen langfristigen strategischen Zielen gemessen. Deshalb ist für uns als Betriebsrat ungeheuer wichtig, dass wir das nicht allein mit Überzeugung, nicht nur diskutierend zu regeln versuchen, sondern dass wir dort zu Verabredungen kommen, die justitiabel sind, zu Betriebsvereinbarungen führen, oder sogar Regelungen auf Tarifebene schaffen – das ist die Chance eines Haustarifvertrages –, einen Tarifvertrag zwischen der IG Metall und dem Volkswagenvorstand.

Ich möchte zwei solche Regelungen besonders hervorheben. Das ist einmal eine Betriebsvereinbarung „Persönliche Entwicklungsplanung, qualifizierte Personalbewegung". Das ist eine Betriebsvereinbarung – die ich mitgebracht habe, jetzt hier aber nicht vorstellen will –, die ein einklagbares individuelles Recht auf eine Beratung über eine persönliche gerichtete Entwicklung bei Volkswagen beinhaltet, darauf, einmal jährlich dieses Gespräch im Personalwesen zu führen. Darin sind auch noch andere Rechte verankert. Ich glaube, es lohnt sich, solch eine Regelung anzugucken, die wir in einem vorsichtigen Prozess ins Leben zu bringen bemüht sind. Die gibt es seit 1995. Es ist noch kein Massengeschäft, dass die Kollegen einklagen, was darin geregelt ist. Es ist auch nicht so, dass der überwiegende Teil der Beschäftigten die Regelung überhaupt kennt. Das muss man noch popularisieren. Wir könnten die Personalabteilung auch völlig überfordern, wenn wir die Leute in Hundertschaften dahinschickten, weil auch da nicht reagiert werden kann. Das ist nicht unser Ziel, sondern wir wollen etwas ins Leben bringen.

Ich nenne noch eine Regelung, die wir verabredet haben, die sich auf einen Bereich bezieht, in dem überwiegend Menschen beschäftigt sind – noch sind, 200, es waren einmal 1.200 –, die die besondere Fähigkeit haben, manuell geschickt zu sein. Da waren viele Frauen beschäftigt. Wir hatten dort aber auch Beschäftigte, denen wir – in der Rehabilitation – sitzende Tätigkeiten anbieten konnten, oder auch ältere Beschäftigte. Diese Fertigung wird aufgrund ihrer spezifischen Anforderung nach allgemeiner Auffassung preiswerter in Mittelosteuropa angeboten. Tatsächlich ist es ein Faktorkostenverhältnis von eins zu zehn, was man auch durch noch so viel Pfiffigkeit nicht mehr darstellen kann. Also geht die Fertigung raus. Wir haben darauf bestanden, dass eine vergleichbare Fertigung, die ähnliche Fähigkeiten von den Beschäftigten verlangt, aufgebaut wird. Das ist in diesem konkreten Fall die Wärmetauscherfertigung, die expandiert, wo man ebenfalls in der

Montage und in dem Aufbau dieser Kühlersysteme manuelle Geschicklichkeit und hohe Aufmerksamkeit und Gewissenhaftigkeit beim Zusammenfügen dieser Teile verlangt, sitzende Tätigkeit, Einzelarbeit anbieten kann, die vergleichbar ist mit dieser ehemaligen Kabelfertigung. Die Unternehmensseite war gleichsam gezwungen, ein Äquivalent für diese ökonomische Entscheidung in Form von Angebot an Arbeit zu schaffen. So regeln wir ganz viel. Beim Umstieg auf das neue Fahrzeug sind wir gerade wieder dabei, Erhebliches zu sozialisieren, was für die Beschäftigten und ihre Perspektiven von Bedeutung ist.

Ich möchte noch zwei Dimensionen, die auch immer wieder auftauchen, ansprechen. Das sind *Prävention* und *reaktive Ansätze*. Wir haben ein sehr differenziertes Konzept von Mitbestimmung. Dazu gibt es einmal jährlich eine Planungsrunde am Standort, in der grundlegende Fragen der Zukunftsentwicklung zwischen dem Vorstand und der Interessenvertretung diskutiert werden. Wir haben in diesem Jahr ein Projekt verabredet, das heißt: *Gesund arbeiten bis zur Rente*. Wir haben verabredet, dass wir an diesem Standort mit den 15.000 Beschäftigten sowohl im kurativen Bereich als auch im präventiven Bereich die Zielsetzungen verfolgen wollen, die Thema dieses Kongresses sind. Wir wollen versuchen, präventive Ansätze wie ergonomische Arbeitsgestaltung im Hinblick auf die neue Fertigung sehr gewissenhaft zu betreiben. Dazu spielt auch das eine Rolle, was heute am Vormittag in der Arbeitsgruppe angesprochen worden ist, eine Gefährdungsanalyse in der Planungsphase zu machen, sehr viel Simulation über die neuen Arbeitsplätze zu machen, um möglichst in der Planungsphase und nicht erst in der Realisierung und im Betrieb Gefährdungen festzustellen. Das geschieht unter Beteiligung unseres Gesundheitsschutzes.

Wir wollen darüber hinaus *Laufbahn- und Qualifizierungsplanung* betreiben, und zwar auch im Hinblick auf die zu erwartende Struktur der Fabrik ab 2002, im Hinblick auf die Aufgabenzuschnitte, die mit einem veränderten Automations- und Mechanisierungsgrad in unterschiedlichen Fertigungsbereichen zu erwarten sind, und die unterschiedlichen Perspektiven in der dann veränderten Fertigungs- und Dienstleistungstiefe. Es ist also sehr viel planerische Arbeit, die dort gemacht werden soll. Wir haben deshalb bei Volkswagen im Personalwesen auch die Aufbauorganisation geändert. Es gibt jetzt eine Strukturstelle, einen Bereich, der sich mit diesen Projekten befassen muss. Das geschieht im Range einer Unterabteilung, die es vorher so nicht gegeben hat.

Zweiter Bereich: Wir haben reaktive und helfende Ansätze, wie „leidensgerechten" Personaleinsatz. Das ist ein großes Problem, ein wirklich gravierendes Problem zunehmend jüngerer Menschen in der Fabrik, noch nicht einmal solchen im mittleren Erwachsenenalter, sondern eher jungen, so in den 30er Jahren, die beim Werksarzt vorstellig werden und von ihm diagnostiziert bekommen, dass ihr Bewegungsapparat arg gestört ist, und zwar so, dass der Arzt eine Bescheinigung ausstellt, wonach bestimmte Bewegungsabläufe, bestimmte Hebekräfte in Abhängigkeit von der jeweiligen Tätigkeit nicht mehr ausgeführt werden können, und die Auflage macht: Sitzende Tätigkeit oder teilweise sitzende Tätigkeit muss angeboten werden! Es sind über 3.000 der rund 10.000 Leistungslöhner, die solche Auflagen des Arztes mit sich herumtragen.

Ich nenne das Einsatzziel „leidensgerecht", ohne dass das in dem Sinne eine Krankheit ist, sondern es sind Einschränkungen diverser Art. Dazu gehören auch einige wenige, die farbenblind sind und bestimmte Sachen nicht tun sollen, weil dort Signale verarbeitet werden müssen. Aber der wesentliche Brocken sind die Bewegungsapparaterkrankungen und Bewegungsapparateinschränkungen.

Dann haben wir das Thema des *leistungsgerechten Personaleinsatzes.* Alle Arbeitsplätze und Funktionsbereiche sind in irgendeiner Weise mit leistungspolitischen Kennziffern verbunden. Das sind Mengenleistungskennziffern, aber es sind zunehmend Leistungskennziffern, die etwas mit Soll-Personal zu tun haben, also nicht mit der Mengenleistung, weil in einer variantenreich fertigenden Fahrzeugfabrik die Menge allein keine Aussage hergibt. Die Anzahl der Autos ist nicht alles, denn ein kleiner Wagen mit einer Kabine und einer Pritsche hinten, der für eine Autobahnmeisterei gebaut wird, ist etwas völlig anderes als so eine Caravelle für 100.000 DM mit zwei Klimaanlagen und jeder Menge Plüschgedöns. Auch die Fertigungszeiten unterscheiden sich um einige hundert Prozent. Das heißt, es geht um den Fertigungszeitinhalt und die Anforderungen an Qualifikation, an Kompetenz, die das Auto verlangt, das in einer variantenreichen Fertigung über die Bänder läuft, Stellenanforderungen. Um alle diese Leistungskennziffern, von denen wir einige haben, muss sich die Personalabteilung kümmern, damit sie die Steuerung des Personals besser bewältigen kann.

Wir haben das Problem von Schonarbeit und Rehabilitation. Dr. Schuster hat gestern darauf hingewiesen, dass die *Gesundheitsquote* bei Volkswagen ein wichtiges Thema ist. Früher war es der Krankenstand, jetzt nennt man es Gesundheitsquote; das gleiche ist gemeint. Aber in der Umkehrung der Dimension thematisiert ist die gleiche Problematik hin und wieder doch einmal anders, so dass man über Gesundheit redet und nicht so sehr über Krankheit.

Wir haben das Problem, dass wir bei der großen Zahl von Beschäftigten immer einige 50 haben, die wiedereingegliedert werden müssen. Dazu gehören nicht unerheblich viele Nachsorgefälle nach Krebserkrankungen. Wir haben Fälle schwerster Diabetes. Da gibt es einen Bereich, wo wir eine bestimmte Art von Fertigung konzentriert haben, einfache Arbeit, leichte Arbeit, um überhaupt wieder an die Arbeit herangeführt zu werden, um nach langer Unterbrechung den Betrieb wieder kennenzulernen, um dann von dort aus möglichst wieder in die alten Stammabteilungen und Stammkostenstellen integriert zu werden. Das sind Aufgaben in zwei Feldern, Ziel vor allem, die Altersgrenze zu erreichen. Wir haben zwei Ansätze – "wir" meint jetzt die Interessenvertretungsseite –, wir haben im Unterschied zu manchen Auffassungen, von denen ich hier gehört habe, dass über *Gruppenarbeit* nicht mehr geredet wird, festgelegt, dass die Form Gruppenarbeit, die wir in Hannover vereinbart haben und für die wir die Managementorganisation sehr orientiert haben, die Basis ist für die zukünftige Arbeit in der Fabrik und damit auch die Rekrutierung, die Aufgabenzuschnitte, die Qualifizierung und alles, was daranhängt. Dazu gehört, dass es einen breiten Aufgabenzuschnitt gibt. Wir haben keinen Bereich, keine Gruppe von typischerweise zehn Leuten, wo nicht immer einer frei ist, nicht nur in dem Sinne, dass er die Gruppensprechertätigkeit macht – die Stellung des Gruppensprechers ist bei uns eine andere als üblicherweise in der Industrie –, sondern dass indirekte Tätigkeiten des Typs Wartung, Instandhaltung und Arbeitsumfeld dazugehören, dass qualitätssichernde Aufgaben und andere, die ich jetzt nicht erwähnen will, dazugehören. Mindestens zehn Prozent! In Rohbauten, Lackiererei, wo das Angebot an solchen Tätigkeiten größer ist, sind die Anteile deutlich über 30 Prozent. Das heißt, wir suchen nach möglichst breiten Aufgabenzuschnitten für die Produktionsgruppen, also nicht nur Arbeit am Produkt, sondern möglichst viel Arbeit im Umfeld gehört zu der Aufgabe dazu.

Die Aufgabenerfüllung geschieht in möglichst großer Gestaltungsfreiheit. Gesprächszeit eine Stunde pro Woche und Gruppe während der Arbeitszeit steht jedem zur Verfügung – eher ungewöhnlich. Wir haben Qualifizierungszeiten und Qualifizierungsansprüche in der Gruppe verankert, die von der Gruppe abgerufen und geplant werden. Es gibt Qualifizierungsplanung in den Gruppen. Wir haben dafür eine Prozessbegleitung. Das ist ein eigenes Thema. Damit müsste man sich länger befassen.

Wir haben bei der *Laufbahngestaltung* die Besetzung temporärer Arbeitsplätze nach Abstimmung mit dem Nadelöhr im Personalwesen verabredet. *Temporäre Arbeit* meint folgendes: In einer Automobilfabrik sind typischerweise mit dem Anlauf eines neuen Produktes sehr viele interessante Tätigkeiten, die sich durchaus über ein Jahr oder länger hinziehen, verbunden. Ein Produkt serienfertig machen, ein Produkt serienreif machen, heißt Prototypen bauen, heißt Vorserienfahrzeuge bauen, heißt Teilunterbauten des Autos herstellen, um sie den unterschiedlichsten Tests zu unterziehen, heißt aber auch die Baubarkeit des Produktes selbst zu prüfen und festzustellen, ob das Produkt in dieser Weise wirtschaftlich am sinnvollsten hergestellt werden kann, also Try-out-Aktivitäten der unterschiedlichsten Art. Wir haben für die Rekrutierung dieses Personals, das sonst für die Aufgabe und die dort verantwortlichen Führungskräfte sicherlich anders aussähe, im Personalwesen ein Nadelöhr geschaffen, wo darauf geachtet wird, dass das für diese Leute, die temporär dort sind und wieder woandershin zurückgehen, ein Teil ihrer Laufbahn ist. Man kann sagen, dass diejenigen, die das damals beim LT-Anlauf, als wir damit angefangen haben, mitgemacht haben, noch heute in ihren Gruppen von ihrer Arbeit und dieser Zeit als ausgesprochen interessanter berichten. Wenn heute jemand weiß, dass er daran einmal teilnehmen kann, im Sinne dieses Anspruchs einer Perspektive, einer Ahnung davon, dass man einmal drankommt, auch so etwas zu machen, ist das etwas, was für ihn ausgesprochen wichtig ist. Es gibt verschiedene Sachen, die sich auch mit der Fabrik selbst, mit der Maschinerie, beschäftigen. Wir sind dabei, horizontale Karrieren zu entwickeln, das heißt, Aufgaben-Cluster miteinander in Beziehung zu setzen, so dass wir Angaben darüber machen können, wie ein Verlauf im Sinne dieser Betriebsvereinbarung in der Fertigung aussehen kann. Dazu gehört auch, dass die Durchlässigkeit der unterschiedlichen Fertigungsbereiche sowohl horizontal als auch vertikal, die Durchlässigkeit zwischen Leistungslohn-, Zeitlohn- und Gehaltsbereich, gesichert ist. Voraussetzung dafür ist beispielsweise ein gemeinsamer Entgelttarifvertrag, der dieses erleichtert. Diesen haben wir bei Volkswagen als Haustarifvertrag, so dass die Durchlässigkeit waagerecht und senkrecht, also horizontal und vertikal, als Voraussetzung für eine halbwegs gelungene Laufbahngestaltung jetzt wohl da ist.

Wir haben *Wiederbesetzungsketten* im Rahmen der Altersteilzeit gebildet. Nicht „Karl-Heinz geht raus, und ein Jüngerer übernimmt den Arbeitsplatz“, sondern „Karl-Heinz geht raus, einer, der schon lange da ist, mit ihm zusammengearbeitet hat, besetzt den Platz, der macht wieder einen frei“. So kommt man zu Ketten und Bewegungen von eins zu fünf bis eins zu acht, je nach Art der Tätigkeit, und man hat mehrfach Leuten geholfen, auch im Sinne von „Ich kriege etwas Neues, eine andere Arbeit mit allen damit verbundenen positiven, aber auch Ansprüche formulierenden Effekten, die das in der Fabrik auslöst“.

Es geht darum, in der Zukunft – das ist noch ein etwas unterentwickeltes Feld – die *Überwachung von Verweilzeiten auf Verschleißarbeitsplätzen* in unsere Personalentwicklungsplanung einzubauen. Wir haben Arbeitsplätze in der Fabrik, von denen wir wissen, dass die Verweilzeit darauf mit an Sicherheit grenzender Wahrscheinlichkeit Gefährdungen, auch vom Arzt prognostizierte Gefährdungen, und gesundheitliche Einschränkungen mit sich bringt. Wir wollen eine Überwachung einziehen, damit die Leute trotz guter Eignung und guter Leistung, noch guter Leistung, irgendwann dort abgezogen werden. Gefährdungsanalysen und Arbeitsgestaltung sind dazu geeignet. Die Instrumente im einzelnen überspringe ich jetzt. Wir arbeiten jetzt an Gesundheitszirkeln, um da auch noch genauer Bescheid zu wissen, die Leute stärker einzubeziehen.

Wir sind dabei, eine *arbeitsplatznahe Personalarbeit* zu institutionalisieren, wie wir sie punktuell bei größeren Versetzungsaktionen in der Vergangenheit erfolgreich gemacht haben, wie zum Beispiel beim Abbau der Kabelfertigung – 1.200 Leute, noch sind es ungefähr 350, die dort beschäftigt sind. Das ist mit einem Versetzungsbüro vor Ort geschehen. Das heißt, die Personalabteilung hatte ein Büro in diesem Bereich und war unmittelbar erreichbar. So eine Fabrik müssen Sie sich auch als einen Riesenstadtteil vorstellen. Die waren also vor Ort, kannten ihre Leute. Nach einer gewissen Zeit gibt es dann eine ganz andere Art von Personalarbeit. Wir brauchen die glaubwürdige Hilfe in Einzelfällen durch unser *AL-Zentrum.* Dort sind Arbeit und Leistung verbandelt, das, was ich vorhin versucht habe zu beschreiben. Das sind aus der Abteilung in ein Sonderfeld herausgezogene Leute, die dann an besonderen Stellen arbeiten, Sondermontagen durchführen können.

Wir haben einen *Steuerkreis für Fertigungs-/Dienstleistungstiefe* gegründet. Wichtig dabei ist, dass es uns um so etwas wie eine unternehmerische Konstruktion geht, die in dem Sinne komplett ist, dass alle Formen von Arbeit, Arbeitsanforderungen angeboten werden, von denen wir annehmen, dass wir sie in Zukunft noch brauchen, um diese Beschäftigten gesund bis zur Rente zu bringen. Wir gehen von Qualifikationsanforderungsanalysen unserer Belegschaft aus und sagen: Wenn wir die bis zur Rente beschäftigen wollen, dann müssen wir einem Teil der Menschen – weil wir nicht erkennen können, dass sie einmal etwas grundsätzlich anderes lernen können – eine bestimmte Art von Arbeit anbieten. Deshalb durchsuchen wir alle ausgeschriebenen Fertigungs- und Dienstleistungsumfänge auch unter diesem Aspekt auf ihr Potenzial, ob wir es wettbewerbsfähig selbst machen können.

Montagen hatte ich schon angesprochen. Altersteilzeit ist weiterhin eine wichtige Forderung. *Mitbestimmung der Aufbau- und Ablauforganisation* meint folgendes: Wenn man den Führungskräften vor Ort in Cost-Center-Strukturen, in Cost-Unit-Strukturen, will heißen mit einem hohen Maß an Verantwortung für ihren Fertigungs- und Dienstleistungsbereich, auch Personalverantwortung gibt, ihnen Verantwortung für pfleglichen Umgang mit dem Personal auflastet, dann müssen sie auch die Ressourcen haben, um das tun zu können. Das bedeutet, man muss die Aufgabenzuschnitte, die Organisationszuschnitte und die Kompetenzen in den Abteilungen oder *cost units* so gestalten, dass darin auch die Dinge vorkommen, mit denen sich diese Leute helfen können. Das bedeutet, man muss die Aufbau- und Ablauforganisation beraten. Es muss gewisse Vollständigkeiten im Sinne von gesunden Strukturen geben. Ich kann nicht jemandem eine Zuständigkeit geben und sagen: „Aber im übrigen müssen die Leute bei dir bis 60 arbeiten können." Das wird nicht funktionieren.

Personal für Querschnittsaufgaben ist aus der Stamm-Mannschft zu rekrutieren. Wir wollen davon abkehren, auch wenn das immer noch eine Rolle spielt, auch bei Betriebsräten hin und wieder passiert, dass gesagt wird: Karl-Heinz ist der Sohn vom Willi, kannst du den nicht beim Werkschutz unterbringen? – Das ist ein Mann mit 30, kräftig, der sitzt dann in der Kabine und macht die Pförtnertätigkeit, die ohne Frage ein Erfahrener mit 55 oder 58, der die Fabrik gut kennt, genauso gut machen könnte. Wir wollen Nadelöhre mit Tätigkeiten, die geeignet sind, Älteren in der Fabrik eine Perspektive zu geben, anders besetzen.

Es soll frühzeitig Informationen über anstehende Veränderungen geben. Das heißt, wir brauchen eine ordentliche *betriebliche Öffentlichkeitsarbeit,* damit es nicht allein auf die Eigeninitiative ankommt: „Ich will mal gucken, was man da machen kann, denn da hinten ändert sich ja etwas". Diese Information muss an die Leute herankommen. Sonst läßt sich nicht damit rechnen, dass sich irgend jemand für irgendeine Art von Arbeit interessiert und sich bei der Personalabteilung dafür meldet. Wir haben den Versuch gemacht – und sind noch dabei –, die Personaleinsatzverantwortung von der Personalentwicklungsverantwortung zu trennen. Personalentwicklungsplanung beim Personalwesen, Personaleinsatzverantwortung bei den Führungskräften in den Fertigungsbereichen. Das bedeutet, dass die langfristigen Aufgaben, die auch nach der eingangs festgehaltenen Orientierung der Führungskräfte gar nicht bei denen abgeleistet werden können – diese Verantwortung kann nicht wirklich umgesetzt werden –, dorthin gebracht werden, wo sie hingehören, nämlich in die Personalabteilung, mit der wir die Verabredungen darüber treffen, während die Verantwortung für die Personaleinsatzplanung bei den Führungskräften vor Ort liegt.

Personalentwicklung im Lohnbereich nicht nur im Gehalt vorsehen. Das spielte auch bei den Thesen von Frau Dr. Morschhäuser eine Rolle. Personalentwicklung spielt bei Volkswagen für die Führungsnachwuchskräfte eine große Rolle, im Lohnbereich gar nicht. Wir werden das etablieren und auch genauso nennen.

Man kann nicht mehr so vorgehen: Mit 20 ans Band und mit 60 dort abholen. Das ist auch allen klar. Daran wird zu arbeiten sein. Wir wollen in unserer Arbeit als Interessenvertretung eine Gewichtsverschiebung von den reaktiven zu den vorbeugenden Ansätzen erreichen, nicht das eine mit dem anderen austauschen, aber doch eine leichte Gewichtsverschiebung.

Ich zeige Ihnen noch das, was alle hier bewegt, als Bild, die aktuelle Altersstruktur dieser Fabrik. Lohn! Im Bereich ab 57 Jahren haben die Leute schon Altersteilzeitverträge geschlossen, das heißt, sie werden in den nächsten Jahren rausgehen und haben, was ihre Einkommenssituation angeht, eine vertraglich gesicherte passable Zukunft vor sich. Wenn der Berg in diesem Bereich weg ist – das war ein Riesenberg –, rollt der nächste von da hinten auf uns zu. Mit der Bewältigung dieses Berges waren ganz gravierende Know-how-Transfer-Probleme verbunden. Ich habe nur „Lohn“ drangeschrieben. Wenn ich das weiter differenziert hätte, was ich bei einem Blatt getan habe, in Leistungslohn-, Zeitlohn- und andere Lohnbeschäftigte, dann würde man sehen, dass das die Know-how-Träger sind. Das sind die Leute, die im Presswerk Werkzeuge einarbeiten. Wenn die gehen, ist hinten ein Loch, und dann kommen die, die erst seit fünf oder acht Jahren als Werkzeugmacher in der Fabrik sind. Das ist mit einigen Problemen verbunden gewesen, was uns dazu gebracht hat, dieses so zu tun und die nächste Welle, die nachkommt, hoffentlich anders zu bewältigen.

Dr. Gudrun Trautwein-Kalms,
Wirtschafts- und Sozialwissenschaftliches Institut (WSI)
in der Hans-Böckler-Stiftung,
Düsseldorf

Zusammenfassung

Die Ist-Analyse zur Beschäftigung älterer Arbeitnehmerinnen und Arbeitnehmer stimmt nicht gerade optimistisch: Die Personaleinsatzplanung orientiert sich in der Regel an ökonomischen Prinzipien und ist kurzfristig angelegt. Langfristige Prozesse und möglicherweise in der Zukunft entstehende „Altersprobleme" spielen keine Rolle. Beispiele für eine alternsgerechte Personaleinsatzplanung sind äußerst rar und immer gefährdet. So wird etwa ein alternsorientiertes Rotationsmodell zur Qualifizierung der Beschäftigten bei einem Unternehmen der Energiewirtschaft aufgrund verschärfter Marktkonkurrenz und umfassender Umstrukturierungen aktuell nicht mehr verfolgt.

Dennoch gibt es auch positive Erfahrungen, aus denen Anregungen für Gestaltungsmöglichkeiten der Arbeit für Ältere abgeleitet werden können, wobei jedoch zugleich immer auch die Bedingungen für deren Realisierung reflektiert werden müssen: Bei einer wirksamen alternsgerechten Personaleinsatzplanung müssen Qualifizierungsmaßnahmen, Personaleinsatzmaßnahmen und Arbeitsgestaltung verknüpft werden und zugleich organisatorische Weichenstellungen erfolgen; sie kann sich nicht allein auf Qualifizierung (Schlagwort: lebenslanges Lernen) stützen. So können Gruppen- bzw. Teamarbeit und Aufgabenrotation (einschließlich der Einplanung von Qualifizierungszeiten), verbunden mit flankierenden Regelungen gegen zu hohe Leistungsintensität, dazu beitragen, dass ältere Mitarbeiter ihre Fähigkeiten entfalten und länger produktiv bleiben können. Dazu gehört aber auch eine horizontale Entwicklungs- und Laufbahnplanung. Beispielsweise zielt ein laufbahnorientiertes Personaleinsatzkonzept bei VW Nutzfahrzeuge darauf, Wiederbesetzungsketten zu bilden: Nimmt ein Beschäftigter Altersteilzeit in Anspruch, so geht es darum, in einer Art von „Kettenreaktion" nicht nur einen, sondern mehrere Beschäftigte in jeweils für sie attraktivere Positionen zu versetzen. „Best practice"-

Beispiele sind häufig recht eindrucksvoll, dürfen aber nicht einfach als Empfehlung für andere Betriebe übernommen werden. Wenn die mit ihnen verbundenen Ziele breitere Durchsetzung erfahren und Wirkung entfalten sollen, müssen die jeweiligen Rahmenbedingungen/betrieblichen Voraussetzungen sorgfältig geprüft und die Gestaltungskonzepte darauf angepasst werden. Einbezogen werden müssen also auch die spezifischen Bedingungen und Akteure, die in Prozessen des Alterns im Betrieb eine Rolle spielen.

Für das Thema Altern im Betrieb und die Rolle der Personaleinsatzplanung sind die *betrieblichen Machtstrukturen und Gestaltungsspielräume* zentral. Reale Bedeutung und innerbetrieblicher Status der Personalabteilung sollten nicht überschätzt werden („Wer will schon Personalmanager werden im Vergleich zum Vertrieb, zum Finanzbereich?"); gemeinhin werden die Personalabteilungen eher ausgedünnt und arbeiten reaktiv. Wenn Personalplanung mit ihren quantitativen und qualitativen Dimensionen realisiert werden soll, müsste sie Bestandteil der turnusmäßigen übergreifenden Planungsrunden im Unternehmen sein und denselben Planungshorizont wie andere Vorstandsbereiche beanspruchen können. Das bedeutet allerdings eine Veränderung der üblichen Unternehmenskultur , auf die sich auch die Vorstandsmitglieder einlassen müssen.

Die Personalabteilungen selbst müssen sich auch auf neue, z.B. psychologisch fundierte Aufgaben einstellen und – angesichts zunehmender Anforderungen der Unternehmen an individuelle Flexibilität und Eigenverantwortung – bei den Beschäftigten Verständnis wecken, dass man sich im Verlaufe seines Arbeitsleben auch verändern muss und kann. Der gesundheitlich angeratene Wechsel von Arbeitspositionen z.B. ist möglicherweise dem Einzelnen aus verschiedenen Gründen (Geld, Arbeitsbeziehungen, familiärer Umkreis) nicht einsichtig. Angesichts des demographischen Wandels und der Tatsache, dass bei älteren Erwerbstätigen chronische Erkrankungen dominieren, die sich langfristig herausbilden (Muskel- und Skeletterkrankungen, Herz-Kreislauf-Erkrankungen), sind Prävention und Erhalt der Gesundheit jedoch absolut zentrale Aufgaben. Die Beschäftigten müssen deshalb in die Lage versetzt werden, stärker selbst aktiv für gesundheitliche Prävention im Hinblick auf die Alternsproblematik zu werden. Allerdings dürfen die Mitarbeiter dabei nicht allein gelassen werden, sondern müssen für ihre persönlichen Entscheidungen sowohl individuelle Beratung (Personalabteilung oder deren Beauftragte/Betriebsrat) in Anspruch nehmen als auch auf verlässliche Betriebspraxis zurückgreifen können. Es gibt in etlichen Unternehmen Betriebsvereinbarungen, die berufliche Entwicklungsmöglichkeiten regeln, aber erst wenige, die dabei auch Prävention im Blick haben.

Die Arbeitsorganisation sollte diese Zielsetzung unterstützen und sich an dem in der gewerkschaftlichen Humanisierungsdiskussion geprägten Slogan „Kein Tausch von Gesundheit gegen Geld" orientieren. Betriebsräte müssen sich zwar noch zu häufig dem Wunsch der Beschäftigten nach Zusatzeinkommen beugen, jedoch gibt es auch Gegenbeispiele. So werden in einem Drei-Schicht-Betrieb die Schichtpläne gezielt so organisiert, dass der Einzelne nur zeitlich begrenzt im Drei-Schicht-System arbeiten darf, jeder die entsprechenden Zuschläge also auch nur vorübergehend verdienen kann.

Auch die *Betriebsräte* müssen ihre Arbeit umstrukturieren, auch in ihren eigenen Gremien Organisationsentwicklung betreiben und eine andere Arbeitsverteilung – etwa eine Verschränkung ihrer bisher spezialisiert arbeitenden Ausschüsse – vornehmen, um sich den veränderten Aufgaben besser stellen und sich zugleich souveräner in einem wachsenden Spannungsfeld orientieren zu können: Sie sollen interessenbewusstes Co-Management sein, „gleichzeitig aber ganz tief in den Problemen der einzelnen Menschen im Betrieb wurzeln" (Zitat aus der Diskussion). Nicht zuletzt haben *die Tarifpartner* dabei eine wichtige Aufgabe: Verlässliche kollektive Regelungen – bei VW der Haustarifvertrag mit Beschäftigungssicherung – können Veränderungsdruck ausüben, die Arbeitsbedingungen für ältere Beschäftigte umzugestalten.

Auf der *staatlichen Ebene* muss der gesundheitlichen Prävention ebenso eine stärkere Rolle zukommen; dafür können und müssen die Möglichkeiten der Arbeitsschutzgesetzgebung stärker genutzt werden. Zu berücksichtigen ist dabei, dass die Arbeitswirklichkeit nicht nur aus Großbetrieben mit etablierten Interessenvertretungsstrukturen besteht, sondern dass auch die mittelständischen Betriebe und insbesondere die im Strukturwandel entstehenden Kleinstbetriebe – etwa in der Medienbranche – nicht aus dem Blick geraten dürfen. Hier sind verstärkt die traditionellen Institutionen im *intermediären Bereich* gefordert. So sollten die Sozialversicherungsträger verstärkt und gerade im Bereich des präventiven Gesundheitsschutzes überbetriebliche Maßnahmen ergreifen und unterstützen. Die Institutionen der Sozialversicherung tun sich z.Zt. noch recht schwer, die im Arbeitschutzgesetz formulierte Zielsetzung einer menschengerechte Gestaltung der sozialen Beziehungen auch als ihre Aufgabe zu begreifen. Auch die Krankenkassen könnten in Zusammenarbeit mit Betrieben, auch im kleinstbetrieblichen oder kleinstunternehmerischen Sektor, wo kaum eine kollektive Interessenvertretung anzutreffen ist, solche Zukunftsaufgaben übernehmen. Erfolgreiche Beispiele – etwa berufsbegleitende Seminare mit Lebenspartnern für spezielle Zielgruppen, zum Beispiel Schichtarbeiter oder auch Ältere im Übergang vom Berufsleben in den Ruhestand – zeigen, dass dies möglich ist. Um die mit Personalentwicklung in Klein- und Kleinstbetrieben verbundenen Fragen anzugehen, sollten Kooperationen mit Institutionen wie Handwerksverbänden, Kammern usw. geprüft werden.

Abschließend eine *Anregung für den Forschungsschwerpunkt „Demographischer Wandel"*. Erforscht wurden bisher nur Arbeitsbereiche, in denen vorwiegend Männer arbeiten. Man fragt sich fast, ob Frauen nicht alt werden. Frauen, auch ältere Frauen, werden aber zunehmend erwerbstätig, wollen auch zunehmend erwerbstätig sein und sind häufig gerade in solchen Arbeitsbereichen beschäftigt, die

Sackgassenberufe darstellen wie Friseurin oder Arzthelferin. Deshalb sind hier Fragen wie „Karriereplanung“ besonders wichtig und sorgfältig zu durchdenken, auch deswegen, weil Frauen es nach der Familienphase immer schwerer haben, wieder beruflichen Zugang beispielsweise zu Bürobereichen oder zur Industrie zu finden. Jedenfalls ahnt man, dass dies so ist. Aber es gibt keine Untersuchungen und wissenschaftlichen Befunde darüber.

Arbeitsgruppe 7

Anforderungen an Arbeitsmarkt und Sozialpolitik

Professor Fritz Böhle,
Universität Augsburg

Alter und Arbeit – Erwerbsarbeit zwischen Markt und Staat als neue Herausforderung für die Arbeitsmarkt- und Sozialpolitik[1]

Die folgenden Überlegungen befassen sich mit den gesellschaftlichen Folgen der Ausgliederung Älterer aus dem Beschäftigungssystem und neuen Wegen zu ihrer Bewältigung. Sie gehen davon aus, dass die sich seit langem abzeichnende gegenläufige Entwicklung zwischen der altersbedingten Ausgliederung aus dem Beschäftigungssystem einerseits und der allgemeinen Lebenserwartung andererseits auch zukünftig fortsetzt. Durch die – dringend notwendige Gegenläufigkeit und mit allen Mitteln zu unterstützende – Forderung und Förderung einer alternswie altersgerechten Arbeitsgestaltung kann dies zwar beeinflusst werden, jedoch scheint es unrealistisch, hier mit grundlegenden Veränderungen zu rechnen. Angesichts der Entwicklungen im Beschäftigungssystem und auf dem Arbeitsmarkt wäre schon viel erreicht, wenn damit zumindest eine weitere Verschärfung dieser Entwicklung vermieden werden könnte.

Vor diesem Hintergrund sei gezeigt, in welcher Weise die gesellschaftspolitische Förderung von Erwerbsarbeit zwischen Markt und Staat eine neue Herausforderung und Perspektive für die weitere Entwicklung der Arbeitsmarkt- und Sozialpolitik darstellt. Aufgegriffen und verbunden werden damit neue Probleme der sozialen Sicherung Älterer sowohl auf dem Arbeitsmarkt als auch bei Erreichung der Altersgrenze. Leitend ist dabei die These, dass sich zukünftig die sozialen und individuellen Folgen einer längerfristigen Ausgliederung durch „Lohn-Ersatz-Lei-

1 Für Diskussion und Anregungen danke ich G. Endres und E. Kistler.

stungen" kaum mehr angemessen bewältigen lassen, und zwar sowohl hinsichtlich ihrer Wirksamkeit als auch sozialen Akzeptanz. Dabei ergeben sich zum einen Anknüpfungen an gegenwärtig bestehende Bestrebungen, das Verständnis von Arbeit zu erweitern und gesellschaftlich nützliche Tätigkeiten jenseits von marktwirtschaftlich und staatlich organisierter „Erwerbsarbeit" gesellschaftlich aufzuwerten und zu fördern (Eigenarbeit, Hausarbeit, Bürgerarbeit, informelle Ökonomie u.a.); zum anderen besteht jedoch ein wichtiger Unterschied im Verständnis von „Erwerbsarbeit". Im Mittelpunkt steht nicht „Arbeit jenseits von Erwerbsarbeit", sondern „Erwerbsarbeit jenseits ihrer marktwirtschaftlichen und staatlichen Organisation". Eröffnet werden soll damit die Möglichkeit, auch bei einer dauerhaften altersbedingten Ausgliederung aus dem Beschäftigungssystem, ergänzend zur Inanspruchnahme von Leistungen der Systeme sozialer Sicherung, weiterhin durch Arbeit zur Aufrechterhaltung der ökonomischen Sicherung und sozialen Integration beitragen zu können. In dieser Perspektive seien im folgenden zunächst die hierfür maßgeblichen Entwicklungen auf dem Arbeitsmarkt (Kapitel 1) und neue Probleme und Anforderungen für die Arbeitsmarkt- und Sozialpolitik (Kapitel 2) dargestellt. Daran anschließend wird das Konzept sozialpolitisch geförderter und gestützter „Erwerbsarbeit" zwischen Markt und Staat näher ausgeführt (Kapitel 3).

1. Ungleichgewichte auf dem Arbeitsmarkt und Risiken für Ältere

Die Prognose, dass die Erwerbsbevölkerung zunehmend altert und entsprechend auf dem Arbeitsmarkt tendenziell weniger jüngere Arbeitskräfte zur Verfügung stehen (vgl. Wolff in diesem Band), besagt nicht, dass sich damit auch die Beschäftigungschancen für Ältere zukünftig wesentlich verbessern. Auch wenn sich hieraus Anpassungszwänge für Unternehmen ergeben und insofern eine alterns- wie auch altersgerechte Gestaltung von Arbeits- und Beschäftigungsbedingungen gefördert wird, sind gleichwohl Entwicklungen zu berücksichtigen, durch die die Position älterer Arbeitskräfte auf dem Arbeitsmarkt weiter beeinträchtigt und gefährdet wird.

1.1 Quantitative Ungleichgewichte zwischen Angebot und Nachfrage auch bei wirtschaftlichem Wachstum

Auch bei wirtschaftlichem Wachstum ist mit quantitativen Ungleichgewichten zwischen der Nachfrage nach Arbeitskraft und dem Angebot zu rechnen. Rückblikkend wird erkennbar, dass die für die Entwicklungen nach dem Zweiten Weltkrieg charakteristische Vollbeschäftigung nicht nur auf wirtschaftlichem Wachstum, sondern auch auf einer vergleichsweise hohen Arbeitsintensität sowohl im Bereich von Dienstleistungen, Verwaltung und Handwerk als auch in weiten Bereichen industrieller Produktion beruhte. Ausschlaggebend für das sich – spätestens seit Ende der 80er Jahre – abzeichnende „Ende der Vollbeschäftigung" sind vor diesem Hintergrund nicht Veränderungen im wirtschaftlichen Wachstum und Einschränkungen der Produktion, sondern die auf der Basis der Mikro-Elektronik und Informatisierung eröffneten neuen Möglichkeiten der Technisierung und Steigerung von Produktivität sowie die Rationalisierungseffekte neuer Formen der Arbeits-, Betriebs- und Unternehmensorganisation (vgl. Walwei 1999, S. 56 f.). Des weiteren richten sich nun Prozesse der Technisierung und Rationalisierung nicht mehr nur auf den Bereich industrieller Produktion (im engeren Sinn), sondern verstärkt auf Dienstleistungen und Verwaltung (vgl. Thome 1998). Dies wird sich zukünftig fortsetzen und führt dazu, dass auch durch die Entstehung neuer Wirtschafts- und Beschäftigungsbereiche (Medien, Dienstleistungen u.a.) die quantitative Nachfrage nach Arbeitskraft insgesamt keine nennenswerte und insgesamt dauerhaft wirksame Ausweitung erfährt (vgl. Konrad 1999).

Diesen Entwicklungen auf seiten der Nachfrage nach Arbeitskraft steht eher ein zu- als abnehmendes Angebot an Arbeitskräften gegenüber. Durch die demographische Entwicklung werden zwar Zugänge zum Arbeitsmarkt tendenziell eingeschränkt (Geburtenrückgang), zugleich bleibt jedoch auch zukünftig „Erwerbsarbeit" ein zentraler Bezugspunkt individueller Lebensgestaltung und des Arbeitsmarktverhaltens. Im besonderen gilt dies für bislang nur begrenzt in das marktwirtschaftlich und staatlich organisierte Beschäftigungssystem integrierte Bevölkerungsgruppen. Auch wenn z.B. Frauen teils freiwillig temporäre Unterbrechungen der Erwerbsarbeit oder/und Teilzeitarbeit wählen, besteht zugleich insgesamt eine eher zunehmende „Erwerbsneigung" und entsprechende Erwartungen an eine Integration in das Beschäftigungssystem (vgl. Hilpert 2000; Kistler/Sing 2000; Walwei 1999, S. 53 f.). Des weiteren ist angesichts der fortschreitendern Internationalisierung und Globalisierung in hochindustrialisierten Ländern auch zukünftig mit einer Zuwanderung von Arbeitskräften zu rechnen.

Forciert werden diese Entwicklungen auf seiten des Angebots nicht nur durch die Auflösung traditioneller Lebensformen und ökonomische Interessen. Speziell bei Jugendlichen zeigt sich darüber hinaus ein hoher Stellenwert von Erwerbsarbeit für die Identitätsentwicklung und Selbstverwirklichung (Heinze/Keupp 1997, S. 109 f.). Postmaterialistische Werte werden nicht nur in der Freizeit u.ä. gesucht, sondern führen auch zu neuen Ansprüchen an Arbeit (Rosenstiel 1993; Inglehart 1998). Erwerbsarbeit als Ort der „Sinnstiftung" nimmt somit keineswegs im Zuge der Ausweitung der Konsum- und Erlebnisgesellschaft ab; sie gewinnt vielmehr einen neuen Stellenwert gerade in dem Maße, wie sinnstiftende Angebote in anderen gesellschaftlichen Bereichen (Religion, Ethik, kollektive Traditionen) sich auflösen (Baethge 1991). Identität mag zukünftig möglicherweise nicht (mehr) durch die berufliche Tätigkeit allein, sondern eher durch die Teilhabe an unterschiedlichen gesellschaftlichen Bereichen entwickelt werden; die Integration ins System der Erwerbsarbeit bleibt offenbar jedoch auch zukünftig ein zentrales Element solcher (neuen) Formen der Identitätsbildung (vgl. Straus/Höfer 1994).

1.2 Besondere Risiken für ältere Arbeitnehmer

Berücksichtigt man neben quantitativen Ungleichgewichten auf dem Arbeitsmarkt auch qualitative Veränderungen in den Arbeits- und Beschäftigungsbedingungen, so zeigt sich, dass in der Konkurrenz um Arbeitsplätze – speziell für Ältere – Risiken der Ausgliederung und Hemmnisse für eine Wiedereingliederung bestehen. Besonders ins Gewicht fällt dabei, dass dies nicht nur durch traditionelle Belastungen und Restriktionen industrieller Arbeit verursacht wird, worauf bislang ein Schwerpunkt von Bestrebungen zur Schaffung alterns- und altersgerechter Arbeitsbedingungen lag (Abbau körperlicher Belastungen, einseitiger Anforderungen u.a., vgl. Naegele 1992). Vielmehr entstehen auch bei fortschreitender Technisierung und neuen Formen der Arbeits- und Betriebsorganisation Arbeits- und Beschäftigungsbedingungen, die sowohl einer alterns- als auch altersgerechten Beschäftigung entgegenstehen. Exemplarisch hierfür sind Zeitdruck und psycho-soziale Belastungen, die zumeist pauschal als „Stress" bezeichnet und vielfach schon zur Normalität des Arbeitslebens gerechnet werden. Ferner eröffnen neue Anforderungen an Flexibilität, Engagement und Selbstverantwortung nicht nur neue Chancen, sondern führen auch zum Zwang der beständigen Erneuerung von Wissen, Anpassung von Kenntnissen und Einsatz möglichst „rund um die Uhr". Es sei nicht behauptet, dass „Ältere" solchen Anforderungen nicht gerecht werden können. Jedoch verbinden sich damit sowohl neue Gefährdungen der Arbeits- und Leistungsfähigkeit (Böhle et al. 1993) als auch eine Beeinträchtigung biographischer und sozialer Ansprüche an eine altersgerechte Beschäftigung. Letzteres bezieht sich nicht nur auf altersbezogene „Defizite", sondern vor allem auch auf besondere altersbezogene Kompetenzen (wie z.B. ein spezielles Erfahrungswissen oder die Skepsis gegenüber einer allzu vorbehaltslosen Einsatzbereitschaft und Akzeptanz von „Neuem"). Arbeits- und Anpassungsprobleme älterer Arbeitnehmer sind nicht nur auf fachliche Kompetenzen und Fähigkeiten zur Bewältigung neuer Anforderungen zu verkürzen. Ebenso wichtig ist auch die Interessenlage Älterer und daraus resultierende Konflikte zwischen betrieblichen Anforderungen auf der einen Seite und beruflichen Orientierungen sowie Ansprüche an die Synchronisation von Arbeit und Lebensgestaltung insgesamt auf der anderen Seite (vgl. Schachtner 1990).

Eine weitere Verschärfung der hieraus resultierenden Risiken für Ältere ergibt sich durch das Wegbrechen traditioneller altersbezogener Berufsverläufe. Neue Formen der Betriebsorganisation, die zur Verflachung von Hierarchien führen, sowie die forcierte Rationalisierung im Angestellten- und Dienstleistungsbereich bewirken – zumeist als ungeplante Nebenfolge – , dass traditionelle Berufsverläufe wie der Wechsel von einer direkt produktiven Tätigkeit in den Angestelltenbereich oder die Synchronisation von Wissen und Erfahrung einerseits und größeren zeitlichen und inhaltlichen Dispositionsspielräumen andererseits aufgelöst werden, ohne dass hierfür ein nennenswerter Ersatz geschaffen wird (vgl. Behrens et al. 1999). Und schließlich finden sich auch Bestrebungen, negative Folgen einer Verjüngung der Belegschaft (wie z.B. den Verlust von Erfahrungswissen in Unternehmen) zu kompensieren. So zielen neue Konzepte des Wissensmanagements auch darauf ab, das in langjährig tätigen Experten inkorporierte Wissen personenunabhängig verfügbar zu machen (vgl. Wehner et al. 1999). Auch wenn dies de facto nur begrenzt gelingt, werden hiermit traditionelle Beschäftigungsgarantien für Ältere aufgeweicht.

Hinsichtlich der Chancen einer Wiedereingliederung ergeben sich für Ältere darüber hinaus besondere Risiken aus einer zunehmenden Heterogenität und Pluralität von Arbeits- und Beschäftigungsbedingungen. So entstehen attraktive Beschäftigungsformen etwa im Umfeld neuer Informations- und Kommunikationstechnologien (Informatik, Medien) ebenso wie schlecht bezahlte und belastende Tätigkeiten etwa im Bereich „einfacher" Dienstleistungen (McDonald-Jobs). Verschärft wird dies durch eine wachsende Pluralität und Heterogenität von Beschäftigungsformen (Teilzeitarbeit, Telearbeit, neue Selbständigkeit etc.) nicht nur zwischen, sondern auch innerhalb einzelner Beschäftigungssegmente (vgl. Kratzer et al. 1999). Ein Wechsel der beruflichen Tätigkeit – so wie er vielfach zukünftig als Normalität diagnostiziert wird – ist angesichts dieser Entwicklung nicht mehr nur eine Frage der „Anpassung an neue Qualifikations- und Arbeitsanforderungen". Mit der Auflösung der „Normalarbeit" ist bei einem Tätigkeits- und Betriebswechsel auch mit weitreichenden Veränderungen in den jeweiligen Arbeits- und Beschäftigungsbedingungen insgesamt zu rechnen. Die von den Arbeitnehmern geforderte Flexibilität wird damit speziell bei zunehmendem Alter nicht nur zu einer Frage der „beruflichen Anpassungsfähigkeit", sondern berührt auch insgesamt die jeweils entwickelten sozialen Arrangements zwischen beruflicher Tätigkeit und anderen Lebensbereichen bzw. Formen der Lebensgestaltung.

2. Grenzen der Arbeitsmarkt- und Sozialpolitik und neue Anforderungen

Die skizzierten Entwicklungen auf dem Arbeitsmarkt unterstreichen, dass die Forderung wie Förderung einer alterns- und altersgerechten Arbeitsgestaltung eine zentrale arbeitsmarkt- und sozialpolitische Aufgabe ist (vgl. Pack et al. 1999, S. 30 ff. und andere Beiträge hierzu in diesem Band). Sie verweisen u. E. aber auch darauf, dass damit zwar das Risiko der Ausgliederung für ältere Arbeitnehmer eingeschränkt, aber keineswegs flächendeckend verhindert werden kann. Des weiteren orientiert sich der Erfolg solcher Maßnahmen an der Vermeidung einer „vorzeitigen" Ausgliederung. Die Ausgliederung bei Erreichung der Altersgrenze und deren Folgen gerät entsprechend hierbei kaum in den Blick. Unsere These ist demgegenüber, dass sich das Problem der Beschäftigung Älterer zukünftig nicht mehr entlang der institutionell definierten Grenzen zwischen Erwerbsarbeit und Arbeitsmarkt einerseits und der altersbedingten Ausgliederung aus Erwerbsarbeit andererseits angemessen bewältigen lässt. Das Problem der vorzeitigen Ausgliederung aus dem Beschäftigungssystem verschärft den Druck, sich hiermit auseinanderzusetzen. Es bringt damit aber letztlich eine Problemlage zum Vorschein, die auch unabhängig hiervon eine hohe gesellschaftspolitische Brisanz hat. Die zunehmende Schere zwischen der vorzeitigen altersbedingten Ausgliederung Älterer einerseits und der institutionell festgelegten Altersgrenze der Systeme sozialer Sicherung andererseits (Pfaff 1999) ist dabei nur eine Seite des Problems; die andere ist, dass sich mittlerweile auch bei Erreichung der Altersgrenze der Zeitraum der Ausgliederung über ein bis zwei Jahrzehnte erstreckt und in der Tendenz eher zu- als abnimmt.

Die Forderung nach einer Reduzierung des Eintrittsalters in die Systeme sozialer Sicherung trifft vor diesem Hintergrund insofern durchaus einen richtigen Sachverhalt, als sie die vorzeitige Ausgliederung älterer Arbeitnehmer als einen sozialen Tatbestand zur Kenntnis nimmt. Die Form der Problembearbeitung jedoch verbleibt in den durch das bestehende System vorgegebenen Grenzen und führt damit bestenfalls zu einer Problemverschiebung Notwendig erscheinen demgegenüber qualitative Ergänzungen in den Formen, mit denen versucht wird, die Folgen einer Ausgliederung aus Erwerbsarbeit zu bewältigen. Zu berücksichtigen sind in dieser Perspektive nicht (mehr) „nur“ die Probleme Älterer auf dem Arbeitsmarkt, sondern ebenso auch Probleme und neue Anforderungen an die ökonomische Sicherung und soziale Integration nach Erreichen der Altersgrenze.

Die bestehenden Institutionen „sozialer Sicherung“ richten sich bei der altersbedingten Ausgliederung aus Erwerbsarbeit im wesentlichen auf den Ausgleich des Einkommensverlusts sowie ergänzend auf Versorgungs- und Betreuungsleistungen. Maßnahmen im Rahmen der Arbeitsmarktpolitik und beruflichen Rehabilitation zielen demgegenüber auch auf eine Wiedereingliederung in das Beschäftigungssystem ab. Jedoch bezieht sich dies nur auf Arbeitnehmer, die dem Arbeitsmarkt zur Verfügung stehen, und bei denen im Fall der Wiedereingliederung mit einem längerfristigen Verbleib im Beschäftigungssystem zu rechnen ist. Ältere Arbeitnehmer werden entsprechend sowohl nach Erreichung der Altersgrenze als auch bei vorzeitiger Ausgliederung ausgegrenzt oder bestenfalls nur mehr in Ausnahmefällen einbezogen.

Auf dieser Grundlage werden die Systeme der Alterssicherung zunehmend mit Anforderungen konfrontiert, auf deren Bewältigung sie in ihrer Konstruktion nicht ausgerichtet sind. Die Ursachen hierfür liegen weder in überzogenen Ansprüchen und Leistungen noch in zu hohen Belastungen der Wirtschaft. Ausschlaggebend sind vielmehr gesellschaftliche Veränderungen, in deren Folge zum einen Anforderungen an die Systeme sozialer Sicherung steigen und zum anderen zugleich ihre Finanzierungsgrundlagen gefährdet werden. Dies hat zur Folge, dass auch bei einer optimistischen Betrachtung zukünftig kaum mit einer nennenswerten Erhöhung von Rentenleistungen in Relation zum Verdienstniveau zu rechnen ist (zumeist wird gegenwärtig eher das Gegenteil prognostiziert). Die hiermit angesprochenen Grenzen für die monetäre Kompensation der sozialen Folgen einer dauerhaften Ausgliederung aus dem Beschäftigungssystem werden des weiteren verschärft durch zunehmend brisant werdende Grenzen ihrer Wirksamkeit und sozialen Akzeptanz. Im folgenden sei versucht, die sich hier für die Systeme sozialer Sicherung abzeichnenden neuen gesellschaftlichen Konstellationen näher zu umreißen.

2.1 Steigende Anforderungen an die Systeme sozialer Sicherung

Die in der Vergangenheit entwickelten Versicherungssysteme sind in ihrer ursprünglichen Konstruktion auf die Bewältigung temporär begrenzter Risikolagen ausgerichtet. Zu erinnern ist hier daran, dass sich das Bismarcksche System der Alterssicherung auf den Tatbestand der Invalidität bezogen hat und von einer vergleichsweise geringen Lebenserwartung nach Ausscheiden aus dem Erwerbsleben ausging. In der weiteren Entwicklung – insbesondere nach dem Zweiten Weltkrieg – wird demgegenüber das Ausscheiden aus Altersgründen von einer Gefährdung der Arbeitsfähigkeit entkoppelt und ausschließlich auf den Tatbestand des Alters bezogen (entsprechend kommt es zur Ausdifferenzierung der vorzeitigen Ausgliederung durch Erwerbsunfähigkeit und eines Einkommensausgleichs bei Berufsunfähigkeit). Des weiteren wird es zum Ziel, nicht nur eine ökonomische und soziale „Verelendung“, sondern auch ein – auf das vorhergehende Einkommen bezogene – Absinken des Lebensstandards zu vermeiden. Trotz gesellschaftspolitischer Kontroversen besteht darüber gleichwohl ein breiter gesellschaftlicher Konsens. Grundlage hierfür ist nicht allein die wirtschaftliche Prosperität, die eine Abschöpfung von Sozialleistungen erlaubt – so wie dies rückblickend in der gegenwärtigen Diskussion vielfach erscheint (vgl. Bundeszentrale für Politische Bildung 1994, S. 69 ff.). Als eine zentrale Grundlage und Voraussetzung erweist sich vielmehr (auch) die Erkenntnis einer „Verzahnung von Wirtschafts- und Sozialpolitik“. Ergänzend zu der schon zu Zeiten Bismarcks erkannten Rolle der Sozialpolitik für die Sicherung politischer Stabilität tritt nun der ökonomische Effekt einer „Sicherung von Kaufkraft“. Korrespondierend kommt es zur Anerkennung und Unterstützung einer produktivitätsorientierten Lohnpolitik der Tarifpartner, die auch die Basis für eine an Arbeitseinkommen gebundene Finanzierung der Systeme sozialer Sicherung darstellt (vgl. Lutz 1984).

Zugleich sind damit die Systeme sozialer Sicherung aber auch an Entwicklungen auf dem Arbeitsmarkt und in der Gesellschaft rückgebunden, aus denen sich einerseits zunehmende Anforderungen ergeben, auf die sie andererseits aber selbst kaum Einfluss nehmen können.

Im Fall der Alterssicherung sind dies insbesondere in der Tendenz gegenläufige Entwicklungen zwischen Lebenserwartung insgesamt und der altersbedingten Ausgliederung aus dem Beschäftigungssystem (vgl. Pfaff 1999; Rössel et al. 1999).

Nicht nur, aber verschärft durch Tendenzen zur vorzeitigen Ausgliederung (s.o.), bleibt die Ausgliederung aus Erwerbsarbeit zwar nach wie vor temporär begrenzt, wird jedoch zunehmend zu einem „Dritten Lebensabschnitt“, dessen zeitliche Dauer sich dem Verbleib im Beschäftigungssystem – auch angesichts eines tendenziell längeren Verbleibs im Bildungssystem – annähert und der (zumindest) keineswegs gesellschaftlich wie individuell nur mehr eine marginale Bedeutung erlangt. Eine Folge dieser Entwicklung ist, dass sich wachsende Ansprüche an die Systeme sozialer Sicherung auch dann ergeben, wenn Leistungen reduziert werden bzw. mit letzterem zu einem großen Teil nur kompensatorische Effekte erzielt werden können (vgl. Siegenthaler/Mümeka 1995; Lampert 1998). Eine wirksame Reduzierung der Kosten ließe sich folglich nur mit einer sehr drastischen Reduzierung von Leistungen erreichen. Das Modell einer einkommensunabhängigen allgemeinen Grundrente (auf entsprechend niederem Niveau) zielt hierauf ab, verschiebt aber lediglich die Problembewältigung von der gesellschaftlichen auf die individuelle Ebene (vgl. Bäcker 1998 ; Klammer/Bäcker 1998).

Die in der gegenwärtigen Auseinandersetzung mit der „Krise des Sozialstaats“ vielfach vorgebrachte Kritik zu hoher Sozialleistungen und überzogener Leistungsansprüche verfehlt daher wesentliche gesellschaftliche Ursachen für den Anstieg von Sozialausgaben.

2.2 Gefährdungen der Finanzierung

Die Systeme sozialer Sicherung sind in ihrer Finanzierung an Veränderungen im Beschäftigungssystem gekoppelt, durch die entgegen der anfänglichen Entwicklung die hierfür zur Verfügung stehenden Spielräume zunehmend beeinträchtigt werden. Ausschlaggebend hierfür sind nicht Grenzen wirtschaftlichen Wachstums u.ä., sondern die Ankoppelung der Finanzierung an Arbeitseinkommen und die dadurch bewirkte Verschränkung der Finanzierung der Systeme sozialer Sicherung mit Entwicklungen im Beschäftigungssystem.

Solange davon ausgegangen werden konnte, dass die in das Beschäftigungssystem integrierte Bevölkerung expandiert und dementsprechend den Rentenbeziehern ein zunehmender Anteil von Erwerbstätigen gegenübersteht, war eine an Erwerbsarbeit gekoppelte Finanzierung durchaus praktikabel. In dem Maße jedoch, wie die in das Beschäftigungssystem integrierte Bevölkerung stagniert oder sich gar verringert, stößt eine Umverteilung lediglich innerhalb der direkt und indirekt von Erwerbsarbeit abhängigen Bevölkerung notwendigerweise auf Grenzen. Zudem hat der über das Arbeitsverhältnis geregelte Beitrag der Unternehmen die paradoxe Folge, dass jene Wirtschaftsbereiche und Betriebe, in denen Arbeit (noch) eingesetzt wird, die sozialen Folgen jener mittragen müssen, die Arbeitskräfte durch Technisierung und Rationalisierung wie auch Verlagerung von Produktionsstätten freisetzen und sich damit nicht nur von Arbeit, sondern auch von der Verantwortung für die soziale Sicherung befreien (vgl. Beck 1996). Auch bei wirtschaftlichem Wachstum hat dies zur Folge, dass der Finanzierung „sozialer Sicherung" zunehmend die Grundlagen entzogen werden.

Doch ist – so gesehen – nicht die Finanzierbarkeit das Problem, sondern die Form, in der die Finanzierung der Systeme sozialer Sicherung erfolgt (vgl. Hujer 1997). Die Klage in arbeitsintensiven Low-Tech-Bereichen über zu hohe Kosten des Faktors Arbeit trifft hier durchaus einen richtigen Sachverhalt. Problematisch sind jedoch nicht zu hohe Sozialleistungen, sondern deren Finanzierung durch das Arbeitseinkommen. Anstelle von Einsparungen käme es hier somit eher darauf an, neue institutionelle Arrangements der Finanzierung zu entwickeln und ebenso neue Formen gesellschaftlicher Umverteilung, die sich nicht mehr nur in den engen Grenzen der auf Erwerbsarbeit beruhenden Einkommen bewegen. In die Verantwortung zu ziehen sind nicht primär jene Wirtschaftsbereiche, die sich durch eine hohe Arbeitsintensität auszeichnen, sondern vor allem jene, in denen Produktivitätsfortschritte erzielt werden und auf dieser Grundlage der Einsatz von Arbeitskraft reduziert wird.

Vor diesem Hintergrund scheinen aktuell auftretende Probleme der Finanzierung kaum ein stichhaltiges Argument, um eine grundlegende „Krise des Sozialstaats" zu beschwören. Gleichwohl bestehen aber Anpassungserfordernisse und lassen sich auch bei wirtschaftlichem Wachstum die Entwicklungen des Sozialstaats in der Vergangenheit nicht mehr ohne weiteres in die Zukunft projizieren. Bekräftigt wird dies in besonderer Weise auch durch Grenzen der Wirksamkeit und sozialen Akzeptanz des monetären Ausgleichs einer längerfristigen Ausgliederung aus dem Beschäftigungssystem.

2.3 Grenzen der Wirksamkeit und sozialen Akzeptanz

Angesichts der demographischen Entwicklungen sowie der Veränderungen auf dem Arbeitsmarkt und in der Gesellschaft insgesamt wird zunehmend die Frage virulent, ob sich durch den Ausgleich des Einkommensverlusts und ergänzende Versorgungs- und Betreuungsleistungen die Folgen einer altersbedingten Ausgliederung aus dem Beschäftigungssystem zukünftig überhaupt noch angemessen bewältigen lassen. Denn was hier zunehmend als soziale Problemlage virulent wird, lässt sich nicht (mehr) nur in den Kategorien des Einkommensverlusts oder Mängel in der Versorgung mit Sach- und Dienstleistungen fassen. Was nun zur Diskussion steht, ist die Exklusion vom System gesellschaftlich organisierter und anerkannter Arbeit (vgl. Schönwälder et al. 1990; Ernst 1996, S. 208 ff.; Adis et al. 1996, S. 92 ff.). Unsere These ist: Zu einer zentralen neuen Herausforderung für die Sozialpolitik werden Anforderungen an die Bewältigung der altersbedingten Ausgliederung aus Erwerbsarbeit, die außerhalb der bislang durch die Systeme sozialer Sicherung definierten und bearbeiteten Problemlagen liegen. Ins Zentrum rückt nun nicht mehr nur der Verlust des Einkommens als soziales Risiko und die Angewiesenheit auf Versorgungs- und Betreuungsleistungen, sondern vielmehr auch der Verlust der Teilhabe an gesellschaftlich organisierter und anerkannter Arbeit.

Der in der Tendenz zunehmenden Dauer einer altersbedingten Ausgliederung aus dem Beschäftigungssystem steht entgegen den Prognosen vom „Ende der Arbeitsgesellschaft" kein Bedeutungsverlust von Erwerbsarbeit gegenüber. Dies besagt nicht, dass neben Erwerbsarbeit auch andere Tätigkeiten und Lebensbereiche zukünftig an Bedeutung gewinnen (vgl. Bonß 1998; Mutz 1999). Unsere These ist jedoch, dass Erwerbsarbeit auch zukünftig ein zentrales Fundament ist (bleibt), von dem die Teilhabe an unterschiedlichen Lebensbereichen abhängt. Mit der Ausgliederung aus Erwerbsarbeit verbinden sich daher nicht nur Risiken ökonomischer Sicherung, sondern vor allem auch eine Gefährdung sozialer Integration. Dies gilt im besonderen für „Ältere". Ergänzend zu der bereits weiter oben ausgeführten Bedeutung von Erwerbsarbeit für die Einlösung von Ansprüchen an Selbstverwirklichung und Identität (vgl. Kapitel 1.2) sind hier weitere gesellschaftliche Entwicklungen zu berücksichtigen. Es sind dies insbesondere Prozesse der Individualisierung sowie gegenläufige Entwicklungen zwischen den in modernen Gesellschaften bestehenden Ansprüchen an autonome Lebensgestaltung einerseits und der Angewiesenheit auf Leistungen der Systeme sozialer Sicherung andererseits. Im einzelnen zeigt sich dies wie folgt:

Angesichts fortschreitender Individualisierung wird die Angewiesenheit auf „Fremdversorgung" zukünftig eher mehr denn weniger zu einem sozialen Tatbestand, der dem Stigma eines Lebens auf „Kosten der Allgemeinheit" unterliegt. Der Anspruch und die Anforderung, sein Leben „eigenverantwortlich selbst zu gestalten" (vgl. Beck/Beck-Gernsheim 1994) ist zwar durchaus mit einer temporär und auf bestimmte Risikolagen begrenzten „sozialen Sicherung" vereinbar, kaum jedoch mit einer längerfristigen Angewiesenheit auf „Fremdversorgung" – auch wenn diese durch eigene Beiträge rechtlich erworben werden (Bleses/Rose 1998).

Bereits jetzt schon wird erkennbar, wie brüchig angesichts der demographischen Entwicklung der sog. Generationenvertrag ist und wie leicht Empfänger von Sozialleistungen vor allem bei längerfristiger Ausgliederung aus Erwerbsarbeit als Belastung und Nutznießer der Allgemeinheit tituliert werden. Jene, die vom System der Erwerbsarbeit ausgegliedert und auf Sozialleistungen angewiesen sind, werden nicht als Benachteiligte, sondern eher als Privilegierte angesehen, die von der „Pflicht zur Arbeit" befreit sind. Entsprechend hängt die gesellschaftliche Akzeptanz von Sozialleistungen – unabhängig von deren Finanzierbarkeit – wesentlich davon ab, dass die gewährten Leistungen eine erkennbare Differenz zu den durch Erwerbsarbeit erzielbaren Einkommen aufweisen.

Dies kann als ein Indiz dafür angesehen werden, wie prekär in einer „Leistungsgesellschaft" die soziale Akzeptanz einer nicht (mehr) unmittelbar durch eigene Arbeit gewährleisteten Sicherung der Existenz ist. Um so mehr ist dies der Fall, als sich die Ansprüche an die Systeme sozialer Sicherung nicht nur längerfristig, in der Tendenz über mehrere Jahrzehnte erstrecken, sondern zugleich von Bevölkerungsgruppen in Anspruch genommen werden (bzw. werden müssen), deren Arbeitsfähigkeit bestenfalls partiell, aber keineswegs grundsätzlich beeinträchtigt ist. Die gesellschaftlichen Institutionen der Alterssicherung unterliegen dabei dem paradoxen Sachverhalt, dass jene, die auf Leistungen der Systeme sozialer Sicherung angewiesen sind – trotz eigener Beiträge und rechtmäßig erworbener Ansprüche –, durch die jeweils aktuell Erwerbstätigen „mitfinanziert" werden müssen. Entsprechend werden Sozialleistungen nicht nur fiktiv, sondern durchaus real als Belastung für die in das Beschäftigungssystem integrierten Arbeitnehmer wirksam. Durch die Ankopplung der Finanzierung von Sozialleistungen an Arbeitseinkommen wird dies in besonderer Weise begünstigt, doch trifft dies im Prinzip auch auf andere Formen gesellschaftlicher Finanzierung und Umverteilung zu.

Die Feststellung der Zukunftskommission der Freistaaten Bayern und Sachsen, dass bisher die große Mehrheit der Bevölkerung erwartet, „dass Dritte – Arbeitgeber – ihre Arbeitslast organisieren und vermarkten und ihr so ein Erwerbseinkommen verschaffen, und der Staat sie bei Arbeitslosigkeit, Krankheit, Pflegebedürftigkeit und im Alter lebensstandardsicher versorgt" sowie die daran anschließende Forderung, dass zukünftig „möglichst viele Erwerbspersonen mehr Eigenverantwortung für ihre Erwerbsarbeit und Daseinsvorsorge übernehmen ... müssen" (Kommission für Zukunftsfragen 1997, Teil III) haben zwar (noch) eher programmatischen Charakter; sie signalisieren aber gleichwohl nicht nur, mit welchen Positionen zukünftig in der gesellschaftspolitischen Auseinandersetzung zu rechnen ist, sondern verweisen auch auf durchaus ernstzunehmende Tendenzen gesellschaftlicher Entwicklung (vgl. z.B. Voß/Pongratz 1998; Baethge 1999).

Es ist hier daran zu erinnern, dass in modernen Gesellschaften die Anerkennung des Einzelnen als freier und autonomer „Bürger" zugleich mit der Erwartung und Möglichkeit verbunden wird, eigenverantwortlich für die ökonomische Sicherung und Lebensgestaltung insgesamt zu sorgen. Für die Mehrzahl der Bevölkerung wurde (und ist) dabei die Teilhabe am System der Erwerbsarbeit letztlich die einzige Möglichkeit, diese Voraussetzungen zu erfüllen (vgl. Beck 2000). Mit der Ausgliederung aus Erwerbsarbeit und der Angewiesenheit auf „Solidarleistungen" verbindet sich daher immer auch die Gefahr einer sozialen Diskriminierung und Ausgrenzung. Und schließlich entstehen mit dem Eintritt in die Systeme sozialer Sicherung auch neue Abhängigkeiten von ökonomischen und gesellschaftspolitischen Entwicklungen. Trotz eigener Beiträge hängt die Finanzierung von der jeweils aktuellen wirtschaftlichen Entwicklung ab. Des weiteren verschiebt sich die Festlegung des jeweiligen „Einkommens" von der Ebene des Arbeitsmarkts auf die Ebene der Politik und wird auf diese Weise zum Gegenstand unterschiedlicher politischer Programmatiken und Prioritäten. Dabei geht es nicht primär und allein darum, ob „die Renten gesichert sind" – ein völliger Bankrott der Systeme sozialer Sicherung ist kaum denkbar. Entscheidend ist vielmehr, in welchem Umfang Sozialleistungen – auch wenn der Anspruch darauf rechtlich verbürgt ist – als gesellschaftlich legitim und realisierbar definiert werden. Zieht man in Betracht, dass es sich hier nicht um Entwicklungen einiger Jahre, sondern um Zeiträume von mindestens einem bis zwei Jahrzehnte handelt, so wird deutlich, dass trotz allgemeinem Bekenntnis und rechtlicher Garantie von Rentenansprüchen gleichwohl die ökonomische Sicherung im Alter mit Risiken verbunden ist, auf deren Vermeidung wie Bewältigung die hiervon Betroffenen – wenn überhaupt – nur mehr begrenzt selbst aktiv Einfluss nehmen können.

2.4 „Sowohl-als-auch“ statt „entweder-oder“

Als ein zentrales Problem des in der Vergangenheit entwickelten gesellschaftspolitischen Umgangs mit der altersbedingten Ausgliederung aus dem Beschäftigungssystem erweist sich vor diesem Hintergrund das Prinzip des „Entweder-Oder“: Leistungen der Systeme der sozialen Sicherung können – speziell im Falle der Alterssicherung – nur um den Preis eines grundlegenden Wechsels im gesellschaftlichen Status in Anspruch genommen werden. Gerade auch durch die Systeme sozialer Sicherung wird dabei die Exklusion von gesellschaftlich organisierter und anerkannter Arbeit forciert und festgeschrieben. Zwar können Bezieher von Rentenleistungen durchaus auch nach Erreichung der Altersgrenze Einkommen durch Arbeit erwerben (vgl. Wachtler/Wagner 1995), doch gilt in der Praxis eher als Normalfall, was bei der vorgezogenen Altersrente explizit definiert wird. Kombinationen zwischen „Sozialleistungen“ einerseits und einem Erwerb von „Arbeitseinkommen“ andererseits sind weder im System der Erwerbsarbeit noch im System sozialer Sicherung vorgesehen. Wer Sozialleistungen empfängt, wird speziell im Fall der Alterssicherung als nicht mehr zu den Erwerbstätigen gehörend betrachtet (bei der Arbeitslosenversicherung und Sozialhilfe zeigen sich mittlerweile ähnliche Tendenzen). Angesichts der skizzierten Entwicklungen auf dem Arbeitsmarkt und der Gesellschaft insgesamt erweisen sich solche „einfache“ Konstruktionen jedoch kaum mehr tragfähig.

Die hier umrissenen Entwicklungen lassen nicht die möglichst frühzeitige und langjährige „Befreiung“ von Erwerbsarbeit als erstrebenswertes Ziel sozialer Sicherung erscheinen, sondern vielmehr die möglichst lange Aufrechterhaltung der Chance, durch „eigene Arbeit“ Bedürfnisse befriedigen und soziale Unabhängigkeit demonstrieren zu können (vgl. Bäcker 1998). Erreicht werden kann dies u.E. zukünftig jedoch nur durch eine grundlegende Reform und Ergänzung der in der Vergangenheit entwickelten Instrumente und Institutionen sozialer Sicherung.

Die arbeitsmarkt- und sozialpolitische Auseinandersetzung erhält damit sowohl hinsichtlich der Inklusion wie Exklusion vom System der Erwerbsarbeit einen neuen thematischen Akzent: Zur Diskussion steht nicht mehr nur, wie eine Integration

„Älterer" in das (bestehende) Beschäftigungssystem gewährleistet und bei einer Ausgliederung der Einkommensverlust kompensiert werden kann. Entscheidend scheint nun vielmehr auch die Frage, in welcher Weise auch dann, wenn eine Ausgliederung aus dem System marktwirtschaftlicher und staatlich organisierter Erwerbsarbeit erfolgt, nicht nur der Einkommensverlust, sondern auch der Verlust von an Arbeit gebundenen Möglichkeiten sozialer Integration und ökonomischer Sicherung kompensiert werden kann. Notwendig und möglich erscheint in dieser Perspektive eine qualitative Ergänzung von Lohnersatz sowie Versorgungs- und Betreuungsleistungen durch sozial- und arbeitsmarktpolitisch gestützte und geförderte Formen von „Erwerbsarbeit", die sich nicht mehr nur auf den durch ihre marktwirtschaftliche und staatliche Organisation vorgegebenen Rahmen beschränken.

3. Erwerbsarbeit zwischen Markt und Staat – neue Herausforderungen und Perspektiven für die Sozial- und Arbeitsmarktpolitik

Die im folgenden umrissene Perspektive für eine Reform der Arbeitsmarkt- und Sozialpolitik knüpft an Forderungen und praktische Ansätze an, gesellschaftlich nützliche und sinnvolle Tätigkeiten auch außerhalb von Erwerbsarbeit anzuerkennen und zu fördern. Solche Ansätze beziehen sich auf gesellschaftliche Veränderungen sowohl auf dem Arbeitsmarkt als auch im Bereich des sozialen und politischen Engagements. Thematisiert wird u.a., dass sich moderne Gesellschaften nicht in Richtung einer Freizeit- und Konsumgesellschaft entwickeln, sondern dass auch Ansprüche an „sinnvolle" Betätigung und Teilhabe an der Gestaltung sozialer Lebensbedingungen eine zunehmende Bedeutung erlangen (vgl. als Überblick Mutz 1999; Senghaas/Knobloch 1999; Kistler et al. 1999). Im einzelnen finden sich dabei sowohl Abgrenzungen gegenüber Arbeit – etwa im Bereich des sozialen und politischen Engagements – wie aber auch neue Verschränkungen, was u.a. in Bezeichnungen wie Eigenarbeit, Bürgerarbeit oder „Arbeit jenseits von Erwerbsarbeit" zum Ausdruck kommt. Das hier umrissene Konzept korrespondiert mit solchen Ansätzen, soweit es um eine Erweiterung des Verständnisses von gesellschaftlich anerkannter Arbeit geht. Allerdings scheint es u. E. erforderlich, dies nicht nur auf den „Inhalt" und „Gegenstand" von gesellschaftlich relevanten Arbeitstätigkeiten (Hausarbeit, Erziehungsarbeit usw.), sondern auch auf die Struktur des Arbeitshandelns zu beziehen. Im Unterschied zu dem in modernen Gesellschaften vorherrschenden Verständnis von Arbeit als instrumentelles und zweckrationales Handeln wären auch interaktive und kommunikative Tätigkeiten sowie menschliche Fähigkeiten, wie subjektives Empfinden, sinnliche Wahrnehmung und Erleben, als Elemente von Arbeitshandeln zu begreifen (vgl. Böhle 1999). Hiermit ist aber kein grundlegender Unterschied zu den genannten Ansätzen angesprochen, sondern eher eine Ergänzung. Ein zentraler Unterschied des hier umrissenen Konzepts liegt jedoch im Bezug zu „Erwerbsarbeit". Vor dem Hintergrund der zuvor umrissenen

Entwicklungen erscheint es fraglich, ob die mit dem Verlust von Erwerbsarbeit verbundenen Gefährdungen ökonomischer Sicherung und sozialer Integration allein durch eine Aufwertung und Anerkennung anderer gesellschaftlicher Tätigkeitsbereiche wie Ehrenamt, bürgerschaftliches Engagement, Erziehungsarbeit usw. angemessen kompensiert werden können (vgl. Mutz 1997; Rifkin 1995). Unsere These ist demgegenüber, dass die monetäre Bezahlung von Arbeitsleistung auch zukünftig nicht nur für die ökonomische Sicherung bedeutsam ist (bleibt), sondern vor allem auch für die Definition gesellschaftlich anerkannter Arbeit.

Die einfache Formel „nützlich ist, was bezahlt wird" mag zwar letztlich wenig über die faktische Nützlichkeit einer bestimmten Tätigkeit aussagen, jedoch ist damit ein gesellschaftlicher Mechanismus geschaffen, der gerade bei zunehmender Pluralität und Heterogenität von Arbeit eine vergleichsweise eindeutig und leicht handhabbare Zuordnung und entsprechende Selektions- und Definitionsleistungen ermöglicht. Damit wird dessen Ergänzung nicht ausgeschlossen. Jedoch scheint bislang kaum ein auch nur annähernd wirksames und generalisierbares „Instrument" zur Transformation menschlicher Tätigkeiten in gesellschaftlich anerkannte Arbeit in Sicht. Die neuerdings vielfach erhobene Forderung, auch unbezahlte Arbeit gesellschaftlich aufzuwerten und als Kompensation des Verlusts von Erwerbsarbeit zu nutzen (vgl. Giarini/Liedtke 1998) verbleibt demgenüber weitgehend auf der Ebene des moralischen Appells und kultureller Deutungen. Wie sich u.a. am Beispiel der Hausarbeit zeigt, lässt sich damit jedoch kaum eine gesellschaftliche Anerkennung, die mit Erwerbsarbeit konkurrieren könnte, bewerkstelligen.

Damit verbindet sich die These, dass zukünftig tiefgreifende gesellschaftliche Segmentationen, Marginalisierungen und soziale Abgrenzungen nur dann vermieden werden können, wenn die mit Erwerbsarbeit verbundenen Möglichkeiten zur ökonomischen Sicherung und sozialen Integration grundsätzlich jedem Mitglied der Gesellschaft zugänglich sind und dies nicht durch eine Ausgliederung aus dem marktwirtschaftlich oder staatlich organisierten Beschäftigungssystem dauerhaft beeinträchtigt wird. Zur Diskussion steht damit nicht nur die Verkopplung gesellschaftlich anerkannter Arbeit mit Erwerbsarbeit, sondern vielmehr die Kopplung von Erwerbsarbeit an ihre marktwirtschaftliche oder staatliche Organisation. Dies mag auf den ersten Blick paradox erscheinen, da bisher gerade die marktwirtschaftliche wie auch staatliche Organisation gesellschaftlicher Tätigkeiten als Voraussetzung für ihre Transformation in Erwerbsarbeit galt. Doch macht dies deutlich, worum es geht: Notwendig ist die Schaffung neuer gesellschaftlicher Grundlagen für die Entwicklung von „Erwerbsarbeit" jenseits ihrer marktwirtschaftlichen und staatlichen Organisation. Im folgenden sei versucht, die hier anvisierten Formen von Erwerbsarbeit hinsichtlich ihrer Zielsetzung und ihrer besonderen Merkmale sowie der praktischen Entwicklung und gesellschaftspolitischen Unterstützung näher zu präzisieren. Dabei ist darauf hinzuweisen, dass es sich nicht um ein (bereits) praktisch umgesetztes sowie empirisch untersuchtes und evaluiertes Modell handelt. Es sollen vielmehr Anstöße für die weitere gesellschaftspolitische Diskussion sowie wissenschaftliche und praktische Initiativen hierzu gegeben werden.

3.1 Zielsetzung

Gefordert wird eine „soziale Innovation“, die durchaus vergleichbar ist mit der „Erfindung“ des Systems der sozialen Sicherung im 19. Jahrhundert. Das hier eigentlich „Neue“ war nicht die Kompensation des Einkommensverlusts bei der Ausgliederung aus Erwerbsarbeit, sondern vielmehr die Form, in der dies erfolgte. Die Bereitstellung monetärer Leistungen anstelle persönlicher Hilfe bzw. Naturalleistungen machte es möglich, die mit Erwerbsarbeit verbundene marktwirtschaftliche Versorgung auch dann aufrechtzuerhalten, wenn die ökonomische Sicherung nicht (mehr) direkt durch Erwerbsarbeit möglich ist. Verhindert wurde damit ein Herausfallen aus einer auf Erwerbsarbeit und marktwirtschaftlich regulierter Ökonomie beruhenden Lebensform insgesamt (vgl. Lenhardt/Offe 1977). In ähnlicher Weise geht es heute darum, angesichts des Risikos längerfristiger Ausgliederung aus Erwerbsarbeit nicht mehr nur den Status des „Konsumbürgers“, sondern auch den des „Arbeitsbürgers“ aufrechtzuerhalten. In dem Maße, wie angesichts der Entwicklungen auf dem Arbeitsmarkt die soziale Integration auf der Basis marktwirtschaftlicher und staatlich organisierter Erwerbsarbeit an Grenzen stößt, wird es zu einer Aufgabe der Arbeitsmarkt- und Sozialpolitik, nicht mehr nur den Verlust von Einkommen sowie Defizite in der marktwirtschaftlichen Versorgung zu kompensieren, sondern vielmehr auch den Verlust von „Erwerbsarbeit“ selbst auszugleichen.

Gegenüber den bisherigen wirtschafts- und arbeitsmarktpolitischen Maßnahmen zur Beschäftigungsförderung liegt der wesentliche Akzent der hier umrissenen Perspektive darin, dass sie sich nicht nur auf die Mobilisierung marktwirtschaftlicher Kräfte (Investitionsförderung, Verbilligung von Arbeit u.a.) und oder Übergangslösungen richtet. Im Unterschied zu (bisher) öffentlich subventionierter Beschäftigung geht es somit nicht um die personelle und institutionelle Überführung solcher Beschäftigungsformen in den ersten Arbeitsmarkt – wie dies z.B. für ABM-Maßnahmen u.ä. charakteristisch ist –, sondern um den Aufbau eines eigenständigen Bereichs von Erwerbsarbeit zwischen Staat und Markt, der dauerhaft für die Bewältigung einer Ausgliederung aus marktwirtschaftlich oder staatlich organisierter Erwerbsarbeit zur Verfügung steht und entsprechend individuell genutzt werden kann.

Wir knüpfen damit an ein Verständnis der Arbeitsmarkt- und Sozialpolitik an, die diese als eine wichtige Voraussetzung für sowohl die ökonomische wie auch soziale Entwicklung moderner Gesellschaften begreift. In der gegenwärtigen Diskussion scheint diese „Funktion“ der Arbeitsmarkt- und Sozialpolitik vielfach weitgehend in Vergessenheit zu geraten, obwohl sie in der Vergangenheit durchaus bewusst und eine Grundlage gesellschaftspolitischer Entwicklung waren (vgl. Kleinhenz 1997; Pfaff 1998; Hofmann 1999; Vobruba 1991, Böhle 1982). Aufwendungen, die für die Förderung neuer Formen von Erwerbsarbeit zwischen Markt und Staat notwendig werden, sind daher nicht nur als „Kosten“ bzw. Belastungen der Ökonomie zu bewerten; sie sind vielmehr als „Sozialinvestitionen“ zu begreifen, durch die sowohl soziale Segmentationen und Ausgrenzungen vermieden als auch neue Potenziale für die Förderung wirtschaftlicher und sozialer Entwicklung im Sinne einer „mixed economy“ mobilisiert und genutzt werden. Ökonomische und soziale Effekte, wie sie derzeit unter Bezug auf den „dritten Sektor“ oder Gemeinwesenarbeit und bürgerschaftliches Engagement ins Blickfeld geraten, sind im Besonderen auch bei den hier umrissenen Formen von Erwerbsarbeit angestrebt und in Rechnung zu stellen (vgl. Weiß 1998; Trube 1998; Kistler/Sing 1999; Teichert 1993).

3.2 Besondere Merkmale

Grundlegende Merkmale der hier anvisierten Formen von Erwerbsarbeit sind – insbesondere im Unterschied zur marktwirtschaftlichen wie auch staatlichen Organisation – die (1) Verkopplung von Sozialeinkommen und Arbeitseinkommen sowie (2) die Verkopplung von monetären und nicht monetären auf Arbeitsinhalte und Arbeitsbedingungen bezogenen „Gratifikationen“. Im einzelnen beinhaltet dies:

Verkopplung von Sozialeinkommen und Arbeitseinkommen: Durch die hier umrissenen Formen von Erwerbsarbeit werden Leistungen der Systeme sozialer Sicherung nicht substituiert, sondern ergänzt (Kapitel 3.4). Das für marktwirtschaftlich und staatlich organisierte Erwerbsarbeit geltende Prinzip der Ergänzung von Arbeitseinkommen durch Sozialleistungen – vom Kindergeld bis hin zu einkommensbezogenen Steuervergünstigungen – gilt hier quasi umgekehrt. Grundlage ist das Sozialeinkommen, das durch Arbeitseinkommen je nach Bedarf wie auch Möglichkeit ergänzt wird (bzw. werden kann). Im Unterschied zur Idee der Bürgerarbeit (vgl. Beck 2000) geht es hier also nicht um die Finanzierung von Arbeit durch Sozialleistungen, sondern um die Kombination von Sozialeinkommen und Arbeitseinkommen und entsprechend einen „Einkommensmix“ (vgl. im Ansatz ähnlich Vobruba 1999). Und ebenso geht es nicht um die Einführung einer neuen „Arbeitspflicht“, sondern vielmehr darum, auch bei einer Ausgliederung aus marktwirtschaftlich und/oder staatlich organisierter Erwerbsarbeit die Möglichkeit aufrechtzuerhalten, durch Arbeit zur Sicherung des Einkommens und sozialer Integration beitragen zu können. Damit erfolgt einerseits eine Entkoppelung der ökonomischen Sicherung von Arbeit; andererseits wird hierdurch aber keineswegs zwangsläufig auch die Arbeitsbereitschaft beeinträchtigt. Vielmehr wird es (erst) hierdurch möglich, neben monetären Ansprüchen auch andere Anforderungen an „Gegenleistungen“ geltend zu machen (vgl.Kapitel 2) und auf dieser Grundlage einen bisher gesellschaftlich nicht befriedigten und brachliegenden Bedarf an Arbeit aufzugreifen. Etwas salopp ausgedrückt, geht es hier um Formen von Erwerbsarbeit, die man sich „leisten“ kann, und zwar sowohl auf seiten des Angebots als auch der Nachfrage nach Arbeit. Dies kann, muss aber nicht notwendigerweise eine Transformation von bislang nicht bezahlter in bezahlte Arbeit beinhalten. Eröffnet wird vielmehr (auch) die Möglichkeit, Angebot wie auch Nachfrage nach Arbeit sowohl über den Bereich marktwirtschaftlich und staatlich organisierter Erwerbsarbeit, als auch den der bisher unbezahlt geleisteten Arbeiten hinaus auszuweiten (vgl.3.3). Die Systeme sozialer Sicherung sind in dieser Perspektive ein auf die Lebensbiographie bezogenes System der ökonomischer Sicherung, das nicht nur Kaufkraft und Konsum ermöglicht, sondern ebenso auch die Chance für Erwerbsarbeit jenseits von Markt und Staat.

Verkopplung von monetären mit nicht monetären auf Arbeitsinhalt und -bedingungen bezogenen Gratifikationen: Das für marktwirtschaftlich und staatlich organisierte Erwerbsarbeit geltende Prinzip des Tauschs von Arbeitsleistung gegen monetäre Leistungen hat auch hier Geltung, ist jedoch zugleich verbunden mit einem grundsätzlich anderen Stellenwert monetärer Leistungen. Arbeit ist hier kein „Produktionsfaktor“, den es zur Erzielung von „Mehrwert“ und Gewinn möglichst effektiv und rationell zu nutzen gilt. Leitend ist vielmehr eher eine bedarfsorientierte Bereitstellung wie auch Bezahlung von Arbeit nach den Grundsätzen des „einfachen“ Warentauschs (vgl. Hoffmann 1998; Baukhage/Wendel 1998; Teichert 1993). Hierfür erscheint es u. E. jedoch keineswegs zwingend erforderlich, das Medium Geld durch andere Tauschmittel oder den unmittelbar oder den unmittelbaren Naturaltausch zu ersetzen (vgl. Gorz 2000, S. 147 ff.). Notwendig sind aber spezielle soziale Arrangements und institutionelle Rahmenbedingungen, durch die solche Formen von Erwerbsarbeit abgestützt werden (vgl. 3.4). Dem Erfordernis einer entsprechenden gesellschaftlichen Regulierung stehen zugleich mehrere Vorteile gegenüber: Es erfolgt einerseits eine Abgrenzung gegenüber marktwirtschaftlich und staatlich organisierter Erwerbsarbeit, andererseits aber keine Ausgrenzung weder aus dem System marktwirtschaftlicher Versorgung mit Gütern und Diensten noch den (vorherrschenden) Kriterien für gesellschaftlich anerkannte Arbeit. Die Auflösung der „Normalarbeit“ und die sich innerhalb des marktwirtschaftlich und staatlich organisierten Systems von Erwerbsarbeit vollziehende Pluralisierung und Heterogenität der konkreten Formen von Arbeit könnten dabei zugleich als Chance genutzt werden, um ein – von der je konkreten Ausformung unabhängiges – allgemeines Verständnis von Erwerbsarbeit zu etablieren. Welche Mindestvoraussetzungen hierfür künftig erforderlich sind, gilt es im einzelnen noch zu klären. Grundlegend scheint jedoch in jedem Fall hierfür die monetäre Bezahlung. Zu berücksichtigen ist, dass es hier um die gesellschaftliche Bewältigung einer altersbedingten Ausgliederung aus marktwirtschaftlich und staatlich organisierter Erwerbsarbeit geht und nicht um die Diskussion alternativer Formen der Ökonomie, die neue

Optionen für die individuelle Lebensgestaltung wie auch gesellschaftliche Organisation insgesamt umreißen. In dieser Perspektive argumentiert das hier umrissene Konzept weit „systemimmanenter", auch wenn dies aus der Perspektive marktwirtschaftlich regulierter Ökonomie und der gegenwärtig vorherrschenden arbeitsmarkt- und sozialpolitischen Diskussion möglicherweise nicht so erscheinen mag.

Des weiteren liegt eine Besonderheit der hier umrissenen monetären Bezahlung von Arbeit in ihrer Verkopplung mit nicht monetären Gratifikationen, die sich auf den Inhalt der Arbeit und die Bedingungen, unter denen Arbeitsleistung zu erbringen ist, richten. Das im System marktwirtschaftlich und staatlich organisierter Arbeit geltende Prinzip, dass eine geringe Bezahlung in der Regel mit unattraktiven Arbeits- und Beschäftigungsbedingungen einhergeht, gilt hier eher umgekehrt. Im Unterschied zum Niedriglohnsektor und dessen Subventionierung sollen nicht „bad jobs" aufrechterhalten und ausgeweitet werden. Vielmehr legitimiert hier eine vergleichsweise geringe Bezahlung zugleich Ansprüche an nicht monetäre Gratifikationen. Dies beinhaltet insbesondere eine Anpassung der Arbeitsanforderungen (Inhalt, Zeit etc.) sowohl an die Bedürfnisse und Interessen als auch an die jeweils individuellen Gegebenheiten und ggf. Problemlagen der Arbeitenden. Eine altersgerechte Gestaltung von Arbeit ist hier somit ein substantieller Bestandteil des Anspruchs auf „Gegenleistungen" für Arbeit. Nicht die Verfügung über Geld, sondern die Möglichkeit und Bereitschaft, den Arbeitsinhalt und Arbeitsbedingungen entsprechend zu gestalten, entscheiden hier somit wesentlich, ob und in welchem Umfang Arbeitsleistung angeboten und in Anspruch genommen werden kann.

3.3 Arbeitsbereiche

Auch wenn die Nachfrage nach Arbeit im marktwirtschaftlich und staatlich organisierten Bereich der Erwerbsarbeit stagniert oder rückläufig ist, besagt dies keineswegs, dass in modernen Gesellschaften die Arbeit ausgeht. Deutlich wird hieran vielmehr, dass der Bedarf an gesellschaftlich notwendiger und nützlicher Arbeit durch die marktwirtschaftlich organisierte Ökonomie und Staatsaufgaben (öffentlicher Dienst) keineswegs flächendeckend erfasst und abgedeckt wird. Fraglich wird damit die Annahme, dass Arbeitsbereiche, die bisher nicht in das System marktwirtschaftlich und staatlich organisierter Erwerbsarbeit einbezogen wurden, sukzessive in Erwerbsarbeit transformiert und durch ein entsprechendes Angebot von Gütern und Diensten substituiert werden. Demgegenüber wird offensichtlich, dass im Rahmen marktwirtschaftlich organisierter Ökonomie die Erschließung neuer Märkte (Medien, Freizeit u.a.) zugleich einhergeht mit einem Rückzug aus nicht (bzw. nicht mehr) rentablen Arbeitsbereichen, ohne dass dem eine entsprechende Ausweitung staatlich organisierter Leistungen gegenübersteht. Betrachtet man in dieser Perspektive die gegenwärtigen Umstrukturierungen im Bereich industrieller Produktion und Dienstleistungen, so spricht vieles dafür, dass zukünftig ein eher zu- als abnehmender Bedarf an Gütern und Diensten entsteht, der marktwirtschaftlich bestenfalls nur mehr in der Kategorie von „Luxusgütern“ befriedigt wird und der zugleich kaum als staatliche Aufgabe definiert und institutionell verankert werden kann. Symptomatisch für die hier umrissene Entwicklung sind die keineswegs nur marginalen Erscheinungen im sogenannten „Dritten Sektor“. Ins Blickfeld rükken damit eine Vielzahl längst schon zum normalen Bestandteil moderner Gesellschaften zählender „Non-Profit-Organisationen“ wie aber auch die sogenannte informelle Ökonomie und Schattenwirtschaft (vgl. Gross/Friedrich 1988; Rifkin 1995; Anheier et al. 1998). Ohne Anspruch auf Vollständigkeit und Systematik, sondern eher zur Orientierung für die weitere Diskussion scheinen für die hier umrissenen Formen von Erwerbsarbeit folgende gesellschaftliche Bereiche und Entwicklungen von Bedeutung zu sein:

Erstens: Im Bereich privater Haushaltsführung besteht ein erheblicher Bedarf an handwerklicher Arbeitsleistung, der derzeit aus Kostengründen nur sehr begrenzt durch marktwirtschaftlich organisierte Betriebe befriedigt werden kann und zunehmend auf dem Wege des „Do it yourself“ bewältigt wird bzw. werden muss. Positive Effekte der „Selbstbetätigung“ (Eigenarbeit, Hobby) seien hier keineswegs geschmälert, jedoch bestehen in der Praxis teils erhebliche fachliche wie auch zeitliche u.a. Beschränkungen. Des weiteren wird am Beispiel der mittlerweile vielfach eingeplanten Ergänzung marktwirtschaftlich angebotener Güter durch Eigenarbeit – etwa in der Möbelbranche – erkennbar, dass seitens privatwirtschaftlich organisierter Unternehmer teils eine Rückverlagerung von Arbeit in den privaten Bereich erfolgt. Weitere Beispiele sind sog. „Hausmeistertätigkeiten“ wie auch geringfügige (aber unverzichtbare) Reparaturarbeiten und präventive Instandhaltung an Fahrzeugen, Haushaltsgeräten u.a. Diese wären – insbesondere mit Blick auf das Handwerk – nicht nur in den Kategorien von Konkurrenz, sondern vielmehr hinsichtlich wechselseitiger Ergänzung zu diskutieren (vgl. in dieser Perspektive z.B. zur Erschließung neuer Arbeitsbereiche im Handwerk Mendius/Weimer 1998).

Zweitens: Ein weiterer auf die private Haushalts- und Lebensführung ausgerichteter Arbeitsbereich sind personelle Dienstleistungen. So ist z.B. die Betreuung Pflegebedürftiger sowie von (Enkel-)Kindern bereits heute ein wichtiges (nachberufliches) Tätigkeitsfeld Älterer (vgl. Adis et al. und den Beitrag von Kruse). Durch die partielle Monetarisierung solcher Leistungen, ergänzt durch weitere institutionelle Rahmenbedingungen (vgl. Kapitel 3.4) scheint es durchaus möglich, das hier bestehende Angebot und die Nachfrage über Verwandtschaftsbeziehungen hinaus auszuweiten. Dies muss keineswegs dazu führen, dass die bestehenden Formen nicht bezahlter Arbeit substituiert werden. Richtungsweisend wäre hier vielmehr ein neues Nebeneinander unterschiedlicher Formen bezahlter und nicht bezahlter Arbeit. Gleiches gilt u. E. auch für Dienstleistungen, die im Rahmen von Non-Profit-Organisationen angeboten werden. Zwar wird gerade hier durch die

Abgrenzung gegenüber Arbeit eine besondere soziale Identität des freiwilligen sozialen Engagement u.a. definiert; genau besehen ist dies jedoch – außer dem Aspekt der Bezahlung – in weiten Bereichen rein fiktiv (vgl. Böhle/Kratzer 1999). Daher ergibt sich aus der (partiellen) Monetarisierung keineswegs – wie oft befürchtet – zwangsläufig eine Gefährdung sozialen Engagements. Eher scheinen sich hierdurch neue Möglichkeiten zu ergeben, die Bereitschaft zur Mitarbeit in Non-Profit-Organisationen über den bisherigen Umfang nicht bezahlter Arbeit hinaus zu erhöhen und hierdurch die dort nach dem Muster marktwirtschaftlich oder staatlich organisierter Erwerbsarbeit beschäftigten Arbeitnehmer nicht zu ersetzen, sondern zu entlasten und zu unterstützen.

Drittens: Ein weiterer (möglicher) Arbeitsbereich sind sog. sozio-kulturelle Leistungen. Angesprochen sind hiermit sowohl unterschiedliche Formen der Beratung und des Transfers von Wissen wie auch Organisation und Gestaltung sozialer Netze und kultureller Veranstaltungen bis hin zu künstlerischen Darbietungen u.ä. Auch dies ist weder als Plädoyer für eine Transformation bisher nicht bezahlter Aktivitäten in Erwerbsarbeit noch als praktische Umsetzung der Losung „jeder ist ein Künstler" (miss-)zuverstehen. Vielmehr besteht hier einerseits durchaus ein Bedarf an „professioneller" Unterstützung, durch die eigene Aktivitäten und Selbstorganisation gefördert und vielfach überhaupt erst ermöglicht werden, und andererseits gilt ähnliches – allerdings mit einer anderen Akzentuierung – auch hinsichtlich der auf diesem Gebiet marktwirtschaftlich oder staatlich angebotenen Leistungen.

Viertens: Und schließlich scheinen auch im Bereich marktwirtschaftlicher Ökonomie und staatlicher Leistungen Einsatzfelder für die hier umrissenen neuen Formen von Erwerbsarbeit zu bestehen oder zumindest entwickelbar zu sein. Beispiel hierfür sind Initiativen von Unternehmen, aus Altersgründen ausgegliederte Arbeitnehmer außerhalb „normaler" Erwerbsarbeit weiter zu beschäftigen, um deren spezielle Erfahrungen und Kompetenzen zu nutzen. Soweit hierzu Berichte vorliegen, beziehen sie sich primär auf höherqualifizierte Arbeitnehmer aus dem Managementbereich und Beratungsleistungen (vgl. Loerzer 1999; Vogel 1999); die faktisch bestehenden Einsatzfelder scheinen jedoch wesentlich breiter (vgl. Wachtler/Wagner 1995). Von Interesse sind dabei insbesondere außer- und überbetriebliche Formen der Beschäftigung, die einerseits eine Integration, zugleich aber auch eine gewisse Abgrenzung gegenüber den Prinzipien wie auch Zwängen marktwirtschaftlich und staatlich organisierter Erwerbsarbeit ermöglichen.

Derartige Formen von Erwerbsarbeit lassen sich zu einem Großteil als eine Zwischen- wie auch Vermittlungsinstanz zwischen marktwirtschaftlich und staatlich angebotenen Leistungen einerseits und deren Konsum sowie eigenen produktiven Aktivitäten (Eigenarbeit, soziales Engagement u.a.) andererseits begreifen. Gleichwohl sind die hierfür erforderlichen Qualifikationen und Kompetenzen keineswegs geringer einzuschätzen als im marktwirtschaftlichen und staatlichen Sektor. Entsprechend könnte dieser Arbeitsbereich (insgesamt) als „semi-professionell" bezeichnet werden. Betont wird damit einerseits der professionelle Anspruch im Sinne einer beruflichen Tätigkeit und andererseits der besondere Beschäftigungsstatus (s.o.). Dabei sind im Prinzip drei unterschiedliche Formen denkbar, in denen die erforderlichen Kompetenzen entwickelt werden könnten: durch die Nutzung einer vorangegangenen schulischen und beruflichen Qualifizierung; durch Erfahrungen, die „außerberuflich“ und „informell“ erworben wurden, sowie durch eine ergänzende „berufliche“ Ausbildung. Zieht man in Betracht, dass zukünftig ein „lebenslanges Lernen“ zur Normalität des Berufslebens zählt und neben formell geregelten und zertifizierten Bildungsprozessen das sog. informale Lernen als Bestandteil beruflicher Qualifikation an Bedeutung gewinnt sowie Verfahren zu seiner Beurteilung entwickelt werden (vgl. Bjornavold 1999), so kann u.E. von ausreichend zur Verfügung stehenden und mobilisierbaren Kompetenzen ausgegangen werden.

3.3 Gesellschaftspolitische Förderung

Die sog. informelle Ökonomie war in der Vergangenheit weder im Selbstverständnis moderner Industriegesellschaft vorgesehen noch wurde sie gesellschaftspolitisch besonders beachtet oder gar gefördert. Eher war das Gegenteil der Fall. Demgegenüber hat sie in neuerer Zeit in der Auseinandersetzung sowohl mit der „Zukunft der Arbeit“ als auch „sozialem Engagement“ verstärkt Aufmerksamkeit erfahren. Dabei rückte auch ins Blickfeld, dass z. B. für soziales Engagement wie auch Eigenarbeit u.a. nicht nur individuelle Motivlagen und Bedürfnisse oder ein gesellschaftlicher Bedarf ausschlaggebend sind, sondern dies auch von den hierfür förderlichen und hemmenden gesellschaftlichen Rahmenbedingungen abhängt (vgl. Kistler et al. 1999; Kühnlein 1977). Des weiteren lässt sich auch aus der Geschichte privatwirtschaftlich-marktwirtschaftlicher Ökonomie lernen, dass selbstregulierte wirtschaftliche und soziale Prozesse in hohem Maße von institutionellen und politischen Rahmenbedingungen abhängen, durch die sie erst ermöglicht und abgesichert werden (im Fall der marktwirtschaftlich regulierten Erwerbsarbeit reicht dies von der Verankerung der Grundrechte und staatlicher Monopolisierung physischer Gewalt bis hin zur Schaffung infrastruktureller Voraussetzungen, zu denen u.a. auch sozial- und arbeitsmarktpolitische Institutionen gehören). Vor diesem Hintergrund ist davon auszugehen, dass die Entwicklung der hier umrissenen Formen von Erwerbsarbeit wesentlich davon abhängt, ob und in welcher Weise hierfür förderliche gesellschaftliche Rahmenbedingungen vorhanden sind und geschaffen werden. Worin diese im einzelnen bestehen, bedarf weiterer Klärung. Doch lassen sich beim gegenwärtigen Stand der Diskussion zumindest einige Grundsätze und Anhaltspunkte geben, die hierfür maßgeblich erscheinen. Sie betreffen insbesondere (1) die Weiterentwicklung der bestehenden Systeme sozialer Sicherung, (2) infrastrukturelle Rahmenbedingungen und (3) Anpassungserfordernisse im Bereich privatwirtschaftlich und marktwirtschaftlich organisierter Erwerbsarbeit.

Weiterentwicklung der Systeme sozialer Sicherung: Wie bereits erwähnt, sollen durch die Erschließung neuer Formen von Erwerbsarbeit jenseits von Markt und Staat die Institutionen sozialer Sicherung weder substituiert noch in eine allgemeine Grundrente überführt werden. (Zur Kritik solcher Ansätze vgl. Bäcker 1998; Klammer/Bäcker 1998.) Gleichwohl wird jedoch dem Tatbestand Rechnung getragen, dass zukünftig – insbesondere bei längerfristiger Ausgliederung – die Differenz zwischen Rentenleistungen und Verdienstniveau im Rahmen marktwirtschaftlich und staatlich organisierter Erwerbsarbeit eher größer denn geringer wird. Zu berücksichtigen sind dabei nicht nur gesellschaftspolitische Entscheidungen über die Berechnung, Höhe und Anpassung von Rentenleistungen, sondern auch Veränderungen in den individuellen Möglichkeiten, einkommensbezogene Beiträge zu leisten und entsprechend Ansprüche aufzubauen. Sowohl durch einen tendenziell längeren Verbleib im Bildungssystem als auch diskontinuierliche Erwerbsverläufe (vgl. Bonß 1998) werden – verschärft bei vorzeitiger Ausgliederung – die Zeiträume der Beitragszahlungen tendenziell geringer. Negativ verlaufende Erwerbsbiographien schlagen dabei zweifellos auch auf die Chancen für Arbeit jenseits von Markt und Staat durch. Gleichwohl wird hierdurch jedoch (zumindest) das Spektrum der zur Verfügung stehenden Möglichkeiten einer ökonomischen Sicherung und sozialen Integration im Alter erweitert. Darüber hinaus könnten sich hieraus aber auch neue Chancen eröffnen für bewusst gewählte Optionen in der Gestaltung von Erwerbsverläufen. Freiwillig gewählte zeitliche Unterbrechungen der Erwerbsarbeit oder Reduzierung ihres Volumens hätten hier nicht nur den Nachteil geringerer Beiträge, sondern könnten ggf. auch dazu genutzt werden, individuelle Kompetenzen und Orientierungen für Erwerbsarbeit jenseits von Markt und Staat zu erhalten und aufzubauen. Und schließlich ergeben sich neue Spielräume für die Festlegung der Altersgrenze, und zwar sowohl nach unten wie nach oben: Nach unten erscheint hier die Reduzierung der Altersgrenze (Rente mit 60 und weniger) keineswegs abwegig, allerdings nicht im Sinne einer Voll-Rente. Was sich hier eröffnet, sind vielmehr neue Möglichkeiten für Optionen sowohl in der Altersgrenze als auch für die Höhe der jeweils in Anspruch genommenen Rentenleistungen und ihre Kombination mit Arbeitseinkommen. Umgekehrt ergibt sich auf dieser Grundlage die Möglichkeit, die ausschließliche Angewiesenheit auf Sozialleistungen u.ä. zeitlich hinauszuschieben. Aktuell nicht in Anspruch genommene Leistungen könnten unabhängig von weiteren Beiträgen entsprechend angespart und für einen späteren Zeitpunkt „reserviert" werden. Eine vorzeitige Ausgliederung aus dem System marktwirtschaftlich und staatlich organisierter Erwerbsarbeit wäre damit zwar nach wie vor mit negativen Auswirkungen auf die Höhe von Rentenleistungen verbunden, bietet aber andererseits ggf. die Chance für bessere individuelle Voraussetzungen um den Umstieg in Erwerbsarbeit jenseits von Markt und Staat zu bewältigen und hier längerfristige Perspektiven aufzubauen. Angesprochen sind damit Reformen in den Institutionen Sozialer Sicherung, die im wesentlichen folgendes beinhalten müssten: eine Flexibilisierung der Altersgrenze sowohl nach unten wie nach oben, die Möglichkeit zur Kombination von Sozialleistungen mit Arbeitseinkommen (im Rahmen der hier umrissenen Formen von Erwerbsarbeit) sowie die Verkopplung von Rechtsansprüchen auf Leistungen mit Wahlmöglichkeiten hinsichtlich des Umfangs ihrer faktischen Inanspruchnahme .

Infrastrukturelle Voraussetzungen: Neben den durch Sozialleistungen gegebenen „Anreizen" (vgl. Kapitel 3.2) sind weitere gesellschaftspolitische Initiativen erforderlich zur Heranbildung einer Infrastruktur, durch die Arbeitsmöglichkeiten geschaffen und die Vermittlung zwischen Angebot und Nachfrage unterstützt werden. Dies ist kein Plädoyer für den weiteren Ausbau bürokratischer Institutionen und Reglements oder gar „staatlicher Betriebe". Worum es hier geht, ist nicht primär eine Planung und Regulierung „von oben", sondern vielmehr die Förderung vielfältiger Initiativen „von unten". Notwendig erscheint vor allem die Schaffung von „Gelegenheitsstrukturen", durch die Fähigkeiten und Potenziale der Selbstorganisation mobilisiert und gefördert werden. Entsprechend gilt hier ähnliches, wie es für die gesellschaftspolitische Unterstützung von Eigenarbeit, bürgerschaftlichem Engagement u.a. gefordert wird (vgl. Mutz 1999; Kistler et al. 1999; Kühnlein 1997). Im speziellen scheint hier eine Unterstützung bei der Bereitstellung von Arbeitsmitteln wie auch Qualifizierung erforderlich. Des weiteren sind Vermittlungs- und Betreuungsinstanzen aufzubauen, durch die Angebot und Nachfrage an Arbeitsleistung auch über den Bereich unmittelbarer „sozialer Nähe" zusammengeführt werden können.

Und schließlich wären institutionelle Arrangements zu entwickeln, durch die eine Gestaltung von Arbeitsanforderungen und -bedingungen sowie Bezahlung unter Bezug auf die zuvor umrissenen Prinzipien getroffen und ggf. einklagbar werden. Letzteres betrifft auch die Zugangsbedingungen zu dem hier in Frage stehenden Arbeitsmarkt. Vergleichsweise einfach ließe sich dies handhaben, wenn eine Ankopplung an die Inanspruchnahme von Sozialleistungen und der hierfür geltenden Reglements erfolgt. Zu nutzen sind hierbei vor allem Erfahrungen, die im Rahmen von öffentlich geförderter Beschäftigung und ähnlichen Initiativen anderer Träger gewonnen wurden. Diese sind zwar primär auf eine Überführung in marktwirtschaftlich und staatlich organisierte Erwerbsarbeit ausgerichtet; gleichwohl entstanden in diesem Zusammenhang vielfältige Initiativen zur Erschließung von Arbeitsfeldern zwischen Markt und Staat. Der Erfolg solcher Initiativen war und ist angesichts der Zielsetzung vielfach unbefriedigend. Demgegenüber ergibt sich jedoch eine völlig andere Beurteilung, wenn damit nicht eine Rückführung, sondern vielmehr Ergänzung marktwirtschaftlich und staatlich organisierter Erwerbsarbeit anvisiert wird. So gesehen stellt sich bei einer Vielzahl öffentlich geförderter Beschäftigung faktisch keineswegs die Alternative zwischen öffentlicher Förderung und marktwirtschaftlicher Organisation. Worum es in den meisten Fällen geht, ist vielmehr die Alternative zwischen öffentlich geförderter Erwerbsarbeit einerseits und der Ausgliederung aus Erwerbsarbeit sowie ausschließlichen Angewiesenheit auf Sozialleistungen andererseits.

3.4 Anpassung marktwirtschaftlich und staatlich organisierter Erwerbsarbeit

Die Förderung von Erwerbsarbeit zwischen Markt und Staat könnte als Plädoyer für eine Politik interpretiert werden, durch die es den Unternehmen erleichtert wird, ältere Arbeitnehmer auszugliedern. Dass solche Effekte eintreten können, ist keineswegs von der Hand zu weisen. Für die zukünftige Entwicklung stellt sich daher nicht nur die Frage, ob der hier umrissene Ansatz weiterverfolgt wird, sondern vor allem, wie dessen konkrete Ausgestaltung aussieht. Wie bereits mehrfach betont, steht der hier umrissene Ansatz keineswegs im Gegensatz zur Forderung und Förderung einer alterns- und altersgerechten Gestaltung marktwirtschaftlich und staatlich organisierter Erwerbsarbeit – im Gegenteil. Es ergeben sich hieraus eher zusätzliche Anforderungen :

Beim derzeitigen System der Alterssicherung ist nach Eintritt in den Ruhestand die Erhaltung der „Arbeitsfähigkeit" gesellschaftlich nicht von Bedeutung. Entsprechend beschränken sich Maßnahmen zur Förderung der Gesundheit im Arbeitsbereich und zur beruflichen Qualifizierung „nur" auf die Zeit bis zur Erreichung der Altersgrenze. Nach dem hier umrissenen Konzept gilt es demgegenüber im Rahmen marktwirtschaftlich und staatlich organisierter Erwerbsarbeit nicht mehr nur über monetäre Beiträge für das „Alter" vorzusorgen; ebenso wichtig wird nun auch die Erhaltung und Förderung von Kompetenzen sowie der psychischen und physischen Verfassung für eine spätere „semi-professionelle" Erwerbsarbeit.

Bei der Ausgliederung Älterer – insbesondere im Rahmen betrieblicher Umstrukturierungen – käme es daher darauf an, nicht mehr nur über monetäre Abfindungen zu verhandeln. Mindestens ebenso wichtig wird die betriebliche Bereitstellung von Qualifizierungsmöglichkeiten wie auch infrastruktureller Leistungen, durch die ein Umstieg für Ältere in andere Formen von Erwerbsarbeit erleichtert wird. Zu entwickeln wären hier u.a. überbetriebliche kooperative Netzwerke zwischen Unternehmen zur Förderung sowohl der Qualifizierung wie auch Schaffung einer Infrastruktur (Arbeitsmittel, Räume usw.) zur Förderung der hier umrissenen Formen von Erwerbsarbeit – vor allem wenn hierdurch marktmäßig angebotenen Güter und Dienstleistungen ergänzt werden (vgl. Kapitel 3.3).

4. Ausblick

Im vorangehenden wurde eine Perspektive für die weitere Entwicklung der Arbeitsmarkt- und Sozialpolitik umrissen, die sich auf die Ausgliederung Älterer aus dem Beschäftigungssystem richtet und neue Formen ihrer gesellschaftlichen Bewältigung sucht. Ein besonderer Akzent liegt dabei auf der weiteren Teilhabe an „Erwerbsarbeit“ .

Bekräftigt wird damit zum einen die ökonomische sowie insbesondere soziale und kulturelle Bedeutung von Erwerbsarbeit für die individuelle Lebensgestaltung. Dies besagt jedoch nicht, dass zukünftig Erwerbsarbeit der zentrale und einzige Fokus individueller Lebensgestaltung ist (bzw. bleibt). Entscheidend ist u. E., dass andere Lebensbereiche und Orientierungen zwar an Bedeutung gewinnen, aber offenbar nicht unabhängig und alternativ zur Erwerbsarbeit, sondern auf deren Grundlage. Symptomatisch hierfür scheint uns, dass jene, die sich am ehesten sozial engagieren und außer ihrer beruflichen Tätigkeit anderen produktiven Tätigkeiten nachgehen, nicht aus Erwerbsarbeit ausgegliedert, sondern vielmehr (zugleich) ins Beschäftigungssystem integriert sind. Anstelle wechselseitiger Abgrenzungen zeichnet sich hier also eher eine Parallelität ab (vgl. Mutz 1997). Daraus ergibt sich der paradox erscheinende Sachverhalt, dass einerseits Erwerbsarbeit als Fokus individueller Lebensgestaltung möglicherweise an Bedeutung verliert, andererseits aber zugleich die Teilhabe an Erwerbsarbeit – unabhängig von deren jeweils konkreter Ausgestaltung – zukünftig eher mehr denn weniger zu den als „normal“ unterstellten gesellschaftlichen Voraussetzungen ökonomischer Sicherung und sozialer Integration zählt.

Zum anderen sind in der hier umrissenen Erweiterung des Verständnisses und der gesellschaftlichen Organisation von Erwerbsarbeit aber auch Potenziale, enthalten die über den bislang durch Markt und Staat abgesteckten Rahmen hinausweisen. Insbesondere hinsichtlich der Arbeitsinhalte und Arbeitsbedingungen könnten sich hier neue Impulse und Modelle für eine human orientierte Arbeitsgestaltung insgesamt ergeben. Ob solche Potenziale zum Tragen kommen, oder ob hier letztlich lediglich das Ziel einer sozialverträglicheren Gestaltung der dauerhaften Ausgliederung aus dem (bisherigen) Beschäftigungssystem dominiert, wird von zukünftigen gesellschaftspolitischen Auseinandersetzungen und Positionen abhängen.

Rückblickend zeigt die Geschichte der Systeme sozialer Sicherung, dass die Bismarcksche Sozialversicherung zwar zunächst in ihren faktischen Wirkungen vergleichsweise gering war. Gesellschaftspolitisch wurde jedoch eine entscheidende Weiche gestellt, durch die (erst) die weiteren Entwicklungen industrieller Gesellschaften ermöglicht wurden. So gesehen käme es heute vor allem darauf an, erneut (zunächst) die richtigen Weichen zu stellen, und zwar auch dann, wenn noch nicht sämtliche Details neuer Orientierungen geklärt und ihre Effekte kalkuliert sind. Die Zeit hierzu drängt. Denn der Zug in die Zukunft ist nicht nur schon längst abgefahren, sondern es wird auch bereits längst an vielen anderen Stellen versucht, die Weichen neu zu stellen – allerdings zumeist in eine ganz andere Richtung, als dies mit der hier umrissenenen Förderung von Erwerbsarbeit zwischen Markt und Staat anvisiert wird .

Eine solche Perspektive mag für jene, die sich nur im Rahmen der Aufrechterhaltung oder des Abbaus der in der Vergangenheit entwickelten Systeme sozialer Sicherung bewegen, vielleicht utopisch erscheinen. Und umgekehrt erscheint sie für jene, die den Ausstieg aus Erwerbsarbeit propagieren, mit großer Wahrscheinlichkeit eher konservativ und traditionell, da sie am System der Erwerbsarbeit festhält und sogar dessen Ausbau propagiert. Und in der Tat: Die hier skizzierte Perspektive bricht mit dem Bestehenden und versteht sich zugleich als dessen Weiterentwicklung. Sie geht einerseits von weitreichenden Umbrüchen im Beschäftigungssystem und der Gesellschaft insgesamt aus, andererseits bleibt sie aber durchaus in der Logik des in modernen Gesellschaften entwickelten Zusammenspiels zwischen Ökonomie und ihrer (notwendigen) gesellschaftspolitischen Flankierung. Es sei nicht behauptet, dass diese Perspektive die einzig mögliche ist. Doch im Unterschied zu vielen anderen folgt sie der Dynamik, die bisher die Grundlage marktwirtschaftlicher Ökonomie war. Deren „Modernisierung“ und zukünftige Entwicklung wird – selbst wenn es paradox klingt – davon abhängen, ob es gelingt, (auch) Erwerbsarbeit jenseits von Markt und Staat gesellschaftlich neu zu gestalten.

Literatur

Adis, S.; Reinhart, I.; Stengel, M. (1996): Der Berufsaustritt. Erhofft, Befürchtet, Folgenlos, München/Mering

Anheier, H.K.; Priller, E.; Seibel, W.; Zimmer, A. (Hrsg.) (1998): Der Dritte Sektor in Deutschland. Organisationen zwischen Staat und Markt im gesellschaftlichen Wandel

Bäcker, G. (1998): Zukunft der Arbeit und Herausforderungen für das System der Sozialen Sicherung – Das Beispiel Alterssicherung. In: Bosch, G. (Hrsg.): Zukunft der Erwerbsarbeit. Strategien für Arbeit und Umwelt, Frankfurt/New York, S. 359 ff.

Bäcker, G.; Nägele, G. (1993): Alternde Gesellschaft und Erwerbstätigkeit. Modelle zum Übergang vom Erwerbsleben in den Ruhestand, Köln

Baethge, M. (1999): Arbeit, Vergesellschaftung, Identität – zur zunehmenden normativen Subjektivierung der Arbeit. In: Soziale Welt, Heft 1

Baukhage, M.; Wendl, D. (1998): Tauschen statt Bezahlen, Berlin

Beck, U. (1996): Kapitalismus ohne Arbeit. In: Der Spiegel, Nr. 20, S. 140-146

Beck, U. (Hrsg.) (2000): Die Zukunft von Arbeit und Demokratie. Frankfurt

Beck, U.; Beck-Gernsheim, E. (Hrsg.) (1994): Riskante Freiheiten. Individualisierung in modernen Gesellschaften, Frankfurt

Behrens, J.; Morschhäuser, M.; Viebrok, H.; Zimmermann, E. (1999): Länger erwerbstätig – aber wie? Köln/Opladen

Bjornavold, J. (1999): Identification, Assessment and Recognition of Non-Formal Learning: European Tendencies. In: Dehnbostel, P. u.a. (Hrsg.): Erfahrungslernen in der beruflichen Bildung, Neusäß

Bleses, P.; Rose, E. (1998): Deutungswandel der Sozialpolitik. Die Arbeitsmarkt- und Familienpolitik im parlamentarischen Diskurs, Frankfurt/New York

Böhle, F. (1982): Risiken der Arbeitskraft und Sozialpolitik. In: Littek, W.; Rammert, W.; Wachtler, G. (Hrsg.): Einführung in die Arbeits- und Industriesoziologie, Frankfurt/New York

Böhle, F. (1999): Arbeit – Subjektivität und Sinnlichkeit. Paradoxien des modernen Arbeitsbegriffs. In: Schmidt, G. (Hrsg.) (1999)
Böhle, F.; Kratzer, N. (1999): Ehrenamt als Arbeit. Eine Betrachtung ehrenamtlicher Tätigkeit aus arbeitssoziologischer Sicht. In: Kistler, E. u.a. (Hrsg.) (2000)
Böhle, F.; Moldaschl, M.; Rose, H.; Weishaupt, S. (1993): Neue Belastungen und Risiken bei qualifizierter Produktionsarbeit. In: Institut für Sozialwissenschaftliche Forschung e.V. u.a. (Hrsg.): Jahrbuch für Sozialwissenschaftliche Technikberichterstattung 1993, Schwerpunkt Produktionsarbeit, Berlin
Bonß, W. (1998): Arbeitsmarktbezogene Zukunftsszenarien. In: Kommission für Zukunftsfragen der Freistaaten Bayern und Sachsen. Anlageband 3: Zukunft der Arbeit sowie Entkopplung von Erwerbsarbeit und sozialer Sicherung, Bonn
Bundeszentrale für politische Bildung (1994): Kontrovers. Soziale Sicherung, Bonn
Deutscher Bundestag (1998): Zwischenbericht der Enquete-Kommission Demographischer Wandel, Bonn
Ernst, J. (1996): Alterserwerbstätigkeit und Ruhestand in Ostdeutschland. In: Arbeit. Zeitschrift für Arbeitsforschung, Arbeitsgestaltung und Arbeitspolitik, Heft 2, S. 201-222
Europäische Kommission (1994): Wachstum, Wettbewerbsfähigkeit, Beschäftigung – Herausforderung der Gegenwart und Wege ins 21. Jahrhundert, Brüssel/Luxemburg
Giarini, O.; Lidtke, P.M. (1998): Wie wir arbeiten werden. Der neue Bericht an den Club of Rome, Hamburg
Gortz, A. (2000): Arbeit zwischen Misere und Utopie, Frankfurt
Gross, P.; Friedrich, P. (1988) (Hrsg.): Positive Wirkungen in der Schattenwirtschaft, Baden-Baden
Heinze, R.G.; Keupp, H. (1997): Gesellschaftliche Bedeutung von Tätigkeiten außerhalb von Erwerbsarbeit. Gutachten für die Kommission für Zukunftsfragen der Freistaaten Bayern und Sachsen, Bochum/München
Hilpert, M.; Holopp, U.; Kistler, E. (2000): Schattenwirtschaft, informelle Ökonomie und Social Economy als Teile eines größeren Ganzen. Zusammenfassung des Workshops und Ansatzpunkte für eine Forschungsstrategie. In: Bundesministerium für Bildung und Forschung (Hrsg.): Informelle Ökonomie, Schwarzarbeit und Zivilgesellschaft als Herausforderung für die europäische Sozialforschung, Bonn
Hilpert, M.; Kistler, E.; Sing, D. (2000): Vom Arbeitskräfteüberschuss zum Arbeitskräftemangel? Subjektive Determinanten des Arbeitsangebotes und demographischer Wandel, Frankfurt/New York
Hofmann, C.F. (1999): Sozialpolitik. Wichtiger Produktivitätsfaktor. In: Bundesarbeitsblatt Heft 5, S. 5-9
Hujer, M. (1997): Die Mär vom teueren Sozialstaat. In: Süddeutsche Zeitung vom 16.7.1997, S. 4
Inglehart, R. (1998): Modernisierung und Postmodernisierung. Kultureller, wirtschaftlicher und politischer Wandel in 43 Gesellschaften, Frankfurt/New York
Jakobs, K.; Kohli, M. (1990): Der Trend zum frühen Ruhestand. In: WSI-Mitteilungen, Heft 8, S. 498-505
Kappelhoff, P. (1993): Soziale Tauschsysteme, München
Kistler, E.; Noll, H.H.; Priller, E. (1999) (Hrsg.): Perspektiven gesellschaftlichen Zusammenhalts. Empirische Belfunde, Praxiserfahrungen, Messkonzepte, Berlin
Kistler, E.; Sing, D. (1999): Frauen zwischen Erwerbsarbeit, Ehrenamt und Familienarbeit. Bericht zu einer Pilotstudie an die Hans-Böckler-Stiftung, Stadtbergen

Klammer, U.; Bäcker, G. (1998): Niedriglöhne und Bürgerarbeit als Strategieempfehlung der Bayerisch-Sächsischen Zukunftskommission. In: WSI-Mitteilungen, Heft 6, S. 359-370
Kleinhenz, G.D. (1997): Der Beitrag der Sozialpolitik zur wirtschaftlichen Leistungsfähigkeit des Systems der Sozialen Marktwirtschaft. Hekt. Bericht, Passau
Kommission für Zukunftsfragen der Freistaaten Bayern und Sachsen (1997): Erwerbstätigkeit und Arbeitslosigkeit in Deutschland – Entwicklungen, Ursachen und Maßnahmen. Leitsätze, Zusammenfassung und Schlussfolgerungen der Teile I, II und III des Kommissionsberichts, Bonn
Konrad, W. (1998): Potemkinsche Dörfer. Zur Beschäftigungsdynamik der Informations- und Kommunikationstechnologien. In: Institut für Arbeitsmarkt- und Berufsforschung der Bundesanstalt für Arbeit (IAB) u.a. (Hrsg.): Jahrbuch Sozialwissenschaftliche Technikberichterstattung 1998/1999. Schwerpunkt Arbeitsmarkt, Berlin
Kratzer, N.; Döhl, V.; Sauer, D. (1998): Arbeit im Wandel – Sozialberichterstattung vor neuen Herausforderungen. In: In: Institut für Sozialwissenschaftliche Forschung e.V. u.a.: Jahrbuch für Sozialwissenschaftliche Technikberichterstattung. Sonderband Beobachtungsfeld Arbeit, Berlin
Lampert, H. (1998): Anpassung zu Lasten der Schwächeren. In: Akademie für Politische Bildung. In: Akademie-Report 2/98, Tutzing
Lenhardt, G.; Offe, C. (1977): Staatstheorie und Sozialpolitik. In: Kölner Zeitschrift für Soziologie und Sozialpsychologie. Sonderheft 19, Köln/Opladen
Loerzer, S. (1999): Wie Arbeit vor dem Fall ins schwarze Loch schützt. In: Süddeutsche Zeitung vom 8.4.1999
Lutz, B. (1984): Der kurze Traum der immerwährenden Prosperität, Frankfurt/New York
Mendius, H.G.; Weimer, St. (1998): Handwerk und Arbeitsmarkt: Auch die Arbeitskosten entscheiden über die Zukunftsfähigkeit. In: Klose, H.U.; Ax, Ch.: Zukunft des Handwerks in einer alternden Gesellschaft, Bonn
Mutz, G. (1997): Zukunft der Arbeit. Chancen für eine Tätigkeitsgesellschaft? In: Aus Politik und Zeitgeschichte B 48/49
Mutz, G. (1999): Die Organisation gesellschaftlicher Arbeit in der Neuen Arbeitsgesellschaft. In: Jahrbuch Arbeit und Technik 1999/2000, Bonn
Naegele, G. (1992): Zwischen Arbeit und Rente. Gesellschaftliche Chancen und Risiken älterer Arbeitnehmer, Augsburg
Pfaff, A.B. (1999): Veränderte Erwerbsbiographien und ihre Auswirkungen auf die Sozialpolitik. In: Schmähl, W.; Rische, H. (Hrsg.): Wandel der Arbeitswelt – Folgerungen für die Sozialpolitik, Baden-Baden
Pfaff, A.B.; Pfaff, M. (1998): Der Sozialstaat als Standortfaktor. Einige Anmerkungen zur laufenden Diskussion. In: Hesse, H.; Welzel, P. (Hrsg.): Wirtschaftspolitik zwischen gesellschaftlichen Ansprüchen und ökonomischen Grenzen. Festschrift für Reinhard Blum zum 65. Geburtstag, Göttingen
Rifkin, J. (1995): Das Ende der Arbeit und ihre Zukunft, Frankfurt
Rosenstiel, L.v. (Hrsg.) (1993): Wertewandel. Herausforderungen für die Unternehmenspolitik in den 90er Jahren, Stuttgart
Rössel, G.; Schaefer, R.; Wahse, I. (1999): Alterspyramide und Arbeitsmarkt, Frankfurt/New York
Schachtner, Ch. (1990): Zwischen Abschied und Aufbruch: Alter. In: Auer, F.v.; Geissler, K.H.; Schauer, H. (Hrsg.): Auf der Suche nach der gewonnenen Zeit, Bd. 1., Mössingen-Thalheim
Schmidt, G. (Hrsg.) (1999): Kein Ende der Arbeitsgesellschaft, Berlin

Schönwälder, Th.; Kistler, E.; Sing, D. (1999): Kap. Arbeitslose. In: Bayerischer Sozialbericht, S. 497 ff., München.

Senatsverwaltung für Arbeit, Berufliche Bildung und Frauen (Hrsg.) (1998): Die Sackgassen der Zukunftskommission. Streitschrift wider die Kommission für Zukunftsfragen der Freistaaten Bayern und Sachsen, Berlin.

Senghaas-Knobloch, E. (1999): Von der Arbeits- zur Tätigkeitsgesellschaft? Zu einer aktuellen Debatte. In: Arbeit, 8. Jg. Heft 2.

Siegenthaler, J.K.; Mümeka, L. (1995): Wettbewerbsfähigkeit, Abhängigkeit, Zielausrichtung. Ein Überblick über Probleme der sozialen Sicherheit und den Stand der Forschung. In: IVSS (Hrsg.): Soziale Sicherheit von morgen: Kontinuität und Wandel, IVSS-Studien und Forschungen Nr. 36, Genf.

Straus, F.; Höfer, R. (1994): Halbe Chancen und doppelte Risiken – Die veränderte Bedeutung von Erwerbsarbeit und Qualifizierungsprozessen für die Identitätsarbeit benachteiligter Jugendlicher. In: Sonderforschungsbereich 333 der Universität München (Hrsg.): Mitteilungen, Heft 8.

Teichert, V. (1993): Das informelle Wirtschaftssystem. Analyse und Perspektiven der wechselseitigen Entwicklung von Erwerbs- und Eigenarbeit, Opladen

Thome, R. (1998): Arbeit ohne Zukunft, München.

Trube, A. (1998): Sozioökonomische Analysen zum geldwerten Nutzen von Gemeinwesenarbeit, Stuttgart/Berlin/Köln.

Vogel, M. (1999): Alte wissen mehr. In: Computer-Woche Spezial, Heft 2, S. 80-82.

Voß, G.; Pongratz, H. (1998): Der Arbeitskraftunternehmer – Eine neue Grundform der Ware Arbeitskraft? In: Kölner Zeitschrift für Soziologie und Sozialpsychologie, Heft 1.

Vobruba, G. (1991): Jenseits der sozialen Frage, Frankfurt.

Vobruba, G. (1999): Income Mixes – Die neue Normalität nach der Vollbeschäftigung. In: Jahrbuch Arbeit und Technik 1999/2000, Bonn.

Wachtler, G.; Wagner, P. (1995): Betriebliche Strategien zur Nutzung verrenteter Arbeitskräfte. In: Soziale Welt 46. Jg., Heft 4.

Walwei, U. (1999): Strategien für mehr Beschäftigung und weniger Arbeitslosigkeit. In: Schmidt, G. (1999).

Wehner, Th.; Clasers, Ch.; Mauser, T. (1999): Wissensmanagement. Harburger Beiträge zur Psychologie und Soziologie der Arbeit, Hamburg.

Weiß, M. (1998): Der „Dritte Sektor" zwischen Markt und Staat, Frankfurt/Berlin u.a.

Zukunftskommission der Friedrich-Ebert-Stiftung (1998): Wirtschaftliche Leistungsfähigkeit, sozialer Zusammenhalt, ökologische Nachhaltigkeit. Drei Ziele – ein Weg, Bonn.

Dipl.-Volksw. Jürgen Kühl,
Ministerium für Wirtschaft, Arbeit und Infrastruktur des Landes Thüringen, Erfurt

Konzept zur Beschäftigung älterer Langzeitarbeitsloser bis zur Rente (BÄR)

Seitdem ich das kleine Referat geschrieben habe, hat es in Thüringen einen Regierungswechsel gegeben, was für mich bedeutet, dass ich nicht mehr im Sozialministerium arbeite, sondern im Wirtschaftsministerium, das jetzt „Ministerium für Wirtschaft, Arbeit und Infrastruktur" heißt. Die Arbeitsförderung ist also genau dorthin verlagert worden, wo sie hingehört: in die Wirtschafts- und Infrastrukturförderung. Mein Thema „Konzept zur Beschäftigung älterer Langzeitarbeitsloser bis zur Rente (BÄR)" hat sich auch ein bisschen verändert. Es heißt jetzt „50 plus", also die Förderung von Fünfzigjährigen und Älteren, insbesondere Langzeitarbeitslosen in Beschäftigung, Qualifizierung und soziale Sicherheit. Dazu möchte ich hier berichten, nicht offiziell als Abteilungsleiter in diesem Wirtschaftsministerium, sondern eher aus dem Labor, wo wir uns Gedanken machen, wie wir die Beschäftigungsförderung von älteren Langzeitarbeitslosen gestalten können. Sie sehen, es ist noch nicht politisch entschieden, und insofern rede ich hier nicht als offizieller Vertreter, sondern eher als einer, der sich 30 Jahre lang in der Beschäftigungspolitik ein bisschen getummelt hat.

Die Langzeitarbeitslosigkeit von Älteren ist zur humanen, sozialen und vor allen Dingen auch zur gesamtfiskalischen Hauptbelastung in allen europäischen Industrie- und Dienstleistungsgesellschaften geworden. Hier in Deutschland sind fast alle Sozialversicherungszweige mehr oder weniger hochgradig defizitär. Wenn sich eben ein Land 25 Jahre lang Massenarbeitslosigkeit leistet, dann fehlen auch die Steuer- und Beitragszahler. Insofern haben wir hier ein ganz erhebliches Problem. Die Arbeitslosenquoten der Älteren sind sehr hoch und steigen immer noch. Erwerbslosigkeit und auch Erwerbsunfähigkeit – wir wollen das nie vergessen – der

Älteren sind zur häufigsten Übergangsform in die Rente geworden. Nur noch 30 Prozent der Männer und 40 Prozent der Frauen erreichen gesund das Verrentungsalter. Zur Jahresmitte 1999 gab es in Deutschland 1,4 Millionen Langzeitarbeitslose, 36 Prozent von allen. Das IAB, wo ich früher gearbeitet habe, rechnet noch ein bisschen genauer. Dann sind es eher noch mehr. Anteil an der gesamten Arbeitslosigkeit: etwa 950.000 Menschen. Ein Viertel aller Arbeitslosen ist 55 Jahre und älter. Hier haben wir genau das Problem.

Es hat sich in Westdeutschland, aber auch in den neuen Ländern, vor einem Hintergrund erheblich sinkender Beschäftigung entwickelt. Von 1991 bis 1998 sind per Saldo 1,8 Millionen Arbeitsplätze verschwunden. Allein in den wichtigen Bereichen Land- und Forstwirtschaft, produzierendes Gewerbe, Handel, Verkehr sind 3,6 Millionen Arbeitsplätze in diesen 90er Jahren abgebaut worden. Insofern müssen wir ganz klar sehen, dass dieses Problem Altersarbeitslosigkeit durch Beschäftigungsabbau, Betriebsschließungen, Ausgliederungen, Schrumpfung von Betrieben und unzureichende Betriebsgründungen verursacht worden ist. Im nächsten Jahr soll es ein bisschen besser werden. Wir werden keine Entkopplung von Wachstum und Beschäftigung haben, sondern erstmals wird das Wirtschaftswachstum mit 2,5 bis 3 Prozent wieder so groß sein, dass es wenigstens in Westdeutschland 200.000 zusätzliche Arbeitsplätze geben wird, während sich in den neuen Ländern nicht viel tut. Im Westen wird eine Arbeitslosenquote von 8 Prozent und im Osten von 17 Prozent erwartet.

Es sind eine ganze Menge Ausgliederungsstrategien zur Bewältigung dieses Problems diskutiert worden. Ich habe das in dem Papier auch im einzelnen dargetan und will das nicht wiederholen. Rente mit sechzig, Herr Rehfeld, wir haben es besprochen. Ich denke, dass wir auch in der Diskussion noch etwas dazu beitragen können. Ich denke schon, dass über diese Ausgliederungsstrategien auch Arbeitsplätze für Ältere wieder besetzt werden können. Sie waren mit Älteren besetzt. Insofern müssen wir hier ganz genau gucken, was hier an Arbeitsplätzen für 50- bis 60jährige frei wird.

Sachsen-Anhalt hat eher ein Übergangsgeld für Langzeitarbeitslose mit 55 Jahren und älter empfohlen, was aber im Grunde auch nur den Übergang in die Rente ein bisschen erträglicher macht. Außerdem gibt es eine ganze Reihe Lösungen auf betrieblicher Ebene im Altersteilzeitbereich sowohl gesetzlich als auch betrieblich. Und schließlich – Herr Dr. Kador hat es mit dem Thema Tätigkeitsgesellschaft angesprochen – basteln eine ganze Menge Länder – Berlin, Brandenburg, Sachsen und auch Thüringen – an Ehrenamtslösungen, die ich nicht als Alternative ansehe, wo man aber doch einmal genau gucken kann. Herr Schuster von VW hat gestern gesagt, Ehrenamtslösungen wären out. Ich denke, man sollte noch einmal ein bisschen genauer hingucken, was da wirklich an Tätigkeiten im Sinne einer Tätigkeitsgesellschaft gemacht wird, ob es aber nicht auch echte Alternativen zur Erwerbsarbeit gibt.

Was mir im europäischen Vergleich aufgefallen ist, ist, dass die Alterserwerbstätigkeit überaus unterschiedlich ist. Ich habe OECD-Zahlen über die Anteile der 55- bis 64jährigen an der gleichaltrigen Bevölkerung, wie viele davon erwerbstätig sind. Das ist im Durchschnitt fast die Hälfte, 84 Prozent. Es schwankt zwischen den Ländern sehr stark. In der Schweiz sind immerhin noch 71 Prozent in dieser Altersgruppe erwerbstätig, in Belgien nur noch 23 Prozent. Deutschland liegt mit 39 Prozent so ungefähr in der Mitte. Das hängt natürlich auch von den Verrentungsjahrgängen und -modalitäten ab. Aber wir sehen schon, dass die europäischen Länder ganz unterschiedliche Lösungen für die Beschäftigung von Älteren finden. Es ist nicht einzusehen, dass Deutschland mit 39 Prozent deutlich, fast zehn Punkte unter dem Durchschnitt in bezug auf die Erwerbsarbeit Älterer in Europa liegt.

Wir müssen aus den unterschiedlichsten Gründen gegenüber diesen Ausgliederungs- und Ersatzlösungen, die ich beschrieben habe, vor allen Dingen Beschäftigungsmodelle suchen, und zwar Beschäftigungsmodelle, die zurückkehren zur Einheit von Erwerbsarbeit, beruflicher Qualifizierung auch im Alter und sozialer Sicherung. Das gehört zusammen: Erwerbsarbeit, berufliche Qualifizierung und soziale Sicherheit, und zwar für ältere Langzeitarbeitslose bis hin zu einer frühestmöglichen und akzeptablen Rente und möglichst auch ohne weitere Arbeitslosigkeit. Wenn natürlich für eine frühere Verrentung ein Jahr Arbeitslosigkeit Voraussetzung ist, dann kann man das mit diesen Modellen kombinieren, aber das Ziel ist schon, dass diese Menschen nicht wieder arbeitslos, nicht wieder langzeitarbeitslos werden.

Es ist ganz zentral, dass für jeden Älteren, der in solche Beschäftigungsmodelle kommt, eine individuelle Rentenberatung vorgenommen wird, damit man genau weiß, wie viele Beitragsjahre noch notwendig sind, um eine anständige, das heißt auch armutsfeste, Rente zu bekommen, damit man im Alter nicht abhängig wird von der Sozialhilfe.

Ich habe mir das in Thüringen ein bisschen angesehen. Dort sind fast 20 Prozent aller sozialversicherungspflichtig Beschäftigten 50 Jahre und älter. Das streut über die gesamte Berufspalette. Es gibt also genügend Betriebe, genügend Tätigkeiten, genügend Berufe, wo ältere Arbeitnehmer sozialversichert beschäftigt sind. Das geht über alle Qualifikationsniveaus, über alle Tätigkeiten, über alle Branchen. Insofern muss man auch Lösungen finden, die möglichst viele Betriebe, möglichst viele Tätigkeiten, möglichst viele Branchen in die Lösung einbeziehen.

Ich denke auch, dass wir die Gesamtheit der Betriebe nicht aus der Verantwortung entlassen können, sondern wir müssen zusammen mit den Betrieben nach gemeinsamen Lösungen suchen. Es hat sich leider – das hat diese Tagung gestern und heute gezeigt – die Gepflogenheit, das Beschäftigungsverhalten eingespielt, dass die Menschen für die besten 30, 35 Jahre ihres Erwerbslebens beschäftigt werden, produktiv sind, auch ordentlich entlohnt werden, und dann so ab 50 bis im Extremfall 65 Jahre kümmern sich dann eben die Gesellschaft, die Arbeitsämter, die Sozialämter, die Landesregierungen und nicht mehr die Betriebe um sie. Dieser Zustand ist unhaltbar. Wir müssen Beschäftigungsmodelle für die Älteren ab fünfzig finden.

Wir wollen keinen subsidiären, zweiten, dritten, vierten Arbeitsmarkt. Wir wollen auch kein drittes System, obwohl diese Debatten von der Europäischen Union kommen, sondern wir wollen ganz normale Arbeitsplätze in Betrieben. Wir haben 2,5 bis 3 Millionen Betriebe in Deutschland, wir haben 20, 25, 30 Prozent der Beschäftigten in diesen Altersgruppen, und deshalb müssen auch die vorrangigen Lösungen in den vorhandenen Betrieben gesucht werden.

Wir denken durchaus daran, dass wir dann auch betriebliche Funktionen mit der Beschäftigung Älterer unterstützen, Unternehmensdienstleistungen anzubieten, 24 Stunden rund um die Uhr erreichbar zu sein, zum Beispiel in den Arbeitsämtern. Wir denken an Ingenieurarbeiten, die für Stuttgarter Industriefirmen gemacht werden, aber von langzeitarbeitslosen Ingenieuren, die in Thüringen sitzen. All solche Modelle gehen. Man kann sich Kompetenzzentren für diese Menschen ausdenken, die helfen, Produkte zu entwickeln und vermarktungsreif zu machen.

Sehr bewährt haben sich auch Stellvertretungslösungen, wo ältere Langzeitarbeitslose die Leistungsträger im Betrieb allmählich ersetzen oder zumindest so weit entlasten, dass diese Leistungsträger in Qualifizierungsmaßnahmen hineingehen und sich für neue und andere Aufgaben qualifizieren. *Job-rotation*-Modelle haben sich in diesem Zusammenhang sehr bewährt. Man muss sie nur gezielt und passend auf Langzeitarbeitslose zuschneiden, dann funktionieren sie auch. Wir haben auch sehr gute Erfahrungen mit sog. Tandemlösungen gemacht, wo junge arbeitslose Hochschulabsolventen zusammen mit älteren, erfahrenen Arbeitslosen und Arbeitnehmern zusammen im Betrieb arbeiten und allmählich in Gang kommen.

Diese Lösungen kann man zusammen mit Betrieben machen, die bestimmte Entwicklungsengpässe haben, die Entwicklungsarbeiten haben, die innovieren wollen, wo wir sehr erfahrene, ältere Langzeitarbeitslose unterbringen können. Wir wollen kein neues staatliches Program, quasi über Planstellen im öffentlichen Dienst. Wir wollen keinen öffentlich geförderten Beschäftigungssektor, sondern wir wollen möglichst dezentrale Lösungen unter Beteiligung von möglichst vielen Betrieben und auch Verwaltungen.

Wenn das alles nicht reicht, werden wir auch dem gemischtwirtschaftlichen Bereich Betriebe mit erwerbswirtschaftlichen und Arbeitsförderzielen miteinander kombinieren müssen. Wir haben in Thüringen gute Erfahrungen mit sogenannten sozialen Wirtschaftsbetrieben gemacht, die ältere und Langzeitarbeitslose beschäftigen, aber mit einem Mutterbetrieb im Hintergrund im Grunde verbilligte Vorleistungen haben und insofern dieses Integrationsziel für Langzeitarbeitslose mit der Wertschöpfung und Zulieferung für andere Betriebe verbinden. Hier gibt es auch eine Menge von konkreten Beispielen, die wir ausprobiert haben, in der Kreislaufwirtschaft, bei kommunalen Funktionen, bei Reparaturdiensten, Verleihdiensten. Ich habe eine Menge von Beispielen in dem Papier aufgeführt. Hier kann man also direkt an unternehmerische, erwerbswirtschaftliche Funktionen anknüpfen und sie anreichern mit Langzeitarbeitslosen.

Wir haben gute Erfahrungen mit den Gesellschaften für Arbeitsförderung und Strukturentwicklung gemacht, den sogenannten ABS-Gesellschaften. Wir haben sie fortentwickelt zu kommunalen Beschäftigungsdienstleistern, die in der Region derartige Beschäftigungsprojekte in Gang bringen, Langzeitarbeitslose dort integrieren, mit den Betrieben, mit den Kommunen zusammenarbeiten. Das funktioniert ganz ausgezeichnet. Wir haben da wirklich positive Erfahrungen gemacht.

Ich denke, dass wir auch noch eine ganze Reihe neuer Betriebsformen entwikkeln können, Arbeitsförderbetriebe, Zweckbetriebe, Eingliederungsbetriebe, vielleicht auch besondere Einheiten in Betrieben, die sich insbesondere mit Langzeitarbeitslosen auffüllen und dann mit ganz normalen Belegschaften zusammenarbeiten. Hier können wir anknüpfen an öffentliche Arbeitgeber, Großorganisationen, Wohlfahrtsverbände, Kirchen, Kammern, Projekte, Stiftungen, lokale Vereine, Selbsthilfegruppen, Zweck- und Wirtschaftsbetriebe. Die ganze Palette von wirtschaftlich Tätigen im öffentlichen Interesse und auch privatwirtschaftlichen Erwerbsinteresse ist hier im Grunde gefordert, sich mit älteren Langzeitarbeitslosen die Beschäftigung zu teilen. Wir haben gute Erfahrungen gemacht mit langjährigen Arbeitsbeschaffungsmaßnahmen, mit Frauenprojekten, mit Maßnahmen für Sozialhilfeempfänger und auch den neuen Strukturanpassungsmaßnahmen. Wirtschaftsnahe Dienstleistungen, Tourismus, alle diese Dinge kommen sehr stark in Gang.

Natürlich muss man um diese Beschäftigungsmaßnahmen herum Qualifizierung organisieren, Trainingsmaßnahmen, Einarbeitung, vielleicht auch eine Kette von Maßnahmen. Man muss das organisieren, aber das lässt sich machen.

Wie wird das Ganze nun bezahlt? Im Sozialgesetzbuch III gibt es seit dem 1. August dieses Jahres die Möglichkeit, fünf Jahre lang Strukturanpassungsmaßnahmen zu bezahlen. Da wird ein Lohnzuschuss von 26.000 DM bezahlt, den das Land je nach Bedarf und Beschäftigungsfeld aufstockt, wo man sich dann genau überlegt, in welchem Bereich es wirklich eine ökonomische Zukunft hat, diese fünfjährigen Maßnahmen durchzuführen. Welche Maßnahmen müssen wir im Bereich Qualifizierung, Arbeitsbeschaffung vorschalten? Was müssen wir vielleicht auch nach diesen fünf Jahren dann tun?

Wir gehen schon davon aus, dass die Älteren produktiv und leistungsfähig sind – das haben wir gestern und heute alles besprochen – und dass sie sozusagen auch ihren Wertschöpfungsbeitrag im Betrieb erbringen, dass sie vielleicht nach fünf Jahren nicht mehr so hohe Zuschüsse brauchen. Aber sie werden vielleicht auch nicht ganz ohne Zuschüsse auskommen können.

Es gibt nach dem Sozialgesetzbuch III auch einen Eingliederungszuschuss, insbesondere für ältere Langzeitarbeitslose. Er ist degressiv ausgestattet, fängt mit 60

Prozent an, und dann geht das nach fünf Jahren über 50, 40, 30 Prozent herunter. Dieses Instrument greift schon nach dem 50. Lebensjahr schon; dann können wir als Land darüber nachdenken, diese Degression in geeigneten Fällen auszugleichen und doch einmal über eine längere Zeit Lohnzuschüsse von 40, 50 Prozent zu bezahlen. Wichtig sind zu diesen mehrjährigen Leistungen des Sozialgesetzbuches III also Ergänzungs-, Aufstockungs-, Anschlussprogramme des Landes, um hier in der Spitze die Zeit bis zu einer anständigen Rente zu überbrücken. Aber das bedarf in jedem Fall erstens dieser ordentlichen Rentenberatung für die Betroffenen und zweitens natürlich auch einer genauen Abstimmung mit den Betrieben: Wie produktiv sind diese Menschen noch? Was leisten sie noch in der Wertschöpfung, und wie hoch muss die Lohnsubvention sein, um eine Beschäftigung auf Dauer zu ermöglichen?

Vielleicht noch eine Erwähnung: Man braucht natürlich auch im Sachkostenbereich Mittel für Investitionen. Diese können aus der Wirtschaftsförderung kommen, auch aus der freien Förderung der Arbeitsverwaltung, und man kann sich auch hier den einen oder anderen Landeszuschuss vorstellen.

Fazit: Es gibt Beschäftigungsförderungsinstrumente für ältere Langzeitarbeitslose. Wir hatten auch früher ABM, die über acht Jahre gelaufen sind. Warum sollen wir nicht wieder eine gesamte durchfinanzierte, durchgeregelte Beschäftigungslösung haben, und zwar mit Betrieben, Kommunen, Verwaltungen, Trägern, vielleicht auch überbetriebliche Lösungen; das ist schon angesprochen worden. Aber das politische Signal, die Botschaft ist eindeutig: es geht. Man kann Erwerbsarbeit für ältere Arbeitslosen organisieren, und wir werden uns einbringen in die Reform des Sozialgesetzbuches III, die ja ab Mitte 2001 in Kraft treten soll, damit wir hier noch bessere mehrjährige Instrumente der Arbeitsförderung bekommen können, die dann das Land entsprechend aufstockt.

Dr. Peter Auer,
Internationale Arbeitsorganisation (ILO),
Genf

Altern: Herausforderungen und Anworten

Auf Grund der weiterhin sinkenden Geburtenraten und der weiterhin steigenden Lebenserwartung wird die Weltbevölkerung in den kommenden Jahrzehnten viel schneller altern als bisher. Diese demographische Entwicklung hat bedeutende Auswirkungen auf den Arbeitsmarkt. Ältere Arbeitskräfte werden dem Markt länger zur Verfügung stehen müssen, weil das Angebot an jungen, in den Markt eintretenden Personen zurückgehen wird – und weil die Finanzierungsprobleme der Alterssicherungssysteme zunehmen. Diese Entwicklung begründet außerdem Zweifel an der bisher verfolgten Politik der Frühverrentung. Tatsächlich scheint die Strategie, das Arbeitskräfteangebot durch Frühverrentungen zu reduzieren, bereits überholt. Nicht die Verringerung des Arbeitskräfteangebotes, sondern seine Ausweitung durch längere Lebensarbeitszeiten haben politische Priorität. In jedem Falle erfordert der Alterungstrend ein Umdenken gegenüber älteren Arbeitskräften und aktives Handeln durch die Ausweitung von Möglichkeiten der Weiterbildung sowie produktiver und sinnvoller Arbeit auch für Ältere.

Auf der einen Seite erscheint die Strategie, den Trend zur Frühverrentung zu stoppen und in Richtung auf längere Lebensarbeitszeiten umzukehren, eine rationale Antwort auf das Alterungsproblem zu sein. Auf der anderen Seite könnte eine Behinderung frühzeitiger Verrentung bei gleichzeitiger Freisetzung von Arbeitskräften als Antwort auf die Globalisierung und die dadurch hervorgerufenen Fusionen, Übernahmen und Umstrukturierungen der Unternehmen auch die Gefahr der Arbeitslosigkeit am Ende des Erwerbslebens in sich bergen – keine attraktive Aussicht für ältere Menschen in entwickelten Wohlfahrtsgesellschaften. Um diesen Problemen zu begegnen, ist vorausschauendes Handeln der Unternehmen, der Sozialpartner und Regierungen gefragt. Die Unternehmen müssen sicherstellen, dass sich ihre älter werdenden Beschäftigten den individuellen Bedürfnissen entsprechend weiterbilden können. Veränderungen der Arbeitsorganisation (wie z. B. flexible Arbeitszeiten und Gruppenarbeit) können dabei helfen, Produktivität und sinnvolle Erwerbsarbeit miteinander zu verbinden.

Zwar wäre es besser, die Arbeitgeber davon zu überzeugen, dass es in ihrem eigenen Interesse ist, ältere Arbeitnehmer weiter zu beschäftigen, doch ist es nicht ausgeschlossen, die Unternehmen dabei durch Massnahmen zu unterstützen. So könnten z. B. Anreize für Betriebe geschaffen werden, die ihre Beschäftigten behalten und weiterbilden. Die Sozialpartner und der Staat könnten außerdem sorgfältig ausgestaltete Altersteilzeit-Modelle entwickeln, die den Arbeitnehmern in ihren letzten Beschäftigungsjahren ermöglichen, noch teilweise tätig zu sein, ohne ihre vollen Rentenansprüche zu verlieren. Allerdings sollten auch Frühverrentungsmodelle nicht ausgeschlossen werden. In bestimmten Ländern gibt es inzwischen Frühverrentungen mit der Verpflichtung, die freigewordenen Stellen wieder zu besetzen, wobei der Staat (oder die Sozialpartner, sofern sie für die Absicherung der Arbeitslosen zuständig sind) dies subventionieren. Beschäftigte auf Arbeitsplätzen mit erschwerten Bedingungen oder mit langen Beitragszeiten – unter ihnen sind mehr und mehr Frauen – sollten von einer geförderten Frühverrentung nicht ausgeschlossen werden. Allerdings muss die generelle Frühverrentung ohne Rentenminderung zurückgefahren werden, um den Arbeitsmarkt an die veränderten demographischen Bedingungen anzupassen.

Für viele OECD-Länder ist eine längere Beschäftigung älterer Arbeitnehmer unumgänglich für eine positive Wirtschaftsentwicklung und das Funktionieren des Arbeitsmarktes. Sie führt zu höherer Erwerbsbeteiligung und mindert den Druck auf die Alterssicherungssysteme. Allerdings hat diese Entwicklung, so nötig sie ist, nicht nur Gewinner. Sie bedeutet vielmehr auch, dass es der Baby-Boom-Generation nicht so gut gehen wird wie der ihrer Väter und Mütter. Länger zu arbeiten und dabei mehr Beiträge für geringere Renten zahlen zu müssen, stellt eine Abkehr vom umverteilenden Wohlfahrtsstaat dar, der bislang Teile der Wachstumsgewinne (über Steuern und Sozialbeiträge) für die Frühverrentung mit ausreichenden Lohnersatzleistungen verwendet hat. Der zukünftige Wohlfahrtsstaat wird mehr auf einer Umverteilung durch Einkünfte aus tatsächlicher Beschäftigung beruhen. Dies bedeutet einen generellen Wandel „von der Fürsorge zur Arbeit". Die sozialen und ökonomischen Konsequenzen dieses unumgänglich erscheinenden „Paradigmenwechsels" sind erst noch zu untersuchen.

Dr. Fritz-Jürgen Kador
Bundesvereinigung Deutscher Arbeitgeberverbände (BDA), Köln/Berlin

Zusammenfassung

Ich will die Ergebnisse der Arbeitsgruppe 7, die das Thema hatte „Anforderungen an Arbeitsmarkt und Sozialpolitik", in sieben Punkten zusammenfassen, die naturgemäß die Themen eher querschnittartig aufgreifen.

Erstens. Referenten und Teilnehmer waren prinzipiell darin einig, dass sich die Probleme des demographischen Wandels auf dem Arbeitsmarkt und in den sozialen Sicherungssystemen besonders dramatisch niederschlagen. Von daher war die Themenstellung „Anforderungen an Arbeitsmarkt und Sozialpolitik" naheliegend und folgerichtig. Ich komme gleich auf einen Punkt, der schon deutlich wurde: Verglichen mit dem Problemdruck in diesen beiden Bereichen sind die Ansatzpunkte für Lösungen eher dünn gesät, das heißt Lösungsansätze liegen vielfach in anderen Bereichen, in betrieblicher Personalpolitik, Qualifizierung und ähnlichem.

Zweitens. Deutlich wurde auch die gemeinsame Ansicht, dass sich Beschäftigungsprobleme Älterer im weiteren Verlauf des demographischen Wandels nicht automatisch entschärfen oder lösen werden, wie lange Zeit vermutet wurde, sondern dass zunehmender Handlungsdruck besteht bzw. entstehen wird.

Drittens. Kritisch bewertet wurden Ausgliederungsstrategien, also Vorruhestand, aber auch Altersteilzeit, wenn sie in der Blockvariante in Anspruch genommen wird. Insbesondere in der Dominanz, die in der letzten Zeit wahrgenommen wurde, werden sie nicht als geeignete Lösungsansätze angesehen. Demgegenüber – darauf konzentrierten sich die Referate – geht es darum, Strategien zur Integration Älterer in den Erwerbsprozess zu finden, zu entwickeln und weiter zu verbreiten.

Viertens. Was unter Nutzung der verfügbaren arbeitsmarktpolitischen Instrumente geschehen kann, hat Jürgen Kühl in seinem Beitrag „Konzept zur Beschäftigung älterer Langzeitarbeitsloser bis zur Rente" beispielhaft erläutert. Der Wunsch, der sich aus diesem Referat ergab, war, dass es mehr vergleichbare Initiativen in anderen Bundesländern geben möge. Es geht darum, möglichst viel zu tun, weil es eine einzige flächendeckende Lösung – „one best way“ – nicht gibt.

Fünftens. Fritz Böhle artikulierte eine starke Skepsis gegenüber der Wirksamkeit der bestehenden Institutionen und Instrumente der Arbeitsmarkt- und Sozialpolitik zur angemessenen Bewältigung der Probleme des demographischen Wandels. Aus seiner Sicht sind erforderlich: betriebsübergreifende Strategien zur Sicherung der Beschäftigung älterer Arbeitnehmer sowie die Öffnung oder Ersetzung des Prinzips des Entweder-Oder – also: Eingliederung oder Ausgliederung – durch neue altersbezogene Beschäftigungsformen. Er hat erläutert, dass es auf eine Kombination von Transfer- und Erwerbseinkommen ankomme. Wir haben dann darüber diskutiert, welche Beispiele dafür es schon gebe, und auch in diesem Bereich Defizite festgestellt.

Sechstens. Peter Auer hat sein Referat so angelegt, dass er von vornherein berücksichtigt, dass sich Lösungsansätze zu den demographischen Problemen in dem vorausschauenden Tätigwerden aller Akteure finden lassen müssen, also bei Unternehmen, Sozialpartnern und Regierungen. Die Politikfelder, die er dabei in den Vordergrund gestellt hat, sind Weiterbildung, Arbeitszeitflexibilisierung und Arbeitsorganisation. Peter Auer hat besonders darauf hingewiesen, dass man nicht ohne Not, also ohne dass man Alternativen hat, auf einzelne Instrumente verzichten solle. Das heißt, dass vernünftigerweise auch Frühverrentungsmodelle und Altersteilzeit ihren Platz haben sollten, jedoch, wie gesagt, nicht als dominierende Ansätze.

Siebtens. Praxisbeispiele für Konzepte zur Integration Älterer in den Erwerbsprozess sollten mit größerer Intensität als bisher gesammelt, evaluiert und schließlich verbreitet werden. Denn letzten Endes – das sage ich jetzt mit meinen Worten – helfen oft ansteckende Beispiele, weil sich die Akteure angeregt fühlen, ähnliches zu vereinbaren und zu praktizieren, so dass es zu einer breiteren Problemlösung kommt.

Arbeitsgruppe 8

Intergenerative Personalpolitik als Wettbewerbsfaktor

Marcus Mogk,
Fachausschuss der Engeren Mitarbeiter
der Arbeitsdirektoren Stahl
zum Thema „Alternde Belegschaften“,
ThyssenKrupp Stahl AG, Duisburg

Alt und jung im Betrieb – Altersmischung als neue Zielvorstellung für Großbetriebe

Lassen Sie mich ein kleines Krisenszenario an den Anfang stellen: Wir schreiben das Jahr 2010. Die lang geübte Sozialplanpraxis in der Stahlindustrie ist im Jahr 2002 ausgelaufen. Von diesem Zeitpunkt an wuchs die Zahl der älteren Mitarbeiter über 55 stetig. Damit die Belegschaftszahlen in Summe aber nicht anstiegen, stellte man in den nachfolgenden Jahren kaum noch jüngere Arbeitnehmer ein. Anfangs waren die Unzufriedenheit und die Demotivation unter den Älteren recht groß, denn einige ihrer Kollegen hatten „noch Glück“ und konnten mit 55 Jahren in Vorruhestand gehen. Im Laufe der Jahre nahm das Durchschnittsalter, das früher mal unter 40 Jahre gelegen hatte, auf über 50 Jahre zu. Immer mehr ältere Arbeitnehmer beklagen sich nun seit langem über die Arbeitsverdichtung und den Stress und besonders über die Belastungen bei der Schichtarbeit. Andere Einsatzmöglichkeiten gibt es aber kaum noch und nicht alle können auf Tagschicht arbeiten. Und nachdem bereits in den 90er Jahren des letzten Jahrhunderts die meisten sogenannten „Schonarbeitsplätze“ abgeschafft und auch die Möglichkeiten zur Frühverrentung wegen Berufsunfähigkeit vor Jahren schon stark eingeschränkt wurden, gibt es kaum noch Chancen für die wirklich „schwierigen Fälle“. Kein Wunder also, wenn einige ältere Kollegen mit chronischen Erkrankungen immer mal wieder für längere Zeit ausfallen. So wird es für die, die da sind, wenn der „Laden richtig brummt“, noch schwieriger. Und nun sollen in den nächsten zwölf Monaten knapp 5% der Belegschaft in Rente gehen, und in den Jahren darauf werden es genauso viele sein. Um die seit einiger Zeit spürbar geringere Zahl an Schulabgängern, besonders um die Leistungsstarken, kämpfen andere Firmen in sogenannten „modernen“ Branchen meist mit mehr Erfolg. Gibt es in ein paar Jahren noch genügend

Beschäftigte, die über die Erfahrung des Produktionsprozesses und die intime Kenntnis der Altanlagen verfügen? Und überhaupt – wo sollen die Leute herkommen, die in Zukunft die ganze Arbeit machen sollen, fragen sich immer mehr Beschäftigte.

Dieses Szenario will bewusst überzeichnen; aber ist es deswegen völlig abwegig? Selbst wenn sich die meisten Mitarbeiter auf eine um ca. zehn Jahre verlängerte Lebensarbeitszeit einstellen und sich weiterhin qualifizieren würden, um mit den immer rascher sich vollziehenden technologischen Veränderungen Schritt zu halten, so ist das Altern von Belegschaften immer mit gravierenden Problemen verbunden. Auf der einen Seite sind größere Anstrengungen erforderlich, um die physische und psychische Arbeitsfähigkeit älterer Beschäftigter zu erhalten, auf der anderen Seite ist es die Schwierigkeit, langfristig Nachwuchssicherung und Know how-Transfer zu betreiben, wenn gleichzeitig kein Belegschaftsaufbau stattfinden soll.

Ein „Weiter-so-wie-bisher" wird es nicht geben. Betriebliche Sozialpläne, aber auch vergleichbare alternative Möglichkeiten der Frühverrentung dürften zukünftig nur schwer für einen großen Teil der Belegschaften zu realisieren sein. Vom Umgang mit dem Phänomen „alternde Belegschaften" wird auch der Erhalt der Innovationsfähigkeit von Unternehmen mit alternden Belegschaften und ihrer Wettbewerbsfähigkeit geprägt werden. Je früher eine Diskussion hierüber in Gang gesetzt wird, desto größer dürfte der Wettbewerbsvorteil gegenüber anderen Branchen sein.

Die Stahlindustrie ist durch enorme zyklische Preis-, Erzeugungs- und Ergebnisschwankungen gekennzeichnet. Zwischen hohen Gewinnen und hohen Verlusten liegen manchmal nur wenige Monate; so im vergangenen Jahr, als die Zeitspanne zwischen voll ausgelasteten Aggregaten und Kurzarbeit ganze vier Monate betrug und der Preisverfall alle bisherigen Erfahrungen übertraf.

Um eine Verstetigung von Produktion und Ergebnis zu erreichen, wurden innerbetriebliche Kostensenkungsprogramme realisiert – oft verbunden mit Investitionen in neueste Technologie, wurde fusioniert, ausgegliedert und konzentriert auf Kernprodukte, hergestellt an den jeweils kostengünstigsten Standorten. In all diesen Überlegungen spielt der Faktor „Personal" eine wichtige Rolle. Ein Hauptinstrument zur Personalanpassung war in der Vergangenheit der Sozialplan. Über ca. 30 Jahre war es üblich, dass mit dem Erreichen der Frühpensionierungsgrenze die Mehrzahl der Arbeitnehmer aus dem Erwerbsleben ausschied. Es ist auf diese Weise gelungen, die bisherigen Personalreduzierungen „geräuschlos", mit großer sozialpolitischer Verantwortung gegenüber der jeweiligen Region und für alle Beteiligten sozialverträglich durchzuführen. Dies war wichtig, weil die Zentren der bundesdeutschen Stahlerzeugung vielfach in arbeitsmarktlichen Problemzonen liegen.

Diese – bei einer gestauchten Lebensarbeitszeit – recht stabile Situation hat sich bereits oder wird sich für viele Unternehmen nun ändern. Das Instrument „Sozialplan" läuft aus. Die Folge: Die Altersklassen der 55- bis 65-Jährigen werden aufgebaut. Und hier ergibt sich ein zentrales Problem, das die Unternehmen für sich lösen müssen: Wenn die Belegschaftszahl stabil gehalten werden soll, muss über einen längeren Zeitraum der Zugang von Nachwuchskräften reduziert werden. Damit wird sich der Altersdurchschnitt in den Belegschaften um zehn Jahre teilweise auf über 50 verschieben. Verschärft wird die Situation dadurch, dass zwar überall in der Stahlindustrie mit einer Ausbildungsquote von ca. 5% ausgebildet, aber in einigen Unternehmen die Übernahme nach dem Ende der Ausbildungszeit bereits seit Jahren eingeschränkt wurde. Inwiefern weitere Alternativen wie „Rente mit 60" oder individualisierte Ausstiegskonzepte z. B. über Altersteilzeit greifen werden, ist heute noch nicht abschließend zu beurteilen. Die Diskussionen zum Thema „Altersteilzeit" und die Erfahrungen mit dem Instrument in einigen Unternehmen und anderen Branchen lassen aber erkennen, dass eine große Akzeptanzhürde in den Rentenabschlägen von bis zu 18% liegt.

Ob daher Altersteilzeit unter den derzeitigen Rahmenbedingungen für die breite Masse der Mitarbeiter in Frage kommt, muss abgewartet werden. In allen Diskussionen wurde bestätigt, dass solche Modelle nur dann durchsetzungsfähig sind, wenn die Anwendung von Sozialplänen definitiv beendet wurde. Darüber hinaus wird in einigen Unternehmen auch über neue Formen der betrieblichen Altersversorgung nachgedacht. Für die derzeitig älteren Arbeitnehmer kommen allerdings diese Ansätze zum Vermögensaufbau zu spät.

Die typische Altersstruktur für die Branche ist die sogenannte „Mittelbauchstruktur": wenige junge Mitarbeiter unter 30, derzeit noch wenige ältere Mitarbeiter über 55 und eine Belegschaft, die ganz überwiegend zwischen 30 und 55 Jahren alt ist und – das ist wichtig – zukünftig kollektiv altern wird (Abb. 1).

Abb. 1 „Mittelbauchstruktur" als typische Altersstruktur

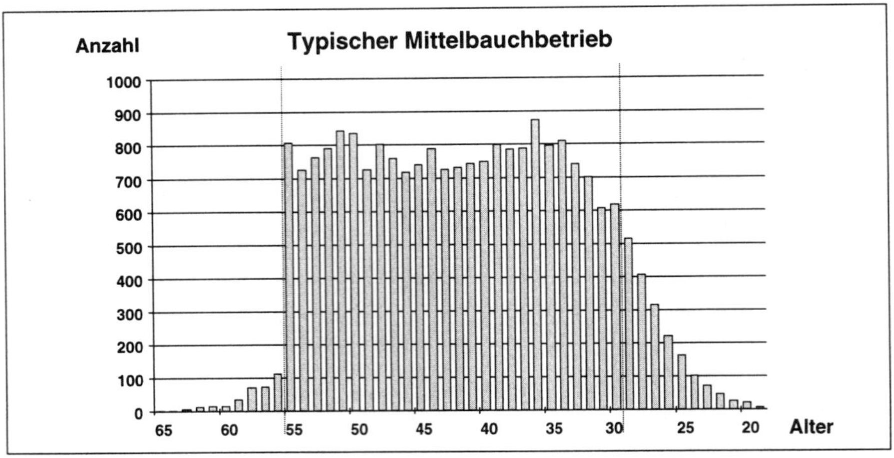

Abb. 2 Kein Königsweg, sondern vernetzte Lösungen

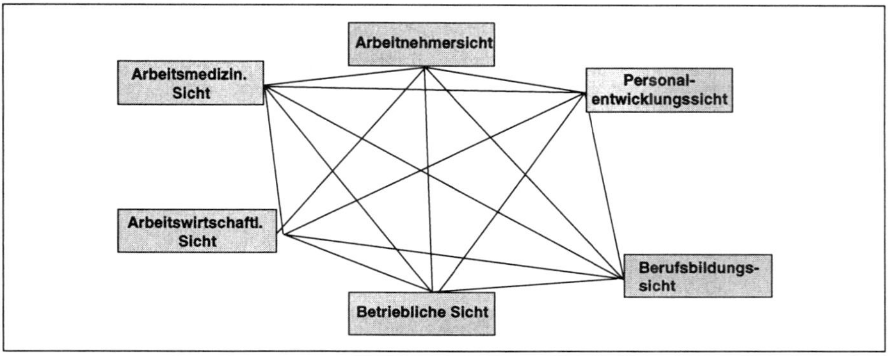

Vor diesem Hintergrund hat sich ein Fachausschuss der Engeren Mitarbeiter der Arbeitsdirektoren Stahl bei der Hans-Böckler-Stiftung als Dialogplattform gebildet, um Ansatzpunkte zum Umgang mit dieser Problematik und mögliche Alternativstrategien zu diskutieren. Ausgehend von dem Kernaspekt „Qualifizierung älterer Arbeitnehmer" wurde schnell deutlich, dass das Thema viele Facetten besitzt und u.a. in folgende Bereiche hineinreicht: Arbeitsmedizin, Personaleinsatz, Personalentwicklung, Betriebsrenten, Aus- und Weiterbildung, Führung und Motivation sowie Zusammenarbeit von älteren und jüngeren Arbeitnehmern im konkreten Berufsalltag (Abb 2).

Für den Fachausschuss war klar, dass es keinen „Königsweg" gibt und Stabilität über eine ausgewogene Mischung älterer und jüngerer Arbeitnehmer erzeugt werden muss. Aus Sicht der Betriebe verfügen ältere Arbeitnehmer über spezifische Fähigkeiten, auf die sie kaum verzichten können. Zum einen ist es das enorme Potenzial an Erfahrung, das ältere Arbeitnehmer so interessant macht. Prozessstabilität und Qualität sind trotz Automatisierung ohne Fingerspitzengefühl nicht möglich – und das kann man trotz des sehr guten Ausbildungsstandes nicht „auf der Schulbank" lernen. Daneben werden aber auch die „Jungen" mit ihren neuen Fachkenntnissen, neuen Sichtweisen und mit ihrer Arbeitskraft gebraucht, um die betriebliche Zukunft zu sichern. Deshalb wurde als Leitbild „Intergenerative Personalpolitik" oder eben „Alt *und* jung im Betrieb – Altersmischung als Zielvorstellung" gewählt. Lassen Sie mich nun einige Aspekte für eine Vorwärtsstrategie "Alt und Jung" beleuchten (Abb. 3).

Thema Personalstrategie, Motivation und Führung

Der Umgang mit dem Phänomen „Alter" hat eine stark individuelle und psychologische Komponente – Jeder ist so alt, wie er sich fühlt. Dieses Gefühl lässt sich,

Abb. 3 Aspekte für eine Vorwärtsstrategie „Alt und Jung" im Betrieb

Personalstrategie, Motivation und Führung
> Konsequenz der Abkehr vom Sozialplan muß Mitarbeitern deutlich werden,
> Führungskräften kommt große Bedeutung bei der Begleitung alternder Belegschaften zu
> Personalentwicklung muß proaktiv tätig werden und frühzeitig individualisierte Alternativen entwickeln ("Instrumentenkoffer")

Qualifizierung
> Status als gut qualifizierte und lernbereite Belegschaften halten
> Prozesse lebenslangen Lernens weiter ausbauen

Ausbildung und Wissenstransfer
> Imagepflege betreiben, mittelfristige Planungshorizonte beachten;
> Tandembildung, Teamarbeit und Formen aktiver Beteiligungsarbeit in gemischtaltrigen Gruppen weiter fördern

Schichtarbeit, Leistungsgeminderte
> Dialog Betroffene-Führungskräfte-Personalabteilung intensivieren, neuer Generationenvertrag?
> alternative Einsatzmöglichkeiten entwickeln

auch wenn es nicht zu leugnende Alterserscheinungen gibt, durch die Gestaltung von Rahmenbedingungen beeinflussen. In den Unternehmen sollten neue personalpolitische Zielvorstellungen wie die Abkehr von der Sozialplanpolitik mit ihren Konsequenzen deshalb mit großer Bestimmtheit und Klarheit in die Belegschaften hinein kommuniziert werden. Die Abkehr von der Sozialplanpolitik und damit vom „Quasi-Rechtsanspruch" auf Vorruhestand muss von den Belegschaften mental nachvollzogen werden. Auch wenn es in der Vergangenheit Mitarbeiter gab, die gerne länger hätten arbeiten wollen, so muss davon ausgegangen werden, dass der weitaus überwiegende Teil dem vorzeitigen Ausscheiden positiv gegenübergestanden hat und steht. Nun muss den Beschäftigten klar gemacht werden, dass die Lebensarbeitszeit sich verlängern wird, und dass man sich weiterhin um neue technische und organisatorische Entwicklungen zu kümmern hat. Bei rapide sinkender Halbwertzeit des Wissens kommen auf jeden 50-jährigen noch mehrere technologische Entwicklungsschübe zu. Bei der engen Personaldecke wird es auf das gesammelte Know how aller ankommen, diese Neuerungen aktiv mitzugestalten.

Dieser Erkenntnisprozess muss aber nicht nur bei den Arbeitnehmern, sondern auch bei den Führungskräften stattfinden. Sie müssen das Gefühl vermitteln, dass man nicht bereits mit 50 „zum alten Eisen zählt". Sie müssen motivieren, ermutigen, Perspektiven erarbeiten und Ressourcen zur Verfügung stellen, damit wegen der Forderung nach mehr Flexibilität Personalentwicklung tatsächlich längerfristig angelegt und umgesetzt werden kann.

Personalentwicklung muss eine aktive Rolle im Geschäft des Personaleinsatzes übernehmen und dabei den richtigen Zeitpunkt zum Einsatz von Personalentwicklungsmaßnahmen finden. Dieser liegt idealerweise dort, wo erste Ansätze für ein Nachlassen des betrieblichen Leistungsvermögens bei einzelnen Mitarbeitern erkennbar werden und nicht erst dort, „wo das Kind bereits in den Brunnen gefallen ist“. Im direkten Dialog „Betroffene – Führungskräfte – Personalabteilung“ muss eine beteiligungsorientierte Gestaltung des Arbeitslebens erfolgen, die hilft, Brüche in der Berufsbiographie durch antizipierende Strategien zu vermeiden.

Personalentwicklung muss stärker individualisiert und z. B. nach Tätigkeiten (Produktion, Erhaltung, Verwaltung, Führungskräfte), Arbeitszeiten (Schichtarbeit, Vollzeit-, Teilzeitarbeit) und weiteren Kriterien differenzieren. Besonderes Augenmerk ist dabei auf Problemgruppen zu richten, deren Tätigkeiten nur eine begrenzte Anzahl von Jahren ausgeübt werden können, ohne dass gesundheitliche Einschränkungen auftreten. Hierzu zählen z. B. Facharbeiter in der Produktion mit bestimmten Arbeitsbelastungen wie z. B. Nacht- und Schichtarbeit. Personalentwicklung sollte dabei verstärkt z. B. die Möglichkeiten einer horizontalen Laufbahngestaltung berücksichtigen. Um für diese notwendige Individualisierung die unterschiedlichen Interessenlagen zu erfassen und zu verdeutlichen, bietet sich beim Einstieg in das Thema die Frage nach dem “Können-Wollen-Sollen” an, die zu einer differenzierten Betrachtung einzelner Arbeitnehmergruppen mit ihren je unterschiedlichen Problemen führt (Abb. 4).

Abb. 4 „Können-Wollen-Sollen“: Differenzierte Betrachtung einzelner Arbeitnehmergruppen

Arbeitnehmer sollen bis 65 arbeiten

	Arbeitnehmer wollen bis 65 arbeiten	**Arbeitnehmer wollen nicht bis 65 arbeiten**
Arbeitnehmer können bis 65 arbeiten (keine gesundheitl. qualifikator. etc. Einschrän kungen)		
Arbeitnehmer können nicht bis 65 arbeiten (hoher gesundheitl. Verschleiß und qualifikator. Einschränkungen)		

Daneben kann auch der Einsatz in neuen Funktionen wie Senior-Consultant, Teambetreuer, betrieblicher Prozessbegleiter, Projektleiter, betrieblicher BVW-Beauftragter, Bildungsbeauftragter, „Wissensmanager" o.ä. eine Einsatzvariante sein, wenn sich diese Leistungen „rechnen". Auch ein konzernweiter oder unternehmensübergreifender Einsatz in sogenannten Beschäftigungsgesellschaften ist denkbar. Daneben sind sicherlich immer auch Instrumente wie Flexibilisierung von Arbeitszeiten oder (Lebens-)Arbeitszeitkonten ins Auge zu fassen, um die Beschäftigungsmöglichkeiten älterer *und* jüngerer Mitarbeiter zu verbessern. Hier ist sehr viel Phantasie erforderlich, um einen praktikablen „Instrumentenkoffer" zu erarbeiten und Entschlossenheit, ihn dann auch anzuwenden.

Thema Qualifizierung

Der Spiegel stellt in seiner Ausgabe 35/99 fest: „Aus- und Weiterbildung bleibe in den meisten Unternehmen weiterhin 'jugendzentriert'. Für die Teilnahme an betrieblicher Weiterbildung gelte das 45. Lebensjahr immer noch als 'Schallmauer'". Eine Untersuchung der Weiterbildungsaktivitäten in Stahlunternehmen hat gezeigt, dass diese Aussage nicht haltbar ist. Eine detaillierte Analyse der Qualifizierungsaktivitäten bei der Thyssen Krupp Stahl AG (TKS) über die Zeit 10/96 bis 5/99 ergab eine Teilnahme von ca. 35.000 Personen an internen Weiterbildungsmaßnahmen. Die rechnerische Weiterbildungsquote betrug damit ca. 60% bei internen Maßnahmen (und ca. 85%, wenn interne und externe Maßnahmen berücksichtigt werden). Alleine im Zeitraum 10/98 – 9/99 verteilten sich die ca. 15.500 internen Weiterbildungsteilnehmer auf knapp 8.500 unterschiedliche Belegschaftsmitglieder, die ein- oder mehrfach an Qualifizierungsmaßnahmen teilnahmen, d.h. interne Weiterbildung erreichte einen Durchdringungsgrad von ca. 40% der Belegschaft. Im statistischen Mittel beträgt die Teilnahmedauer ca. 3 Tage/Teilnehmer und Jahr. Mit diesen Werten liegen TKS und andere Stahlunternehmen in Deutschland, die vergleichbare Quoten aufweisen, deutlich höher als viele andere Industriezweige. Als ein Ergebnis der Untersuchung zum Thema „Qualifizierung und Alter" kann festgehalten werden: Die Teilnahme an Weiterbildungsmaßnahmen in organisierter Seminarform ist weitaus stärker vom Status der Arbeitnehmer als von deren Alter abhängig (Abb. 5).

Außertarifliche Mitarbeiter nehmen überproportional häufig (7% Belegschaftsanteil, aber 24% der Weiterbildungsteilnehmer) an Bildungsmaßnahmen teil, gefolgt von Tarifmitarbeitern (21% zu 37%); bei Lohnempfänger beträgt das Verhältnis 68% zu 39%)

In Bezug auf Alter und Weiterbildung verhalten sich Lohnempfänger, Tarifangestellte und AT-Angestellte identisch: Die Gruppe der mittelalten Beschäftigten zwischen 30 und 45 nimmt leicht überproportional gemessen am Belegschaftsanteil an Weiterbildungsmaßnahmen teil; in der Gruppe der 45 bis 50-jährigen sind

Abb. 5 Personalstruktur ThyssenKrupp Stahl AG und Anzahl Teilnehmer an Weiterbildungs-Maßnahmen; Geschäftsjahre 96/97 bis 98/99 (n=35.000)

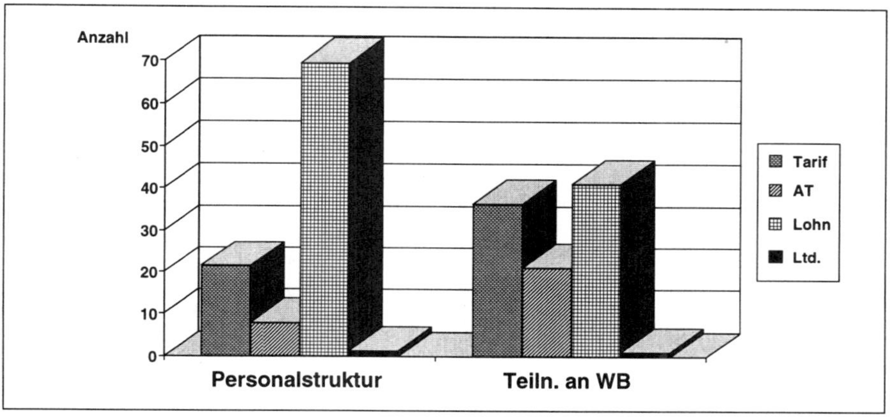

die Anteile etwa gleich, die über 50-jährigen nehmen zwar seltener an Bildungsmaßnahmen teil, aber mit einem Anteil von über 11% gemessen an 17,6% Belegschaftsanteil ist die Quote recht hoch. Wenn man sich vor Augen führt, dass wegen des Ausscheidens mit 55 Jahren diese Quote sich eigentlich nur auf vier Jahre bezieht, so kann man derzeit nicht von einer deutlich nachlassenden Weiterbildungsbereitschaft der Älteren sprechen (Abb. 6).

Und diese Aussage muss noch ergänzt werden; denn zur vollständigen Beschreibung des Status quo sind Schulungen und Unterweisungen zu berücksichtigen, die – insbesondere im Lohnempfängerbereich mit 5-schichtiger Arbeitsweise – betriebsintern durchgeführt werden und hier *nicht* erfasst wurden. Eine – sicherlich nicht repräsentative – Befragung von Ingenieuren aus unterschiedlichen Produktions- und Instandhaltungsbetrieben hat ergeben, dass über 75% der Mitarbeiter mehr als 6x pro Jahr an derartigen „Vor-Ort-Veranstaltungen" mit einer Dauer von jeweils ca. eine Stunde zu Themen aus den Bereichen Qualität, Überblick über neue Techniken und Technologien, Arbeitssicherheit etc. teilnehmen. Dabei werden die Mitarbeiter eines Funktionsbereiches zusammengezogen, ohne dass das Alter eine besondere Rolle spielt.

Diese Zahlen belegen, dass die Stahlindustrie derzeit über einen lernbereiten, lernfähigen und auch lerngeübten Mitarbeiterstamm verfügt. Der hohe Automatisierungsgrad setzte darüber hinaus schon in der Vergangenheit die intensive Beschäftigung mit modernen Kommunikations- und Informationstechniken bei Beschäftigten aller Altersgruppen voraus. Damit scheint mir eine gute Basis gelegt, um auch zukünftig Technologiesprünge mit einer älter werdenden Belegschaft bewältigen zu können. Diesen Status gilt es zu halten und weiter auszubauen.

Abb. 6 Mitarbeiter und Weiterbildungs-Teilnehmer; Geschäftsjahre 96/97 bis 98/99 (n=ca. 35.000)

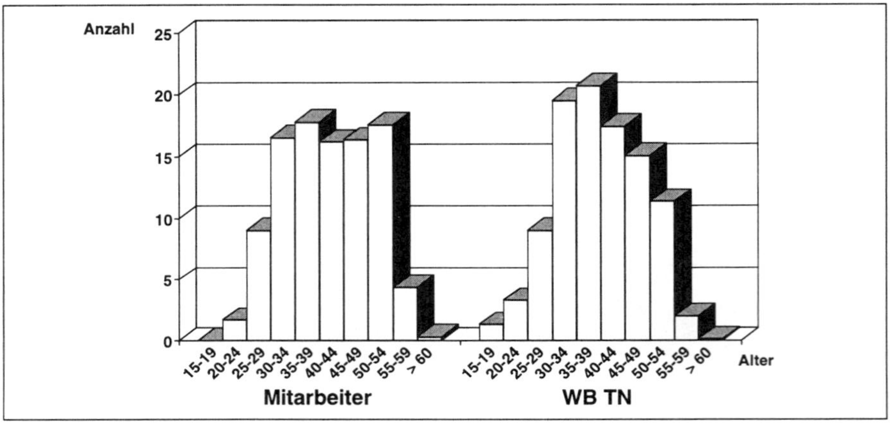

Thema Ausbildung und Wissenstransfer

Angesichts einer ca. fünfjährigen Vorlaufphase vor dem eigentlichen Einstieg ins Berufsleben (3,5 Jahre Ausbildung plus ein Jahr für Festlegung von Einstellungszahlen und Bewerberauswahl) müssen in den Unternehmen rechtzeitig, und das heißt heute, die Weichen für das Jahr 2005 hinsichtlich Berufsstruktur und Quantitäten gestellt werden. Dabei gilt es – angesichts der wachsenden Konkurrenz um gute Nachwuchskräfte – das Image der Branche besonders bei Jugendlichen nachhaltig zu stabilisieren, um den bevorstehenden Austritt personenstarker Altersjahrgänge adäquat ausgleichen zu können.

Parallel muss mit „Wissensmanagement" dafür gesorgt werden, dass die Erfahrungen der Älteren nicht verloren gehen. Der rechtzeitige Wissenstransfer von Kenntnissen über Anlagen, Prozesse und Qualitätssteuerung muss sichergestellt werden. Der Aufbau und die Pflege von „Wissensdatenbanken" für den konkreten betrieblichen Alltag hat sich als zu aufwendig erwiesen, deshalb bietet sich alternativ an:

Bildung von „Tandems" zur „Tandem-Bildung" – Jüngere lernen von Älteren und umgekehrt.

Damit verbunden ist häufig der Aufbau betrieblicher Teamstrukturen, bei denen ältere und jüngere Mitarbeiter bewusst zusammengeführt werden.

Voneinanderlernen findet aber nicht nur in Seminaren oder am Arbeitsplatz direkt statt. Gerade in der Stahlindustrie haben sich vielfältige Formen der arbeitsbegleitenden Auseinandersetzung zu Fragen des Arbeitsprozesses, des Umgangs mit neuen Maschinen und Anlagen, zur Verbesserung von Abläufen, zum Gesundheitsschutz, aber auch zu sogenannten „weichen“ Themen wie Verbesserung der innerbetrieblichen Zusammenarbeit gebildet. Ob diese nun Qualitätszirkel, Projektarbeitsgruppen, Gesundheitszirkel oder anders heißen, immer sind es Formen aktiver Beteiligungsarbeit, in der sich ältere und jüngere Kollegen bei der Lösung betrieblicher Probleme sehr gut ergänzen. Diese Formen selbstgesteuerten Lernens sind weiter zu fördern.

Thema Umgang mit Schichtarbeit und Einsatz Leistungsgeminderter

Eine erste sehr vorsichtige Schätzung unter einigen Arbeitsmedizinern der Branche ergab, dass für voraussichtlich die Hälfte der Beschäftigten über 55 Jahre sich altersbedingte Veränderungsnotwendigkeiten ergeben werden, seien es Hilfsvorrichtungen am Arbeitsplatz, Veränderungen in der Arbeitsorganisation oder Versetzungen auf andere Arbeitsplätze.

Eines der größten Probleme wird dabei der Umgang mit Schichtarbeit sein. Die Arbeitsmediziner gehen davon aus, dass ca. 50 - 70 % der über 50-jährigen Schichtarbeiter mit gesundheitlichen Problemen zu kämpfen hat, die mit steigendem Alter eher noch zunehmen, auch wenn sich auf vielen Arbeitsplätzen die Arbeitsanforderungen im Laufe der Jahre von einer starken physischen Beanspruchung hin zu einer eher überwachenden und kontrollierenden Tätigkeit gewandelt haben und günstigere Schichtwechselsysteme eingeführt wurden. Sollten aber die Älteren von Wechselschichtarbeit befreit werden, so müssen andere diese Arbeit übernehmen. Muss hier ein neuer „Generationenvertrag“ die Lösung bringen?

In der sich beschleunigenden Arbeitsverdichtung liegt ein weiteres Problem beim Einsatz älterer Arbeitnehmer. Arbeitstakte und Aufgabenvolumen nehmen zu und insbesondere ältere Arbeitnehmer sind dem hohen Tempo nicht mehr über längere Zeit gewachsen. Hier bietet sich die Qualifizierung für den Einsatz auf sogenannten Bereichsarbeitsplätzen an, bei denen über eine regelmäßige Rotation über mehrere unterschiedliche Arbeitsfunktionen ein Belastungsausgleich erreicht werden kann. Wir wissen, dass einige ältere Arbeitnehmer nach dem Ausscheiden neue, auch körperlich oder geistig anstrengende Herausforderungen annehmen. Wieviel von dieser Energie unter welchen Rahmenbedingungen auch für den betrieblichen Arbeitsprozess genutzt werden könnte, kann nur über den direkten Dialog Betroffene – Führungskräfte – Personalabteilung geklärt werden.

Für den Kreis der objektiv Leistungsgeminderten gibt es nach dem Wegfall der meisten „Schonarbeitsplätze“ kaum noch Beschäftigungsmöglichkeiten, es sei denn in den eigenen Sozialbetrieben. Auch hier ist eine möglichst frühe Information der Personalabteilungen über Veränderungsnotwendigkeiten erforderlich, um angemessene individuelle Lösungen mit dem primären Ziel eines Verbleibs im bisherigen Funktionsbereich zu finden. Einige Betriebe denken nicht zuletzt auch vor diesem Hintergrund schon wieder über das Insourcing von Leistungen nach.

Fazit

Ältere und Jüngere sind im Betrieb aufeinander angewiesen. Sie haben gemeinsam die Aufgabe, die betrieblichen Ziele zu erreichen. Dabei muss sich jeder nach seinem Vermögen, seinen Erfahrungen und seinen Kenntnissen einsetzen. Die Stärken zu erkennen, sie effektiv zu bündeln und die Schwächen einzelner auszugleichen, wird zukünftig eine wichtige Aufgabe für das jeweilige Arbeitsteam und die Führungskräfte werden. Dieser Prozess wird durch eine ausgewogene Altersstruktur erleichtert.

Eine stärker differenzierte und individualisierte Personalpolitik, die aktiv und frühzeitig die Leistungsprobleme einzelner Mitarbeiter aufgreift, wird dabei am ehesten in der Lage sein, die Herausforderungen von „Arbeit und Alter" zu meistern. Der Personaleinsatz und die Personalentwicklung sollten proaktiv angegangen werden, das heißt u.a. mittelfristig in der Planung, unter Berücksichtigung vertikaler, aber verstärkt auch horizontaler Laufbahnen und dialogorientiert zwischen den Beteiligten.

In Zeiten, in denen Berufe zwar noch erlernt, aber keine lebenslange Identität und kein lebenslanges Auskommen mehr bieten, in denen Arbeitnehmer immer häufiger ihren Arbeitgeber und noch häufiger ihren Arbeitsplatz wechseln, wird lebenslanges Lernen notwendiger Bestandteil des Berufslebens. Die bisherige Abfolge meist linearer Lebensläufe, in denen die Bereiche Schule/Ausbildung, Arbeit und Ruhestand in einem starren Ablauf aufeinander folgen („three boxes of life"), wird immer häufiger durchbrochen werden. Sogenannte „patchwork-Biographien" werden zukünftig keine exotische Ausnahme mehr sein. Um diese Entwicklungen stabilisierend zu begleiten, müssen organisatorische und finanzielle Strategien – auch auf politischer Ebene – erarbeitet und die Hürden in den Köpfen abgebaut werden. Nur so werden Lebenspläne realisierbar, in denen sich Phasen der Vollzeitarbeit, Teilzeitarbeit, Qualifizierung für den beruflichen Auf- oder Umstieg und Sabbaticals über die Lebensspanne so verteilen, dass bis in ein hohes Alter Spaß an Arbeit, geistige Flexibilität und eine lebenslange Weiterentwicklung möglich wird.

Führungskräfte und Mitarbeiter kennen genau die Stärken und Schwächen aller Altersgruppen bei Wissensinhalten, bei Schlüsselqualifikationen und bei Leistungsanforderungen. Arbeitsgestaltung und Personaleinsatz erhalten neue Orientierungen.

Intergenerative Personalpolitik

Altersstrukturelle Zusammensetzung und Veränderungen des betrieblichen Gesamtarbeitskörpers

Die Altersstrukturen der Gegenwart bestimmen die betriebliche Geschäfts- und Innovationsfähigkeit der Zukunft. Unter den Bedingungen des demographischen Wandels nimmt das Arbeitskräfteangebot an qualifizierten jüngeren Nachwuchskräften ab. In den betrieblichen Belegschaften arbeiten zunehmend mehr über 55jährige. Das ist auch ein Ergebnis des erschwerten Übergangs in die Rente.
Was ist zu tun?

Der "altersgemischte" Betrieb" verlangt nach einem permanenten Generationenaustausch.

Problemlösungen setzen nicht erst bei Älteren an, sondern sind erwerbslebensbegleitend. Berufslaufbahnen mit Zusatzqualifikationen - quer zur Hierarchie - unterstützen aktiv Wechsel zwischen zu einseitigen und langandauernden Arbeitsanforderungen. Sie verhindern Leistungseinschränkungen.

Der Intergenerative Wissens- und Erfahrungstransfer bestimmt das "Miteinander der Generationen".

Es kommt auf die richtige Mischung und den richtigen Ausgleich an.

Verbund 5: Innovation, Belegschaftsstrukturen und Altern im Betrieb
Projekt: Altersstrukturelle Zusammensetzung und Veränderungen des betrieblichen Gesamtkörpers

Gesellschaft für Arbeitsschutz- und Humanisierungsforschung mbH
Volkholz und Partner (GfAH), Dortmund
(Annegret Köchling)

Dipl.-Soz. Annegret Köchling,
Gesellschaft für Arbeitsschutz- und Humanisierungsforschung (GfAH),
Dortmund

Betriebliche Altersstrukturen als Gestaltungsfeld der Zukunft

Zur gegenwärtigen betrieblichen Bewältigung von Altersstrukturen: Probleme, erste Lösungsversuche und weitergehende Überlegungen

Trotz präziser Kenntnisse von Führungskräften und Beschäftigten über die betriebseigenen Altersstrukturen und deren Entwicklungen werden (im Hinblick auf Überalterung) problematische Altersstrukturen weder als eigenständiges betriebliches Problem gesehen noch als Thema mit hoher Problemlösepriorität. „Altern" ist auf betrieblicher Ebene eher ein mitlaufendes Thema. Es wird in engem Zusammenhang mit anderen Sachproblemen analysiert und gelöst – und zwar unter Verfolgung spezifischer betrieblicher Nutzenkalküle.

Die betrieblichen Kontextbezüge zu Altersumschichtungen hängen sehr eng von der gegenwärtig anzutreffenden Altersstruktur und den über die nächsten 10 bis 20 Jahre zu erwartenden Kohorteneffekten ab. Die Kontextbezüge sind bei eher jugendzentrierten oder altershomogenen Strukturen anders als bei eher mittelalter- oder alterszentrierten Strukturen (vgl. Abb. 1).

Das Konzept einer intergenerativen Personalpolitik soll hier an dem betrieblichen Beispiel (vgl. Abb. 1) einer mittelalterzentrierten Struktur mit spezifischen Besonderheiten dargestellt werden. Es handelt sich um einen Großbetrieb aus der Stahlbranche mit ca. 3.000 Beschäftigten. Es geht dabei insofern um ein fiktives Beispiel, da von der Annahme ausgegangen wird, dass in den nächsten 10 bis 20 Jahren keine personalpolitischen Interventionen stattfinden. Das ist natürlich in der Realität nicht der Fall. In Abb. 1 ist eine Überdeckung nicht nur bei mittelalten Arbeitnehmern feststellbar, sondern auch bei den älteren Jungen und bei den jün-

Abb. 1 Großbetrieb mit „Mittelbauchstruktur"

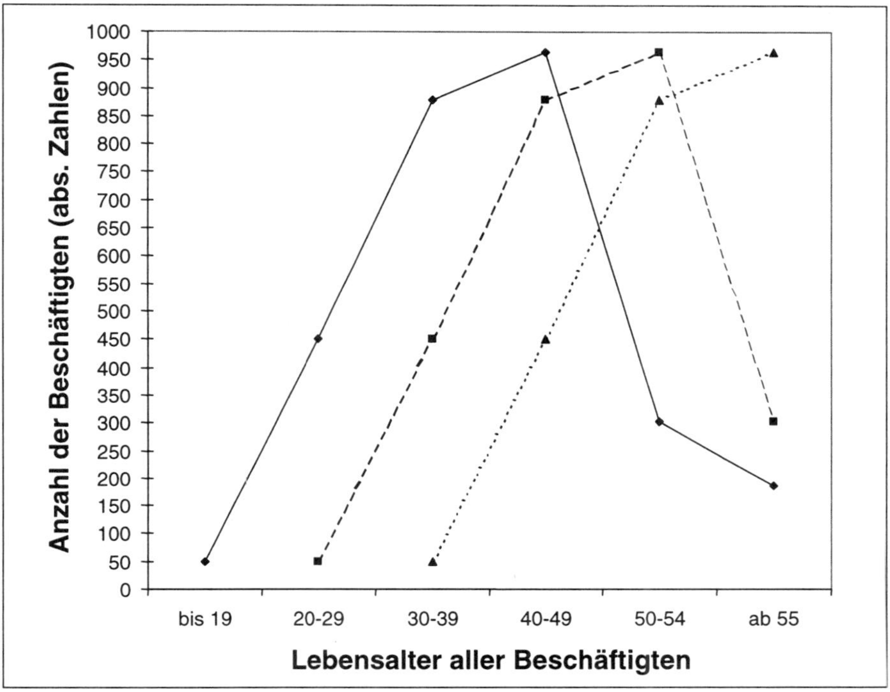

geren Alten, d.h. bei den Altersgruppen etwa von 20 bis 50 Jahren. Lücken finden sich bei den sehr Jungen (bis 20 Jahre) und den sehr Alten (ab 50 Jahre). Diese „Mittelbauchstruktur" ist einerseits Resultat von Versäumnissen bei der *Rekrutierung* von jungen Nachwuchskräften und andererseits Ergebnis einer extensiven Praxis der *vorzeitigen Verrentung* in den letzten Jahren. Die gegenwärtige Situation verweist bereits auf erhebliche Rekrutierungsprobleme. Diese werden umso größer, je geringer die Attraktivität des Betriebes oder der Branche für Nachwuchskräfte ist. Das Problem wird dadurch verschärft, dass es sich bei den gerade für diesen Industriebetrieb erforderlichen jüngeren technischen Fachkräften (Facharbeiter, Industriekaufleute, Ingenieure, Informatiker, Betriebswirte) um ein immer knapper werdendes Arbeitskräfteangebot handelt. Sowohl im Zusammenhang mit der Neurekrutierung als auch mit der vorzeitigen betrieblichen Verrentung (über das Instrumentarium der Altersteilzeit) entstehen für den Betrieb erhebliche *finanzielle Folgelasten*, die u.U. nur durch Umschichtungen im Personal- und Sozialwesen zu realisieren sind. Damit werden die Grenzen des Lösungswegs der vorzeitigen Verrentung deutlich. Eine Suche nach alternativen Lösungen steht insbesondere auch deshalb an, weil Arbeitnehmer wegen der reduzierten Renteneinkommen zunehmend bis zum 65. Lebensjahr arbeiten wollen. Unter Berücksichtigung der Kohorteneffekte über die nächsten 10 bis 20 Jahre werden sich diese Probleme bei den so genannten „Mittelbauch“-Betrieben tendenziell eher verschärfen.

Probleme bestehen auch beim bislang eher auf informeller und freiwilliger Ebene gehandhabten *intergenerativen Wissens- und Erfahrungstransfer* – und zwar einerseits als Gewährleistung der permanenten Zufuhr neuen Wissens durch junge Nachwuchskräfte und andererseits als Sicherstellung der Weitergabe des in der Berufstätigkeit erworbenen Wissens an Jüngere beim Ausstieg der Älteren aus dem Erwerbsleben. Das letztere ist insbesondere deshalb für die Geschäfts- und Wettbewerbsfähigkeit relevant, da dieses Erfahrungswissen in den seltensten Fällen in aktualisierter und vollständiger Form dokumentiert worden ist. Die mündliche Überlieferung auf der Basis persönlicher Vertrauensverhältnisse als betriebliches Handlungsmuster ist u.U. zu ersetzen durch formalisierte und organisierte Transferformen.

In diesem Zusammenhang sind aus betrieblichen Fallstudien (vorläufig) gewonnene Aussagen von betrieblichen Entscheidungsträgern und Arbeitnehmern von Interesse. Jüngeren bzw. älteren Arbeitnehmern werden bestimmte Stärken und Schwächen zugeordnet. Dabei handelt es sich ausschließlich um Fremdbilder (vgl. Abb. 2).

Eindeutig sind Zuordnungen bei *körperlicher Leistungsfähigkeit*, deren einzelne Funktionen bei Älteren naturgemäß nachlassen (Stütz- und Bewegungsapparat, Atmung, Sinnesorgane, Muskulatur usw.). Unterschieden wird auch nach der Art der Erkrankungen: „Jüngere leiden häufiger unter Bagatelle-Erkrankungen. Ältere

Abb. 2 Intergenerativer Wissens- und Erfahrungstransfer

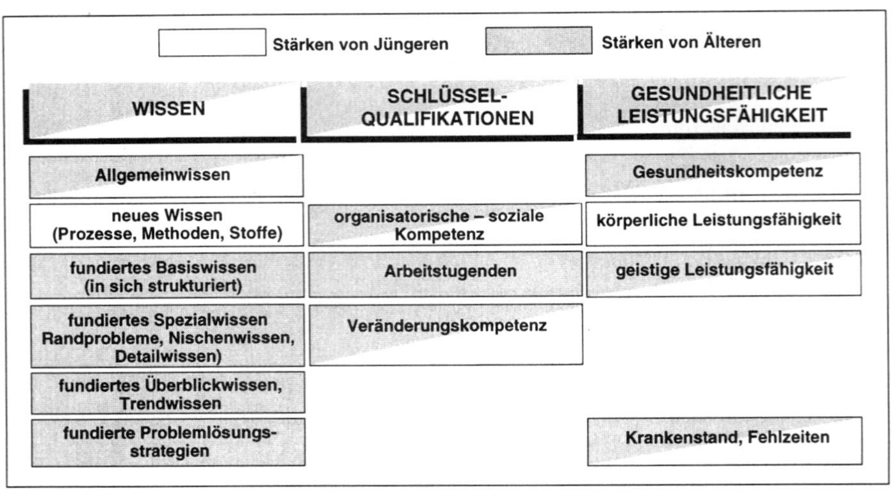

leiden häufiger unter längerwierigen – auch chronischen – Erkrankungen". Bei der *geistigen Leistungsfähigkeit* wird z.B. differenziert nach Schnelligkeit und Ergebnisqualität: „Jüngere arbeiten zwar schneller, machen aber häufiger Fehler. Ältere arbeiten langsamer, machen dabei aber weniger Fehler".

Den Älteren werden auch eher Gesundheitskompetenzen wie Stressbewältigungskompetenzen attestiert. Ein intergenerativer Ausgleich von Stärken und Schwächen in der *Leistungsfähigkeit* hat im Rahmen von Gruppen- und Teamarbeit aber auch im Rahmen von miteinander eng verzahnten Arbeitsprozessen bei Einzelarbeit an Bedeutung gewonnen, da sowohl Termin- als auch Qualitätsvorgaben einzuhalten sind.

Bei *Wissen* wird deutlich zwischen „neuem" und „altem Wissen" unterschieden und den jeweiligen Wissensgenerationen zugeordnet. Auffallend ist, dass bei den Zuordnungen genaue Aufschlüsselungen des in der Berufslaufbahn erworbenen Wissens (Spezialwissen, Basiswissen, Überblickswissen, Trendwissen usw.) erfolgen. Von hoher Bedeutung ist hier die Fähigkeit, aus den verschiedenartigen Wissensinhalten Problemlösungsstrategien zu generieren. Erkennbare Formen des intergenerativen *Wissenstransfers* – Jüngere als Qualifizierer von Älteren, Ältere als Qualifizierer von Jüngeren – werden nachfolgend skizziert.

Erstens: Weitergabe von produkt- und prozessspezifischem *neuem Wissen*, das aus der gegenwärtigen Berufsausbildung durch Personalrekrutierung von Jüngeren in das Unternehmen transferiert wird. Für die Weitergabe dieses neuen Wissens bieten sich Gruppen- bzw. Teamarbeit im Rahmen von Auftragssteuerung und Projektarbeit an – ebenso wie die miteinander verzahnten Arbeitsprozesse im Rahmen der Auftragsabwicklung. Es handelt sich hier nicht um eine ausgesprochene Qualifizierung i.e.S. wie bei den High-Tech-Anwendungen, sondern eher um einen Wissenstransfer, der der Transparenz und dem Verstehen aller Teammitglieder oder aller Projektbearbeiter dienlich ist und damit eine integrierte Auftrags- und Projektbearbeitung aktiv unterstützt. Die älteren Mitarbeiter brauchen dieses Wissen i.d.R. nicht selbst anwenden zu können. Damit werden auch die Grenzen eines intergenerativen betrieblichen Wissenstransfers deutlich. Sie werden durch die Lerninhalte früherer Berufsausbildungen mit beeinflusst.

Zweitens: Weitergabe von solidem fachlichen Basiswissen zu Produkten und Prozessen (*„altes Wissen"* aus Berufsausbildung und Berufstätigkeit) durch Ältere an Jüngere.

Drittens: Weitergabe von produkt- und prozessspezifischem Spezialistenwissen *(„altes Wissen")* – vielfach in Verbindung mit Produkten, die für Marktnischen erzeugt werden – durch Ältere an Jüngere. Dabei handelt es sich um Wissen, das über jahrelange Erfahrungen und Weiterentwicklungen perfektioniert werden konnte. Für dieses Wissen existieren i.d.R. keine betriebsexternen Qualifizierungsangebote. In der Regel war und ist es auch nicht explizit Lerninhalt von Berufsausbildungen, obwohl es auf Berufsbildungs-Basiswissen aufbaut.

Konventionelle *Arbeitstugenden, organisatorische und soziale Kompetenzen* werden tendenziell eher als Stärken von Älteren betrachtet. Jüngere gehen aufgrund ihres Selbstbewusstseins zielstrebiger vor. Ältere orientieren sich beim zielorientierten Vorgehen eher an der Machbarkeit.

Die Weitergabe von *Arbeitstugenden* von Älteren an Jüngere wie z.B. Verantwortungsbewusstsein, Genauigkeit/Sorgfalt, Besonnenheit dient der Stabilisierung von Arbeitsprozessen. Die Weitergabe von *organisatorischen und sozialen Kompetenzen* funktioniert in beide Richtungen. Es findet eine Weitergabe von Auftragssteuerungs- und Prozesssteuerungs-Wissen als Erfahrungswissen Älterer an an der Auftragsabwicklung oder an der Projektbearbeitung beteiligte Jüngere (Learning-by-doing) statt. Dabei geht es weniger um die Beherrschung von modernen Methoden des Projektmanagements, sondern vielmehr um ein weitaus umfassenderes Wissen wie z.B. das Design der Auftragsabwicklung und des Projektes, die Ableitung von Arbeitspaketen unter Berücksichtigung von in der Projektzeit zur Verfügung stehenden Personalkapazitäten (Personaleinsatzplanung und Zulieferer), die Zuweisung von Personalkapazitäten, Arbeitzeiten, Kosten, Termine u.ä., die vorausschauende Berücksichtigung von sich verändernden Anforderungen aus dem Umfeld (Kunden, Zulieferer, andere Unternehmensbereiche, Geschäftsführung u.ä.) und ihre projektflankierende Verarbeitung, die begleitende Ausübung sozialer Kompetenzen zur Stabilisierung der Gruppen- und Teamarbeit sowie im Umgang mit Kunden und Lieferanten.

Je nach Innovationstypus, Produkttypus und Fertigungsweise (Kundenfertigung, Produktkomplexität, kundenspezifische Anpassung von Standardprodukten, kundenspezifische Unikate usw.) nehmen die Anforderungen an die Projekt- und Auftragsabwicklung zu – und damit auch die Anforderungen an einen intergenerativen Wissenstransfer.

Bei High Tech als Arbeitsmittel wie z.B. bei CAD- und CIM-Anwendungen haben sich entweder auf formeller oder auf informeller Ebene funktionierende intergenerative Coaching-Modelle herausgebildet. Die Neueinführung wird mit Jüngeren als Pionierlerner begonnen. Diese erlernen die Technikanwendungen als erste und geben das Know-How an die Älteren weiter. Diese eher naturwüchsigen Coaching-Systeme finden sich auch begleitend zu den offiziellen betrieblichen Qualifizierungsmaßnahmen in Form einmaliger Kurse.

Bei *Veränderungskompetenzen* zeigen sich eher gegenseitige Unterstützungen (Lernbereitschaft, Anpassungfähigkeit an neue Anforderungen) und Verstärkungen (gemeinsam kreative Aufgaben bewältigen). Durch die als innovationsförderlich geltenden Eigenschaften Jüngerer (neue Sichtweisen, Entscheidungsfreudigkeit, Impulsivität) kommt „frischer Wind" in Veränderungsprozesse. Mobilitätsbereitschaft z.B. zu längeren Auslandsaufenthalten wird eher Jüngeren zugeschrieben. Hier findet i.d.R. ein Ausgleich im Rahmen des Stärken-Schwächen-Ausgleichs zwischen Älteren und Jüngeren statt.

Die Aussagen von betrieblichen Entscheidungsträgern und Arbeitnehmern zu *„Erfahrung"* sind sehr vielschichtig. In wechselnden Kombinationen wird Erfahrung dem in der Berufslaufbahn erworbenen Wissen, organisatorischen und sozialen Kompetenzen, Stressbewältigungskompetenzen sowie Arbeitstugenden (Verantwortungsgefühl und Qualitätsbewusstsein) zugeordnet. Dabei geht es um eine positive Sichtweise aktiv reflektierender und verarbeiteter Erfahrungen und nicht um negative und nicht-reflexive Verarbeitungsformen, wie Restriktivität, Autoritätsdenken, Festhalten an der Vergangenheit (an Arbeitsformen, an Status usw.).

Der intergenerative Transfer von Wissen und Erfahrungen findet entweder in beide Richtungen statt – vom Älteren zum Jüngeren und vom Jüngeren zum Älteren – oder als Verstärkung. Dadurch ergibt sich ein sehr komplexes Zusammenspiel, das eher über informelle Kooperation stattfindet als über formalisierte Arbeitsformen.

Wie Abb. 1 zeigt, werden sich Probleme der Einschränkung der Arbeitsfähigkeit von Älteren, die bis zum 65. Jahr arbeiten, in den nächsten beiden Jahrzehnten für die oben dargestellten „Mittelbauch"-Betriebe insofern verschärfen, dass 20 Jahre später mit einem „Altersberg" (den heutigen Mittelalten) zu rechnen ist. Zur Sicherung der Arbeitsproduktivität ist die Wiederherstellung der Arbeitsfähigkeit (als Kombination von Gesundheit, Qualifikation, Motivation) ernst zu nehmen, speziell bei den Gruppen- und Teamarbeitskonzepten mit Mehrstellenarbeit und Prämienentlohnung. Sofern es sich dabei um Ältere handelt, bei denen bereits Leistungseinschränkungen vorfindbar sind, kann es sich nur um korrektive Maßnahmen handelt. Häufig praktiziert werden Um- und Versetzungen auf belastungs- und beanspruchungsärmere Arbeitsplätze auch in anderen Unternehmensbereichen sowie in Arbeitskräftepools mit ausgesprochenen Schonarbeitsplätzen, teilweise in Verbindung mit behinderten-gerechten Arbeitsplätzen. Durch die zunehmende Aufgaben- und Funktionsintegration gibt es aber immer weniger Schonarbeitsplätze. Häufig realisiert wird auch ein naturwüchsiger Stärken- und Schwächenausgleich zwischen Jüngeren und Älteren beim Personaleinsatz auch in altersgemischten Gruppen. Kaum verwirklicht werden dagegen Maßnahmen zu einer „älterengerechten" Gestaltung von Arbeitsplatz (Ergonomie), Tätigkeit und Arbeitsabläufen (Arbeitsorganisation, Arbeitszeit) sowie „älterengerechte" Weiterbildung, obwohl dazu bereits seit über 10 Jahren arbeitswissenschaftliche und arbeitspädagogische Ergebnisse vorliegen.

Diese oben skizzierten Lösungen zur Wiederherstellung der Arbeitsfähigkeit haben „einen kurzen Atem". Ein Betrieb, der seine Geschäfts- und Wettbewerbsfähigkeit auf stabile Pfeiler stellen will, muss zur Risikominimierung „Zeitpuffer" als „Sicherheitspuffer" einbauen. Dabei handelt es sich um personalpolitische Interventionen, die bereits in der Berufsausbildung, zu Beginn der Berufstätigkeit oder in deren Mitte ansetzen. Das Arbeitsleben oder die Erwerbsbiographie bildet dabei ein Orientierungsmuster für diverse Konzepte von Laufbahnplanungen mit

Abb. 3 Grundprinzipien intergenerativer Zusammenarbeit

Jüngere		Ältere
	Leistungsfähigkeit	
gegenseitiger Ausgleich von Stärken und Schwächen wie schnelles Arbeitstempo, hohe Fehlerhäufigkeit	↔	gegenseitiger Ausgleich von Stärken und Schwächen wie langsames Arbeitstempo, geringe Fehlerhäufigkeit
	Wissen	
produkt- und prozessspezifisches neues Wissen (Wissen aus der neueren Berufsausbildung)	→	Information, Schaffung von Transparenz und Verständnis
(kurzfristig) Information, Schaffung von Transparenz und Verständnis (langfristig) Einarbeitung, Qualifizierung	←	produkt- und prozessspezifisches fachlich fundiertes Basiswissen (in einer langjährigen Berufstätigkeit perfektioniert) und Spezialistenwissen (außerhalb der Berufsausbildung in einer langjährigen Berufstätigkeit erworben)
	Organisatorische und soziale Kompetenzen	
(kurzfristig) Information, Schaffung von Transparenz und Verständnis (langfristig) Einarbeitung, Qualifizierung	←	Beherrschung von Auftrags- und Projektorganisation, Steuerung, Kooperation und Koordination
Beherrschung von High-Tech als Arbeitsmittel	→	Einarbeitung, Qualifizierung
	Arbeitstugenden	
(kurzfristig) gezielte Hinweise (langfristig) betriebliche Sozialisation	←	Beherrschung als prozessnotwendige Qualifikationen
	Veränderungskompetenzen	
kreative Aufgaben bewältigen	↔	kreative Aufgaben bewältigen
Einstellungen wie Lernbereitschaft und Anpassungsfähigkeit	↔	Einstellungen wie Lernbereitschaft und Anpassungfähigkeit
innovationsförderliche Eigenschaften wie neue Sichtweisen, Spontanität, Entscheidungsfreudigkeit	→	Aufmunterung („frischer Wind“)
Mobilität (z.B. längere Auslandsaufenthalte)	→	gegenseitiger Ausgleich

dem beherrschenden Prinzip eines permanenten Wechsels von Belastungen, Beanspruchungen und Qualifikationsanforderungen. Dabei wird bewirkt, dass körperliche und geistige Verschleißerscheinungen, die auf langjährige Einwirkungen von immer denselben Anforderungen basieren, gar nicht erst entstehen. Diese arbeitsbedingten Leistungseinschränkungen treten im höheren Lebensalter als Kombination mit dem altersbedingten Funktionswandel auf. Sie gelten vielfach fälschlicherweise als „altersbedingt". Nicht nur zur längerfristigen Erhaltung der Arbeitsfähigkeit von Beschäftigten, sondern auch aus einem ganz anderen betrieblichen Problemzusammenhang sind derartige Konzepte zur erwerbslebenbegleitenden Laufbahnplanung entstanden. Über Zusatzqualifikationen und Wissenszufuhr soll die innerbetriebliche Flexibilität und Mobilität verbessert werden. Die betriebliche Attraktivität derartiger „alternativer Karrierewege" bei Jungfacharbeitern und Jungakademikern erhöht gleichzeitig die betrieblichen Rekrutierungschancen. Diese Laufbahnkonzepte gehen das Problem „Arbeitsfähigkeit bei Älteren" vorausschauend, offensiv und planmäßig an. Sofern es gelingen sollte, diese Laufbahnkonzepte tatsächlich insgesamt auf die Personalentwicklung für alle Altersgruppen zu übertragen, wird über den Weg einer prospektiven Arbeitsgestaltung zukünftigen Leistungseinschränkungen vorgebeugt.

Anforderungen an eine Personalpolitik der Zukunft

Die Kehrtwende von der korrektiven zur prospektiven Arbeitsgestaltung, von der Nachsorge für Ältere zur Vorsorge für alle Altersgruppen, stellt spezifische Anforderungen an die Personalpolitik der Zukunft als *„intergenerative Personalpolitik"*, die ein Umdenken und Umlernen aller beteiligten betrieblichen Akteure („Paradigmenwechsel") erforderlich machen. Einerseits sollen *Altersstruktur-Ziele* als Personalziele (im Ramen betrieblicher Zielsetzungen) integriert und in *Personalstrategien* umgesetzt werden. Zweitens ist es eine Frage der *Vorgehensweise und Methodik beim Einsatz personalpolitischer Instrumentarien*. Drittens muss dazu ein spezieller unternehmenskultureller Rahmen, eine spezielle *Altersstruktur* geschaffen werden. Nachfolgend sollen dazu die Anforderungen skizziert werden (vgl. Abb. 4).

Die Aufrechterhaltung des oben skizzierten intergenerativen Wissens- und Erfahrungstransfers als Garant für Geschäftsfähigkeit und Innovationsfähigkeit setzt einerseits einen *permanenten Generationenaustausch* über Personalzu- und -abgänge voraus. Damit sollen andererseits Voraussetzungen zur Erreichung einer *altersgemischten Belegschaftsstruktur* geschaffen werden. Damit entstehen günstigere Voraussetzungen, um beim Personaleinsatz einen Stärken- und Schwächenausgleich zwischen den mangelnden Berufs- und Betriebserfahrungen Jüngerer, dem Erfahrungswissen Älterer, dem Funktionswandel von Älteren sowie dem „neuen" Wissen Jüngerer herbeizuführen. Für Betriebe mit problematischen Altersstrukturen,

Abb. 4 Personalstrategien der Gegenwart und der Zukunft

Personalstrategien	
... der Gegenwart	*... der Zukunft*
ZIELSETZUNGEN **Altersstrukturen ohne Relevanz**	*permanenter Generationenaustausch* und *Altersmischung* als integrierte Zielsetzungen
STRATEGIEN **widersprüchliche Teilstrategien**	*an altersstrukturellen Zielsetzungen orientierte Teilstrategien* (Offenlegung von Konflikten und Kompromissen)
voneinander isolierte personalpolitische Teilstrategien	*miteinander vernetzte Teilstrategien* (Rekrutierung, Personalentwicklung, Arbeits- und Gesundheitsschutz ...)
PERSONALMANAGEMENT **kurzfristige Planungshorizonte**	*Kohorteneffekte über 10 bis 20 Jahre berücksichtigen* (Kurz-, Mittel- und Langfristplanung)
eine Lösung für alle	*weite Lösungsräume mit Optionen* (Individualisierung und Differenzierung)
UNTERNEHMENSKULTUR **„Senioritätsprinzip" oder „Jugendkultur" als beherrschende Elemente**	*Generationenvertrag* als Ausgleich zwischen verschiedenartigen altersgruppenspezifischen Anforderungen an betriebliche Attraktivität *(„Alterskultur")*

wie insbesondere den „Mittelbauch"-Betrieben, sollen „Altersmischung" und Generationenaustausch als in das Gesamtspektrum betrieblicher Zielsetzungen zu integrierende personalpolitische Ziele vorgegeben werden. Daran lassen sich Teilstrategien wie z.B. Innovations- und Reorganisationsstrategien bewerten. Die Erreichung derartiger *generationenübergreifender Zielsetzungen* wird nicht ohne Zielkonflikte und Zielkompromisse abgehen. Diese sollen aber offengelegt und verhandelt werden. Zu fragen ist, ob und inwieweit „Altersmischung" als durchgängiges Strukturmuster (bis in alle Organisationseinheiten hinein) gelten soll, oder aber als „Durchschnittsnorm" für den Gesamtbetrieb. Das betrifft auch die Frage, ob und inwieweit durch eine erwerbslebensbegleitende Laufbahnplanung für alle Altersgruppen die kontinuierliche Zufuhr an neuem Wissen über Neurekrutierungen von Jüngeren teilweise kompensiert werden kann ebenso wie aufwendige korrektive Maßnahmen des Gesundheitsschutzes und der Weiterbildung für Ältere mit Leistungseinschränkungen.

Problemlösungen z.B. zur Neurekrutierung, zur Wiederherstellung der Arbeitsfähigkeit, zur Laufbahnplanung setzen immer ein *eng vernetztes Zusammenwirken von Teilstrategien verschiedenartiger Personalmanagementfunktionen voraus*: Das betrifft die Rekrutierung ebenso wie die Weiterbildung und die Sozialpolitik.

Personalpolitik „mit langem Atem" erfordert *Denken und Handeln in mehreren Planungshorizonten* (kurzfristig: ein bis zwei Jahre; mittelfristig: bis fünf Jahre; langfristig: 10 bis 20 Jahre), um Kohorteneffekte wie z.B. die durch die Jahrgänge wandernden Altersberge berücksichtigen zu können.

Zur Problemlösungsfindung ist von *weiten Lösungsräumen mit verschiedenartigen optionalen Lösungskonzepten* auszugehen, die einerseits den sich kontinuierlich verändernden betrieblichen Voraussetzungen (z.B. den zur Verfügung stehenden Ressourcen zur Realisierung der Altersteilzeit) und andererseits den interindividuellen Unterschieden in Arbeitsfähigkeit und Verrentungswünschen Rechnung tragen. Drittens sind Lernprozesse von Betrieb und Beschäftigten zu berücksichtigen. Das betrifft insbesondere die Übergänge von den korrektiven Maßnahmen, bei denen vorrangig Ältere als Zielgruppe gelten, zu den prospektiven Maßnahmen, bei denen alle Altersgruppen als potenzielle Zielgruppen anzusehen sind.

Gerade in „Mittelbauch-Betrieben" ist als *Unternehmenskultur* vielfach eine Mischung aus in betrieblichen Regularien (z.B. Tarifvertrag, Betriebsvereinbarungen) fixiertem Senioritätsprinzip (Kündigungsschutz, Eingruppierung u.ä.) mit modernen Organisations-, Entlohnungs-, Zeit- und Arbeitsformen feststellbar, in denen sich wiederum Jüngere weitaus besser bewegen können. Diese *Alterskulturen* bereiten den Boden für „unterschwellige" Bevorzugungen oder Benachteiligungen ausgewählter Arbeitnehmer- und Altersgruppen bis hin zum Mobbing. Aus der Erkenntnis heraus, dass Ältere und Jüngere jeweils andere Wunschvorstellungen an das Arbeitsumfeld, an die Arbeits- und Entlohnungsbedingungen richten, muss gerade in Betrieben mit problematischen Altersstrukturen ein Ausgleich zwischen den verschiedenartigen generationsspezifischen Wertvorstellungen hergestellt werden – und zwar unabhängig von den Mehrheitsverhältnissen. Dieser *„Generationenvertrag"* ist innerbetrieblich transparent zu machen.

Literatur

Bullinger H.-J.; Volkholz V.; Betzl K.; Köchling A.; Risch W. (Hrsg.) (1992): Alter und Erwerbsarbeit der Zukunft Arbeit und Technik bei veränderten Alters- und Belegschaftsstrukturen, Berlin

Köchling A. (1992): Arbeitsplätze der Zukunft, in: forum demographie und politik: Alternde Gesellschaft – Dynamische Wirtschaft? Heft 2, 11/1992, S. 60-81

Köchling A. (1995): Wie Betriebe heute mit Altersstrukturen (nicht mit Älteren) umgehen – Anforderungen an die Zukunft, in: Mitteilungen aus der Arbeitsmarkt- und Berufsforschung, 03/1995, S. 437-453

Köchling, A. (1996): Soziodemographische Trends der Zukunft als Herausforderungen an die Betriebe und an die Arbeitswissenschaft, in: Hacker, W. (Hrsg.): Erwerbsarbeit der Zukunft – auch für "Ältere"? Mensch Technik Organisation, Band 9, Eine Schriftenreihe herausgegeben von E. Ulich, Institut für Arbeitspsychologie der ETH Zürich, Zürich/Stuttgart, S. 15-28

Köchling, A. (1996): Von der altersgerechten zur alternsgerechten Betrachtung: erste betriebliche Lösungsansätze im Rahmen von AuT-Projekten, in: Lennartz, D. (Hrsg.): Altern im Beruf und Gesellschaft. Demographischer Wandel und berufliche Bildung, Berichte zur beruflichen Bildung, Heft 198, Bundesinstitut für Berufsbildung (Hrsg.), Bielefeld, S. 61-102

Köchling, A. (1997): Betriebliche Altersstrukturen anstatt ältere Arbeitnehmer thematisieren, in: Klose, H.-U. (Hrsg.): Perspektiven der alternden Belegschaft, forum demographie und politik, Heft 9, 05/1997, S. 37-58

Köchling, A. (1998): Belegschaftsstrukturen im Spannungsfeld von Personal- und Innovationsentscheidungen. Vortrag auf dem PROGNOS-Workshop "Innovation mit alternden Belegschaften" am 03.12.1998 in Bensheim (unveröff. Manuskript)

Köchling, A. (1998): Wie gehen Betriebe mit Altersstrukturen um?, Referat auf dem Symposium "Alter & Arbeit; DGGG-Kongress Heidelberg 22.09.1998) (unveröff. Manuskript)

Köchling, A. (1999): Wissens- und Erfahrungstransfer zwischen jüngeren und älteren Arbeitnehmern unter Berücksichtigung von Aussagen über generationsspezifische Stärken und Schwächen, Vortrag auf der Tagung des sfb 186 der Universität Bremen "Generationenaustausch im Betrieb" am 22. und 23.4.1999 in Bremen (unveröff. Manuskript)

Köchling, A. (1999): Personalpolitik mit alternden Belegschaften in Großbetrieben. Probleme und erste Lösungsansätze, Vortrag auf der Sitzung des Fachausschusses 3/98 "Alternde Belegschaften" der Engeren Mitarbeiter der Arbeitsdirektoren Stahl am 30.9.1999 in Düsseldorf (unveröff. Manuskript)

Köchling, A. (2000): Betriebliche Alternspolitik als Wettbewerbsfaktor? Vortrag auf der Tagung zum ADAPT-Projekt SIDEPROF II "Qualifizierung alternder Belegschaften. Probleme und Erfahrungen aus der deutschen Stahlindustrie (mit Beiträgen aus Griechenland und Spanien)" am 4. und 5.11.1999 in Riesa (Veröff. in Vorbereitung)

Köchling, A.; Langhoff, T.; Overheid, N. (1997): Humanisierung im Büro und Verwaltung. Ältere Arbeitnehmer und Büroarbeit, Qualifizierung 8, Bundesanstalt für Arbeitsschutz und Arbeitsmedizin (Hrsg.), Dortmund 04/1997

Köchling, A.; Spannhake, B. (1996): Demographische Veränderungen und ihre Auswirkungen auf die Arbeit, in: Luczak, H., Volpert, W. (Hrsg.): Handbuch Arbeitswissenschaft, Stuttgart , S. 701-705

Lauenstein, T. (1998): Altersstrukturen und Zukunft der Schmieden, Schmiedekonferenz am 9. und 10. September 1998 in Hagen (Dokumentation) Hrsg.: Industriegewerkschaft Metall – Vorstand Zweigbüro, RKW

Nawrocki, L.; Volkholz, V. (1998): Auswertung der IG Metall-Gießereierhebung. Methodisches Vorgehen, Entwicklung der Beschäftigten, Alterszusammensetzung. Dortmund, November 1998 (unveröffentlichtes Manuskript)

Pant, E.; Hentschel J. (1993): Alters- und behindertengerechte Gestaltung in der Putzerei einer Stahlgießerei, in: Bullinger H.-J.; Volkholz V.; Betzl K.; Köchling A.; Risch W. (Hrsg.): Alter und Erwerbsarbeit der Zukunft. Arbeit und Technik bei veränderten Alters- und Belegschaftsstrukturen, Berlin u.a. 1993, S. 199-203

Volkholz V. (1992): Alter und Erwerbsarbeit der Zukunft – Einige Anforderungen an die Arbeitswissenschaften, in: Hacker W.: Erwerbsarbeit der Zukunft – Prospektive Arbeitsgestaltung und Personaleinsatzplanung auch für ältere Arbeitnehmer, Wissenschaftliche Beiträge des Instituts für Psychologie der Technischen Universität Dresden, Teil I, Ausgewählte Zwischenergebnisse, Dresden 1992, S. 31-66

Volkholz, V. (1996): Alter, Leistung, Gesundheit. Vortrag vor dem Arbeitskreis Betriebsräte der Automobilindustrie, Dortmund (unveröffentlichtes Manuskript)

Volkholz, V. (1996): Altersgerechte Umgestaltung von Arbeitswelten – Entwurf einer möglichen Zukunft, in: Lennartz, D. (Hrsg.): Altern im Beruf und Gesellschaft. Demographischer Wandel und berufliche Bildung, Berichte zur beruflichen Bildung, Heft 198, Bundesinstitut für Berufsbildung (Hrsg.), Bielefeld, S. 41-60

Volkholz, V. (1996): Beschäftigung älterer Arbeitnehmer. Seminar bei der IG Chemie, Dortmund (unveröffentlichtes Manuskript)

Volkholz, V. (1997): Betriebliche Folgen einer verlängerten Erwerbstätigkeitsdauer oder: Was bei den Konsolidierungsversuchen der Rentenfinanzierung (bislang) nicht diskutiert worden ist, in: Volkholz, V.; Jasper, G.; Rohwedder, A. (Hrsg.): Änderung der betrieblichen Alterszusammensetzung: Gestaltungherausforderungen, Graue Reihe der Hans-Böckler Stiftung des DGB, Neue Folge 132, Düsseldorf

Volkholz V. (1991): Qualifikations- und Arbeitsmarktprobleme der Zukunft – unter der Bedingung alternder Belegschaften, in: Elsner G.; Volkholz V. (Hrsg.): Alter, Leistung, Gesundheit – eine Anregung zur Diskussion über die Tarifreform 2000, Graue Reihe der Hans-Böckler-Stiftung, Neue Folge 35, Düsseldorf 1991, S. 13 - 20

Volkholz, V. (1996): Veränderte Alterszusammensetzung in den Betrieben, in: Frerichs, F. (Hrsg.): Älterer Arbeitnehmer im Demographischen Wandel – Qualifizierungsmodelle und Eingliederungsstrategien, Dortmunder Beiträge zur Sozial- und Gesellschaftspolitik, Bd. 7, Münster, S. 45-50)

Volkholz, V.; Köchling, A. (1999): Demographischer Wandel und Arbeitspolitik – ein vergessenes Politikfeld?, in: Schnitthenner, H.; Urban, H.-J. (Hrsg.): Sozialstaat als Reformprojekt. Optionen für eine andere Politik, Hamburg, S. 218 ff

Volkholz, V.; Köchling, A. (1996): Gestaltungsoptionen im Rahmen sozio-demographischer Entwicklungen, in: Bullinger, H.-J., Warnecke, H.-J. (Hrsg.): Neue Organisationsformen in Unternehmen, Berlin, S. 147-161

Volkholz, V.; Schaumburg, S.; Schild, A.; Siegel, K. (1998): Alternde Gesellschaft – Leistung, Arbeitszeit und Gesundheitsschutz. Diskussionsbeiträge zur Tarifarbeit im Betrieb, Industriegewerkschaft Metall – Abteilung Tarifpolitik, Frankfurt/Main 02/1998

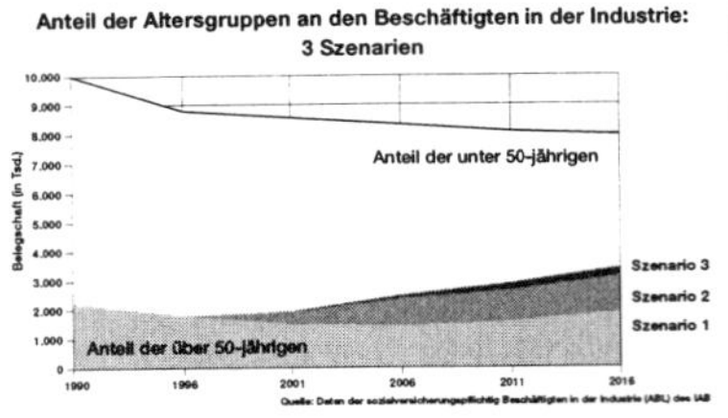

Beschäftigte in der deutschen Industrie: Die Szenarien beschreiben den Anteil der über 50-jährigen bei unterschiedlichen Abgangsquoten (Sz. 1: unverändert / Sz. 2 leichter Rückgang / Sz. 3 starker Rückgang). Ändern sich Rahmenbedingungen (Rentengesetzgebung) und Erwerbsverhalten der älteren Beschäftigten, so nimmt die gruppe der über 50-jährigen in den kommenden Jahren eine herausragende Stellung ein.

Innovativ sein mit älteren Beschäftigten

Innovation ist Aufgabe der gesamten Organisation

Wissenstransfer und Teambildung müssen intergenerative Aspekte stärker berücksichtigen

Klassische Innovationsparameter messen den Humanressourcen nur einen untergeordneten Stellenwert bei. Die Diskussion über die Gewinnung neuer Wissensbestände und die Reduktion der „Halbwertzeiten" des Wissens vernachlässigen den im inkrementellen Innovationsmodell zentralen Faktor der Erfahrung. Die Verschiebung des Altersprofils der Belegschaften zugunsten der älteren Beschäftigten verdeutlicht, dass Unternehmen in stärkerem Maße darauf angewiesen sein werden, sowohl das Know-how der älteren Mitarbeiter zu sichern als auch neues Wissen zu integrieren. Bislang konzentrieren sich personalpolitische Maßnahmen (Rekrutierung, Qualifizierung) jedoch einseitig auf die jüngeren Beschäftigten.

Verbund 5: Innovation, Belegschaftsstrukturen und Altern im Betrieb
Projekt: Innovation als ganzheitlicher betrieblicher Prozess

VDI/VDE-Technologiezentrum Informationstechnik GmbH - Bereich Gesellschaft; Teltow
(Michael Astor)

Michael Astor M.A.,
VDI/VDE-Technologiezentrum Informationstechnik,
Teltow

Betriebliche Innovationsmuster und altersselektive Personalstrategien

Im Forschungsprojekt „Innovation, Belegschaftsstrukturen und Altern im Betrieb“[1] untersucht VDI/VDE-IT Innovationsprozesse im produzierenden Gewerbe Deutschlands vor dem Hintergrund der sich verändernden betrieblichen Altersstrukturen.[2] Ausgehend von der These, dass sich die in der Vergangenheit vollzogenen Prozesse des Vorruhestandes und der Frühpensionierung zukünftig nicht in gleichem Umfang fortsetzen lassen werden, galt es, einerseits die Beteiligung von Vertretern unterschiedlicher Altersgruppen am Innovationsprozess und ggf. altersspezifische Rollenzuweisungen zu betrachten. Andererseits wurden die Wahrnehmung des Beitrags einzelner Akteure am Innovationsgeschehen, Zuschreibungen hinsichtlich ihrer Leistungsfähigkeit und die Interaktion der Generationen betrachtet.

Die von Burkhard Lutz konstatierte „demographische Falle“, in die sich zahlreiche Betriebe hineinbewegen, zeichnet sich durch zwei Phänomene aus: Insbesondere in den neuen Bundesländern werden Betriebe als Folge des dramatischen Geburtenrückgangs Anfang der 90er Jahre in fünf bis zehn Jahren große Probleme bekommen, genügend jugendliche für die Ausbildung und im nächsten Schritt qualifizierte Berufseinsteiger zu finden. Darüberhinaus zeichnen sich insbesondere

1 Das Vorhaben wird unter dem Förderkennzeichen 01 HH 9617/3 mit Mitteln des BMBF gefördert.

2 Die Erhebung wurde im Rahmen von Fallstudien in technologieproduzierenden Unternehmen und technischen Dienstleistern durchgeführt. In 35 Betrieben sind dabei die für den Innovationsprozess relevanten Akteure (Geschäftsführung, Innovations- und Personalverantwortliche, Mitarbeiter der Innovationsbereiche, Betriebsräte) befragt worden.

Abb. 1 Kleine und große Unternehmen unterscheiden sich in ihrem Altersaufbau deutlich

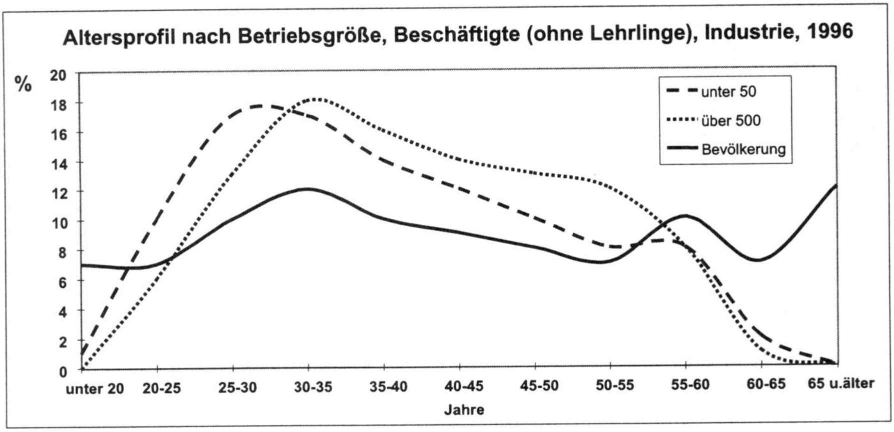

Großbetriebe mit mehr als 500 Beschäftigten in der deutschen Industrie durch einen hohen Anteil von Beschäftigten in der Altersklasse von 50 bis 55 Jahren aus (vgl. Abb. 1). Das Schaubild zeigt den Altersaufbau in der deutschen Industrie, gegliedert nach Fünfjahresklassenfür das Jahr 1996. Zu sehen ist besonders deutlich in den Großbetrieben, dass es einen Schwerpunkt in der Klasse 50 bis 55 Jahre gab, der in den nächsten 10 bis 15 Jahren weiter an die Pensionierungs- und Verrentungsgrenze heranrückt, und dass in der Vergangenheit ein starkes Abknicken dieser Kurve bei den 60-jährigen festzustellen ist.

Diese Gruppe von Erwerbspersonen gerät unter eine besondere Spannungssituation. Unter dem Vorzeichen einer nach wie vor hohen Arbeitslosigkeit in Deutschland baut sich auf der einen Seite ein hoher Erwartungsdruck hinsichtlich der Bereitschaft auf, Arbeitsplätze für jüngere Arbeitnehmer freizumachen. Auf der anderen Seite führen Änderungen in den rentenrechtlichen Regelungen, wie z.B. die Heraufsetzung des Renteneintrittsalters, zu finanziellen Einbußen bei den Betroffenen.[3] Auch aus Sicht der Betriebe trifft das Bestreben, für den Innovationsprozess möglichst aktuelles Wissen parat zu haben und folglich auf die Rekrutierung junger, qualifizierter Mitarbeiter zu setzen, bei begrenzeten Personalressourcen auf ein entscheidendes Hindernis. Der Druck auf die älteren Arbeitnehmer hinsichtlich

3 Die aktuelle Tarifforderung der IG Metall, über einen von den Tarifparteien gemeinsam finanzierten Fond eine „Rente mit 60" zu ermöglichen, stellt eine mögliche Kompensationsform für die verschlechterten staatlichen Regelungen dar. Ziel ist es, Arbeitsplätze gerade für die jüngeren Arbeitssuchende zu schaffen.

eines vorzeitigen Ausscheidens lässt sich mit Rücksicht auf den innerbetrieblichen sozialen Frieden nur in beschränktem Umfang ausüben. Der „goldene Handschlag" als positives Anreizinstrument kann nur von einem geringen Teil der (Groß-) Betriebe getätigt werden, so dass nur wenige Belohnungsinstrumente für den Ausscheidenden zur Verfügung stehen. Hinzukommt, dass der Verlust der Erfahrungsträger in vielen Fällen auch nicht wünschenswert ist, da insbesondere spezifische Produktkenntnisse in Verbindung mit einem langjährig entwickelten Prozesswissen oftmals von großem Wert und nicht leicht zu ersetzen sind. Folglich rücken Fragestellungen des Wissenstransfers und der intergenerativen Teambildung immer stärker in den Vordergund erfolgreich gestalteter Innovationsprozesse.

Die hier untersuchten Innovationsprozesse zeichnen sich durch einen starken Fokus auf die Produktinnovation aus, in denen sich technisches Wissen, Marktkenntnis und Kundenorientierung vereinigen. Diese Einschränkung gegenüber einem umfassenden Innovationsbegriff, der auch soziale und Prozessinnovationen mit einbezieht, führte dazu, dass insbesondere die Mitarbeitergruppen, die eng in diese Prozesse einbezogen sind, das heißt einerseits Mitarbeiter in den Forschungs- und Entwicklungsbereichen, aber auch Vertriebsmitarbeiter, Arbeitsvorbereitung und andere angrenzende Arbeitsgebiete.[4] Die Betriebe vertreten mehrheitlich das Modell der inkrementellen Innovation, d.h. nur wenige wagen den Sprung in neue Produktbereiche, die technologisch oder auch in der Definition des Marktes radikal mit der Unternehmensgeschichte brechen.

In dieser stetigen Weiterentwicklung und Produktverbesserung lassen sich unterschiedliche Altersgruppen nur bedingt einzelnen Tätigkeitsschwerpunkten zuordnen. Deutlich wurde jedoch, dass der Faktor „Jugend" insbesondere dort einen hohen Stellenwert genießt, wo sich neue Aufgaben stellen, für die kein Erfahrungswissen zur Verfügung steht, wie z.B. in der Softwareentwicklung und im Bereich elektronischer Steuerungen. Bei den Fragen der Konstruktion und der Integration von Elementen wird ebenso wie bei der mechanischen Entwicklung stark auf die Bedeutung der Erfahrung verwiesen. Hier sind Qualifikationen erforderlich, die scheinbar nur ungenügend durch die Ausbildung vermittelt werden (können). Trotz aller informationstechnischen Unterstützung der Produktentwicklung (CAD et al.) bleibt ein Kriterium, das einen qualifizierten Entwickler beschreibt, davon unberührt: „Man muss sich die Dinge im Kopf vorstellen können." (Aussage eines technischen Leiters).

Folglich lassen sich nur in wenigen Betrieben Handlungsmuster erkennen, die eindeutig und ausschliesslich auf den Faktor „Jugend" setzen. Dieses auf Jugend angewiesene Innovationsmodell zeichnet sich vor allem durch zwei Parameter aus:

4 Hieraus resultiert auch eine sehr geringe Anzahl an Frauen in unserem Sample, so dass geschlechtsspezifische Fragestellungen nicht weiter verfolgt werden konnten.

eine hohe Anpassung an die Marktdynamik und die enge Focussierung auf den Kunden, der kaum noch eigenen unternehmerischen Gestaltungsspielraum zulässt. Diese nach außen hin sehr dynamischen Betriebe[5] setzen eindeutig auf die Rekrutierung junger Arbeitnehmer, die schnell in verantwortungsvolle Positionen hineingeführt werden und in einer dynamischen Organisation, die fast nach dem Prinzip der Zellteilung funktioniert, auch unternehmerische Eigenständigkeit erlangen, jedoch ständig vor dem Problem der fehlenden Zukunftssicherung stehen. Ein aktuell boomender Markt, auf dem sich das Unternehmen eine gute Wettbewerbsposition erobert hat, führt zu einer hohen Nachfrage, die nur durch ständige Personalrekrutierung, aber auch verschleißende Arbeitsbedingungen befriedigt werden kann. Vor diesem Hintergrund sind jüngere Arbeitnehmer eher bereit, sich diesem Innovationsmodell vorübergehend auszuliefern, um ihren eigenen Marktwert zu steigern. Körperliche Belastungen und ausufernde Arbeitszeiten werden – bei einer sicher positiv zu bewertenden hohen Eigenverantwortung – solange in Kauf genommen, bis sich günstige Alternativen bieten. Dieses Unternehmen zeichnet sich – trotz marktüblicher Bezahlung – durch eine hohe Fluktuation aus, so dass sich das betriebliche Altersmodell von selbst perpetuiert.

Diesen Betrieben, die sich der Marktdynamik ungeschützt ausliefern, stehen jedoch Innovationsmodelle gegenüber, die sich durch eine größere Kontinuität in der Gestaltung der Prozesse und der Personalstruktur auszeichnen.

Eine Personalplanung, die den Altersaufbau der Belegschaft reflektiert und als strategisches Handlungsfeld identifiziert hat, ist bislang jedoch nur in wenigen Unternehmen anzutreffen. Diese zeichnen sich durch einen aktuell spürbaren Handlungsdruck aus, wie z.B. eine Reihe von MBO's in den neuen Bundesländern, die durch die spezifische Gründungssituation Alterscluster ausgebildet haben, die von einer normalen Streuung weitgehend abweichen. Hierbei haben sich auch „alte Belegschaften" zusammengefunden, die mit ihren Wettbewerbern auf der technologischen Seite durchaus konkurrieren können. Oftmals fehlen ihnen jedoch gewachsene Marktbeziehungen, die eine weitere Expansion ermöglichen. Als Folge dieser Entwicklung stehen die Betriebe vor einem dramatischen Problem. Das Ausscheiden eines Großteils der Belegschaft vollzieht sich innerhalb einer kurzen zeitlichen Periode, so dass ein kontinuierlicher Aufbau und eine systematische Weitergabe von Wissen nicht organisiert werden können.

Diese Betriebe können auch als Beweis dafür dienen, dass das „Defizitmodell" einer abnehmenden Leistungsfähigkeit älterer Arbeitnehmer weiter an Bedeutung verliert. Jedoch ist die Einschätzung der Leistungspotentiale jüngerer und älterer Beschäftigter immer noch stark von diesem Modell geprägt. Gerade den Älteren

5 Ein Betrieb aus dem Bereich der Informationstechnik aus der Untersuchung kann hierbei quasi als Prototyp herangezogen werden.

werden negative Eigenschaften des Festhaltens an alten Wissensbeständen, der geringen Lernbereitschaft und Inflexibilität zugesprochen, obwohl konkrete Beispiele hierfür oftmals nicht genannt werden können. Die typische „Bremserfunktion" in Innovationsprozessen lässt sich ebenfalls nur selten konkretisieren. Hierfür lassen sich zwei Erklärungen anführen: Die am Innovationsprozess beteiligten älteren Mitarbeiter stellen eine positive Auswahl der Leistungs- und Lernfähigen dar, sind Experten in einem speziellen Wissensgebiet und somit unentbehrliche Know how-Träger. Die Mitarbeiter, die sich nicht behaupten konnten, sind in andere Unternehmensbereiche gewechselt, im Vorruhestand und zugleich aus dem Bewusstsein der Befragten verschwunden. Der zweite Aspekt unterstellt eine Wechselwirkung zwischen den Anforderungen, die der Innovationsprozess hinsichtlich Flexibilität und Innovationsbereitschaft der beteiligten Akteure stellt, und der Erhaltung der Leistungspotenziale der älteren Innovierer.

Auf der betrieblich-organisatorischen Ebene bleibt zu fragen: Inwieweit unterstützt die Personalentwicklung gerade ältere Arbeitnehmer und ist sie einbezogen in Fragen des Innovationsmanagements?

In vielen Unternehmen scheint immer noch eine imaginäre Altersgrenze hinsichtlich der Beteiligung an Weiterbildungsveranstaltungen bei 35 bis 40 Jahren zu liegen. Es wird jedoch von allen Altersgruppen erwartet, dass die Mitarbeiter individuell ihren Qualifizierungsbedarf erkennen und artikulieren. Maßnahmen für jüngere Mitarbeiter werden von den Personalverantwortlichen eher als Investitionen in die Zukunft des Unternehmens betrachtet, Laufbahnperspektiven und -alternativen für diesen Kreis reflektiert. Trotz hoher Arbeitslosigkeit konzentriert sich der Wettbewerb in der Personalrekrutierung auf junge und hochqualifizierte Personen, auch Berufseinsteiger, die als wichtige Ressource der Zukunftssicherung des Unternehmens angesehen werden. Für diese Gruppe spricht auch, dass die Bereitschaft, sich auf eine bestehende Unternehmenskultur einzustellen und diese mit weiterzuentwickeln deutlich höher eingeschätzt wird als dies bei älteren Kandidaten der Fall ist.

Diese Altersselektivität und Konzentration auf Jugend in der Personalrekrutierung wird mit sachlich-fachlichen Argumenten unterlegt – aktuelle technische Qualifikation, höhere Mobilität und zeitliche Flexibilität – und nur selten durch eine alternative Einstellungspraxis durchbrochen.[5] In der Regel werden dann Koordinatoren für spezifische Tätigkeiten oder Personen mit einem speziellen Erfahrungshintergrund gesucht. Zum Teil erkennen die Personalverantwortlichen auch, dass dem jeweiligen Unternehmen in sehr dynamischen Phasen auch Mitarbeiter fehlen, die

---

6 Diese jugendzentrierte Rekrutierungspolitik wird aber nur selten offensiv vertreten. Hier scheint ein Bewusstsein für einen Tabubruch, die bewusste Ausgrenzung einer spezifischen Gruppe von Arbeitnehmern: den Älteren, vorhanden zu sein.

für Beruhigung sorgen. Diese speziellen Ausschreibungsprofile bilden jedoch nur einen schwachen Gegentrend gegenüber den Hauptanforderungen an aktuellem Wissen, Integrationsbereitschaft und langjährigem Verbleib im Unternehmen.

Spezielle Personalentwicklungsmaßnahmen für Ältere waren in den befragten Betrieben nicht zu verzeichnen. Es fehlt an spezifischen Programmen und Qualifizierungsstrategien, d.h. ältere Mitarbeiter sind noch mehr als ihre jüngeren Kollegen auf Eigeninitiative und „learning on the job“ angewiesen. Die Erwartungen, dass ältere Innovateure ihren Qualifikationsbedarf erkennen und eigenverantwortlich beheben, ist bei Personal- und Innovationsverantwortlichen in den Unternehmen ausgeprägt.

Das Instrument der Teambildung wird gerade im Innovationsbereich als Chance begriffen, bestehende Routinen zu hinterfragen, Möglichkeiten der interdisziplinären Zusammenarbeit zu verbessern und Entwicklungsprozesse zu beschleunigen. Dabei ist die Frage der Alterszusammensetzung der Teams bislang nur sehr oberflächlich aufgegriffen worden. Von den Verantwortlichen wird „eine gute Mischung“ angestrebt, die „junge Kreative“ und „alte Hasen“ zusammenführt. Fragen, ob eine erfolgreiche Zusammenarbeit auch durch einen unterschiedlichen Habitus der Altersgruppen, die Nichtkomplementarität der verschiedenen Wissenskulturen und Statusfragen beeinflusst wird, sind bisher nur unzureichend thematisiert worden. Die Notwendigkeit des Coachings und die Unterstützung durch die verantwortlichen Unternehmensfunktionen wird nur in wenigen Betrieben erkannt.

Das Thema Wissenstransfer in Entwicklungsteams hat nicht nur Gewinner, sondern ist für einzelne Personen auch mit Gefahren verbunden. Jeder der Beteiligten kann dabei auch verlieren, insbesondere ältere Mitarbeiter verlieren Status und ggf. Alleinstellungsmerkmale in den Unternehmen, die sie sich in langen Jahren erworben haben und die sie soweit unentbehrlich gemacht haben. Sie verlieren unter Umständen auch mit Positionen verbundene Machtinstrumente, so dass gerade die Teambildung ein entsprechendes Monitoring benötigt, so dass Wissenstatbestände auch transparent gemacht und weitergegeben werden können und wollen. Somit ist auch in der Teambildung Raum für Rückzugspositionen zu eröffnen, der allen Beteiligten die Chance eröffnet, den Teamgedanken als positives zielführendes Element der Arbeitsorganisation aufzufassen.

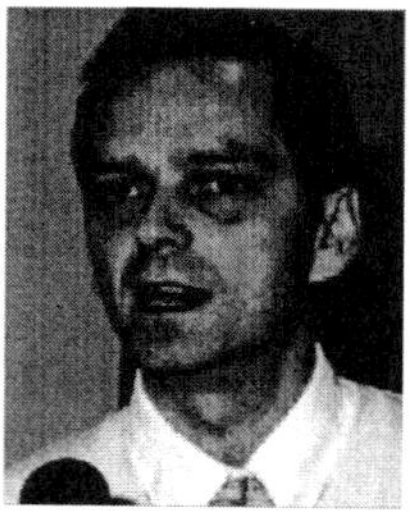

PD Dr. Reinhold Sackmann
Institut für empirische und angewandte Soziologie (EMPAS)
der Universität Bremen

Zusammenfassung

Die Ergebnisse der Referate von Herrn Mogk, Frau Köchling und Herrn Astor und der daran anschließenden Diskussion lassen sich in einer Ist-Analyse des gegenwärtigen Zustandes und einer Soll-Analyse des angestrebten Zustandes zusammenfassen: Welche Probleme werden gesehen? Wie werden Lösungsansätze gestaltet?

Probleme: Eine Altersstrukturdebatte wird in den Betrieben bislang kaum geführt. Es wird selten eine vorausschauende Personalpolitik betrieben. Erste Ansätze zu einer Problemanalyse von Altersverteilungen in Betrieben setzen momentan vermehrt bei der Feststellung sinkender Möglichkeiten von Frühverrentungen und der Wahrnehmung einer Veränderung der demographischen Situation an. Eine Reduktion von Frühverrentungsmöglichkeiten stellt vor allem für „mittelalterzentrierte" Betriebe ein Problem dar: Zum einen wird es schwieriger, eine kontinuierliche Personalrekrutierung zu betreiben. Das Durchschnittsalter im Betrieb steigt. Zum anderen wird der Wissens- und Erfahrungstransfer schwieriger. Abgeschottete Wissenskulturen werden verstärkt, wenn altersspezifische Rollen eingenommen werden und Ältere bei der Qualifizierungspolitik ausgegrenzt werden. Dieser Punkt war umstritten: Herr Mogk hat berichtet, dass es in der Stahlindustrie eine relativ hohe Quote von älteren Teilnehmern an Weiterbildungen gibt. Herr Astor dagegen hat von Diskriminierungen gegenüber Älteren bei der Weiterbildungspolitik von Unternehmen berichtet.

Die diskutierten *Lösungsstrategien* setzen an zwei Punkten an. Erstens: Es müsste ein neues Leitbild „intergenerationelle Personalpolitik" geben. Durch ein Verfolgen von Altersstrukturzielen sollte für einen permanenten Generationenaustausch und eine langfristige Personalplanung gesorgt werden. Zweitens: Praktizierung von Formen des Wissensmanagements: Einige Betriebe berücksichtigen veränderte

Alterszusammensetzungen in spezifischen Formen des Wissensmanagement. So werden bewusst altersgemischte Teams zusammengestellt. Man baut Tandems auf, um informelles Wissen zu sichern, und praktiziert Rotationsverfahren. Wichtig bei der Implementierung von Lösungsstrategien ist, dass die Personalabteilung Führungskräfte anspricht, Problembewusstsein schafft und Druck ausübt, damit neue Praktiken eingesetzt werden. Darüber hinaus wurde als wichtig erachtet, dass ein Bruch mit der Kultur des Vorruhestands und der Frühverrentung erfolgt.

Einige Fragen sind in der Arbeitsgruppe offengeblieben. Unser derzeitiges Wissen über Altersstrukturen von Betrieben beschränkt sich auf einige unrepräsentative Fallstudien. Es fehlen repräsentative Daten zur Altersstruktur von Betrieben in der Bundesrepublik, die eine adäquate Problemerfassung, Analyse und Darstellung von Entwicklungen ermöglichen. Neben diesem weitreichenden Wissensmangel fehlt es bisher an guten Beispielen für die Umsetzung von Konzepten „intergenerationeller Personalpoltik“, die Tragweite und Grenzen dieses Ansatzes für die Praxis aufzeigen könnten.

Im Bereich des Wissenmanagements dagegen gibt es bereits viele wertvolle Ansätze in verschiedenen Betrieben in Form von „Good-practice-Lösungen“. Hier wäre es erstrebenswert, diese Lösungsansätze zu verbreiten und deren Implementierung zu fördern.

Vollkommen offen blieb – dies könnte ein Anliegen für die Verbundforschung der Zukunft sein – der Themenbereich „Frauenerwerb und Alter“. Dieses Thema ist bisher kaum behandelt worden. Es gibt nicht nur eine demographische Entwicklung hin zu mehr Älteren im erwerbsfähigen Alter, sondern gleichzeitig auch eine soziale Verschiebung in der Geschlechterzusammensetzung der älteren Beschäftigten aufgrund steigender Frauenerwerbsquoten. Da es sich hierbei um einen anhaltenden Trend handelt, wird das Thema „ältere Erwerbstätige“ in Zukunft noch sehr viel bedeutsamer als heute werden. Diese Problematik wird sicher eine Reihe von neuen Fragen aufwerfen.

Arbeitsgruppe 9

Lebensbegleitendes Lernen für die Erwerbsbiographie

Dr. Volker Volkholz
Gesellschaft für Arbeitsschutz- und Humanisierungsforschung (GfAH), Dortmund

Was bestimmt die Bildungslandschaft der Zukunft: die Normal-Biographie oder die Patchwork-Biographie?

1. Entwicklungstendenzen

1.1 Kurze Einführung

Ein Wandel in den Erwerbsbiographien von Arbeitnehmern zeichnet sich bereits in der Gegenwart ab und wird in der Zukunft an Bedeutung gewinnen. Ein Element dieses Wandels ist die Abkehr von der Normalbiographie. Diese basiert auf einem Normalarbeitsverhältnis, das als Vollzeitarbeit ein ganzes Arbeitsleben lang bei ein und demselben Arbeitgeber bis zum gesetzlichen Rentenalter ausgeübt werden kann. In Kapitel 1.2 wird auf „Erosionen" hingewiesen, die Übergänge zu atypischen Arbeitsverhältnissen herstellen. Ein weiteres Element ist die Abkehr von bruchlosen Erwerbsbiographien mit reibungslosen Übergängen zwischen Berufsausbildung, Berufseintritt, Verweilen im Beruf und Berufsaustritt. In Kapitel 1.3 werden ausgewählte Unterbrechungen betrachtet: Wechsel zwischen Erwerbstätigkeit und Arbeitslosigkeit und umgekehrt zwischen Arbeitslosigkeit und Erwerbstätigkeit sowie Berufs- und Betriebswechsel während der Erwerbstätigkeit. In Sonderauswertungen werden die mobilen Erwerbstätigen nach Winner und Looser charakterisiert (Kapitel 1.3.1). Die Zusammenhänge zwischen Lebensalter und betrieblicher Verweildauer werden in Kapitel 1.3.2 aufgezeigt.

1.2 Flexibilisierung des Normalarbeitsverhältnisses

Die Abb. 1 gibt einen Überblick über die Vielfalt der Erosionseffekte, die zur Zeit auf das Normalarbeitsverhältnis einwirken. Bei atypischen Beschäftigungsverhältnissen treffen i.d.R. nicht alle gleichzeitig zu, sondern jeweils Kombinationen ausgewählter Flexibilisierungselemente. Die Kommission für Zukunftsfragen (1996) ging für 1995 von knapp 35 Mio. Erwerbstätigen in Deutschland aus – mit etwa neun Zehntel abhängig Beschäftigten und einem Zehntel Selbständigen. Die abhängig Beschäftigten waren etwa zu zwei Dritteln in Normalarbeitsverhältnissen beschäftigt und etwa zu einem Drittel in atypischen Beschäftigungsverhältnissen. Zu ähnlichen Ergebnissen kommen Hoffmann/Walwei (1998).

Abb. 1 Flexibilisierung des Normalarbeitsverhältnisses

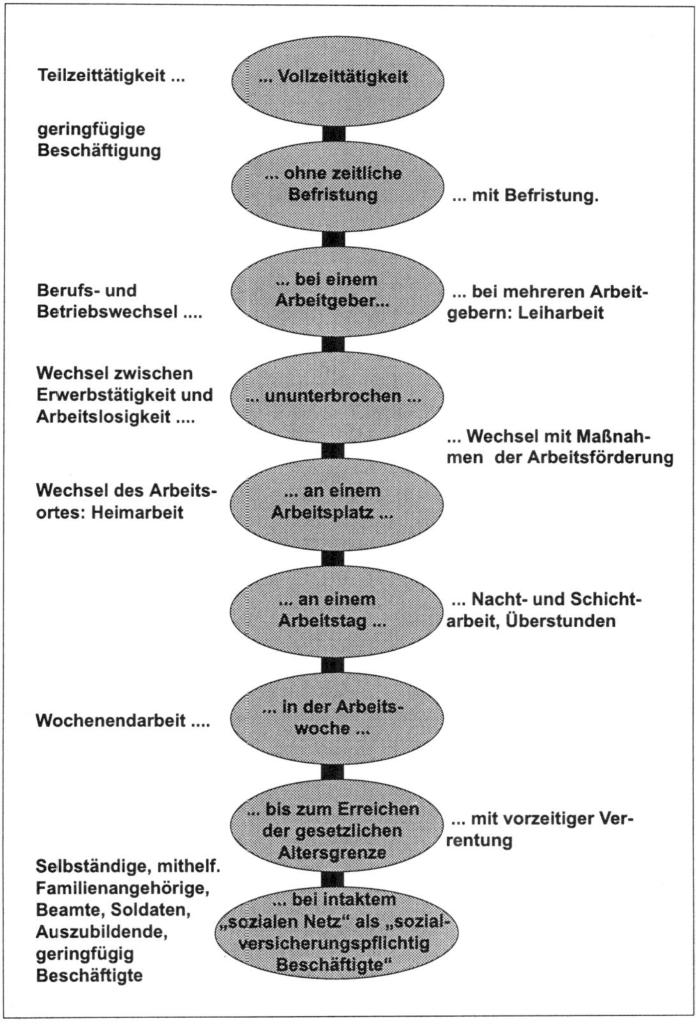

Immer noch bilden die Normalarbeitsverhältnisse die Mehrheit. Sie werden langsam aber kontinuierlich abnehmen, während die atypischen Beschäftigungsverhältnisse im gleichen Rhythmus zunehmen werden. Diese Tendenz wird durch den Strukturwandel

- Zunahme von Kleinbetrieben bei Rückgang von Großbetrieben
- Wachsen der Beschäftigung im Dienstleistungsgewerbe bei Abnahme der Beschäftigten im Produzierenden Gewerbe

gefördert. Sowohl Kleinbetriebe als auch Dienstleistungsbetriebe haben eine tendenziell höhere Quote an atypischen Beschäftigungsverhältnissen.

1.3 Mobilität von Beschäftigten

Das gesamte Ausmaß von Mobilität lässt sich zur Zeit sehr schwer einschätzen. Es hängt davon ab, welche Abweichungen von der Normalbiographie mit erfasst werden. Werden z.B. ausschließlich Berufswechsel im gleichen Betrieb, Betriebswechsel, Wechsel von Erwerbstätigkeit zur Arbeitslosigkeit, Wechsel von Arbeitslosigkeit zur Erwerbstätigkeit betrachtet, so waren davon nach Bender/Haas/Klose (1999) 1985 79% aller Beschäftigten betroffen – mit einem Rückgang um 28% auf 52% bis zum Jahr 1995. Dieser Rückgang war aber insbesondere der langanhaltenden Dauerarbeitslosigkeit geschuldet mit Mobilitätshemmnissen für ausgewählte Arbeitnehmergruppen. Der Wechsel von Arbeitslosigkeit in die Erwerbstätigkeit nahm um ca. 23 % von ca. 55% (1985) auf ca. 32% (1995) ab.

Wie Abb. 2 zeigt, überwiegen insgesamt Wechsel von Arbeitslosigkeit in Beschäftigung, (1995: 32,3%) gefolgt von Berufs-/Betriebswechseln innerhalb der Beschäftigung (1995: 12,2%), gefolgt von Wechseln von Beschäftigung in die Arbeitslosigkeit (1995: 7,1%).

1.3.1 Winner und Looser

Unter Heranziehung ausschließlich der Kategorien Berufs- und Betriebswechsel haben Velling/Bender (1994) Beschäftigte nach Wechslern und Nicht-Wechslern charakterisiert, indem vom Beobachtungsjahr 1989 rückwärts 14 Jahre bis zum Jahr 1995 betrachtet wurden. Es bilden sich somit zwei Beschäftigtengruppen heraus, denen soziodemographische Merkmale wie Alter, Qualifikationsniveau, Stellung im Beruf (Meister, Facharbeiter) als Ausprägung von berufsspezifischem Humankapital, berufliche Vorgeschichte und Arbeitsmarktcharakteristika zugeordnet werden können.

Anhand der aufgezeigten Zusammenhänge zwischen (Nicht-)Wechsel und soziodemographischen Merkmalen können begründete Vermutungen angestellt werden, ob und inwieweit die Wechsel mit einer Verbesserung oder Verschlechterung beruf-

Abb. 2 Berufliche und betriebliche Mobilität von 1985 bis 1995 in Deutschland (Angaben in Prozent der Beschäftigten)

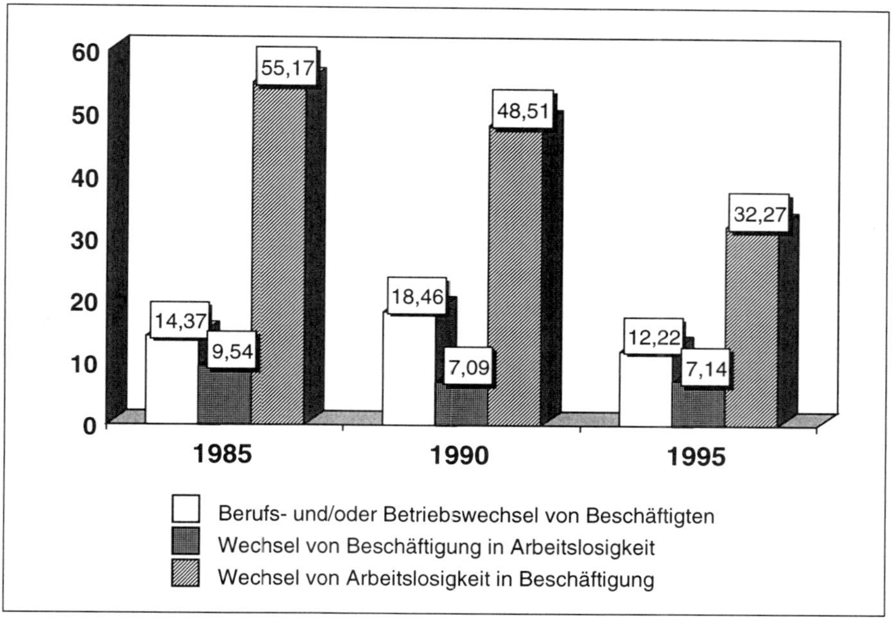

Quelle: Bender/Haas/Klose (1999)

licher Chancen verbunden sind. Es kristallisieren sich dann vier Beschäftigtengruppen heraus. Dabei wird jeweils angegeben, ob und inwieweit sich die Zusammenhänge auf alle Formen des Wechsels beziehen oder auf ausgewählte Formen. Nur im letzteren Fall finden sich die Angaben dazu in Klammern.

Erstens: Wechsler, die sich Mobilität leisten können und tendenziell eher Vorteile daraus ziehen – jüngere Beschäftigte; Beschäftigte mit Abitur; Beschäftigte mit (Fach)Hochschulausbildung; Vielverdiener (nur Berufswechsel); Vorhandensein eines berufsunspezifischen Humankapitals mit hohen Möglichkeiten der Wissensübertragung; lange Dauer der Betriebszugehörigkeit (nur Berufswechsel im gleichen Betrieb).

Zweitens: Wechsler, die mangels besserer Alternativen wechseln müssen, auch wenn diese Wechsel mit Nachteilen verbunden sind – Beschäftigte mit einer mindestens zweijährigen vorangegangenen Nichterwerbstätigkeit; Wenigverdiener (nur Berufswechsel); Vorhandensein eines berufsspezifischen Humankapitals bei kurzer Dauer der Betriebszugehörigkeit mit geringen Möglichkeiten der Wissensakkumulation; Beschäftigte in Berufen mit hoher Arbeitslosenquote.

Drittens: Nicht-Wechsler, die sich in ihrem „Stammarbeitnehmertum" eingerichtet haben und daraus eher Vorteile ziehen – Beschäftigte mit Lehre und mittlerer Berufsausbildung; Vorhandensein von berufsspezifischem Humankapital bei langer Dauer der Betriebszugehörigkeit mit guten Möglichkeiten der Akkumulation von Wissen (Meister, Facharbeiter); Beschäftigte in Berufen mit niedriger Arbeitslosenquote; Vielverdiener (nur Betriebswechsel); lange Dauer der Betriebszugehörigkeit (nur Betriebswechsel).

Viertens: Nicht-Wechsler, deren „Stammarbeitnehmertum" auf mangelnde Alternativen zurückgeführt werden kann, auch wenn dieses mit Nachteilen verbunden ist – ältere Beschäftigte; Beschäftigte mit Hauptschulabschluss; Beschäftigte ohne Berufsausbildung; Wenigverdiener (nur Betriebswechsel); Beschäftigte mit vorheriger Nichterwerbstätigkeit von über zwei Jahren Dauer.

Es kristallisiert sich daher die in Abb. 3 gezeigte Typologie heraus. Für den Typus des immobilen Winner sind arbeitsplatznahe und betriebliche Lernprozesse (inner- und außerhalb) typisch. Die Gruppe der Mobilen ist schwerpunktmäßig auf

Abb. 3
Typologie der Beschäftigten

	Arbeitnehmer	
	Mobile	Immobile
Winner		
Looser		

die bis 35jährigen konzentriert; danach wird sie von Altersjahrzehnt zu Altersjahrzehnt deutlich kleiner (siehe unten). Sie enthält zwei entgegengesetzte Untergruppen: Winner und Looser. Erstere sind in der Regel aufstiegsmobil, letztere horizontal mobil, wobei nicht selten der Wechsel zwischen Arbeitslosigkeit und Erwerbsarbeit hinzukommt.

Die unsichtbare Problemgruppe sind die immobilen Looser, die in der Vergangenheit häufig durch vorzeitige Verrentung verabschiedet worden sind. Hier entsteht durch die geänderten Rahmenbedingungen zur Verrentung eine gesundheitliche und qualifikatorische Problemgruppe, die den „contract sociale" vieler Unternehmungen – also deren gelebte Betriebsverfassung – infrage stellen wird.

1.3.2 Lebensalter

Die Lebensalterabhängigkeit der betrieblichen Verweildauer bzw. der Mobilität wird aus der Abb. 4 überdeutlich. Bei kurzer betrieblicher Verweildauer (null bis vier

Abb. 4 Verweildauer von Erwerbstätigen beim jetzigen Arbeitgeber nach Altersgruppen

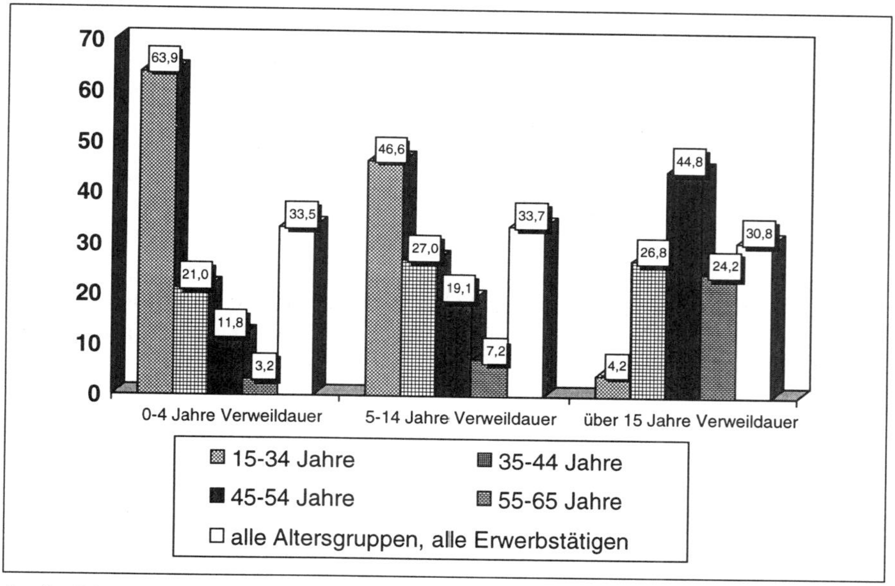

Quelle: BiBB/IAB-Erhebung 1991/92; Berechnungen der GfAH – n = 34.000

Jahre) überwiegen die jüngeren Altersgruppen (15-34 Jahre) mit über 60 %, bei längerfristiger Verweildauer (über 15 Jahre) die Altersgruppen mit den jüngeren Alten (45–54 Jahre), gefolgt von den Mittelalten und den älteren Alten (55–65 Jahre). Zusammengenommen erreichen hier die Älteren (45-65 Jahre) einen Wert von über 60 Prozent. Bei der mittleren Verweildauer (5-14 Jahre) machen die Jüngeren ca. die Hälfte aus.

2. „Lebenslanges Lernen" und Chancengleichheit

2.1 Kurze Einführung

„Lebenslanges Lernen" ist ein mehrdeutiger Begriff. Er kann zum ersten ein Stück Wirklichkeit, zum zweiten eine sinnvolle Zielsetzung oder zum dritten eine grandiose Lebenslüge sein.

Die obigen sekundärstatistischen Auswertungen haben gezeigt, dass betriebliche und berufliche Mobilität bereits ein Stück Wirklichkeit ist. Aber nur Teile der Erwerbstätigen ziehen daraus Vorteile. Chancengleichheit ist z. Zt. nicht gegeben. Dabei spielen u. a. berufliche Qualifikation und Lebensalter die entscheidenden

Rollen, ob mit dem Wechsel ein persönlicher Vorteil oder ein Nachteil für den Arbeitnehmer verbunden ist. Zur Zeit wird viel davon gesprochen, dass zunehmend Arbeitnehmer als Unternehmer in eigener Sache eigenverantwortlich ihre Erwerbsbiographie gestalten sollen. Bei euphorischen Beschreibungen dieser Art wird vergessen, dass strukturelle Unterschiede zu beachten sind.

Es gehört bzw. gehörte zu den historischen Errungenschaften der sozialen Marktwirtschaft, dass von Unternehmen zu Unternehmen ziehende „Kummerexistenzen“ wie Tagelöhner und Hilfsarbeiter allmählich verschwanden. Andererseits bieten Unternehmen inzwischen Studenten bestimmte Fächer neben Stipendium auch Arbeitsverträge an, gleichsam als vorausschauende Bindung an das Unternehmen. Aktuelle Nachfrage-/Angebotsschwankungen auf dem Arbeitsmarkt beeinflussen die Entwicklungstendenzen dieses eigenverantwortlichen Unternehmertums sehr stark – aber auch die Chancen und Risiken. Eine undifferenzierte Darstellung führt leicht dazu, dass „Lebenslanges Lernen“ von vielen Erwerbstätigen als Lebenslüge gesehen werden muss.

„Lebenslanges Lernen“ kann zum Baustein einer rationalen Strategie der Entfaltung von Humanressourcen werden, sofern es gelingt, die Voraussetzungen für Chancengleichheit systematisch zu analysieren und zu verbessern. Dazu reicht eigenverantwortliches Handeln des Individuums bei weitem nicht aus. Angesprochen sind hier auch Betriebe, Verbände und staatliche Institutionen.

2.2 Voraussetzungen

Welches sind nun diese Voraussetzungen? In dem Beitrag von Professor Ilmarinen in dieser Publikation wird auf Arbeitsfähigkeit verwiesen. Arbeitfähigkeit bezeichnet die auf Gesundheit, Qualifikation und Motivation basierenden Fähigkeiten und Fertigkeiten im Vergleich zu den Anforderungen der Arbeitswelt. Die Arbeitsfähigkeit verändert sich mit dem Lebensalter bzw. der Dauer des Arbeitslebens. „Lebenslanges Lernen“ allein reicht dazu nicht aus. Eine Kooperation zwischen Arbeitsmedizinern, Arbeitspädagogen und Arbeitsgestaltern ist unverzichtbar.

Zur Chancengleichheit gehört das Vorhandensein von lernförderlichen Arbeitsbedingungen. Dieses trifft nur auf ca. die Hälfte der Erwerbstätigen zu und auf die andere Hälfte nicht. Daraus verweisen neuere sekundärstatistische Auswertungen (Volkholz/Kiel 1999). Da die nachfolgend vorgelegte Analyse mit öffentlich zugänglichen Daten (BiBB/IAB-Erhebung 1991/92[1]) erfolgt, sind alle Aussagen von jedermann nachprüfbar. Inzwischen ist eine neue BiBB/IAB-Erhebung, diesmal

1 BiBB: Bundesinstitut für Berufsbildung, Berlin, Bonn; IAB: Institut für Arbeitsmarkt und Berufsforschung der Bundesanstalt für Arbeit, Nürnberg – vgl. die Basisauswertung: Jansen/Stooß (1993).

unter Beteiligung der Bundesanstalt für Arbeitsschutz und Arbeitsmedizin (BAuA) abgeschlossen worden. Etwa Ende des Jahres 2001 werden diese Daten allgemein zugänglich sein.

In der BiBB/IAB-Erhebung von 1991/1992, die für in- und ausländische Arbeitnehmer in den alten und neuen Bundesländern repräsentativ ist, wurden lernförderliche und kreative Arbeitsanforderungen mit je einer Frage erfasst.

- *Frage:* Nun lese ich eine Reihe von Arbeitsanforderungen vor. Bitte sagen Sie mir zu jedem Punkt, wie häufig dies bei Ihrer täglichen Arbeit vorkommt,
- ..., dass Sie vor neue Aufgaben gestellt werden, in die Sie sich erst reindenken oder einarbeiten müssen.
- ..., dass Sie bisherige Verfahren verbessern oder etwas Neues ausprobieren.
- *Antwortmöglichkeiten:* praktisch immer / häufig / immer mal wieder / selten / praktisch nie

Die Verteilung der Antworthäufigkeiten auf beide Fragen ist recht unterschiedlich.

–	*Antworten*	*Verfahren verbessern, Neues ausprobieren (wissenserzeugende Anforderungen)*	*sich in neue Aufgaben reindenken / einarbeiten (wissensaneignende Anforderungen)*
–	Praktisch immer	5%	11%
–	Häufig	21%	32%
–	Immer mal wieder	30%	29%
–	Selten	24%	18%
–	Praktisch nie	19%	10%
–	*Gesamt*	*100%*	*100%*

Üblicherweise werden die Antwortmöglichkeiten „praktisch immer“ und „häufig“ zusammengefasst. Also geben 26% der Arbeitnehmer an, Verfahren zu verbessern bzw. Neues auszuprobieren; 43% berichten, sich zumindest häufig in neue Aufgaben reinzudenken bzw. einzuarbeiten. Eine Kreuztabellierung der beiden Antworten zeigt aber, dass die beiden Fragen eng zusammenhängen, aber nicht identisch sind.

Es gibt im nennenswerten Umfang Erwerbstätige, die sich zumindest häufig Neues ausdenken, aber von neuen Aufgaben nur gelegentlich bis selten berichten, oder die zwar zumindest häufig sich in neue Aufgaben reindenken, einarbeiten, aber nur gelegentlich bis selten Neues ausprobieren.

Diese Beobachtung eines hochsignifikanten Zusammenhangs zwischen den Fragen ohne eine weitestgehende Identität der Fragen hat dazu geführt, mit unterschiedlichen Antwortkombinationen zu „experimentieren“. Entstanden ist hieraus die Anforderungstypologie der Erwerbstätigen, wie sie in der Abb. 5 im einzelnen beschrieben ist.

Abb. 5 Typologie der Arbeitsanforderungen

Bezeichnung der Erwerbstätigen	**Operative Definition**		**Handlungs-spielräume**
Veränderer	mit andauernden oder häufigen Neuerungen	Praktisch immer / häufig sich in neue Aufgaben rein-denken, und/oder Neues ausprobieren, Verfahren entwickeln	sehr weit kreativitäts- und lernförderlich
Innovateure	Wissensaneignende Anforderungen im Zusammenhang mit Neuerungen	Praktisch immer / häufig Neues aus-probieren bzw. neue Verfahren entwickeln	weit lernförderlich
Aufgabenflexible	Wissenserzeugende Anforderungen im Zusammenhang mit Neuerungen	Praktisch immer / häufig sich in neue Aufgaben reindenken aber nur gelegentlich bis nie innovativ	eingeschränkt
Nicht-Veränderer Routinearbeiter	mit gelegentlichen oder keinen Neue-rungen	Gelegentlich bis nie sich in neue Aufgaben rein-denken und (nicht: oder) gelegentlich bis nie neue Verfah-ren entwickeln, Neues ausprobieren	keine

Diese Typologie der Arbeitsanforderungen hat folgende Eigenschaften:

- Sie beurteilt Anforderungen im Urteil der Erwerbstätigen, sie ist selbst-bewertend.
- Sie ist repräsentativ, wobei die große Fallzahl (n = 34.000) (0,1% Stichpro-be) weitgehende Detailauswertungen erlaubt.
- Sie ist vollständig, d.h. jeder Erwerbstätige ist zuordbar.
- Sie ist überschneidungsfrei, d.h. jeder Erwerbstätige ist nur einmal in einem Typus vertreten.
- Sie ist hierarchisch, d.h. sie kann problemlos zu gröberen und feineren Kate-gorien zusammengefasst werden.
- Sie ist praxisfreundlich, d.h. diese Typologie der Arbeitsanforderungen kann in jeder Arbeitszufriedenheitsuntersuchung eines Betriebes mit zwei einfa-chen Fragen erzeugt werden.

Abb. 6
Erwerbstätige nach Arbeitsanforderungen

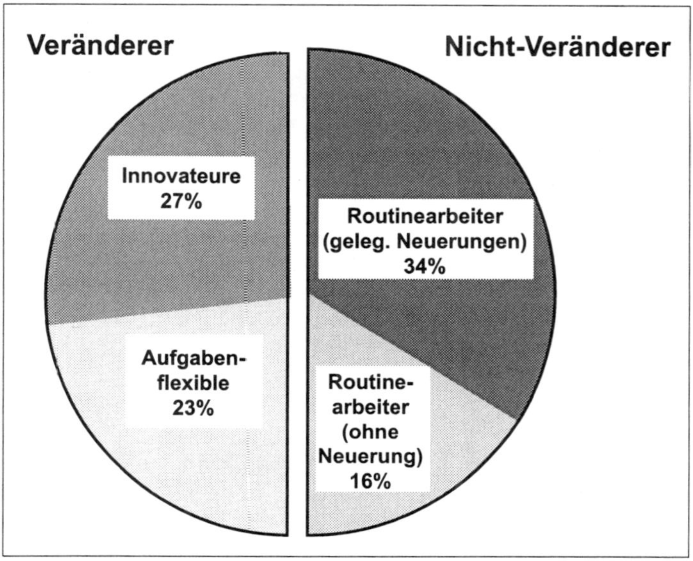

Quelle: BiBB/IAB-Erhebung 1991/1992; Auswertungen der GfAH

Es bleibt die Frage, ob die Übersetzung der eher formalen kombinierten Antworthäufigkeiten (vgl. Abb. 5) in die inhaltlichen Anforderungstypen sinnvoll ist. Letztendlich ist die vorgenommene Transformation ein Akt der Entscheidung, dessen heuristische Berechtigung sich aus dem hieraus zu ziehenden Nutzen ergibt.

Abb. 6 zeigt die Verteilung der Erwerbstätigen auf diese Anforderungstypen: 50 % der Erwerbstätigen gelten dabei als Veränderer, die sich aktiv (Innovateure mit Wissenerzeugung = 27 %) oder passiv (Aufgabenflexible mit Wissensaneignung = 23 %) mit betrieblichen Veränderungen auseinandersetzen und dabei kreativitäts- und lernförderliche Arbeitsbedingungen aufweisen. 50 % der Erwerbstätigen gelten als Nicht-Veränderer, d. h. als Routinearbeiter, die nur mit gelegentlichen (34 %) oder sogar gar keinen (16 %) Neuerungen konfrontiert werden. Ihre Handlungsspielräume sind teilweise oder ganz eingeschränkt.

Literatur

Bender, S.; Haas, A.; Klose, C. (1999): Mobilität allein kann Arbeitsmarktprobleme nicht lösen. Die Entwicklung der beruflichen und betrieblichen Mobilität von 1985 bis 1995, in: IAB-Kurzbericht

Hoffmann, E.; Walwei, U. (1998): Längerfristige Entwicklung von Erwerbsformen in Westdeutschland. Beschäftigung und Formenvielfalt als Perspektive? – Teil 1, in: IAB-Kurzbericht

Jansen, R.; Stooß, F. (Hrsg.) (1993): Qualifikation und Erwerbssituation im geeinten Deutschland. BIBBA/IAB-Erhebung 1991/92, Berlin/Bonn

Kommission für Zukunftsfragen der Freistaaten Bayern und Sachsen (Hrsg.) (1996): Erwerbstätigkeit und Arbeitslosigkeit in Deutschland. Entwicklung, Ursachen und Maßnahmen. Teil I Entwicklung von Erwerbstätigkeit und Arbeitslosigkeit in Deutschland und anderen frühindustrialisierten Ländern, Bonn

Velling, J.; Bender, S. (1994): Berufliche Mobilität zur Anpassung struktureller Diskrepanzen am Arbeitsmarkt, in: IAB-Mitteilungen, s. 212 ff.

Volkholz, V.; Köchling, A. (1999): Wandel von Erwerbsbiographien und Arbeitsschutzherausforderungen. Vortrag am 09.06.1999 in Dortmund auf der BAuA-Informationstagung „Zukunft der Arbeitsbedingungen", Dortmund (Veröff. in Vorbereitung)

Volkholz, V.; Kiel, U. (1999): Veränderungskompetenz – eine empirische Abenteuerreise, Teil 1, Dortmund (Veröff. in WSI-Mitteilungen in Vorbereitung)

Dr. Gerda Jasper
a & o research, Berlin

Lebenslanges Lernen – mehr (Lern-)Chancen für alle Altersgruppen? Betrachtungen nicht nur aus betrieblicher Sicht

Bevor ich mich der „Titelfrage“ zuwende, einige Bemerkungen zu der Frage, was Lebenslanges Lernen eigentlich bedeutet.

Lebenslanges Lernen – was heißt das? Warum ist es mehr als alter Wein in neuen Schläuchen?

Lebenslanges Lernen ist mehr, als der gängige Slogan „Der Mensch lernt nie aus“ meint. Es ist nicht nur das uns allen bekannte fortwährende informelle Lernen durch sich wandelndes Tun, es ist vor allem lebenslanges bewusst organisiertes Lernen. Mehr noch: Lebenslanges Lernen ist zunehmend selbstorganisiertes und selbstgesteuertes Lernen mit entsprechenden betrieblichen bzw. institutionellen Supportstrukturen für selbstgestaltete Bildungsarbeit. Die Notwendigkeit lebenslangen Lernens wurzelt in tiefgreifenden Veränderungen der Wirtschaft und Gesellschaft.

Erstens: Ein immer größerer Teil menschlicher Arbeit ist organisierte Wissensarbeit. Zweifellos basierte auch in der Vergangenheit ein großer Teil menschlicher Tätigkeiten auf professionellem Spezialwissen bzw. Expertise. Heute geht es jedoch zunehmend um Tätigkeiten, die *nicht* dadurch gekennzeichnet sind, dass das erforderliche Wissen und Können einmal im Leben durch Lehre, Fachausbildung und Erfahrung erworben und dann angewendet wird.

Ein immer größerer Teil menschlicher Tätigkeiten ist dadurch gekennzeichnet, dass das jeweils relevante Wissen kontinuierlich revidiert, ständig für verbesserungswürdig angesehen und als Ressource betrachtet wird, die untrennbar mit Nichtwissen verbunden ist (vgl. Willke 1998, S. 161). Folglich muss der einzelne nicht nur ständig dazu lernen, sondern auch radikal neu lernen und verlernen.

Zweitens: Der einzelne braucht eine hohe „geistige Mobilität" und zugleich ein breites Repertoire an Verhaltensweisen, um flexibilisierten Anforderungen entsprechen zu können. Es ist nicht nur der rasche Umschlag von Wissen, der Lernen zu einer Daueraufgabe für den Einzelnen macht, sondern auch der Anspruch, vieles schnell zu können: Die Anforderungen an Wissen, Können und Verhalten werden flexibler und komplexer.

Die flexiblen Anforderungsprofile wurzeln in mehreren, meist parallel ablaufenden Prozessen wie: Aufgabenintegration, wachsende Komplexität der Arbeitsinhalte, wechselnde Arbeitsrollen, Dezentralisierung von Verantwortung, flüssigere und sich rasch verändernde Unternehmensstrukturen, Flexibilisierung und „Hierarchisierung", Veränderung der Lebensläufe und Erwerbsbiographien.

Der Einzelne übernimmt damit auch zugleich mehr Verantwortung für die Verausgabung der eigenen Arbeitskraft, für den Erhalt der eigenen Beschäftigungsfähigkeit und damit für die „Gestaltung" der eigenen Erwerbsbiographie. Gefragt sind Selbständigkeit, Selbstorganisation, Koordinierungs- und Kommunikationsfähigkeiten.

Daraus folgt: Lebenslanges Lernen ist nicht nur selbstorganisiertes, sondern vor allem selbstgesteuertes Lernen.

Möglichkeiten, Anreize und Barrieren für lebenslanges Lernen

Soll „Lebenslanges Lernen" mehr als eine Forderung oder ein Allgemeinplatz sein, sind entsprechende Anreize (Motive) und Lernmöglichkeiten unverzichtbar. Per Appell stellt sich nachhaltige Lernmotivation nicht ein. Anknüpfend an Erkenntnissen, die in einem BMBF-Projekt zur Gestaltung dynamischer Produktionsstrukturen zur *Veränderungskompetenz* gewonnen wurden (vgl. Jacob et al. 1998, S. 167 f.) sind folgende Bedingungen zu schaffen, um lebensbegleitendes Lernen zu realisieren:

1. Lernmotivation – *Lernen wollen*
2. Zugang zu Lernressourcen – *Lernen können*
3. Lernmöglichkeit – *Lernen dürfen*
4. Lernaufforderung – *Lernen sollen*

Unsere Untersuchungen im BMBF-Projekt „Demographischer Wandel" zum innovativen Verhalten von Arbeitnehmer/innen zeigen eindeutig, dass Lebenslanges Lernen nur dann erfolgt, wenn Lernen zum Bestandteil des Selbstkonzeptes von Mitarbeitern wird. Das wiederum bedingt, dass alle vier genannten Bedingungen erfüllt sind.

Lernmotivation – Lernen wollen

Lernmotivation setzt voraus, dass Menschen – gleich welchen Alters – einen individuellen Gewinn aus dem Lernen und dem Gelernten haben. Das kann Freude am Lernen ebenso sein wie Erhaltung und Weiterentwicklung von Lernkompetenz oder Zugewinn an Erwerbschancen, an Aufstiegs- und/oder Entwicklungsmöglichkeiten oder ein Gewinn durch individuelle Anerkennung und Bestätigung durch Zunahme des sozialen Prestiges u.ä. Lernmotivation kann nicht erwartet werden, wenn der oder die Einzelne das Gelernte nicht nutzen kann oder Lernen mit (drohenden) individuellen Einbußen und Verlusten einhergeht.

Auch ein Defizit-Modell des Lernens, das Menschen fortwährend ihre Wissenslücken und Verhaltensdefizite statt die mögliche Erweiterung ihrer Handlungsoptionen und -chancen durch Lernen vorführt, *muss* Lernunlust und Lernfrust produzieren. Dieses Erzeugen von Lernfrust beginnt nicht selten bereits in der Schule. *Lebenslanges Lernen ist nur realistisch denkbar, wenn es nicht als Dauerlernen zum Beheben von Defiziten angelegt ist, sondern darauf zielt, ungenutzte individuelle Potenziale zu entdecken und zu entfalten.* Unsere Forschung zum innovativen Verhalten von Arbeitnehmer/innen unterschiedlicher Altersgruppen ergab, dass Ältere, die in betrieblichen Wandel integriert waren und ihn immer wieder von neuem aktiv mit gestalteten, weiterhin lernmotiviert waren.

Zugleich fanden wir bestätigt, dass Ältere häufiger in die Gruppe der Nichtlernmotivierten oder „Lernfrustrierten" geraten können, wenn sie einen zu geringen Zugewinn an Erwerbschancen durch wachsendes Wissen und Können sehen, ihnen nicht so viele Lernmöglichkeiten eingeräumt werden wie Jüngeren und Mittelalten, sie immer wieder Entwertung von bisherigem Wissen und Können erleben bzw. selbst ihre verwertbaren Erfahrungen zu wenig vermitteln bzw. nutzen können (also zu wenig intergenerationeller Austausch stattfindet)[1], sie überwiegend ein Lernmodell erfahren haben, das Defizite behebt und damit negativ besetzt ist.

Lernressourcen und Lernmöglichkeit – Lernen können und dürfen

Lebensbegleitendes Lernen ist nur möglich, wenn der oder die Einzelne Zugang zu den entsprechenden materiellen und zeitlichen Lernressourcen hat. Einzelne und Gruppen brauchen Zeit, Räume und weitere infrastrukturelle Voraussetzungen, um Lernen zu können. Zu diesen bereit zu stellenden Ressourcen gehören ein offenes,

1 Da die Älteren von heute noch nicht überwiegend in dem Bewußsein älter wurden, dass ihr Wissen und Können immer wieder zu prüfen, zu revidieren und teilweise radikal zu erneuern ist, wirkt die Entwertung von Kenntnissen und teilweise von Erfahrungen noch stärker frustierend als bei den nachwachsenden Älteren.

lernförderliches Betriebsklima ebenso wie Arbeitszeitpolster nicht nur für die lernenden, sondern auch für die „lehrenden“ Kollegen. Diese Ressourcen sind auch Voraussetzung dafür, dass Coaching und Mentoring von Kollege zu Kollege möglich und von den Coaches und Mentoren nicht als als zusätzliche Last empfunden werden.

Jüngeren wie Älteren sind Lernmittel zur Verfügung zu stellen. Diese Lerninstrumente (und -plattformen) sollten so gestaltet sein, dass sie unterstützend und motivierend wirken – für alle Altersgruppen. Auch Jobrotation und Tätigkeitswechsel sind wichtige Lernwege, sofern sie tatsächlich direkt oder indirekt Hinzu- oder Neulernen erfordern.

Auf betrieblicher Ebene geht es darum, dass der Arbeitsort tatsächlich zum Lernort wird. Diese Bedingung ist zwar vielerorts bereits gegeben, aber – wie der Beitrag von Volker Volkholz zeigt – längst nicht ausreichend. Es genügt nicht mehr, dass beiläufiges und informelles Lernen im Arbeitsprozess stattfindet. Zukünftig wird es darum gehen, die Arbeitsaufgabe(n) und das Arbeitsumfeld so zu gestalten, dass Lernen nicht nur als Fort- und Weiterbildung stattfindet, sondern direkt und gezielt mit der Arbeitsaufgabe verknüpft wird.

Lernaufforderung – Lernen sollen

Um eine „nachhaltige“ Lernmotivation bei Jüngeren wie bei Älteren zu ermöglichen, genügt es nicht, dass Arbeitsplätze lernförderlich sind, also Lernen ermöglichen. Vielmehr als bisher werden sich Arbeits- und Lernprozess wechselseitig bedingen. Die Arbeitsaufgabe wird zunehmend Lernen „erzwingen“. Arbeitsteams sind oder werden gleichzeitig Lernteams sein. Das heißt auch, dass das Lernen zukünftig viel stärker als bisher fachliche und persönlichkeitsförderliche Inhalte miteinander verbindet. Die Lernaktivität kann jedoch auch durch eine entsprechende Gestaltung von Arbeitsverträgen und Vergütung herausgefordert werden.

Neue Herausforderungen für Unternehmen

Ständiges und selbständiges Lernen stellt die Akteure aller Ebenen vor neue Herausforderungen – und zwar besonders die Unternehmen. Zugleich wachsen ihnen neue Potenziale zu.

Lernen und Arbeiten organisch miteinander zu verknüpfen, heißt diese Integrationsleistung nicht nur immer wieder von neuem, sondern entsprechend sich wandelnden Anforderungen und Bedingungen zu vollbringen. Der Gewinn aus dieser Daueranstrengung ist das wachsende innovative Potenzial – individuell und betrieblich.

Die qualitativ andere Verknüpfung von Arbeiten und Lernen ist eine Absage an klassische Weiterbildungskonzepte. Es ist auch eine Absage an die klassische Rollenverteilung bei der einige Experten bestimmen, was viele zukünftig an Wissen und Können brauchen, das in Weiterbildungsinhalte gießen, die dann von Lehrenden an die Lernenden herangebracht werden. Lernen ist individuell wie betrieblich langfristig zieloffener, aber kurz- und mittelfristig „bedarfsgerechter" gestaltbar. Diese „Gestaltungsaufgabe" ist individuell wie betrieblich zu leisten und zwischen beiden Akteuren – Betrieb und Individuum – zu koordinieren.

Die Unternehmen haben eine Gratwanderung zwischen hoher Effizienz der Arbeit und garantierter Lernzeit und -möglichkeit im Arbeitsprozess zu bewältigen. Jene Betriebe, die die Verantwortung für das Hinzu- und Neulernen vor allem auf die Mitarbeiter/innen (und deren Freizeit) abwälzen, haben zunächst einen Konkurrenzvorteil. Aus dem Vorteil kann jedoch relativ rasch ein Nachteil werden, wenn dadurch Teamlernen und gegenseitige Anregung zu kurz kommen und die Quellen für Innovativität dadurch dürftiger fließen.

Erfolgreiches selbstorganisiertes und -gesteuertes Lernen fördert das selbstbestimmte und eigenständige Agieren der Mitarbeiter und kann zugleich die Bindung des Einzelnen an das Unternehmen mindern. Nichts desto weniger können gerade aus der Integration von Arbeit und Lernen motiviertes und eigenverantwortliches unternehmerisches Handeln des Einzelnen erwachsen und damit neue Bindungen zwischen Individuum und Organisation.

Abschließend möchte ich im Überblick der Frage nachgehen, wie auf der Ebene des Individuums, der Unternehmen und der Politik die Integration von lebenslangem Lernen in das individuelle Selbstkonzept zielgerichtet gefördert werden kann – bei Jüngeren wie bei Älteren. Es geht um die Frage, welche Wege zum selbstorganisierten und -gesteuerten Lernen führen – ohne zugleich alle Verantwortung für Kompetenzentwicklung auf die Schultern des Einzelnen abzuwälzen.

Wege und Maßnahmen auf den verschiedenen Ebenen

Auf individueller Ebene

- Bestimmung individueller Ziele (und Kernkompetenzen)
- Auswahl und Planung von Bildungs- /Berufswegen
- Wechsel und Mehrfachzugehörigkeit zu (z.B. virtuellen) Organisationen als Entwicklungs- und Lern„methode"
- Lernen von Selbstlernen
- Aktive Beteiligung an den Unternehmensprozessen – entsprechend den qualifikatorischen Voraussetzungen

Auf betrieblicher Ebene

- Aufhebung der Trennung zwischen Lehren und Lernen; Einbeziehung der Lernenden in die aktive Gestaltung des Lern-/Weiterbildungsprozesses

- Arbeitsintegriertes Lernen (z.B. durch Arbeitsplätze mit Lerninfrastruktur, Arbeitsteam als Lernteams)
- Jobrotation als Lernmethode
- Coaching/Mentoring (nicht nur durch Vorgesetzte, sondern auch gezielt von Kollege zu Kollege)
- Orientierung auf Selbstlernaktivitäten durch entsprechende Gestaltung von Arbeitsverträgen und Vergütung

Auf politischer Ebene

- Schaffung eines entsprechenden Rahmens für individuelle Entwicklungsmöglichkeiten
- Schul- und Ausbildungssystem darauf ausrichten, dass ...
  ... Lernen von Kindesbeinen an in individuelle Selbstkonzepte integriert ist
  ... Selbstlernkompetenz entwickelt wird
- Differenziertere Bewertung wechselvoller Erwerbsverläufe als bisher.

Literatur

Willke, H. (1998): Organisierte Wissensarbeit, in: Zeitschrift für Soziologie, Jg. 27, Heft 3, Juni 1998, S. 16–177

Jacob, K.; Duell, W.; Binder, T.; Glowitz, F.; Grimm, E. (1999): Der Mensch im betrieblichen Veränderungsprozess. Vorgehen zur Entwicklung von ‚Veränderungskompetenz, in: Hartmann, Matthias (Hrsg.): DYNAPRO III – Erfolgreich produzieren in turbulenten Märkten. Stuttgart, LOGIS-Verlag

Innovativität ist keine Frage des Alters!

Innovativ sein – eine Frage des Alters?

Im Fokus stand die Frage, ob es aus arbeitspsychologischer Sicht einen Zusammenhang gibt zwischen

- dem erwerbsbiographischen Verlauf,
- den gesammelten Arbeitserfahrungen,
- dem Arbeitsumfeld einerseits
- der Innovationsbereitschaft der Arbeitnehmer verschiedener Altersgruppen andererseits.

Ziel war es darüber hinaus, auf der Grundlage dieser Erkenntnisse Schlußfolgerungen zur innovationsfördernden Gestaltung des Arbeitsumfeldes abzuleiten.

Unsere Haupterkenntnis: Es gibt kein Gefüge von Arbeitsbedingungen, das innovatives Verhalten garantiert, aber Essentials, die förderlich wirken:

- abwechslungsreiche, lernfördernde Arbeit
- kooperative Führung
- Freiräume in der Arbeit
- Fehlerfreundlichkeit
- Vertrauenskultur
- Transparenz
- Impulse von innen und außen
- intergenerationeller Austausch
- erkennbare Sinnhaftigkeit der angestrebten Innovation.

Innovativität ist sowohl individuumsabhängig als auch situationsbedingt!

Unterschiede im innovativen Verhalten von Alten und Jungen können produktiv genutzt werden!

Erfahrungswissen Älterer gilt als unverzichtbar für Innovationen!

Individueller Gewinn aus Innovation fördert Innovationsbereitschaft!

Verbund 5: Innovation, Belegschaftsstrukturen und Altern im Betrieb
Projekt: Arbeitsumfeld, Erfahrungen und Innovationsbereitschaft jüngerer und älterer Arbeitnehmer

Institut für arbeitspsychologische und organisationswissenschaftliche Forschung, Beratung und Schulung, Berlin
(Gerda Jasper, Sibylle Fitzner, Annegret Rohwedder)

MSc Martina Ni Cheallaigh
Europäisches Zentrum für die Förderung der Berufsbildung (CEDEFOP), Thessaloniki

Konzepte für lebenslanges Lernen in der EU

Ein Arbeitsverhältnis fürs Leben ist zu einem Luxus geworden, auf den heute nur noch die wenigsten hoffen können. Und selbst wenn man das ganze Arbeitsleben in ein und demselben Unternehmen verbringt, so steht zu erwarten, dass sich der Arbeitsinhalt in dieser Zeit vielmals verändert. Die Arbeitsplatzstudie der OECD von 1994 prognostizierte, dass die jetzt in den Arbeitsmarkt Eintretenden mit sechs oder mehr Arbeitswechseln in ihrem Erwerbsleben zu rechnen hätten. Kritiker hielten dagegen, dass solche Voraussagen nur auf höher stehende Arbeitsplätze zutreffen würden und geringer qualifizierten Arbeitskräften eher die Arbeitslosigkeit oder bestenfalls neotayloristische Routinejobs drohten. Vor diesem Hintergrund zeichnet sich in den europäischen Ländern ein wachsendes Interesse am lebensbegleitenden Lernen ab, einerseits, um die Beschäftigten in hoch bewerteten, wissensintensiven Arbeitsverhältnissen auf die Herausforderungen der Globalisierung, des technologischen Wandels und der industriellen Umstrukturierung vorzubereiten und andererseits, um die Beschäftigungsfähigkeit von Erwerbspersonen zu erhalten, die – aus denselben Gründen – ihre Arbeit verloren haben bzw. von deren Verlust bedroht sind.

Auf ihrem Treffen in Köln im Juni 1999 vereinbarten die EU-Mitgliedstaaten und die Europäische Kommission, das Konzept des lebensbegleitenden Lernens als „jede umfassende zielstrebige Lerntätigkeit, gleichgültig, ob formell oder informell“, zu definieren, „die laufend mit dem Ziel verfolgt wird, die Qualifikation, das Wissen und die Kompetenz zu verbessern“. Diese im Sinne der nationalen Aktionspläne für Beschäftigung äußerst breit gefächerte Definition umfasst nicht nur das wirtschaftliche Grundprinzip der Förderung von Beschäftigungsfähigkeit, Unternehmertum, Anpassungsfähigkeit und Chancengleichheit, auf dem die Aktionspläne beruhen, sondern auch das soziale Grundprinzip der Förderung der Unionsbürgerschaft und der vollen gesellschaftlichen Partizipation eines jeden. In der Praxis lässt sich jedoch an den nationalen Strategien und den jährlichen Beschäftigungsplänen ablesen, dass viele Mitgliedstaaten das Konzept des lebensbegleitenden Lernens recht eng auslegen und in erster Linie auf die berufliche Weiterbildung beziehen. Das Vereinigte Königreich, die Niederlande und Finnland haben Strategien entwickelt, die das gesamte Lernen, sozusagen von der Wiege bis zum Grab, umfassen. In einigen südeuropäischen Ländern bemüht man sich hingegen nach wie vor um eine gewisse Konsolidierung der Bildungs- und Berufsbildungssysteme. Die skandinavischen Länder haben ihre Grund- und Erstausbildungssysteme auf den Grundsätzen des lebensbegleitenden Lernens entwickelt und wenden sich nun verstärkt der Situation Erwachsener zu.

In Skandinavien beruht die berufliche Erstausbildung im Allgemeinen auf stark aufgefächerten Grundkursen (13 in Norwegen, 14 in Schweden, 26 in Finnland), die auch einen breiten allgemeinbildenden Bereich umfassen. In Dänemark ist eine Reform im Gange, um die derzeit 83 verschiedenen Berufsbildungsgänge mit Beginn des Jahres 2000 zu nur sieben zusammenzulegen. Wie auch in den Nachbarländern, wird die eigentliche Fachausbildung erst im zweiten Jahr beginnen, wenn der Auszubildende über eine solide Grundlage in einem der sieben Hauptgebiete verfügt und damit im Stande ist, bereits im ersten Abschnitt seines Berufswegs eine Wahl in Kenntnis der Sachlage zu treffen. Damit ist auch eine Grundlage für den Fall geschaffen, dass er nach einigen Jahren die Richtung wechseln muss. Darüberhinaus führen in Schweden und Finnland diese Kurse zu einer doppelten Qualifikation, die den Auszubildenden Zugang zum Berufsleben oder zur weiterführenden Hochschulbildung ermöglicht. Dies wird sehr wichtig für die künftige Entwicklung von Berufsverläufen, da sowohl in der Erstausbildung als auch in der beruflichen Weiterbildung eine verstärkte Nachfrage nach Diplom- und nach Kurzstudiengängen zu verzeichnen ist.

Auch am anderen Ende der Skala, in Großbritannien, wo das Erstausbildungssystem lückenhaft ist und viele junge Menschen mit 16 bereits aus dem System ausscheiden, um Arbeitsstellen mit geringen Qualifikationsanforderungen anzutreten, wird man sich bewusst, dass die Alterspanne von 16 bis 19 von zentraler Bedeutung bei der Herausbildung der Fähigkeit zum lebensbegleitenden Lernen ist. Um dieser Tatsache Rechnung zu tragen, werden 16- bis 19-jährigen zusätzlich zur Grundausbildung besondere Maßnahmen, z.B. im Rahmen der Programme *New Deal* und *Learning to Succeed* angeboten.

Es wird allgemein anerkannt, dass Arbeitgeber verpflichtet sind, ihren Mitarbeitern arbeitsbezogene Weiterbildung anzubieten. Die Arbeitgeber selbst setzen sich stärker mit dem lebensbegleitenden Lernen auseinander, weil sie, um ihr Unternehmen zu fördern und dessen Produktivität zu steigern, auf die Aktualisierung und Verbesserung des Qualifikationsstands ihrer Mitarbeiter angewiesen sind. „Lernende Organisationen“ bieten ihren Belegschaften arbeitsintegrierte Lernmöglichkeiten an, die fest in die Pläne zur Humanressourcenentwicklung eingebettet sind. Allerdings geht aus der Erhebung zur beruflichen Weiterbildung in Unternehmen (1993) hervor, dass dies bislang nur auf 7 bis 8% aller Unternehmen zutrifft. Dieselbe Erhebung zeigt, dass 1993 insgesamt nur 28% aller Arbeitnehmer Zugang zu beruflicher Weiterbildung hatten. In der OECD-Schrift *Bildung kompakt* (1996) wird für einige Länder zwar ein höherer Anteil angegeben. Allerdings handelt es sich hier tendenziell um privilegierte Personen, die erwerbstätig sind, insbesondere auf Führungs- bzw. Leitungsebene und nicht in niedrigeren Berufskategorien. Dies bedeutet, dass vor allem höher Qualifizierte in den Genuss neuer Kompetenzentwicklungsprogramme kommen, die auf Grund von Umstrukturierungen, Erfahrungen mit Jobrotation und Teamarbeit, Feedback von Kunden usw. durchgeführt werden. Höher gestellte Beschäftigte nehmen auch eher an förmlichen Kursen außerhalb der Arbeitszeit teil, während geringer Qualifizierte vor allem informell lernen.

Betriebliche Berufsbildungsmaßnahmen werden angesichts ihrer Verfügbarkeit und des Kosten- und Zeitfaktors immer wichtiger, auch, weil betriebsexterne Ausbildungsprogramme - die als separater Unterricht nicht immer mit der Arbeit der Auszubildenden im Zusammenhang stehen - oft nicht zu den erwarteten Ergebnissen führen. In Dänemark führen derzeit die AMU (Erwachsenenfortbildungszentren) auf der Grundlage des OVE-Projekts ein integriertes Fortbildungsangebot ein. An dem Projekt beteiligen sich Arbeitnehmer, Unternehmensleiter, Lehrer und Berufsbildungseinrichtungen in dem gemeinsamen Bestreben, einen fortlaufenden Lernprozess in Gang zu bringen und die Kluft zwischen Berufsbildungseinrichtungen und Unternehmen zu verringern, wobei die Notwendigkeit breiter gefächerter Berufsprofile und einer Unterweisung unter Berücksichtigung des Vorwissens der Teilnehmer und der Lerngewohnheiten im Unternehmen in den Vordergrund gerückt wurde.

Aus dem Projekt wurde gefolgert, dass Schlüsselkompetenzen am besten „im Kontext“ erworben werden, d.h. in Bezug auf den Arbeitsplatz und nicht in losgelösten Einrichtungen. Als Resultat des Projekts wurden Vorschläge vorgelegt, in welcher Form Arbeitnehmer, Unternehmensleiter und externe Ausbilder zu der notwendigen Verknüpfung zwischen betriebsintern und -extern Gelerntem beitragen können. Für die Entwicklung eines fortlaufenden Lernprozesses sei es, so wurde betont, äußerst wichtig, diese Akteure ständig an der Vorbereitung, Durchführung und Evaluierung/Follow-up von Berufsbildungsmaßnahmen zu beteiligen, um den Übergang zwischen Arbeit und Ausbildung - und umgekehrt - zu erleichtern. Die Erfahrung zeigt, dass die Unternehmen und die Berufsbildungseinrichtungen näher zusammengebracht werden müssen, um gemeinsam die Verantwortung für den „Inhalt des gesamten Qualifikationsprozesses“ zu übernehmen. Außerdem wirkt es sich auf die Ausbildung der Lehrer und Ausbilder aus, die auf diese Weise fast zu

Beratern der Unternehmen werden. Die Arbeitgeber sind oft zögerlich, in die berufliche Bildung älterer Arbeitnehmer zu investieren, weil sie deren Fähigkeiten, sich neue Kompetenzen anzueignen, in Zweifel ziehen. Die Strategie der Arbeitgeber zielt seit geraumer Zeit darauf ab, die Zahl der älteren Erwerbstätigen zu senken. Für die Altersgruppe der 60- bis 64-jährigen liegen die Beschäftigungsquoten in Österreich, Finnland, Frankreich, Deutschland, Ungarn, Italien, den Niederlanden und Polen sogar unter 40% (IAO, 1998). Aktuelle Statistiken zeigen allerdings wiederum, dass in Schweden Arbeitnehmer im Alter von 45 bis 64 Jahren mehr berufliche Weiterbildungsmaßnahmen erhalten als jüngere Altersgruppen. Auch in Finnland lässt sich ein ähnlicher Trend feststellen.

Ein Leonardo-da-Vinci-Projekt mit dem Titel *„Über 45: Gründe für Entlassungen und die Rolle des lebensbegleitenden Lernens"* wurde 1998 abgeschlossen. Die Fallstudien untersuchten drei Unternehmen in vier Ländern, Schweden, Finnland, Italien und Spanien. Trotz unterschiedlicher Herangehensweisen an die berufliche Bildung und die Verpflichtung zum lebensbegleitenden Lernen sowie voneinander abweichender Alterungsmuster ließen sich in allen Ländern funktionierende Verfahrensweisen feststellen, die sich bewährt haben. Denn in allen diesen Ländern ist man sich bewusst, dass die Politiken der Entlassungsgelder, Frühruhestands- und Invaliditätsrenten – die in den 80er Jahren bei niedrigem Beschäftigungsstand eingeführt wurden, um Raum für die jüngeren Arbeitskräfte zu schaffen – auf den Prüfstand müssen. Allerdings sind in den südlichen Ländern nach wie vor hohe Arbeitslosenzahlen zu verzeichnen. Das Projekt hat ebenfalls deutlich gemacht, welche Rolle den Gewerkschaften zukommt, wenn es darum geht, ältere Arbeitnehmer dazu zu motivieren, sich beruflich weiterzubilden.

Die meisten Strategien gehen davon aus, dass neben Staat und Arbeitgeber der Einzelne selbst durch einen direkten Beitrag oder durch Hinnahme gewisser Gehaltseinbußen für seine Weiterbildung mitaufkommt. Die niederländische Strategie des lebensbegleitenden Lernens beruht auf der Vorstellung, dass es jedem Einzelnen obliegt, die eigene Beschäftigungsfähigkeit zu verbessern. Hierzu muss man „lebenslang Lernenden" die Fähigkeit zum Lernen sowie die erforderlichen Instrumente und Zugangsmöglichkeiten an die Hand geben. Derzeit erweist sich das lebensbegleitende Lernen allerdings als relativ schwer zugänglich: Lebenslang Lernende sind zumeist jene Erwerbstätige, die bereits in früheren Jahren ihre Bildung erfolgreich durchlaufen haben (OECD/CERI, 1999), d. h. bei Bildungsrückkehrern handelt sich oft um Erwerbspersonen mit höherem Sekundarschulabschluss. Dagegen steht allerdings, dass im Schnitt immer noch rund ein Viertel aller jungen Menschen die Schule ohne Sekundarschulabschluss verlässt (OECD/CERI, 1998).

Um dieser Ausgrenzungstendenz entgegenzuwirken, setzen sich die Regierungen für besonders hilfebedürftige Gruppen ein. In den Niederlanden und Großbritannien zählen hierzu Arbeitslose und Schulabbrecher mit geringem Bildungsstand. In den Niederlanden werden auch ältere Arbeitnehmer und vorübergehend Beschäftigte ausdrücklich dieser Gruppe zugerechnet. Es herrscht zwar die allgemeine Auffassung, dass für die Kosten von Berufsbildungsmaßnahmen für benachteiligte Gruppen die Regierungen aufzukommen haben, ein ausgewogener politischer Ansatz ist hier allerdings noch nicht in Sicht. Die Unternehmen zeigen wenig Bereitschaft, hierzu in Form von Stellenvermittlungen, die diesen Gruppen Zugang zu Arbeitsplatzwissen- und -kompetenz erschließen könnten, einen Beitrag zu leisten. Dabei steht außer Zweifel, dass sich die Erwerbstätigkeit positiv auf die Lernbereitschaft Erwachsener auswirkt. In Dänemark wurde die „Jobrotation“ geboren. Dies Prinzip ermöglicht es, dass Arbeitnehmer bezahlten Urlaub nehmen und derweil durch Arbeitslose ersetzen werden können, die auf diese Weise eine Ausbildung am Arbeitsplatz erhalten. In Dänemark führte das ursprüngliche Projekt für drei von vier Teilnehmern zur Vollzeitbeschäftigung. Aber nun, wo viele Arbeitslose wieder in das Erwerbsleben eingegliedert sind, müssen als Nächste die Langzeitarbeitslosen vermittelt werden – und hier ist es sehr viel schwieriger, das Interesse der Unternehmen zu wecken.

Angesichts der steigenden Zielvorgaben ist es wichtig, Brücken zu bauen und flexible Übergänge zwischen Erstausbildung und beruflicher Weiterbildung zu schaffen. Die höhere Sekundarbildung wird immer mehr zu einer Mindestvoraussetzung für den Zugang zum Arbeitsmarkt, aber die Zahl gering qualifizierter Erwachsener unterschreitet die Schülerzahl nach wie vor um nicht einmal die Hälfte (OECD, 1997). Dank neuer gesetzlicher Maßnahmen können diese Bevölkerungsgruppen in Norwegen bezahlten Urlaub nehmen, um zunächst die Pflichtschule nachzuholen und anschließend einen höheren Sekundarabschluss zu erwerben. Außerdem können Arbeitnehmer in Norwegen von der praktischen Ausbildung befreit werden, um als externe Kandidaten an Lehrlingsausbildungsmodulen und –prüfungen teilzunehmen. In Schweden (Juli 1997) führte die Regierung die Erwachsenenbildungsinitiative im Rahmen ihrer Strategie ein, die Arbeitslosigkeit bis zum Jahr 2000 um die Hälfte zu senken. Diese Initiative ist ein Fünfjahresprogramm für Arbeitslose und für Arbeitnehmer, denen die dreijährige obere Sekundarbildung völlig oder teilweise fehlt. Sie wird zu einer positiven Verschiebung des Geschlechterverhältnisses im Erwerbsleben beitragen. Die Gemeinden sind verantwortlich für Organisation, Planung und praktische Durchführung.

Trotz sinkender Mitgliederzahlen wächst somit den *Gewerkschaften* mit der Wahrnehmung des Rechts der Arbeitnehmer auf Berufsbildung eine neue Rolle zu: den Erhalt der Beschäftigungsfähigkeit durch das Erwerbsleben hindurch sicherzustellen. Vereinbarungen, die vorsehen, dass Arbeitnehmer für mehr Fortbildung auf Lohnzuwächse verzichten oder Lohnerhöhungen je nach Aktualisierung ihrer Kompetenzen erhalten, werden immer üblicher. So wurde in Norwegen beispielsweise vorgeschlagen, dass 10% der normalen Arbeitszeit für Ausbildungszwecke zur Verfügung stehen sollte. In Österreich und Italien wurden Tarifvereinbarungen zum Hauptangelpunkt für den Ausbau des lebensbegleitenden Lernens gemacht.

Die irische Lehrergewerkschaften haben in der Bereitstellung curriculumbezogener Berufsbildungsmaßnahmen am Arbeitsplatz für ihre Mitglieder eine neue Rolle für sich selbst entdeckt.

Dank der *IKT* können Erwachsene lernen, was, wann und wo sie möchten und das zu geringeren Kosten. Die University of Industry in Großbritannien, die als Fernuniversität für Erwerbstätige gilt, entwickelt Instrumente und Materialien, um sie zu unterstützen. In Dänemark nutzt man das World Wide Web als Datenbank für Weiterbildungsangebote und als Lerninstrument.

Die *Anerkennung früher bzw. informell erworbener Kenntnisse* wird, in Kombination mit flexibleren, modularen Kursen und kompetenz- oder leistungsorientierten Beurteilungen und Anrechnungssystem, als Bildungszugang für geringer qualifizierte Erwerbspersonen erachtet. Ähnliche Systeme wie in Frankreich und Großbritannien wurden mittlerweile auch in den Niederlanden, Finnland, Irland, Norwegen und Dänemark entwickelt. Das finnische kompetenzbasierte Qualifikationssystem definiert das informelle Lernen am Arbeitsplatz als einen wesentlichen Bestandteil der beruflichen Bildung. Die Beurteilung der Qualifizierungsanwärter stützt sich auf ein so genanntes Portfolio und erfolgt unter Zugrundelegung nationaler Leitlinien, die den Kompetenzbedarf für jeden Berufszweig genau festlegen. 1998 haben 10.000 Kandidaten dieses System durchlaufen.

Lokale Partnerschaften und Netzwerke unterstützen das lebensbegleitende Lernen. In Großbritannien, wo das System stets zentralisiert war, richtet die Regierung mittlerweile Partnerschaften für lebensbegleitendes Lernen ein, um lokale Lernziele abzustecken, Maßnahmen zu koordinieren (Bereitstellung von Maßnahmen, Beratung, Arbeitskräftentwicklung) und Berufsbildungsteilnehmer zu bezuschussen bzw. zu unterstützen. Die Bereitstellung lokaler Informations- und Beratungsdienstleistungen ist gemeinsames Ziel der Strategien für lebensbegleitendes Lernen in der gesamten EU. Die Entwicklung derartiger Dienstleistungen auf lokaler Ebene wird sowohl für Einzelpersonen als auch für Unternehmen, Bildungseinrichtungen und die gesamte Gemeinschaft als nützlich erachtet.

Der Trend, *Stipendien und Darlehen* für die akademische Hochschulbildung, aber nicht für die Erwachsenenfortbildung zu gewähren, bietet in vielen Mitgliedstaaten Anlass zu Streitigkeiten und steht der stärkeren Teilnahme an beruflicher Weiterbildung entgegen. Der Ruf nach der Anwendung vergleichbarer Bedingungen auf die Hochschul- und die Erwachsenenbildung wurde im Vereinigten Königreich mit dem Beschluss der Regierung beantwortet, für die Hochschulbildung Gebühren einzuführen und Stipendien abzuschaffen. Gleichzeitig wurden aber die so genannten individuellen Lernkonten eingerichtet: hierbei handelt es sich um spezielle Bankkonten, die den Bürgern helfen sollen, ihre Bildung zu planen und zu finanzieren. Ebenso wurden spezielle Darlehen zur Erleichterung der beruflichen Weiterentwicklung eingeführt. In anderen Ländern wird das lebensbegleitende Lernen durch die Gewährung bezahlten Urlaubs unterstützt. In Frankreich gibt es ein

System des bezahlten Urlaubs, das durch eine bei allen Arbeitgebern erhobene Zwangsabgabe von 1,5% finanziert wird. In Belgien haben Arbeitnehmer Anspruch auf bezahlten Bildungsurlaub. Der gesetzliche Anspruch auf Urlaub besteht auch in Schweden.

Literatur

DTI (1997): COREGUIDE – Examples of good practices in Denmark, Copenhapen: DTI Human Resources Development

EUROSTAT (1997): Continuing vocational training survey in enterprises : results 1994 (CVTS). Luxembourg: EUR-OP

ILO (1998): World Employment Report 1998-99: Employability in the global economy – How training matters. Geneva: International Labour Office

Ministry of Education Finland (1997): The joy of learning: A national strategy for lifelong learning, Helsinki, Ministry of Education, 1997

OECD (1994): The OECD Jobs Study – Facts, analysis, strategies, Paris: OECD

OECD (1996): Lifelong learning for all, Paris: OECD

OECD (1997): Labour Market Policies: New challenges – lifelong learning to maintain employability. Working Paper, Paris

OECD (1999): Training of adults in OECD countries: measurements and analysis. In: Employment Outlook, Paris: OECD, pp. 132-175

OECD/CERI (1999): Overcoming exclusion through adult learning. Paris: OECD

Dr. Dagmar Lennartz
Bundesinstitut für Berufsbildung (BIBB),
Berlin

Zusammenfassung

Inputs in dieser Arbeitsgruppe kamen aus drei Referaten. *Volker Volkholz* diskutierte die Frage „Was bestimmt die Bildungslandschaft der Zukunft: die Normal-Biographie oder die Patchwork-Biographie?“ Dazu seine zentrale Einschätzung kurz vorweg: In Zukunft wird es ganz sicher in größerem Ausmaß Patchwork-Biographien geben; allerdings wird die Normal-Biographie mit unbefristeten Arbeitsverträgen, wie wir sie in unserer eigenen Berufsbiographie weitgehend noch kennen, auch zukünftig noch einen großen Stellenwert einnehmen. *Gerda Jaspers* fordert: „Lebenslanges Lernen muss Bestandteil des individuellen Lebensentwurfs sein“ und stellte aus ihrem Projekt erste Ansätze und Empfehlungen vor. *Martina Ni Cheallaigh* schließlich informierte über „Konzepte für lebenslanges Lernen in EU-Ländern“ und gab mit ihrem Beitrag Impulse, die wir in Deutschland gut gebrauchen können. Einige Länder Europas, insbesondere die skandinavischen, sind offensichtlich in der praktischen Umsetzung des Gedankens vom lebenslangen Lernen schon weiter als wir in Deutschland.

Als ein übergreifendes Resümee aller Inputs in der Arbeitsgruppe können wir feststellen: Lebensbegleitendes Lernen ist in Deutschland noch kein durchgängiges Handlungsprinzip, weder im Bildungswesen, weder in der Arbeitsgestaltung noch bei den Individuen. Es fehlt eine Infrastruktur „Bildungs-Dienstleistung“, die lebenslanges Lernen des einzelnen wirksam unterstützt. Das Plädoyer für eine lernförderliche Arbeitsgestaltung bleibt vielerorts ungehört. Nicht für jeden und jede ist es bereits selbstverständlich, Lernen bewusst zum Teil des Lebenskonzeptes zu machen.

Das Erfordernis steten Sichweiterbildens dringt erst langsam in das gesellschaftliche wie das individuelle Bewusstsein. Hier besteht ein enormer Handlungs- und Gestaltungsbedarf, der in seinen Wirkungen jedoch durchaus zwiespältig sein kann.

Die gegenwärtige Situation birgt hier zwei große Gefahren. Aus Handlungsdruck wird aktionistisch in alte, überholte Strukturen investiert, statt neue, anforderungsgerechte Strukturen aufzubauen. Gefahr liegt zweitens in der Verführung, den Begriff vom lebenslangen Lernen ideologisch zu benutzen und von den Arbeitsmarkt- und Strukturproblemen des Bildungssystems mit dem Verweis abzulenken, dass der einzelne sein Schicksal selbst in der Hand habe. Diese „dunkle Seite des lebensbegleitendes Lernen“ bleibt bestehen, wenn das Prinzip lebensbegleitenden Lernens nicht umgesetzt, Schritt für Schritt mit Inhalten gefüllt und eine entsprechende Bildungs-Infrastruktur geschaffen wird.

Aus den Beiträgen in der Arbeitsgruppe ist deutlich geworden, dass trotz der bisherigen Erfolge und Erkenntnisse im Forschungsschwerpunkt „Demographie und Erwerbsarbeit“ noch weitergehender Forschungs- sowie Transfer- und Entwicklungsbedarf besteht. Die Empfehlungen der Arbeitsgruppe beziehen sich auf drei Gestaltungsfelder, in denen jeweils die drei Akteursebenen Politik (einschließlich der Intermediären), Betriebe und Individuen in unterschiedlicher Weise zum Handeln aufgefordert sind.

Erstens: Das Gestaltungsfeld „Potenzialentwicklung“. Das Leitbild für die Kompetenz zur eigenständigen Gestaltung der Berufsbiographie ist erst in Umrissen sichtbar und muss ausgefüllt werden. Zu diesem Leitbild gehört auch die *Verpflichtung* der einzelnen, des einzelnen zum lebensbegleitenden Lernen. In Holland beispielsweise ist diese bereits festgeschrieben. In Deutschland besteht über eine solche Verpflichtung noch kein allgemeiner Konsens – und damit auch kein Konsens darüber, Empfehlungen zum lebenslangen Lernen verbindlich umzusetzen und die sich daraus ergebenden Folgeaufgaben anzugehen.

Zweitens: Ein Leitbild- und Handlungsbedarf besteht auf dem Gebiet der Beratungsdienstleistungen. Noch ist es für den einzelnen, die einzelne nicht selbstverständlich, sich bei der Ausbildungs- und Berufswahl, der Studien- und Karriereplanung professioneller Beratung zu bedienen („Coaching zur Gestaltung der eigenen Erwerbsbiographie“). Es gibt dafür bislang allerdings auch nur eine rudimentäre Infrastruktur. Ein Teil dieses gänzlich neu zu gestaltenden Feldes von Beratungsdienstleistungen sind die klassischen Bereiche der Berufsberatung und Arbeitsvermittlung. Auch hier müssen neue Konzepte entwickelt und Wege beschritten werden, wenn lebensbegleitendes Lernen als ein wirtschafts- und strukturpolitisches Leitziel wirken soll.

Drittens: Der „Zugang zu den Lern-Ressourcen“ muss ausgebaut und lebensbegleitendes Lernen als gesellschaftliche Aufgabe im Bereich von Bildung und Beschäftigung angegangen werden. Hier sind vor allem die staatlichen und die betrieblichen Akteure wie auch die Intermediären sehr stark gefordert. Modernisierungen von Aus- und Weiterbildung in den unterschiedlichen Teilsystemen des Bildungssystems sowie Durchlässigkeit zwischen diesen Subsystemen müssen künftig Qualifizierungsmöglichkeiten (Ressourcenzugang) schaffen, die es dem einzelnen erlauben, sein Kompetenzprofil im Laufe seines Erwerbslebens bedarfs- und entwicklungsgerecht zu erweitern.

Für das staatliche Handeln sind der innovative Einsatz der ordnungs- und infrastrukturpolitischen Instrumente das zentrale Aktionsfeld. Auf betrieblicher Ebene ist es von entscheidender Bedeutung, den Arbeitsplatz im Kontext von Aus- und Weiterbildung zu begreifen und die Forderung „Lernen" zum Bestandteil der Arbeitsaufgabe. Noch weist der Weg von der lernförderlichen zur Lernen-erfordernden Arbeitsgestaltung in ein absolutes Forschungs- und Entwicklungsneuland. Es geht nicht nur darum, herauszufinden, wie man Tätigkeitsfelder und Arbeitsaufgaben lernförderlich gestaltet, sondern der tiefergehende Forschungs- und Entwicklungsbedarf besteht darin, mit Hilfe der Arbeitsgestaltung sich selbst referierende Systeme für zukünftige Entwicklungen, für das Erkennen neuer Beschäftigungsmöglichkeiten, Beschäftigungsfelder, Produkte, Dienstleistungen zu schaffen. Ich glaube, dass wir uns hier einer ganz großen Chance verschließen, wenn wir diesen Aspekt nicht zu Ende denken.

Abschließend sei der Bogen noch einmal zur Ebene des Individuums gespannt. Auf dieser Zielebene geht es vorrangig darum, die Fähigkeit zu erwerben und die Bereitschaft dafür mitzubringen, Manager der eigenen Kompetenzentwicklung zu werden. Auch in diesem Aktionsfeld besteht zusätzlich ein Transfer- und Entwicklungsbedarf. Denn es geht hier nicht keineswegs allein nur um die Verantwortung des Individuums, seine Beschäftigungsfähigkeit zu erhalten. Die zentrale gesellschaftliche Aufgabe hier ist, alles dafür zu tun, dass die persönliche Entwicklung und Entfaltung als ein lebenslanger Prozess begriffen wird. Hier müssen alle Aktionsebenen und Akteure – Staat, Betrieb und Individuum –zusammenwirken. Dieser Impuls sollte von diesem Forum auf die „Berliner Erklärung" ausstrahlen.

Arbeitsgruppe 10

Arbeitsgestaltung – ein Mittel zur Erhaltung der Erwerbsfähigkeit

Dipl.-Soz. Jochen Pack
Fraunhofer-Institut für Arbeitswirtschaft
und Organisation (IAO),
Stuttgart

Alternsneutrale und lernförderliche Gestaltung von Arbeitssystemen in Teilefertigung und Montage

Ich möchte damit beginnen, dass mangelnde geistige Flexibilität, mangelnde Innovationsfähigkeit oder Lernfähigkeit – oder Lernungewohntheit – nicht Ergebnis biologischer Alterungsprozesse sind, sondern mittel- bis langfristige Auswirkungen schlecht gestalteter Arbeitssysteme und Arbeitsaufgaben.

Es gibt eine Langzeituntersuchung über 30 Jahre von Kohn mit einer sehr großen Dauerstichprobe, in der die geistige Flexibilität der ausgeübten Tätigkeit zu Beginn festgehalten wurde. Bereits nach 20 Jahren konnte man bei denjenigen, die eine wenig komplexe Tätigkeit ausübten, ein Absinken ihrer geistigen Flexibilität verzeichnen. Nach 30 Jahren war die geistige Flexibilität bei denjenigen, die eine wenig komplexe Tätigkeit ausübten, gesunken, während die geistige Flexibilität bei denen, die komplexe Tätigkeiten zu bewältigen hatten, gestiegen war.

Das liegt auch daran, dass – das ist durch eigene Untersuchungen in Deutschland in mehr als 100 Betrieben (mehr als 1.000 Arbeitsplätze mit dem Tätigkeitsbewertungssystem) belegt – die durchschnittliche Qualifikation gewerblicher Mitarbeiter in einer Vielzahl von hoch arbeitsteiligen Arbeitssystemen mit fehlenden arbeitsimmanenten Lernanreizen nicht genutzt wird. Jede Qualifikation, die nicht genutzt wird, verfällt bei längerer Nichtnutzung. Das ist genauso, als wenn man ein Bein, das man sich gebrochen hat, vier Wochen in Gips hatte: Da können Sie anhand des Muskelschwunds genau den Unterschied zwischen dem Bein, das in Gips war, und dem, was nicht in Gips war, sehen.

Bei geistigen Tätigkeiten ist das genau das gleiche. Deshalb sagen wir: Lernungewohntheit und geringe Flexibilität von Mitarbeitern, die lange in einem Betrieb mit schlecht gestalteten Arbeitsaufgaben waren, lähmen und behindern die

Innovation von Produkten und Prozessen und die Organisationsentwicklung. Ein typisches Beispiel: Ein Großserienhersteller von Elektrogeräten hat zu zwei Dritteln Beschäftigte, die bereits seit mehr als 20 Jahren im Betrieb sind und die immer in der Großserienmontage gearbeitet haben. Jetzt ist der Großserienanteil dieses Betriebes aufgrund von Billigkonkurrenz rückläufig. Dieser Betrieb musste deshalb auf eine Produktpalette ausweichen, die kundenorientierte Klein- und Kleinstserienfertigung erforderte. Da kann man keine Bandsysteme gebrauchen, weil die nicht flexibel genug sind. Die Mitarbeiter, die in der Großserienfertigung gearbeitet haben, waren in diesen neuen Arbeitssystemen nicht einsetzbar. Sie waren nicht qualifizierbar mit den Mitteln, die dieser Betrieb zur Verfügung hatte. Sie waren lernunfähig. Also hat man in einem Drittel der Produktion – nämlich in dem Bereich der Zukunftsprodukte und Neuentwicklungen – junge Facharbeiter eingesetzt. Was macht der Betrieb, wenn der Absatz der Großserienprodukte weiter einbricht? Nach Sozialplankriterien gibt es unheimliche Probleme. Denn die Leute mit langer Betriebszugehörigkeit, die für die Fertigung der neuen Produkte nicht einsetzbar sind, können nicht entlassen werden; und die jüngeren Mitarbeiter, die eigentlich die Zukunft des Betriebes ausmachen, weil sie die Qualifikation für die Fertigung der Zukunftsprodukte haben, müssen im Prinzip gehen.

Jetzt will ich zwei extrem gestaltete Tätigkeiten vorstellen. Es gibt natürlich auch beliebig vorstellbare Mischungen. Betrachten wir einmal ganz einfache Tätigkeiten mit niedrigen qualifikatorischen und hohen körperlichen Anforderungen und deren mittel- bis längerfristige Auswirkungen. Durch die hohen körperlichen Anforderungen kommt es zu einem Erhalt oder einem Aufbau der körperlichen Leistungsfähigkeit. Bei einer Überforderung stellt sich natürlich Verschleiß ein. Aber durch die niedrigen qualifikatorischen Anforderungen kommt es zu einem Abbau der Ausgangsqualifikation, einer sinkenden Flexibilität und Lernfähigkeit.

Jetzt zu dem anderen Extrem, einer komplexen Tätigkeit mit hohen qualifikatorischen und niedrigen körperlichen Anforderung. Dort ist ein Erhalt oder ein Aufbau von Qualifikation – bei psychischer Überforderung Stresssymptome, Burn-out-Symptome oder dergleichen – und gleichzeitig ein Abbau der körperlichen Leistungsfähigkeit zu beobachten, der nur ausgeglichen werden kann, wenn man abends zum Beispiel noch in das Fitnessstudio geht. Die geistige Flexibilität und Lernfähigkeit wird in diesem Fall also erhalten oder aufgebaut.

Was ich damit sagen will, ist: Eigentlich müsste man beides miteinander mischen, damit sowohl die körperlichen als auch die psychischen Leistungsvoraussetzungen erhalten oder ausgebaut werden. Deswegen sagen wir: Wir sind bei der Gestaltung der Tätigkeit nicht darauf bedacht, körperliche Anforderungen zu vermeiden. Einmal in der Stunde 20 Kilogramm heben zu müssen, ist nicht absolut schädlich. Von manchen Arbeitsgestaltern bekomme ich natürlich zu hören, dass man dazu ein Handling-System benötigt. Aber wenn man dann einmal fragt, wie häufig das denn vorkommt, und man feststellt, dass das nicht minütlich oder häufiger vorkommt, muss man sagen, dass das nicht schädlich ist, sondern zum Erhalt der körperlichen Leistungsfähigkeit beiträgt. Also versuchen wir, durch Belastungswechsel – und zwar nicht bezogen auf einen einzelnen Arbeitsplatz, sondern auf ein gesamtes Arbeitssystem, in dem es Tätigkeiten mit hohen qualifikatorischen Anforderungen und Tätigkeiten mit hohen körperlichen Anforderungen gibt – einen Mix hinzubekommen, so dass sowohl die körperlichen als auch die psychischen Leistungsvoraussetzungen erhalten und ausgebaut werden. Dafür haben wir Gestaltungsinstrumente enwickelt, unter anderem eine Kurzform, die auch von Praktikern eingesetzt werden kann – und auch im Einsatz ist.

Was sind nun die Ziele einer solchen Gestaltungsmaßnahme? Zum einen ist das nicht durchsetzbar, ohne die Effektivität der Arbeit zu steigern. Steigerung der Effektivität heißt dabei nicht, mehr zu arbeiten, sondern intelligenter zu arbeiten. Ziele sind darüber hinaus eine Optimierung der psychophysischen Beanspruchung, eine Stabilisierung der körperlichen und psychischen Gesundheit und eine positive Persönlichkeitsentwicklung durch Wahrnehmung von Lernangeboten im Arbeitsprozess.

Wir beziehen uns also ganz eindeutig nicht mehr auf das, was ich so allgemein als Veterinärergonomie bezeichnen würde, wo der einzige Unterschied dessen, ob man den Muskelapparat eines Pferdes oder eines Menschen betrachtet, darin liegt, dass andere Kräfte wirken. Wir beziehen eindeutig die psychische Gesundheit sowie die Persönlichkeits- und Qualifikationsentwicklung durch die Gestaltung von Arbeitsaufgaben mit ein.

Nun zu den einzelnen Elementen einer Arbeitssystembewertung. Zum einen gibt es – das darf man nicht vernachlässigen – ein Screening (Siebtest), ein System zur Erfassung und Vermeidung überhöhter körperlicher Anforderungen. Die Ergebnisse erscheinen dann auf einer zusammenfassenden Einstufungsskala. Das Gestaltungsprinzip ist, innerhalb einer Schicht vielfältig wechselnde Körperhaltungen und vielfältig wechselnde Körperbewegungen durch Arbeitswechsel nötig zu machen. Das ist keine Jobrotation im klassischen Sinne, also ein Wechsel zwischen verschiedenen einfachen Tätigkeiten, weil dabei qualifikatorisch nichts erreicht wird – null plus null ergibt immer null. Vielmehr bedarf es eines Anforderungswechsels auch psychischer Art, damit man andersartige, komplexere Tätigkeiten ausführt, aber eben auch nicht ausschließlich komplexe Tätigkeiten, sondern gleichzeitig eine psychische Entlastung durch einfacherere Tätigkeiten. Man kann nicht acht Stunden lang kreativ sein. Man braucht psychische Entlastungsmöglichkeiten, zum Beispiel indem man 20 Minuten zwischendurch einen monotone Tätigkeit macht. Das ist sogar positiv, weil es zu einer Entlastung führt.

Das Instrument zur Arbeitssystembewertung basiert auf dem Tätigkeitsbewertungssystem von Professor Hacker, das wir weiterentwickelt haben. Wir erfassen, bewerten psychische Anforderungen um sie zu gestalten. Ergebnis ist eine Erfassung und Bewertung der abgeforderten Qualifikation durch die Arbeitsaufgabe.

Als Ergebnis bekommen wir Prozentwerte heraus, und zwar in fünf Dimensionen: Vollständigkeit – oder wie man bei Daimler Chrysler sagt: Ganzheitlichkeit – einer Tätigkeit, Kooperations- und Kommunikationsanforderungen, Denkanforderungen, Anforderung an die Verantwortung und fachliche Lernanforderung. Auch hier ist das Gestaltungsprinzip, vielfältig wechselnde psychische Anforderungen und vollständige Tätigkeiten zu bekommen, und zwar sowohl in bezug auf die Sequenz einer Tätigkeit als auch in bezug auf die Hierarchie.

Dieses Instrument, das nur ein ausgebildeter Arbeitspsychologe einsetzen kann, wird im Rahmen einer Beobachtungsanalyse – dazu gab es 52 Einstufungsmerkmale der Arbeitsaufgabe – sowie unter Zuhilfenahme der schriftlichen Unterlagen dazu verwendet. Wir haben jedoch Kurzformen entwickelt. Die Kurzform Montage zum Beispiel besteht aus zwölf Merkmalen. Diese Merkmale sind durch eine multiple Regression von 464 Montagetätigkeiten zustande gekommen. Dabei bekommt man fast das gleiche Ergebnis, als wenn man die vollständige Analyse, also mit 52 Merkmalen, durchführt (vgl. Abb. 1).

Wie haben wir dann die Ergebnisse zusammengefasst? – Nicht in dem üblichen Mindestwertprofil, sondern indem wir sie auf die Mindestwerte der fünf Dimensionen prozentuiert haben. Dabei ist folgendes zu beachten: Der Mindestwert ist jeweils 100 Prozent, und dies entspricht der durchschnittlichen Qualifikation gewerblicher Arbeitnehmer in Deutschland. Alles, was unter dem Mindestwert ist, ist nicht abgeforderte Qualifikation bzw. verschenkte Humanressource. Professor Bullinger hat es einmal sehr drastisch ausgedrückt, er hat gesagt: Das, was unter

Abb. 1 Im TBS (Tätigkeits-Bewertung-System Kurzform Montage) zu erfassende Merkmale

Denkanforderungen	■ Routinemäßige Ausführung ■ Planen eigener Arbeitstätigkeiten ■ Entscheidungserfordernisse und -möglichkeiten ■ Erforderliche Informationen über Funktionsweisen
Kooperations- und Kommunikations-anforderungen	■ Zeitlicher Arbeitsinhalt, Wiederholhäufigkeit ■ Notwendige Kenntnisse über die (Produktions-) Organisation ■ Übertragene Organisationsaufgaben
Anforderungen an die Verantwortung	■ Freiheitsgrade ■ Übertragene Korrekturtätigkeit (Nacharbeit) ■ Quellen und Arten nutzbarer Rückmeldungen über das Arbeitsergebnis
Lernanreize	■ Anzahl konkreter Teiltätigkeiten ■ Übertragene Wartungstätigkeiten

Abb. 2 Anforderungsniveau ausschließlich Vorkommissionieren

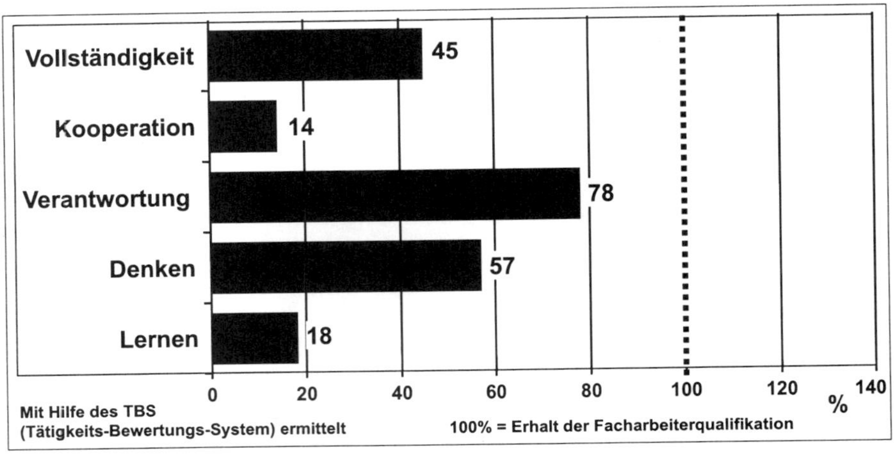

100 Prozent ist, ist der „Verdummungsfaktor durch Arbeit". Wenn die Werte stets bei 100 Prozent lägen, bliebe die durchschnittliche Qualifikation von gewerblichen Arbeitnehmern in einem Arbeitssystem erhalten. Aber der reine Erhalt reicht uns natürlich nicht. Wir möchten ja, dass sich die Leute in der Tätigkeit weiterentwickeln – dazu müssten die Werte über 100 Prozent liegen –, das heißt, sie müssen auch im Arbeitsprozess lernen können, damit ihre Lernfähigkeit erhalten bleibt. Denn alles das, was nicht geübt wird, verfällt nach einer gewissen Zeit. Lernunfähige oder lernungewohnte Mitarbeiter sind eigentlich das Schlimmste, was einem Betrieb passieren kann.

Ich möchte jetzt ein Ergebnisbeispiel einer Aggregatemontage – nicht bei DaimlerChrysler – vorstellen, bei der es darum geht, dass für eine Motorenmontage vorkommissioniert wird (vgl. Abb. 2). Die Tätigkeit besteht ausschließlich aus Vorkommissionierung, und das auch noch getaktet. In diesem Beispiel sind fachliche Lernanreize kaum gegeben. Auch die Denkanforderungen sind nicht in ausreichendem Maße vorhanden. Die Verantwortung dagegen ist relativ gesehen sehr hoch: Wenn etwas fehlkommissioniert wird, dann führt das ein Stockwerk höher, bei der Motorenmontage, zu Fehlern. Beide Bereiche waren ursprünglich hier integriert, das heißt, die Leute, die montiert haben, haben die benötigten Teile selber geholt und zusammengepackt. Durch die Trennung ist der Effekt aufgetreten, dass die, die montiert haben, nach einem halben Jahr nicht mehr auf die Teile geachtet haben – denn das wurde ja vorkommissioniert; das lag nicht mehr in ihrer Verantwortung –, sondern sie haben alles blind verbaut. Die auftretenden Fehler haben dann zu der Einsicht geführt, diese zusätzliche Schnittstelle zu vermeiden. Deshalb wurde ein täglicher Wechsel zwischen Montage und Vorkommissionierung eingeführt. Die-

Abb. 3 Anforderungsniveau Aggregatemontage (Fließband, Taktzeit 1,5 min)

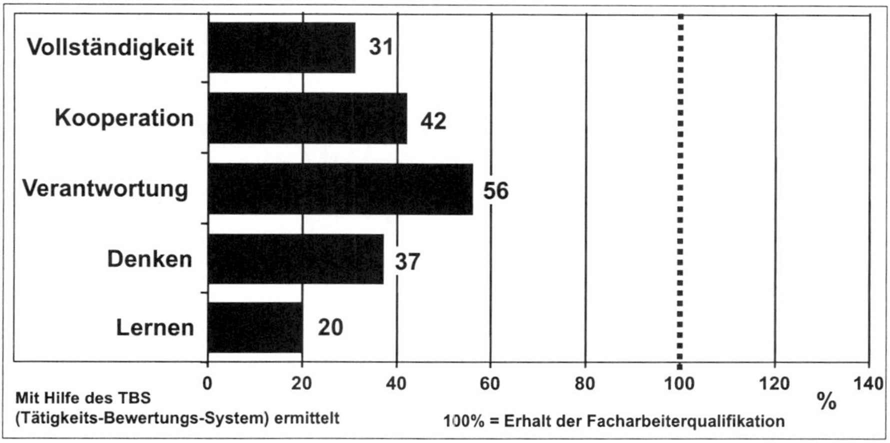

ses wunderschöne deutsche Wort „Schnittstelle" sagt die Wahrheit: Es werden auch Informationen abgeschnitten. Ich möchte das Verfahren anhand eines anderen Ergebnisbeispiels erläutern: Fließbandmontage mit einer Taktzeit von 1,5 min (vgl. Abb. 3). Auch daran könnten Sie sehen: Jemand, der diese Tätigkeit 15 Jahre lang macht, hat – davon kann man ausgehen – seine Ausgangsqualifikation verloren.

Es gibt natürlich auch positivere Beispiele. Ich zeige Ihnen hier das Beispiel einer automatischen Bestückung von Leiterplatten, also von oberflächenmontierten

Abb.4 Anforderungsniveau SMD-Bestückung (Gruppenarbeit)

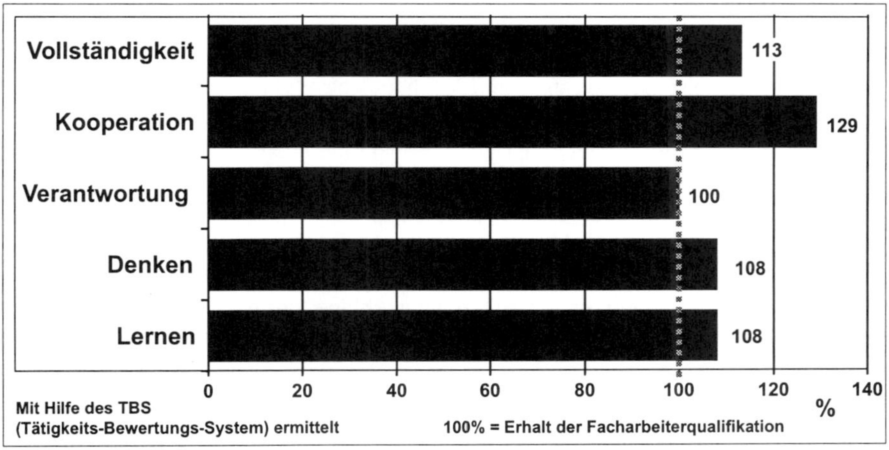

Abb. 5 Anforderungsniveau Gruppenarbeit in der Zylinderkurbelgehäusefertigung

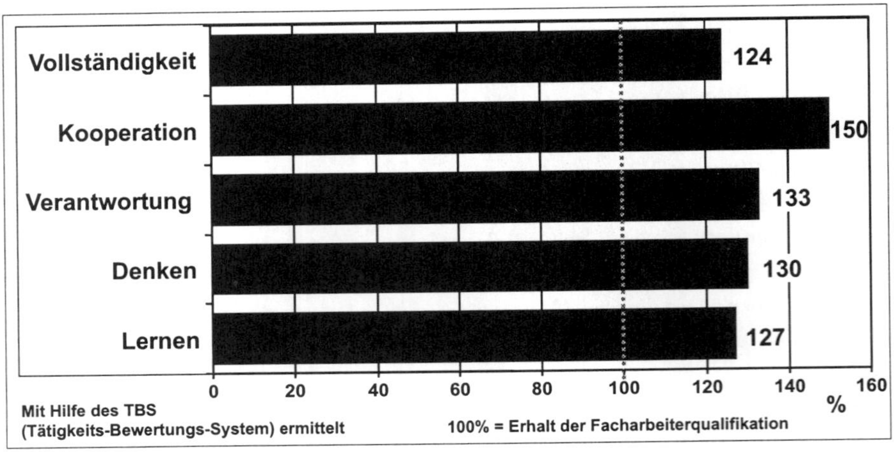

Bauelementen (vgl. Abb 4). Hier handelte es sich um Gruppenarbeit. Die Gruppe bestand aus acht angelernten Frauen, die den Bestückungsautomaten selber programmiert und die Nachbestellung von 8.000 Teilen selber vorgenommen haben. Sie hatten das Lager vor Ort – es handelte sich um sehr kleine Bauteile –, haben telefonisch beim Zulieferer bestellt und waren für die komplette Bestückung verantwortlich, inklusive Prüfung usw.

Gut, die Frauen, die dort später arbeiten sollten, hatten ein recht praktisches Anlernmodell. Zuerst haben sie eine Übungsmaschine aufgebaut, an der sie die ganzen Kinderkrankheiten haben erfahren müssen. So haben sie daran gelernt, zusammen mit den Ingenieuren, die die Maschine aufgebaut haben.

Ein anderes positives Beispiel für Gruppenarbeit ist folgendes: Gruppenarbeit in der Zylindergehäusefertigung von Lkw-Motoren (vgl. Abb. 5). Hier handelt es sich vorwiegend um Tätigkeiten wie Überwachung, Beseitigung von Störungen und Bestückung mit Hilfe eines Krans. Dies ist eine lernförderliche Tätigkeit und sowohl in bezug auf die Ergonomie als auch auf den Belastungswechsel, der dort möglich ist, so gestaltet, dass man diese Tätigkeit über die gesamte Lebensarbeitszeit ausführen könnte. Allerdings können wir immer nur für den „durchschnittlichen Menschen“ gestalten.

Welche Vorteile haben die Gestaltungsvorschläge, die wir entwickeln? Für den Mitarbeiter bestehen sie in Erhalt und Förderung der Qualifikation, in Vermeidung von Lernungewohntheit, in der Steigerung der Attraktivität der Arbeit, also auch in einer höheren intrinsischen Motivation, sowie in einem geringeren körperlichen Verschleiß durch physischen Belastungswechsel. Für das Unternehmen kann man von positiven Effekten aufgrund von Steigerung der Eigenverantwortung der Mitarbeiter, von höherer Identifikation mit dem Betrieb und höherer Motivation ausgehen, darüber hinaus von einer Steigerung der Personaleinsatzflexibilität, einer Verkürzung der Anlaufphasen bei Modell- und Variantenwechsel, einer langfristigen Verringerung der Zahl der leistungsgewandelten Mitarbeitern, einer Verringerung von Fluktuation, und zwar auch im internen Arbeitsmarkt: Bei großen Betrieben konnte man immer davon ausgehen – wir haben das jetzt gerade wieder in einem großen Betrieb festgestellt –, dass die Anfangsfluktuation in der Montage innerhalb eines halben Jahres bei 50 Prozent lag. Es gibt also durchaus noch so etwas wie Fluktuation, allerdings meist innerhalb von Betrieben. Ein weiterer Vorteil für das Unternehmen besteht in einem Vermeiden von zusätzlichen indirekten Aufwänden durch eine funktionierende Teamarbeit.

Dieses Instrumentarium haben wir mit einem paritätisch besetzten Kreis aus Mitarbeitern von Daimler-Chrysler, der Arbeitswirtschaft und Betriebsräten geschult und weiterentwickelt, so dass die Betroffenen das letztlich selbständig anwenden können.

Dipl.-Ing. Jürgen Drebes
DaimlerChrysler AG, Stuttgart

Zielsetzungen, Vorgehensweisen und Erfahrungen bei der Arbeitssystemgestaltung

1. Einleitung

Das vom Fraunhofer-Institut vorgestellte Bewertungsverfahren (Screening, REBA, TBS-Kurzform) wurde im DaimlerChrysler Werk Stuttgart-Untertürkheim eingeführt und wird seither mit verschiedenen Zielsetzungen eingesetzt. Zielsetzungen in bestehenden Arbeitssystemen: Hinweise zu notwendigen Änderungen bezüglich physischer und psychischer Belastungen erhalten! Erkennen guter Gestaltungsfälle mit dem Ziel der Übertragbarkeit in bestehende Systeme und in Neuplanungen! Zielsetzungen in Neuplanungen: Untersuchung neuer Arbeitssysteme bereits im Planungsstand unter physischen und psychischen Gesichtspunkten! Aufzeigen von Optimierungspotenzial bzw. Handlungsbedarf unter arbeitsgestalterischen Gesichtspunkten! Vergleich von Planungsalternativen unter physischen und psychischen Gesichtspunkten!

2. Praxisbeispiel: Produktion Achskopf

Anhand eines Praxisbeispiels soll die Anwendung der Bewertungsverfahren in einem repräsentativen Arbeitssystem der Achsenproduktion erläutert werden.

2.1 Vorstellung des Arbeitssystems

Bei dem Arbeitssystem handelt es sich um ein Hybridsystem mit integrierter Fertigung und Montage zur Produktion des Achskopfs für die Vorderachse A-Klasse.

Im Arbeitssystem werden Vorderradflansch und Achsschenkel gefertigt und mit weiteren Zulieferteilen zum Vorderachskopf montiert. Im Arbeitssystem sind acht bis zehn Mitarbeiter je Schicht eingesetzt, die in Gruppenarbeit das System betreiben. Dabei handelt es sich zu je 50% um Facharbeiter sowie um fachfremde Facharbeiter bzw. Angelernte mit einem für die Produktion normalen Altersdurchschnitt. Die zuständigen Meister haben aufgrund der Gruppenarbeit, die eine umfangreiche Selbststeuerung der Gruppen zulässt, weitestgehend eine Berater- bzw. Coachrolle. Die Gruppe bestimmt neben Urlaubs- und Freischichtplanung auch die Rotation auf die verschiedenen Aufgaben im Arbeitssystem und hat die Verantwortung für die Produktqualität, da es keine nachgelagerten Prüfprozesse gibt. Dabei entsteht eine Kunden-/Lieferantenbeziehung, zum einen mit der hauseigenen Schmiede, die die Rohteile liefert, zum anderen mit dem Aufbauwerk Rastatt, wohin die fertig produzierten Achsköpfe abgeliefert werden.

Definierte Gruppenaufgaben im Arbeitssystem sind:

- Bedien- und Überwachungstätigkeiten an den Fertigungsanlagen
- Direkte Montagetätigkeiten
- Materialversorgung
- Kontakte zu Lieferanten und Kunden
- Störungsbeseitigung und -dokumentation
- vorbeugende Instandhaltung
- Prüftätigkeiten
- Nacharbeit
- Anlernen
- Urlaubs- und Freischichtplanung
- Personaleinsatzplanung
- Organisationstätigkeiten (bei Schichtbeginn und -ende)
- Gruppengespräche
- Verbesserungsprozess

2.2 Vorgehensweise bei der Untersuchung des Arbeitssystems und Ergebnisse

Zur Untersuchung und Bewertung wurde eine Untersuchungsgruppe aus geschulten Vertretern der Produktion, des Personalbereiches und des Betriebsrates einberufen (vier Personen). Dazu wurden der zuständige Meister und Vertreter der Gruppen eingeladen, die der Untersuchungsgruppe die Zusammenhänge im Arbeitssystem vorstellten und erklärten.

Bei dieser Analyse wurde zunächst das System anhand von Layout und Planungsdaten betrachtet und Arbeitsprozesse und -abläufe erläutert. Es folgte eine Vor-Ort-Besichtigung, bei der Mitarbeiter befragt, einzelne Plätze besichtigt und die Gesamtabläufe in der Praxis vorgestellt wurden.

Mit diesen Erkenntnissen konnte die Untersuchungsgruppe anschließend die für die Analyse notwendigen Teiltätigkeiten zum Einschätzen der Merkmalsuntersuchung bilden. Da es sich in diesem System um Gruppenarbeit mit job-rotation handelt, konnte die gesamte Gruppenaufgabe analysiert werden, wobei hierzu zeitlich gewichtet einzelne Teiltätigkeiten definiert wurden.

Die im System vorkommenden Tätigkeiten wurden zu folgenden Teiltätigkeiten zusammengefasst:

– Teile Auflegen und Palettenwechsel	32%
– Prüfen	19%
– Wartung, Werkzeugwechsel	19%
– Störungsbeseitigung, Anlagen Überwachung	11%
– Ausführen Montage	10%
– Ausführen Entgraten	5%
– Organisieren	4%

Diese Teiltätigkeiten wurden entsprechend den Unterkriterien für die TBS-Untersuchung betrachtet und, je nach Kriterium, ganzheitlich oder einzeln analysiert. Auf Basis dieser Teiltätigkeiten erfolgte die Bewertung zunächst mit dem Screening-Verfahren.

Diese Untersuchung auf physische Anforderungen ergab unter der Voraussetzung von regelmäßigen Arbeitsplatzwechseln, dass von vielfältig wechselnden Körperhaltungen und -bewegungen auszugehen ist. Die anschließende Untersuchung mit Reba 3.0 (Kurzfristige psychische Belastungsfolgen) zeigte auf, dass ein Risiko für Monotonie, psychische Ermüdung oder psychische Sättigung nicht vorhersehbar ist. Die Ergebnisse der TBS-Untersuchung lauteten wie folgt:

– Vollständigkeit	127%
– Kooperation	161%
– Verantwortung	156%
– Denken	117%
– Lernen	155%

Aus diesen Einstufungen lassen sich folgende Interpretationen ableiten: Das untersuchte Arbeitssystem übererfüllt die Mindestanforderungen des Tätigkeitsbewertungssystems (TBS).

Daraus folgt, dass die durchschnittlich vorhandene Qualifikation der Mitarbeiter in diesem Arbeitssystem nicht nur vollständig abgefordert, sondern sich durch Lernanreize im Arbeitsprozess erweitern kann. Damit dies gelingt, ist eine regelmäßige Rotation durchzuführen. Die hohen Lernanreize, die durch den Arbeitsprozess geboten werden, können allerdings zu Überforderung einzelner Mitarbeiter führen, daher ist eine systematische Qualifizierung und Nachschulung der Mitarbeiter vorzusehen.

3. Beurteilung des Bewertungsverfahren aus der praktischen Anwendung

Aufgrund der im vorgestellten Arbeitssystem wie auch in weiteren Untersuchungen gemachten Erfahrungen lassen sich verallgemeinernd folgende Aussagen treffen. Das Bewertungsverfahren gibt Hinweise zur Arbeitsgestaltung hinsichtlich:

- Integration von Umfeldaufgaben
- Gruppenarbeit mit weitreichender Rotation (auch) auf Umfeldaufgaben
- Schaffung von Parallelmontageplätzen zur Taktzeitverlängerung
- Qualifizierung im Arbeitssystem
- Schaffung von Lernanreizen für den Mitarbeiter

Das Verfahren ist von darin qualifizierten Personen einfach einsetzbar. Die Untersuchungen liefern Hinweise für eine langfristige Arbeitsgestaltung. Neben einer Untersuchung bereits bestehender Arbeitssysteme konnte das Verfahren auch bei Neuplanungen bereits erfolgreich eingesetzt werden. Damit konnten präventiv Maßnahmen zur Verbesserung der Arbeitssysteme im Planungszustand bezogen auf physische und psychische Anforderungen eingeleitet werden. Das entwickelte Bewertungsverfahren ist somit ein Instrument der Arbeitsgestaltung, dass neben ergonomischen auch psychische Gesichtspunkte betrachtet.

Für den Einsatz in der Praxis kritisch zu sehen ist der mit ca. zwei Wochen hohe Aufwand zur Anwenderqualifizierung. Die Reproduzierbarkeit der Analysen ist nach derzeitiger Einschätzung nur unter hohem Aufwand möglich. Dies ist in Industriebetrieben insbesondere bei arbeitswirtschaftlichen Daten ein wichtiges Kriterium, ist aber je nach Einsatz des Bewertungsverfahren in der Praxis zu vernachlässigen. Schließlich hat sich aufgrund der gemachten Erfahrungen gezeigt, dass in der Regel je Arbeitssystem eine Untersuchungsdauer von rund einem Arbeitstag notwendig ist.

4. Fazit

Aufgrund der im Werk Untertürkheim im Rahmen der Bewertung gemachten Erfahrungen lässt sich verallgemeinernd sagen, dass in klassischen Arbeitssystemen mit hohem manuellen Anteil die Arbeitsgestaltung in der Regel geringere Spielräume hat als in Fertigungssystemen mit einer Vielfalt an indirekten Tätigkeiten. Bei der Gestaltung ist in der Regel von gleichrangiger Zielsetzung zwischen Erhöhung der Wirtschaftlichkeit und Absicherung der Qualität sowie der Verbesserung der Arbeitsbedingungen / der Arbeitssituation auszugehen. Das Bewertungsverfahren TBS und die vorgeschalteten Systeme ermöglichen nachvollziehbare Hinweise für die Gestaltung von bestehenden und neugeplanten Arbeitssystemen, wobei insbesondere mit dem TBS-Verfahren zum ersten Mal im Werk Untertürkheim auch eine Untersuchung unter psychischen Gesichtspunkte stattgefunden hat.

Professor Dr. Günter Wachtler
Bereich Soziologie und Sozialpsychologie
Universität-GH-Wuppertal

Zusammenfassung

Meine Damen und Herren, ich hatte das große Glück, eine außerordentlich interessante Arbeitsgruppe zu moderieren, in der es um die Arbeitsgestaltung als einem Mittel zur Erhaltung der Arbeitsfähigkeit im Alter ging. Dieses Glück verdanke ich den beiden Referenten, einmal Herrn Pack vom Fraunhofer-Institut für Arbeitswissenschaft und Organisation in Stuttgart und zum anderen Herrn Drebes von der Daimler-Chrysler AG in Stuttgart, die ein sehr eindrucksvolles Beispiel für die fruchtbare und erfolgreiche Zusammenarbeit von Wissenschaft und Praxis dargestellt haben. Sie präsentierten ein Modell, ein System zur Analyse, zur Bewertung und zur Gestaltung von Arbeitstätigkeiten, das entwickelt wurde auf der theoretischen Grundlage der Arbeitspsychologie von Winfried Hacker. Im Fraunhofer-Institut wurde es dann weiter differenziert und ausgearbeitet und bei Daimler-Chrysler zum ersten Mal erfolgreich eingesetzt .

Der Ausgangspunkt für die Entwicklung solcher Modelle ist die Erkenntnis, dass durch Arbeit nicht nur die außerhalb des Arbeitens liegenden Verhältnisse verändert werden, sondern auch der Arbeitende selbst sich verändert. Entscheidend für eine alternsgerechte Gestaltung von Arbeit ist deswegen die Berücksichtigung der Dynamik von Veränderungen von Leistungsvoraussetzungen der Arbeit durch die Arbeitenden, wie Herr Pack das formuliert hat. Das geht auch von der empirisch gesicherten Erfahrung aus, dass jede Arbeit zumindest mittel- bis langfristig Trainings-, Lern- und Qualifizierungseffekte hat, die entweder zu einer Steigerung der Potenziale führen oder aber auch zu einem Abbau der vorhandenen Potenziale führen können. Insofern ist ein solches standardisiertes Instrument ein ausgesprochen hilfreiches Mittel für die persönlichkeitsfördernde Gestaltung von Arbeitssystemen. Ziel dieses Tätigkeitsbewertungssystems ist es, die wichtigsten objektiven, in der Arbeitsaufgabe selbst liegenden Einflussfaktoren auf die Persönlichkeitsentwicklung der Arbeitenden zu identifizieren, sie zu quantifizieren, zu bewerten und eben daraus Rückschlüsse für die weitere Gestaltung von Arbeit zu ziehen. Ein solches Instrument der Analyse des persönlichkeitsbildenden Zusammenwirkens von objektiven Aufgabenmerkmalen mit subjektiven Formen der Wahrnehmung, der Bewertung und der Beurteilung dieser Anforderungen und der Reaktion der arbeitenden Menschen hat Herr Pack vorgestellt. In diesem Verfahren werden die der Persönlichkeitsentwicklung förderlichen bzw. die sie hemmenden Einflüsse entlang einer Reihe von Dimensionen analysiert, die ich ganz kurz ansprechen möchte, ohne sie weiter auszudifferenzieren; denn das würde sicherlich hier für diesen Zusammenhang zu weit führen.

Es sind einmal die zeitliche Struktur und die Anordnung der Tätigkeiten, wo es vor allen Dingen auch darum geht, welchen Umfang anspruchsvollere, geistig anregende, die Flexibilität der Beschäftigten erfordernden Tätigkeiten einnehmen und welchen zeitlichen Umfang solche Tätigkeiten insgesamt ausmachen, die repetitiv, monoton und mit geringem Anforderungscharakter ausgestattet sind.

Es sind zweitens die körperlichen Anforderungen und Folgen, die bei der Arbeitstätigkeit zu berücksichtigen sind.

Es sind drittens die psychischen Beanspruchungen und deren Folgen, die in ein solches Bewertungssystem einzubeziehen sind.

Viertens sind es die qualifikatorischen Anforderungen. Damit versucht ein solches Modell relativ umfangreich all die Variablen abzubilden, von denen ein positiver oder negativer Einfluss auf die Persönlichkeitsentwicklung ausgeht.

Wenn ich einfach einmal die Qualifikationsproblematik herausgreife, dann geht es in diesem System darum, die objektiven Möglichkeiten und Grenzen zu untersuchen, die eine Arbeitsaufgabe für den Erhalt und die Weiterentwicklung der Qualifikation der Arbeitnehmer darstellt. Dabei sind die in den Tätigkeiten vorhandenen Entscheidungsspielräume ganz entscheidend, die Handlungsspielräume, Freiheitsgrade, die dann zu geistiger Aktivität auf der Basis bestimmter Qualifikationen herausfordern, bzw. Qualifizierungsanreize darstellen.

Unter Rückgriff auf gesicherte arbeitspsychologische Erkenntnisse werden in diesem TBS eine Reihe von weiteren Dimensionen angeführt, die für eine positive Persönlichkeitsentwicklung als relevant erachtet werden. Dazu gehören einmal der Umfang der Arbeitsaufgabe, der Grad der Ganzheitlichkeit der Arbeitstätigkeit, es gehören weiter die Kooperations- und Kombinationsmöglichkeiten und –anforderungen dazu, d. h. der Grad an Komplexität, der mit den Tätigkeiten verbunden ist.

Eine weitere wichtige Dimension ist die Zurechenbarkeit der Verantwortung für das Arbeitsergebnis und damit auch die Chance, Einfluss zu nehmen und dabei das Selbstwertgefühl zu entwickeln.

Es sind weiter die erforderlichen Denk- und Problemlösungsprozesse, die dabei eine zentrale Rolle spielen, und schließlich eben die Lernanreize und -erfordernisse durch die Arbeitsaufgabe selbst.

Dieses System funktioniert so, dass in diesen Dimensionen Mindestanforderungen definiert werden. Wenn diese Mindestanforderungen nicht erfüllt werden, kommt es zu einer Unterforderung, man kann auch sagen: zu einer nicht hinreichenden Nutzung der Humanressourcen. Wenn die Anforderungen zu hundert Prozent erfüllt sind, dann bleibt es stabil. Und erst eine über hundertprozentige Anforderung in diesen entscheidenden Dimensionen kann für sich beanspruchen, lern-, qualifizierungs- und insgesamt persönlichkeitsfördernd zu sein.

Das ist in ganz kurzen Worten die elementare inhaltliche Struktur dieses Modells, das in der Achsfertigung bei Daimler-Chrysler im Werk Untertürkheim angewandt wurde, worüber Herr Drebes dann berichtete. Der entscheidende Anstoß – und das fand ich ganz interessant – für die Anwendung dieses Verfahrens ging von der Einführung der Gruppenarbeit aus, denn es war notwendig geworden, bei der Umstellung auf Gruppenarbeit eine neue Zeitstruktur zu definieren. Herr Drebes hat berichtet, dass die Zielsetzung der Anwendung dieses Modells zunächst einmal bei den vorhandenen Arbeitssystemen darin bestand, durch deren Analyse Hinweise auf notwendige Reorganisationsmaßnahmen zu bekommen unter dem Gesichtspunkt der Persönlichkeitsförderlichkeit, aber auch der Wirtschaftlichkeit der Arbeitssysteme. In neuen Systemen geht es darum, Optimierungspotenziale aufzuzeigen und die physischen und psychischen Belastungsdimensionen von vornherein bestimmen zu können, um damit keine Probleme zu bekommen.

Angewandt auf die Analyse einer weitgehend selbstorganisierten Gruppenarbeit, gab das TBS Hinweise auf die Notwendigkeit einer Integration von Montage- und Fertigungstätigkeiten mit vor- oder nachgeordneten Umfeldaufgaben. Es gab auch Hinweise auf die Möglichkeiten des Rotationsverfahrens, um Einseitigkeiten in den körperlichen und auch geistigen Belastungen zu verhindern. Es gab auch Hinweise auf die notwendigen Qualifizierungen und darauf, welche Lernanreize möglich waren und zusätzlich geschaffen werden sollten. Die Chancen eines solchen TBS werden von den Praktikern darin gesehen, dass es sich um ein relativ einfach einsetzbares Verfahren handelt, das für qualifizierte Personalmitarbeiter durchaus handhabbar ist. Es vermittelt Anregungen für eine langfristige, positive Gestaltung von Arbeitsprozessen und erlaubt es, bereits in der Planungsphase die Arbeitssysteme unter diesen Kriterien zu beurteilen. Das vorgestellte Modell eines TBS zeichnet sich somit durch eine große Praxisnähe aus. Es definiert seine Untersuchungsdimensionen hinreichend klar und sichert dadurch die Vergleichbarkeit verschiedener Tätigkeiten. Von seinem Konzept her ist es ganzheitlich und partizipativ angelegt. Es verhindert das Entstehen resignativer Passivität, von frühzeitigem körperlichen Verschleiß und von geistiger Inflexibilität.

Als Probleme haben sich herausgestellt, dass der Qualifizierungsaufwand bei der Umstellung doch relativ groß ist und insgesamt acht Tage dauerte. Auch spielt bei der Beurteilung der Kriterien doch immer auch ein gewisses Maß an Subjektivität eine Rolle. Ganz generell werden die Chancen einer alterngsgerechten Arbeitsgestaltung insgesamt beeinträchtigt durch eine gerade in der Automobilindustrie gegenwärtig doch sehr stark bemerkbare Tendenz, zu einer erhöhten Standardisierung, zu einer reinen Bandmontage mit kurzen Taktzeiten zurückzukehren. Herr Drebes sprach von einer Amerikanisierung der Montage und Fertigung, die in den in amerikanischer Hand befindlichen Werken bereits so weit fortgeschritten ist, dass man von einer Rückkehr hochgradig arbeitsteiliger und taktgebundener Tätigkeiten sprechen kann.

Das sind natürlich keine guten Voraussetzungen für die Einführung solcher persönlichkeitsfördernden Formen der Arbeit. Insbesondere kommt dabei zum Ausdruck, wo die entscheidenden Grenzen dieser Systeme liegen, nämlich in der Tatsache, dass sie häufig mit wirtschaftlichen Zielsetzungen kollidieren, insbesondere bei Neuplanungen, und deswegen vielfach auf ihre rein ergonomischen Komponenten reduziert werden.

Probleme liegen auch darin, dass gerade in der Montage die Produkte, die dort hergestellt werden, und die damit verbundenen technisch-funktionalen Notwendigkeiten von Arbeitsgestaltung, relativ enge Grenzen für die Möglichkeiten umfassenderer Tätigkeitszuschnitte ziehen. Und schließlich wird in der Praxis auch gesehen, dass vielfach die erforderlichen qualifikatorischen Voraussetzungen gerade im Montagebereich nicht vorhanden sind, um solch anspruchsvolle Modelle auch möglich zu machen. In der Diskussion wurde darauf hingewiesen, dass unter diesem Gesichtspunkt die Anwendung des TBS durchaus auch das Risiko der Überforderung einzelner Arbeitnehmer birgt.

Das ist in ganz kurzen Worten die Wiedergabe der Referate und der ersten Ansätze zur Diskussion, die dabei entstand. Insgesamt wurde, glaube ich, deutlich, dass solche Formen der Neugestaltung von Arbeit in den Unternehmen relativ unabhängig von demographischen Prozessen durchgeführt werden. Dass sie das Altern erleichtern, ist sicherlich etwas, was dabei sehr gern „in Kauf genommen" wird. Aber es sieht nicht so aus, als ob in den Unternehmen bereits tiefgreifende Restrukturierungs- und Umgestaltungsprozesse im Gang wären, um den mit dem demographischen Wandel verbundenen Problemen gerecht zu werden.

Forschungsbedarf wird gesehen in weiterer Intensivierung der Erforschung von Risiken, die mit der Arbeit verbunden sind, sowohl im gesundheitlichen wie auch im psychischen und qualifikatorischen Bereich, um solche Modelle zu verbessern. Forschungsbedarf wird natürlich auch gesehen in der Notwendigkeit, solche Modelle, die bisher nur für den gewerblichen Sektor vorliegen, auch für Dienstleistungs- und Angestelltentätigkeiten zu entwickeln. Und schließlich, denke ich, ist ein ganz wichtiger Faktor, daß man versuchen muß, etwas systematischer und konkreter auch die Bedingungen der Realisierung solcher Modelle sowohl in den Unternehmen als auch auf Grund der gesamtwirtschaftlichen Entwicklungen und der Arbeitsmarktlage zu erfassen.

Teil 3

Schlussfolgerungen und Ausblick

Paolo Bacchielli
EU-Kommission, Brüssel

Ausblick aus EU-Sicht

Zunächst vielen Dank für die Einladung, dafür dass Sie dieses Symposium organisiert und durchgeführt haben. Wir haben sehr gern unsere Unterstützung zugesagt. Ich glaube, es ist Ihnen gelungen, ein Bündel oft komplizierter Themen abzudekken und auf eine neue, vielschichtige Fragestellung, nämlich das Problem der Überalterung der Bevölkerung, einen neuen, kritischen und offenen Blick zu werfen.

Meine Stellungnahme zu dieser schwierigen Frage „Was ist zu tun?" ist für mich aus zwei Gründen ein bisschen schwierig. Erstens weil ich als Vertreter der Europäischen Kommission auf diese Frage Antworten geben werde, die auf unsere Strategie und die uns zur Verfügung stehenden Instrumente ausgerichtet sind. Wahrscheinlich wäre, wenn die Frage an einen Vertreter der Regierung gestellt worden wäre, die Antwort anders gewesen.

Die Beantwortung ist auch deshalb schwierig, weil – auch wenn es sich hier um ein Symposium handelt, bei dem es in erster Linie um den Arbeitsmarkt und die Auswirkungen der Überalterung auf die Leistungsfähigkeit unserer Produktions- und Wirtschaftssysteme geht – die Erfahrung mir zeigt, dass es sehr schwierig ist, den Beschäftigungsaspekt von den übrigen Bestandteilen der Problematik abzutrennen, insbesondere vom Sozialschutz und der sozialen Organisation.

Dies hat damit zu tun, dass es sich bei der Überalterung um ein globales Phänomen handelt. Von diesem Phänomen werden bereits zahlreiche Politikbereiche berührt. Beispiele sind Beschäftigung, berufliche Bildung, Gesundheit, Wohnungsbau, Verkehr, Infrastruktur und Sozialschutz. Die Folgen lassen sich in finanzieller Hinsicht, Verwaltung und Verteilung der Ressourcen, sowie in organisatorischer und gesellschaftlicher Hinsicht beobachten.

Einige dieser Folgen sind im echten Sinne struktureller Art. Sie haben ja in Ihrer Arbeit das Thema Überalterung der Erwerbsbevölkerung und mögliche Auswirkungen dieser Überalterung auf die Arbeitsbedingungen und die Produktionsverfahren bereits aufgegriffen. Andere Konsequenzen ergeben sich aus einer Veränderung des Verhaltens. Auf was muss man sich gefasst machen an Veränderung der Lebensweisen, der Verbrauchsgewohnheiten, der Art der Teilhabe am gesellschaftlichen Leben? Alle diese Veränderungen des Verhaltens können sich durchaus auf die Arbeitsbedingungen und letzten Endes auf die Zukunft der Erwerbsbevölkerung auswirken.

Bei ihren Arbeiten hat die Kommission einen umfassenden Ansatz gewählt. Zunächst auf der Grundlage der demographischen Analysen, anschließend in einer Serie von Mitteilungen und sonstigen Dokumenten. Das letzte davon „Ein Europa für alle Altersgruppen" gibt einen Überblick über die Auswirkungen der Überalterung auf die gesamte Sozialpolitik.

Die neue Forschungs- und Entwicklungspolitik der Union ist jetzt zum ersten Mal gegenüber allen politischen Bereichen offen. Das Resultat besteht darin, dass zum ersten Mal, wie gesagt, die Forschungsbemühungen nicht nur zum Ziel haben, die wissenschaftlichen und technischen Grundlagen für die Beschäftigten in der Union zu verbessern, sondern sie sollen auch dazu beitragen, vorrangige Probleme unserer sozialen und wirtschaftlichen Organisation zu lösen sowie die Fragen der Wettbewerbsfähigkeit der Unternehmen, Wachstum sowie Beschäftigung, Lebensqualität und Umweltqualität.

In diesem Zusammenhang hat man der Frage der Überalterung der Bevölkerung eine besondere Aufmerksamkeit gewidmet. Es lohnt sich, um diese Thematik besser zu verstehen, einige Worte über die Struktur des Rahmenforschungsprogramms zu verlieren. Das Rahmenforschungspramm besteht aus ganz spezifischen Programmen. Diese spezifischen Forschungsprogramme befassen sich mit einer genau umgrenzten Thematik. Derartige Programme haben mit dem demographischen Wandel verbundene Fragen einbezogen. Dazu sind besondere Problemstellungen entwickelt worden, die sich in den allgemeinen Rahmen des Programms einfügen.

Einige Beispiele. In dem Programm Biowissenschaften laufen Forschungen zu den Themen kardiovaskuläre Erkrankungen und degenerative Krankheiten. In der modernen Informationsgesellschaft finanziert man die Forschungen über speziell das berufliche Alter und fördert den Bedürfnissen der Menschen angepasste Dienstleistungen. In dem Programm Wachstum und Wettbewerbsfähigkeit schließlich soll die Überalterung der Erwerbsbevölkerung bei der Entwicklung neuer Arbeitsformen berücksichtigt worden. Das ist auch hier bereits diskutiert worden.

Bei den spezifischen Themen der sozioökonomischen Forschung wird natürlich der demographische Wandel berücksichtigt, zum Beispiel in der Frage des sozioökonomischen Risikos und der Herausforderungen der Überalterung für die Sozialschutzsysteme. Aber abgesehen von diesen Einzelaktionen ist ein Teil der Forschungsbemühungen unmittelbar der Frage der Überalterung gewidmet. Die sogenannte „Schlüsselaktion" bezieht sich auf die Überalterung der Bevölkerung, mit einer Ausgabe von insgesamt mehr als 400 Millionen DM über fünf Jahre.

Zuerst ein paar Worte über die Bedeutung des Ausdrucks Schlüsselaktion. Es gibt eine begrenzte Anzahl von Aktivitäten im Umfeld einer neuen Problematik. Diese neue Problematik muss auf europäischer Ebene besonders berücksichtigt werden. Einige Beispiele: Lebensmittelsicherheit, Mobilität in Städten, neue Formen des E-Commerce. Das alles sind Themen der Schlüsselaktion. Neu ist, dass in einer Schlüsselaktion einander ergänzende Ansätze zusammengefasst werden, Projekte, die das Problem von verschiedenen Disziplinen aus sehen. Dadurch werden unter anderem koordinierte, sich gegenseitig ergänzende Vorgehensweisen der Forschungsdienste begünstigt.

Um wieder auf die Schlüsselaktion Überalterung der Bevölkerung zurückzukommen: Zunächst wurde das Schwergewicht stark auf die Fragen Gesundheit und Unabhängigkeit von Senioren gelegt, wobei altersbedingte Krankheiten und Behinderungen sowie viele soziale Konsequenzen verhütet werden sollten. Bei dieser Schlüsselaktion wird auch der Frage der Kostendämpfung in den Gesundheitssystemen große Aufmerksamkeit gewidmet. Wie kann man Wirksamkeit und Akzeptanz der Pflege- und Gesundheitsversorgungsleistungen bewerten? Wie lassen sie sich organisieren und finanzieren? Wie wirken sich die technologischen Entwicklungen und der demographische Wandel aus, wenn es gilt, ein neues Gleichgewicht und Nachfrage bei Pflege- oder Unterstützungsleistungen auszuhandeln? Wie wirkt sich die Überalterung auf die zukünftige Finanzierung der Pflege- und der Rentensysteme aus?

Auf alle diese Fragen stößt man im Rahmen einer Schlusselaktion, wenn man sich mit der Interaktivität befasst, die die alternde Bevölkerung und ihre Folgen in allen anderen Programmen hervorrufen. Nochmals zu der Frage: Was sollen wir tun? Wie gesagt, meine Meinung ist die Meinung eines Menschen, der früher in seinem Berufsleben zwar Forschungsarbeit geleistet hat, aber jetzt in einer politischen Generaldirektion arbeitet. Der Ausgangspunkt ist: Die Forschung soll im Dienste der Nutzer ihrer Ergebnisse stehen, seien es die Bürger, die Unternehmer, die Organisationen, die Verwaltungen usw. Daher muss die Forschung auf dieses Gebiet der Überalterung unter Heranziehung aller betroffenen Akteure ausgerichtet werden.

Warum stehe ich hier? Ich stehe hier als politischer Nutznießer dieses Ansatzes, der alle unsere Politikbereiche betrifft: Beschäftigungspolitik, Entwicklung der Arbeitsformen, Ausbildungspolitik und regionale Entwicklungspolitik, Modernisierung des Sozialschutzes und Verhütung der sozialen Ausgrenzung. Im Zweifel liegt uns sehr viel an allem, was mit der Verwertung der Ergebnisse, ihrer Anwendung und ihrer Unterscheidung zu tun hat. Man kann das europäische Forschungsrahmenprogramm als eine gigantische *benchmarking exercise* der europäischen

Forschung ansehen. Dadurch, dass man die Kompetenz der Forscher vernetzte, lässt sich folgendes erreichen. Man kann die Berücksichtigung neuer Themen in den Ländern, in der Region begünstigen. Man kann den Diskurs und die interdisziplinäre Vorbereitung voranbringen, und man kann die Diskussion über die Ergebnisse in politische Foren tragen, die bis gestern nicht sehr aufnahmebereit waren.

Zusammen mit England und Finnland ist die Bundesrepublik Deutschland das einzige Land, das ein Ad-hoc-Programm in diesem Bereich entwickelt. Ich muss gestehen, dass die meisten Probleme und Themen, die in den letzten beiden Tagen erörtert wurden, nicht immer die Aufmerksamkeit und Priorität des Forschungsrahmenprogramms in Brüssel gefunden haben.

Vielleicht schleppen wir immer noch einige Altlasten mit uns herum, die alles auf ein unzulängliches Maß verkleinern, was Organisationserforschung und Auswirkungen des technologischen Wandels auf das Verhalten der Individuen, der Systeme und der Gesellschaften bedeutet.

Vielleicht sind dieses Symposium und seine Ergebnisse ein Teil der Antwort auf die Frage: „Was sollen wir tun?“, die ich mit nach Brüssel nehmen werde.

Gerhard Naegele
Universität Dortmund

Ausblick aus Sicht der Wissenschaft

Eine zweitägige Veranstaltung zum Thema „Zukunft der Arbeit“ neigt sich ihrem Ende zu. Sie und ich hatten reichlich Gelegenheit, Forschungsergebnisse zu hören und zu diskutieren, sich mit Expertenwissen auseinanderzusetzen oder selbst als Experte Auffassungen und Wissen einzubringen. Es fällt schwer, am Ende einer solchen Tagung noch etwas „Kluges“ nachzuliefern. Ich will es daher bei einer knappen Bewertung belassen und dabei versuchen, wichtige Ergebnisse der im August d.Js. in Turku (Finnland) stattgefundenen europäischen Konferenz zum Thema „Active Strategies for an Ageing Workforce“ (*European Foundation* 1999) mit einzubeziehen.

Eine erste Schlussfolgerung nach diesen zwei Tagen ist sicherlich, den Prozess des demographischen Wandels in der Arbeitswelt, der schleichend und nicht spektakulär erfolgt und gerade deswegen einer besonderen Beobachtung und Aufmerksamkeit bedarf, in seinen mittel- bis langfristigen Konsequenzen für Wirtschaft und Gesellschaft den zentralen Akteuren bewusst zu machen, damit diese rechtzeitig reagieren können, und zwar im Sinne von „Vorkehrungen treffen“ und „die richtigen Signale setzen“. Denn es ist kaum zu erwarten, dass sich die „richtigen“ Lösungen 2010/15 gleichsam im Selbstlauf einstellen oder gar „per Knopfdruck“ implementieren lassen; und schon gar nicht, dass sie dann auch noch unmittelbar greifen.

Wenn es stimmt, dass – entsprechend den Befunden von *Volker Volkholz* und Mitarbeitern/innen - die Arbeitswelt, die Betriebe und Tarifvertragsparteien, und natürlich auch die dort arbeitenden älter werdenden Beschäftigten eine rund zehnjährige Vorlaufzeit zur strategischen Umstellung ihrer Personalpolitiken und Einstellungen, weg von der „jugendzentrierten" hin zu einem auf „alternde Belegschaften" bezogenen „Age-Management", wie es *Alan Walker* gestern formuliert hat (*Walker* 1998), brauchen, dann ist der Zeitpunkt gekommen, ist das timing für diese Konferenz richtig gewählt.

Praktische Anknüpfungspunkte für die erforderliche „Wende" sind während der Konferenz an vielen Stellen angesprochen worden, sie brauchen hier nicht im Detail wiederholt zu werden. In der Kurzfassung des Zukunftsreports sind einige zentrale Beispiele für eine „auf die Anforderungen des demographischen Wandels ungenügend vorbereitete Arbeitswelt" genannt, so

- eine altersselektive Personalrekrutierungspolitik,
- vorzeitiger Verlust des physisch-psychischen Leistungsvermögens durch Über-, Fehlbelastung und unzureichend praktiziertem Tätigkeitswechsel,
- alterssegmentierte Aufgabenzuweisung,
- Nichtbeachtung natürlicher Begrenzungen in der Dauer bestimmter Tätigkeiten,
- Geringschätzung von Erfahrungswissen und den Erfordernissen eines generationenübergreifenden Wissenstransfers in den Belegschaften sowie
- kurzfristige Kalküle bei Personalentscheidungen.

Trotz aller Forschungslücken, die auch das Verbundprojekt nicht schließen konnte, sind die Umstände und Ursachen von Beschäftigungsrisiken alternder Belegschaften relativ genau bekannt. Nicht zuletzt aufgrund der zahlreichen Forschungsergebnisse, die hier präsentiert wurden, ist relativ viel und sicheres Wissen darüber vorhanden, wie man in der richtigen Weise reaktiv und präventiv damit umgehen müsste.

Was hingegen fehlt, ist der Transfer dieses Wissens in Praxis- und Politikkonzepte, die es ermöglichen, dass künftig mit älteren und anders zusammengesetzten Belegschaften genauso produktiv und innovativ gearbeitet und den Herausforderungen der Globalisierung der Märkte wirkungsvoll begegnet werden kann, wie mit den jetzigen Belegschaften, für die häufig, überspitzt formuliert, aber wohl nicht zu Unrecht, der Begriff „olympiareife Mannschaften" benutzt wird. Dazu ist natürlich mehr Wissen i.S. von weiterer Transferforschung gefordert, insbesondere im Rahmen von Implementations- und Evaluierungsforschung. Aber mindestens ebenso sehr sind Anreize dafür erforderlich, die bewirken, dass mit den erforderlichen Veränderungen und Innovationen auch wirklich begonnen wird. Wissen und ein entsprechendes Problembewusstsein – und auch nicht ein 250 Seiten dicker Zukunftsreport - reichen dazu nicht aus. Bundesdeutsche Betriebe haben in der Vergangenheit in ihren Personalpolitikkonzepten eher kurzfristig reagiert als mittel- bis langfristig geplant. Von „Personalentwicklung" kann keine Rede sein, eher schon trifft der gerade zitierte Begriff der „Personalfreisetzungsentwicklung" auf das zu, was hier in den letzten Jahren und Jahrzehnten stattgefunden hat.

Eines dürfte heute ganz sicherlich stimmen: Mit Blick auf die Konsequenzen des schleichenden Prozesses des demographischen Wandels in den Betrieben ist eine derartige Strategie des „Erst-einmal-Abwartens-und-dann-kurzfristig-Reagierens“ nicht (mehr) angemessen. Von daher muss es künftig stärker um wirkungsvolle externe Anreize gehen, um die Praxis zu verändern. Notwendig sind dabei regelrechte „Programme“, insbesondere staatliche, z.B. nach dem Muster des hier präsentierten „*Finnish Programme for Ageing Workers (1998-2002)*“ (*European Foundation* 1999: 17-19), aber auch solche der Tarifvertragsparteien, etwa nach dem Muster des zwischenzeitlich längst überholten „Programms für ältere Arbeitnehmer“ des DGB oder der „Praktischen Arbeitshilfe für die Betriebe – Ältere Mitarbeiter“ der BDA, dessen Neuauflage seit Jahren zwar angekündigt, aber unterblieben ist. Um nur eine (weitere) Idee von der gestrigen Podiumsdiskussion aufzugreifen: Warum ist z.B. das Thema „Demographische Wandel in der Arbeitswelt“ nicht explizit in den Arbeitskatalog des Bündnisses für Arbeit aufgenommen worden? Auch sei die folgende Frage erlaubt: Warum hat sich das an sich für dieses Thema zuständige Ministerium, das Bundesministerium für Arbeit und Sozialordnung, nicht stärker um diese Themen gekümmert, so wie es z.B. auf der Forschungsseite der BMBF mit seinem Förderprogramm getan hat?

Welche konkreten Anknüpfungspunkte sind nun im Sinne einer präventiven Politik der Förderung der „Beschäftigungsfähigkeit“ alternder Belegschaften, so heisst es wörtlich in dem erwähnten Finnischen Programm, angebracht? Hier sollen nicht alle Ergebnisse der Arbeitsgruppen wiederholt werden. Vielmehr kommt es mir auf eine systematische Zusammenstellung an, und dabei – wie bereits erwähnt – auch auf die Berücksichtigung der Ergebnisse der Turku-Konferenz. Dabei verwundert es nicht, ein hohes Maß an Übereinstimmung und Deckungsgleichheit in den Empfehlungen anzutreffen. Ich komme dabei auf folgende 15 Punkte:

Punkt 1: Die bisherige Praxis der Frühverrentung ist zu überdenken. Eine Wende ist vorzubereiten. Ziel muss es sein, die Arbeits- und Beschäftigungsfähigkeit i.S. von *workability* and *employability* (*Ilmarinen* in *European Foundation* 1999: 32-33) alternder Belegschaften zu erhöhen, mit dem Ziel, ihre produktive Weiterbeschäftigung sicherzustellen. Diese beiden Konzepte verweisen dabei auf die Mehrdimensionalität der Bestimmungsfaktoren von beruflicher Leistungsfähigkeit älterer Arbeitnehmerinnen und Arbeitnehmer und damit auf die Erfordernis von mehrdimensional ausgerichteten Förderkonzepten. Deren grundsätzliche Erfolgsmöglichkeiten hat der Kollege *Juhani Ilmarinen* hier eindrucksvoll belegt.

Punkt 2: Gesellschaftliche Herausforderungen wie der demographische Wandel erfordern keine isolierten Lösungen, sondern *integrierte* Politikkonzepte unter Beteiligung aller der für die Zukunft der Beschäftigungssituation alternder Belegschaften maßgeblichen Teilpolitiken, so neben der Beschäftigungspolitik insbesondere der Bildungs-, Sozial- und Gesundheitspolitik, aber – wegen der künftigen anderen Zusammensetzung der Belegschaften und wegen der wachsenden Verschränkung von betrieblichen und außerbetrieblichen Lebenswelten – der Gleichstellungs-, der Frauen-, der Familien-, der Migrations- und der kommunalen Sozialpolitik. Gerade letzteres ist unter dem Aspekt der demographischen Entwicklung so zentral: So hat gestern der Kollege *Johann Behrens* zu Recht auf den Widerspruch hingewiesen, der darin besteht, einerseits eine Ausweitung der Arbeitszeit in jüngeren Lebensphasen zu fordern, gleichzeitig aber zu bedauern, dass die Geburtenrate rückläufig ist.

Punkt 3: Auch in Turku wurde über die Rolle des Staates gesprochen. Bezogen auf die Bewältigung der Herausforderungen des demographischen Wandels in der Arbeitswelt wurde dabei insbesondere die systematische Verknüpfung von Wirtschafts-, Arbeitsmarkt-, Gesundheits-, Bildungs- und Sozialpolitik gefordert. Übrigens wird das erwähnte Finnische Programm genau von den dafür zuständigen Ministerien gefahren, allerdings unter der Federführung des dortigen Arbeits- und Sozialministeriums. Wäre dies nicht auch ein Modell für Deutschland; einschließlich der Federführung durch das BMA? Zur in Turku diskutierten Rolle der Sozialpolitik gibt es bemerkenswerte Parallelen mit den Ausführungen des Kollegen *Fritz Böhle* in der AG 7: Es besteht zweifellos auch hierzulande Bedarf daran, staatliche Beschäftigungs- und Sozialpolitik auf unbeabsichtigte und möglicherweise sogar kontraproduktive Nebenwirkungen hin zu überprüfen. So lassen sich auch in Deutschland Belege dafür finden, dass bestehende, eigentlich zum Schutz und zur sozialen Sicherheit der Betroffenen entwickelte Sozialrechtsregelungen eher die reibungslose Externalisierung älterer Beschäftigter begünstigt als deren Integration oder produktive Weiterbeschäftigung gefördert haben.

Punkt 4: Bei aller staatlicher Verantwortung ist und bleibt dennoch die entscheidende Handlungs- und Eingriffsebene die der Betriebe. Von entscheidender Relevanz sind die hier tätigen Akteure einschließlich der Betroffenen, deren Beteiligung i.S. von Betroffenenpartizipation sicherzustellen ist. Der Politik kommt die Rolle zu, Prozesse zu initiieren, zu moderieren und ggf. die gesetzlichen Rahmenbedingungen für Veränderungen zu schaffen. Da Veränderungen aber auch „Veränderung in den Köpfen“ voraussetzt, kann ich der Forderung nach Fort- und Weiterbildung der Personalverantwortlichen in den Betrieben ebenso wie von Betriebsräten und Vertrauensleuten nur zustimmen.

Punkt 5: Notwendig ist ein Paradigmenwechsel von einer reaktiven „Ältere Arbeitnehmer-Politik“ zu einer *präventiven*, lebenslauforientierten, in diesem Sinne „*altersneutralen*“ Politik der Beschäftigungsförderung und -sicherung alternder Belegschaften. Dies setzt eine ganzheitliche Problemsicht voraus.

Punkt 6: Dies bedeutet jedoch nicht, künftig auf *altersspezifische* Lösungsmuster verzichten zu können. Insofern ist auch hier eine Art von „Doppelstrategie“ gefordert, die gleichzeitig auf die Bekämpfung und Überwindung altersspezifischer/alterstypischer Beschäftigungsrisiken und –probleme (z.B. Gesundheitsrisiken, Dequalifikation, Probleme älterer Langfristarbeitsloser) abzielt.

Punkt 7: Der Katalog entsprechender Instrumente aktiver Fördermaßnahmen ist bekannt und z.T. getestet. Hilfreich wäre dabei auch ein Blick über die Grenzen. Zu erwähnen sind u.a.

- berufliche Qualifizierung incl. lebenslanges Lernen,
- Karriere- und Laufbahnplanung,
- Arbeitszeitanpassung,
- Arbeitsplatzgestaltung („Job design"),
- Gesundheitsschutz und -förderung,
- berufliche und medizinische Rehabilitation,
- Tätigkeits- und Berufswechsel, inclusive sog. „zweite und dritte Karrieren",
- Informations- und Bewusstseinskampagnen,
- „best-practice-Ideen",
- Unterstützung von Betrieben mit vorbildlichem „age-management",
- Evaluierung von Modellen, Programmen etc.,
- diverse Eingliederungshilfen für ältere Arbeitslose,
- entsprechende Stützaktivitäten auf örtlicher Ebene (z.B. im Zusammenhang mit beruflicher Weiterbildung).

Punkt 8: Künftig sind statt isolierter vermehrt *integrierte* Politik- und Förderkonzepte gefragt, die auf der Gleichzeitigkeit und der systematischen Verzahnung unterschiedlicher Praxisansätze beruhen, so z.B. die Verknüpfung von Arbeitszeitanpassung mit Qualifizierung und Laufbahnplanung, von Arbeitsplatzanpassung und Gesundheitsschutz oder von Personal-, Organisations- und Technikentwicklung. Dies kann auch betriebsübergreifend erfolgen.

Punkt 9: Eingebettet sein sollten derart integrierte Konzepte in Strukturüberlegungen zur Neuorganisation von Lebensarbeitszeit, die auf eine allmähliche Überwindung der klassischen Dreiteilung des Arbeitnehmerlebenslaufs in Richtung auf Integration von Arbeit, Bildung und freier Zeit sowie auf die institutionelle Verknüpfung dieser drei Ebenen abzielen. Die Kritik an der vorherrschenden Lebensarbeitszeitverteilung wird immer unüberhörbarer. Dabei wäre ein offeneres Zugehen auf bestehende Modelle wünschenswert. Die Kritik an Langzeitkonten ist doch nur verständlich auf dem Hintergrund ihrer Instrumentierung zum Zweck der Förderung von Frühverrentungen, wobei hier Ähnlichkeiten mit der Instrumentierung des an sich vernünftigen Konzepts der Altersteilzeit auffällig sind.

Punkt 10: Hinsichtlich neuer Arbeits- und Einsatzfelder für ausgegliederte ältere Arbeitnehmer oder für solche in Jobs mit begrenzten Tätigkeitsdauern sind mehr Phantasie, Forschung und konzeptionelle Entwicklungsarbeit gefordert. Dabei sollte es aber primär um bezahlte Arbeit, u.U. auch um mehr selbständige Arbeit, nicht aber primär um ehrenamtliche Tätigkeiten jenseits der Arbeitsmärkte gehen. Dabei scheinen im Handwerk und insbesondere im Bereich der Klein- und Mittelbetriebe die Bedingungen dafür günstiger zu sein, trotz aller Karriereprobleme dort.

Punkt 11: Notwendig ist weiterhin, sehr viel stärker die Bedarfe der betrieblichen mit der außerbetrieblichen Lebenswelt zu verknüpfen. Exemplarisch kann diese Erfordernis an der neuen Vereinbarkeitsproblematik von wachsender Frauenerwerbsarbeit und familialer Altenpflege verdeutlicht werden, die auf dem Hintergrund sowohl der demographischen Entwicklung wie der wachsenden Frauenerwerbsarbeit zunehmend an Aktualität gewinnt. Auch hierzu wäre ein Blick über die Grenzen hilfreich. Angesprochen sind auch die Kommunen und die hier tätigen sozialen Dienste hinsichtlich mehr Flexibilität in der Dienstebereitstellung wie in der Kooperation mit den vor Ort ansässigen Betrieben.

Punkt 12: Die Formel vom „lebenslangen Lernen" muss endlich mit Leben gefüllt werden. Bezogen auf die Situation hierzulande sollte vor allem versucht werden, so wie es schon die Bundestags-Enquete-Kommission Demographischer Wandel in ihrem zweiten Zwischenbericht gefordert hat (*Deutscher Bundestag* 1998), die Qualifizierungserfordernisse der Arbeitswelt besser und systematischer mit den bestehenenden Strukturen und Angeboten der beruflichen Aus-, Fort- und Weiterbildung abzustimmen. Dies wiederum setzt eine enge Verzahnung von Bildungspolitik und Arbeitszeitpolitik voraus. Auch hierzu eine Anmerkung zur Podiumsdiskussion von gestern nachmittag: Wer für eine Ausdehnung der Arbeitszeit während der jungen und mittleren Jahre eintritt, muss sich die Frage gefallen lassen, wo denn die erforderlichen zeitlichen Freiräume für berufliche Bildungsaktivitäten herkommen sollen.

Punkt 13: Insgesamt gilt es zu beachten, dass die Belegschaften von morgen nicht nur im Durchschnitt älter, sondern auch *anders* zusammengesetzt sein werden. Es werden mehr Frauen und mehr ausländische Arbeitskräfte im Erwerbspersonenpotenzial sein, und auch die werden älter. Von älteren Ausländerinnen und Ausländern wissen wir, dass sie ein überdurchschnittlich hohes Frühinvaliditätsrisiko aufweisen. Über ältere Arbeitnehmerinnen wissen wir vielleicht nur deswegen so wenig, weil viele von ihnen – gezwungenermaßen - in der Stillen Reserve sind. Mit Blick auf diese beiden Personengruppen bestehen besondere Gestaltungserfordernisse, nicht zuletzt mit Blick auf die Schaffung von mehr Chancengleichheit und von Gleichstellung.

Punkt 14: Gestern und heute war viel von „Eigenverantwortung" die Rede. Auch der Zukunftsreport verweist an vielen Stellen darauf. Ich sprach in meinem Einführungsbeitrag von „Betroffenenbeteiligung", und damit ist die Realität womöglich genauer beschrieben. Die Nutzung der Eigenverantwortung setzt Wahlfreiheit und -möglichkeiten voraus. Aber sind diese Voraussetzungen unter den gegenwärtigen Arbeitsmarktbedingungen überhaupt gegeben? Exemplarisch lässt sich dies am Beispiel der Fort- und Weiterbildung älterer Beschäftigter erläutern, die zu großen Teilen betrieblicherseits organisiert wird und in aller Regel mit hohen Selektionsprozessen zum Nachteil Älterer verbunden ist. Auch die in diesem Zusammenhang viel zitierten Optionen auf Arbeitsplatz- oder Berufswechsel sind für viele ältere

Beschäftigte eher theoretisch als realistisch, zumal in einer Lebensphase, in der Sicherheitsdenken allmählich zu überwiegen beginnt und neue soziale Risiken kaum freiwillig auf sich genommen werden.

Punkt 15: Über die Notwendigkeit, die Forschung zum Themenkomplex „Arbeit und Alter“ zu intensivieren, ist während der gesamten Tagung immer wieder gesprochen worden. Aus meiner Sicht bestehen dabei insbesondere Forschungsschwerpunkte in folgenden Bereichen:

- Implemenationsforschung,
- Evaluierungsforschung,
- Lebens(ver)laufsforschung, insbesondere mit Blick auf Berufsverbleib und Tätigkeitswechsel,
- Belastungs- und Risikoforschung mit Blick auf veränderte Belastungsstrukturen und bisherige Verarbeitungsmuster,
- Kohortenunterschiede,
- Ältere Arbeitnehmerinnen,
- ältere ausländische Arbeitskräfte,
- Ost-West-Unterschiede.

Literatur

Deutscher Bundestag (Hg.) (1998): Zweiter Zwischenbericht der Enquete-Kommission Demographischer Wandel, Zur Sache 8/98. Bonn: Bundestagdruckerei

European Foundation for the Improvement of the Living and Working Conditions (Hrsg.) (1999): Active Strategies for an Ageing Workforce, Conference Report, Turku, 12-13 August 1999. Berichterstatter: G. Naegele. Dublin

Walker, A. (1998): Maßnahmen zur Bekämpfung von Altersbarrieren in der Erwerbstätigkeit, Abschlussbericht, herausgegeben von der European Foundation for the Improvement of the Living and Working Conditions, Dublin

Anhang

Kongressprogramm

Redner und Referenten

Programm-Übersicht: Fachkongress Altern und Arbeit

Montag, 29. November 1999

	Eröffnung
14:00 Uhr	Veronika Pahl Bundesministerium für Bildung und Forschung
14:30 Uhr	Barbara Helferich EU-Kommission, Brüssel
15:00 Uhr	Prof. Dr. Gerhard Naegele (Gesamtmoderation) Universität Dortmund
15:15 Uhr	**Vorstellung Zukunftsreport** Dr. Heimfrid Wolff, Prognos AG
16:00 Uhr	Kaffeepause
16:30 Uhr bis 18:00 Uhr	**Podiumsdiskussion** Prof. Dr. Fritz Böhle Universität Augsburg Dr. Peter Rosenberg Leiter der Grundsatz- und Planungsabteilung im Bundesministerium für Arbeit und Sozialordnung Dipl. Volksw. Jürgen Husmann Mitglied der Hauptgeschäftsführung der Bundesvereinigung Deutscher Arbeitgeberverbände Heinz Putzhammer Mitglied des Vorstandes des Deutschen Gewerkschaftsbundes Dr. Helmut Schuster Leiter Zentrales Personalwesen der Volkswagen AG Prof. Alan Walker University of Sheffield Moderation: Dr. Michael Jungblut, ZDF
18:00 Uhr	**Empfang**

Dienstag, 30. November 1999

8:30 Uhr bis 10:15 Uhr	**Arbeitsgruppen 1 - 5**

1	2	3	4	5
Wandel der Leistungspotentiale im Prozess des Alterns	Chancen Alternder auf dem Arbeitsmarkt	Älterwerden im Handwerk	Innovation und Altern im Betrieb	Berufe mit begrenzter Tätigkeitsdauer

10:15 Uhr	Kaffeepause
10:45 Uhr	**Plenum: Ergebnisse aus den Arbeitgruppen 1 - 5**
11:45 Uhr	Mittagspause / Lunch
13:15 Uhr bis 15:00 Uhr	**Arbeitsgruppen 6 - 10**

6	7	8	9	10
Personalentwicklung bei alternden Belegschaften	Anforderungen an Arbeitsmarkt und Sozialpolitik	Intergenerative Personalpolitik als Wettbewerbsfaktor	Lebensbegleitendes Lernen als Erwerbsbiographie	Arbeitsgestaltung zum Erhalt der Erwerbsfähigkeit

15:00 Uhr	Kaffeepause
15:30 Uhr	**Plenum: Ergebnisse aus den Arbeitgruppen 6 - 10**
16:30 Uhr	**Was ist künftig zu tun?** Paolo Bacchielli, EU-Kommission Prof. Dr. Gerhard Naegele, Universität Dortmund

Liste der Redner und Referenten

Plenum

Veronika Pahl
Bundesministerium für Bildung und Forschung

Barbara Helfferich
EU-Kommission, Brüssel

Prof. Dr. Gerhard Naegele
Universität Dortmund

Dr. Heimfrid Wolff
Prognos AG, Basel

Paolo Bacchielli
EU-Kommission, Brüssel

Podiumsdiskussion

Prof. Dr. Fritz Böhle
Universität Augsburg

Dipl. Volksw. Jürgen Husmann
Mitglied der Hauptgeschäfts-führung der Bundesvereinigung Deutscher Arbeitgeberverbände

Heinz Putzhammer
Mitglied des Vorstandes des Deutschen Gewerkschaftsbundes

Dr. Peter Rosenberg
Leiter der Grundsatz- und Planungsabteilung im Bundesministerium für Arbeit und Sozialordnung

Dr. Helmut Schuster
Leiter Zentrales Personalwesen der Volkswagen AG

Prof. Alan Walker
University of Sheffield

Dr. Michael Jungblut
ZDF (Moderator)

Arbeitsgruppe 1

Prof. Dr. Gunda Maintz
Bundesanstalt für Arbeitsschutz und Arbeitsmedizin (BAuA), Berlin

Prof. Dr. Andreas Kruse
Institut für Gerontologie, Universität Heidelberg

Prof. Juhani Ilmarinen
Institute for Occupational Health, Helsinki

Arbeitsgruppe 2

Dipl. Politologe Gerd Peters
Institut für Arbeitsmarkt- und Berufsforschung der Bundesanstalt für Arbeit, Nürnberg

Dr. Ernst Kistler
Internationales Institut für Empirische Sozialökonomie, Stadtbergen

Dr. Volker Döhl
Institut für Sozialwissenschaftliche Forschung e.V. (ISF), München
Prof. Robert Lindlay
Institute for Employment Research, University of Warwick, Coventry, England

Arbeitsgruppe 3

Dr. Georg Cramer
Handwerkskammer Düsseldorf
Christine Ax M.A.
Institut für Produktdauer-Forschung,
Hamburg
Dr. Hans-Gerhard Mendius
Institut für Sozialwissenschaftliche Forschung e.V. (ISF), München

Arbeitsgruppe 4

Prof. Dr. K.-Dieter Fröhner
Arbeitsbereich Arbeitswissenschaft der TU Hamburg-Harburg
Dipl.-Soz. Josef Reindl
Institut für Sozialforschung und Sozialwirtschaft e.V. (ISO), Saarbrücken
Prof. Dr. Klaus Kornwachs
Technische Universität Cottbus
Prof. Dr. Michael Lawo
VSS Gesellschaft für Beratung, Projektmanagement und
Informationstechnologien mbH, Bremen

Arbeitsgruppe 5

Prof. Dr. Karl Kuhn
Bundesanstalt für Arbeitsschutz und Arbeitsmedizin (BAuA), Dortmund
Prof. Dr. Lutz Packebusch
Fachhochschule Niederrhein, Mönchengladbach
Prof. Dr. Johann Behrens
Institut für Gesundheits- und Pflegewissenschaft i.G., Universität Halle-Wittenberg
Dipl. rer. soc. Regine Romahn
Technologieberatungsstelle beim DGB, Landesbezirk NRW, Oberhausen

Arbeitsgruppe 6

Dr. Gudrun Trautwein-Kalms
Wirtschafts- und Sozialwissenschaftliches Institut in der Hans-Böckler-Stiftung,
Düsseldorf
Dr. Martina Morschhäuser
Institut für Sozialforschung und Sozialwirtschaft e.V. (ISO), Saarbrücken
Heiko Spieker
Volkswagen Nutzfahrzeuge, Hannover

Arbeitsgruppe 7

Dr. Fritz-Jürgen Kador
Bundesvereinigung Deutscher Arbeitgeberverbände (BDA), Köln/Berlin

Prof. Fritz Böhle
Universität Augsburg
Dipl. Volksw. Jürgen Kühl
Ministerium für Wirtschaft, Arbeit und Infrastrutur des Landes Thüringen, Erfurt
Dr. Peter Auer
Internationale Arbeitsorganisation (ILO), Genf

Arbeitsgruppe 8
PD Dr. Reinhold Sackmann
Institut für empirische und angewandte Soziologie (EMPAS), der Universität Bremen
Marcus Mogk
Fachauss. d. Engeren Mitarb. d. Arbeitsdirektoren Stahl z. Thema „Alternde Belegschaften“ (ThyssenKrupp Stahl AG, Duisburg)
Dipl.-Soz. Annegret Köchling
Gesellschaft für Arbeitsschutz- und Humanisierungsforschung (GfAH), Dortmund
Michael Astor M.A.
VDI/VDE-Technologiezentrum Informationstechnik, Teltow

Arbeitsgruppe 9
Dr. Dagmar Lennartz
Bundesinstitut für Berufsbildung (BIBB), Berlin
Dr. Volker Volkholz
Gesellschaft für Arbeitsschutz- und Humanisierungsforschung (GfAH), Dortmund
Dr. Gerda Jasper
a&o research, Berlin
MSc Martina Ni Cheallaigh
Europäisches Zentrum für die Förderung der Berufsbildung (CEDEFOP), Thessaloniki

Arbeitsgruppe 10
Prof. Dr. Günter Wachtler
Bereich Soziologie und Sozialpsychologie, Universität-GH Wuppertal
Dipl. Soz. Jochen Pack
Fraunhofer-Institut für Arbeitswirtschaft und Organisation (IAO), Stuttgart
Dipl.-Ing. Jürgen Drebes
DaimlerChrysler AG, Stuttgart